Deutsche Vergangenheiten –
eine gemeinsame Herausforderung

Christoph Kleßmann
Hans Misselwitz
Günter Wichert (Hg.)

Deutsche Vergangenheiten – eine gemeinsame Herausforderung

Der schwierige Umgang mit der doppelten Nachkriegsgeschichte

Ch. Links

Ch. Links Verlag, Berlin

Die hier dokumentierten Beiträge wurden in gekürzter Fassung auf einer Konferenz zur deutsch-deutschen Nachkriegsgeschichte 1949–1989 »Geteilte Vergangenheit – eine Geschichte?« der Brandenburgischen Landeszentrale für politische Bildung, der Landeszentrale für politische Bildung Nordrhein-Westfalen und des Zentrums für Zeithistorische Forschung Potsdam vom 29. bis 31.10.1998 in Potsdam vorgestellt. Für die finanzielle Förderung der Konferenz danken die Veranstalter der Bundeszentrale für politische Bildung.

Die Deutsche Bibliothek – CIP-Einheitsaufnahme

Deutsche Vergangenheiten – eine gemeinsame Herausforderung : der schwierige Umgang mit der doppelten Nachkriegsgeschichte / Christoph Kleßmann ... (Hg.). –
1. Aufl. – Berlin : Links, 1999
ISBN 3-86153-180-1

1. Auflage, März 1999

Zehdenicker Straße 1, 10119 Berlin, Tel. (030) 44 02 32-0
Umschlaggestaltung: KahaneDesign, Berlin, unter Verwendung eines Fotos von Peter Rohn
Lektorat: Thomas Schulz
Satz: SATZFABRIK 1035, Berlin
Druck und Bindung: Friedrich Pustet, Regensburg
ISBN 3-86153-180-1

Inhalt

III. Gemeinsame Problemlagen – verschiedene Antworten

Exkurs:
»Von deutschem Boden darf nie wieder Krieg ausgehen ...«
Von der Friedenspflicht der Deutschen

IV. Verarbeitung und Reflexion der geteilten Vergangenheit seit 1989

Anhang

Vorwort

»Warum haben wir Schwierigkeiten mit der Nationalgeschichte?« fragt Lutz Niethammer und antwortet, der Hauptgrund liege in der Sache selbst. Diese gab den Anlaß zu einer Konferenz unter dem Titel »Geteilte Vergangenheit – eine Geschichte?«, deren Referate hier veröffentlicht werden. Die Publikation möchte einen Beitrag zu dem Geschichtsdiskurs leisten, der die Daten 1949 – 1989 – 1999 reflektiert, den Stand der zeitgeschichtlichen Deutschlandforschung diskutiert und zehn Jahre nach der demokratischen Revolution in Ostmitteleuropa die unterschiedlichen Erfahrungen mit vier Jahrzehnten Zweistaatlichkeit bilanziert. Zu solchen Bilanzen gehört die Frage nach dem Verhältnis der beiden deutschen Teilgeschichten zueinander und nach unserem Umgang mit ihnen.

Willy Brandts Formulierung »Jetzt wächst zusammen, was zusammen gehört« vom November 1989 suggerierte einen Prozeß der allmählichen Verschmelzung zweier Teile, die auseinandergerissen worden waren und nun wieder zusammengefügt werden sollten: daß zusammenwächst, was zusammenpaßt. Das war sicher nicht falsch, aber entschieden zu optimistisch, wie sich bald zeigen sollte. Denn die Teile hatten zu unterschiedliche Gestalt angenommen, als daß sie ohne erhebliche Schwierigkeiten wieder zusammenfinden konnten. Die vom Fall der Mauer ausgelöste gesamtdeutsche Euphorie und die Parole der ostdeutschen Montagsdemonstranten »Wir sind ein Volk« verdeckten die tiefen Risse im so beschworenen Nationalgefühl. Die als demokratische Abwahl der DDR verstandenen Volkskammer-Wahlen vom März 1990 schienen sich für die Mehrheit der Ostdeutschen mit der Illusion einer kollektiven Auswanderung aus einer gescheiterten Geschichte und mit der Hoffnung auf einen schnellen Anschluß an eine bessere Geschichte – die der Bundesrepublik – zu verbinden. Stefan Heym prognostizierte kritisch, die DDR werde nur noch eine Fußnote der Weltgeschichte sein. Tatsächlich trat zunächst das Gegenteil ein.

Mit der Wiederherstellung der nationalen Einheit durch den Beitritt der DDR zum Geltungsbereich des Grundgesetzes war die DDR Geschichte geworden. Als historischer Gegenstand aber erlangte sie eine internationale Aufmerksamkeit wie selten zuvor. Zugleich vollzog sich ein nachträglicher Identifikationsprozeß vieler Ostdeutscher mit ihrem untergegangenen Staat, der irritierend, aber bei näherem Hinsehen keineswegs überraschend war. Die wenigsten wünschten sich die DDR zurück, aber der rauhe Wind, der in einer marktwirtschaftlichen Bundesrepublik im Zeitalter der globalen Verflechtung von Märkten, Staaten und Institutionen wehte, ließ viele frösteln. Der abrupte Systemwechsel und das Verschwinden vertrauter Lebensgewohnheiten und sozialpolitischer Sicherungen führte trotz bitterer Erinnerungen an die Arroganz der Macht der SED dazu, daß die jüngste Vergangenheit allmählich in anderem Licht erschien – als »heile Welt der Diktatur«. Damit verschoben sich auch die Koordinaten des Bildes der Nachkriegsgeschichte insgesamt stärker, als zunächst zu vermuten war. Individuelle Erfahrungen, wie selektiv und begrenzt auch immer, stellten sich quer zur Flut der fatalen Enthüllungen über diese untergegangene Diktatur und machten viele Bürger in den neuen Bundesländern resistent gegen demokratische Belehrungen und Vergangenheitskritik aus dem Westen.

Was die Geschichte einer vierzigjährigen staatlichen Trennung und das Leben in ganz unterschiedlichen Gesellschaftssystemen für die Deutschen in Ost und West bedeutete, wurde somit paradoxerweise erst nach der Wiederherstellung der Einheit in seiner ganzen Tragweite deutlich. Dieser Befund ist eindeutig, auch wenn harsche Kritik an larmoyanten Klagen berechtigt ist.

Zwar war schon Ende der achtziger Jahre erkennbar, daß es in Osteuropa und in der DDR gärte und sich Veränderungen im deutsch-deutschen Verhältnis anbahnten, doch konnte sich niemand den seit Ende 1989 beginnenden Vereinigungsprozeß in seinem Tempo und seinen Konsequenzen vorstellen. Nach dem – im populären Sprachgebrauch als »Wende« verharmlosten – revolutionären Umbruch vom Herbst 1989 setzte erst mit einiger Verspätung die Reflexion über das Erlebte und damit auch über die vorangegangene Geschichte und ihre angemessene Interpretation ein. Dieser Prozeß ist ebenso notwendig wie schwierig, er ist schmerzhaft und voller Überraschungen. Die mentale und gesellschaftliche Teilung im Zeichen wiedergewonnener staatlicher Einheit ist mehr als ein journalistisches Aperçu. Tiefe politische und gesellschaftliche Umbrüche kollektiv und individuell zu verarbeiten, braucht Zeit. Die Forderung nach »innerer Einheit«, so berechtigt sie im Prinzip ist, hat daher durchaus ihre problematische Seite. Sie suggeriert ein Ziel, das angesichts der tatsächlichen Voraussetzungen nur mit Bedacht und Geduld, nicht aber kurzfristig erreichbar ist. Die nahezu selbstverständliche Rede von der »Wiedervereinigung«, hat Peter Bender 1997 festgestellt, setzte das Ziel schon voraus, erzeugte ein ideologisch begründetes Mißverständnis und schränkte die Fähigkeit ein, rationale Ziele für den Vereinigungsprozeß abzustecken. Weniger das Ausbleiben des erhofften Wirtschaftsaufschwungs gibt den Ostdeutschen das Gefühl, übervorteilt und an den Rand der bundesdeutschen Gesellschaft gedrängt zu sein. Vielmehr führte ihre enttäuschte Hoffnung auf diese als selbstverständlich eingeschätzte Fortexistenz einer »nationalen Schicksalsgemeinschaft« zu Verbitterungen.

Die populäre Trennung der deutschen Bevölkerung nach der politischen Geographie in »Wessis« und »Ossis« sollte, so wollten es die politisch Verantwortlichen 1990, schnell der Vergangenheit angehören. Aber das Gegenteil ist der Fall: Ein ausgeprägtes Sonderbewußtsein läßt sich für beide Teile konstatieren. Es wurzelt in unterschiedlichen Erfahrungen und nachhaltigen Prägungen, nicht zuletzt in unterschiedlichen Sichten auf die eigene Geschichte und auf die weiter zurückliegenden historischen Phasen. Sicher wäre es naiv zu glauben, die Probleme lägen ausschließlich in den Nachwirkungen der historischen Teilung begründet. Der Wiedervereinigungsprozeß mußte bei nüchterner Betrachtung mehr Schwierigkeiten mit sich bringen, als wohl die meisten glauben wollten. Fatale und zum Teil auch vermeidbare Fehlentscheidungen sowie das Tempo des Umbaus der wirtschaftlichen, politischen und kulturellen Landschaft Ostdeutschlands dürften ebenso nachhaltig zu Entfremdung, Distanz und Verbitterung geführt haben wie die Auseinanderentwicklung in der Vergangenheit. Hätten sich Vereinigung und »Aufbau Ost« im Zeichen eines neuen »Wirtschaftswunders«, von dem nicht nur viele Politiker leichtsinnigerweise ausgingen, und ohne flächendeckende Strukturbrüche und Massenarbeitslosigkeit vollzogen, gäbe es heute vermutlich erheblich weniger Ost-West-Probleme.

Dennoch ist ohne Zweifel der Umgang mit Geschichte ein Schlüsselelement zum Verständnis mancher Probleme der Gegenwart. Vergessen, Verdrängen oder selektive Aufarbeitung provozieren irgendwann um so heftigere Auseinandersetzungen. Der mit Skandalen und Kontroversen gepflasterte Weg der Vergangenheitspolitik in der alten Bundesrepublik bietet hier einiges Anschauungsmaterial. Gerade deshalb begann die Debatte um die Aufarbeitung der DDR-Geschichte im Zeichen der Bemühungen, solche Fehler zu vermeiden und rechtzeitig und gründlich historisch-politische Aufklärung zu betreiben. Ein vergleichender Blick auf die Zeit nach 1945 und nach 1989 offenbart die enormen Unterschiede. Den Vorwurf eines »kommunikativen Beschweigens« (Hermann Lübbe) könnte heute niemand ernsthaft erheben. Der Bundestag setzte mit der Einrichtung der Enquete-Kommission »Aufarbeitung von Geschichte und Folgen der SED-Diktatur in Deutschland« ein Signal für die politische Kultur der neuen gesamtdeutschen Demokratie, für das es in der Bonner Republik kein Pendant gegeben hat. Außerdem haben sich die historische Forschung und die Institutionen der politischen Bildung mit einer im Vergleich zu anderen zeithistorischen Feldern schon beängstigenden Verve auf die DDR-Geschichte geworfen. Die Gauck-Behörde wurde zu der bisher größten Bundesbehörde mit Sitz auf ostdeutschem Boden; Diskussionen über Stasi-Verwicklungen, Prozesse gegen Mauerschützen, gegen das DDR-Führungspersonal und Sportidole sind ebenfalls zu nennen. Ein Hauptunterschied liegt in der Konstellation: Nach 1945 waren alle Deutschen mit der Last der Vergangenheit konfrontiert; nach 1989 hatten viele Ostdeutsche den Eindruck, in der Vergangenheitsdebatte sitze der Westen über den Osten zu Gericht. Die Asymmetrie im Verhältnis der beiden Teile schien sich unter anderem Vorzeichen fortzusetzen.

Wie sieht es mit dem Interesse füreinander, insbesondere für die jeweilige Teilgeschichte aus? Wieviel Verständnis gibt es für Zwänge, Prägungen und Besonderheiten, wie weit geht die Bereitschaft, diese historisch zu erklären, statt vorschnelle pauschale Urteile über Stasi-Staat und Ellenbogen-Gesellschaft zu fällen? Solche und andere Fragen verweisen auf die Notwendigkeit, sich intensiv, differenziert und ohne Verteidigungs- oder Missionseifer auf historische Problemkonstellationen einzulassen, uns unsere Orientierungsschwierigkeiten besser verstehen und den Weg zur inneren Einheit leichter finden läßt. Eine solche Analyse mag auch dazu beitragen, Urteilskategorien nicht nur auf die Dichotomie zwischen Ost und West zu beziehen. Schließlich gibt es auf beiden Seiten eine Vielfalt von Erfahrungen, Ansichten, Urteilskriterien. Die Beiträge dieses Bandes versuchen, solche Sichtweisen, die oft quer zur Herkunft liegen, deutlich zu machen. Die intensiven Debatten, die sich an die Referate der Konferenz anschlossen, zeigten zwar immer wieder starke Spannungslinien zwischen ostdeutschen, unvermeidlich auch von apologetischen Mustern geprägten Erfahrungen und spezifisch westdeutschen Blickrichtungen, aber sie problematisierten zugleich solche Urteile. Insofern boten sie einen nach unserem Eindruck gelungenen Ansatz, die Frage nach den trennenden und verbindenden Elementen in der deutschen Nachkriegsgeschichte auf produktive Weise zu stellen. Daß diese Frage beide Seiten betrifft, ist unstrittig.

Die konzeptionellen Grundüberlegungen der Konferenz und dieses Bandes gingen davon aus, daß deutsche Nachkriegsgeschichte in einem erst nach 1989 voll bewußt gewordenen Ausmaß von Kontinuität, Verflechtung, Abgrenzung und Trennung geprägt ist. Beide deutsche Staaten waren in ihren Bündnissystemen von Entscheidungen abhängig, auf die sie wenig Einfluß hatten. Innerhalb dieses globalen außenpolitischen Rahmens im Ost-West-Konflikt bestanden aber für beide Spielräume, die unterschiedlich groß waren und unterschiedlich genutzt wurden. Die Besonderheit der auch für andere Staaten in Ost und West geltenden Konstellation war in Deutschland jedoch durch die gemeinsame Herkunft und die gemeinsame nationale Zugehörigkeit beider Gesellschaftssysteme bestimmt. Verklammerung *und* Distanz prägten die Geschichte. Insofern ist »Verflechtung in der Abgrenzung« eine treffende Formel. Eine solche »asymmetrisch verflochtene Beziehungsgeschichte« zwischen dem größeren, demokratischen und dem kleineren, diktatorischen Teil kann zumindest einen geeigneten Zugang für die Interpretation der Nachkriegsgeschichte bieten. Dieser Ansatz vermag die Dialektik von Trennung und Einheit auf vielen Feldern einzufangen, ohne vorschnell mit nationalstaatlichen Kriterien oder teleologischen Interpretationsmustern eine Einebnung systematischer Unterschiede zu betreiben.

Entsprechend diesen drei Koordinaten sind auf der Konferenz einige ausgewählte Themenkomplexe diskutiert worden. Nach einleitenden generellen Reflexionen zum Thema und zur Historiographie von Bernd Faulenbach, Peter Steinbach und Fritz Klein wirft Peter Bender einen Blick auf die für beide Teile konstitutive Frage, welche Handlungsspielräume sie in den jeweiligen Blocksystemen besaßen. Eine genauere Ausfüllung dieser Frage bieten die Untersuchungen von Michael Lemke und Werner Link über die ost- und westdeutsche Deutschlandpolitik von der harten Konfrontation bis zum »geregelten Nebeneinander« auf der Basis der Neuen Ostpolitik.

Die folgenden Beiträge thematisieren Abgrenzung, Verflechtung und Wechselwirkung am Beispiel zentraler gemeinsamer Problemlagen und Themenfelder. Die Vergangenheitspolitik und die Geschichtswissenschaft untersuchen Sigrid Meuschel, Jürgen Danyel und Martin Sabrow, die Wirtschafts- und Sozialpolitik als Schlüsselgrößen für die Legitimationsstrategien und -funktionen reflektieren Arnold Sywottek und Dietrich Mühlberg. Im weiteren werden einige dieser Themen durch die Zusammenstellung empirischer

Daten vertieft: die jeweilige Präsenz des anderen in Ost und West von Manuela Glaab, der Umgang mit Gegnern und Oppositionellen in politischer und juristischer Hinsicht von Falco Werkentin und in generationellen Zusammenhängen von Dorothee Wierling. Die stark von Generationsverschiebungen geprägte Auseinandersetzung um Frieden und Friedensbewegungen in den siebziger und achtziger Jahren, ein besonders diffiziles Feld innen- und außenpolitischer Beziehungsgeschichte zwischen beiden Staaten und Gesellschaften, präsentieren und reflektieren als Zeitzeugen Joachim Garstecki und Egon Bahr.

Den Abschluß bilden Überlegungen zu grundsätzlichen Fragen der Einordnung der doppelten Nachkriegsgeschichte von drei Autoren, die aus ganz unterschiedlichen Perspektiven argumentieren: Mary Fulbrook als britische Expertin zur deutschen Zeitgeschichte kann Distanz zu den innerdeutschen Querelen mit klaren eigenen Urteilen zur Sache verbinden; Rolf Wernstedt thematisiert als Kulturpolitiker die Probleme der Wahrnehmung und Akzeptanz von Darstellungskonzepten zur deutsch-deutschen Geschichte in Schule und politischer Bildung; Lutz Niethammer schließlich bilanziert in einem ausführlichen Überblick die aktuellen Defizite und die Eckpunkte einer künftigen Geschichtsschreibung mit den programmatischen Stichworten »Doppelgeschichte«, »Nationalgeschichte« und »asymmetrisch verflochtene Parallelgeschichte«.

Die Referate sind für den Druck leicht überarbeitet worden. Sie können selbstverständlich keinen thematisch abgerundeten und konzeptionell geschlossenen Gesamtentwurf bieten. Sie wollen und können aber Bausteine auf dem zeithistorischen Gelände sein, auf dem wir uns alle bewegen, ohne bereits genau zu wissen, wie es beschaffen und historiographisch zu vermessen ist. Referate und Diskussionen haben zumindest nachdrücklich gezeigt, daß trotz oder vielleicht auch wegen der eingangs erörterten Trends zur Auseinanderentwicklung ein produktiver Dialog möglich ist, der nicht vorschnell eine nicht vorhandene innere Einheit postuliert, sondern die Spannungslinien unterschiedlicher Erfahrungen und Interpretationen für politische Bildung nutzbar macht.

Christoph Kleßmann, Zentrum für Zeithistorische Forschung Potsdam
Hans Misselwitz, Brandenburgische Landeszentrale für politische Bildung
Günter Wichert, Landeszentrale für politische Bildung Nordrhein-Westfalen

I. Geteilte Vergangenheit – eine Geschichte? Eine Bestandsaufnahme

Bernd Faulenbach

Acht Jahre deutsch-deutsche Vergangenheitsdebatte – Aspekte einer kritischen Bilanz

Zu dem seit einigen Jahren erörterten Begriff der »Vereinigungskrise« scheint die Einschätzung zu gehören, die 1990 aufgelebte deutsch-deutsche Vergangenheitsdebatte sei mehr oder weniger falsch geführt worden und habe zu der in jüngster Zeit wieder wachsenden Distanz zwischen Ost- und Westdeutschen beigetragen.[1] Diese Einschätzung soll vor dem Hintergrund folgender Fragen diskutiert werden: Auf welchen Ebenen wurde die Debatte geführt und inwieweit war sie interessengeleitet? Welche Themen standen und stehen bei der öffentlichen Vergangenheitsdebatte im Mittelpunkt? Wie hat sich die Debatte entwickelt? Gab es so etwas wie einen Progreß? Ist die Debatte im Kern tatsächlich von einer ost-westdeutschen Konfrontation geprägt? Wie stellt sich die Debatte im internationalen Vergleich dar?

Im folgenden soll die Debatte und ihre wichtigsten Themen charakterisiert, nach ihrer Bedeutung für die deutsche politische Kultur gefragt und in vergleichender Perspektive betrachtet werden.[2]

Die Ebenen und Themen der Vergangenheitsdebatte

Es ist fraglich, ob von *einer* Vergangenheitsdebatte seit 1990 gesprochen werden kann. Sowohl die Ebenen als auch die Themen der Auseinandersetzung mit der Vergangenheit sind vielfältig. Die wichtigsten Ebenen sind folgende: die strafrechtliche Auseinandersetzung mit den Tätern sowie die Rehabilitation und Entschädigung von Opfern; die Auseinandersetzung mit dem SED-System in den Parlamenten und durch gesetzgeberische Maßnahmen zur Bewältigung der Folgen; die Einrichtung und die Arbeit von Institutionen zur Aufarbeitung der SED-Vergangenheit, wie der Bundesbeauftragte für die Stasi-Unterlagen (Gauck-Behörde), die beiden Enquete-Kommissionen des Bun-

1 Zum Begriff »Vereinigungskrise« vgl. Jürgen Kocka: Vereinigungskrise. Zur Geschichte der Gegenwart, Göttingen 1995.

2 Es geht hier um die breite öffentliche Diskussion, keineswegs nur um die professionelle Zeithistorie.

destages[3], die Stiftung zur Aufarbeitung der SED-Diktatur, wissenschaftliche Einrichtungen wie das Zentrum für Zeithistorische Forschung Potsdam und das Hannah-Arendt-Institut Dresden; die Arbeit von Geschichtsinitiativen, die sich überwiegend aus der Bürgerbewegung der DDR entwickelt haben; die Debatte in den Medien und in der Publizistik; die wissenschaftliche Erforschung der Vergangenheit, die durch den Zugang zu den Quellenbeständen ermöglicht worden ist und inzwischen eine unüberschaubare Breite erreicht hat.

Diese unterschiedlichen Ebenen sind unverkennbar miteinander verknüpft und stehen in einem kommunikativen Zusammenhang. Selbstverständlich hat die Täter-Opfer-Problematik etwa die öffentliche Diskussion über das SED-System zeitweilig erheblich beeinflußt, gleichwohl von einer generellen Kriminalisierung der gesamten DDR-Geschichte – wie manchmal behauptet wird – für keine Phase gesprochen werden kann. Es stellt sich jedoch die Frage, welche Themenkomplexe das Bild jeweils vorrangig bestimmt haben, wobei sowohl mit der Gleichzeitigkeit von Debattensträngen als auch mit Entwicklungen zu rechnen ist. Daß die Debatte vom politischen Zeitklima beeinflußt war und auf dieses zurück wirkte, liegt auf der Hand.

Geradezu diffus verlief die öffentliche Debatte (»Debatte« als Sammelbegriff für die Gesamtheit der Diskussionen verstanden) im Hinblick auf ihre Themen, die von grundsätzlichen bis zu detaillierten Fragen, von bestimmten Ereignissen über Strukturen bis zu einzelnen Personen reichen.

Seit 1989/90 wird über die SED-Diktatur diskutiert, wobei anfangs – gefördert auch durch die Initiativen der Bürgerbewegung, die zunächst vorrangig Akten zu sichern versuchten, dann aber auch zur politischen Aufklärungsarbeit übergingen – insbesondere die Staatssicherheit im Vordergrund des Interesses stand. Bald kreiste die Diskussion um mehr oder weniger prominente, reale oder vermeintliche Inoffizielle Mitarbeiter (IM's) der Staatssicherheit. Weitere Themen waren die Verantwortlichkeit für die Todesschüsse an der Mauer und die Rolle der Geschichtswissenschaft im SED-System; letztgenanntes Thema war mit der Debatte über die Frage verbunden, wer legitimiert sei, die Geschichte der Diktatur aufzuarbeiten.[4] Auch die Rolle der Kirche im

3 Die Arbeit der Enquete-Kommission des 12. Deutschen Bundestages ist dokumentiert in: Materialien der Enquete-Kommission »Aufarbeitung von Geschichte und Folgen der SED-Diktatur in Deutschland«, 12. Wahlperiode des Deutschen Bundestages, hrsg. v. Deutschen Bundestag, 18 Bde., Baden-Baden/Frankfurt a. M. 1995. Vgl. auch die Auswahledition v. Ingrun Drechsler u. a. (Hrsg.): Getrennte Vergangenheit – gemeinsame Zukunft, 4 Bde., München 1996. Die Veröffentlichung der Materialien der Enquete-Kommission »Überwindung der Folgen der SED-Diktatur im Prozeß der deutschen Einheit« des 13. Deutschen Bundestages ist geplant.

4 Zur Diskussion über die Geschichtswissenschaft im SED-System siehe Rainer Eckert/Wolfgang Küttler/Gustav Seeber (Hrsg.): Krise – Umbruch – Neubeginn. Eine kritische und selbstkristische Dokumentation der DDR-Geschichtswissenschaft 1989/90, Stuttgart 1992. Konrad Jarausch (Hrsg.): Zwischen Parteilichkeit und Professionalität. Bilanz der Geschichtswissenschaft der DDR, Berlin 1991. Rainer Eckert/Ilko-Sascha Kowalczuk/Isolde Stark (Hrsg.): Hure oder Muse? Klio in der DDR. Dokumente und Materialien des Unabhängigen Historiker-Verbandes, Berlin 1994.

Sozialismus wurde Gegenstand heftiger Diskussionen: Inwieweit war sie Gegenmacht, inwieweit war sie angepaßt und von der Stasi durchdrungen?

Bereits während der »Wende« wurde über eine angemessene theoretische Erfassung des SED-Systems und seine Einordnung in das 20. Jahrhundert gestritten. Zugleich wurde über die Vergleichbarkeit mit dem NS-System und über die Anwendbarkeit der Totalitarismustheorie auf das SED-System bzw. über die mögliche Weiterentwicklung der Theorie angesichts des Zusammenbruchs der kommunistischen Systeme debattiert.[5] Die Frage der Einordnung stellte sich unter anderem mit Blick auf die Neukonzeption der Gedenkstätten in der früheren DDR, insbesondere an Orten wie Buchenwald oder Sachsenhausen mit – wie etwas salopp formuliert wurde – »doppelter Vergangenheit« (authentische Orte des NS-Verbrechens wie des Unrechts in der Nachkriegszeit).[6] Erneut angeregt wurde die Debatte in jüngster Zeit durch die Veröffentlichung des »Schwarzbuchs des Kommunismus«, in dem die Verbrechen des Kommunismus weltweit abgehandelt werden.[7]

Aspekte der Geschichte der Bundesrepublik haben in der Debatte eine ungleich geringere Rolle gespielt. Wieder diskutiert werden immerhin die Deutschlandpolitik bzw. die deutsch-deutsche Politik der gesamten Nachkriegsepoche bis 1989/90, die westdeutsche Wahrnehmung des SED-Systems, insbesondere die DDR-Forschung, und inwieweit die alte Bundesrepublik durch den Epochenwandel 1989/90 überholt und ihrerseits gleichsam als Teil des »deutschen Sonderweges« unter den Bedingungen des Ost-West-Gegensatzes zu interpretieren ist.[8]

Die Entwicklung der Diskussion läßt bei näherer Betrachtung vereinfacht drei Phasen erkennen: erstens die Phase 1989/90, in der die Vergangenheitsdebatte Teil des Umwälzungsprozesses war; zweitens die Phase 1990–94, in der die Täter und die hinter ihnen stehenden Strukturen sowie die Opfer und ihre Rehabilitierung im Vordergrund standen; und drittens die Phase 1994

5 Vgl. Eckhard Jesse: Der Totalitarismus-Ansatz nach dem Zusammenbruch des real existierenden Sozialismus, in: Die Neue Gesellschaft/Frankfurter Hefte 38 (1991), S. 983–992. Ders. (Hrsg.): Totalitarismus im 20. Jahrhundert. Eine Bilanz der internationalen Forschung, Bonn 1996. Hans Maier (Hrsg.): »Totalitarismus« und »Politische Religionen«. Konzepte des Diktaturvergleichs, Paderborn/München 1996. Klaus-Dietmar Henke (Hrsg.): Die Verführungskraft des Totalitären, Dresden 1997.

6 Vgl. Brandenburgische Gedenkstätten für die Verfolgten des NS-Regimes. Perspektiven, Kontroversen, internationale Vergleiche, hrsg. v. Ministerium für Wissenschaft, Forschung und Kultur des Landes Brandenburg, Berlin 1992. Norbert Haase/Bert Pampel (Hrsg.): Doppelte Last – doppelte Herausforderung, Frankfurt 1998. Bernd Faulenbach: Gedenkstätten im gesamtdeutschen Diskurs, in: Erinnern und Gedenken. Gedenkstätten in den neuen Ländern, Dokumente 7 (1998), hrsg. v. der SPD-Fraktion im Deutschen Bundestag, Bonn 1998, S. 31–43.

7 Stéphane Courtois u. a.: Das Schwarzbuch des Kommunismus. Unterdrückung, Verbrechen, Terror. Mit einem Kapitel »Die Aufarbeitung des Sozialismus in der DDR« von Joachim Gauck u. Ehrhart Neubert, München 1998.

8 Vgl. Bernd Faulenbach: »Deutsche Sonderwege«. Anmerkungen zur aktuellen Diskussion über das deutsche historisch-politische Selbstverständnis, in: Comparativ. Leipziger Beiträge zur Universalgeschichte und vergleichenden Gesellschaftsforschung 4 (1994), S. 14–30. Ders.: Ende des »deutschen Sonderwegs«? Zur deutschen politischen Kultur seit dem Zweiten Weltkrieg, in: Aus Politik und Zeitgeschichte, B 51/1998, S. 11–23.

bis heute, in der sich die Vergangenheitsdebatte differenziert hat und teilweise mit der Debatte über den Transformationsprozeß mischte. Womöglich beginnt jetzt eine vierte Phase, in der die Auseinandersetzung mit der Vergangenheit vorrangig eine Aufgabe der Wissenschaft wird; doch dürfte damit die öffentliche Debatte nicht im Sinne eines Schlußstriches abgeschlossen sein.

Die Debatte über die SED-Diktatur

Zwangsläufig traten nach dem Sturz des SED-Systems und der Freilegung seiner repressiven Strukturen – insbesondere des Umfangs und der Arbeitsweise des Stasi-Apparates – die negativen Seiten des Systems, die nicht lediglich auf individuelles Fehlverhalten zurückzuführende, sondern systemisch bedingte Verletzung von Menschen- und Bürgerrechten und ähnliches in den Mittelpunkt der Diskussion. Diese wurde zunächst von Teilen der Bürgerbewegung, dem Unabhängigen Historiker-Verband und den Medien in Ost- und Westdeutschland bestimmt. Der von der Stasi-Problematik geprägte Blickwinkel führte im Osten wie im Westen generell zu einer Eindunklung des Bildes vom SED-Systems und von der DDR. Das Ausmaß des Stasi-Apparates und seines Wirkens überraschte viele Zeitgenossen. Die Relevanz des Themas kann auch rückblickend nicht bezweifelt werden, allerdings läßt sich die Frage stellen, ob es auf geeignete Weise angegangen worden ist.[9]

Mit der Fixierung auf die IM's wurde die Diskussion in hohem Maße verengt geführt, und zwar als vorrangig personell-moralische, nicht als strukturell-politische Frage. Einige prominente Fälle wie Wolfgang Schnur, Ibrahim Böhme, Lothar de Maizière oder der durchaus eigen gelagerte »Fall« Manfred Stolpe, der zu einer Relativierung des Themas beigetragen hat, haben die Medien eine Zeitlang sehr beschäftigt.

Die Debatte des Herbstes und Winters 1991/92, in der von Friedrich Schorlemmer und Wolfgang Thierse ein Tribunal gefordert wurde, versuchte die Auseinandersetzung um die Vergangenheit auf das ganze SED-System auszudehnen.[10] Die von Markus Meckel angeregte und von allen Fraktionen eingesetzte Enquete-Kommission des 12. Bundestages hat tatsächlich zu einer systematischen und kontinuierlichen Auseinandersetzung mit dem SED-System geführt. Im Vordergrund der Untersuchungen und Debatten dieser ersten Enquete-Kommission standen – wie in dieser Phase der Diskussion überhaupt – die Herrschaftsstrukturen des SED-Systems, die Frage nach der Verantwortlichkeit in diesem System, nach den Tätern und den hinter ihnen stehenden

9 Vgl. Hans Misselwitz: Nicht länger mit dem Gesicht nach Westen. Das neue Selbstbewußtsein der Ostdeutschen, Bonn 1996, S. 13ff.

10 Vgl. dazu Petra Bock: Von der Tribunal-Idee zur Enquete-Kommission. Zur Vorgeschichte der Enquete-Komission des Bundestages »Aufarbeitung von Geschichte und Folgen der SED-Diktatur in Deutschland«, in: Deutschland Archiv 28 (1995), S. 6–19. Bernd Faulenbach: Die Auseinandersetzung mit Geschichte in der Enquete-Kommission des 12. Deutschen Bundestages, in: Ders.: Erfahrungen des 20. Jahrhunderts und politische Orientierung heute, Essen 1996, S. 235–246, hier S. 236ff.

Strukturen sowie nach den Opfern.[11] In diesem Bereich führte die Diskussion, zu der zahlreiche Anhörungen, Expertisen und anderes gehörte, durchaus zu bedeutsamen Ergebnissen, auch wenn man sich hier und da vielleicht noch eine größere Pluralität der Positionen und differenziertere Urteile gewünscht hätte. Hier spielte, insbesondere bei manchen früheren DDR-Bürgerrechtlern, das Motiv der Abrechnung mit dem SED-System und seinem Unrechtscharakter eine bedeutsame Rolle und beeinflußte die Gesamtdebatte. Es ging um die Freilegung der repressiven Strukturen und um Gerechtigkeit für die Opfer.

Zwar beschäftigte man sich in dieser Phase (1991–1994) bereits mit Opposition und widerständigem Verhalten, ein Themenkomplex, der in der alten westdeutschen DDR-Forschung nur wenig Beachtung gefunden hatte. In der öffentlichen Diskussion, auch in der von der Enquete-Kommission induzierten, blieben sozialgeschichtliche Fragen jedoch weitgehend ausgeblendet, was mehrfach kritisch angemerkt worden ist. Die wissenschaftliche Forschung, etwa im Zentrum für Zeithistorische Forschung Potsdam, stellte sich erst ansatzweise diesem Themenfeld.[12] Eine Entwicklung der Debatte seit 1990 kann insofern konstatiert werden, als zunächst die Herrschaftsstrukturen, vor allem die Täter und Opfer, aber auch der Widerstand im Vordergrund standen, was angesichts der durch den Sturz des SED-Systems aufgeworfenen Fragen verständlich erscheint. Seit etwa 1994/95 richtet sich – motiviert auch durch die zunehmend bewußtwerdenden Ost-West-Einstellungsunterschiede – das Interesse stärker auf sozialgeschichtliche, alltagsgeschichtliche, mentalitätsgeschichtliche, gewissermaßen kulturgeschichtliche Fragen, was sich auch in der Arbeit der zweiten Enquete-Kommission des Bundestages zeigte. Allerdings sind auch mit dieser Ausweitung schwierige Fragen verbunden, wie nach der »Durchherrschung« der Gesellschaft, dem Alltag im SED-System, den »Grenzen der Diktatur« und dem »Eigensinn« des Lebens in der DDR.[13]

Selbstverständlich wurde die Rekonstruktion der politischen Prozesse auch während dieser Phase weitergeführt. Zur Diskussion standen und ste-

11 Wie Anm. 3. Vgl. auch Bernd Faulenbach/Markus Meckel/Hermann Weber (Hrsg.): Die Partei hatte immer recht – Aufarbeitung von Geschichte und Folgen der SED-Diktatur, Essen 1994.

12 Vgl. Jürgen Kocka (Hrsg.): Historische DDR-Forschung. Aufsätze und Studien, Berlin 1993. Hartmut Kaelble/Jürgen Kocka/Hartmut Zwahr (Hrsg.): Sozialgeschichte der DDR, Stuttgart 1994. Themenheft zur Sozialgeschichte der DDR von Geschichte und Gesellschaft 19 (1993).

13 Jürgen Kocka: Eine durchherrschte Gesellschaft, in: Kaelble/Kocka/Zwahr (Hrsg.): Sozialgeschichte der DDR, S. 547–553. Alf Lüdtke: »Helden der Arbeit« – Mühen beim Arbeiten. Zur Mißmuten Loyalität von Industriefacharbeitern in der DDR, ebenda, S. 188–213. Richard Bessel/Ralph Jessen (Hrsg.): Die Grenzen der Diktatur. Staat und Gesellschaft in der DDR, Göttingen 1996. Vgl. auch Stefan Wolle: Die heile Welt der Diktatur. Alltag und Herrschaft in der DDR 1971–1989, Berlin 1998. Zum Begriff des »Eigensinns« vgl. Oskar Negt/Alexander Kluge: Geschichte und Eigensinn, Frankfurt a. M. 1996.

hen die verschiedenen Phasen des SED-Systems. 1995 kam es zu einer politisch aufgeladenen Debatte über die Gründung der SED. Während die PDS und Vertreter der HJ/FDJ-Generation der DDR die Vorstellung eines positiven Anfangs des SED-Systems zu verteidigen suchten, haben die Forschungen von Andreas Malycha und anderen überzeugend den Einsatz von Zwangsmitteln und Täuschungsmanövern bei der Vereinigung von KPD und SPD nachgewiesen, ein Ergebnis, dem sich auch Historiker aus dem Umfeld der PDS nicht zu entziehen vermochten.[14] Auch die Ausschaltung von Sozialdemokraten, die ihre Identität zu wahren suchten, ist inzwischen für die Folgejahre aufgearbeitet worden.[15] Insgesamt hat die Frühphase – die Politik der Sowjetischen Besatzungsmacht, die Militäradministration und die Speziallager einbezogen[16] – ein beachtliches Interesse gefunden. Die öffentliche Diskussion hat sich im übrigen vorrangig mit der stalinistischen Phase auf der einen Seite und der Spätphase des SED-Systems auf der anderen Seite beschäftigt. Zu einer der Schlüsselfragen in der Beurteilung des SED-Systems hat sich die im Hinblick auf die Bestimmung der Verantwortlichkeit für Handlungen und Prozesse bedeutsame Frage nach dem Verhältnis zur Sowjetunion entwickelt, die für die verschiedenen Phasen und Politikebenen differenziert zu beantworten ist.[17]

Die Repressionspraxis und das offensichtliche Legitimationsdefizit des SED-Systems sind Gründe dafür, daß in der Debatte die Vorstellung einer gleichwertigen Parallelgeschichte der DDR zur Bundesrepublik nur begrenzt Zustimmung gefunden hat. In der PDS und ihrem publizistischen Umfeld, in dem die Tendenz zur Apologetik in jeder Phase seit 1990 über die Bereitschaft zur selbstkritischen Auseinandersetzung mit dem SED-System dominiert

14 Andreas Malycha: Auf dem Weg zur SED. Die Sozialdemokratie und die Bildung einer Einheitspartei in den Ländern der SBZ. Eine Quellen-Edition, Bonn 1995. Vgl. Bernd Faulenbach/Heinrich Potthoff (Hrsg.): Sozialdemokraten und Kommunisten nach Nationalsozialismus und Krieg. Zur historischen Einordnung der Zwangsvereinigung, Essen 1998.

15 Harold Hurwitz unter Mitarbeit von Ursula Böhme und Andreas Malycha: Die Stalinisierung der SED. Zum Verlust von Freiräumen und sozialdemokratischer Identität in den Vorständen 1946–1949, Opladen 1997. Beatrix Bouvier: Ausgeschaltet! Sozialdemokraten in der Sowjetischen Besatzungszone und in der DDR 1945–1953, Bonn 1996.

16 Norman M. Naimark: Die Russen in Deutschland. Die sowjetische Besatzungszone in Deutschland, Berlin 1997. Bernd Bonwetsch/Gennadij Bordjugow/Norman M. Naimark (Hrsg.): Sowjetische Politik in der SBZ 1945–1949, Bonn 1998. Bodo Ritscher u. a. (Hrsg.): Die sowjetischen Speziallager in Deutschland. Eine Bibliographie, Göttingen 1996. Sergej Meronenko/Lutz Niethammer/Alexander von Plato (Hrsg.): Sowjetische Speziallager in Deutschland, 3 Bde., Berlin 1998 (Bd. II u. III i. E.).

17 Vgl. den für die Bundestagsenquete-Kommission »Die Überwindung der Folgen der SED-Diktatur im Prozeß der deutschen Einheit« erstellten Forschungsbericht von Bernd Bonwetsch u. Alexander Filitow über Handlungsspielräume der SED gegenüber Moskau (wird im Rahmen der Materialien der Kommission, siehe Anm. 2, publiziert werden). Vgl. auch den Schlußbericht dieser Kommission: Deutscher Bundestag, 13. Wahlperiode, Drucksache 13/11000, 10.6.98, S. 274 ff.

hat[18], ist die These einer prinzipiellen Legitimität des DDR-Weges vielfältig vertreten worden.[19]

Den Gegenpol zum früheren SED-Milieu, der PDS und ihrem Umfeld, bildeten in der gesamten Debatte die Opferverbände und die aus der Bürgerbewegung hervorgegangenen Aufarbeitungsinitiativen, die sich als »zivilgesellschaftliches Gewissen der neuen Bundesrepublik« verstehen.[20] Für diese Verbände standen stets der Repressionsapparat, die Repressionspraxis und die Verfolgten im Vordergrund des Interesses. Charakteristisch für die Veränderung des Klimas im Laufe der neunziger Jahre sind die anwachsenden Klagen dieser »Szene«, ihre Arbeit werde gesamtgesellschaftlich nicht hinreichend gewürdigt und politisch nicht ausreichend gefördert, und der Rechtsstaat versage bei der justiziellen Aufarbeitung.[21]

Deutlich werden sollte, daß es gewisse Verschiebungen und Veränderungen im Laufe der Debatte gab, was auch für die Frage der Einordnung des SED-Systems festzustellen ist.

Die Einordnung der SED-Diktatur

Nach der Epochenwende 1989/90 kam es international zu einer Wiederbelebung von Totalitarismus-Theorien (der Plural ist angesichts der Unterschiedlichkeit der unter diesem Begriff subsumierten Ansätze zu präferieren, obgleich der Singular als Sammelbegriff gebräuchlich ist), insbesondere auch in Deutschland, wo es seit den sechziger Jahren erbitterte Auseinandersetzungen über deren Tragfähigkeit gegeben hatte[22]. Unter dem Eindruck der Freilegung des gewaltigen Überwachungs- und Repressionsapparates, der Orwellsche Ausmaße annahm, wurde diese Theorie, die nicht zuletzt die Dimension »Repression« in den Vordergrund stellt, wieder auf die DDR übertragen. Das führte zu neuerlichen Debatten, in denen der heuristische Wert des Ansatzes

18 Vgl. Rainer Eckert/Bernd Faulenbach (Hrsg.): Halbherziger Revisionismus. Zum postkommunistischen Geschichtsbild, München/Landsberg 1996.

19 Siehe z. B. Stefan Doernberg: Zur Legitimität der beiden deutschen Wege nach 1950, in: Dietmar Keller u. a. (Hrsg.): Ansichten zur Geschichte der DDR, Bd. IV, Bonn/Berlin 1994, S. 123–135. Zur Geschichtssicht der PDS vgl. auch die anderen Bände der Reihe Ansichten zur Geschichte der DDR. 8 Bde. Bonn/Berlin 1993–1997.

20 Siehe Der Berliner Landesbeauftragte für die Unterlagen des Staatssicherheitsdienstes der ehemaligen DDR (Hrsg.): Zwischen Hoffnung und Resignation. Herausforderungen der Aufarbeitung kommunistischer Gewaltherrschaft. Dokumentation des ersten bundesweiten Treffens von Opferverbänden und Aufarbeitungsinitiativen vom 25. bis 27. April 1997 in Berlin, Berlin 1997. Der Ausdruck »zivilgesellschaftliches Gewissen« der neuen Bundesrepublik bei Wolfgang Kusior: Stellvertretung in der Aufarbeitung? Opferverbände und Aufarbeitungsinitiativen als das zivilgesellschaftliche Gewissen der neuen Bundesrepublik, S. 18–25.

21 Siehe Paul Gerhard Klussmann/Frank Hoffmann (Hrsg.): Die Opfer der SED-Diktatur: Ohnmacht und Protest. Dokumentation des Kolloquiums des Institutes für Deutschlandforschung der Ruhr-Universität Bochum, Bochum 1998, bes. S. 108 ff.

22 Siehe Alfons Söllner/Ralf Walkenhaus/Karin Wieland (Hrsg.): Totalitarismus. Eine Ideengeschichte des 20. Jahrhunderts, Berlin 1997. Achim Siegel: Die Konjunkturen des Totalitarismuskonzeptes in der Kommunismusforschung. Eine wissenschaftssoziologische Skizze, in: Aus Politik und Zeitgeschichte, B 20/1998, S. 19–31.

für die Erforschung der Geschichte des SED-Systems überwiegend nicht mehr grundsätzlich in Frage gestellt, die Theorie jedoch modifiziert und flexibel angewendet wurde.[23] Einige plädierten im Hinblick auf die DDR für den offeneren Begriff »Diktatur«, was begründet erscheint, wenn mit Hannah Arendt als Kennzeichen totalitärer Herrschaft gefragt wird, »wer ein Lebensrecht auf Erden haben soll und wer nicht«.[24]

Debattiert wurde über die Frage der Vergleichbarkeit mit dem NS-System, die etwa in der Wendung von den »beiden Diktaturen« bzw. der »ersten« und der »zweiten« Diktatur unterstellt wird. Die kriminelle Energie – so wurde bald allgemein anerkannt – ist nicht vergleichbar. Der Judengenozid und der Vernichtungs- und Eroberungskrieg NS-Deutschlands sind ohne Parallele, eine Einsicht, die manche zu einer Unterschätzung der Verbrechen der kommunistischen Diktatur verleitete. Heute scheint man sich darauf verständigt zu haben, die Unterschiedlichkeit zu konstatieren, doch dabei auch das stalinistische Unrecht nicht zu vergessen. Die von mir 1991 im Kontext der Auseinandersetzung um die Neugestaltung der Gedenkstätten der DDR improvisierte Formel hat inzwischen vielfach Zustimmung gefunden: »Die NS-Verbrechen dürfen weder durch die Verbrechen des Stalinismus relativiert, noch darf das Unrecht der Nachkriegszeit mit Hinweis auf die NS-Verbrechen bagatellisiert werden.«[25] Zwar gab es Tendenzen zur gegenseitigen Aufrechnung – im internationalen Maßstab in der Einleitung zum Schwarzbuch des Kommunismus wie auf deutscher Ebene –, doch ist diesen vielfach widersprochen worden.[26] Umgekehrt lehnen manche jeden Vergleich grundsätzlich ab.[27] Unverkennbar gehört der Vergleich mit dem NS-System, auch da, wo er

23 Vgl. Jesse (Hrsg.): Totalitarismus im 20. Jahrhundert. Wolfgang-Uwe Friedrich (Hrsg.): Totalitäre Herrschaft – totalitäres Erbe, Tempe (Arizona) 1994. Kritisch zur Totalitarismustheorie Wolfgang Wippermann: Totalitarismustheorien. Die Entwicklung der Diskussion von den Anfängen bis heute, Darmstadt 1997.

24 Siehe Jürgen Kocka: Nationalsozialismus und SED-Diktatur im Vergleich, in: Ders.: Vereinigungskrise, S. 91–101. Thorsten Diedrich/Hans Ehlert: »Moderne Diktatur« – »Erziehungsdiktatur« oder was sonst? Das Herrschaftssystem der DDR und der Versuch seiner Definition. Ein Tagungsbericht, in: Potsdamer Bulletin für Zeithistorische Studien, Nr. 12, Februar 1998, S. 17–25.

25 Vgl. Empfehlungen zur Neukonzeption der Brandenburgischen Gedenkstätten, Berlin 1992, S. 53 (hier geringfügig modifiziert).

26 Courtois u. a.: Das Schwarzbuch des Kommunismus. Zur Diskussion über das Schwarzbuch siehe die Beiträge von Rudolf Walther und Heinrich August Winkler, in: Die Zeit, Nr. 48, 21.11.1997, S. 17–21; von Peter Hildermeier, Peter O. Chotjewitz und Manfred Henningsen, in: Die Zeit, Nr. 24, 4.6.1998 sowie von Gerd Koenen, in: Frankfurter Allgemeine Zeitung, Nr. 287, 10.12.1997.

27 Jürgen Habermas hat in der Anhörung der Enquete-Kommission »Zur Auseinandersetzung mit den beiden Diktaturen in Deutschland« dazu 1994 angemerkt: »Wo die Rechten zu Angleichungen neigen, wollen die Linken vor allem Unterschiede sehen. Die Linken dürfen sich über spezifische Gemeinsamkeiten totalitärer Regime nicht wegtäuschen und müssen auf beiden Seiten den gleichen Maßstab anlegen, die Rechten dürfen wiederum Unterschiede nicht nivellieren oder herunterspielen.« Materialien der Enquete-Kommission »Aufarbeitung von Geschichte und Folgen der SED-Diktatur«, Bd. IX, S. 698.

die Frage nach den Unterschieden einschließt, zu den strittigsten Punkten der Vergangenheitsdebatte.

Ein anderer Punkt der Debatte war und ist die unbestreitbare Veränderung der kommunistischen Herrschaft im Laufe der Entwicklung des SED-Systems. Gehen die einen von einer totalitären und einer posttotalitären Phase aus, so glauben die anderen, die Repressionsformen seien lediglich subtiler geworden, die totalitäre Qualität sei nie verlorengegangen. Letztere sehen als kennzeichnend für den späteren »avancierten Totalitarismus« gegenüber dem früheren den Wechsel von offenem »brachialen Terror« zu »lautlosen hochintegrierten Verfolgungs- und Disziplinierungsmechanismen« an.[28]

Fruchtbar erscheint im Hinblick auf diese Frage der Versuch, durch empirische Studien die beiden unterschiedlichen, gleichwohl verwandten Fragen nach der Durchsetzung des – tatsächlich nicht aufgegebenen – totalitären Anspruchs des Systems einerseits und nach den Grenzen der Diktatur andererseits zu beantworten. Mit diesen Fragen lassen sich Herrschaft und Gesellschaft bzw. Politik- und Sozialgeschichte miteinander verbinden.[29] Vor diesem Hintergrund sind neuere Interpretationsmodelle zu sehen wie das von Konrad H. Jarausch, der den Begriff »Fürsorgediktatur« in die Debatte eingeführt hat.[30]

Sinnvoll erscheint auch eine vergleichende Diktaturforschung, insbesondere der Vergleich mit den kommunistischen Systemen in Osteuropa, die spezifische Züge des SED-Systems – etwa die fehlende nationale Basis und die besondere Nähe zum sowjetischen System – hervortreten läßt. Diese komparative Forschung steht erst am Anfang.

In der Debatte spielt zugleich eine andere – bereits angedeutete – Vergleichsperspektive eine Rolle: die mit der Bundesrepublik. Versuche, von einer generellen Symmetrie unter den Bedingungen des Kalten Krieges auszugehen, haben nicht überzeugt. Strukturen und Politik des SED-Systems waren keineswegs gänzlich durch den Kalten Krieg determiniert, das gleiche gilt für die Bundesrepublik, was indes die Frage nach den Auswirkungen des Kalten Krieges nicht illegitim erscheinen läßt. Überzeugender wäre es, von einer asymmetrischen, jedoch verflochtenen Doppelgeschichte zu sprechen.[31] Ein intensiver, nach Phasen oder Aspekten differenzierender, gegebenenfalls modernisierungstheoretisch[32] geleiteter Vergleich könnte die Diskussion weiter voranbringen.

Zu den bereits heftig diskutierten Fragen gehört der Umgang der beiden deutschen Gesellschaften mit der Erinnerung an die Zeit des Nationalsozialis-

28 Klaus Dietmar Henke: Für eine »Anatomie des SED-Sozialismus«, in: Deutschland Archiv 31 (1998), S. 83–86. Vgl. demgegenüber Eckhard Jesse: War die DDR totalitär?, in: Aus Politik und Zeitgeschichte, B 40/1994, S. 12–33.

29 Siehe Karl Graf Ballestrem: Aporien der Totalitarismus-Theorie, in: Jesse (Hrsg.): Totalitarismus im 20. Jahrhundert, S. 237–251, S. 242 ff.

30 Konrad H. Jarausch: Realer Sozialismus als Fürsorgediktatur. Zur begrifflichen Einordnung der DDR, in: Aus Politik und Zeitgeschichte, B 20/1998, S. 33–46.

31 Einen derartigen Ansatz legt zu Grunde Peter Bender: Episode oder Epoche? Zur Geschichte des geteilten Deutschland, München 1996.

32 Siehe Anm. 61.

mus.[33] Kritisch beleuchtet worden ist in den ersten Jahren nach der Wende der »Antifaschismus« des SED-Systems, das die Geschichte nur höchst selektiv in den Blick nahm und als Legitimationsmittel kommunistischer Herrschaft instrumentalisierte; bestimmte Aspekte der Vergangenheit – der gesamte rassistische Komplex, vor allem der Judenmord – sind durch diesen Antifaschismus weitgehend verdrängt worden.[34] Diese begründete Kritik ist freilich auf Widerspruch gestoßen, weil frühere DDR-Bürger an diesen Antifaschismus »geglaubt« haben, der quasireligiöse Züge trug. Sie verstanden ihn keineswegs nur als »verordnet«, engagierten sich für ihn in dem Bewußtsein, etwas Gutes zu tun und haben die Vorstellung von der DDR als des moralisch besseren Deutschland internalisiert. Der Widerspruch konnte sich mit der Kritik verbinden, daß die Defizite des westlichen Umgangs mit der NS-Vergangenheit in den fünfziger und sechziger Jahren ausgeblendet würden. Die Forderung nach einer Revision der kommunistisch geprägten Geschichtskultur erschien manchen teils als Ignoranz der früheren Opposition der DDR, teils als Arroganz des Westens.[35] Inzwischen mehren sich die Stimmen, die für eine differenzierte vergleichende Betrachtung plädieren.

Insgesamt ist zu konstatieren, daß die Debatte über die Gegenwartsbedeutung der verschiedenen Vergangenheiten durch die Vereinigung zwar hinsichtlich der Nachkriegsepoche in ein neues Stadium getreten ist, doch – wie die Auseinandersetzungen um das Goldhagen-Buch, die Wehrmachtsausstellung, das Holocaust-Denkmal oder auch Martin Walsers Rede bei der Verleihung des Friedenspreises des deutschen Buchhandels zeigen – nach wie vor die Beurteilung der NS-Zeit und ihrer Relevanz in der Gegenwart im Mittelpunkt der geschichtspolitischen Debatte steht.[36]

33 Peter Graf Kielmannsegg: Lange Schatten. Vom Umgang der Deutschen mit der nationalsozialistischen Vergangenheit, Berlin 1989. Ulrich Herbert/Olaf Groehler: Zweierlei Bewältigung. Vier Beiträge über den Umgang mit der NS-Vergangenheit in den beiden deutschen Staaten, Hamburg 1992. Jürgen Danyel (Hrsg.): Die geteilte Vergangenheit. Zum Umgang mit Nationalsozialismus und Widerstand in beiden deutschen Staaten, Berlin 1995. Bernd Faulenbach: Erinnerung und Politik in der DDR und in der Bundesrepublik. Zur Funktion der Gedenkstätten für die Opfer des Nationalsozialismus, in: Deutschland Archiv 30 (1997), S. 599–606. Jeffrey Herf: Zweierlei Erinnerung. Die NS-Vergangenheit im geteilten Deutschland, Berlin 1998.

34 Vgl. Bernd Faulenbach: Die DDR als antifaschistischer Staat, in: Rainer Eckert/Bernd Faulenbach (Hrsg.): Halbherziger Revisionismus, München 1996, S. 47–68.

35 Christoph Kleßmann: Die doppelte »Vergangenheitsbewältigung«, in: Die Neue Gesellschaft/Frankfurter Hefte 12 (1991), S. 1099–1105. Bernd Faulenbach: »Bewältigung der jüngsten Vergangenheit« als Aufgabe der historisch-politischen Bildung in den beiden deutschen Staaten und im vereinigten Deutschland, in: Jahrbuch Arbeit, Bildung, Kultur 14 (1996), S. 241–263.

36 Vgl. Julius H. Schoeps (Hrsg.): Ein Volk von Mördern? Die Dokumentation zur Goldhagen-Kontroverse um die Rolle der Deutschen im Holocaust, Hamburg 1996. Hans-Günther Thiele (Hrsg.): Die Wehrmachtsausstellung. Dokumentation einer Kontroverse, Bonn 1997. Richard Chaim Schneider: Fetisch Holocaust. Die Judenvernichtung verdrängt und vermarktet, München 1997.

Die Debatte über die Bundesrepublik und ihre deutsch-deutsche Politik

Der Umbruch 1989/90 hat zu keiner vergleichbaren Debatte über die Bundesrepublik wie über die DDR geführt. Es gibt sogar Anzeichen dafür, daß durch die Konfrontation mit den Erfahrungen im SED-System sich die kritische Haltung gegenüber der Bundesrepublik – vor allem auf Seiten der Linken – abgeschwächt hat. In der Gegenüberstellung mit der DDR erschien die Bundesrepublik mit einem Mal geradezu in hellem Licht.

Doch wurden nach der Vereinigung von einigen westdeutschen Publizisten auch Charakteristika der »alten Bundesrepublik« in Frage gestellt. So galt die postnationale Identität der alten Bundesrepublik etlichen Betrachtern als überholt, während andere für das vereinigte Deutschland die postnationalen Errungenschaften der alten Bundesrepublik zu verteidigen suchten.[37] Kritisch beleuchtet wurde auch die »Machtvergessenheit« der alten Bundesrepublik, eine Kritik, die sich mit der Forderung verband, das vereinigte Deutschland müsse international – etwa im Rahmen von UN- und NATO-Aktionen – mehr Verantwortung übernehmen.[38] Sowohl für wie gegen diese Forderung ist mit historischen Argumenten gestritten worden. Tatsächlich wurde die deutsche Abstinenz im Rahmen derartiger Aktionen schrittweise revidiert.

Mit der Vereinigung wurde erneut über die Deutschlandpolitik bzw. die deutsch-deutsche Politik sowie über die frühere Beurteilung des SED-Systems in der Bundesrepublik gestritten. Die Frage, wie die verschiedenen bundesdeutschen Politiken – angefangen von der Politik Konrad Adenauers und seiner Gegenspieler, über die »neue Ostpolitik« bis zur Politik Helmut Kohls 1989/90 – angesichts des Vereinigungsprozesses zu beurteilen seien, führte dazu, daß gleichsam in einem Schnelldurchgang alle Schlachten der Vergangenheit noch einmal geschlagen wurden, wobei der erweiterte Quellenzugang eine neue Fundierung der Urteile versprach.[39] Diese Debatte, die öffentlich vor allem in der Phase 1990–94 geführt wurde, kreiste unter anderem um mögliche Alternativen in der Nachkriegszeit, die eine lange Trennungsphase erspart hätten, um die Beurteilung der Politik Stalins und die Reaktion des Westens. Debattiert wurde auch über die Kontinuität und Diskontinuität der westdeutschen DDR-Politik, insbesondere seit dem Regierungswechsel 1982, über die SPD-SED Gespräche zur Abrüstung und über den Streit der Ideologien in den achtziger Jahren.

In diesem Kontext meldeten sich auch einige »Forscher« mit Quellenfunden aus dem SED-Parteiarchiv zu den deutsch-deutschen Gesprächen zu

37 Vgl. Faulenbach: »Deutsche Sonderwege«, S. 15 ff.

38 Siehe Gregor Schöllgen: Angst vor der Macht. Die Deutschen und ihre Außenpolitik, Berlin/Frankfurt a. M. 1993. Hans-Peter Schwarz: Die Zentralmacht Europas. Deutschlands Rückkehr auf die Weltbühne, Berlin 1994. Vgl. auch ders.: Die gezähmten Deutschen. Von der Machtbesessenheit zur Machtvergessenheit, Stuttgart 1985.

39 Vgl. Materialien der Enquete-Kommission »Aufarbeitung von Geschichte und Folgen der SED-Diktatur in Deutschland«, Bde. V/1–3. Drechsler u. a. (Hrsg.): Getrennte Vergangenheit – gemeinsame Zukunft, Bd. III.

Wort. Mit den von ihnen teilweise aus dem Zusammenhang gerissenen, unkritisch gelesenen und tendentiös interpretierten Quellen bezichtigten sie westdeutsche Politiker – überwiegend Sozialdemokraten, aber auch Grüne und Christdemokraten – der moralisch bedenklichen, bestenfalls naiven Kollaboration mit der SED-Diktatur.[40] Dieses Verfahren wurde auch gegenüber westdeutschen Wissenschaftlern, namentlich der DDR-Forschung, angewandt.[41] Bei den insbesondere von Mitgliedern des Forschungsverbundes an der Freien Universität vorgetragenen Attacken und in dem sich daran anschließenden heftigen Streit ging es nicht zuletzt auch um die Verteilung öffentlicher Mittel. Einen letzten Höhepunkt erreichte die Auseinandersetzung in der Berliner Debatte über die Gedenkstätte Deutscher Widerstand 1997.[42]

Die unbestreitbar berechtigte Frage, inwieweit das SED-System und dessen Politik von westdeutscher Seite richtig eingeschätzt und eine angemessene und erfolgreiche Politik betrieben worden war, wurde von dieser »Entlarvungshistorie« in sehr einseitiger Weise gestellt und beantwortet, wobei sich ahistorische Urteilsbildung, moralischer Rigorismus und politische Interessen mischten. Wenn nicht alles täuscht, dann hat diese »Entlarvungspublizistik« sich inzwischen überlebt. In einem gelasseneren Klima gilt es die westdeutschen Wahrnehmungen und Fehlwahrnehmungen des SED-Systems und seiner Schattenseiten historisch-kritisch zu untersuchen.

Nicht übersehen werden darf, daß seit 1990 ein Teil der Öffentlichkeit und der Konservativen versucht hat, die DDR-Vergangenheit gegen die Linke in

40 Siehe Materialien der Enquete-Kommission »Aufarbeitung von Geschichte und Folgen der SED-Diktatur in Deutschland«, Bd. V/1, S. 1001 ff.; Bd. V/3, S. 2065 ff. Vgl. auch die Stellungnahme der Historischen Kommission beim Parteivorstand der SPD »Zum Umgang mit der jüngsten Geschichte in der gegenwärtigen politischen Auseinandersetzung«, abgedruckt in: Jahrbuch der Sozialdemokratischen Partei Deutschlands 1993/94, Bonn 1995, S. 333. Resolution zum Umgang mit Zeitgeschichte in der Öffentlichkeit. Verabschiedet von der Mitgliederversammlung des Verbandes der Historiker Deutschlands während des 40. Historikertages in Leipzig am 30.9.1994, in: Geschichte und Gesellschaft 21 (1995), S. 158 f. Jürgen Kocka: Chancen und Herausforderung. Aufgaben der Zeitgeschichte beim Umgang mit der DDR-Vergangenheit, in: Faulenbach u. a. (Hrsg.): Die Partei hatte immer recht, S. 239–249. Ferner Heinrich Potthoff: Die »Koalition der Vernunft«. Deutschlandpolitik in den 80er Jahren, München 1995.

41 Zur Kritik an der DDR-Forschung siehe Jens Hacker: Deutsche Irrtümer. Schönfärber und Helfershelfer der SED-Diktatur im Westen, Frankfurt a. M. 1992. Klaus Schroeder/Jochen Staadt: Der diskrete »Charme des Status quo«. DDR-Forschung in der Ära der Entspannungspolitik, in: Leviathan 21 (1993), S. 24–63. Vgl. dazu auch Sigrid Meuschel: Auf der Suche nach der versäumten Tat, ebenda, S. 407–433. Der Beitrag ist auch abgedruckt in Klaus Schroeder (Hrsg.): Geschichte und Transformation des SED-Staates. Beiträge und Analysen, Berlin 1994, S. 309–346. Klaus Schroeder/Jochen Staadt: Die Kunst des Aussitzens, S. 347–354. Vgl. auch Christoph Kleßmann/Martin Sabrow: Zeitgeschichte in Deutschland nach 1989, in: Aus Politik und Zeitgeschichte, B 39/1996, S. 3–14.

42 Siehe Klaus Schroeder/Jochen Staadt: Zeitgeschichte in Deutschland vor und nach 1989, in: Aus Politik und Zeitgeschichte, B 26/1997, S. 15–29, hier S. 20 ff. Die sich daran anschließende Kontroverse faßt zusammen Jürgen Schmädeke: Widerstandsforschung und DDR-Kontakte, in: Aus Politik und Zeitgeschichte, B 38/1997, S. 48–50. Jochen Staadt: Widerstandsforschung und vorauseilende Kompromißbereitschaft, ebenda, S. 50–52. Jürgen Kockas Stellungnahme zu Schroeder/Staadt ebenda, S. 52 f.

Deutschland zu instrumentalisieren. Man mag darin einen »vergangenheitspolitischen Kompensationsbedarf« des rechten politischen Spektrums sehen, in dem die Meinung verbreitet ist, die Linke benutze die NS-Vergangenheit gegen die Konservativen in Deutschland.[43] Die Tendenz zur politischen Instrumentalisierung der Vergangenheit ist bedenklich, weil sie zu einer Diskreditierung der Auseinandersetzung mit der Vergangenheit führen kann.

Die Bedeutung der Vergangenheitsdebatte für das Verhältnis zwischen Ost- und Westdeutschen und für den inneren Vereinigungsprozeß

Die Vereinigung wurde bekanntlich als Beitritt der DDR zur Bundesrepublik vollzogen.[44] Zuvor hatte die DDR-Bevölkerung das SED-System gestürzt und gab dann bewußt den Staat DDR auf, ein Tatbestand, der gelegentlich aus dem Blick gerät. Die Vereinigung war ein asymmetrischer Prozeß, in dem die westdeutschen Institutionen auf die frühere DDR schnell und relativ effizient übertragen wurden. Damit rückte auch die Asymmetrie der Geschichte der alten Bundesrepublik und der DDR in den Blick. Der durchaus problematische Transformationsprozeß hat die schwierige sozialpsychologische Situation dadurch verschärft, daß bis in den Alltag hinein alle Errungenschaften der DDR entwertet wurden und zugleich beachtliche Probleme wie die Massenarbeitslosigkeit auftraten, die nicht nur zu einer tiefen Verunsicherung, sondern auch zu einer allmählichen Wiederaufwertung der DDR bzw. einzelner Aspekte führte, die vielfach als »Nostalgie« oder »Ostalgie« bezeichnet wird.[45] Bei dieser Sicht spielt der bewußt-unbewußte Versuch eine Rolle, die eigene Identität zu verteidigen, sich nicht als »Deutsche zweiter Klasse«, sondern als Gruppe mit einem spezifischen Selbstbewußtsein begreifen zu wollen.[46]

43 Siehe Christa Hoffmann: Stunden Null? Vergangenheitsbewältigung 1945 und 1989, Bonn 1992, S. 235–310. Vgl. Ulrich Herbert: Drei deutsche Vergangenheiten. Über den Umgang mit der deutschen Zeitgeschichte, in: Arnd Bauerkämper/Martin Sabrow/Bernd Stöver (Hrsg.): Doppelte Zeitgeschichte. Deutsch-deutsche Beziehungen 1965–1990, Bonn 1998, S. 376–390, Zitat S. 387.

44 Der Begriff »Anschluß« würde sich anbieten, wenn er nicht für manche Beobachter durch die Vorgänge 1938 konnotiert wäre, mit denen der Beitritt der DDR zur Bundesrepublik in den meisten Hinsichten nicht vergleichbar ist. Vgl. Johannes L. Kuppe: Auseinandersetzung mit zwei Geschichten, in: Das Parlament, Nr. 49, 27.11.1998, S. 17.

45 Vgl. Lothar Fritze: Die Gegenwart des Vergangenen. Über das Weiterleben der DDR nach ihrem Ende, Weimar/Köln/Wien 1997, S. 93–114. Ders.: Irritationen im deutsch-deutschen Vereinigungsprozeß, in: Aus Politik und Zeitgeschichte, B 27/1995, S. 3–9. Ders.: »Ostalgie« – Das Phänomen der rückwirkenden Verklärung der DDR-Wirklichkeit und seine Ursachen. Expertise im Auftrag der Enquete-Kommission des Deutschen Bundestages »Überwindung der Folgen der SED-Diktatur im Prozeß der deutschen Einheit«. Manuskript 1997. Winfried Gebhardt/Georg Kamphausen: »Ostalgie«. Das Phänomen der rückwirkenden Verklärung der DDR-Wirklichkeit und seine Ursachen. Expertise im Auftrag der Enquete-Kommission (wie oben). Manuskript 1997.

46 Siehe Anm. 9, 48 und 58.

Dies ist der psychologische Hintergrund dafür, daß wachsende Teile der DDR-Bevölkerung eine Abwehrhaltung gegenüber der Aufarbeitung der SED-Vergangenheit eingenommen haben. Gefördert wurde diese Abwehrhaltung durch einen manchmal unangemessenen moralischen Rigorismus in der Beurteilung, eine Tendenz zum »posthumen Overkill« des SED-Systems bei manchen »Aufarbeitern« und den Versuch, Seiten der Realität der DDR, die nicht nur negativ zu sehen waren, auszublenden.

Christoph Kleßmann hat zu Recht darauf hingewiesen, daß »die Kluft zwischen einer sehr heterogenen individuellen und kollektiven Erfahrungsgeschichte einerseits und einer nüchternen Strukturanalyse andererseits« in der Zeitgeschichte besonders ausgeprägt ist.[47] Tatsächlich darf die Rekonstruktion von objektiven Strukturen und Prozessen an der subjektiven Ebene, die sich in Erfahrungen abgelagert hat, nicht vorbeigehen, weil die Subjekte in ihrer Vielfalt und Widersprüchlichkeit Komponenten der Strukturen und Prozesse waren.

Unverkennbar gibt es tiefgreifende Probleme bei der adäquaten Erfassung der DDR-Realität. Aus Sicht der früheren DDR-Bürger mangelt es an einem geeigneten kategorialen Rahmen und sie sind gegenüber dem vom Westen angebotenen zu Recht skeptisch. Der Tatbestand der »Durchherrschung« des Alltags durch das SED-System erschwert es vielen Ostdeutschen, zwischen der System- und der Lebensperspektive zu differenzieren, was im Hinblick auf westliche Gesellschaften angesichts der relativen Autonomie der Teil-Systeme viel leichter ist und dazu führt, daß Westdeutsche mit ungeeigneten Maßstäben die DDR-Realität und das Verhalten der Menschen beurteilen.[48] Zweifellos kann die DDR-Realität nicht ausschließlich als Ausfluß des SED-Systems begriffen werden, vielmehr hatte das Leben der Menschen einen »Eigensinn«, teilweise im Gegensatz, teilweise verknüpft mit diesem System.[49] Wir benötigen auf der Ebene von Wissenschaft und politischer Diskussion ein Kategoriensystem und eine Begrifflichkeit, die geeignet sind, die Spezifika der DDR und der osteuropäischen Gesellschaften angemessen zu erfassen.[50]

Zwar ist durch die Vereinigung mit der Bundesrepublik die Transformation in der früheren DDR wesentlich erleichtert worden, doch sind damit spezifische Probleme entstanden. Generell wirkt sich die Ost-West-Asymmetrie psychologisch belastend auf die Auseinandersetzung mit der Vergangenheit aus. Selbstverständlich ließ sich der Aufarbeitungs- und Diskussionsprozeß nicht

47 Christoph Kleßmann: Eine Enquete-Kommission als historisches Gewissen der Nation, in: Das Parlament, Nr. 46–47, 6./13.11.1998, S. 1.

48 Vgl. Christel Hanewinckel: Unvergleichliche Erfahrungen, in: Helga Grebing/Hans Otto Hemmer (Hrsg.): Soziale Konflikte, Sozialstaat und Demokratie in Deutschland, Essen 1996, S. 64 f. (siehe auch die sich daran anschließende Diskussion).

49 Siehe Anm. 13. Vgl. auch Bernd Faulenbach: Probleme der Musealisierung der DDR und ihrer Alltagsgeschichte. in: Gerd Kuhn/Andreas Ludwig (Hrsg.): Alltag und soziales Gedächtnis, Hamburg 1997, S. 26–41.

50 Vgl. auch Hans-Ulrich Wehler: Diktaturenvergleich, Totalitarismustheorie und DDR-Geschichte, in: Bauerkämper/Sabrow/Stöver (Hrsg.): Doppelte Zeitgeschichte, S. 346–352, hier S. 351 f.

auf Bürgerinnen und Bürger der früheren DDR beschränken.[51] Die Westdeutschen, die Medien, die Wissenschaft etc. mischten sich nicht immer mit der hinreichenden Sachkenntnis und dem nötigen Taktgefühl ein. Diese »Einmischung« veranlaßt viele Ostdeutsche und einige Westdeutsche dazu, die Auseinandersetzung als eine westdeutsche Erfindung und Einrichtung abzuqualifizieren und die Problematik der SED-Vergangenheit zu verharmlosen oder gar zu leugnen.

Theodor W. Adorno forderte Anfang der sechziger Jahre auf die NS-Zeit bezogen »schonungslose Reflexion einer kränkenden Vergangenheit, die uns mit einem anderen selbst konfrontiert als dem, was wir glauben und sein möchten«.[52] Diese Reflexion könne jedoch nur heilsam sein, wenn sie nicht als Waffe von außen gegen uns eingesetzt, sondern von innen als Reflexion wirksam werde: »Was propagandistisch geschieht, bleibt zweideutig«.[53] Gemessen an diesen Überlegungen gibt es im Hinblick auf die Aufarbeitung der SED-Diktatur erhebliche Probleme, weil sie von den Betroffenen teilweise als von außen kommend betrachtet wird.[54]

Es muß allerdings daran erinnert werden, daß die Gauck-Behörde auf wesentlichen Druck ostdeutscher Abgeordneter, insbesondere früherer Bürgerrechtler eingerichtet wurde, während die Mehrheit der westdeutschen Abgeordneten und die damalige Bundesregierung sich distanziert zeigten. Das gleiche gilt für die beiden Enquete-Kommissionen des Deutschen Bundestages, in denen die schärfste Kritik an den Verhältnissen im SED-System von Abgeordneten und Sachverständigen aus den neuen Bundesländern artikuliert wurde. Hier verliefen die Gegensätze nie entlang der alten Ost-West-Trennung.[55]

Die Intensität und die Formen der Auseinandersetzung mit dem SED-System sowie die damit verbundene Geschichtsdebatte müssen vor dem Hintergrund der besonderen deutschen Geschichte, der Rolle der Westdeutschen und ihrer politischen wie Geschichtskultur gesehen werden. Dies zeigt ein Vergleich mit den osteuropäischen Ländern.

51 Vgl. Bernd Faulenbach: Bewahrung der Erinnerung. Bedeutung und Probleme der »Aufarbeitung« von Vergangenheit heute, in: Faulenbach/Meckel/Weber (Hrsg.): Die Partei hatte immer recht, S. 8–25, bes. S. 12 f.

52 Jürgen Habermas: Bemerkungen zu einer verworrenen Diskussion. Was bedeutet »Aufarbeitung der Vergangenheit« heute?, in: Die Zeit, Nr. 15, 3.4.1992, S. 82–84, hier S. 82.

53 Theodor W. Adorno: Was bedeutet Aufarbeitung der Vergangenheit?, in: Ders.: Eingriffe. Neue kritische Modelle, Frankfurt a. M. 1993, S. 125–146, Zitat S. 143.

54 Vgl. z. B. die heftige Kritik von Wolfgang Herzberg an der Enquete-Kommission zur Überwindung der Folgen der SED-Diktatur, in: Freitag, Nr. 33, 8.8.1997, S. 12.

55 So jedenfalls die Wahrnehmung des Autors, der Sachverständiges Mitglied beider Enquete-Kommissionen war.

Die deutsche Geschichtsauseinandersetzung in vergleichender Perspektive

Die Aufarbeitung der kommunistischen Herrschaft verläuft in den Ländern des früheren Ostblocks unterschiedlich – sowohl auf die Ebenen als auch auf die Intensität der Auseinandersetzung bezogen. Insgesamt gesehen ist der Prozeß in Deutschland umfassender und intensiver angelegt als in allen anderen Ländern.

Zu recht hat Timothy Garton Ash konstatiert, daß Deutschland im Vergleich zu den anderen osteuropäischen Ländern alle denkbaren Wege der Aufarbeitung zugleich beschritten habe: »In Deutschland gab es Gerichtsprozesse, Säuberungen und Wahrheitskommissionen. Noch dazu hat man systematisch die Akten der Geheimpolizei für jeden und jede geöffnet, der wissen will, was die Stasi ihm oder ihr oder was er oder sie anderen angetan hat. Das ist einzigartig.«[56] Ash fragte rhetorisch, welches andere postkommunistische Land überhaupt die Mittel habe, eine Einrichtung wie die Gauck-Behörde zu finanzieren. In der Tat spielen die im Vergleich zu den anderen Ländern ungleich größeren Möglichkeiten eine Rolle, die durch die Ressourcen des »großen Bruders« Bundesrepublik zur Verfügung stehen.

Sicherlich war die Umwälzung in der DDR das Werk ihrer Bürgerinnen und Bürger. Sie stürzten das SED-System und gaben in einem zweiten Schritt die DDR mehrheitlich auf – sie flohen gleichsam in die Einheit. Daß jedoch der Neubeginn stabilisiert, ein im Vergleich zu den osteuropäischen Staaten weitgehender Elitenaustausch durchgesetzt und eine umfassende Auseinandersetzung mit der SED-Diktatur möglich wurde, ist in erheblichem Maße auf die Hilfe des Westens zurückzuführen.[57] Der Preis dieses Neubeginns war die Übertragung bundesdeutscher Modelle auf die DDR, die zu den bereits skizzierten sozialpsychologischen Belastungen geführt hat.

Die wichtigsten Einrichtungen, die sich mit der SED-Diktatur auseinandersetzen, sind – wie erwähnt – zwar auf Betreiben Ostdeutscher eingesetzt worden. Doch daß derartige Institutionen eingerichtet werden konnten, war nur im gesamtdeutschen Kontext denkbar. Nirgendwo gibt es im früheren kommunistischen Herrschaftsbereich vergleichbare Einrichtungen wie die Gauck-Behörde, die SAPMO, die beiden Enquete-Kommissionen des Deutschen Bundestages oder die Stiftung zur Aufarbeitung der SED-Diktatur. Nirgendwo ist eine vergleichbar große Zahl juristischer Verfahren gegen die für Verbrechen Verantwortlichen angestrengt worden wie in Deutschland (auch wenn sie nur zu einem Bruchteil zu Verurteilungen geführt haben). Analoges gilt selbstverständlich auch für den – bezogen auf die Größe der DDR – unvergleichlich breiten und intensiven geschichts- und sozialwissenschaftlichen For-

56 Timothy Garton Ash: Vier Wege zur Wahrheit. Eine Zwischenbilanz, in: Die Zeit, Nr. 41, 3.10.1997, S. 44. Vgl. auch Bernd Faulenbach: Die Auseinandersetzung mit der kommunistischen Vergangenheit in vergleichender Perspektive, in: Isabelle de Keghel/Robert Maier (Hrsg.): Auf den Kehricht der Geschichte? Zur Auseinandersetzung mit der kommunistischen Vergangenheit, Hannover 1998.

57 Vgl. Klaus von Beyme: Systemwechsel in Osteuropa, Frankfurt a. M. 1994.

schungsprozeß. In allen diesen Bereichen spielten fast von Anfang an Westdeutsche eine entscheidende Rolle, so daß der von diesen Institutionen geleistete Beitrag von vielen Ostdeutschen als fremdbestimmt empfunden und deshalb abgelehnt wurde.[58] Wenn man die Entwicklung in den anderen Ländern vergleichend heranzieht, wird man zugleich jedoch fragen, inwieweit postdiktatoriale demokratische Gesellschaften in der Lage sind, ohne Hilfe von außen das Erbe der Vergangenheit in überschaubarer Zeit zu bewältigen.[59]

Zu den deutschen Spezifika gehört, daß die Auseinandersetzung mit der SED-Diktatur durch die vorhergehende Auseinandersetzung mit der NS-Zeit beeinflußt ist. Von Anfang an ist die »Bewältigung« der SED-Vergangenheit mit der der NS-Vergangenheit in Bezug gesetzt worden. Es läßt sich die These wagen, daß ohne den langen und mühsamen, letztendlich gründlichen Prozeß der Aufarbeitung der NS-Diktatur in Westdeutschland der Aufarbeitungsprozeß der SED-Diktatur anders verlaufen wäre. Vielfach wurde die Aufarbeitung nach 1989 geradezu in Analogiezwängen zu der nach 1945 diskutiert, was zwar die Bereitstellung von Mitteln gefördert, doch die Erfassung der Spezifika der Geschichte des SED-Systems und der Konstellation in den neuen Ländern wohl mehr erschwert als befördert hat. Vergleicht man die beiden Aufarbeitungsprozesse, so ist der nach 1989 inzwischen ungleich weiter vorangeschritten als der Prozeß im vergleichbaren Zeitraum nach 1945.

Zusammenfassende Bemerkungen zum Stand der Auseinandersetzung über die Nachkriegsperiode

In den ersten Jahren nach der Wende stand die Abrechnung mit der SED-Diktatur im Mittelpunkt der »Geschichtsdebatte«. Artikuliert wurde sie vor allem von den früheren Oppositionellen und von den Opfern der SED-Diktatur. Sie fand aber auch in der breiteren Öffentlichkeit Resonanz, insbesondere bei denen, die schon immer eine kritische Haltung gegenüber dem Kommunismus vertraten. Ging es vielen an der Debatte Beteiligten nicht nur um Aufklärung über die Vergangenheit, sondern auch um Delegitimation des SED-Systems, versuchten manche Konservative darüber hinaus die SED-Vergangenheit der Linken im weitesten Sinne anzulasten und diese damit zu diskreditieren. Das konnte nur bedingt gelingen, weil die demokratische Linke sich in Ost- und Westdeutschland an dem Prozeß der kritischen Auseinandersetzung mit dem SED-System beteiligte. Insgesamt gesehen setzte sich in weiten Teilen der deutschen Gesellschaft ein antitotalitärer Konsens durch.[60]

58 Vgl. Daniela Dahn: Westwärts und nicht vergessen. Vom Unbehagen an der Einheit, Berlin 1996. Wolfgang Dumcke/Fritz Vilmar (Hrsg.): Kolonialisierung der DDR. Kritische Analysen und Alternativen des Vereinigungsprozesses, Münster 1996.

59 Zum Begriff »antitotalitärer Konsens« siehe Jürgen Habermas in der Anhörung der Enquete-Kommission »Zur Auseinandersetzung mit den beiden Diktataturen in Deutschland«, in: Materialien der Enquete-Kommission »Aufarbeitung von Geschichte und Folgen der SED-Diktatur«, Bd. IX, S. 686–694. Drechsler u. a. (Hrsg.): Getrennte Vergangenheit – Gemeinsame Zukunft, Bd. IV. S. 690 f.

60 Herbert: Drei deutsche Vergangenheiten, S. 386.

In der zweiten Phase trat das Motiv der Abrechnung in den Hintergrund, moralische Wertungen verloren an Schärfe, der kritische Impuls begann sich abzuschwächen, differenziertere Urteile fanden mehr Gehör. Allerdings machten sich nun auch wieder verharmlosende und apologetische Tendenzen bemerkbar; ein nachlassendes Interesse war in der Öffentlichkeit unübersehbar. Insgesamt hat die seit 1990 auf der Basis großer neuer Quellenbestände arbeitende wissenschaftliche Forschung zunehmend an Gewicht für das Bild der Nachkriegsepoche gewonnen, was zu einer Versachlichung und Differenzierung der Urteilsbildung beiträgt.

Seit 1990 ist von Wissenschaftlern verschiedener Fachrichtungen, insbesondere von Historikern und im Auftrag der Enquete-Kommissionen, eine Fülle von Materialien zur Geschichte der DDR zusammengetragen worden, so daß inzwischen zu vielen Tatbeständen eine fundierte Urteilsbildung möglich ist. Dieser Prozeß ist selbstverständlich noch nicht abgeschlossen.

Die Gesamtbeurteilung betreffend ist die relative Isolierung der DDR-Forschung meines Erachtens zu überwinden unter anderem durch eine vergleichende Diktaturforschung; Forschungen zur Kontinuitätsproblematik; Arbeiten zur asymmetrischen deutsch-deutschen Geschichte, in denen etwa die verschiedenen Modernisierungskonzepte zu vergleichen wären[61]; und weitere Forschungen zum beziehungsgeschichtlichen Verhältnis, insbesondere zum überwiegend asymmetrischen Kommunikationszusammenhang.

Die Beschäftigung mit diesen Fragenkomplexen könnte dazu beitragen, neben der Rekonstruktion von Einzelfragen eine neue Gesamtsicht der beiden deutschen Staaten und ihrer Gesellschaften vorzubereiten, in der die jeweiligen Spezifika ebenso zu berücksichtigen wären wie Gemeinsamkeiten und das Verhältnis zueinander im Kontext der internationalen Rahmenbedingungen.[62] Tatsächlich ist in der Vergangenheitsdebatte die geteilte Vergangenheit bislang kaum als gemeinsame Geschichte begriffen worden, worin eine wesentliche Aufgabe der kommenden Jahre zu sehen ist.

Neben der institutionell abgesicherten wissenschaftlichen Auseinandersetzung mit der Vergangenheit und der publizistischen Diskussion hat sich eine Erinnerungskultur herausgebildet, die von Opferverbänden und Aufarbeitungsinitiativen getragen wird. Diese versuchen, die Erinnerung an die Opfer der SED-Diktatur zu bewahren und über Strukturen und Funktionsweise, insbesondere des Repressionsapparates, aufzuklären. Diese Erinnerungskultur ist nur teilweise mit der ungleich breiteren Erinnerungskultur, die der nationalsozialistischen Vergangenheit gewidmet ist, verbunden; Einrichtungen und Initiativen beider »Kulturen« stehen häufig nebeneinander, sind nur in einzelnen Fällen miteinander vernetzt und sehen sich gelegentlich als Konkurrenten. Wenn die Erinnerungskultur, die sich mit der kommunistischen Diktatur auseinandersetzt, mit der auf den Nationalsozialismus bezogenen Erinnerungskul-

61 Zur Relevanz der Modernisierungstheorie für eine vergleichende Analyse vgl. Wehler: Diktaturenvergleich, S. 349 ff. Bezogen auf die 60er Jahre vgl. Bernd Faulenbach: »Modernisierung« in der Bundesrepublik und in der DDR während der 60er Jahre, in: Zeitgeschichte 25 (1998), H 9/10.

62 Herbert: Drei deutsche Vergangenheiten, S. 388.

tur und der wissenschaftlichen Diskussion keinen festen Kommunikationszusammenhang entwickelt, besteht die Gefahr, daß sie sich isoliert, eine besondere »Szene« bildet und keine gesamtgesellschaftlich Relevanz erreichen wird.

Die Auseinandersetzung mit der SED-Diktatur und mit der Nachkriegsvergangenheit insgesamt verlief überwiegend nicht entlang der alten Ost-West-Linien, machte jedoch die unterschiedlichen Erfahrungen der Ost- und der Westdeutschen bewußt. Angesichts der völlig veränderten Alltagswelt und der ungelösten Probleme der Vereinigung in den neuen Ländern (wie der gegenüber dem Westen etwa doppelt so hohen Arbeitslosigkeit) hat sich bei vielen Ostdeutschen die anfänglich sehr kritische Haltung gegenüber der DDR und dem SED-System abgeschwächt und zunehmend selektiven bzw. nostalgischen Erinnerungen an das Leben in der DDR Platz gemacht. Vor diesem Hintergrund wird von nicht wenigen die Auseinandersetzung mit der SED-Diktatur als westdeutsches Unternehmen abgelehnt.

War die intensive öffentliche Auseinandersetzung mit der SED-Diktatur prinzipiell ein Fehler, der nur zur Vertiefung der Spaltung führen konnte? Diese Frage kann meines Erachtens nicht bejaht werden. Anzumerken ist, daß aufgeklärte Vergegenwärtigung der Vergangenheit keineswegs – wie manche glauben – als ein probates Integrationsmittel von Nationen anwendbar ist. Hätte man die Auseinandersetzung unterlassen, wäre auch dadurch die politische Kultur belastet worden, was nicht nur die deutsche Nachkriegsentwicklung im Hinblick auf die NS-Zeit zeigt, sondern auch die jeweilige osteuropäische Entwicklung zunehmend erkennen läßt. Man wird schwerlich den oft zitierten Satz »das Geheimnis der Versöhnung heißt Erinnerung« in den Satz »das Geheimnis der Versöhnung heißt Vergessen« abändern können.[63] Auch ist keineswegs – wie zuweilen angenommen wird – von einer prinzipiellen Gleichrangigkeit aller »Erzählungen« über diese Zeit auszugehen, vielmehr durchaus der Versuch zu machen, über wichtige Fragen Diskurse zu führen und eine gemeinsame wissenschaftlich abgesicherte Sicht anzuzielen. Dabei werden immer einige Fragen strittig bleiben.

Für die weitere Entwicklung von geradezu entscheidender Bedeutung ist, daß die politisch-sozialen Probleme in Ostdeutschland verstärkt berücksichtigt und einer Lösung zugeführt werden. Nicht zuletzt aber müssen die Deutschen lernen, mit Unterschieden umzugehen, was einschließt, daß ostdeutsche Fragen, etwa nach dem Verhältnis von Freiheit und sozialer Sicherheit, ernstgenommen werden. Deutsche Einheit heißt nicht, daß zwischen Ost und West in allen soziokulturellen Aspekten Übereinstimmung herrschen muß.[64] Aller-

63 Vgl. Christoph Kleßmann: Verflechtung und Abgrenzung. Aspekte der geteilten und zusammengehörigen deutschen Nachkriegsgeschichte, in: Aus Politik und Zeitgeschichte, B 29–30/1993, S. 30–41. Begrifflich läßt sich ein derartiges Konzept nur schwer fassen, wie etwa der Begriff »asymmetrisch verflochtene Parallelgeschichte« zeigt.

64 Vgl. Hans-Joachim Veen: Innere Einheit – aber wo liegt sie? Eine Bestandsaufnahme im siebten Jahr nach der Vereinigung Deutschlands, in: Aus Politik und Zeitgeschichte, B 40–41/1997, S. 19–28. Bernd Faulenbach: Ost-West-Unterschiede als Herausforderungen politischer Bildungsarbeit im vereinigten Deutschland, in: Jahrbuch Arbeit, Bildung, Kultur 15/16 (1997/98), S. 89–101.

dings müssen bestimmte gemeinsame Grundlagen anerkannt werden wie die Verfassung und die ihr zugrunde liegenden Prinzipien sowie ein gemeinsamer Solidarzusammenhang, der sich aus dem Wissen um eine schwierige, teilweise widersprüchliche Geschichte speist. Während darüber und über die deutsche Rolle in Europa sich ein Konsens abzuzeichnen beginnt, der in den alten Ländern wesentlich stabiler als in den neuen Ländern zu sein scheint, ist die Beurteilung der Vergangenheit derzeit noch in vielfältiger Weise umstritten. Die Auseinandersetzung mit den Vergangenheiten ist deshalb als gesamtgesellschaftlicher Klärungsprozeß weiterzuführen. Ein eigengewichtiger wissenschaftlicher Diskurs kann dazu beitragen, diesen Prozeß voranzubringen.

Peter Steinbach

Im Schatten des Dritten Reiches. Die beiden deutschen Staaten als postnationalsozialistische Systeme im Zugriff historisch-politikwissenschaftlicher Forschung und Deutung

Deutungen der Vergangenheit sind zu keiner Zeit und in keinem politischen System allein eine wissenschaftlich-akademische Übung, das alleinige Geschäft des hochprofessionalisierten Historikers gewesen. Interpretationen der Vergangenheit waren vielmehr immer auch das Ergebnis von nichtwissenschaftlichen Zielsetzungen, die mit Hilfe der Geschichtsschreibung durchgesetzt werden sollten. Insofern war die Geschichte zu allen Zeiten eine politische Wissenschaft. Sie reflektierte Grundfragen der politischen und sozialen Ordnung und wollte auf ihre Weise durch historisch orientierte Aufklärung positive und negative Tendenzen der Vergangenheit in das Bewußtsein rükken.

»Geschichte als politische Wissenschaft«[1] birgt allerdings Gefahren in sich, denn der Schritt von der politischen zur politisierenden Wissenschaft war schnell getan. Historiker gerieten deshalb – von Heinrich von Treitschke bis Michael Stürmer – immer wieder in politische Auseinandersetzungen, seltener in die Politik selbst, auf eine ihre Arbeit berührende Weise. Dies zeigte sich in den großen historischen Kontroversen der Nachkriegszeit, von der Fischer-Kontroverse bis zum Historikerstreit. Dabei wurde deutlich, daß die geschichtswissenschaftliche Forschung in der Gefahr stand, politische Rahmenbedingungen nicht nur zu reflektieren, sondern diese bei der Entwicklung von Fragestellungen und schließlich bei der Entwicklung von Interpretationen zu berücksichtigen. Gefragt und gedeutet wurde, was konvenierte; der historische Stoff wurde erschlossen und auf eine Weise interpretiert, die Identifizierungen ermöglichte. So erlag der Historiker zunehmend den Gefahren des journalistischen Metiers: Er berichtete nicht nur, was war, sondern er schrieb nicht selten über den Gegenstand seines Interesses eine Art Bewegungstext.

Besonders deutlich wurde dies nach Umbruchsituationen. Damit ist nicht nur die Situation von 1945 und von 1989 gemeint, als den Historikern zweier diktatorischer Systeme ein Umdenken und eine Bewältigung der Umbruchsituation selbst sowie eine Findung neuer Rollen zugemutet wurde. Dies betraf auch die Jahre 1918 und 1933, ja sogar 1871. Denn diese Jahre standen auch für verfehlte Hoffnungen und verschüttete Alternativen. Nach der Gründung des preußisch-kleindeutschen Reiches 1871 war es nicht mehr opportun,

1 Jürgen Bergmann/Klaus Megerle/Peter Steinbach: Geschichte als Politische Wissenschaft: Sozialökonomische Ansätze, Analyse politikhistorischer Phänomene, politologische Fragestellungen in der Geschichte, Stuttgart 1979.

ein großdeutsches Geschichtsbild zu propagieren. Schon gar nicht opportun war es, an die Versuche der revolutionären Bewegung von 1848 anknüpfend an der Verbindung von Einheits- und Freiheitsvorstellungen festzuhalten und aus diesen Beurteilungskriterien für die Gegenwart zu entwickeln. Nach 1918 verharrten die deutschen Historiker bis auf wenige Ausnahmen, zu denen Veit Valentin und Johannes Ziekursch, Ludwig Quidde und Eckart Kehr gehörten, in den Begründungs- und Bewertungsmustern des deutschen Kaiserreiches. 1933 wurden die Konflikte der Historiker, die an das eigene Gewicht geschichtlicher Überlieferung glaubten und sich der parteilichen Indienstnahme verweigerten, durch die Gründung eines Reichsinstituts für historische Forschung und die Gleichschaltung geschichtswissenschaftlicher Zeitschriften gelöst.

Die Folgen dieser Umorientierung erklären die Verunsicherung der Historiker nach dem Untergang des NS-Regimes. Daß es sich dabei aber durchaus um einen mit anderen politischen Zusammenbrüchen vergleichbaren Vorgang handelt, wurde jüngst am Beispiel der Auseinandersetzung mit den »beiden deutschen Diktaturen«[2] deutlich. Hier ging es nicht allein um die Neuorientierung der Historiker, sondern auch um die Legitimierung der neuen Ordnung und die Delegitimierung der überwundenen mit den Mitteln einer politischen und sich politischen Funktionen öffnenden Geschichtswissenschaft. Verstärkt wurde diese Tendenz nicht durch die Zwänge, die aus der Abwicklung von Forschungsinstituten resultierten, sondern durch die Nachwirkungen einer zeithistorischen Forschung, die im politischen Raum organisiert worden war. Das große Interesse an der Zeitgeschichte war zunächst das Ergebnis der politischen Forderung, die Vergangenheit aufzuarbeiten.

Realisiert wurde dieses Vorhaben mit Hilfe von Enquete-Kommissionen, deren Zusammensetzung und Arbeitsaufträge parlamentarische Kräfteverhältnisse und politische Interessen spiegelten. Dies bedeutete, daß die Zusammensetzung der Kommissionen politisch vermittelbar und deren Ergebnisse auch einen Themen- und Deutungsproporz spiegeln mußten. Sachverständige Mitglieder wurden ebenso proporzpolitisch bestimmt wie die Vergabe von Gutachten oder die Einladung von Sachverständigen. Insgesamt ist nicht zu bezweifeln, daß die Erforschung des SED-Staates starken politischen Rücksichten unterlag. Sehr schnell wurde die Arbeit der Kommissionen in die politischen Kontroversen über die Deutschland- und Ostpolitik, die Deutung der DDR-Geschichte und die Bewertung offener Fragen einbezogen. Es ging bald weniger um eine Erforschung der DDR-Geschichte, vielmehr um die Präsentation von Deutungen, die immer auf die politischen Auseinandersetzungen, insbesondere mit der PDS und der SPD, mit Koalitionsdiskussionen und den oppositionellen Bewegungen und Bestrebungen in der Endphase des SED-Staates, verwiesen. Die zeithistorische Erforschung der DDR wurde zum Politikum und diente unübersehbar tagespolitischen Zwecken.

2 Günther Heydemann/Eckhard Jesse (Hrsg.): Diktaturvergleich als Herausforderung. Theorie und Praxis, Berlin 1998.

Dabei wirkte sich ohne Zweifel die politische Konfrontation von Wahlauseinandersetzungen aus, die den Prozeß der Vereinigung begleiteten. Für manche ging es nicht um zeithistorische Forschung, sondern um die politische Auseinandersetzung mit der DDR, die »moralisch geächtet« werden sollte. Kein Mensch, der eine freiheitliche Verfassungsordnung kennengelernt hat, wird – bei aller Kritik an dem Spannungsverhältnis oder gar Widerspruch zwischen Verfassungsanspruch und Verfassungswirklichkeit – Diktaturen rechtfertigen wollen. Er wird möglicherweise die Entstehung, die Wirkung und die Folgen dieser Diktaturen unterschiedlich bewerten. Dies reflektiert auch lebensgeschichtliche Zusammenhänge. Die politischen Auseinandersetzungen um die Geschichte berührten so in der Regel die Vergangenheit der lebenden Generationen. Fast zwangsläufig wurden Historiker immer wieder zu Propagandisten in öffentlichen Kontroversen und konnten einen starken Einfluß auf die politische Wahrnehmungsfähigkeit der historischen Zunft ausüben. Dabei wirkte sich auch aus, daß insbesondere nach dem Sturz diktatorischer Systeme eine Auseinandersetzung mit ihrer Geschichtsschreibung ebenso unausweichlich wie notwendig war.[3]

In postdiktatorischen Zeiten kommt es darauf an, den Standort der überwundenen Ordnung in der Geschichte zu bestimmen. Dies kann auf der Grundlage vielfältiger Bezugspunkte geschehen, wie es jüngst Gerhard A. Ritter versucht hat,[4] oder in Form einer grundlegenden Besinnung erfolgen, wie sie mit den Namen von Alexander Abusch[5] und Friedrich Meinecke[6] verbunden bleibt. Dies erfolgt zuweilen in Lebensbeschreibungen oder in Betrachtungen, die allgemeine Geschichte und Lebensgeschichte verschränken. Nicht selten sind Untersuchungen, die in ihrer Interpretation geschichtspolitisch[7] motiviert sind, das heißt durch eine Analyse politische Deutungen der Vergangenheit anstoßen oder sichern wollen, mehr durch politische Faktoren als durch wissenschaftliche Ansprüche bestimmt.

Wenn die Gegenwart also ein wichtiger Schlüssel zur Vergangenheit ist, dann ist kaum überraschend, daß Deutungen der Geschichte auch in pluralistischen Gesellschaften stets den Versuch spiegelten, Geschichte in das Bewußtsein und damit in die Emotionalität der Zeitgenossen zu rücken. Das war

3 Vgl. jetzt Georg G. Iggers u. a. (Hrsg.): Die DDR-Geschichtswissenschaft als Forschungsproblem, München 1998 (= Beiheft 27 der Historischen Zeitschrift). Vgl. ferner Winfried Schulze: Deutsche Geschichtswissenschaft nach 1945, München 1989.

4 Gerhard A. Ritter: Über Deutschland. Die Bundesrepublik in der deutschen Geschichte, München 1998.

5 Alexander Abusch: Der Irrweg einer Nation. Ein Beitrag zum Verständnis der deutschen Geschichte, Berlin 1946.

6 Friedrich Meinecke: Die deutsche Katastrophe. Betrachtungen und Erinnerungen, Gütersloh 1946. Vgl. Michael Erbe (Hrsg.): Friedrich Meinecke heute, Berlin 1981.

7 Vgl. dazu demnächst den Sammelband von Edgar Wolfrum zur Geschichtspolitik, Göttingen 1999, sowie dessen Darmstädter Habilitationsschrift Der Weg zur bundesrepublikanischen Erinnerung: Geschichtspolitik und deutsche Frage in der Bundesrepublik Deutschland 1948/53 von 1990.

der Ausgangspunkt des Historikerstreits[8], der sich durchaus als Kampf um die kulturelle Hegemonie interpretieren läßt. Wer Emotionen wecken und dabei Sinnfragen stellen will oder gar beantworten kann, hat den Nerv der Zeit zu treffen. Versuche einer Vergegenwärtigung der Vergangenheit reflektieren deshalb sehr häufig Meinungsklimata, die nicht selten ein wenig hilflos als »Zeitgeist« beschrieben werden. Und sie lassen sich in der Regel auf politische Kontroversen, Entscheidungen und Konsensbildungen beziehen. Dies ist für die Forschung eine Chance und eine Gefahr: Eine Chance liegt in der Verbreiterung ihrer Attraktivität; eine Gefahr liegt darin, daß nicht selten die vergangene Wirklichkeit Opfer der Absicht des Historikers wird, die Aufmerksamkeit auf sich zu lenken.

Je weitreichender in diesem umfassend politischen Sinne historische Interpretationen der Vergangenheit angelegt sind, desto häufiger und desto deutlicher zeichnen sie sich durch ihre spezifische Möglichkeit zur politischen Instrumentalisierung aus. Wissenschaftliche Rezeptionsforschung und Rezeptionskritik versuchen, die hier nur knapp anzudeutenden Zusammenhänge zwischen politischen Interessen, Zeitgefühl, Zeitbewußtsein und wissenschaftlichen Interessen sowie Werturteilen zu erfassen und die Folgen dieses Zusammenhangs zu bestimmen. Sie stehen der Erforschung von Geschichtsbildern, deren Entstehung und Funktion nahe.[9]

Nach Umbrüchen von Diktaturen in »Postdiktaturen« stehen unausweichlich Umbewertungen an, wie auch die Diskussionen über den NS- und den SED-Staat in den vergangenen Jahren gezeigt haben. Sie beziehen sich jeweils auf die unmittelbar überwundene Epoche, versuchen diese aber auch in breite Bezüge einzuordnen. Dabei geht es in gleichem Maße um Kritik *und* Integration. Die Diktaturkritik hat der Vorbereitung einer neuen Ordnung zu dienen. Bei den Anhängern der Diktatur wird diese Kritik nicht selten negativ bewertet. Man spricht von Umerziehung, von Wendehälsen, von »Anpassern«. Dabei wird übersehen, daß die Integration von Individuen in eine postdiktatorische Ordnung unausweichlich ist, daß es also nicht um die Frage nach dem Sinn dieser Integration, sondern nur nach deren Umständen und Bedingungen gehen kann.

Die Integration dient der Eingliederung der Menschen, die unter diktatorischen Verhältnissen aufgewachsen sind, in eine demokratische Ordnung, der Distanzierung von der »alten Zeit« und der Erschließung neuer Deutungsangebote. Es geht also um die Diskreditierung der überwundenen Ordnung aus legitimatorischen Gründen und zugleich um die Entlastung derjenigen, die in dieser Ordnung gelebt haben, um die Rationalisierung »politischer Säube-

8 Peter Steinbach: Der Historikerstreit, in: Otto R. Romberg/Heiner Lichtenstein (Hrsg.): Täter – Opfer – Folgen. Der Holocaust in Geschichte und Gegenwart, Frankfurt a.M. 1995, S. 101–113.

9 Jürgen Straub (Hrsg.): Erzählung, Identität und historisches Bewußtsein. Die psychologische Konstruktion von Zeit und Geschichte, Frankfurt a.M. 1998. Jörn Rüsen/Michael Gottlob/Achim Mittag (Hrsg.): Die Vielfalt der Kulturen, Frankfurt a.M. 1998. Klaus E. Müller/Jörn Rüsen (Hrsg.): Historische Sinnbildung. Problemstellungen, Zeitkonzepte, Wahrnehmungshorizonte, Darstellungsstrategien, Reinbek 1997.

rung«[10] und Elitenbildung[11]. Nach Umbrüchen stehen vergangene Deutungen der Vergangenheit aus vielen Gründen und in besonderer Weise umfassend zur Disposition[12]. Damit rückt auch die politische Bedeutung der Geschichtswissenschaft erneut ins Blickfeld und wird zu einem wichtigen Gegenstand wissenschaftlicher Analyse, insbesondere dann, wenn Geschichtsdeutungen und Vorstellungen von Geschichte im politischen Zusammenhang der Systeme analysiert werden, welche die deutsche Geschichte im 20. Jahrhundert geprägt haben.[13]

Die politische Funktion von Wissenschaft wird besonders deutlich in Systemkonflikten oder nach Systembrüchen. Hier bietet es sich an, den Übergang von einer in Diktaturen betriebenen Geschichtswissenschaft in das Wissenschaftssystem der demokratischen Gesellschaft zu erforschen. Dies ist im Hinblick auf den Übergang von der nationalsozialistisch geprägten zur bundesrepublikanischen Geschichtswissenschaft mehrfach unternommen worden.[14] Im Hinblick auf den Übergang der Geschichtswissenschaft der DDR zur gesamtdeutschen Geschichtswissenschaft nach 1990 ergibt sich allerdings eine komplexere Ausgangssituation als 1945. Die in SBZ und DDR institutionalisierte Geschichtswissenschaft verstand sich ebenso wie die in Westdeutschland an den Universitäten verankerte historische Bindestrichdisziplin der Zeitgeschichte als Antwort auf die Nazifizierung der gesamten Geschichtswissenschaft und insofern als Vollzug eines Übergangs von der NS-Historie in eine neue, demokratisch geprägte Geschichtswissenschaft. Dies wurde besonders deutlich in der Institutionalisierung der »wissenschaftlichen Zeitgeschichte«[15] und in der kräftig betriebenen Institutionalisierung einer zeitgeschichtlich orientierten Politologie als »Demokratiewissenschaft«[16]. Darüber hinaus sah sich die DDR-Geschichtswissenschaft in viel stärkerem Maße als

10 Klaus-Dietmar Henke/Hans Woller (Hrsg.): Politische Säuberung in Europa. Die Abrechnung mit Faschismus und Kollaboration nach dem Zweiten Weltkrieg, München 1991.

11 Arnd Bauerkämper u. a. (Hrsg.): Gesellschaft ohne Eliten? Führungsgruppen in der DDR, Berlin 1997.

12 Grundlegend für die Untersuchung der Geschichtswissenschaft im NS-System ist Karen Schönwälder: Historiker und Politik. Geschichtswissenschaft im Nationalsozialismus, Frankfurt a. M. 1992.

13 Schulze: Deutsche Geschichtswissenschaft, bes. S. 16 ff. Ernst Schulin (Hrsg.): Deutsche Geschichtswissenschaft nach dem Zweiten Weltkrieg 1945–1965, München 1989.

14 Vgl. Rainer Eckert/Wolfgang Küttler/Gustav Seeber (Hrsg.): Krise – Umbruch – Neubeginn. Eine kritische und selbstkritische Dokumentation der DDR-Geschichtswissenschaft 1989/90, Stuttgart 1992. Rainer Eckert/Ilko-Sascha Kowalczuk/Isolde Stark (Hrsg.): Hure oder Muse? Klio in der DDR. Dokumente und Materialien des Unabhängigen Historiker-Verbandes, Berlin 1994.

15 Bodo Scheurig: Einführung in die Zeitgeschichte, 2. Aufl., Berlin 1970. Gerhard Schulz: Einführung in die Zeitgeschichte, Darmstadt 1992. Hans Rothfels: Zeitgeschichte als Aufgabe, in: Vierteljahreshefte für Zeitgeschichte 1 (1953), S. 1–8. Eberhard Jäckel: Begriff und Funktion der Zeitgeschichte, in: Ders./Ernst Weymar (Hrsg.): Die Funktionen der Geschichte in unserer Zeit, Stuttgart 1975, S. 162–176.

16 Hans Kastendiek: Die Entwicklung der westdeutschen Politikwissenschaft, Frankfurt a. M./New York 1977.

die westdeutsche Geschichtswissenschaft der Erwartung ausgesetzt, den im Untergang des NS-Regimes sichtbar gewordenen politischen Umbruch der deutschen Geschichte zu akzentuieren und so auch die politische Legitimation des »sozialistischen deutschen Staates« historisch abzusichern. Zugleich sollte sie dazu beitragen, die internationale Beachtung dieses »anderen Deutschland« zu erhöhen. Die Anerkennung dieser politisch-moralischen Neuorientierung war die Voraussetzung der Integration der DDR in das internationale System Osteuropas, innerhalb dessen die DDR eine tragende Rolle spielen sollte, wie jüngst Beate Ihme-Tuchel[17] gezeigt hat. Dies erklärt das vielfach von DDR-Historikern betonte merkwürdig doppelte Rollenverständnis: wissenschaftlich zu arbeiten und gleichzeitig politische Funktionen ausüben zu müssen.

Durch den Umbruch in Deutschland und durch die Vereinigung der beiden deutschen Staaten bietet sich für Historiker der DDR erstmals die Chance, unbeeinflußt durch politische Vorgaben und stillschweigend vorausgesetzte politische Erwartungen den Zusammenhängen zwischen wissenschaftlicher Autonomie und politischer Funktion am Beispiel einer Geschichtswissenschaft nachzugehen, die in der DDR ohne Zweifel zu den wichtigen Leitdisziplinen im Systemkonflikt gehörte. Allerdings scheint die historiographische Problematik der Geschichtswissenschaft im SED-Staat nicht hinreichend erfaßt werden zu können, wenn sich die wissenschaftskritische oder historiographiegeschichtliche Analyse auf diesen Aspekt beschränkt.

Unübersehbar ist, daß der Umbruch für Historiker der DDR nach einer langen Phase der politischen Instrumentalisierung der historischen Disziplin nicht nur eine neue Unbefangenheit bei der Untersuchung der Entwicklung der historischen Disziplin in der DDR, sondern auch neue Fragestellungen ermöglicht hat. Herausgehoben wurde keineswegs das Geleistete. Neben einer politisch-moralischen Verantwortung des Fachvertreters für ein sachlich vertretbares Geschichtsbild wurden nicht selten auch die offensichtlichen fachwissenschaftlichen Defizite der Disziplin kausal erklärt, die politischen Vorgaben unterworfen war.

Zu kritischen Fragestellungen – und selbstkritischen Fragen – fordern auch die neuen, in oftmals ungeahntem Maße ergiebigen, weithin unbekannten Quellen heraus, die durch den Umbruch in Osteuropa zur Verfügung stehen. Dies bedeutet nicht, daß die neuen Annäherungen an die vergangene Wirklichkeit in eine allgemein akzeptierte neue Sicht der Vergangenheit münden muß. Gerade nach Systemumbrüchen wie dem deutschen der Jahre 1989/90 zeigt sich, daß ein als gültig dargestelltes Geschichtsbild nur die Summe von unterschiedlichen Geschichtsbildern darstellt, die in der Gesellschaft verbreitet sind, aber von den Gruppen dieser Gesellschaft in der Regel nur partiell geteilt werden. Einzelne Gruppierungen versuchen, ihre Sicht der Vergangenheit verbindlicher zu machen, zumindest auf eine breitere Grundlage zu stel-

17 Beate Ihme-Tuchel: Das »nördliche Dreieck«. Die Beziehungen zwischen der DDR, der Tschechoslowakei und Polen in den Jahren 1954 bis 1962, Köln 1994.

len. Instrumente dieser Verbreitung sind Sprachregelungen, aber auch Lehrpläne, Prüfungsordnungen, geschichtspolitische Debatten. Sprachregelungen werden nur selten problematisiert, geschichtspolitische Debatten entfalten eine Selbstläufigkeit, und nur die schulische Kanonisierung bietet die Chance, Verbindlichkeiten für das Bild von der Vergangenheit zu erzeugen.

Hervorgehoben werden muß in diesem Zusammenhang, daß gerade die Konkurrenz dieser Bilder untereinander, insbesondere die Konfrontation der in beiden deutschen Gesellschaften bis 1989 akzeptierten jeweiligen Geschichtsvorstellungen, auch nach dem Umbruch spürbar geblieben ist. Es scheint, die Gegensätze der systembedingten Geschichtsdeutungen werden verlängert, also nicht automatisch in Gestalt höherer historischer Erkenntnis aufgehoben.

Das gilt vor allem für pluralistische Gesellschaften. Pluralismus bedeutet im Hinblick auf die Transformationsphase der westdeutschen und ostdeutschen Teilgesellschaften, daß auch die Konkurrenz der beiden deutschen Geschichtsbilder, -vorstellungen und -deutungen ausgehalten werden muß.[18] Da Geschichtsdeutungen in einer pluralistischen Gesellschaft stets umstritten bleiben müssen und die Angehörigen pluralistisch strukturierter Gesellschaften wohl niemals von der Annahme einer einzigen verbindlich deutbaren Geschichte ausgehen können, sind die Auseinandersetzungen um die »Bilder von Geschichte« in Deutschland nach dem Umbruch des Jahres 1989 nur zu verständlich – ebenso, wie die nicht selten äußerst heftig geführte Auseinandersetzung um die Voraussetzungen einer Bewältigung der Vergangenheit.[19]

Eine wichtige Grundannahme pluralistischer Gesellschaften für die Akzeptanz umstrittener Geschichtsdeutungen ist die Überzeugung, gerade die Vielfalt von Geschichten, die nebeneinander stehen, sei im Interesse einer besseren Erforschung der Vergangenheit und der integrativen Funktion der Geschichtsdeutung wünschenswert. Dies gälte, so wird betont, in besonderer Weise für zusammenwachsende Gesellschaften. Unübersehbar ist, daß die Bedeutung der Geschichtsdeutung in pluralistisch verfaßten Gesellschaften keineswegs sinkt, sondern daß den Konflikten um die historisch orientierte Sinndeutung eine besonders wichtige Rolle bei der Fixierung wertbezogener Grundpositionen zuzukommen scheint.

Konkurrierende historische Deutungen werden unvermeidlich Gegenstand einer in den politischen Raum ausstrahlenden Kontroverse, die im Kern auf die Legitimation politischer Ordnungen zielt. Hinzu kommt, daß sich machtpolitische Begründungen vielfach nicht als Folge eines politischen Kalküls, sondern als das Ergebnis historisch reflektierter, politisch-ethischer Grundentscheidungen darzustellen versuchen, bei denen der »historischen Erfahrung« geradezu die Bedeutung einer durch den Hinweis auf Vergangenheit plausibel

18 Vgl. Marc Ferro: Geschichtsbilder. Wie die Vergangenheit vermittelt wird – Beispiele aus aller Welt, Frankfurt a. M./New York 1991.

19 Vgl. Helmut König/Michael Kohlstruck/Andreas Wöll (Hrsg.): Vergangenheitsbewältigung am Ende des 20. Jahrhunderts, Opladen 1998 (= Leviathan-Sonderheft 18/1998).

gemachten moralischen Instanz zugesprochen wird. Diese Instanz kann sich nicht wissenschaftstheoretisch reflektiert begründen, sondern gewinnt ihre Plausibilität aus den gesellschaftlich verbreiteten Meinungsklimata. Diese wiederum entstehen durch Auseinandersetzungen und wirken aus dem politischen Raum auf wissenschaftliche Zugangsbemühungen zurück.

Besonders deutlich zeigt sich dies nach der Auflösung diktatorischer Systeme, denn sie werden politisch diskreditiert, was politisch-moralische Werturteile begünstigt. Zugleich setzt ein Vorgang der moralischen Differenzierung ein. Es wird nach Motiven und Interessen der Zeitgenossen gefragt, um die Anfälligkeit für diktatorisch orientierte Bewegungen zu erklären; begünstigt werden damit auch moralisierende Entlastungs- und Entschuldigungsprozeduren. Bald geht es nicht mehr um das Verständnis einer diktatorisch geprägten Wirklichkeit, sondern um die Auseinandersetzung mit Hoffnungen, Erwartungen, Illusionen und Fehlschlüssen, die Fehlhaltungen erklären sollen.

Nicht zuletzt diese Verbindung zwischen politischer Entscheidung und historischer Begründung macht die politische Brisanz gedeuteter Geschichte aus. Historiker, die sich eigentlich durch die Aufgabe definieren, die Vergangenheit möglichst angemessen zu erforschen und darzustellen, werden angesichts der Erwartung der Politiker, politische Ziele auch historisch zu begründen, und angesichts der Bereitschaft der Öffentlichkeit, historisch-politische Debatten zu beeinflussen, zunehmend zu politischen Faktoren. Diese beeinflussen die Stimmung der Bevölkerung und eröffnen sich im Zuge eines öffentlich inszenierten Streites die Chance, durch ihre Arbeiten oder wenigstens Diskussionsangebote bei der Erzeugung politischer Übereinstimmung auch günstige Ausgangspositionen für sich selbst oder ihr Fach zu erringen.

Wenn Geschichtsdeutungen infolge ihrer mobilisierenden, politisierenden und legitimierenden Wirkungen immer wichtiger für politische Auseinandersetzungen werden, ist der Wunsch politischer Führungsschichten durchaus naheliegend, das allgemeine Geschichtsbild und das Geschichtsverständnis ihrer Zeitgenossen zu beeinflussen und durch historische Diskussionen oder Auseinandersetzungen zur Orientierung der Öffentlichkeit beizutragen. Die in einer pluralistischen Gesellschaft verbreiteten Vergangenheitsdeutungen bewußt politisch zu gestalten, erfaßt meines Erachtens der Begriff »Geschichtspolitik«, der den Versuch beschreibt, politische Entscheidungen historisch zu legitimieren (und auf diese Weise gegen Kritik zu immunisieren) und damit dem Kritiker politischer Entscheidungen zugleich die Frage nach der eigenen Legitimation von Positionen zu stellen. Das läßt sich beobachten, wenn Politiker versuchen, im Rahmen einer öffentlichen Erinnerung nicht nur den »Grund« ihrer Politik zu fixieren, sondern politischen Kontrahenten zu unterstellen, gerade diesen nicht selten als historisch gesichert bezeichneten Grund verlassen zu haben. Hier ist die Bedeutung einer historisch orientierten politischen Begründung ebenso zu greifen wie die politisch-praktische Bedeutung einer Auseinandersetzung um Geschichte.

In besonderer Weise versuchen die politischen Bewegungen ihre politischen Positionen fundamental historisch zu legitimieren, die sich bei legitimatorischen Letztbegründungen ihrer Ziele oder ihrer Praxis auf historizistische Denkvorstellungen berufen. Sie argumentieren mit der Vorstellung eines Endes der Geschichte und beanspruchen, durch politische Gestaltung dieses Endziel der Geschichte schneller und nachhaltig zu erreichen. Historizistisch argumentierende Bewegungen sind entsprechend fundamentalistisch orientiert. Sie streben nicht nur eine Disziplinierung der Kulturakteure an, welche die Auseinandersetzung um den Sinn und den Horizont von staatlich verfaßten Gesellschaften durch Diskussions- und Reflexionsangebote zu führen haben, sondern sie neigen auch dazu, Kultur politisch zu instrumentalisieren und verbindlich vorzugeben. Auf diese Weise sollen Kultur und Vergangenheitsdeutung zu einer Ideologie im Sinne einer »herrschaftsstabilisierenden Fehlmeinung«[20] gemacht werden. Dieser Zusammenhang ist als ein ideologiekritisch zu analysierendes Problem bekannt, ließe sich aber vergleichend insofern präziser erforschen, als nunmehr nach dem Umbruch in Europa die Chance besteht, systembedingte geschichtspolitische Intentionen nicht nur anzunehmen und zu unterstellen, sondern auch zu dokumentieren und in eine diktaturvergleichende Arbeitsperspektive zu rücken.

Mit dem Ende des NS-Regimes ergab sich im Zuge der deutschen und europäischen Teilung in Deutschland allerdings eine besondere Situation, denn in der SBZ und DDR setzte sich ein System durch, das sich vor dem Hintergrund der historischen Erfahrungen in besonderer Weise auszuzeichnen schien: Es verstand sich als Antwort auf den deutschen »Faschismus« und als Ausdruck eines anderen Deutschland, das alle strukturellen Gefährdungen der deutschen Gesellschaft, die zur Herrschaft des Nationalsozialismus geführt hatten, beseitigte oder langfristig zu überwinden versprach.

Damit hatte die politische Kraft, die von den sich als besonders antimarxistisch gebenden Nationalsozialisten besonders bekämpft worden war, offensichtlich politisch gesiegt. Dieser Sieg schien einerseits durch hohe Opfer im kommunistischen Widerstand »verdient« worden zu sein, andererseits aber als das Ergebnis eines historischen Lernprozesses um so mehr akzeptiert zu werden, als die sowjetische Besatzungsmacht von Anbeginn beanspruchte, eine konsequente Politik des strukturell abgesicherten Antifaschismus[21] – vor allem durch Bodenreform und Verstaatlichung – betrieben zu haben. Dieser Antifaschismus hatte nicht allein eine rückwärtsgewandte Funktion, indem er die Auseinandersetzungen mit dem Nationalsozialismus historisch als »antifaschistische Auseinandersetzung« deutete. Er diente von Anfang an ganz zentral der Legitimierung der nach der Befreiung vom NS-Regime neu entstehenden Verhältnisse in der SBZ und der DDR sowie der Delegitimierung der westdeutschen Gesellschaftskonsolidierung und Staatsbildung. Der prokla-

20 Arnhelm Neusüß (Hrsg.): Utopie: Begriff und Phänomen des Utopischen, 3. erw. Aufl., Frankfurt a. M./New York 1986.

21 Claudia Keller/Literaturwerkstatt Berlin (Hrsg.): Die Nacht hat zwölf Stunden, dann kommt schon der Tag. Antifaschismus – Geschichte und Neubewertung, Berlin 1996. Antonia Grunenberg: Antifaschismus – ein deutscher Mythos, Reinbek 1993. Giorgio Amendola: Der Antifaschismus in Italien. Ein Interview, Stuttgart 1977.

mierte Antifaschismus hatte deshalb unverkennbar eine herrschaftsstabilisierende Funktion. Die schlichte Konstatierung dieses Zusammenhanges beschreibt die Konsequenzen einer politisierten Geschichtswissenschaft nicht eindeutig, denn es kommt auch darauf an, die Folgen dieser politischen Funktion für die wissenschaftliche Analyse der Vergangenheit und die Politisierung der Gesellschaft durch Ergebnisse einer politisch definierten Geschichtswissenschaft präzise und vielschichtig zu erfassen.

Aktuelle Weltsicht und gegenwärtiges Weltverständnis bestimmen entscheidend den Zugang zur Vergangenheit, zugleich die Deutung der Gegenwart aus der Vergangenheit und die Bereitschaft, zukunftsorientierte Planungsentscheidungen im Sinne von Vorausverfügungen zu tragen, die möglicherweise in der Gegenwart Opfer abverlangen. Während es in pluralistischen Gesellschaften kein einheitliches Weltverständnis geben kann, zeichnen sich moderne diktatorische Gesellschaften vor allem durch die häufig behauptete Annahme aus, Vergangenheit lasse sich im Hinblick auf Gegenwart und Zukunft geschlossen deuten. Die Folge einer derart antipluralistischen, in der Regel als totalitär zu verstehenden Annahme eines verbindlichen Geschichtsbildes ist die in Diktaturen bewußt gewollte Herabsetzung der Geschichtswissenschaft zur Geschichtspropaganda, also die Entwicklung von historischen Deutungsschemata, deren politische Funktion und deren Umsetzung in der öffentlichen Rezeption der Arbeitsergebnisse der Geschichtswissenschaft niemals zu verkennen war.

Konkurrieren in pluralistischen Gesellschaften unterschiedliche Weltsichten, die in der Regel nur in der öffentlichen Diskussion vermittelbar sind, so lassen sich in geschichtsholistisch[22] legitimierten Gesellschaften ausnahmslos Versuche nachweisen, die Vielfalt von historisch begründeten Interpretationen der Vergangenheit, der Gegenwart und der Zukunft einzuengen. Dies wirkt sich grundlegend auf jede Form des Umgangs mit der Geschichte aus: in der Publizistik ebenso wie im Geschichtsunterricht und in der Geschichtswissenschaft. Andererseits ist diese Verengung der Geschichte infolge ihrer politischen Instrumentalisierung nicht verständlich zu machen, wenn man nicht die Entwicklung der Geschichtswissenschaft in holistisch strukturierten – sowohl diktatorisch verfaßten als auch weltanschaulich-totalitär orientierten – Systemen untersucht und nach dem Verhalten der beteiligten Historiker fragt. Sie teilen nicht selten die legitimatorischen Prämissen des Systems, übernehmen aber auch häufig die beengende Zuschreibung von politischen Funktionen der Geschichtswissenschaft und akzeptieren damit nicht selten willig die ihnen zugedachte politisch-propagandistische Aufgabe. Das ist der prinzipielle Hintergrund der jüngsten Debatten über die Rolle später prominenter Historiker der Bundesrepublik im NS-Staat; weniger dramatisch ausgeweitet, berührt er die Akzeptanz politischer Funktionen der Geschichtsdeutung durch die Geschichtswissenschaftler.

Im Unterschied zu pluralistischen Systemen, in denen es ein Nebeneinander konkurrierender Geschichtsbilder gibt, wird die Geschichtswissenschaft in

22 Karl R. Popper: Das Elend des Historizismus, 2. Aufl., Tübingen 1969.

diktatorischen Systemen durch politische Einflußnahmen und politisch legitimierte Zielsetzungen eines guten Teils ihrer Autonomie beraubt; aus der Geschichtswissenschaft wird nicht selten eine geschichtsphilosophisch angereicherte Sinngebungsdisziplin, sehr oft sogar ein Instrument reiner Geschichtspropaganda. Die Historiker fügen sich diesem vielfach als Zwang wahrgenommenen Einfluß oder teilen freiwillig die Ziele einer politisch begründeten Geschichtswissenschaft, sie übernehmen oft auch propagandistische Funktionen in einer ideologisierenden historischen Leitwissenschaft[23]. Dies hat tiefgreifende Auswirkungen für die Wissenschaftsdisziplin Geschichte, denn die übernommenen Prämissen bestimmen nicht nur die Werturteile und Interpretationen, sondern auch den Quellenumgang und -zugang, also spezifische Formen einer wissenschaftlichen Erschließung der Vergangenheit.

Die Frage, wie nach Umbrüchen die Funktionen der Geschichtswissenschaft erforscht werden sollten, ist angesichts der genannten Verschränkung von Fragestellungen ebenso wichtig wie das Problem, welche Auswirkungen diese politisch-legitimatorischen Prämissen für die Erforschung der Vergangenheit selbst haben. Legitimation durch Geschichte bedeutet unvermeidlich: Vergangenheit zu gewichten in relevant und irrelevant, in erwünscht und unerwünscht, in schädlich und nützlich. Die Folgen derartiger Unterscheidungen lassen sich als wissenschaftliche Auswahlentscheidungen deuten; sie beeinflussen die Forschung grundlegend durch politisch verbindlich gemachte Vorgaben, die Einschränkung des Quellenzugangs, die freiwillige Übernahme von Vorgaben, der vielzitierten Akzeptanz einer »Schere im Kopf«. Nicht selten wird auch der Zugang zur Macht genossen, die Folge der Nähe von Historikern zu den politisch Mächtigen. Mancher Historiker rückt sich gern in das Licht eines Kanzlerberaters, andere begreifen sich als Politikberater, und einige akzeptieren sogar quasiadministrative Rollen, etwa in Gremien, die Verteilungsempfehlungen zu formulieren haben. Die Funktionsweise eines derartigen inneren Übertragungsmechanismus ist bis heute noch nicht hinreichend erforscht und stellt sich als ein exemplarisch anzugehendes Problem dar, die politische Funktion und Wirkungsweise der Geschichtswissenschaft zu erforschen.

In Gesellschaften mit einem holistisch strukturierten Geschichts- und Politikverständnis fehlt das Korrektiv zu Verengungen vergangener Wirklichkeiten, da die Bedingungen für geschichtspolitische Debatten infolge einer hochgradig eingeschränkten öffentlichen Auseinandersetzung denkbar schlecht sind. Denn auch Medien und Vereinigungen unterliegen einem politischen Gestaltungsanspruch, der sich als Normierung von Deutungen, als Zwang gegenüber Kontrahenten und Disziplinierung des »Abweichenden« und »Anregenden« äußert.

Es ist für den Historiker, aber auch für den Analytiker von geschichtspolitischen Zusammenhängen nicht leicht, die vielschichtigen Voraussetzungen

23 Helmut Heiber: Walter Frank und sein Reichsinstitut für Geschichte des neuen Deutschlands, Stuttgart 1966.

vielfältiger Entwicklungen und Folgen geschichtspolitischer Entscheidungen durch den SED-Staat zu analysieren. Das Ziel der herrschenden Führungsschicht, Geschichte und Kultur zur weltanschaulichen Absicherung ihrer Herrschaftsfunktionen zu instrumentalisieren, wird aber in vielen Publikationen und Aktionen öffentlicher Auseinandersetzung mit der Vergangenheit deutlich.

Bei dieser Feststellung, die Ansätze der fünfziger Jahre bestätigt, darf es aber nicht bleiben. Vielmehr sollten komparatistische Bezüge wichtige Neuansätze zur Erforschung der komplexen Zusammenhänge von Geschichte und Politik anregen, also die vielfältigen Funktionen der Geschichte als Politikum, als Ergebnis der Politisierung und als politisierender Anstoß für die Politik selbst konzeptionell klar und diktaturvergleichend in den Blick nehmen.

Bisher bot sich dafür vor allem der deutsch-deutsche Vergleich an. Allerdings fehlt es dem Blick auf die beiden deutschen Diktaturen nicht selten an klaren funktionalistischen Fragestellungen. Es kann ja nicht darum gehen, immer wieder zu betonen, welches Regime »schlimmer«, welches weniger schlimm war, oder immer wieder zu bekräftigen, im SED-Regime hätte es keinen Völkermord gegeben. Dies sind keine Fragestellungen, die sich funktionalistisch auf eine vergleichbare Ebene von Phänomenen, Prozessen und Problemen beziehen. So interessant etwa die sehr anregende These ist, die im sowjetischen Einflußbereich verharrenden Staaten und Gesellschaften hätten mit dem Antifaschismus über eine Ideologie verfügt, die eine geschichtspropagandistische und legitimatorische Funktion erfüllte und zugleich die soziostrukturelle Entwicklung von SBZ und DDR nachhaltig prägen konnte, so wenig öffnet sie sich dem Vergleich. Weil unter Rückgriff auf dieses Konzept eine bis heute nachwirkende, gegen den Mittelstand gerichtete Politik gerechtfertigt wurde, stellt sich heute die Frage, ob gerade die Analyse geschichtspropagandistischer Selbstlegitimation kritische Potentiale zu wecken imstande ist, aus denen sich ein neues politisches Selbstbewußtsein entwickelt. Vielmehr wäre es sinnvoll, etwa die Frage nach Machtdurchsetzungstrategien, sozialen Konsequenzen und funktionalen Kompensationen zu stellen.

Wenn der Nationalsozialismus durch die kleinbürgerlichen Mittelschichten an die Macht gelangte, wie die marxistische Faschismustheorie behauptete, dann war es folgerichtig, diese Sozialstrukturen zerstören zu wollen – mit den heute bekannten langfristigen und lähmenden Folgen. Diese theoretische Erklärung betraf aber nicht nur das Selbstverständnis der DDR, sondern fand, wie bekannt, auch Unterstützung bei westdeutschen Wissenschaftlern, etwa bei Reinhard Kühnl[24] und den Vertretern einer Faschismustheorie, die sich auf die negativen Folgen der Haltung des Kleinbürgertums konzentrierten.[25]

24 Reinhard Kühnl: Formen bürgerlicher Herrschaft. Liberalismus – Faschismus, Reinbek 1971. Ders.: Deutschland zwischen Demokratie und Faschismus. Zur Problematik der bürgerlichen Gesellschaft seit 1948, 3. rev. Aufl., München 1971.

25 Wolfgang Wippermann: Faschismustheorie. Zum Stand der gegenwärtigen Diskussion, 5. Aufl., Darmstadt 1989. Vgl. auch Renzo de Felice: Der Faschismus, Stuttgart 1977. Ganz konträr Hans-Helmuth Knüttler: Die Faschismus-Keule. Das letzte Aufgebot der deutschen Linken, Frankfurt a. M. 1993.

Geschichtspolitische Analysen konzentrieren sich also nicht nur auf die Deutungsmuster der Vergangenheit, auf ihre Entstehung und Instrumentalisierung, sondern zielen auch auf eine kritische Analyse politischer Begründungen, die Bedeutung für die Gegenwart haben. Eine wichtige Frage scheint zu sein, wie sich innerhalb der Gesellschaft und der politischen Strukturen von SBZ und DDR Strukturen der Autonomie halten, herausbilden oder wie sie eingegrenzt, gar aufgelöst und gegebenenfalls wiedergewonnen werden können: Wir haben uns bisher, so scheint mir, zu wenig auf die Frage konzentriert, wie sich in der sozialistischen Gesellschaft autonome Bereiche herausgebildet haben, wie diese Bereiche von ihren Trägern gestaltet worden sind. Dies schließt die Frage nach dem herrschaftsinstrumentellen Charakter der angesprochenen Sektoren Kirche, Wissenschafts- und Kulturorganisationen ein.

Diese Frage etwa ist das Hauptproblem bei der Würdigung der umstrittenen Kirchenpolitik, deren größte Herausforderung nicht in der Ausforschung durch einzelne Inoffizielle Mitarbeiter, sondern in der These liegt, daß die SED die Kirche und einzelne ihrer Vertreter als Instrument ihrer eigenen Politik mit der und durch die Kirche benutzt hat. Dies wäre ein gravierender Vorwurf, nicht allein wegen des möglicherweise verletzten Amtsverständnisses kirchlicher Vertreter, sondern weil die Autonomie der Kirche stets ein wichtiger Bezugspunkt oppositioneller Arbeit in der diktatorischen Ordnung war. Die Bewertung der Kirchen im SED-Staat bezieht sich auf die Funktion von Räumen einer innergesellschaftlich verankerten und gegenüber dem Staat verteidigten Autonomie.

Diese Problematik läßt sich auch auf andere Räume übertragen, die durch ihre angebliche oder tatsächliche Autonomie definiert sind. Zu diesen Räumen gehören auch die Wissenschaft, die Erziehung, die Publizistik – sie werden deshalb in liberal-demokratischen Systemen nicht selten sogar verfassungsmäßig geschützt. Dies bietet die Möglichkeit, zu einem umfassenden Gegenkonzept der diktatorischen Ordnung überzugehen: zur *civil society*, der »Bürgergesellschaft«[26], die gerade die Notwendigkeit von Bereichen der Autonomie reflektiert hat und in dieser Autonomie die Voraussetzung für die Lösung des Spannungsverhältnisses von Wandel und Stabilität, von Ordnung und Freiheit sieht. In der Theorie der *civil society* kommt nicht der Machtfrage, nicht dem Problem der Unterdrückung oder der Beherrschung die zentrale Bedeutung zu – im Mittelpunkt stehen die Entfaltung des einzelnen und seine freiwillige Selbstverpflichtung, Fragen der Benutzung von In-

26 Zivilgesellschaft läßt sich als Bürgergesellschaft übersetzen. Vgl. Bert van den Brink/ Willem van Reijen (Hrsg.): Bürgergesellschaft, Recht und Demokratie, Frankfurt a. M. 1995. Andererseits geht es bei diesem Herrschaftstyp nicht vorrangig um Beteiligung, sondern auch um das Selbstverständnis der Regierenden, die – vom Vertrauen getragen – mit der Herrschaft für begrenzte Zeit beauftragt worden sind. Eine weitere Dimension kommt mit dem Modell der »offenen Gesellschaft« hinzu; es rückt die Frage nach der Freiheit der Erkenntnis, der Urteils- und der Willensbildung in den Vordergrund. Das Gegenmodell zur Zivilgesellschaft stellt die totalitär verfaßte Gesellschaft dar. Vgl. Wolfgang Wippermann: Totalitarismustheorien: Die Entwicklung der Diskussion von den Anfängen bis heute, Darmstadt 1997.

stitutionen zur Durchsetzung einer auf die Menschenwürde bezogenen Verhaltenssicherheit, letztlich der Grenzen und Zwecke eines Gemeinwesens, das veränderbar ist.

Während die Vorstellung von der *civil society* davon ausgeht, daß es in der modernen Gesellschaft staatsfreie autonome Bereiche geben muß, zeigt die Analyse beispielsweise der SED-Kirchenpolitik,[27] daß Kirche und Gemeinde als autonome Bereiche im Interesse der Kräfte, welche die ihnen dienende Ordnung verteidigen wollten, nicht nur ausgehorcht, sondern ausgenutzt, gestaltet, schließlich sogar durch Institutionen der Diktatur gesteuert und instrumentalisiert wurden. Sie entwickelten sich nicht zu Bereichen der Selbstbehauptung des einzelnen, sondern zu politischen »Feldern« einer besonders problematischen Infiltration und Systemstabilisierung.

Die Räume der Autonomie werden auf unterschiedliche Weise beeinflußt. Diktatorische Regime streben danach, die Autonomie des einzelnen in den Bereichen Kunst, Kultur oder Wissenschaft aufzuheben, um diese Bereiche autonomer Artikulation gleichzuschalten, das heißt zu disziplinieren und zu instrumentalisieren. In dieser Hinsicht haben es die Mitglieder der *civil society* leichter als die Glieder einer staatssozialistischen Gesellschaft, weil die Wandlungsfähigkeit dieser Gesellschaft geradezu davon lebt, daß sich in ihr immer wieder autonome Räume institutionalisieren dürfen und gegen Anpassungsdruck von außen verteidigt werden können.

Dies gelingt in der *civil society* um so leichter, als ihr tragendes Prinzip eine vielfältig abgesicherte Öffentlichkeit ist, in der sich jede Verteidigung von Autonomie thematisieren läßt. Politiker, die Kirchen disziplinieren, die Kultur zum Bereich ihres politischen Einflusses machen, die wissenschaftlich zu interpretierende Akzentuierungen in der Geschichtsdeutung oder in der Kunstauffassung proklamieren, werden kaum in der Öffentlichkeit der liberal-demokratischen Gesellschaft einen entscheidenden Rückhalt finden. Wer in der Gesellschaft des westlichen Verfassungsstaates seine Autonomie verteidigt, wird im System öffentlicher Kommunikation dieser Gesellschaft nur gewinnen. Dieses System interagierender selbstbewußter und letztlich von staatlichen Institutionen nicht zu kontrollierender Öffentlichkeit fehlt in einer Diktatur, und deshalb ist es so schwierig, Bereiche der Autonomie zu verteidigen.

In der DDR gab es diese Möglichkeit zur Verteidigung der Autonomie nicht. Dies führt dazu, daß die agierenden Gruppen, die als Träger kultureller und wissenschaftlicher Bestrebungen eingeschätzt werden, in der Regel ganz präzise bestimmt und im Hinblick auf ihre Stellung innerhalb von Systemen und Subsystemen charakterisiert werden müssen. Dies wirft natürlich die Frage nach dem Intellektuellen, nach seiner Rolle und vor allem nach seiner Funktion auf. Intellektuelle haben unter anderem die Aufgabe, »Nachdenken öffentlich zu inszenieren«. Damit gehören sie zu einer Gruppe der Gesell-

27 Martin Georg Goerner: Die Kirche als Problem der SED. Strukturen kommunistischer Herrschaftsausübung gegenüber der evangelischen Kirche 1945 bis 1958, Berlin 1997. Gerhard Besier: Der SED-Staat und die Kirche. Der Weg in die Anpassung, München 1993. Ders.: Kirche unter zwei Diktaturen, in: Kirchliche Zeitgeschichte 6 (1993), S. 250ff.

schaft, die – manchmal den Wissenschaftlern ähnlich – ein charakteristisches Dilemma auszuhalten haben: Ihre Tätigkeit oszilliert zwischen Tradierung und Infragestellung, Überlieferung und Kritik, dem konventionellen und dem umstrittenen Bereich. Es wäre allerdings sehr unangemessen, die Funktion des Intellektuellen an dem absoluten Sonderfall von Václav Havel zu messen, der den sehr seltenen Typus des Intellektuellen in einem sozialistischen System darstellt, der sich bewußt in keiner Weise auf die Gesellschaft und die Herrschaftsordnung einließ. Viele andere sozialistische Intellektuelle taten dies ausschließlich oder, wie Leszek Kolakowski, für eine gewisse Zeit, indem sie versuchten, die sozialistische Gesellschaft, in der sie lebten, zu verändern. Sie bewahrten sich augenscheinlich eine Hoffnung, die Oppositionelle wie Havel nicht teilen konnten, und sie erkannten erst später als dieser, daß sich nicht einmal in den Räumen individueller Autonomie, der Privatsphäre, durch eigenes Nachdenken, individuelle Lektüre und geistige Auseinandersetzung der herbeigesehnte Wandel forcieren ließ.

Die Stoßrichtung der Systemopposition, die an wichtigen Grundlagen der diktatorisch-sozialistischen Gesellschaft festhielt und auf die Veränderung der Strukturen zielte, eröffnete natürlich anderen viel später die Möglichkeit zu behaupten, sie hätten dieselben Ziele wie diese Systemoppositionellen verfolgt und auch versucht, durch Kooperation mit dem System Voraussetzungen für einen fundamentalen Wandel zu schaffen. Weil sich der sozialistische, diktatorisch verfaßte Staat nicht auf die Existenz autonom gestalteter Räume einlassen konnte, versuchte er permanent, diese Bereiche zu kontrollieren oder durch Unterwanderung mitzugestalten. Dieser Versuch stieß auf Grenzen, die sich aus dem Charakter von Institutionen, aber auch aus den eingeschränkten Handlungs- und Gestaltungsmöglichkeiten des Staates ergaben. Er konnte durch Sprachregelungen, Belohnungs- und Belobigungsstrategien Einfluß auf die aktuellen Diskussionen und Textproduktionen nehmen, aber nicht die Traditionen in ihrer Wurzel beseitigen oder zuverlässig die Vergangenheit umdeuten. Damit werden auch die Grenzen von politisch verfügten Sprachregelungen angedeutet.

Diese Sprachregelungen haben eine mehrfache Funktion: sie legitimieren die Ordnung, die die Sprachregelung verfügt und anwenden läßt, und sie delegitimieren gleichzeitig die Ordnung, gegen die sich sprachliche Regelungen richten. Dies wird exemplarisch deutlich bei der Verwendung des Antifaschismusbegriffs, der nicht nur darauf zielte, die Gesellschaftsordnung der DDR als strukturell nichtfaschistisch und die Etablierung dieser Ordnung folglich als antifaschistisch zu interpretieren, sondern der gleichzeitig seine politische Schlagkraft daraus abzuleiten suchte, daß die weiterhin als Eigentumsordnung und kapitalistisches System charakterisierte Bundesrepublik Deutschland als potentiell faschistisch und tendenziell präfaschistisch beschrieben wurde.

Der Antifaschismus war keineswegs allein ein Konzept zur Legitimierung der DDR und der Staaten im politischen Einflußbereich der UdSSR. Der Begriff wurde stets auch in dem semantischen Kampf um die Delegitimierung der Bundesrepublik eingesetzt, deren Eigenschaft als nachnationalsozialistischer Staat auf diese Weise betont werden sollte. Es geht nicht darum, Entwicklungen geschichtspolitischer Art allein nachzuzeichnen, sondern es kommt darauf an, auch die möglichen oder gar intendierten Funktionen geschichtspolitischer Grundentscheidungen deutlich zu machen.

Die Frage ist dabei weniger, wie das Antifaschismuskonzept aussah und wie es theoretisch modifiziert werden kann, sondern es geht um die Frage, wie sich dieses Konzept als ein umfassendes geschichtspolitisches Deutungskonzept im Westen wie im Osten Deutschlands durchsetzen und seine komplexe Wirkung – nach innen legitimierend, im Verhältnis auf den anderen deutschen Staat delegitimierend – entfalten konnte. Dabei darf sich allerdings das Interesse nicht nur auf die politische Durchsetzung dieses Konzepts richten. Es müssen auch die Mechanismen und Stufen der Aufnahme dieses Konzepts in den geschichtswissenschaftlichen Forschungsprozeß, in die politische Pädagogik und schließlich in die Geschichtspropaganda untersucht werden – dies auch unter Einbeziehung der Veränderungen des Faschismusverständnisses und -konzeptes in Westdeutschland.

Noch einige Anmerkungen seien zu einem weiteren Interpretationskonzept gestattet, das mit dem Antifaschismusanspruch der DDR zusammenhängt und deutsch-deutsch vergleichend zu untersuchen ist, allerdings auf eine etwas komplexer komparatistische Weise, als es bisher vorgeschlagen worden ist. Wenn wir Probleme der Vergangenheitsbewältigung erörtern, sollten wir nicht nur die Legitimationskategorien aufnehmen, die dreißig oder vierzig Jahre angewandt wurden, um zu belegen, daß die Vergangenheitsbewältigung in der DDR besser als in der Bundesrepublik gelungen sei. Diese »historische Gerechtigkeitsfrage«, deren politische Legitimationsfunktion unmittelbar greifbar ist, wird durch die bekanntgewordenen Tatsachen der faktischen Bewältigung der NS-Zeit in der SBZ mit Internierungslagern, Waldheim-Prozessen etc. sehr eindringlich problematisiert.

Eine Alternative zu diesem Deutungsansatz bietet die Untersuchung der Funktionen von Vergangenheitsbewältigungen[28]. Es kommt in diesem Zusammenhang nicht darauf an, sich präzise klarzumachen, wie Nationalsozialisten nach 1945 in beiden deutschen Staaten ausgegrenzt wurden, sondern es kommt darauf an, die Voraussetzungen, Strukturen, Ergebnisse und Kosten der Integration belasteter Bevölkerungsgruppen in die beiden deutschen Teilgesellschaften zu erfassen. Dies wäre mit Sicherheit auch ein wichtiger Beitrag zum Verständnis gegenwärtiger Prozesse der Vergangenheitsbewältigung – der Diskussion über die Vergangenheit ebenso wie über die konkreten Schritte einer Integration »Belasteter«. Dieser Wille ermöglichte nicht zuletzt auch manchen Historikern der NS-Zeit die Rückkehr auf ihre Lehrstühle. Eine zielbewußte Erforschung der NS-Zeit war nicht ihr Ziel. Dies war vor allem die Folge von Strafverfahren gegen nationalsozialistische Gewalttäter, die vor 1958 vereinzelt angestrengt, dann aber mit dem Blick auf Gesamtkomplexe –

28 Peter Steinbach: Vergangenheitsbewältigungen in vergleichender Perspektive. Politische Säuberung, Wiedergutmachung, Integration, Berlin 1994.

Auschwitz, die Einsatzgruppen, die Vernichtungslager im Generalgouvernement – durchgeführt wurden. Die zeithistorische Forschung wurde ganz entscheidend durch die junge Politikwissenschaft vorangetrieben, deren Vertreter die Frage klären wollten, weshalb die erste deutsche Demokratie gescheitert war. Erst später rückte die Frage nach den Voraussetzungen und Stufen der nationalsozialistischen Machtergreifung in den Mittelpunkt des Interesses. Wenig später wurde auch der Widerstand breit erforscht, keineswegs nur aus dem Interesse an Funktionseliten, sondern auch aus dem Wunsch heraus, Spielräume von Entscheidungen zu bestimmen.

In diesem Zusammenhang wurden viele Fragestellungen entwickelt, die eine Fundierung funktionaler Fragestellungen einer vergleichenden Erforschung der Diktaturen des 20. Jahrhunderts erleichtern können. In diesem Sinne würde dann historische Forschung zu einem Ausdruck aktiver Bemühung um die Vergangenheit. Gewiß kann man viele Defizite der beiden deutschen Vergangenheitsbewältigungen ohne Zweifel zurecht bemängeln und jenen zustimmen, die hervorheben, daß in der Bundesrepublik die Konsequenzen der Integration »Belasteter« nicht frühzeitig im Hinblick auf ihre Kosten und Folgen bedacht wurden. Innerhalb der Geschichtswissenschaft sind allerdings zunehmend kritische Ansätze entwickelt worden, die Herrschaftsphänomene ebenso wie Unterdrückungstechniken zu analysieren halfen.

Wenn man sich jedoch andererseits fragt, wie denn die faktische Integration der durch ihre Einbindung in das NS-Regime belasteten Deutschen vor sich ging, dann wissen wir – abgesehen von den pauschalen Hinweisen etwa auf die NDPD oder auf die Diskussion über Wehrmachtsoffiziere in der NVA – sehr wenig über die DDR. Wir wissen nicht, wie konsequent neue Institutionen der Selbstverwaltung nach 1945 aufgebaut worden sind, und wir laufen dabei insgeheim Gefahr, die Durchsetzung kommunistischen Einflusses in Berlin ohne weitere Differenzierung zum Modellfall zu erheben. Wir fixieren uns nicht selten auf einzelne Fälle, auf Antifa-Schüler oder NKFD-Mitglieder, aber wissen nicht genau, wie Nachkriegsinstitutionen nach 1945 auch unter Beteiligung von Menschen, die wenig später als belastet galten und verdrängt, unterdrückt oder verschleppt wurden, neu aufgebaut worden sind.

Hier wären manche Studien über den Neuaufbau nach 1945 im Westen als methodische Anregung für eine über die Konzeptionsgeschichte hinausgehende Geschichte tatsächlicher Prozesse der NS-Überwindung heranzuziehen. Dabei könnte es gelingen, die Abschleifungsprozesse zu erforschen, denen ehemalige Nationalsozialisten ausgesetzt wurden. Sie waren die Voraussetzung für die Neuinstitutionalisierung von Universitäten oder Verwaltungen. Und es müßten präziser die Ausgrenzungsprozesse untersucht werden, welche die Durchdringung dieser Institutionen mit entschiedenen Parteigängern der SED zur Voraussetzung hatten.

Schließlich müssen wir uns über die Kategorien klar werden, die wir in der zeitgeschichtlichen Forschung verwenden. Viele sozialgeschichtliche Kategorien sind im Kontext der Untersuchung liberal-demokratischer Gesellschaften entwickelt worden. Deutlich wird dies etwa, wenn wir Konzepte der Mobilität im Hinblick auf die Gesellschaft in der DDR erörtern. Das gilt auch für die

Rolle der Intellektuellen der DDR, die sich als Kulturschaffende verstanden und denen eine herrschaftsstabilisierende Aufgabe zugeschrieben wurde.

Müssen wir nicht viel stärker als bisher geschehen berücksichtigen, daß einige Begriffe in den Kontext der liberal-bürgerlichen Demokratie gehören? Wie sinnvoll ist es, sie auf die SBZ und die DDR zu übertragen? Ist es wirklich angemessen, die Frage nach der sozialen Mobilität der westdeutschen Arbeiterschaft auf die Arbeiterschaft der DDR zu übertragen? Wäre es hingegen nicht überzeugender, die Eingrenzung und den Umbau von sozialen Gesichtspunkten stärker in die sozialgeschichtliche und vor allem begrifflich geklärte Analyse einzubeziehen?

Wir müssen beim Blick auf die beiden deutschen Diktaturen ganz bewußt und sehr präzise verschiedene, keineswegs nur semantische, sondern auch realhistorische Zusammenhänge unterscheiden, die durch Begriffe erschlossen werden. Dies gilt für den Begriff der Öffentlichkeit oder den Begriff des Widerstands. Hier haben wir ja einen Bereich, in dem politische Erfahrungen der Nachkriegszeit die Wahrnehmung zeithistorischer Phänomene beeinflussen, wie die Karriere widerstandsgeschichtlicher Begriffe der westdeutschen Forschung – etwa Resistenz, Dissidenz oder Nonkonformität – belegen.

An diesem Beispiel wird darüber hinaus deutlich, wie weitgehend eine zeitgeschichtliche Analyse der DDR von jenen Potentialen profitieren kann, die sich bereits in der Erforschung der nationalsozialistischen Diktatur gespiegelt haben. Voraussetzung ist allerdings die Lösung vom Zeitverständnis der analysierten Epoche: Es kommt nicht mehr oder zumindest nicht vorrangig darauf an, zu verstehen und zu erklären, welchen Vorstellungen oder Illusionen die Menschen anhingen, als sie sich auf die Ordnungen von Diktaturen einließen – die Furcht vor der Arbeitslosigkeit ist ebenso wie der Antifaschismusanspruch lediglich geeignet, innere Stimmungen deutlich zu machen und zugleich diejenigen moralisch zu entlasten, die diesen Stimmungen erlagen –, sondern es kommt darauf an, Begriffe zu entwickeln, die kritische Dimensionen der Diktaturforschung zu eröffnen vermögen.

Dazu eignen sich möglicherweise in besonderem Maße auch Konzeptionen, die aus der Analyse liberal-demokratischer Systeme entwickelt worden sind, ganz sicher scheint mir das aber nicht zu sein. Denn so wichtig die Erfassung der Strukturelemente dieser Systeme ist, so intensiv muß ihre Bedeutung für die Diktaturforschung immer wieder reflektiert werden. Ebenso wichtig und ebenso unverzichtbar wie diese Elemente ist die Definition der bekannten Strukturelemente von Diktaturen, die als Gegensatz jener Ordnungen begriffen wurden, die anknüpfend an die angelsächsische liberale Theorie als *civil society* bezeichnet werden. Die Begrifflichkeit der Analysen muß stets neu begründet und überprüft werden.

Ihre Grenzen finden die Analysen dann, wenn es weniger um Strukturbestimmung und Entwicklungsanalyse, als vielmehr um die Beschreibung von Befindlichkeiten geht, die wenig geeignet sind, die Untersuchungsgegenstände präzise zu erfassen. Und die Unzulänglichkeit historisch-politikwissenschaftlicher Analysen wird dann deutlich, wenn es nicht mehr um die Erforschung der Vergangenheit, sondern um ihre Deutung mit Blick auf gegenwärtige

Zwecke geht. Eine entscheidende Frage unseres Jahrhundert ist die nach dem Zivilisationsbruch im Zusammenhang mit der Geschichte der Diktaturen. Wer nur nach den Interessen der Herrschenden, nach ihren Zielen und Taktiken fragt, verstellt sich den Zugang zu Motiven, Stimmungen, Ängsten, aber auch Spielräumen der Politik. Erst in der vergleichenden Analyse geraten sie in den Blick – im Neben- und Gegeneinander historischer Erfahrungen, die aus unterschiedlichen Systemen resultieren.

Diese komparatistische Perspektive erleichtert die Wahrnehmung einer multiplen Zeitgeschichte. In der Tat geht es ja nicht nur um die doppelte Vergangenheit der nach 1945 in Deutschland entstandenen zwei Systeme, die sich als post- und antinationalsozialistisch verstanden. Historische Forschung rekonstruiert die Strukturen und die Wahrnehmungshorizonte; sie trägt so dazu bei, nicht nur Menschen in ihrer Zeit zu verstehen, sondern zugleich ein Gespür für die politischen Faktoren zu entwickeln, die aus der Vergangenheit eine in der Gegenwart gedeutete Geschichte machen.

In postdiktatorischen Zeiten wird unausweichlich über die Vergangenheit gestritten, auch heute. Statt den Entwurf einer selbstbewußten dynamischen Vereinigungsgesellschaft zu propagieren, verpuffen viele Energien im geschichtspolitischen Streit. Dabei geht es nicht nur um IMs, sondern vor allem um den Streit der Westdeutschen. »Wie hast Du es mit der DDR gehalten?« – dies ist, so scheint es, heute fast zur wichtigsten deutsch-deutschen Frage geworden. Dabei böte sich eine andere Frage an: »Was hieltest Du von der deutschen Einheit? Was machte sie Dir erträglich? In welchem Verhältnis standen bei Dir der Schmerz über die offene Wunde der Teilung und das Verhältnis zum Verfassungsstaat, zum Verhältnis von Freiheit und Einheit?«

Vergessen scheint angesichts der Mühen der Vereinigung die Last der Teilung, verdrängt wird der Preis, dessen Zahlung überhaupt eine Verbesserung der Lebensverhältnisse im geteilten Deutschland notwendig machte. Die Lebensverhältnisse in Deutschland waren nur konkret zu erfassen, abstrakt stritt man über die Politik: Einige bekannten sich zur Koexistenz, andere zur Konvergenz, einige Mutige plädierten für eine realistische Deutschlandpolitik. Dabei ging es, wohlgemerkt, um die DDR, die man damals noch in Anführungsstriche setzte oder durch das distanzierende »sogenannte« charakterisierte.

Das sind die Schlachten von gestern. Heute muß den Anforderungen einer dynamischen Vereinigungsgesellschaft genügt werden. Nur wenn die Glieder der deutschen Teilgesellschaften wissen, was sich aus gemeinsamen Ursprüngen 1945 in den beiden deutschen Staaten an unterschiedlichen Lebensstilen entwickelte, was Amerikanisierung und Sowjetisierung bedeuteten, wie sich unterschiedliche Erwartungen an den Parteienstaat hüben, den Fürsorgestaat drüben entwickelten, was Bildung in beiden Systemen und entsprechend die Zukunft bedeutete, gibt es eine Chance, zusammenzuwachsen.

Fritz Klein

Aufarbeitung deutscher Vergangenheit – gemeinsame Aufgabe von Ost und West

Eigentlich gehörten die Worte Ost und West in der Überschrift dieses Beitrages in relativierende Anführungszeichen. So, wie es jetzt dasteht, klingt es zu absolut. Wer, so muß man doch fragen, ist hier Ost und wer West? Natürlich gibt es im vereinten Deutschland bislang diesen Unterschied. Formulierungen aber, die fast so klingen, als richteten sie sich an die Historikerkohorten der ehemaligen Bundesrepublik und der DDR, sind nach der Wiedervereinigung doch obsolet. Ein Stück weiter sind wir immerhin – und um weiterzukommen auf eine vernünftige, produktive Weise bedarf es der Überwindung der lähmenden Konfrontation. Daß das mit dem Setzen von Gänsefüßchen nicht getan ist, ist mir bewußt.

Die in der Einladung zu dieser Konferenz gestellte Ausgangsfrage, ob die deutsche Nachkriegsgeschichte so gelesen werden könne, daß sie sowohl für West- als auch für Ostdeutsche als eigene und gemeinsame Geschichte begreifbar ist, beantworte ich mit einem klaren Ja, überzeugt wie die Veranstalter, daß ein »faires und differenziertes Geschichtsbild Voraussetzung der inneren Einheit unseres Landes ist« – gewiß nicht die einzige und kaum die wichtigste, wie sogleich hinzuzusetzen ist. Wir sollten offen sein bei unseren Bemühungen für die aus vielen Beobachtungen leicht abzuleitende Annahme, daß die Zahl derer, besonders wohl unter den Jüngeren, nicht allzu groß ist, die solch hohe Meinung von Geschichtsbewußtsein und Geschichtsbild haben.

Sie impliziert ein bestimmtes Grundverständnis von Geschichte. Daß man aus der Geschichte nur lernen könne, daß nichts aus ihr zu lernen sei, ist ein alter Spruch. Tausendfache Erfahrung durch die Zeiten spricht für diese These, die ich mir in ihrer Ausschließlichkeit gleichwohl nicht zu eigen mache. Immer wieder ist es so gewesen. Dennoch bleibt die Frage, ob es immer wieder und in jedem Falle so sein muß. Einfache Rezepte zur Fehlervermeidung und für Besserung in der Zukunft bietet die Geschichte sicher nicht. Sie kann es schon deshalb nicht, weil die Bedingungen des Handelns nie dieselben, die jeweils neuen Konstellationen nie identisch mit den früheren sind; ähnlich aber, vergleichbar in vielem, sind sie natürlich. Und nicht nur der verständliche Wunsch des Historikers, nützlich zu sein der eigenen Zeit mit dem, was er über vergangene Zeiten herausfindet, sondern das schlichte Bekenntnis zu einer grundsätzlich trotz aller Schwierigkeiten doch möglichen und erstrebenswerten, aufklärerischen Funktion von Geschichte liegt diesem Beitrag zu Grunde. Man kann aus der Geschichte lernen, wenn man es nur will. Und man sollte versuchen, es zu tun.

Der heutzutage leider bei manchen in Verruf geratene Begriff Aufklärung weckt die Erinnerung an einen ihrer Väter, der sich nachdrücklich zur Nützlichkeit von Geschichte bekannt hat. Die großen Fehler der Vergangenheit, meinte Voltaire, seien in jeder Beziehung sehr lehrreich. Verbrechen und Unglück könne man sich nicht oft genug vor Augen halten, denn beide ließen sich vorhersehen. Die Geschichte von Tyrannen könne – nicht müsse – Nationen daran hindern, einem Tyrannen die absolute Gewalt anzuvertrauen. Einprägsam ist in ihrer ironischen Plattheit dann die anschließende Bemerkung des alten Spötters, die Katastrophe Karls XII. vor Poltava mahne einen General, nicht ohne Verpflegung in die Ukraine einzudringen.[1] Noch wichtiger allerdings, möchte man fortsetzen, wäre wohl die Lehre, am besten überhaupt nicht einzudringen, gut oder schlecht verpflegt, wo man nichts zu suchen hat.

Das skurrile Zitat führt unmittelbar zu unserem Thema. Die 1945 bei allen aktiven politischen Kräften ganz selbstverständlich vorhandene Grundüberzeugung, aus der endlich überwundenen Zeit der Tyrannenherrschaft Lehren ziehen zu müssen – und zu können –, stand am Anfang der Nachkriegszeit, bestimmte Intention und Wirklichkeit der Entwicklung in West wie Ost. Überall in unserem Lande, in Ost und West, in Nord und Süd, hatten Deutsche die Herrschaft des Nationalsozialismus bejubelt, ertragen oder verflucht, unterstützt, hingenommen oder bekämpft, von den Verhältnissen profitiert oder unter ihnen gelitten. Dabei wird eine Gefahr deutlich: das klingt so leicht, als seien da auf der einen Seite »die Deutschen« und auf der anderen, den Deutschen gegenüber, das Regime, der Nationalsozialismus, der Terror, die Verhältnisse. Dabei waren wir es doch, »die Deutschen«, die in und mit ihrem Leben, so, wie wir es führten, Deutschland zu dem machten, was es damals war. Es bleibt wichtig, sich darüber klar zu sein, was es für Deutschland und die Deutschen bedeutete, zwölf Jahre hindurch in einem Regime gelebt zu haben, das nach innen und außen Angst und Schrecken verbreitete, das mit massenhafter Zustimmung der Deutschen an die Macht gelangte und sich in ihr behauptete nicht nur durch Terror, sondern mit zumindest zeitweise sogar wachsender Zustimmung. Sie blieb bis zu seinem verdienten Ende immerhin stark genug, daß dieses Ende nicht aus eigener Kraft bewirkt werden konnte, sondern nur von außen, durch andere, gewaltsam, unter riesigen Opfern.

Diese Gemeinsamkeit der Deutschen zwischen 1933 und 1945, ihr ganz besonderes, extremes Schicksal in diesen schlimmen Jahren, bestimmte für die folgenden Jahrzehnte das Leben in Deutschland in so hohem Maß, daß von gemeinsamer Geschichte auch in den Jahren der Teilung gesprochen werden kann. Beide deutsche Staaten standen unter dem überwältigenden Zwang, sich mit diesem gemeinsamen Erbe auseinanderzusetzen, das sie miteinander verband – ob sie es sehen wollten oder nicht. Beide erklärten die Überwindung dieses Erbes als den eigentlichen, den höchsten Zweck ihres Daseins. Beide begründeten den jeweils eingeschlagenen Weg damit, daß nur so der Faschismus wirklich überwunden werden könne, die richtigen und notwendigen Lehren

1 Nach Fritz Stern (Hrsg.): Geschichte und Geschichtsschreibung, München 1966, S. 48.

aus diesem dunkelsten Kapitel der deutschen Geschichte gezogen werden könnten. Die Auseinandersetzung aber wurde im ständigen, konkreten Vergleich geführt. Der behauptete Irrweg des anderen war ein ganz wichtiges Argument für die eigene Vortrefflichkeit. Die Übermächtigkeit des Themas, das auch in der Gegenwart des vereinigten Deutschlands alles andere als abgeschlossen ist, zeigt der flüchtigste Blick auf die Auseinandersetzungen unserer Tage: Goldhagen, Wehrmachtausstellung, Holocaust-Mahnmal, Neonazis, IG-Farben sind nur wenige Stichworte.

Das hier angedeutete Raster der Betrachtung hat Folgen. Grundsätzlich schwindet in dieser Sicht jeder Anspruch auf Ausschließlichkeit. Das gilt für die These der DDR-Propaganda, die Bundesrepublik sei nichts anderes als ein »Naturschutzpark für die großen Monopole, für die früheren Wehrwirtschaftsführer Hitlers, für die Militaristen und für den Neonazismus«, wie Walter Ulbricht es 1968 in einer Volkskammerrede ausdrückte, und es gilt für die Bezeichnung der SED als »rotlackierte Faschisten«, so Kurt Schumacher. Die Ablehnung solcher Totalkritik bedeutet natürlich nicht die Aufforderung zu kritikloser Hinnahme der jeweiligen Gegenposition. Es muß weiter danach gefragt und darüber gestritten werden, wie sich die großen Monopole zum Faschismus verhielten, während seines Aufstiegs, in der Zeit seiner Herrschaft, und welche Rolle sie bei der Bewältigung einer Vergangenheit einnahmen, in der es ihnen ja nicht nur schlecht gegangen war. Man wird fragen dürfen – und müssen – nach den Gründen für die Großzügigkeit, die ehemalige Nazis in einflußreichen Positionen beließ, die Hitlergenerale mit dem Aufbau der Armee eines neuen, demokratischen Deutschlands beauftragte, wie auch nach der nicht mit einem Wort zu beschreibenden Wirkung, die diese Haltung für den Aufbau einer trotz, ungeachtet oder gar wegen solcher Anfänge relativ stabilen demokratischen Gesellschaft gehabt hat. Man darf sich auf der anderen Seite durch die Zurückweisung des Schimpfwortes von den »rotlackierten Faschisten« nicht davon abhalten lassen, die DDR-Gesellschaft rückhaltlos nach ihren undemokratischen, diktatorischen Zügen zu untersuchen, die den Vergleich von Strukturelementen des SED-Regimes mit solchen der Nazidiktatur nahelegen.

Ich hätte diesen Vergleich früher empört und a limine abgelehnt, kann diese Ablehnung aber heute, in der kritischen Rückschau auf durchlebte Jahrzehnte sowie angesichts so vieler niederschmetternder Befunde aus jetzt erst zugänglichen Quellen, nicht mehr aufrechterhalten. Problematisch finde ich einen Vergleich nach wie vor. Daß Vergleich nicht Gleichsetzung bedeute, wird immer versichert und ist, logisch betrachtet, eine Selbstverständlichkeit. Diese aber gerät in der täglichen Auseinandersetzung zwischen Menschen, die in aller Regel nicht abstrakt-logisch urteilen, sondern von Urteilen und Vorurteilen geprägt sind, leicht aus dem Blick. Immer wieder kommt es dann so heraus, als seien beide Diktaturen eigentlich doch Regime gleichen Schlages gewesen. Dieser Auffassung aber widerspreche ich kategorisch. Sie ist falsch, was Intention und Wirklichkeit betrifft, um noch einmal auf das inhaltlich so spannungsreiche Motto des jüngst abgehaltenen Historikertages in Frankfurt am Main anzuspielen.

Ich habe mich vor Jahren schon einmal, in einem der Sammelbände des Zentrums für Zeithistorische Forschung, mit dem Problem der gemeinsamen Aufarbeitung des Erbes der Nazizeit beschäftigt und komme im folgenden auf meine damaligen Bemerkungen zurück.[2] Es ging um die Frage des Antifaschismus in Bundesrepublik und DDR in einem Vortrag des verdienstvollen Historikers Olaf Groehler. Ehrlich und sehr überzeugend schilderte er aus neu erschlossenen Akten die politischen Manöver und Intrigen, mit denen die aus Moskau zurückgekehrten kommunistischen Emigranten das Argument des Antifaschismus in inneren Auseinandersetzungen – mit Gleichgesinnten nota bene – nutzten, die in erster Linie um den politischen Führungsanspruch in der SBZ geführt wurden. Ich stimmte dem zu, meinte aber, hinzusetzen zu sollen, daß sich der Umgang mit Nationalsozialismus und Widerstand in der SBZ/DDR nicht in den politischen Direktiven der SED-Führung erschöpft hatte. Die antifaschistische Grundorientierung dort stand für viele fest, die den Nationalsozialismus ablehnten – auch für Leute, die dem sich herausbildenden politischen System kritisch gegenüberstanden. Der »gewöhnliche« Antifaschist sah sich in einer Gesellschaft, die laut und eindringlich die radikale Überwindung der faschistischen Herrschaft als ihr Ziel bezeichnete, auf dessen Verwirklichung zahlreiche Maßnahmen in Politik, Wirtschaft und Kultur, Volksbildung und Wissenschaft gerichtet waren. Nie gab es offiziell den geringsten Zweifel, daß der 8. Mai 1945 ein Tag der Befreiung war. An der Spitze standen Menschen, die im Inland oder von außen gegen Hitler gekämpft hatten und von ihm verfolgt worden waren. Die Formel vom »Ausreißen der Wurzeln des Faschismus« durch gesellschaftliche Eliminierung der vor 1933 in Deutschland führenden Eliten, die wesentlich zum Sieg der Nazis 1933 beigetragen hatten, war ja nicht unlogisch und unterstrich die antifaschistische Entschlossenheit der ostdeutschen Politik. Es gab – ich kann es auch heute, trotz späterer Enttäuschung und deprimierender Enthüllungen nicht anders sehen – in der SBZ/DDR einen echten und ehrlichen antifaschistischen Impuls, der das Leben und Handeln nicht weniger Menschen bestimmte.

»Verordneter Antifaschismus« – die abwertende Vokabel ist gleichwohl berechtigt, insofern sie auf die Ritualisierung und Veräußerlichung zielt. Am schlimmsten war natürlich die Absolution, die man der eigenen Seite erteilte, die durch die radikale Veränderung der Gesellschaft, so meinte man, der lästigen Vergangenheit entkommen war, mit der man eigentlich nichts mehr zu schaffen hatte. Nie habe ich vergessen, wie eine aufgeweckte Oberschülerin von 13 oder 14 Jahren auf meine Frage, wer den zweiten Weltkrieg gewonnen habe, ohne langes Nachdenken antwortete: »Die Sowjetunion und die DDR«. Natürlich hatte sie das nirgends gelesen und hatte kein noch so dogmatischer Lehrer das gesagt. Um so bemerkenswerter aber finde ich dieses Beispiel der sozusagen indirekten Wirkung einer massiven propagandistischen Geschichtsverdrehung, die – zum Beispiel mit dem unaufhörlich hinausposaunten Slogan

2 Vgl. Jürgen Danyel (Hrsg.): Die geteilte Vergangenheit. Zum Umgang mit Nationalsozialismus und Widerstand in beiden deutschen Staaten, Berlin 1994, S. 139 ff.

von den »Siegern der Geschichte«, zu denen man nun selber gehöre – so groteske Fehlleistungen bewirkte.

Gab es aber verordneten Antifaschismus nur im Osten? Waren es nicht auf allen Seiten der Druck und mannigfache Initiativen der Besatzungsmächte, die die Deutschen zum Antifaschismus drängten? Ernst von Salomons satirische Denunzierung der verordneten Entnazifizierung in seinem überaus erfolgreichen Buch »Der Fragebogen« wies auf solche Zusammenhänge hin. Natürlich war der ständigen Globke-Polemik der DDR die Schwäche aller allzu nachhaltigen Propaganda eigen. Und es wäre sicher der Hinweis auf den in Globke-Dimensionen reichenden, bis heute meines Wissens nicht aufgearbeiteten Skandal der Berufung von Professor Peter Adolf Thiessen (NSDAP-Mitglied von 1926) zum höchstdekorierten Vorsitzenden des Forschungsrates und Mitglied des Staatsrates der DDR hinzuzusetzen. Aber es gab nicht nur den Fall Hans Globke. Es gab Hitlers Abwehr-General Reinhard Gehlen als ersten Chef des Bundesnachrichtendienstes, und noch sein Nachfolger in diesem Amt war, viele Jahre nach der Gründung der Bundesrepublik, ein Mann der gleichen Herkunft. Es gab die Richter des Volksgerichtshofes, denen kein Haar gekrümmt wurde. Es gab Großindustrielle wie Alfried Krupp, Friedrich Flick, Fritz ter Meer und andere, die als Kriegsverbrecher oder zumindest Schwerstbelastete von alliierten Gerichten zunächst zu mehrjährigen Gefängnisstrafen verurteilt, dann aber sehr schnell vorzeitig entlassen wurden. Ich führte dann in dem erwähnten Beitrag das Beispiel der im Okober 1965 nach einem der ältesten und bis zum Schluß treuesten Gefolgsleute Hitlers, dem Generaloberst Eduard Dietl, benannten Bundeswehrkaserne in Füssen an. Die dort stationierte Gebirgsjägerformation und die Kommune hatten die Namensgebung beantragt mit der Begründung, Dietl sei ein »Vorbild des Gebirgsjägeroffiziers und Gebirgssoldaten schlechthin«. Dem allmählich aufkommenden Widerstand gegen diese Benennung in Teilen der Öffentlichkeit und dem Verlangen nach Umbenennung hatte sich der Füssener Stadtrat wiederholt widersetzt. Inzwischen heißt die Kaserne nicht mehr nach dem Altnazi. Die Änderung kam aber nicht etwa zustande, weil die Füssener Dietl-Anhänger ihre Meinung geändert hätten, denen wohl unterstellt werden muß, daß sie ihrem Idol nach wie vor anhängen. Eine erneute Abstimmung im Stadtrat fand, wenn ich richtig unterrichtet bin, vorsichtshalber nicht mehr statt. Die Umbenennung erfolgte auf Befehl des Verteidigungsministers. »Verordneter Antifaschismus« noch heute? Richtiger wäre es übrigens, hier von »Nichtfaschismus« statt von »Antifaschismus« zu sprechen. Die von Antifaschisten geforderte Umbenennung nach einem Mann des Widerstandes nämlich mochte man den treuen Füssenern nicht zumuten. Dic Kaserne ist nun nach der Gegend benannt, in der sie steht.

So notwendig und berechtigt es ist – und es ist notwendig und berechtigt –, die Pose der DDR als des einzigen kompromißlos antifaschistischen deutschen Staates kritisch zu hinterfragen und ihren diesbezüglichen Anspruch klar zurückzuweisen, so irrig wäre es, diese Kritik von der gleichsam umgekehrten Position aus zu führen, derzufolge dann echter, wirkungsvoller Antifaschismus nur in der Bundesrepublik, nicht aber in der DDR zu finden gewesen wäre. Daß mit solcher Gegenüberstellung nicht dafür plädiert werden soll, das große, ernste und schwierige Thema in platter gegenseitiger Aufrechnung abzuhandeln, mit anschließend knochenlosem Generalpardon für beide Seiten, versteht sich. Es geht um schlimmes gemeinsames Erbe, das, nicht zuletzt im Hinblick auf offensichtliche Überlebensspuren in ganz Deutschland, in ehrlicher Gemeinsamkeit, kritisch und selbstkritisch auf beiden Seiten, aufgearbeitet werden sollte.

Viele Aspekte wären zu erörtern, von denen nur noch einer herausgegriffen sei: die Einbindung der beiden deutschen Staaten in gegensätzliche Bündnissysteme, geführt von Befreiern/Besatzern, die bald zu Verbündeten mutierten. Dabei ging es ja nicht nur um den Anschluß an das jeweilige Bündnissystem, also um Außenpolitik, sondern um tiefgreifende innere Veränderungen durch die weitgehende Übertragung der Gesellschaftsverhältnisse der Sieger auf ihre Besatzungszonen. Verständlicherweise richtet sich die Aufmerksamkeit bei der Betrachtung dieser Veränderungen besonders auf die radikaleren Vorgänge auf der östlichen Seite, wo die Gesellschaftsverhältnisse nach sowjetischem Muster verändert wurden, was die Bevölkerung auf die Dauer mehrheitlich ablehnte. Man muß aber bei allem Nachdenken über die Bestimmung deutscher Gegenwart durch Zustände deutscher Vergangenheit daran erinnern, daß auch im Westen nach 1945 gesellschaftliche Prozesse stattfanden, die nicht nur auf die Überwindung der Nazidiktatur, sondern – als eine Voraussetzung für deren Gelingen – auf einen tiefgreifenden Wandel der politischen Zustände abzielten, wie sie vor 1933 in Deutschland bestanden hatten. Dieser Wandel, der die ökonomischen Bedingungen und Besitzverhältnisse unverändert ließ, wurde von der Bevölkerung auf die Dauer mehrheitlich akzeptiert und erscheint so im heutigen Rückblick leicht als selbstverständlich. Ganz so einfach aber lagen die Dinge nicht. Westliche Demokratie war nach 1918 von großen, letztlich tonangebenden Teilen der politischen Eliten in Deutschland als undeutsches, von den Siegern aufgezwungenes Produkt der Niederlage abgelehnt worden. Stimmungen solcher Art klangen noch nach, als nach der zweiten Niederlage eine Demokratisierung nach westlichem Vorbild erneut zur Debatte stand. So artikulierte Friedrich Meinecke – kein »völkischer« Reaktionär – das Empfinden der Distanz gegenüber dem tiefgreifend Neuen, Andersartigen in der sich abzeichnenden Wende zum Westen 1946 in seinem Buch von der Deutschen Katastrophe, wenn er, deutlich widerstrebend, auf die »demokratisch-bürgerliche Lebensform« des westlichen Abendlandes als die nun anstehende Alternative zum deutschen Größenwahn der Nazizeit rekurrierte. Sie sei gekennzeichnet durch Mehrheitsherrschaft, Massendruck und eine gewisse Nivellierung der gesellschaftlichen Schichten einerseits, freies Spiel der Kräfte im Kapitalismus und Tyrannei der wirtschaftlichen Machtkomplexe (sic!) andererseits: »Generalzensuren über diese Lebensform«, fuhr er fort, »sei es nun verherrlichende, sei es verdammende, sind hier nicht am Platze. Wem aber die innere sittliche Selbstbestimmung des Menschen und damit seine Gewissens- und Gedankenfreiheit als die erste Bedingung aller höheren und wahren Kultur erscheint, der muß – wenn auch mit etwas Resignation – zugleich zugeben, daß es durchaus möglich ist, in der westlichen Demokratie dem Geiste und der Kultur eine Stätte zu bereiten.«[3]. Begeisterung klingt anders.

Die Einbindung der beiden deutschen Staaten in entgegengesetzte Bündnis- und Gesellschaftssysteme vertiefte die Entgegensetzung von DDR und Bundesrepublik, was es erschwert, von deutscher Gemeinsamkeit in der Zeit der Teilung zu sprechen. Mir scheint aber, daß man unter dem eingangs skizzierten Raster auch in dieser Situation einiges an deutscher Gemeinsamkeit aufspüren kann. Und wiederum hängt das mit der Herkunft aller Deutschen aus ihrer gemeinsamen Geschichte vor 1945 zusammen, einer Vorgeschichte, ohne die es die Teilung der Welt nach 1945 nie gegeben hätte. Auf beiden Seiten waren die Deutschen die Musterknaben im Bündnis, schlossen sie sich besonders eng der jeweiligen Vormacht an, der UdSSR und den USA. Diese Hinneigung beruhte auf Gegenseitigkeit, schätzten doch die »großen Brüder« ihre so anpassungsbereiten deutschen Partner besonders, hielten sie aber zugleich doch auf Distanz. Schließlich war es nicht lange her, daß man ihnen im Kampf auf Tod und Leben gegenüber gestanden hatte. Gebraucht aber wurden sie, was ihnen, in Ost wie West, Anreiz und Möglichkeit gab, auf diese oder jene Art von schonender Sonderbehandlung zu drängen. Beispiele für Erfolge dieser Taktik lassen sich auf beiden Seiten finden. Und bei alledem spielte die Rücksicht auf den jeweils anderen eine große Rolle. Der Verweis vom »guten« auf das »böse« Deutschland war nicht nur Floskel, er war echtes, wirkendes Argument der Politik. Man brauche Hilfe und Unterstützung für eigene Positionen, argumentierten Bonn in Washington wie Berlin in Moskau, drohe doch sonst ein unter Umständen gefährlicher Vorteilsgewinn des Gegners.

Geteilte Vergangenheit – eine Geschichte? Man gerät in paradoxe Zusammenhänge, nicht ohne Künstlichkeit, denkt man darüber ernsthaft nach. Man sollte es dennoch tun, die Gründe dafür haben wir eingangs genannt. Die Formel von der »Geteilten Vergangenheit« aber kann nicht nur auf die jüngst zurückliegenden, kurzen vier Jahrzehnte deutscher Teilung bezogen werden, von denen hier die Rede ist. Sie gilt für die ganze tausendjährige Geschichte der Deutschen – minus einmal vierundsiebzig und nun wieder acht Jahre. Was deutsche Geschichte eigentlich ist, war immer umstritten. Man denke an den leidenschaftlichen Streit vor einigen Jahren um das Werk von Johannes Fried über die Ursprünge der Deutschen oder an die mehrhundertjährige Geschichte des merkwürdigen Gebildes, das sich Heiliges Römisches Reich Deutscher Nation nannte, und dem Karl Othmar von Aretin in seinem monumentalen dreibändigen Werk neue Bedeutung abgewonnen hat. Deutsche Geschichte des 19. Jahrhunderts wurde nach 1871 vorrangig auf das große Ereignis der Nationalstaatsgründung hin, als seine Vorgeschichte sozusagen, geschrieben, bis Franz Schnabel gezeigt hat, daß diese Geschichte ganz anders

3 Friedrich Meinecke: Autobiographische Schriften, hrsg. u. eingel. v. Eberhard Kessel, Stuttgart 1969, S. 412.

gesehen werden kann. Und nicht zufällig war es ein Österreicher, Fritz Fellner, der in den Jahren der jüngsten Teilung die Schnabelsche Konzeption aufgriff und die Zersplitterung Deutschlands als seinen Normalzustand beschrieb, mit der Tendenz, mit dieser Erinnerung die gegenwärtige Teilung erträglicher zu machen.

Nun aber ist die Teilung überwunden, und das ist gut so. Die Besinnung auf deutsche Gemeinsamkeiten in der Vergangenheit wird sicher helfen, die Gegenwart zu bewältigen. Die vorstehend erwähnten Schwierigkeiten in der Beschreibung dieser Vergangenheit aber sollten als Mahnung verstanden werden, gelassen zu bleiben und nicht zu sehr zu erschrecken beim Anblick von Paradoxien und mancher Künstlichkeit. Wir brauchen ein faires und differenziertes Geschichtsbild. *Ein* Geschichtsbild brauchen wir sicher nicht.

II. Rahmenbedingungen deutscher Politik 1949–1989

Peter Bender

Ungleiche Emanzipation. Handlungsspielräume der beiden deutschen Staaten in ihren Bündnissystemen.

Es war im Herbst 1949. Der erste Bundeskanzler, Konrad Adenauer, war gewählt, die erste Bundesregierung war gebildet, aber regieren durfte sie nur in einem Rahmen, den die Besatzungsmächte mit einem Besatzungsstatut setzten. In einer Feierstunde sollte der Kanzler das Statut in Empfang nehmen, das seinen Handlungsspielraum einschränkte. Adenauer erklärte, das sei kein Grund zum Feiern. Die Hohen Kommissare reduzierten das Protokoll, wollten aber nach wie vor deutlich machen, daß sie die Herren waren, die den Deutschen jetzt einen eigenen Staat erlaubten. Ein Teppich wurde ausersehen, den Rangunterschied zu zeigen: Der Amerikaner, der Brite und der Franzose sollten auf dem Teppich stehen und Adenauer vor dem Teppich; erst nach einer Ansprache des Vorsitzenden Hohen Kommissars sollte der Kanzler ebenfalls den Teppich betreten. Aber es funktionierte nicht ganz. Den französischen Kommissar, der an diesem Tag den Vorsitz hatte, packte wohl die französische Höflichkeit: Er trat auf dem Teppich einen Schritt vor, um Adenauer zu begrüßen, und der tat nun, was er nicht sollte: »Ich machte mir«, so erzählte er später, »diese Gelegenheit zunutze, ging ihm entgegen, und stand somit ebenfalls auf dem Teppich. Keiner der Hohen Kommissare wendete sich dagegen.«[1]

Zwanzig Jahre später, im August 1970, befanden sich die wichtigsten Mitglieder des SED-Politbüros in Moskau. Es hatte allerlei Mißhelligkeiten gegeben: Generalsekretär Leonid Breschnew war höchst unzufrieden mit dem Ersten Sekretär Walter Ulbricht, der ihm zu selbstherrlich und selbständig geworden war. Aber nun sollte bei einem Treffen der Parteiführungen die Harmonie wiederhergestellt werden. Doch Ulbricht fiel aus der Rolle. Er beschwor die Zusammenarbeit der DDR mit der Sowjetunion, aber erklärte den versammelten Kreml-Herren dann, wie er sich diese vorstellte: »Wir wollen uns in der Kooperation als echter deutscher Staat entwickeln. Wir sind nicht Bjelorußland. Wir sind kein Sowjetstaat. Also echte Kooperation.«[2]

1 Konrad Adenauer: Erinnerungen 1945–1953, Frankfurt a. M. 1967, S. 223 f.
2 Peter Przybylski: Tatort Politbüro, Berlin 1991, S. 296.

Diese Szenen illustrieren eine Selbstverständlichkeit: Wo nicht alle Kraft ausgegangen und die Selbstachtung geschwunden ist, streben Minderrangige nach Gleichrangigkeit und Abhängige versuchen, ihre Abhängigkeit zu verringern und ihre Handlungsmöglichkeiten zu erweitern. Die zweite Szene läßt zugleich den Vorsprung erkennen, den die Bundesrepublik dabei vor der DDR hatte: Im Jahr 1970 brauchte Bonn nicht mehr wie Ulbricht »echte« Kooperation mit der Vormacht einzufordern; der westdeutsche Staat hatte, von der großen Politik und Verteidigung abgesehen, Gleichrangigkeit mit den Vereinigten Staaten längst erreicht.

Es war etwas anderes, ob man von Moskau oder Washington abhängig war. Auch amerikanische Präsidenten konnten sehr rücksichtslos sein. Adenauer wurde nicht einmal informiert, daß auch die DDR den Vertrag über das Verbot von Atomtests unterschreiben sollte. Aber kein Kanzler hat je hinnehmen müssen, was Breschnew im Sommer 1970 Honecker ins Gesicht sagte: »Erich, ich sage Dir offen, vergesse das nie: Die DDR kann ohne uns, ohne die Sowjetunion, ohne ihre Macht und Stärke, nicht existieren. Ohne uns gibt es keine DDR.«[3] So war es ja auch wirklich. Die Sowjetunion garantierte nicht nur die äußere, sondern auch die innere Sicherheit des SED-Staates. Deshalb blieb die DDR viel mehr auf ihre Vormacht angewiesen als die Bundesrepublik, die von Amerika nur den Schutz gegen Angriffe von außen brauchte.

Das galt auch noch für die achtziger Jahre. Die Amerikaner wie die Sowjetunion sahen mit Mißfallen, daß Bonn und Ost-Berlin damals einander näher rückten. Dreimal mußten Erich Honecker und Helmut Schmidt Anlauf nehmen, bis ihnen ein Besuch auf der anderen Seite gelang. Aber bei Schmidt waren es eigene Bedenken, die ihn zweimal zurückhielten, Honecker mußte sich zweimal einem Veto Moskaus beugen.

Als Bundesrepublik und DDR im Jahr 1949 gegründet wurden, fingen sie politisch fast bei Null an. Nur vier Jahre nach dem deutschen Krieg mußten sie erst einmal vertrauenswürdig werden, um Handlungsfreiheit zu gewinnen. Beide kamen dabei schneller voran, als nach Hitler und Auschwitz zu erwarten war, denn sie wurden gebraucht für den Kalten Krieg. Ohne das Territorium und die Soldaten der Bundesrepublik schien die NATO nicht existenzfähig zu sein, und ohne die DDR, so glaubte man in Moskau seit Mitte der fünfziger Jahre, fehlte dem sowjetischen Imperium der Schlußstein.

So wurden die Deutschen eher Verbündete, als sie vertrauenswürdig geworden waren. Und so hart die Sowjetunion und die Westmächte in und um Deutschland im Streit lagen, einig blieben sie sich allezeit in der Entschlossenheit, das Volk, das den Zweiten Weltkrieg entfesselt hatte, nicht außer Kontrolle zu lassen. Sie behielten ihre Siegerrechte für »Deutschland als Ganzes«, Bonn durfte zum Beispiel keinen Vertrag mit Warschau über die Oder-Neiße-Grenze schließen, ohne daß die Westmächte ihr Placet gaben. Kein deutsches Flugzeug durfte über die innerdeutsche Grenze fliegen, von Frankfurt am Main ging der Luftweg nach Leipzig über die Tschechoslowakei. Bundesrepu-

3 Ebenda, S. 281.

blik und DDR sind nie voll souverän geworden. Erst der Zwei-plus-Vier-Vertrag gab dem vereinten Land die uneingeschränkte Selbständigkeit.

Das Gleiche galt für den militärischen Bereich. Die Bundeswehr und die Nationale Volksarmee wurden auch in Friedenszeiten ihren Bündnissen unterstellt, weder Bonn noch Ost-Berlin bekam Truppen zu eigener Verfügung.

Außensteuerung und Selbstbeschränkung beider deutscher Teilstaaten

Bundesrepublik und DDR waren Erben Nazi-Deutschlands und Kinder des Kalten Krieges. Daraus ergaben sich Einschränkungen ihrer Handlungsfreiheit, die sie nur langsam überwanden, teilweise überhaupt nicht. Die erste Einschränkung lag in ihrem extremen Sicherheitsbedürfnis. Die Furcht vor einem militärischen Überfall hielt auf beiden Seiten bis zum Ende der Berlin- und Kubakrise 1962 an, die Westdeutschen hatten Korea vor Augen, wo der kommunistische Norden den westlichen Süden überrannte, und nur die Rückkehr der Amerikaner verhinderte, daß ganz Korea unter den orientalischen Despoten Kim Il Sung fiel. Umgekehrt war es nicht nur Propaganda, wenn die SED-Elite die Bundeswehr als eine neue Wehrmacht betrachtete, die zum nächsten Ostfeldzug rüstete. Viele Polen, Tschechen und Russen dachten ebenso. Später fürchtete die DDR die Konkurrenz der Bundesrepublik im eigenen Lager. Was auch immer Sorgen machte, Schutz kam für beide deutschen Staaten nur von ihren Vormächten. Wer besonders schutzbedürftig ist, der ist besonders abhängig.

Eine weitere Einschränkung ergab sich aus der politischen Geographie. Bundesrepublik und DDR lagen als Frontstaaten im Zentrum des Ost-West-Konflikts, auf ihrem Territorium befand sich die Masse der amerikanischen und sowjetischen Truppen, ihre Bündnistreue war wichtiger als die anderer Allianz-Mitglieder und ihr politischer Spielraum deshalb geringer. Kein Kanzler konnte sich erlauben, was sich Charles de Gaulle erlaubte, kein SED-Sekretär innen- oder außenpolitische Extratouren fahren wie die Polen oder Rumänen.

Eine dritte Einschränkung ergab sich durch Berlin, wo Bundesrepublik und DDR vitale Interessen, aber die Vier Mächte die Souveränität hatten. Allein die Amerikaner garantierten die Existenz des westlichen Berlin, das gebot noch mehr Rücksicht und schuf noch mehr Abhängigkeit von Washington. Nach dem Vier-Mächte-Abkommen von 1971 empfahl sich für Bonn auch Rücksicht auf Moskau, um dort das Interesse an der Einhaltung des Abkommens wachzuhalten.

Die DDR wiederum brauchte die Sowjetunion für Ost-Berlin. Der permanente Flüchtlingsstrom, seit 1953 etwa zweihunderttausend im Jahr, floß größtenteils durch das offene Tor Berlin nach Westen, nur Moskau konnte den Bau der Mauer genehmigen. Ebenso ließ sich später Ost-Berlin nur schrittweise in die Hauptstadt der DDR umwandeln, wenn und soweit Moskau es gestattete. In puncto Berlin achtete die Sowjetunion besonders streng auf ihre Rechte. Beinahe nichts enthüllte den Verfall ihrer Macht so schonungslos wie der 9. November 1989. Als Günter Schabowski auf seiner berühmten Pressekonferenz den Grenzöffnungszettel verlas und zu dem Wort »Westberlin« kam, fiel ihm erst ein, daß man die Russen hätte fragen müssen, ob man die Mauer aufmachen dürfe.

Die nationale Frage brachte beide deutschen Staaten in einen Zwiespalt zwischen Bündnispflichten und Einheitswünschen, eines behinderte immer das andere und schuf eine vierte Einschränkung. Fast niemand konnte sich außerhalb Deutschlands vorstellen, daß die Deutschen nicht eine Wiedervereinigung als letztes Ziel hatten. Auch die besten Demokraten und die tüchtigsten Kommunisten dort blieben verdächtig als Deutsche, die näher oder ganz zueinander wollten und sich dabei zu weit von ihren Verbündeten entfernen könnten. Was sich Ulbricht und Honecker in Moskau anhören mußten, unterschied sich wohl im Ton, aber kaum im Inhalt von den Zweifeln und Mahnungen, die den Kanzlern von Brandt bis Kohl in Washington begegneten. Das Mißtrauen der europäischen Nachbarn in West wie Ost ging noch weiter.

Eingeschränkt blieb schließlich die Handlungsfreiheit beider deutscher Staaten von der Sorge, die Großmächte könnten sich über ihren Kopf und zu ihren Lasten arrangieren. Adenauer wie Ulbricht fürchteten eine Neutralisierung Deutschlands, die beiden ihr Lebenswerk zerstört hätte: die unlösbare Bindung der Bundesrepublik an den Westen und die Schaffung einer sozialistischen DDR als das Piemont eines sozialistischen Deutschland. In den sechziger Jahren sorgten sich dann beide, Opfer der Entspannung zwischen den Großen zu werden.

Die Bundesrepublik hat ihre außenpolitischen Möglichkeiten sogar selbst eingeengt. Alle Parteien außer der KPD waren sich einig, eine Anerkennung der DDR zu verweigern und eine Anerkennung durch andere zu verhindern. Doch was in der Lage von 1949 verständlich war, entwickelte sich bald zu einem Hemmnis und drohte schließlich, das Gegenteil seines Zwecks zu bewirken. Die Hallstein-Doktrin schloß nicht nur die DDR vom Westen, sondern auch die Bundesrepublik vom Osten aus. Mit Moskau hatte Adenauer 1955 diplomatische Beziehungen aufgenommen, aber er nutzte sie aus Rücksicht auf die Westmächte wenig. Auch mit Warschau, Prag und vermutlich anderen Oststaaten hätte Bonn in den fünfziger Jahren sein Verhältnis ordnen können, in den sechziger Jahren errichteten Warschau, Moskau und Ost-Berlin dann einen Wall von Bedingungen, den erst Brandt 1969 zu übersteigen wagte.

Die zweite Selbstbeschränkung Bonns hat Anspruch auf historischen Seltenheitswert. Im allgemeinen bemüht sich jede Regierung um möglichst großen Handlungsspielraum für ihre nationalen Ziele, Bonn jedoch delegierte seine nationale Frage an die westlichen Alliierten: Die vier Siegermächte seien verantwortlich für die Einheit Deutschlands und müßten daher für eine Wiedervereinigung sorgen. Die westdeutschen Politiker, so folgerte man am Rhein, konnten nicht mehr tun, als die Westmächte zu mahnen, im Kreml für die deutsche Einheit tätig zu werden. Ja sie durften gar nicht mehr tun, sonst hätten sie »die Vier Mächte aus ihrer Verantwortung entlassen«, so lautete die einschlägige Formel. Sie fesselte jeden Politiker und Diplomaten, der in Moskau nicht nur unverbindlich Ansichten austauschen wollte.

Die Konsequenzen aus alledem sahen für Bonn und Ost-Berlin sehr ähnlich aus. Historisch belastet, als Deutsche nur bedingt vertrauenswürdig, in exponierter Lage voller Furcht und auf den Schutz der jeweiligen Vormacht angewiesen – in solchem Zustand strebt man in seinem Bündnis weniger nach Unabhängigkeit als nach Unentbehrlichkeit. Bundesrepublik und DDR wurden die eifrigsten Mitglieder ihrer Allianzen, sie wollten sich bewähren, um fest in ihre Gemeinschaft aufgenommen zu werden.

Ihre Musterknabenhaftigkeit trug nicht zu ihrer Beliebtheit bei. »Was Sozialismus ist, das wissen nur die Deutschen, auch die Russen wissen es nicht so genau«,[4] so ein Pole. Die westdeutschen Politiker gaben den Karikaturisten Stoff, wenn sie in Washington um immer neue Liebesbeweise baten. Die meisten knickten ein, wenn Amerikaner auch nur andeuteten, sie müßten leider nach Hause gehen, wenn die Deutschen nicht täten, was sie sollten. Das war allezeit eine leere Drohung, de Gaulle (übrigens auch Willy Brandt) hat sie nie geglaubt. Der General wußte: Die Amerikaner müssen um ihrer selbst willen Europa schützen, wir brauchen ihnen nicht in allem zu Willen zu sein. In den siebziger und achtziger Jahren begannen auch manche Westdeutsche, so zu denken, aber mit wenig Erfolg. In einem deutsch-französischen Gespräch habe ich einmal gefragt, ob nur Franzosen Gaullisten sein dürften. Die Antwort war ein pikiertes Schweigen, nur einer sagte, was wohl die meisten dachten: »Ja!«.

Schrittweise Emanzipation

Die deutschen Nachkriegsstaaten sind gegeneinander souverän geworden, die Teilung und die Erhaltung der Teilung waren Voraussetzung ihres Aufstiegs. Der Aufstieg vollzog sich daher zwanzig Jahre lang nur im eigenen Bereich, da hatte jeder freie Bewegung, die Bundesrepublik in der westlichen und die DDR in der östlichen Welt. In der sogenannten Dritten Welt bekämpften sie einander, manchmal in Formen, die sie zum Gespött der ganzen Welt machten. Den Schritt über die Ost-West-Grenze schaffte die DDR gar nicht und die Bundesrepublik nur halb in Form von Handelsmissionen, die sie seit 1963 in den Ländern des Warschauer Pakts einrichten konnte.

Sehr ähnlich erscheinen die Ziele, die beide Staaten in ihrem Bereich anstreben mußten. Sie wollten nicht mehr diskriminiert werden, sondern gleichberechtigt und gleich geachtet sein wie alle anderen Bündnismitglieder außer der Vormacht. Sehr ähnlich erscheinen auch die Voraussetzungen ihres Aufstiegs. Beide bekamen Gewicht und einen Namen durch wirtschaftliche Kraft. Schon 1960 stand die Bundesrepublik an dritter Stelle im Welthandel, und die DDR war im Osten zum ersten Handelspartner der Sowjetunion aufgerückt. Hinzu kam eine politische Stabilität, die natürlich ganz unterschiedlich groß war, aber im jeweiligen Lager Eindruck machte. Die SED überwand die Katastrophe des 17. Juni schneller als erwartet.

4 Edmund Meclewski, Abgeordneter des Sejm, 1968 im Privatgespräch mit dem Autor.

Ökonomische Kraft war die erste Voraussetzung, um wieder ernst genommen zu werden. Die zweite Voraussetzung war die Möglichkeit, in einer größeren Gemeinschaft Platz zu finden: Gemeinschaft gibt es, vom Hegemon abgesehen, nur unter Gleichen. So wurden die Bundesrepublik in der europäischen und die DDR in der sozialistischen Gemeinschaft zu Partnern gleichen Rechts. Für die Bundesrepublik kam hinzu, daß sie Soldaten stellte, die gebraucht wurden. Adenauer machte das uralte Geschäft: Wehrdienst gegen politische Rechte. Die Bundeswehr war der Preis für die Souveränität: Das Besatzungsstatut fiel, die Hohen Kommissare verwandelten sich in Botschafter, zehn Jahre nach der Kapitulation wurden die Westdeutschen Herren im eigenen Land.

Zwei Jahre später, 1957, stieg mit Walter Hallstein ein Deutscher zum ersten Präsidenten der Europäischen Wirtschaftsgemeinschaft auf. Der rechtlichen und politischen Gleichheit folgte die soziale Gleichrangigkeit. Sie wurde aller Welt sichtbar, als Anfang der sechziger Jahre die Staatsoberhäupter der drei Westmächte zu Staatsbesuchen kamen, de Gaulle, John F. Kennedy und die Queen. Für die Deutschen war das weit mehr als Protokoll.

Aber was war das alles politisch wert, wenn Bonn etwas anderes wollte als seine Verbündeten, vor allem als die Amerikaner? Die Antwort ist: Die Bundesrepublik konnte wenig durchsetzen, aber erstaunlich viel verhindern. 1952 fiel Adenauer allen in den Arm, die Stalins Neutralisierungsvorschläge auch nur erwägen wollten. Im Sommer 1955 torpedierte er den britischen Plan, zwischen NATO und Warschauer Pakt eine militärische Inspektionszone einzurichten. Im April 1956 polemisierte das Auswärtige Amt öffentlich gegen die französische Auffassung, Abrüstung müsse einer Wiedervereinigung vorangehen: »Keine deutsche Regierung«, so hieß es, »wird bereit sein, Vorschläge ernsthaft zu diskutieren, die die Entspannung auf der Grundlage einer auch nur vorübergehenden Anerkennung oder stillschweigenden Hinnahme der Teilung Deutschlands bewirken wollen«.[5] Ein Jahr nach Erreichung der Souveränität war das ein kräftiger Ton. Während der Berlinkrise von 1958 bis 1962 ging es um das gleiche. Auch da wehrte sich Adenauer mit Händen und Füßen gegen das Drängen der Verbündeten, die DDR wenigstens de facto und die Oder-Neiße-Grenze als endgültig anzuerkennen. Tatsächlich gelang es dem Kanzler, die Krise zu überstehen, ohne die Grundsätze der damaligen Deutschlandpolitik zu verletzen.

Nachdem die Bundesrepublik im Mai 1955 souverän geworden war, mußte auch die DDR es werden; auch hier verwandelten sich der Hohe Kommissar in einen Botschafter und die Besatzungstruppen in eine verbündete Armee. Ausgeschlossen blieb die DDR jedoch noch aus dem Geflecht zweiseitiger Freundschafts- und Beistandsverträge, die alle europäischen Oststaaten miteinander verbanden. Erst 1964, als Chruschtschow Bonn besuchen wollte, bekam die DDR einen solchen Vertrag mit der Sowjetunion, und 1967/68, als Bonn diplomatisch in den Warschauer Pakt einzudringen begann, folgten Verträge mit den anderen Paktstaaten.

5 Dokumente zur Deutschlandpolitik, III/2, S. 238.

Wichtiger war aber wohl die ideologische Gleichrangigkeit. Alle Länder von Polen bis Bulgarien wurden Ende der vierziger Jahre »Volksdemokratien«, die schon die »Grundlagen des Sozialismus« errichteten. Auch Ulbricht wollte das, aber er durfte es erst im Juli 1952, als Stalin sah, daß er ein neutralisiertes Gesamtdeutschland nicht erreichen konnte. Ulbricht proklamierte den »Aufbau des Sozialismus« und vollzog ihn mit einer Brutalität, die Stalins Nachfolger veranlaßte, ihn zu bremsen. Die Grenzen seiner Selbständigkeit wurden offenkundig. Als dann der »Neue Kurs« zum 17. Juni führte, war es mit der Selbständigkeit ganz vorbei. Der Hohe Kommissar Wladimir Semjonow und die sowjetischen Generäle übernahmen die Macht, das SED-Politbüro saß in Semjonows Vorzimmer und empfing dort seine Weisungen. Als RIAS meldete, es gebe keine DDR-Regierung mehr, bemerkte Semjonow: »Na, fast stimmt es doch«.[6]

Aber Ulbricht erholte sich schnell, fuhr seinen Kurs vorsichtiger, aber entschieden weiter, paßte sich der großen »Entstalinisierung« in Moskau nur soweit an, daß er nicht in offenen Gegensatz geriet. Auch folgte er keineswegs überall dem sowjetischen Vorbild, im Prinzip natürlich, aber in Tempo und Methoden bestimmte er selbst und ließ sich auch von den sowjetischen Beratern und Besuchern nicht hereinreden. Mit der Zeit entwickelte er ein Selbstbewußtsein, das den sowjetischen Führern auf die Nerven ging. Breschnew erzählte noch sechs Jahre später Honecker mit allen Zeichen der Verärgerung, daß ihn Ulbricht 1964 zu belehren versuchte: »Er stellt einfach meine Delegation auf die Seite. Preßt mich in ein kleines Zimmer und redet auf mich ein, was alles falsch ist bei uns und vorbildlich bei Euch. Es war heiß. Ich habe geschwitzt. Er nahm keine Rücksicht. Ich merkte nur, er will mir Vorschriften machen, wie wir zu arbeiten, zu regieren haben, läßt mich gar nicht erst zu Wort kommen.«[7]

Auch hier ist zu fragen, wieviel Handlungsfreiheit sich in den ersten zwanzig Jahren DDR entwickelte. Innenpolitisch war der Manövrierraum größer, als man im Westen und der DDR selbst wahrnahm, aber sicherlich kleiner als in Polen und Ungarn. Außenpolitisch setzte der Westen der DDR mehr Grenzen als die Sowjetunion. Schon 1955 wurde der Außenhandelsminister Heinrich Rau in Indien von Nehru und in Ägypten von Nasser empfangen. Und im Februar 1965 gelang Ulbricht dort ein feierlicher Besuch, bei dem er alle Ehren eines Staatsoberhauptes genoß. Die Hallstein-Doktrin wurde nicht durchbrochen, aber unterlaufen. Deutschlandpolitisch erreichte Ulbricht nicht mehr, als auch die sowjetischen Interessen geboten oder jedenfalls erlaubten. Er durfte die Mauer bauen, weil auch Moskau die DDR am Leben erhalten wollte, aber er bekam nicht, was sein Herzenswunsch war, die Kontrolle über den Luftverkehr zwischen West-Berlin und der Bundesrepublik. Die Inselstadt wäre langsam, aber sicher abgestorben. Aber Chruschtschow wollte keinen gefährlichen Konflikt mit den Amerikanern riskieren.

6 Rudolf Herrnstadt – Das Herrnstadt-Dokument, hrsg. v. Nadja Stulz-Herrnstadt, Reinbek 1990, S. 82 ff.

7 Przybylski: Tatort Politbüro, S. 287.

Für Bundesrepublik wie DDR galt: Die Hauptdaten für Deutschland wurden nicht von den Deutschen, sondern den Vier Mächten bestimmt. Als nach der Kubakrise Entspannung geboten erschien, verhandelten sie nicht mehr über Deutschland, weil das den Status quo hätte gefährden können. Zuerst der französische und dann der amerikanische Präsident proklamierten Mitte der sechziger Jahre, die Einigung ganz Europas habe Vorrang vor der deutschen Vereinigung.[8] Die Sowjetunion beharrte auf der Zweistaatlichkeit und empfahl für ganz Europa eine Konferenz mit den zwei deutschen Staaten. Am Status quo vermochte niemand in Bonn auch nur zu rütteln.

Aus dieser Einsicht entstand die »Neue Ostpolitik«, die eine neue Periode für beide deutschen Staaten einleitete. Sie befreite beide von der Einengung auf ihren Bereich, beide konnten seit Mitte der siebziger Jahre jenseits der großen Grenze Politik treiben, die Bundesrepublik im östlichen Europa und die DDR im westlichen. Auch hier zeigte sich jedoch ein wesentlicher Unterschied: Die Bundesrepublik befreite sich selbst von ihrer Beschränkung, die DDR wurde befreit als Konsequenz der Bonner Politik.

Die Großmächte betrachteten den Vorgang mit Genugtuung und Sorge. Willy Brandt und Walter Scheel hatten den Status quo anerkannt, die Oder-Neiße-Grenze und die DDR als Staat, sie hatten getan, was Moskau seit langem forderte und die Verbündeten Bonn empfahlen – soweit waren alle zufrieden. Aber die neue Regierung am Rhein hatte ganz selbständig gehandelt, ohne viel zu fragen. Die Amerikaner waren verwirrt, sie hatten sich seit Jahrzehnten daran gewöhnt, daß die Deutschen in Deutschland nicht selbst bestimmten, sondern nur indirekt mitbestimmen wollten. Und nun handelten sie, und die Verbündeten mußten sehen, daß sie dabei mitbestimmen konnten.

Ähnlich scheint es auch auf der Ostseite ausgesehen zu haben. Ulbricht geriet bei Breschnew in Verdacht, mit dem Sozialdemokraten Brandt mehr unternehmen zu wollen, als Moskau vertretbar erschien. Beide Großmächte dachten im Prinzip gleich: Wenn Entspannung, dann machen wir sie und nicht die Deutschen! So sagte es Henry Kissinger dem Bonner Staatssekretär Paul Frank,[9] so sagte es Breschnew zu Honecker, nur etwas gröber: »Wir haben doch Truppen bei Ihnen. […] Es darf zu keinem Prozeß der Annäherung zwischen der BRD und der DDR kommen.«[10]

Kissinger nutzte die Vier-Mächte-Verhandlungen über Berlin, von denen die Ratifizierung der Ostverträge abhing, um Brandts Ostpolitik zu kontrollieren. Breschnew befahl der DDR, sich von der Bundesrepublik »abzugrenzen«, damit sich die Sowjetunion der Bundesrepublik annähern konnte. Außerdem ließ er die DDR den Preis für das Vier-Mächte-Abkommen über Berlin zahlen: Ost-Berlin verlor seine Kontrollhoheit über die Verkehrswege an Moskau.

Washington und Moskau handelten, wie Hegemonialmächte handeln, die ihr Bündnis zusammenhalten wollen. Beim Schlüsselproblem Berlin zeigte

8 Dokumente zur Deutschlandpolitik, IV/11, S. 142; IV/12, S. 1479.
9 Norddeutscher Rundfunk, Paul Frank im Gespräch mit Ernst Weisenfeld, 30.7.1982; Manuskript.
10 Przybylski: Tatort Politbüro, S. 281, S. 283.

sich allerdings, daß eine neue Kräftekonstellation entstanden war. Schon Egon Bahr überzeugte, wenn auch mit Mühe, den sowjetischen Außenminister, daß Bonn in Berlin zwar keine Rechte, wohl aber Interessen habe, also mitbestimmen müsse. Und als die Vier-Mächte-Verhandlungen in ihr entscheidendes Stadium kamen, fiel der Bundesrepublik eine Schlüsselrolle zu. Offiziell verhandelten die Botschafter der Vier Mächte, die eigentlichen Entscheidungen aber fielen bei den inoffiziellen Gesprächen zwischen Kenneth Rush, dem amerikanischen Botschafter in Bonn, Valentin Falin, dem sowjetischen Botschafter in Bonn, und Egon Bahr, Staatssekretär im Kanzleramt Bonn.

Adenauer hatte der Bundesrepublik Handlungsspielraum geschaffen durch Zuverlässigkeit im Westen und Enthaltsamkeit im Osten. Brandt erweiterte den Spielraum, indem er die Barrieren nach Osten niederriß. Die Bundesrepublik konnte ihr ökonomisches und politisches Gewicht im Ostteil Europas wirken lassen, sie wurde dort, soweit sie es nicht schon war, der wichtigste westliche Handelspartner und – neben Amerika und Frankreich – zur wichtigsten politischen Größe. Aus einer westeuropäischen Macht wurde eine europäische.

Honeckers Ehrgeiz richtete sich auf ein vergleichbares Ziel: Die DDR sollte nicht mehr nur Mitglied des sozialistischen Lagers sein, sondern ein europäischer Staat wie alle anderen. Um westeuropäische Länder, besonders die kleineren, bemühte er sich, so scheint es, mehr als um die benachbarten Bruderstaaten. Honeckers persönlicher Ehrgeiz ging dahin, überall als Staatsoberhaupt empfangen zu werden. In Westeuropa gelang es ihm fast überall, ein Besuch bei der Queen und beim amerikanischen Präsidenten blieb ihm versagt.

Anfang der achtziger Jahre waren jedoch die neuen Freiheiten gefährdet und mußten verteidigt werden. Amerika und die Sowjetunion gerieten wieder fast in einen neuen Kalten Krieg, Afghanistan, Mittelstreckenraketen und das polnische Kriegsrecht hatten die beiden Großmächte in den Konflikt getrieben. Sie riefen die europäischen Verbündeten zur Solidarität auf, also zu einer neuen Ost-West-Konfrontation. Helmut Schmidt und Erich Honecker wurden sich, zu beiderseitigem Erstaunen, schnell einig, daß sie Deutschland soweit wie möglich aus dem Streit der Großen heraushalten müßten. Soweit wie möglich, das hieß: Jeder tat, was unvermeidlich war, um nicht ernste Schwierigkeiten mit der eigenen Vormacht zu bekommen, aber sonst versuchten beide, die Verbindungen nicht reißen zu lassen. Beide stationierten die Raketen, als die Großen sich nicht einigen konnten, aber Helmut Kohl überbrückte die schwierige Stationierungszeit mit Milliardenkrediten an die DDR. Und Honecker sagte erstaunliche Sachen. Er sprach von einer »Verantwortungsgemeinschaft« der deutschen Staaten für den Frieden, vom »Teufelszeug« der Raketen und von der Notwendigkeit, »nun erst recht« an der Entspannung festzuhalten.[11]

In mancher Hinsicht holte die DDR in den achtziger Jahren nach, was die Bundesrepublik Anfang der siebziger Jahre getan hatte. Ost-Berlin machte

11 Siehe Peter Bender: Die »Neue Ostpolitik« und ihre Folgen. Vom Mauerbau bis zur Vereinigung, 4. Aufl., München 1996, S. 253 f.

seine Geschäfte mit Bonn, von denen Moskau befürchtete, daß daraus Abhängigkeit entstünde. Und noch schlimmer, die DDR tat es heimlich: Ohne zu konsultieren, habe sie die Sowjetunion vor vollendete Tatsachen gestellt. Das war der gleiche Vorwurf, wie ihn Kissinger fünf Jahre vorher gegen Bonn erhoben hatte. Honecker verschuldete sich immer mehr in der Bundesrepublik, seine Gegner im Politbüro denunzierten ihn in Moskau, die sowjetischen Führer ermahnten und warnten ihn, aber »wenn Honecker und seine Umgebung etwas nicht wollten, konnte sie niemand dazu zwingen«. So sagte es Pjotr Abrassimow, der einst wie ein Vizekönig in der DDR geherrscht hatte.[12]

Die tieferen Gründe lassen sich bei Julij Kwizinskij nachlesen. Außenminister und Geheimdienstchef in Moskau kannten die warnenden Expertenberichte über Honecker, aber sie taten nichts, weil sie nicht wußten, was sie tun sollten. Wenn die DDR kein Geld mehr von Bonn nähme, würde der Lebensstandard in der DDR sinken und die politische Stabilität geriete in Gefahr. Moskau verbot Honecker zwar zweimal einen Besuch in der Bundesrepublik, aber von der immer dichteren Verflechtung mit der Bundesrepublik konnte es ihn nicht abbringen. Denn die Sowjetunion war nicht in der Lage, der DDR zu geben, was sie brauchte und im Westen bekam. So wuchs Honecker auf paradoxe Weise Handlungsfreiheit zu, nicht aus Stärke, sondern aus der doppelten Schwäche der DDR- und der Sowjetwirtschaft. Er nutzte die Freiheit allmählich soweit, daß er in eine neue Unfreiheit geriet. Ohne die Dauerzufuhr von D-Mark konnte die DDR nicht mehr leben; Kwizinskij beschreibt es in einem fatalen Bild: »Die DDR schluckte den goldenen Angelhaken immer tiefer, von dem sie dann nicht mehr loskam.«[13]

Verfall der DDR – Machtgewinn der Bundesrepublik

Damit ist schon das letzte Kapitel eingeleitet, die Frage nach dem Manövrierraum von Bundesrepublik und DDR in den Jahren 1989/90. Wirtschaftliche Kraft und politische Stabilität hatten beiden seinerzeit eine Grundlage für ihre Außenpolitik gegeben. Jetzt hatte nur noch die Bundesrepublik beides, und der DDR fehlte beides. Bonn war ein Faktor der Weltpolitik, die DDR war eine Ruine, wirtschaftlich pleite und politisch in der Auflösung. Und da die Sowjetunion unter Michail Gorbatschow die Kraft und den Willen verloren hatte, ihr Imperium mit allen Mitteln zu bewahren, sank die DDR in eine Statistenrolle, und Bonn bekam einen Handlungsspielraum wie nie zuvor.

Es konnte die Lage nach dem Fall der Mauer nutzen: Die Ostdeutschen strömten zu Hunderttausenden nach Westen, Westdeutsche strömten nach Osten – aus der Sicht stabilitätsbewußter Planer eine politische Naturkatastrophe. Deutschland floß zusammen, es vereinigte sich unten, keine deutsche Regierung und keine Großmacht konnte es hindern. Die Politik stand vor der

12 Zit. nach Jörn Roesler: Der Einfluß der Außenwirtschaftspolitik auf die Beziehungen DDR – Bundesrepublik. Die achtziger Jahre, in: Deutschland Archiv 26 (1993), S. 564f.

13 Julij Kwizinskij: Vor dem Sturm, Berlin 1993, S. 261.

Aufgabe, den Strom einzudämmen und zu kanalisieren. Allein Bonn war dazu in der Lage. Es stellte der DDR Bedingungen, die es früher nicht gewagt hätte: Kein Geld mehr ohne Reformen! Es stieß die Verbündeten vor den Kopf. Helmut Kohl änderte seine Deutschlandpolitik grundlegend, ohne seine guten Freunde in Paris und Washington auch nur zu informieren. Im Gegenteil: Bald darauf konnte Bonn die Vier Mächte zu Verhandlungen über eine Vereinigung Deutschlands drängen, fast dreißig Jahre lang hatten sie solche Verhandlungen verweigert. Bonn konnte sogar das Verhältnis zwischen den Vier und den Deutschen umkehren: Nicht von den Vier zu den Zwei sollte geredet werden, sondern von den Zwei zu den Vier.

Natürlich war das nicht mehr als eine Prestigefrage. In der Praxis bestimmten die Machtverhältnisse, wer mit wem worüber sprach, und dabei entstand die gleiche Konstellation wie bei den Berlin-Verhandlungen 1971. Sechs waren beteiligt, aber nur drei entschieden, die Vereinigten Staaten, die Sowjetunion und die Bundesrepublik. George Bush und James Baker, Michail Gorbatschow und Eduard Schewardnadse, Helmut Kohl und Hans-Dietrich Genscher machten die Sache – allerdings nicht ganz so, wie es nach deutschen Darstelllungen meist aussieht. Entscheidend blieb, was seit 1945 allezeit entscheidend war: die Verständigung zwischen Amerikanern und Russen. Nur die Amerikaner konnten der Sowjetunion garantieren, was sie brauchte: eine Veränderung des Charakters der NATO und die Kontrolle der vereinten, stärker werdenden Deutschen. So ging der Verständigung zwischen Kohl und Gorbatschow fast immer eine Einigung zwischen Amerikanern und Russen voraus. Aber in der Form, die hier nicht unwichtig war, gab der Russe dem Deutschen die wichtigsten Zugeständnisse, das Ja zur Vereinigung und zur NATO-Zugehörigkeit ganz Deutschlands.

Damit endet die Geschichte des Handlungsspielraums der deutschen Teilstaaten. Aber Geschichte wirkt weiter. Auch das vereinte Deutschland hat noch Grenzen zu beachten, die seiner Außenpolitik gesetzt sind, teils durch eigene Hemmungen, teils durch äußere Hemmnisse. Noch immer haben wir mehr Kraft als Mut und Lust, sie zu gebrauchen, noch immer ist der Gehorsam gegenüber Amerika verinnerlicht. Selbst die neue Größe schafft auch Probleme, sie stärkt nicht nur, sondern sie mahnt und zwingt zu Vorsicht und Rücksicht, weil die Europäer in West und Ost deutsche Übermacht fürchten.

So wünschten 1990 fast alle europäischen Regierungen, Deutschland solle der NATO angehören, damit auch das vereinte Deutschland militärisch eingebunden bleibt. Deutschland bleibt auch das einzige NATO-Mitglied, das nicht nur amerikanische, sondern größere NATO-Verbände anderer Nationalität beherbergt, vor allem etwa 60 000 Amerikaner. Und die Bundeswehr bleibt – wie früher – ganz der Allianz unterstellt.

All das begründet eine Sonderstellung Deutschlands in Europa, das gerade Gegenteil des früheren Sonderwegs: Wir können nicht mehr, sondern weniger eigene Politik betreiben als damals. Und zum Glück wollen wir es auch nicht. Mit jeder neuen Generation wächst ein vernünftiges Selbstbewußtsein, aber noch immer ist der Zustand nicht überwunden, in dem es nicht das gleiche ist, wenn wir das gleiche tun wie andere. Wie gesagt: Die Geschichte wirkt weiter.

Michael Lemke

Der lange Weg zum »geregelten Nebeneinander«. Die Deutschlandpolitik der DDR Mitte der fünfziger bis Mitte der siebziger Jahre

Was war die DDR in der europäischen Nachkriegsentwicklung und wie ist sie in dieser zu verorten? Gehörte sie, wie Marion Gräfin Dönhoff fast seherisch urteilte, zu »jenen willkürlichen Gebilden«, wie sie »dann und wann in der Weltgeschichte einmal aufkommen und wieder vergehen«?[1] Die DDR bildete zwar ein in sich geschlossenes, aber kein nach außen hermetisch abgeschottetes System, das einen Austausch mit der Außenwelt a priori ausgeschlossen hätte. Wie die Bundesrepublik entstand sie als ein Produkt des Kalten Krieges, der sie noch lange Jahre begleiten und formen sollte; aber sie läßt sich eben nicht (nur) durch ihn erklären.[2] Die Analyse der verschiedenen Perioden der Deutschlandpolitik der SED seit 1949 trägt in hohem Maße zur Bestimmung des ostdeutschen Staates und seiner Handlungsspielräume bei. Welche Chancen besaß die DDR, als zweiter deutscher Staat auf Dauer zu bestehen, und wie hätte er sich entwickeln müssen, um dem 1949 erhobenen Anspruch auf die bessere deutsche Alternative gerecht werden zu können? Warum entstand so etwas wie eine DDR-Identität nicht oder nur ansatzweise? Die Geschichte der Deutschlandpolitik der SED/DDR ist auch eine gesamtdeutsche Konkurrenzgeschichte. Gerade sie zeigt die widersprüchliche Aufeinanderbezogenheit beider deutscher Teile, die gegenseitige Beeinflussung und Abgrenzung und die »wechselseitigen Verklammerungen«.[3]

Der folgende Beitrag beschäftigt sich mit dem Wandel der Deutschlandpolitik der SED/DDR von der Mitte der fünfziger bis Mitte der siebziger Jahre. Dabei stehen jene Faktoren und Prozesse im Vordergrund, die das Verhältnis der SED zum deutschen Nachbarstaat entscheidend bestimmten. Das umfassende Thema kann im Rahmen der vorliegenden Untersuchung nur allgemein und wichtige Aspekte können lediglich schlaglichtartig erfaßt werden. So wird es im folgenden darauf ankommen, Zäsuren der Entwicklung vom Gegeneinander zum geregelten Nebeneinander herauszustellen. Das ist freilich nur möglich, wenn man nach dem internationalen Kontext fragt, in dem die DDR entstand, und nach den Bedingungen, unter denen sie sich seit 1949 entwickelte. Dabei ist vor allem die gleichermaßen wechselvolle und umstrittene Entwick-

1 Marion Gräfin Dönhoff: Deutsche Außenpolitik von Adenauer bis Brandt. 25 Jahre miterlebt und kommentiert, Hamburg 1970, S. 101.

2 Vgl. Michael Lemke: Die DDR und die deutsche Frage 1949–1955, in: Wilfried Loth (Hrsg.): Die deutsche Frage in der Nachkriegszeit, Berlin 1994, S. 136f.

3 Vgl. Christoph Kleßmann: Verflechtung und Abgrenzung. Aspekte der geteilten und zusammengehörigen deutschen Nachkriegsgeschichte, in: Aus Politik und Zeitgeschichte, B 29–30/1993, S. 40.

lung der SED-Deutschlandpolitik bis zur Mitte der fünfziger Jahre im Blick zu behalten. Aus diesem Grunde soll der folgenden Untersuchung ein Extrakt von diesbezüglichen Analyseergebnissen thesenhaft vorangestellt werden.

Die Entwicklung der Deutschlandpolitik der SED/DDR vollzog sich in einem nach dem Zweiten Weltkrieg entstandenen internationalen Beziehungssystem, das wesentlich durch Ost-West-Konflikt, Kalten Krieg, machtpolitischen Bipolarismus, Blockbildung und konfrontatives Denken bestimmt war. Die innerdeutschen Beziehungen nach 1949 nahmen auf Grund der Spaltung des Landes, des Kalten Krieges und der Eingebundenheit beider Teilstaaten in gegensätzliche Ordnungs- und Wirtschaftssysteme den Charakter eines deutschen »Sonderkonfliktes« (Richard Löwenthal) an. Dieser »Sonderkonflikt« zwischen der DDR und der Bundesrepublik widerspiegelte die allgemeinen Merkmale des Kalten Krieges als besondere Phase des Ost-West-Konfliktes, besaß jedoch deutsche Spezifika, die in die weltweite Systemauseinandersetzung eingebracht wurden und insbesondere den europäischen Nachkriegsprozeß mitprägten. Vereinfacht gesehen, umfaßte er nach 1949 zwei Grundprobleme: erstens die deutsche Wiedervereinigung; zweitens die gesamtdeutsche bzw. zweigeteilte ordnungspolitische Perspektive des Landes. Diese Probleme, die zunehmend ideologisiert und internationalisiert wurden und daher ihre Lösung erschwerte, wurden mit globalen Fragen verquickt: Konfrontation, Entspannung und Sicherheit.

Die Deutschlandpolitik der SED wurde immer wesentlich von der UdSSR als Besatzungs-, Hegemonial- und Führungsmacht einerseits und von der Bundesrepublik als den stärkeren und demokratisch legitimierten deutschen Teilstaat andererseits bestimmt. Beide Einflußfaktoren markierten die äußeren Hauptdeterminanten der Entwicklung der innerdeutschen und internationalen Beziehungen der DDR, die eigene Interessen und Ziele im Spannungsfeld von sowjetischer und westdeutscher Politik verwirklichen mußte. Sowjetische und ostdeutsche Macht- und Herrschaftsinteressen stimmten prinzipiell überein, während die der »herrschenden Klassen« in beiden deutschen Teilstaaten grundsätzlich kollidierten. Der sowjetische Einfluß war im wesentlichen grundlegend, definitiv und definitorisch, der bundesrepublikanische Einfluß wirkte mehr korrigierend und modifizierend und bestimmte Tempo und Wirkungsgrad der Deutschland- und Außenpolitik der SED mit. Ausmaß und Intensität von Fremdbestimmung und Entscheidungsfreiheit hingen auch ab vom Verlauf der internationalen Beziehungen insgesamt und von verschiedenartigen bi- und multilateralen Interaktionen. Darüber hinaus besaß die dritte – innenpolitische – Hauptdeterminante der Deutschland- und Außenpolitik ebenfalls konstante Bedeutung: die innere Entwicklung in der DDR auf der Grundlage diktatorischer Macht, planwirtschaftlicher Ökonomie und egalitärer Sozialstrukturen.

Die Beziehung zwischen der UdSSR und der DDR stellte kein einseitiges, sondern ein wechselseitiges, wenngleich asymmetrisches Abhängigkeitsverhältnis dar. Die DDR stand zwar unter dem politischen Kuratel der UdSSR, leistete ihr aber gerade deutschlandpolitisch unverzichtbare Dienste. Deren Deutschlandpolitik war keine unveränderliche Größe. Zwar entschied die

KPdSU prinzipiell über den deutschlandpolitischen Kurs der SED, doch bildeten die weitgehende Interessenharmonie der ungleichen Partner und der Umstand, daß sich die UdSSR lange Zeit eine endgültige deutschlandpolitische Option offenhielt, die Grundlage für eine taktische Beweglichkeit der SED-Politik. Die Omnipräsenz der Bundesrepublik, der in allen Bereichen des gesellschaftlichen Lebens in der DDR sichtbare »Magnetismus« der deutschen Nachbarrepublik stellten – zumindest bis zum Mauerbau von 1961 – eine existentielle Bedrohung für die Herrschaft der SED dar und begrenzte deren Handlungsspielräume und vor allem deren deutschlandpolitische Möglichkeiten.

Bis etwa Mitte des Jahres 1951 versuchte die SED, die »antifaschistisch-demokratische« bzw. sozialistische Ordnung auf Westdeutschland zu übertragen. Diese Aufgabe sollte durch eine Art von nationalem Kurzzeitprogramm gelöst werden. In den darauffolgenden Jahren, deutlich ab 1955, dominierten Langzeitvorstellungen.[4] Jetzt gestaltete sich die Deutschlandpolitik der SED vorrangig zu einem Instrument der Systemauseinandersetzung auf deutschem Boden und zielte auf eine Positionsverbesserung für die SED gegenüber den Regierenden in der Bundesrepublik. Die SED sah sich vor allem in den ersten fünf Jahren nach der Gründung ihres Staates aus inneren Gründen gezwungen, öffentlich an der deutschen Einheit festzuhalten. Ihr Anspruch, einzige und »wahre« Interessenvertreterin der Nation zu sein, erwies sich innenpolitisch zwar als risikoreich, bot aber, da die erhofften Erfolge auf allen anderen wesentlichen politischen und wirtschaftlichen Gebieten ausblieben, die einzige Chance, wenigstens auf dem Feld der Deutschlandpolitik wirksam zu werden und mit dem Thema Einheit ein Feld zu besetzen, das von der Gegenseite politisch zunehmend vernachlässigt zu werden schien.

Die Westpolitik bzw. Westarbeit der SED stellte die praktische Umsetzung kommunistischer deutschlandpolitischer Ziele im Verkehr mit der Bundesrepublik und innerhalb derer dar. An der Westarbeit und dem damit verbundenen Westapparat waren auch die Bündnisparteien und Massenorganisationen beteiligt. Der Westapparat hatte den Auftrag, die kommunistischen Vorstellungen in der Bundesrepublik zu propagieren und hier mit Hilfe von Bündniskräften die parlamentarische Ordnung zu infiltrieren. Die Veränderung der westdeutschen Verhältnisse sollte mit Hilfe eines in der DDR als »Nationale Front« bezeichneten Bündnisses aller »friedliebenden demokratischen Kräfte« Westdeutschlands erreicht werden. Die aus der Zeit vor 1945 tradierten kommunistischen Volksfrontvorstellungen enthielten zwei von der SED als notwendig erkannte Bedingungen: die Schaffung der »Einheit der Arbeiterklasse« – was auf die Gewinnung vor allem der SPD hinauslief – und die Gewinnung bürgerlicher Kräfte. Die Westarbeit der SED war kostenaufwendig, ineffektiv und im ganzen gesehen erfolglos. Es gelang ihr weder, die eigene Bevölkerung hinlänglich von ihrer Deutschlandpolitik zu überzeugen, noch im nennenswerten Umfang Ansprechpartner in der Bundesrepublik zu finden.

4 Vgl. Lemke: Die DDR und die deutsche Frage, S. 152–155, S. 168 f.

Paradigmenwechsel

Nach 1955 fand in der SED/DDR nun auch offiziell ein Paradigmenwechsel von der Wiederherstellung der Einheit Deutschlands als politisches Ziel zu einem eigenstaatlichen Weg und der völkerrechtlichen Anerkennung der DDR statt. Die Ursachen dafür waren in erster Linie exogener Natur: Die Bundesrepublik war Mitglied in der NATO, die DDR im Warschauer Pakt geworden. Im Juli 1955 verkündete die sowjetische Führung die »Zwei-Staaten-Theorie«, derzufolge es nun zwei souveräne Staaten in Deutschland gäbe, die sich als Völkerrechtssubjekte entwickeln würden. Wenige Monate später nahmen die Bundesrepublik und die Sowjetunion diplomatische Beziehungen auf, was vom Ostblock als Bestätigung der Existenz zweier Staaten in Deutschland interpretiert wurde. Nach dem Scheitern der deutschlandpolitischen Konferenz der Außenminister der Vier Mächte in Genf im Herbst 1955 unterstrich die UdSSR, daß ein wiedervereinigtes Deutschland nur als neutraler Staat und nur als das Ergebnis zwischendeutscher Verhandlungen denkbar sei.

Die SED konnte aus innenpolitischen Gründen auf das Ziel der Einheit Deutschlands auch nach 1955/56 nicht verzichten. Der Paradigmenwechsel vom Einheits- zum Anerkennungsziel vollzog sich allmählich, und er wurde immer wieder von äußeren und inneren Störungen abgebremst. Zum einen hielt sich die Sowjetunion offenbar ein deutschlandpolitisches »Hintertürchen« zumindest bis zum Mauerbau offen, was in der Führung der SED zu Verunsicherungen führte. Zum anderen hatten definitive Absagen an Einheit und deutsche Gemeinsamkeiten erfahrungsgemäß negative Reaktionen der DDR-Bevölkerung, vor allem eine häufig sporadische Zunahme der Republikflucht zur Folge. Hinzu traten ideologische und politische Umstellungsprobleme auf das Ziel der völkerrechtlichen Anerkennung. Die SED mußte aus den genannten Gründen am Anspruch festhalten, konsequenteste Interessenvertreterin der Nation zu sein. Ideologische Schwierigkeiten gab es darüber hinaus innerhalb der Partei: Viele Funktionäre waren zunächst weder willens, noch in der Lage, das über Jahre propagierte, nun zum Teil verinnerlichte Ziel einer Wiedervereinigung Deutschlands plötzlich aufzugeben. Die Losung, daß die ständige und allseitige Stärkung der DDR die Hauptaufgabe sei, hatte vor allem innerhalb der Partei bislang eine Kompromißformel dargestellt.[5] Für Walter Ulbricht war Stärke der DDR die Grundbedingung für die eigenständige souveräne Entwicklung der DDR, für andere die wichtigste Voraussetzung der Wiedervereinigung. Dieser »stille Konsens« war nun nicht mehr aufrechtzuerhalten. Bis 1955/56 hatte sich die Gestaltung der Außenbeziehungen der DDR so wesentlich auf die SED-Deutschlandpolitik reduziert, daß internationale Beziehungen eigentlich zu einer Funktion derer geraten waren. Zwar verfügte die SED über einen außenpolitischen Apparat, doch

5 Vgl. Michael Lemke: Vom Postulat der »demokratischen« Wiedervereinigung zur konföderativen Absage an Gesamtdeutschland. Die Grundzüge der SED-Deutschlandpolitik, in: Mark Lehmstedt/Siegfried Lokatis (Hrsg.): Das Loch in der Mauer. Der innerdeutsche Literaturaustausch, Wiesbaden 1997, S. 25f.

war dieser zunächst nicht in der Lage, den Anforderungen, die sich aus dem Kurs der unbedingten Anerkennung der DDR ergaben, gerecht zu werden. Nicht nur fehlende Kompetenz und mangelnde Professionalität waren dafür innere Ursachen, sondern auch die zunächst fortwirkende alte gesamtdeutsche Zielstellung, die zu Selbstblockaden führte. Die Forcierung einer eigenen Außenpolitik war bislang auch deshalb ausgeblieben, weil das die Absicht einer Vertiefung der Spaltung assoziiert hätte.

Der Paradigmenwechsel veränderte auch die deutschlandpolitische Programmatik der SED. Die Partei schaltete auf ein nationales »Langzeitprogramm« um, das sehr ideologisch geartet war: Irgendwann werde – natürlich mit Hilfe der Sowjetunion und aller friedliebenden Völker – auf der Basis einer breiten Massenbewegung unter Führung der Arbeiterklasse und ihrer Partei die nationale Wiedervereinigung zu einem sozialistischen Gesamtdeutschland erfolgen, gesetzmäßig und dem Gang der Geschichte folgend. In der DDR, so erklärte Politbüromitglied Albert Norden noch im Dezember 1961, schaffe man die »Basis eines Deutschland, das nicht nur auf die DDR beschränkt bleiben wird, sondern das schon die Aussicht bietet, wie sich später ein ganzes Deutschland auch am Rhein und an der Ruhr entwickeln wird«.[6] Das »nationale« Langzeitprogramm hatte Konsequenzen für die Ziele der Westarbeit der SED, nicht für deren vorrangig infiltrative und »missionarische« Methoden. Es ging nach 1955/56 weniger um das »transzendente« Ziel einer Transformation der westdeutschen bürgerlichen in eine sozialistische Gesellschaft, sondern um die Erringung von Positionsgewinnen gegenüber der Bundesrepublik in der innerdeutschen Auseinandersetzung. Im Mittelpunkt standen die Schaffung und der Ausbau von Einflußmöglichkeiten auf verschiedene Bereiche von Gesellschaft und Politik der Bundesrepublik. Vor allem das Ziel der Durchbrechung der Ende 1955 verkündeten Hallstein-Doktrin zur Verhinderung einer Anerkennung der DDR kennzeichnete für die nächsten 15 Jahre das Verhältnis der SED zur Bundesrepublik.

Der Paradigmenwechsel war in erster Linie ein innenpolitisches Problem. Mit der Absage der SED an die Wiedervereinigung als aktuelles Ziel der Politik entstand nun ein risikoreiches innenpolitisches Problem. Die Partei mußte das Kunststück vollbringen, den intern aufgegebenen gesamtdeutschen Anspruch mit dem öffentlich noch aufrechterhaltenen Postulat der Wiedervereinigung und dieses wiederum mit dem unbedingten Ziel staatlicher Eigenständigkeit der DDR zu verbinden. Sie hatte vor der Bevölkerung einen Wert zu verteidigen, der nicht mehr der ihre war, und eine »patriotische« Ware an ein Volk zu verkaufen, dem man gleichzeitig zu verstehen geben mußte, daß diese eigentlich nichts mehr taugte. Gleichzeitig mußte die Ware so verpackt sein, daß sie auch im Westen ansprach und Veranlassung gab, in der Öffentlichkeit diskutiert und von den »Massen« angenommen zu werden.[7]

6 Diskussionsbeitrag Nordens, Stenogr. Niederschrift der Beratung der Redaktion »Sozialistische Briefe« mit sozialdemokratischen Genossen; Stiftung Archiv der Parteien und Massenorganisationen der DDR im Bundesarchiv (SAPMO-BArch), Zentrales Parteiarchiv (DY 30), NY 4217/52, Bl. 182.

7 Vgl. Lemke: Vom Postulat, S. 27.

Konfrontation und konföderative Idee

Nach 1955/56 wurden die nichtoffiziellen Beziehungen der DDR zur Bundesrepublik weiterhin unter dem Stern des Kalten Krieges und mit konfrontativen Vorzeichen geführt. Den Hauptangriffspunkt der Propaganda gegen die Bundesrepublik bildeten deren vermeintlicher Militarismus, Revanchismus und Neonazismus, die es der Führung der SED zufolge im Rahmen ihrer »nationalen« Hauptaufgabe auszurotten galt.[8] Auch änderten sich die personifizierten Feindbilder nicht.[9] Die insbesondere durch propagandistische Kampagnen in den deutschen Nachbarstaat transportierte Westpolitik entwickelte zunehmend eine Eigendynamik. Sie sollte durch die Mobilisierung der »Massen« und die Konstituierung einer Front gegen Adenauer und dessen Politik eine Situation schaffen, die die Bundesregierung zu Verhandlungen mit der DDR zwänge. Diese klare Zielstellung entsprach dem Anerkennungs- bzw. Aufwertungs-Konzept der SED, das insgesamt konfrontativen, nicht kooperativen Prinzipien folgte. Eine Ausnahme bildete auch jetzt der innerdeutsche Handel[10], der – abgesehen von einer durch die DDR provozierten kurzen Unterbrechung im Herbst 1960[11] – relativ kontinuierlich verlief. Die zwischendeutsche Unversöhnlichkeit resultierte nicht nur aus dem Dualismus von liberalem Verfassungsstaat und realsozialistischer Diktatur auf deutschem Boden sowie aus der harten Konfrontation von Alleinvertretungsanspruch und Anerkennungsverlangen, sondern auch aus der alltäglichen Herrschaftspraxis in der DDR, die im Westen angeprangert wurde, aber nicht verändert werden konnte. Mit ähnlicher Ohnmacht verfolgte die SED die Politik der Bundesrepublik, die den ostdeutschen Staat international weitgehend zu isolieren vermochte und die durch ihre zunehmende Ausstrahlung ein Faktor der Destabilisierung der Verhältnisse in der DDR blieb. Die Aggressivität der Führung der SED wurde durch das Fehlen deutschlandpolitischer Handlungsspielräume, die Bonn besaß und auch gegenüber den Verbündeten der SED im Warschauer Pakt zu nutzen wußte, noch verstärkt.

Da der Konföderationsplan als letzte große Initiative der SED die Grundlage der Deutschlandpolitik der DDR bis zum Ausgang der sechziger Jahre bildete, soll er kurz angesprochen werden.

8 Vgl. die Ausführungen Ulbrichts in der Sitzung des Demokratischen Blocks, 8.11.1955, Stenographische Niederschrift; SAPMO-BArch, DY 30, IV 2/15/22.

9 Vgl. Manfred Wilke: Die SED und Konrad Adenauer, in: Hans Günter Hockerts (Hrsg.): Das Adenauer-Bild in der DDR, Bonn 1996, S. 13–28 (Rhöndorfer Gespräche, Bd. 15). Michael Lemke: Konrad Adenauer in der DDR-Historiographie, in: Ebenda, S. 107–126.

10 Vgl. Detlef Nakath: Zur Geschichte der deutsch-deutschen Handelsbeziehungen. Die besondere Bedeutung der Krisenjahre 1960/61 für die Entwicklung des innerdeutschen Handels, Berlin 1993 (Hefte zur DDR-Geschichte, 4). Ders.: Zur politischen Bedeutung des innerdeutschen Handels in der Nachkriegszeit (1948/49–1960), in: Christoph Buchheim (Hrsg.): Wirtschaftliche Folgelasten des Krieges in der SBZ/DDR, Baden-Baden 1995.

11 Vgl. Michael Lemke: Die Berlinkrise 1958 bis 1963. Interessen und Handlungsspielräume der SED im Ost-West-Konflikt, Berlin 1995, S. 58–62.

Am 29. Dezember 1956 hatte das Politbüro der SED auf der Basis eines von Paul Verner, Leiter der Westabteilung im ZK, ausgearbeiteten Entwurfes[12] den Plan einer deutschen Konföderation verabschiedet. Die Grundidee stammte aber nicht – wie bislang angenommen wurde – von Bundesfinanzminister Fritz Schäffer. Der konservative bayerische Politiker entwickelte seine Gedanken zwar unabhängig von der SED, doch später als diese. Ein Konföderationsplan der ostdeutschen Führung hatte erstaunlicherweise bereits im Oktober/November 1954 detailliert vorgelegen[13], wurde aber nicht veröffentlicht, weil die Sowjetunion aus taktischen Gründen intern Bedenken gegen ihn erhoben hatte.[14] Die vom Politbüro vorgeschlagene Truppenbegrenzung (DDR : 80 000 – 90 000, Bundesrepublik: 110 000 – 120 000 Mann), ein Verzicht auf Atomwaffen und vor allem die Schaffung eines Paritätischen Gesamtdeutschen Rates als »Organ der Vereinigung Ost- und Westdeutschlands auf der Grundlage der Konföderation« machten – sieht man von Paritätsfragen einmal ab – zumindest auf den ersten Blick einen Sinn. »Da der Gesamtdeutsche Rat die Funktion der Regierung der deutschen Konföderation ausübt«, so stellte man es sich in Ost-Berlin vor, sollten die Vorbereitungen zur Wiedervereinigung in der Kompetenz dieses Rates liegen. Das beträfe »die Herstellung einer einheitlichen administrativen Leitung in Deutschland, besonders zur Schaffung einer Zoll- und Valuta-Union, einer Koordinationskommission für Fragen der nationalisierten Industrie, weiter die Schaffung einer einheitlichen Notenbank, einer einheitlichen Währung, eines einheitlichen Transport- und Nachrichtenwesens und anderes mehr«. Der Gesamtdeutsche Rat sollte »freie gesamtdeutsche Wahlen« vorbereiten.[15]

Für die Durchsetzung einer schrittweisen Wiedervereinigung über den Mechanismus der Konföderation befand das Politbüro »bestimmte äußere und innere Vorbedingungen« als unbedingt notwendig: unter anderem die Neutralisierung Deutschlands, die Überwindung der »militaristischen, revanchistischen und faschistischen Kräfte« und die »Entmachtung des Monopolkapitals« in Westdeutschland, die Überführung der Schlüsselindustrien in Volkseigentum, eine Boden- und eine Schulreform nach dem Vorbild der SBZ/DDR.[16] Diese Forderungen implizierten eine für den Westen unakzeptable Systemverände-

12 Vgl. Entwurf: »Zur Wiedervereinigung Deutschlands zu einem friedlichen und demokratischen Staat«. Arbeitsprotokoll 66/56, Sitzung des Politbüros vom 29.12.1956; SAPMO-BArch, DY 30, J IV 2/2A/541.

13 Vgl. Entwurf (Disposition) einer Regierungserklärung Grotewohls, 27.10.1954 (mit der Anmerkung: »Frist Sonnabend, den 30. Oktober 18.00 Uhr beim Ministerpräsidenten in der Wohnung.«); Politisches Archiv des Auswärtigen Amtes, Bestand Ministerium für Auswärtige Angelegenheiten (PA AA/MfAA), A 14817, Bl. 31 – 36.

14 Vgl. Sowjetische Bemerkungen zum Redemanuskript Grotewohls, undatiert (mit hoher Wahrscheinlichkeit Ende Oktober/Anfang November 1954); SAPMO-BArch, NY 4090/196, Bl. 78 und »Anmerkungen zum Entwurf der Rede der Delegation der DDR auf der Tagung« (November/Dezember 1954 in Moskau); ebenda, NY 4182/892, Bl. 28.

15 Vorlage (Endfassung): »Über die Wiedervereinigung Deutschlands zu einem friedliebenden demokratischen Staat«, Beschluß des Politbüros, Anlage 4 zum Protokoll 66/56, 29.12.1956; ebenda, DY 30, J IV 2/2/520, Bl. 15.

16 Ebenda, Bl. 9, Bl. 14.

rung; sie führten die realistisch anmutenden Vorstellungen über konkrete konföderative Maßnahmen ad absurdum und liefen der rationalem Denken zugänglichen Erkenntnis zuwider, daß sich die unter ordnungspolitisch gegensätzlichen Vorzeichen entwickelnden Staaten – nach zehnjährigem Auseinanderleben – nur schrittweise und kompromißhaft annähern könnten. Der Konföderationsvorschlag enthielt die typische Mischung der SED-Deutschlandpolitik: positive Vorschläge und deren gleichzeitige Negierung. Er war auch insofern »idealtypisch«, als noch eine Konstante »negativer Überwindung« des deutschen Status quo hinzutrat: Während man auf allen Gebieten offiziell möglichst auf der Regierungsebene verhandeln wollte, verstärkte die SED die Infiltration der Bundesrepublik und die propagandistischen Kampagnen genau gegen die Kreise, mit denen man auf hoher Ebene gesamtdeutsche Gespräche führen wollte. Konstant blieb auch die faktische Ablehnung tatsächlich freier Wahlen.[17] Für die Parteiführung stand der »Klassenkampfcharakter« einer Konföderation und damit deren instrumentelle Funktion in Verbindung mit der Schaffung einer »Volksfront« fest. »Die Bildung einer Konföderation«, so bemerkte Otto Grotewohl, »ist ohne die deutsche Arbeiterklasse im Bündnis mit allen patriotischen Kräften des deutschen Volkes nicht denkbar. Je fester sich diese Kräfte vereinen, um so stärker werden sie sein, um so früher werden sie eine Regierung in Westdeutschland zwingen können, mit der Regierung der Deutschen Demokratischen Republik zu verhandeln.«[18]

Während Grotewohl öffentlich erklärte, die Wiedervereinigung sei nur möglich durch einen »nationalen Kompromiß in Form der Bildung einer Konföderation der beiden deutschen Staaten«[19], stellte Ulbricht die Frage anders: »Nun, was heißt denn Konföderation? Das heißt, daß wir Bedingungen unterzeichnen, den Wettbewerb zwischen den zwei Systemen in einem Lande zu führen. Die Frage, ob dann dieser Kampf später zum Sozialismus führt, ob dieser Übergang friedlich oder auf andere Weise geschieht, ist eine Frage, die gegenwärtig überhaupt nicht interessant ist. Gegenwärtig interessiert uns nur, in der jetzigen Etappe den deutschen Militarismus zu bändigen und alle Kräfte zu einigen.«[20] Noch klarer hatte es Hermann Matern am 7. März 1958 in Anwesenheit der wichtigsten KPD-Führer intern dargestellt. Da es das Ziel sei, die Voraussetzungen für den Aufbau des Sozialismus in ganz Deutschland zu schaffen, so formulierte er, hieße Konföderation nichts anderes, als damit beginnen, »die Kräfteverhältnisse in Westdeutschland [so] zu verändern, daß die Arbeiterklasse stärker wird und daß wir dadurch zusammen dann unsere

17 Papier über die Wiedervereinigung Deutschlands, 19.1.1957; ebenda, NY 4182/1306, Bl. 73.

18 Manuskript der Diskussionsrede Grotewohls auf dem V. Parteitag der SED, 13.7.1958; ebenda, NY 4090/236, Bl. 173.

19 Nicht veröffentlichte Rede Grotewohls auf der Tagung des Politischen Beratenden Ausschusses des Warschauer Vertrages, 4.2.1960; ebenda, NY 4090/261, Bl. 89.

20 »Rede des Genossen Walter Ulbricht im Namen der Delegation der SED bei der Beratung« (der kommunistischen und Arbeiterparteien in Moskau, 26.6.1960); ebenda, DY 30, J IV 2/202/272, Bl. 1, S. 7 f.

Politik durchführen können [...] Konföderation heißt für uns in Westdeutschland, die Kraft der Arbeiterklasse stärken, ihre Position zu verstärken, damit wir über die Konföderation die Staatsmacht in ganz Deutschland in die Hände nehmen.«[21] Der »Vorschlag der Konföderation«, so führte er fort, »das ist der Weg des nationalen und Klassenkampfes zur Errichtung eines Deutschland, in dem die Arbeiterklasse führt«, Konföderation sei »Kampf zur Veränderung der Lage in Deutschland«.[22]

In den folgenden Jahren konkretisierte und modifizierte die SED ihren Konföderationsplan. Er war von Anfang an nicht Ausdruck des Willens der SED zur Überwindung der Spaltung, sondern Ergebnis der Erkenntnis, daß es nunmehr um die eigenständige Entwicklung und Festigung der DDR ginge. Der Konföderationsplan barg kaum Risiken für die SED in sich. Er eröffnete eine, wenngleich geringe Chance für eine Aufwertung der SED als Verhandlungspartner, wenn die Bundesrepublik auf verschiedene Annäherungsvorstellungen positiv reagieren würde. Im einzelnen waren die Vorschläge des Politbüros alles andere als nur »Testballons«. Die Idee eines nützlichen, die DDR stabilisierenden Austauschs wirtschaftlicher Art orientierte sich an den Bedürfnissen der DDR, die partiell sicherlich politische Kompromisse eingegangen wäre. Insgesamt konnte vor allem deren Wirtschaft von der höher entwickelten Bundesrepublik nur partizipieren.

Schadensbegrenzung

Der deutsche »Sonderkonflikt« erhielt mit dem Mauerbau vom 13. August 1961 eine neue Dimension. Einerseits eskalierte der von beiden Seiten geführte Propagandakrieg, andererseits zwang die neue Lage beide Seiten zur Suche nach Ansätzen für ihre Überwindung. Der Konflikt spitzte sich gefährlich zu, als der 18jährige Bauarbeiter Peter Fechter am 17. August 1962 bei einem Fluchtversuch durch Schüsse schwer verletzt wurde und an der Mauer verblutete. »Es war nicht der erste Tote an der Mauer, aber der erste, der öffentlich starb. Seine Hilferufe waren zu hören, bis sie verstummten.«[23] An der Mauer wurde geschossen, der Verkehr auf den Zufahrtswegen nach Berlin nach wie vor behindert – die Spaltung Deutschlands vertiefte sich. War der Westen zur Ohnmacht verdammt? Sowohl im West-Berliner Senat als auch in der Bundesregierung wurde intensiv darüber diskutiert, wie man sowohl die Situation an der Mauer entspannen als auch die Lage der Ostdeutschen erleichtern könne. Die Bundesregierung erkundete mögliche Wege. Im Vordergrund stand zunächst die Frage eines Gefangenenaustauschs. Ende Januar 1962 suchte der offensichtlich von der Bundesregierung beauftragte ehemalige Generalbundesanwalt Max Güde, ein pragmatischer Mann, den Ost-Berliner Anwalt Friedrich Karl Kaul auf. Den Kontakt vermittelte, wie der Ost-Berliner »Star-

21 »Protokoll der Aussprache von Genossen des ZK mit westdeutschen Funktionären« (u. a. Max Reimann), Leipzig, 7.3.1958; ebenda, IV 2/1002/136, Bl. 5, Bl. 6 f.
22 Ebenda, Bl. 9 f.
23 Vgl. Peter Bender: Neue Ostpolitik. Vom Mauerbau bis zum Moskauer Vertrag, München 1986, S. 124.

anwalt« der Westkommission beim Politbüro und Staatssicherheitsminister Erich Mielke mitteilte, ein Delegierter des Internationalen Roten Kreuzes, Beckh.[24] Kaul, der die SED in Rechtsfragen vertrat und engste Beziehungen zum Politbüro unterhielt, meinte, daß derartige Fragen von »offizieller Stelle« zu behandeln seien. »Man sollte mit Kleinem beginnen«, habe Güde entgegnet, »um dann vielleicht später zur Lösung größerer Probleme zu kommen.«[25] Die Verhandlungen über einen Austausch von Gefangenen, die in Westdeutschland zumeist wegen Spionagedelikten einsaßen, begannen erfolgreich.[26] Die westdeutschen Staatsanwaltschaften entließen »in aller Stille« auch eine Reihe ehemaliger KPD-Funktionäre, die wegen »Staatsgefährdung« inhaftiert waren.[27] In kürzester Zeit entwickelte sich ein ganzes Geflecht von Konsultationen und Verhandlungen über die Freilassung von politischen Gefangenen in der DDR, an dem verschiedene Institutionen in beiden deutschen Staaten indirekt beteiligt waren. Insgesamt führte ein beiderseitiges Interesse an einem Austausch politischer Gefangener, auch geheimdienstlich Tätiger, zu Sondierungsversuchen, die bald über die ursprünglichen Ziele hinausgingen. Hier nahm einerseits der später einsetzende Freikauf von Gefangenen seinen Anfang, andererseits förderten die internen Gespräche insgesamt die Anbahnung allgemeinerer politischer Kontakte. Die Führung der SED betrachtete sie einerseits als Möglichkeit einer Aufwertung der DDR, sofern sie offiziellen Charakter annahmen, andererseits als eine Grundlage für wirtschaftliche Präferenzen. Es blieb immer erkennbar, daß Ulbricht ein Maximum an Leistungen des Westens, vorrangig wirtschaftliche Konzessionen, mit einem Minimum an politischen Gegenleistungen zu entgelten gedachte. Das war auch der Fall, als der Leiter der Treuhandstelle für den Interzonenhandel einen denkwürdigen Vorstoß in Ost-Berlin unternahm.

Darüber berichtete Ulbricht dem sowjetischen Botschafter Michail Perwuchin am 5. September 1962. Am 23. August 1962 habe Kurt Leopold dem DDR-Vertreter bei den Treuhand-Verhandlungen, dem Abteilungsleiter im Ministerium für Außenhandel und Innerdeutschen Handel, Heinz Berendt, »außerhalb der Tagesordnung« mitgeteilt, »daß sein ›höchster Chef‹ [Adenauer] der Meinung ist, daß etwas geschehen müsse, um Zwischenfälle an der Grenze zu vermeiden. Man müsse sich gegenseitig sagen, was auf diesem Gebiet zumutbar sei [...]. Wir haben deshalb Herrn Leopold das anliegende Aidememoire [nicht auffindbar – M. L.] übergeben, in dem wir uns zu vertraulichen Kontaktaufnahmen und Besprechungen auf Staatssekretär-Basis bereit erklären [...]. Herr Dr. Leopold hat inzwischen noch einmal angefragt über unsere Meinung zu der Anregung von Dr. Adenauer.«[28] Ulbricht erwähnte unter anderem die Bereitschaft Adenauers, den Swing auf 225 Millionen Verrechnungseinheiten zu erhöhen und Renten und Pensionen an Personen in der

24 Aktennotiz der Westkommission, 9.1.1963; SAPMO-BArch, DY 30, IV 12/2028/128.
25 Schreiben Kauls an das ZK (Stadler), 2.2.1963; ebenda, IV 2/2028/57, Bl. 268.
26 Vgl. ebenda, Bl. 274–276.
27 Vgl. interne Meldung des Bonner ADN-Korrespondenten, 28.9.1962; ebenda, IV 2/2028/83, Bl. 67.
28 Schreiben Ulbrichts an Botschafter Perwuchin, 5.9.1962; ebenda, J IV 2/202/111, Bl. 1.

DDR zu zahlen, die darauf einen Anspruch haben. »Damit hätte die DDR zusätzliche Einnahmen«, bemerkte Ulbricht. Im übrigen wünsche Bonn Verwandtenbesuche von West-Berlinern im »demokratischen« Sektor »von Zeit zu Zeit«, wobei Besuche in umgekehrter Richtung erwünscht, aber nicht Bedingung seien.[29] Das Politbüro beschloß in seiner Sitzung vom 4. September 1962, »Adenauer mitzuteilen, daß die Regierung der DDR zu Besprechungen über Fragen der Normalisierung der Beziehungen zwischen beiden deutschen Staaten bereit ist. Die Regierung der DDR ist der Auffassung, daß die Besprechungen auf der Ebene von Staatssekretären geführt werden können«. Sie sei des weiteren mit der Erhöhung des Swing im zwischendeutschen Handelsverkehr einverstanden. »Wir sind der Meinung«, so die Formulierung im Beschluß des Politbüros, »daß durch die Entwicklung der Wirtschaftsbeziehungen zwischen beiden deutschen Staaten das Mißtrauen vermindert wird, und daß dann gewisse Wünsche Westdeutschlands entgegenkommend geprüft werden können.«[30] Zugeständnisse ließ sich die Führung der DDR auch in den folgenden Jahren beinahe nur über den kommerziellen Mechanismus abringen. So kam dem innerdeutschen Handel, vor allem Handelsvereinbarungen, in der Tat »eine gewisse Vorreiterrolle« zu.[31]

Inoffizielle deutsch-deutsche Beziehungen reduzierten sich häufig auf ein in der Öffentlichkeit kaum erkennbares Maß, wurden aber zu keiner Zeit abgebrochen. Wenn es keine offiziellen Beziehungen gab, so gab es doch immer technische, wirtschaftliche, kulturelle und natürlich zwischenmenschliche Kontakte, die die Idee von der einen Nation wachhielten. Es blieben eine Reihe von inoffiziellen, zum Teil verdeckten Kontaktmöglichkeiten bestehen, so daß bei allem Kalten Krieg im innerdeutschen Verhältnis eine Tendenz zur Schadensbegrenzung und Konfliktregulierung unverkennbar war; man fand in mancher schwierigen Situation Sonderpfade jenseits der konfrontativen Hauptstraße, vor allem auf ökonomischem Gebiet im Ost-West-Handel.

Erhards Friedensnote und die »Politik der Bewegung«

Die internationalen Krisen zu Beginn der sechziger Jahre hatten den Kalten Krieg noch einmal gefährlich zugespitzt. Die Ereignisse in Kuba im Herbst 1962 führten die Welt an den Rand einer nuklearen Katastrophe. Doch erweckten Kuba- und zweite Berlinkrise auf beiden Seiten der in Machtblöcke geteilten Welt das Bedürfnis nach einer internationalen Entspannung, und aktivierten die Suche nach Mechanismen für ein dauerhaftes Krisenmanagement. Das Atomteststoppabkommen von 1963 wurde von der SED begrüßt, weil es die DDR als dessen Mitunterzeichner aufwertete und von der Bundesregierung aus eben diesem Grunde abgelehnt wurde. Beide »Supermächte« –

29 Ebenda.
30 Beschluß des Politbüros, Arbeitsprotokoll 39/62, 4.9.1962; ebenda, J IV 2/2A/919, Bl. 2 f.
31 Detlef Nakath: Erfurt und Kassel. Zu den Gesprächen zwischen dem BRD-Bundeskanzler Willy Brandt und dem DDR-Ministerratsvorsitzenden Willi Stoph im Frühjahr 1970, Berlin 1995 (Hefte zur DDR-Geschichte, 24).

USA und Sowjetunion – leiteten zwar eine neue Phase des Wettrüstens ein, nahmen nun aber unter der Bedingung eines sich herausbildenden atomaren »Gleichgewichts des Schreckens« Kurs auf ein sicherheitspolitisches Arrangement. Von diesem ging für beide deutschen Staaten ein erheblicher Anpassungsdruck aus. Die Sowjetunion machte der ostdeutschen Führung im Sommer 1963 noch einmal klar, daß sie eine risikoreiche maximalistische Berlin- und Deutschlandpolitik und damit entspannungshemmende Störmanöver seitens der DDR nicht dulden werde.[32] Der sowjetische Kurs verunsicherte das Politbüro. Ulbricht befürchtete, daß eine Entspannung keine Anerkennung der DDR durch die Bundesrepublik und den Westen ermöglichen werde und eine innerdeutsche Klimaverbesserung im Sinne der von Bonn verlangten Freizügigkeit vor allem im Reiseverkehr zu einer Destabilisierung der Verhältnisse innerhalb der DDR führen könnte. Deshalb stand er auch einem möglichen Passierscheinabkommen mit West-Berlin, dessen taktische Vorteile in der Parteiführung durchaus gesehen wurden,[33] skeptisch gegenüber. Besonders beunruhigte Ulbricht, daß die Regierung Ludwig Erhard – federführend Außenminister Gerhard Schröder – mit einer »Politik der Bewegung« die Solidarität der realsozialistischen Staaten mit der DDR in Frage zu stellen begann. In der Tat liefen die Angebote Bonns an Polen, Rumänien, Ungarn und Bulgarien zum Abschluß günstiger Handelsverträge und zur Errichtung von Handelsmissionen auf eine Isolierung der DDR im eigenen Bündnis hinaus. Die »elastische Politik Bonns« wurde in Ost-Berlin als außerordentlich gefährlich beurteilt, weil sie nicht nur die konkrete Gefahr in sich barg, westdeutsche Handelsmissionen in faktische diplomatische Vertretungen umzuwandeln, sondern auch geeignet schien, die SED-Politik der Anerkennung in der ganzen Welt, vor allem in den von der DDR hofierten Entwicklungsländern unglaubwürdig zu machen. Die SED war an der Aufnahme von Völkerrechtsbeziehungen zwischen ihren Verbündeten im Ostblock und der Bundesrepublik deshalb interessiert, weil sie, wie das Politbüro meinte, zur Aufhebung der Hallstein-Doktrin führen würden. Die Bundesregierung verfolgte die Absicht, ihr Verhältnis zu den osteuropäischen Staaten zu normalisieren, ohne den Preis der Anerkennung dieser Länder zahlen, das heißt die Hallstein-Doktrin in Frage stellen zu müssen. Wenn Bonn die Durchsetzung dieser Konzeption gelänge, so warnte Gerhard Kegel, der engste außenpolitische Berater Ulbrichts, »hätten wir eine Niederlage mit möglicherweise sehr weitreichenden Folgen erlitten. Die DDR stünde im Ergebnis vor dem Status quo minus.«[34] Eine Bonner Differenzierungspolitik konnte die UdSSR zwar verhindern, doch beobachtete die SED die nichtstaatlichen Beziehungen zwischen der Bundesrepublik und den Staaten des RGW argwöhnisch und pochte auf Bündnisdisziplin.

32 Vgl. Lemke: Die Berlinkrise, S. 207–215.
33 Vgl. Schreiben Gerhart Eislers an Ulbricht, 14.11.1962; SAPMO-BArch, DY 30, J IV 2/202/66.
34 Vgl. Denkschrift Gerhard Kegels, 14.12.1963; ebenda, NY 4182/1301, Bl. 123–125.

Zu Recht wandte sie sich gegen die Friedensnote der Bundesregierung vom 25. März 1966, weil sie allen Staaten einen Gewaltverzicht offerierte, die DDR aber von diesem ausschloß.[35] Über die Mitte der sechziger Jahre hinausgehend, verschärfte sich der konfrontative Kurs der SED gegenüber der Bundesrepublik, die in gleicher »harter« Münze zurückzahlte. Der Abgrenzungskurs der SED gegenüber der Bundesrepublik verstärkte sich. Die 1965 eingeleitete Umorganisierung der Westarbeit diente vor allem dem »Kampf gegen die Alleinvertretungsanmaßung« Westdeutschlands.[36] Das konfrontative Gegeneinander setzte sich fort.

Daran änderte sich auch nichts, als Ulbricht der SPD in einer spektakulären Aktion einen Redneraustausch vorschlug. Diese Offerte war Ausdruck der Überzeugung der SED-Parteiführung, daß eine politische und gesellschaftliche Veränderung in der Bundesrepublik ohne die Sozialdemokraten nicht möglich und die SPD im Vergleich mit der CDU/CSU eine Alternative, zumindest aber das geringere Übel sei. In einem »Offenen Brief« vom 7. Februar 1966 bot die SED der SPD einen Dialog an, der von dem Grundgedanken ausging, daß beide Parteien als »die bei weitem stärksten Parteien Deutschlands« darüber sprechen sollten, was geschehen müsse, um der Wiedervereinigung näherzukommen. Im Hintergrund des Angebots stand zwar eindeutig die aktuelle politische Zielstellung, die »Atomrüstungspolitik, das Streben nach einer Notstandsverfassung und die Revancheforderungen der herrschenden Kreise Westdeutschlands« zu bekämpfen[37], doch offenbar auch der Wille des Politbüros, durch eine propagandistische Aktion großen Stils auf deutschem Boden die Initiative zu ergreifen. Der Versuch, aus der Erstarrung der Vorjahre heraus noch einmal in eine gesamtdeutsch begründete Offensive zu kommen, stellte einen Reflex und eine Konsequenz der national verbrämten Anerkennungspolitik dar. Der im Mittelpunkt des »letzten gesamtdeutschen Scheingefechts« (Jochen Staadt) stehende Austausch zwischen Rednern der SED und der SPD, der bereits konkret vereinbart worden war, wurde vom Politbüro plötzlich »abgeblasen«. Hinter dieser für die Öffentlichkeit erstaunlichen Entscheidung stand aber nicht die mangelnde Risikobereitschaft Ulbrichts, der – wie viele vermuteten – »kalte Füße« bekommen hatte, sondern das Veto der sowjetischen Führung.[38] In Moskau befürchtete man

35 Das Außenministerium der DDR vertrat gegenüber der Parteiführung die Auffassung, daß der von der Bundesrepublik vorgeschlagene gegenseitige Gewaltverzicht die DDR einschließen müsse. Verweigere sich die Bundesregierung dieser Forderung, unterstreiche sie die »Annexionsabsichten gegenüber der DDR«. Überdies dürfe es keine Verhandlungen über Grenzfragen geben. Vgl. Vorschläge des MfAA zur Erklärung Erhards vor dem Bundestag (25.3.1966) und zur Note der Bundesregierung; ebenda, NY 4182/1305, Bl. 76f.

36 Vgl. Jochen Staadt: Die geheime Westpolitik der SED 1960–1970. Von der gesamtdeutschen Orientierung zur sozialistischen Nation, Berlin 1993, S. 140–153.

37 Vgl. Monika Kaiser: Machtwechsel von Ulbricht zu Honecker. Funktionsmechanismen der SED-Diktatur in Konfliktsituationen 1962 bis 1972, Berlin 1997, S. 240f.

38 Vgl. Gerhard Wettig: Die Sowjetunion, die DDR und die Deutschland-Frage 1965–1976. Einvernehmen und Konflikt im sozialistischen Lager, Stuttgart 1976, S. 37.

offensichtlich ein risikoreiches Anwachsen von Wiedervereinigungstendenzen in beiden deutschen Staaten.[39]

»Wandel durch Annäherung« versus Absage an Gesamtdeutschland

Die neue, maßgeblich von Egon Bahr entwickelte und im Juni 1963 in Tutzing von ihm verkündete SPD-Konzeption »Wandel durch Annäherung« offerierte eine gutdurchdachte dialektisch angelegte Deutschland- und Ostpolitik. »Sie akzeptierte den Status quo und die Realitäten, um sie zu verändern, sie akzeptierte die begrenzte Souveränität und die begrenzten Handlungsmöglichkeiten, um sie auszuweiten und letztlich zu überwinden.«[40] Dieses auch in der SPD zunächst umstrittene Konzept wurde in der SED zunächst kaum, dann aber um so mehr als »Aggression auf Filzlatschen« wahrgenommen.[41] Tatsächlich erhielt das epochale Konzept erst in dem Moment praktische Relevanz, als die SPD im Herbst 1966 eine große Koalition mit der CDU einging. Willy Brandt wurde Außenminister. Bereits auf dem Dortmunder Parteitag der SPD vom März 1966 hatte er als Parteivorsitzender die seines Erachtens notwendigen Schritte im Verhältnis zur DDR auf eine griffige Formel gebracht: Es gehe um »ein qualifiziertes, geregeltes und zeitlich begrenztes Nebeneinander der beiden Gebiete«.[42] Die SED entwickelte als Reaktion auf diese Langzeitkonzeption, die an der Wiedervereinigung als politischem Ziel festhielt, eine Art Gegendoktrin. Sie war formal ähnlich mit der Formulierung Brandts, wenn die SED »angesichts der realen Situation in Europa und bei dem gegenwärtigen Stand des Kräfteverhältnisses in der Welt [...] mit einem Nebeneinander zweier deutscher Staaten, eines sozialistischen und eines imperialistischen [...] für einen längeren, heute nicht fixierbaren Zeitraum« rechnete.[43] Im Unterschied zum Annäherungskonzept der SPD war das Nebeneinander in der SED-Dogmatik im Prinzip konfrontativ gekennzeichnet. Es gestaltete sich in der Form des »Klassenkampfes«.[44] Das Nebeneinander der SED stellte auch keine Übergangszeit bis zur Wiedervereinigung, sondern faktisch einen deutschlandpolitischen Endzustand dar. Die Formulierung, daß die Wiederherstellung der Einheit nur im Sozialismus möglich sei[45], bildete nur noch eine Floskel, die dezent darauf hinwies, daß nunmehr auch die Möglichkeit einer Konföderation nicht mehr bestehe. Die offizielle endgültige und definitive Absage an die deutsche Einheit begründete das Politbüro auch

39 Vgl. ebenda.
40 Heinrich Potthoff: Bonn und Ost-Berlin 1969–1982. Dialog auf höchster Ebene und vertrauliche Kanäle. Darstellung und Dokumente, Bonn 1997, S. 20.
41 Ebenda.
42 Zit. nach ebenda.
43 Positionspapier, Anlage 1 zum Protokoll 4/67, Sitzung des Politbüros am 31.1.1967; SAPMO-BArch, DY 30, J IV 2/2/1096, Bl. 180.
44 Ebenda, Bl. 17.
45 Vgl. ebenda, Bl. 18.

außenpolitisch. Denn »keines der beiden einander gegenüberstehenden Weltsysteme« könnte sich – so hieß es – »mit der großen Veränderung des Kräfteverhältnisses einverstanden erklären [...] die unvermeidlich mit einer Vereinigung der deutschen Staaten verbunden wäre«.[46]

Hinter dieser wesentlichen Modifizierung der deutschlandpolitischen Konzeption der SED stand zweifellos das Interesse der UdSSR an einer Sicherung und Festschreibung ihres europäischen Besitzstandes. Diese Politik war mit der Entspannung in den Beziehungen zur USA vereinbar, keineswegs aber mit einem westdeutschen Konzept, das den Status quo in Mitteleuropa zu gefährden schien und auf die ehemals deutschen Ostgebiete nicht ausdrücklich verzichtete. Die sowjetische Führung beobachtete die Aktionen zur Herstellung einer »neuen« Ostpolitik der Regierung Kiesinger/Brandt mit größtem Mißtrauen, das vor allem der SPD galt. In der Tat rüttelten die Modifizierung der Hallstein-Doktrin und der Bonner Versuch einer Flexibilisierung bisheriger Deutschland- und Ostpolitik am ehernen Anerkennungsprinzip von KPdSU und SED. Der »Sündenfall« Rumäniens, das mit der Bundesrepublik am 30. Januar 1967 diplomatische Beziehungen ohne vorherige Absprache mit der DDR aufgenommen hatte, beleuchtete die neue Situation schlaglichtartig. Obwohl die SED noch kurze Zeit zuvor für die völkerrechtliche Anerkennung der sozialistischen Bruderstaaten durch die Bundesrepublik eingetreten war, um die Hallstein-Doktrin aushebeln zu können, sahen ostdeutsche und sowjetische Führung den Schritt Rumäniens nun als schädlich an, weil damit nicht die generelle Verabschiedung der Hallstein-Doktrin verbunden war, sondern die Absicht Bonns, sich durch die flexiblere Handhabung des außenpolitischen Leitsatzes im Osten Vorteile zu verschaffen, ihn aber zur Abschreckung anerkennungswilliger Staaten – hier vor allem in der Dritten Welt – weiter zu nutzen. Die Aufnahme diplomatischer Beziehungen zwischen der Bundesrepublik und den Staaten des Warschauer Paktes konnte die SED nicht verhindern. Sie setzte jedoch mit Hilfe der UdSSR im Februar 1967 durch, »daß der betreffende sozialistische Staat bei der Aufnahme normaler Beziehungen mit Westdeutschland davon ausgeht, daß die bestehenden Grenzen in Europa endgültig sind und anerkannt werden müssen, zwei souveräne deutsche Staaten bestehen, die DDR ein befreundeter, verbündeter Staat ist und daß die Jurisdiktion der westdeutschen Bundesrepublik ausschließlich für deren Territorium gilt, keineswegs aber für die selbständige politische Einheit West-Berlin«.[47] Damit war eine Art Antithese zur Hallstein-Doktrin formuliert worden – die sogenannte Ulbricht-Doktrin. Auf deren Grundlage unterbreitete am 13. Juni 1967 der Vorsitzende des Ministerrates der DDR, Willi Stoph, Bundeskanzler Kurt-Georg Kiesinger konkrete Verhandlungsangebote. Doch ging die Bundesregierung darauf nicht ein. Diese Verweigerungshaltung trug zu einer umfassenden polemischen Offensive gegen die sozialdemokratischen

46 Ebenda.
47 Zit. nach Staadt: Die geheime Westpolitik, S. 231 f.

Führer bei, die sich auf dem »Boden des Programms der CDU zur Fortführung der Revanchepolitik befänden«.[48]

In den Jahren 1968/69 stand die Frage eines allgemeinen Gewaltverzichts auch im Mittelpunkt der internen Diskussion in der Parteiführung. Außenminister Otto Winzer schlug Ulbricht im Januar 1968 vor, der Bundesregierung sofort den Entwurf eines derartigen Verzichtsabkommens zu übersenden, »da unsere Position nicht besser wird [...] wenn Bonn von sich aus den Vorschlag unterbreitet, entsprechende Erklärungen bei den Vereinten Nationen zu hinterlegen«.[49] Im Verlaufe des Jahres 1969, als sich Verhandlungen über einen westdeutsch-sowjetischen Gewaltverzicht bereits abzeichneten, wurde in der Parteiführung der Verdacht laut, daß die Bundesregierung eine Situation anstrebe, die es erlaube, Gewaltverzichtsvereinbarungen mit Polen, der ČSSR und der DDR »beliebig lang in der Schwebe zu halten [...] während die Sowjetunion bereits gebunden« wäre. Im Grunde genommen, so hieß es weiter, »wäre das als eine modifizierte Neuauflage der Locarno-Taktik des deutschen Imperialismus anzusehen«.[50] In Kenntnis der deutschland- und ostpolitischen Gegensätze in der Bonner Regierungskoalition formulierte die SED-Parteiführung im Januar 1969 folgende Verhaltensrichtlinie: »In prinzipieller Weiterführung unserer Linie sollten wir den Gegner unentwegt angreifen, ansonsten aber ein demonstratives Desinteresse gegenüber Redereien und taktischen und programmatischen Winkelzügen der Bonner Parteien zur Schau tragen. Das hat offensichtlich schon jetzt bewirkt, daß der Gegner immer höher reizen muß und daß sich dadurch die Widersprüche bei ihm selbst verschärfen.« Die SED betrachtete die SPD zu diesem Zeitpunkt nicht als mögliche Alternative zur CDU. Deshalb seien keine Schritte zu unternehmen, die eine dieser Parteien bei den Wahlen Ende 1969 begünstigen könnten.[51]

Während der gesamten Zeit der Großen Koalition setzte die SED ihre Abgrenzungspolitik gegenüber der Bundesrepublik fort. Die Entwicklung fand ihren Höhepunkt in dem im Februar 1967 verkündeten Staatsbürgerschaftsgesetz der DDR. Zwar gab es hin und wieder offiziöse Kontakte im Zusammenhang mit dem zwischendeutschen Handel[52], doch zeigten sich Ansätze für einen Wandel des SED-Konzepts für die Behandlung der Bundesrepublik nicht. Zur Distanzierung von der Entwicklung in der Bundesrepublik trug die neue DDR-Verfassung vom April 1968 bei, wenngleich Ulbrichts Festhalten an der deutschen Nation Moskau offensichtlich verärgerte.[53]

48 Denkschrift der Regierung der DDR (als Material für das Politbüro), Januar 1967; SAPMO-BArch, DY 30, J IV/2J/1874. Vgl. dazu auch Schreiben Ulbrichts an Norden, undatiert (offenbar Mitte 1967); ebenda, IV A2/2028/3, Bl. 1–4.
49 Schreiben Winzers an Ulbricht; ebenda, NY 4182/1305, Bl. 111.
50 Hausmitteilung Kegels an Ulbricht, 25.7.1969; ebenda, NY 4182/1305, Bl. 114.
51 Papier über die Lage in Westdeutschland, 30.1.1969; ebenda, NY 4182/1312, Bl. 125f.
52 Vgl. Nakath: Erfurt und Kassel, S. 4.
53 Vgl. Kaiser: Machtwechsel, S. 279.

Neue Ostpolitik – Neue Westpolitik?

Im Herbst 1969 übernahm in Bonn eine Koalition aus SPD und FDP die Regierungsverantwortung. Brandt wurde Kanzler, der FDP-Vorsitzende Walter Scheel Außenminister. Die sozialliberale Koalition leitete eine neue Ost- und Deutschlandpolitik ein, die gekennzeichnet war durch die Aufgabe der Hallstein-Doktrin und durch Verhandlungsangebote an die UdSSR und weitere sozialistische Länder mit dem Ziel einer Neuregelung ihrer Beziehungen auf nichtkonfrontativer Grundlage. In seiner Regierungserklärung vom 28. Oktober 1969 sprach der neue Kanzler erstmals von »beiden Staaten in Deutschland« und erkannte damit die DDR als zweiten deutschen Staat, jedoch nicht als »Ausland« im Sinne des Völkerrechts an.

Damit war zunächst ein wichtiges Ziel der SED, die Rücknahme der Hallstein-Doktrin im internationalen Verkehr, erreicht bzw. von der neuen Bundesregierung in Aussicht gestellt worden. Doch mißtraute eine Reihe von Mitgliedern des Politbüros den ersten Schritten der Bundesregierung und vor allem der Regierungserklärung Brandts. Sie stellten die neue Ostpolitik der sozialliberalen Koalition in die Kontinuitätslinie der Deutschland- und Ostpolitik der CDU/CSU und sahen keinen Unterschied zwischen der Politik Brandts und der seiner Amtsvorgänger.[54] Ulbricht widersprach diesen Auffassungen energisch: Wenn gesagt wird, »daß die neue Regierung die Politik der großen Koalition fortführen will, so ist das nicht richtig [...]. Die Niederlage der CDU und die Bildung der SPD/FDP-Regierung ist dieses Neue. Diese Regierung – mit gewissen Änderungen – sollte möglichst lange bestehen. Das entspricht doch unserem Interesse. Wir sind dafür, daß die SPD auf lange Jahre die Führung der Regierung behält [...]. Wir können nicht erwarten, daß die Brandt-Regierung alle unsere Forderungen aufnimmt. Wir knüpfen an das an, was er gesagt hat und sind bereit, zu verhandeln. Warum sollen wir davon sprechen, daß es keine erkennbare Änderung des Bonner Kurses ist [...]. Was Brandt vorschlägt, ist eine Änderung der Taktik im Verhältnis zur früheren. Brandt hat manches bei uns abgeschrieben und will damit bei uns eindringen. Das kann Wirkung haben. Weil andere sozialistische Länder zurückgeblieben sind, kommt Brandt mit Forderungen, die weitergehen als das, was in diesen Ländern bisher realisiert wurde. Wenn Brandt neue Ostpolitik macht, dann machen wir eine neue Westpolitik, und zwar eine, die sich gewaschen hat. Dabei soll er ins Schwitzen kommen.«[55] Ulbricht begrüßte nicht nur den Kurswechsel in Bonn eindeutig als Fortschritt, sondern zeigte sich zu einer flexibleren neuen Westpolitik der SED bereit. Das bedeutete zunächst die Bereitschaft zu einem methodischen Paradigmenwechsel von der innerdeutschen Konfrontation zu mehr Kooperation. Dieser antizipierte Wechsel schloß klassenkämpferische Grundpositionen und Konkurrenzdenken nicht aus: »Das

54 Vgl. ebenda, S. 324–332. Hier ist der Dissens zwischen Ulbricht einerseits und Honecker, Norden und Hager andererseits ausführlich dargestellt.

55 »Darlegungen des Genossen Walter Ulbricht auf der Sitzung am 30.10.1969 in Dölln« (Stenogramm von Wolfgang Berger); SAPMO-BArch, DY 30, J IV 2/202/120.

Politbüro muß entscheiden«, meinte Ulbricht, »ob wir die Kraft haben, mit einer solchen Zusammenarbeit die fortschrittlichen Kräfte in Westdeutschland zu aktivieren und bei ihnen einzudringen, oder ob sie bei uns eindringen [...]. Die neue Westpolitik der SED bedeutet, daß wir den Bonner Ministern auf vertraulichem Weg das Angebot unterbreiten, auf bestimmten Gebieten die Erfahrungen auszutauschen und Material über die Ergebnisse der DDR zur Verfügung zu stellen. Wir leisten also Sachhilfe auf allen Gebieten, die dem demokratischen Fortschritt dienen [...]. Wir stellen keine Forderungen, sondern leisten sachliche Hilfe [...]. Dieser Weg wird zu theoretischen und prinzipiellen Auseinandersetzungen führen [...]. Wir beginnen nicht mit der Entlarvung, sondern mit konstruktiven Hilfsdiensten. Dann liefern wir den fortschrittlichen Kräften die theoretischen Argumente für den Kampf gegen die Rechten.«[56]

Ulbricht kehrte die SPD-Konzeption »Wandel durch Annäherung« in gewisser Weise um. Nicht der »magnetische« Westen drang als Idee und gesellschaftliche Alternative in die sozialistischen Staaten ein und förderte dort die Kräfte einer inneren demokratischen Veränderung, sondern der reale Sozialismus der DDR sollte in Umkehrung der Vorzeichen zu einem inneren gesellschaftspolitischen Wandel in der Bundesrepublik beitragen. Insofern entsprach die »neue Westpolitik« Ulbrichts der neuen Ostpolitik der SPD in der strategischen Zielsetzung. Im übrigen blieb Ulbricht seiner alten Erkenntnis treu, daß fundamentale Veränderungen in Westdeutschland nur mit Hilfe der SPD möglich seien. So hatte er bereits 1949 gedacht. Jetzt sah er offenbar die Chance, zwei Aufgaben miteinander zu verbinden: die allmähliche Veränderung des Kräfteverhältnisses in der Bundesrepublik zugunsten der Sozialdemokratie und eine damit verbundene völkerrechtliche Anerkennung der DDR auf der Basis der Einheit der Nation. Seine optimistische, wenngleich vorsichtige Situationsanalyse stieß auf den Widerspruch einer Gruppierung in der SED, die zum einen an der konfrontativen Kontinuität des Kampfes gegen den westdeutschen »Imperialismus« festhielt und zum anderen mit dieser Beharrungspolitik zur Bildung einer internen Front gegen Ulbricht beitrug. Der Dissens ließ sich aber nicht nur für seine heimlichen Gegner instrumentalisieren. Uneinigkeit in den eigenen Reihen schwächte die Position der SED gegenüber der KPdSU, engte Handlungsspielräume ein und ließ die Moskauer Führung mit einiger Zwangsläufigkeit zum Schiedsrichter über die deutschlandpolitischen und anderen Interna der SED werden. Ulbricht war zur Bestätigung seiner keineswegs immer klaren Position auf schnelle und sichtbare Erfolge angewiesen. Doch blieben sie zunächst aus, weil die sozialliberale Koalition aus innenpolitischen Gründen kein hohes ostpolitisches Tempo vorlegen konnte und die UdSSR sich »bedeckt« hielt: »Wir überschätzen die Brandt-Regierung nicht, wir kennen [...] sozialdemokratische Regierungen«, meinte der sowjetische Parteiideologe Suslow, und man werde sich mit Kon-

56 Ebenda.

takten zur SPD »auf keinen Fall beeilen.«[57] Die parteiinternen Gegner sowohl der neuen Ostpolitik als auch der damit verbundenen »neuen Westpolitik« Ulbrichts schraubten ihre Erwartungen und Forderungen derart hoch, daß sich nach Lage der Dinge eine beträchtliche Differenz zwischen diesen und den beiderseitigen Möglichkeiten für fundamentale politische Veränderungen ergeben mußte. Daraus entstand für die Dogmatiker ein billiges Argument: »Auch wir haben uns lange aller Angriffe enthalten. Aber in den verflossenen 100 Tagen mußten wir feststellen, daß die Brandt/Scheel-Regierung keinen noch so schwachen Vorstoß gegen die westdeutschen Imperialisten [...] führte«[58], polemisierte Albert Norden. Ulbricht mußte zu denken geben, daß auch ihm wohlgesinnte Deutschland- und Außenpolitiker wie Otto Winzer die Aufrichtigkeit Brandts bezweifelten und in dessen Politik ein Instrument zur Spaltung des sozialistischen Lagers sahen.[59] So stellte die praktische Politik der SED in hohem Maße einen Kurs zur Verhinderung von bilateralen Gesprächen zwischen Bonn und verschiedenen realsozialistischen Staaten dar. Diese teilten jedoch die Auffassung des sowjetischen Außenministers Andrei Gromyko, daß es »einen Unterschied« zur früheren westdeutschen Haltung insofern gebe, als die neue Regierung anscheinend bereit sei, eine Gewaltverzichtserklärung auch mit der DDR auszutauschen. Winzer konterte dezent: Brandt habe erklärt, seine Regierung werde die Außenpolitik der Großen Koalition fortsetzen.[60] Der sowjetische deutschlandpolitische Kurs war im Herbst 1969 und im Frühjahr 1970 in vielem noch ambivalent.

In drei Punkten herrschten in Moskau jedoch Klarheit und Konsens: *Erstens* in der Frage der »Einheit und Geschlossenheit« der sozialistischen Staaten. Es sei unerläßlich, gegenüber Westdeutschland mit einer im Bündnis abgestimmten Haltung aufzutreten, »auch wenn es sich nur um Nuancen des Auftretens handele«, meinte Gromyko. Nur so könnte man »die Politik der westdeutschen Regierung beeinflussen«.[61] *Zweitens* in der Ansicht, daß die Beziehungen zur Bundesrepublik als Faktor sowjetischer politischer und territorialer Statussicherung eine neue Grundlage erhalten müßten, und *drittens* in der Auffassung, daß die Ausarbeitung von Prinzipien und Richtlinien zur Gestaltung des zwischendeutschen Verhältnisses »Chefsache«, also Angelegenheit der sowjetischen Führung sei und Verhandlungen der UdSSR mit Bonn Vorrang hätten. Die als »Sturheit« Ulbrichts bezeichnete Weigerung der SED, von ihrer Maximalforderung nach voller völkerrechtlicher Anerkennung der DDR abzurücken, und die unflexible Verhandlungsführung bei den deutschen »Gipfeltreffen« 1970 in Erfurt und Kassel resultierten in Wahrheit

57 Bericht des Vorsitzenden der DKP Bachmann über die Gespräche der Delegation der DKP mit der Delegation der KPdSU in Moskau, 22.12.1969; ebenda, J IV 2/202/120.

58 Rede Nordens auf der Bezirksparteiaktivtagung in Magdeburg, 15.1.1970; ebenda, NY 4217/72, Bl. 28.

59 Vgl. Schreiben Winzers an Ulbricht, Stoph und Honecker, 20.1.1970; ebenda, NY 4182/1234, Bl. 1 f.

60 Niederschrift des Empfangs der Außenministerien der sozialistischen Staaten bei Gustav Husak im Anschluß an die Außenministerkonferenz in Prag, 30.–31.10.1969; ebenda, NY 4182/1301, Bl. 238.

61 Vgl. ebenda, Bl. 239.

nicht aus dem Wollen des Ersten Sekretärs, sondern aus Direktiven Moskaus.[62] Auf das Problem des sowjetischen Einflusses ist in der neuesten Literatur ausführlich eingegangen worden.[63]

In Abstimmung mit der UdSSR ergriff die SED am 17. Dezember 1969 mit dem Brief Ulbrichts an Bundespräsident Gustav Heinemann und einem dem Schreiben beigelegten »Entwurf eines Vertrages über die Aufnahme gleichberechtigter Beziehungen« zwischen beiden deutschen Staaten eine deutschlandpolitische Initiative. Die Bundesregierung »nahm den Ball auf«, negierte jedoch »das Spiel mit dem Vertragsentwurf« und schlug der DDR einen breitangelegten Meinungsaustausch über alle anstehenden Probleme von Gewaltverzicht bis zu praktischen Regelungen zur Erleichterung des Lebens im geteilten Deutschland vor.[64] Die SED nahm diese Offerte nach Rücksprache mit Moskau an und ging mit der Zielstellung der vollen völkerrechtlichen Anerkennung der DDR in die Treffen von Brandt und Stoph am 19. März 1970 in Erfurt und am 21. Mai 1970 in Kassel. Hintergründe, Verlauf und Ergebnisse dieser zwischendeutschen »Gipfel« sind von Detlef Nakath präzise analysiert und beschrieben und von Heinrich Potthoff dokumentiert worden.[65] Trotz der Unvereinbarkeit der Standpunkte in der Anerkennungsfrage und der von Moskau verordneten »Denkpause« sah die Welt für beide deutsche Staaten nicht mehr so aus, wie zuvor. Vor allem begannen die blockfreien Staaten und auch die Verbündeten von DDR und Bundesrepublik »über ihr Verhältnis zum jeweils zweiten deutschen Staat neu nachzudenken.«[66]

Ulbricht hatte im Frühjahr 1970 angesichts der Verhandlungen zwischen der UdSSR und der Bundesrepublik sowohl Kompromißbereitschaft und Pragmatismus als auch »Prinzipienfestigkeit« gezeigt. Die Linie der Besprechung zwischen Stoph und Brandt müsse die Forderung nach völkerrechtlicher Anerkennung der DDR bleiben, notierte er sich, doch sollte man sich aus pragmatischen Gründen überlegen, was zu tun sei, wenn dieses Ziel nicht erreicht werden könne. Ulbricht zog in Erwägung, die Anerkennung praktisch durchzusetzen, wenn es der DDR nicht gelänge, sie in einem zwischendeutschen Vertrag zu fixieren. »Herausstellen, was die BRD zu geben in der Lage ist. Zwischen beiden Staaten vereinbaren, was möglich ist«, merkte er an. In Frage komme nur, »was die DDR nicht schwächt«.[67] Doch unterstrich der Pragmatiker, daß man die völkerrechtliche Anerkennung der DDR nicht zu einer Vorbedingung der Verhandlungen zwischen Stoph und Brandt machen

62 Vgl. Kaiser: Machtwechsel, S. 350.

63 Vgl. ebenda, S. 324–369. Vgl. auch Nakath: Erfurt und Kassel, S. 15, S 28, S 49. Staadt: Die geheime Westpolitik, S. 289–282, S 296. Potthoff: Bonn und Ostberlin, S. 29 f.

64 Potthoff: Bonn und Ostberlin, S. 23.

65 Vgl. Potthoff: Bonn und Ostberlin. Nakath: Erfurt und Kassel.

66 Nakath: Erfurt und Kassel, S. 49.

67 Handschriftliche Notizen Ulbrichts, wahrscheinlich über ein Gespräch mit dem sowjetischen Außenminister Gromyko Ende Februar 1970 in Berlin, undatiert; SAPMO-BArch, NY 4182/1309, Bl. 47. Aus dem Dokument geht nicht hervor, ob Ulbricht an seiner eigenen Position oder der des sowjetischen Außenministers festhielt. Möglich ist auch, daß er das Ergebnis der Diskussion fixierte.

dürfe. Man müsse über »Realfragen« sprechen, die im Vertrag aufgeführt werden sollten, zum Beispiel die Aufnahme beider deutscher Staaten in die UNO. Gespräche über West-Berlin seien freilich nicht statthaft.[68] Die Ergebnisse des Erfurter Treffens gaben denjenigen in der SED-Führung Aufwind, die im Prinzip Gegner der Ostpolitik Brandts und von Kompromissen gegenüber der Bundesrepublik waren. Doch herrschte zwischen Befürwortern des zwischendeutschen Dialogs und einer nicht klar zu bestimmenden Ablehnungsfront während der Gespräche in Erfurt und Kassel eine gewisse Pattsituation. Sie trat in einem Papier der von Hermann Axen geleiteten Außenpolitischen Kommission beim Politbüro recht deutlich zutage: Die Verhandlungen brächten Vorteile, hieß es, weil die Anerkennungswelle ansteige, die Bonner Regierung von zwei deutschen Staaten spreche, die Weltöffentlichkeit zwei deutsche Regierungschefs miteinander diskutieren sehe und die Möglichkeit bestehe, die Widersprüche in der Monopolbourgeoisie auszunutzen und zu vertiefen. Überdies sah man die Chance, »daß langsam und in langen Fristen bei Fortbestand der Brandt-Scheel-Regierung der Einfluß der DDR auf die westdeutsche Arbeiterklasse [...] anwachsen wird.« Dem stünden aber Nachteile für die DDR gegenüber. Es bestehe die Gefahr, daß Illusionen über den Charakter des Imperialismus anwüchsen, der »Nationalismus« in die DDR eindringe und »daß in taktischen Fragen eine Differenzierung zwischen einzelnen sozialistischen Staaten erreicht wird«.[69] Ziel bleibe die völkerrechtliche Anerkennung der DDR, die gegenüber Bonn »im Zeitraum bis 1975« erreichbar sei. In dem für Ulbricht bestimmten Papier wurde die Schlußfolgerung gezogen: »Die Festigung des Bündnisses mit der Sowjetunion, den anderen sozialistischen Staaten sowie die weitere Entwicklung der völkerrechtlichen Anerkennung der DDR hat Vorrang vor den Gesprächen mit der BRD.«[70] In diesen und in anderen Äußerungen im Umkreis der ostdeutschen Führung spiegelten sich die sowjetische »Generallinie«, aber auch die tiefe Unsicherheit und das Mißtrauen der SED in die Politik der Bundesregierung wider. Es blieb vor allem der Argwohn, daß sie mit ihrer neuen Ostpolitik »die Konzeption des ideologisch-politischen und ökonomischen Eindringens in die sozialistischen Länder auf lange Sicht« verfolge, dabei die Taktik bilateraler Verhandlungen anwende und den »Differenzierungsprozeß zwischen den sozialistischen Staaten« voranbringen wolle.[71] Insgesamt zeichnete sich in der SED-Politik noch kein Wandel von der Politik der Konfrontation zu einem nicht konfrontativen Nebeneinander ab. Das Zentralkomitee kritisierte unter anderem die westlichen »Bruderparteien«, zuvorderst die italienische Kommunistische Partei, ob ihrer »Illusionen« über eine Veränderung des westdeutschen »Imperialismus«.[72]

68 Ebenda, Bl. 48.
69 Papier der Außenpolitischen Kommission des ZK der SED (Axen) für Ulbricht, 7.4.1970; ebenda, 4182/1305, Bl. 156.
70 Ebenda, Bl. 158 f.
71 Ebenda, Bl. 142.
72 »Einschätzung der Reaktion der Bruderparteien und befreundeten Parteien auf das Treffen Stoph-Brandt in Erfurt«, 24.4.1970; ebenda, DY 30, IV A 2/20/40.

Das »geregelte Nebeneinander«

Mit der Unterzeichnung des Moskauer Vertrages zwischen der Bundesrepublik und der UdSSR am 12. August 1970 war eine sowjetische Vorbedingung für die Neuregelung des deutsch-deutschen Verhältnisses erfüllt worden. Gleichzeitig hatte sich die Bundesregierung in einer nicht minder wichtigen Absichtserklärung im Zusammenhang mit der Unterzeichnung des Vertrages bereit erklärt, mit der DDR auf der Grundlage der Gleichberechtigung und Nichtdiskriminierung einen Vertrag über die Beziehungen zwischen beiden deutschen Staaten abzuschließen. Damit wurde die Frage der deutschen Beziehungen noch stärker in die ostpolitische Gesamtproblematik einbezogen.

Ulbricht begrüßte den Moskauer Vertrag auch als einen Erfolg der SED. »Die große Chance, die sich durch die Bildung der Regierung Brandt-Scheel ergab, verstand die Regierung der UdSSR voll zu nutzen«, lobte er Breschnew und die Moskauer Führung. Es sei vor allem gelungen, die SPD und die FDP von der CDU/CSU zu trennen und den Einfluß der »aktiven Revanchisten« zurückzudrängen. Die SPD verfolge nun ihr strategisches Ziel der »Verwirklichung der Sozialen Demokratie«, was die Verstärkung der politischen Demokratie und den »Aufbau des Wohlfahrtsstaates« bedeute.[73] Ulbricht war offensichtlich an einer Forcierung des zwischendeutschen Verhandlungsprozesses gelegen. Breschnew bremste jedoch: »Man muß sehr vorsichtig sein, was man uns vorsetzt [...]. Man soll es mit einem Vertrag mit der BRD nicht so eilig haben.« Im Unterschied zu Ulbricht sprach er vom »Hauptgegner Sozialdemokratismus.«[74] Letztendlich signalisierte der Erste Sekretär des ZK der KPdSU noch einmal, daß die Gestaltung zwischendeutscher Beziehungen der sowjetischen Kontrolle unterliege.

Da die Regelung der deutschen Angelegenheit integraler Bestandteil des europäischen Entspannungsprozesses war, der eine starke Eigendynamik entwickelte, wurden sowjetische und ostdeutsche Entscheidungen von westlichen Vorstellungen, aber auch von innenpolitischen Prozessen in der Bundesrepublik stark tangiert. So stellte der Westen zwischen der Ratifizierung der Ostverträge und einer befriedigenden Berlin-Lösung ein Junktim her, und die Bestätigung der Abkommen mit der UdSSR und Polen durch den Bundestag hing ab vom Verhalten der CDU/CSU, die vom Osten als politischer Faktor ins Kalkül gezogen werden mußte. Andererseits ließ Moskau erkennen, daß es Verbesserungen im zwischendeutschen Verhältnis ohne die Ratifizierung der Ostverträge nicht geben werde.

Die »Ouvertüre« für die bilateralen Verhandlungen[75] bildete der zwischendeutsche Verkehrsvertrag, der wie das bereits im Dezember 1971 abgeschlos-

73 Manuskript der Rede Ulbrichts (offenbar für die Tagung des Politischen Beratenden Ausschusses des Warschauer Vertrages am 20.8.1970 in Moskau); ebenda, NY 4182/1206, Bl. 135 f.

74 Handschriftliche Aufzeichnung der Rede Breshnews und der Diskussion anläßlich dieser Tagung durch Ulbricht; ebenda Bl. 139–144, vgl. bes. Bl. 144.

75 Vgl. Detlef Nakath: Die Verhandlungen zum deutsch-deutschen Grundlagenvertrag 1972, Berlin 1993 (Hefte zur DDR-Geschichte, 8).

sene Transitabkommen eine Art Ausführungsbestimmung des Vier-Mächte-Abkommens über Berlin vom 3. September 1971 darstellte. Diese Abkommen kennzeichneten den Fortschritt zu einem geregelten Nebeneinander deutlich. Für die Eröffnung der Gespräche über einen Grundlagenvertrag im Juni 1972 waren sie eine Voraussetzung. Die ersten Verhandlungsrunden gestalteten sich schwierig, weil zunächst von beiden Seiten Maximalforderungen erhoben wurden. Schließlich nahm die SED die Forderung nach einer völkerrechtlichen Anerkennung der DDR durch die Bundesrepublik zurück und die Bundesrepublik verzichtete ihrerseits endgültig und definitiv auf Alleinvertretungsanspruch und Hallstein-Doktrin. Beide Seiten gingen aufeinander zu und zeigten Kompromißfähigkeit. Probleme, über die keine Einigung erzielt werden konnte, waren ausgeklammert worden. Am 21. Dezember 1972 wurde der Grundlagenvertrag unterzeichnet.[76] Mit seinem Abschluß fand der deutsche Sonderkonflikt formal sein Ende. Die lange Periode der Konfrontation, des Gegeneinanders, war im wesentlichen beendet. Brandt markierte die Zäsur und umriß die deutsche Perspektive wie folgt: »Wir haben das Nebeneinander organisiert und werden das Miteinander zu lernen haben.«[77] Erich Honecker meinte, der Vertrag »sollte gerade zu einem friedlichen Nebeneinander, ja, zu einem gewissen Miteinander führen, soweit dies zwischen sozialistischen und kapitalistischen Staaten möglich ist. Wir wollen also keine schlechten Beziehungen.«[78] Das war freilich die Interpretation eines Nebeneinanders, das zwar kein Gegeneinander mehr sein sollte, aber keineswegs schon die Perspektive auf ein konstruktives Miteinander eröffnete. Ideologischer und politischer Klassenauseinandersetzung – so die SED – werde nicht abgeschworen und der Wille zur Abgrenzung vom anderen Deutschland eher noch verstärkt. Abgrenzung bildete für die SED eine Voraussetzung für das friedliche Nebeneinander, während für die Bundesregierung ein positives Nebeneinander die Voraussetzung für die Überwindung der Abgrenzung und der Folgen der Spaltung bedeutete. Am Ende der sechziger und zu Beginn der siebziger Jahre fand ein erneuter deutschlandpolitischer Paradigmenwechsel statt. Die Zwei-Staaten-Theorie wurde zugunsten des Konstruktes der Existenz zweier deutscher Nationen aufgegeben. Die DDR war in der SED-Propaganda nun nicht mehr ein sozialistischer Staat deutscher Nation. Sie repräsentierte die werdende sozialistische Nation, der eine »kapitalistische« Nation – die Bundesrepublik – gegenüberstand.

Dennoch bildete der Grundlagenvertrag als zwischendeutsches Agreement sowohl eine Voraussetzung für die Weiterführung des europäischen Entspannungsprozesses als auch eine solide Basis für die Entwicklung des deutsch-deutschen Prozesses, von dem 1972 niemand wußte, wie er weiterhin verlaufen werde. Zunächst verminderte die vom Grundlagenvertrag ausgehende »Nor-

76 Vgl. Verträge im Dienste der europäischen Sicherheit. Vom Moskauer bis zum Berliner Vertrag, Berlin 1973, S. 79–90.

77 Zit. nach ebenda, S. 29.

78 Vgl. Rede Honeckers auf dem Empfang des ZK der SED zum Internationalen Frauentag 1973, 8.3.1973, in: Texte zur Deutschlandpolitik, hrsg. v. Bundesministerium für innerdeutsche Beziehungen, Bd. 12, Bonn 1973, S. 205.

malisierung« den Außendruck auf die SED erheblich. Und er besaß deshalb große innenpolitische Bedeutung, weil er der um Akzeptanz in der eigenen Bevölkerung ringenden SED Argumente für die Rechtmäßigkeit ihrer Herrschaft in der DDR zu liefern schien. Doch verlegte der Grundlagenvertrag den formal beendeten deutschen Sonderkonflikt von der zwischendeutschen Ebene in die der Gesellschaft der DDR. Die Systemauseinandersetzung fand nun stärker im eigenen Hause statt und der Magnetismus des Westens blieb unverändert. Auch nahm die massiv einsetzende völkerrechtliche Anerkennung der DDR die SED in die Pflicht, sich an die Normen internationalen Rechts und an multilaterale Abmachungen halten zu müssen, was letztendlich die antidiktatorischen Kräfte in der DDR zu nutzen wußten und die Herrschaft der SED destabilisierte. Die Schlußakte von Helsinki im Sommer 1975 markierte den Höhepunkt eines geregelten europäischen Nebeneinanders, wies aber gleichzeitig darauf hin, daß vor allem aus Gründen der herrschenden Verhältnisse in den realsozialistischen Staaten das modifizierte Nebeneinander nicht in ein positives Miteinander umgeschlagen war. Das besaß für die DDR eine innere Entsprechung. Letztendlich kam ein Miteinander der SED und großer Teile der DDR-Bevölkerung eben auch deshalb nicht zustande, weil es dieser Partei nicht gelang, der Entspannung im Außenverhältnis eine Entspannung im Binnenverhältnis zur Seite zu stellen.

Werner Link

Der lange Weg zum »geregelten Nebeneinander«. Die Deutschlandpolitik der Bundesrepublik Mitte der sechziger bis Mitte der siebziger Jahre

Den Begriff »geregeltes Nebeneinander« geprägt und das inhaltliche Konzept entwickelt hat Willy Brandt, nicht Walter Ulbricht. Dieses Konzept also ist mit der Forderung der DDR, die Zweistaatlichkeit anzuerkennen, nicht gleichzusetzen. Aber war nicht – so muß gefragt werden – auch im sozialdemokratischen Konzept des geregelten Nebeneinanders die Zweistaatlichkeit implizit enthalten? Wenn man dies – schon allein aus sprachlogischen Gründen – bejaht, wird der Blick frei auf die *zentrale* Frage, ob die Politiker, die den Weg zum geregelten Nebeneinander wiesen, ihn einschlugen und beschritten, davon ausgingen, daß mit einem geregelten Nebeneinander zwischen der Bundesrepublik Deutschland und der DDR das politische *Ziel* der Deutschlandpolitik *erreicht*, oder daß nur ein *Etappenziel* markiert sei, um das eigentliche deutschlandpolitische Ziel anzusteuern und erreichen zu können: die Wiedervereinigung, die staatliche Einheit Deutschlands.

Auf den ersten Blick wird man dazu neigen, die letztgenannte Alternative als evident anzusehen, denn die Befürworter des geregelten Nebeneinanders haben in den sechziger und siebziger Jahren immer wieder die Vereinbarkeit mit dem Wiedervereinigungsziel betont (später wird die Vokabel »Wiedervereinigung« vermieden und die Terminologie des Grundgesetzes bzw. des Briefs zur deutschen Einheit verwendet). Indes, man könnte einwenden, daß die Verpflichtung auf die deutsche Einheit und auf das Wiedervereinigungsgebot des Grundgesetzes die Befürworter der Politik des geregelten Nebeneinanders daran gehindert habe, ihre wahre Auffassung offen zu formulieren: daß das angebliche Etappenziel als das Endziel angesehen wurde.

Noch komplizierter wird das Problem, wenn man Veränderungen auf dem »langen Weg« für möglich hält: Selbst wenn die Initiatoren der Politik des geregelten Nebeneinanders anfangs nicht davon ausgingen, daß dieses geregelte Nebeneinander das eigentliche Ziel ihrer Politik sei, könnte doch das Endziel der Wiedervereinigung auf dem »langen Weg« zum geregelten Nebeneinander den Charakter einer Utopie erlangt haben. Ich nenne diese mögliche Entwicklung »Wiedervereinigungsrevisionismus« – in Analogie zu dem programmatischen Revisionismus, der für die Geschichte der deutschen Sozialdemokratie von so großer Bedeutung war. Um die Jahrhundertwende waren im Zuge der praktischen reformerischen Politik der SPD und der Gewerkschaften der sozialistische Staat und die sozialistische Gesellschaft nicht mehr das Ergebnis eines revolutionären Aktes, sondern als eine prozeßhafte Entwicklung angesehen und begriffen worden, deren Vollendung in weite Ferne rückte; »der Weg ist alles« war die Losung der Revisionisten. Als sich im November 1918 plötzlich die Möglichkeit einer sozialistischen Revolution eröffnete, wurde sie abgelehnt. Die Sozialdemokraten, zumindest die Mehrheitssozialdemokraten, wollten kaum noch »ernten«, »was sie gesät hatten«. In Analogie zu diesem sozialdemokratischen Revisionismus Anfang dieses Jahrhunderts soll im folgenden der Frage nachgegangen werden, ob – vermittelt über die Formel vom »geregelten Nebeneinander« – in den siebziger Jahren eine Art »Wiedervereinigungsrevisionismus« Einzug gehalten hat und welche gewollten und ungewollten Folgen sich auf dem »langen Weg« zum geregelten Nebeneinander für die Deutschlandpolitik ergaben.[1]

Bevor diese Fragen erörtert werden, ist vorab thesenhaft ein Sachverhalt zu skizzieren, der für alle weiteren Erörterungen von großer Bedeutung ist.

Zum Verhältnis von Internationaler Politik und Deutschlandpolitik

Die Einsicht in die Dominanz der Internationalen Politik ist der Schlüssel zum Verständnis der Deutschlandpolitik. In diesem Sinne lautet meine These, daß schon das Konzept des geregelten Nebeneinanders selbst und schließlich dessen praktische Umsetzung als »aktive Anpassung« an die Veränderungen der internationalen Politik zu verstehen sind. Die aktive Anpassung berücksichtigte die machtpolitischen Verschiebungen, die in der zweiten Hälfte der sechziger Jahre aufgrund der forcierten Aufrüstung der Sowjetunion erfolgten und schon in den Jahren zuvor antizipiert worden waren: die Erlangung der nuklearen Zweitschlagfähigkeit seitens der UdSSR und die Entstehung jenes »Gleichgewichts des Schreckens«, das die objektive Grundlage der Détente und der Entspannungspolitik war.[2] Der amerikanische Präsident John F. Kennedy hatte diese Zusammenhänge in seiner großen Friedensrede vom 10. Juni 1963 klar ausgesprochen und die strategischen Konsequenzen skizziert. Der Kern dieser neuen Außenpolitik war jener Gedanke, den dann Egon Bahr in seiner Tutzinger Rede vom 15. Juli 1963 der neuen Deutschlandpolitik zugrundelegte: den Status quo anzuerkennen, um ihn langfristig verändern zu können; »Wandel durch Annäherung« – Wiedervereinigung als Prozeß auf der Basis des Status quo.[3] Das war das neue Paradigma, mit dem sich die neue Deutschlandpolitik aktiv an die internationalen Veränderungen und an die Détente der westlichen Führungsmacht anpassen wollte. Wie bei der Gründung der Bundesrepublik Deutschland (und der DDR), so war auch in den sechziger Jahren die Dominanz der internationalen Politik das charakteristische Merkmal. Die »alte« Deutschlandpolitik war angesichts der internatio-

1 Für die späten 80er Jahre hat Brigitte Seebacher-Brandt die Folgewirkungen festgestellt, nämlich daß die Sozialdemokraten »kaum noch hatten ernten wollen«, was sie gesät hatten, daß »einstige Wegbereiter der Ostpolitik als entschiedene Zweistaatler hervortraten»; Brigitte Seebacher-Brandt: Die Linke und die Einheit, Berlin 1991, S. 48.

2 Siehe dazu Werner Link: Der Ost-West-Konflikt, 2. Aufl., Stuttgart u. a. 1988, S. 161 ff. und S. 168 ff.

3 Egon Bahr: Referat vor der Evangelischen Akademie Tutzing am 15. Juli 1963, abgedruckt in: Boris Meissner (Hrsg.): Die deutsche Ostpolitik 1961–1970, Köln 1970, S. 45–48.

nalen Machtverschiebungen und in Anbetracht der Konsequenzen, die die Westmächte daraus zogen, nicht mehr realistisch.

Daß diese Auffassung auch von der Regierung Ludwig Erhards aufgegriffen wurde, zeigt die große Aufzeichung des Staatssekretärs im Auswärtigen Amt, Karl Carstens, vom 17. Oktober 1966, in der es unter anderem hieß: »Unsere bisherige Deutschlandpolitik steht [...] nicht mehr mit der von den führenden westlichen Staaten verfolgten allgemeinen Ostpolitik im Einklang. Kein westlicher Staat ist bereit, einen Druck auf die Sowjetunion im Sinne der Erfüllung der deutschen Wiedervereinigungsforderung auszuüben. Bestimmte Entspannungsprojekte erscheinen dem Westen wichtiger als etwa die konsequente Unterstützung der Nichtanerkennungspolitik. Diese Feststellung ist mit der anderen These der amerikanischen Außenpolitik, daß nämlich die Sicherheit Europas und der freien Welt unter allen Umständen gewährleistet bleiben muß, vereinbar.«[4]

Staatssekretär Carstens hatte anhand dieser Aufzeichung am 14. Oktober 1966 im Kabinett vorgetragen und dort weitgehende Zustimmung zu seinen Feststellungen gefunden. Der FDP-Vorsitzende und Bundesminister für Gesamtdeutsche Fragen, Erich Mende, zog die Schlußfolgerung, daß das Koordinatensystem der Deutschland- und Außenpolitik nicht mehr stimme. Die Grundlagen der Bonner Konzeption müßten der neuen weltpolitischen Lage angepaßt werden, damit die Bundesrepublik wieder handlungsfähig werde. Nachdem Brandt in der Großen Koalition Außenminister geworden war, wurde ihm Carstens' Denkschrift zugeleitet. Er sah in ihr seine Konzeption bestätigt, die er nach dem Mauerbau entwickelt hatte.

Der Begriff des »geregelten Nebeneinander«

Der Schlüsselbegriff »geregeltes Nebeneinander« ist wenige Monate nach Antritt der Großen Koalition von Willy Brandt auf dem Dortmunder Parteitag am 1. Juni 1966 geprägt worden, und es lohnt sich, die betreffende Redepassage im Wortlaut zur Kenntnis zu nehmen: »Man darf [...] davon ausgehen, daß das Selbstbestimmungsrecht nicht in einem Akt, sondern im Verlauf eines Prozesses verwirklicht werden kann. Mit den kommunistischen Konföderationsplänen ist niemand gedient, der die deutsche Einheit in Freiheit will. Etwas anderes ist es, daß ein qualifiziertes, geregeltes und zeitlich begrenztes Nebeneinander der beiden Gebiete ins Auge gefaßt werden könnte, wenn durch internationale Entscheidungen die Weichen gestellt sind und im anderen Teil Deutschlands die freie Meinung sich entfalten kann. Es würde sich um einen Modus vivendi handeln mit der beharrlichen Absicht zu weiteren positiven Lösungen.«[5]

Das war ein vorsichtiges semantisches Abtasten der Möglichkeiten einer neuen Deutschlandpolitik, das – wie wir seit geraumer Zeit wissen – dem ge-

4 Aufzeichnung des Staatssekretärs Carstens, 17. Oktober 1966, abgedruckt in: Akten zur Auswärtigen Politik der Bundesrepublik Deutschland (AAPD), 1966, Bd. II, Dok. 333, S. 1374–1383, hier S. 1380.

5 Zit. nach Meissner (Hrsg.): Die deutsche Ostpolitik, S. 131.

heimen Abtasten Adenauers ähnlich war.[6] Manchen in der SPD ging Brandts Formulierung nicht weit genug, einigen waren die Konditionierungen, an die das geregelte Nebeneinander gebunden wurde, nicht klar genug formuliert. Auch daß Brandt nicht von dem geregelten Nebeneinander der beiden deutschen Staaten sprach, sondern von den »beiden Gebieten«, und daß die SPD-Führung in der Zeit der Großen Koalition an der Politik der Nichtanerkennung der DDR festhielt, stieß auf innerparteiliche Kritik.[7] Bahr hat später begründet, warum man vor der Bildung der sozialliberalen Koalition die »Wahrheit« nicht sagen konnte.[8]

Hier soll jedoch ein anderer Aspekt betont werden: Das neue deutschlandpolitische Konzept anvisierte eine »zeitlich begrenzte« Regelung des Nebeneinanders, einen Modus vivendi als Etappenziel, um die »weiteren positiven Lösungen« überhaupt erst zu ermöglichen. Das zeitlich befristete, qualifizierte Nebeneinander der beiden »Gebiete« war nicht der Endzweck, sondern ein Zwischenstadium. Aber eine solche Regelung setzte Verhandlungen mit denjenigen voraus, die Staatsgewalt in dem anderen Gebiet ausübten. War das realistisch, ohne de facto oder gar de jure die Staatlichkeit der DDR anzuerkennen? Das war die entscheidende Frage, die die Große Koalition von Anfang an beschäftigte.

Die Deutschlandpolitik der Großen Koalition

Die Regierung der Großen Koalition war mit der festen Absicht angetreten, durch die Intensivierung der menschlichen Beziehungen zu den Deutschen in der SBZ das Zusammengehörigkeitsgefühl zu stärken und die nationale Substanz für eine spätere, zur Zeit nicht erreichbare Wiedervereinigung zu erhalten.[9] Zu

6 Siehe Werner Link: Neuanstöße in der Deutschlandpolitik 1961–1973, in: Alexander Fischer (Hrsg.): Vierzig Jahre Deutschland-Politik im internationalen Kräftefeld, Köln 1989, S. 32–41, hier S. 34.

7 Siehe u. a. Vorstand der SPD (Hrsg.): Parteitag 1966. Protokoll, Hannover/Bonn 1966, S. 1004f., S. 337ff. und S. 800ff.

8 In der Bundestagsdebatte vom 24.1.1973 erklärte Bundesminister Bahr gegenüber der Opposition: »Zunächst einmal ist beklagt worden, es habe ein gewisser Zynismus darin gelegen, wenn der Bundekanzler gesagt habe, es habe an den Wahlen gelegen, daß man vor den Wahlen anders als danach von der DDR als Staat gesprochen habe. Nun, hier muß festgestellt werden: Nach den Wahlen war eine politische Entscheidung gefallen, die es ermöglichte, dem allgemeinen Grundatz Rechnung zu tragen, daß, wenn möglich, in der Demokratie und in der Politik die Wahrheit gesagt werden soll. Denn die Mehrheiten waren nicht so, daß sie es zugelassen hätten, die Wahrheit zu sagen, die Sie selbst auch gesehen haben.« Zit. nach Verhandlungen des Deutschen Bundestages, 7. Wahlperiode, Sitzung vom 24.1.1973, Stenographiosche Berichte Bd. 81, S. 221.

9 Zur Regierung der Großen Koalition nach wie vor grundlegend Klaus Hildebrand: Von Erhard zur Großen Koalition 1963–1969, Stuttgart/Wiesbaden 1984 (Geschichte der Bundesrepublik Deutschland, Bd. 4). Zur Deutschlandpolitik der Großen Koalition siehe ausführlicher Werner Link: Die Deutschlandpolitik der Bundesregierungen Erhard und der Großen Koalition, in: Materialien der Enquete-Kommission »Aufarbeitung von Geschichte und Folgen der SED-Diktatur in Deutschland«, hrsg. vom Deutschen Bundestag, Bd. V/2, Baden-Baden/Frankfurt a. M. 1995, S. 1676–1743. Die folgenden Passagen im Text übernehmen einige Teile dieser Studie.

diesem Zweck benötigte man Kontakte zu und Vereinbarungen mit den Behörden in Ost-Berlin, ohne sie zugleich anzuerkennen. Die rettende Konstruktion, die der Leiter des Planungsstabes im Auswärtigen Amt, Günter Diehl, fand, lautete: man könne davon ausgehen, daß die Sowjetunion den Behörden in Ost-Berlin Befugnisse übertragen habe, aufgrund derer man ihnen eine beschränkte, bis zur Wiedervereinigung befristete Geschäftsfähigkeit zubillige.[10] Diese Konstruktion lag dem in der Regierungserklärung vom 13. Dezember 1966 formulierten Angebot von Behördenkontakten und der (geradezu revolutionären) Entscheidung zugrunde, den Stoph-Brief vom 10. Mai 1967 zu beantworten, und zwar mit dem Vorschlag, daß beide Regierungen Bevollmächtigte für technische Verhandlungen ohne Vorbedingungen benennen sollten. Bundeskanzler Kurt-Georg Kiesinger verband mit dieser Politik die Erwartung und das Versprechen (das er in der Debatte über die Regierungserklärung gab), »Bewegung« in die Deutschlandpolitik zu bringen.[11]

Das intransingente Beharren der sowjetischen Regierung und vor allem des Ulbricht-Regimes auf der Forderung des Alles oder Nichts sowie die darauf beruhende Abschottungspolitik (Nichtverlängerung der Passierscheinregelung, Einführung der Paß- und Visapflicht für die Transitreisenden zwischen der Bundesrepublik und West-Berlin, Staatsbürgerschaftsgesetz und dergleichen) führten rasch zu Ernüchterung. Die Folge war, daß der Druck seitens eines einflußreichen Teils der veröffentlichten Meinung und der FDP-Opposition wuchs, die DDR staatlich anzuerkennen. Der Koalitionspartner SPD hielt zwar – ungeachtet innerparteilicher Kritik – an dem offiziellen Regierungskurs der Nichtanerkennung fest. Er machte aber deutlich, daß später – unter bestimmten Bedingungen – eine Kursänderung möglich sei.

In seinem ersten Bericht zur Lage der Nation im geteilten Deutschland vom 11. März 1968 ging auch der Bundeskanzler einen Schritt über die bisherige Position hinaus und erweiterte das Verhandlungsangebot an die »Regierung in Ost-Berlin« »ausdrücklich um das Thema des Gewaltverzichts« (daß damit eine *vertragliche* Vereinbarung gemeint war, stellte er später eindeutig klar).[12]

Diese neue Position wurde der sowjetischen Regierung im April 1968 offiziell notifiziert. Als dann nach der Unterbrechung durch die ČSSR-Intervention beide Seiten versuchten, die Fäden wieder aufzugreifen, ergab sich für einen kurzen historischen Moment – im Frühjahr 1969 – die vermeintliche Chance, die Politik der Verhandlungsbereitschaft gegenüber den DDR-Behörden (zur Regelung praktischer Fragen) mit den deutsch-sowjetischen Gesprächen in einer konkreten Berlin-Vereinbarung zusammenzuführen.[13]

10 Leiter des Planungsstabes des Auswärtigen Amtes, Diehl, Aufzeichnung vom 11.11.1966, Betr. Außenpolitischer Standpunkt einer neuen Bundesregierung; Politisches Archiv des Auswärtigen Amtes, Planungsstab, Bd. 11576.

11 Verhandlungen des Deutschen Bundestages, 5. Wahlperiode, Sitzung vom 16.12.1966, Stenographische Berichte Bd. 63, S. 3852.

12 Dokumente zur Deutschlandpolitik, V/2, S. 365.

13 Siehe dazu und zum folgenden Abschnitt die Dokumentation in: Archiv der Gegenwart, 5.3.1969, S. 14524ff. und demnächst die einschlägigen Dokumente in: AAPD, 1969.

Im Vorfeld der Bundespräsidentenwahl, die am 5. März 1969 wieder in Berlin stattfinden sollte – wogegen die Sowjetunion protestierte – deutete Außenminister Brandt gegenüber dem sowjetischen Botschafter Semjon Zarapkin an, wenn sich konkrete Verbesserungen in den deutsch-sowjetischen Beziehungen und bei der Herstellung eines Modus vivendi in Berlin ergäben, brauche man die Tradition, den Bundespräsidenten in Berlin zu wählen, nicht unbedingt fortzusetzen. Die Bemühungen, eine neue Passierscheinregelung auszuhandeln, wurden dann von Bundeskanzler Kiesinger am 22. Februar 1969 zum Anlaß genommen, dem sowjetischen Botschafter anzubieten, daß er sich im Falle eines großzügigen Angebots der Ost-Berliner Behörden – wobei die Sowjetunion als Vermittler auftreten würde – im Interesse der Verbesserung der Beziehungen zwischen der Sowjetunion und der Bundesrepublik für die Verlegung der Bundespräsidentenwahl an einen Ort in der Bundesrepublik einsetzen werde. Die Antwort erfolgte umgehend und war – wie Pressesprecher Diehl mitteilte – »ermutigend«; das Angebot zur sofortigen Aufnahme von Verhandlungen über eine Passierscheinregelung für Ostern 1969 ging dem Bundeskanzler jedoch nicht weit genug. Auf Einzelheiten der zum Teil recht dramatischen Entwicklung (auf verschiedenen Ebenen und mit Geheimkontakten diverser Art) kann hier nicht eingegangen werden. Entscheidend für den negativen Ausgang war, daß der Bundeskanzler (und mit ihm dann auch der Berliner Senat) darauf bestand, daß nur eine langfristige Regelung der Freizügigkeit zwischen Ost- und West-Berlin eine örtliche Verlegung der Bundespräsidentenwahl rechtfertigen könne. Dazu war die DDR bzw. die Sowjetunion nicht bereit. Kiesinger hatte gehofft, daß ein Arrangement (Einschränkung der demonstrativen Berlin-Präsenz des Bundes gegen Freizügigkeit in Berlin) zwischen der Bundesrepublik und der Sowjetunion mit Zwischenschaltung der DDR-Behörden eine historische Wende in den deutsch-sowjetischen Beziehungen einleiten könnte. Damit hätte sich auch die deutschlandpolitische Konstruktion, der DDR zwar nicht die Anerkennung, aber doch eine beschränkte Geschäftsfähigkeit zuzubilligen, bewähren können. Diese Hoffnung erwies sich als Illusion. Überraschen konnte die Ablehnung des Geschäfts »Freier Reiseverkehr in Berlin gegen Verlegung der Bundesversammlung aus Berlin« eigentlich nicht. Lag doch dem Bundestag und der Öffentlichkeit ein Vertragsentwurf der FDP vor, der für freien Reiseverkehr und einige andere Zugeständnisse mehr bot – nämlich die staatliche Anerkennung der DDR.

Für Kiesinger war diese Episode (sowie die anschließenden Behinderungen und Repressalien wegen der Bundespräsidentenwahl in Berlin) ein weiterer Beleg dafür, daß die Zeit schon gar nicht reif war für den Versuch einer generellen vertraglichen Regelung mit der DDR, der in diesen Wochen und Monaten von der FDP propagiert wurde. Herbert Wehner hingegen wollte wenigstens den Einstieg in deutsch-deutsche Verhandlungen.[14]

14 Neuerdings hat Dirk Kroegel diesen Gegensatz aus Sicht der 70er Jahre überinterpretiert und Kiesingers Deutschlandpolitik als »Verschleierungstaktik« gewertet; Dirk Kroegel: Einen Anfang finden! Kurt Georg Kiesinger in der Außen- und Deutschlandpolitik der Großen Koalition, München 1997. Vgl. dazu meine Rezension in: Historische Zeitschrift 267 (1998), S. 260–262.

Der Abschluß eines deutsch-deutschen Vertrages (für eine »Übergangszeit«) war im Kern die deutschlandpolitische *aktuelle Politik* der parlamentarischen Opposition, der FDP, und die *langfristige Perspektive* der Großen Koalition (mit nicht unwesentlichen Unterschieden zwischen den Koalitionspartnern).

Der Weg der FDP in diese Richtung ist in der Literatur häufig genug beschrieben worden – mit dem frühen Schollwer-Papier vom Frühjahr 1962 und den revidierten Papieren vom Sommer 1964 und vom Dezember 1966 als den ersten Stationen.[15] »Politik der Verklammerung« war der Schlüsselbegriff Wolfgang Schollwers, der die Strategie der aktiven Anpassung an die internationalen und innerdeutschen Veränderungen von der bisherigen Deutschlandpolitik der FDP abheben sollte; und zur Zielbeschreibung wählte auch er den Begriff der »europäischen Friedensordnung«, und zwar noch bevor dieser Begriff zum Losungswort der Deutschlandpolitik der Großen Koalition wurde. Die FDP steuerte seit dem Sommer 1968 auf einen Staatsvertrag zwischen der Bundesrepublik und der DDR zu und mußte deshalb konsequenterweise das Doppelprinzip der Alleinvertretung und staatlichen Nichtanerkennung aufgeben.

Am 12. Februar 1969 brachte die FDP-Fraktion ihren Vertragsentwurf in Verbindung mit ihrer Großen Anfrage vom 24. Januar 1969 im Bundestag ein.[16] Den Anerkennungseinwand antizipierend, argumentierte die FDP in ihrer Antragsbegründung: Wenn von Anfang an klargestellt würde, »daß die DDR für uns kein Ausland und das Ziel unsrer Bemühungen die Überwindung der deutschen Spaltung ist«, seien »alle weiteren Überlegungen, ob ein derartiger Vertrag die ›Anerkennung‹ der DDR bedeutet, müßig und lediglich Scheinprobleme«. Daß zumindest die Unionsparteien dies anders sahen, war zu erwarten. Aufschlußreicher für den Stand der Deutschlandpolitik war jedoch, wie die Regierungsfraktionen und die Regierung die Vertragsidee prinzipiell und aktuell bewerteten.

In der schriftlichen Antwort der Regierung, die der Gesamtdeutsche Minister, Herbert Wehner, gab, hieß es dazu wörtlich: »Die Bundesregierung schließt auch einen Vertrag nicht aus. Sie hat wiederholt zum Ausdruck gebracht, daß sie für die Zeit der Teilung eine möglichst umfassende Regelung der innerdeutschen Beziehungen anstrebt. [...] Unterschiede bestehen aber offenbar in der Beurteilung der Frage, wie dieses Ziel am besten und am schnellsten erreicht werden kann.« Erst am Ende, »als Abschluß einer glücklich verlaufenen Entwicklung«, könne ein umfassender Vertrag stehen.[17]

In der Bundestagsdebatte vom 25. April betonte Wehner nochmals, »daß es eine entscheidende politische Ermessensfrage ist, ob und wann ein umfassendes Vertragsprojekt übergeben werden soll und kann«.[18] In einem zweiten

15 Siehe die authentische Zusammenfassung bei Wolfgang Schollwer: Der Weg zur Entspannung. Deutschlandpolitik der FDP seit 1952, Bonn 1972.
16 Deutscher Bundestag, 5. Wahlperiode, Drucksache Nr. V/3866 und V/3769.
17 Ebenda, Drucksache V/4101, 21.4.1969, S. 3.
18 Verhandlungen des Deutschen Bundestages, 5. Wahlperiode, Sitzung vom 25.4.1969, Stenographische Berichte Bd. 69, S. 12640f.

Debattenbeitrag unterstrich er, aus der Antwort der Bundesregierung gehe hervor: »Vertrag oder nicht Vertrag, das ist nicht die Streitfrage. Es ist eine Streitfrage, wann und womit und wie.« Und er verteidigte seine Politik der Beharrlichkeit mit der (immer wieder zitierten) Sentenz: »kommt Zeit, kommt auch Vertrag«.[19]

Bundeskanzler Kiesinger und vor allem die Redner der CDU/CSU setzten andere Akzente: Sie bestritten, daß die DDR die Kriterien eines Staates erfülle, und lehnten nicht nur die völkerrechtliche, sondern auch die staatsrechtliche Anerkennung der DDR ab. Aber auch der Hauptredner der Unionsfraktion, Baron von Wrangel, erklärte ausdrücklich, daß Bundesminister Wehner Punkt für Punkt das gesagt habe, was die *Bundesregierung* zur FDP-Anfrage zu sagen habe, und daß die *Union* diesen Standpunkt teile. Und er hob einen Gesichtspunkt besonders hervor: Er glaube, »daß gerade in unserer Lage Verhandlungen am Anfang und Verträge am Ende von Verhandlungen stehen müssen und nicht umgekehrt«.[20] Wenig später, in seinem zweiten Bericht zur Lage der Nation vom 17. Juni 1969, bekräftigte der Bundeskanzler die Erklärung seiner Regierung, »daß auch der Abschluß eines Vertrages zur Regelung der innerdeutschen Beziehungen für eine Übergangszeit nicht ausgeschlossen sei« und daß auch die Einrichtung paritätisch besetzter gesamtdeutscher Kommissionen denkbar wäre.[21] Während es einerseits richtig ist, daß in der Union diese Perspektive umstritten war, ist andererseits festzuhalten, daß sie die Position der gesamten Regierung der Großen Koalition war (und nicht nur die des Gesamtdeutschen Ministers oder des sozialdemokratischen Koalitionsteils).

Der Großen Koalition gelang es in hohem Maße, mit ihrem »großen Entwurf einer künftigen europäischen Friedensordnung« (Kiesinger) die Deutschlandpolitik an die westliche Détente-Tendenz konzeptionell anzupassen. Dieses Konzept entsprach – unter den gegebenen internationalen Bedingungen – in geradezu idealer Weise der Staatsräson der Bundesrepublik mit ihren beiden aufeinander bezogenen Handlungsmaximen der West*bindung* und und der Ost*verbindungen*.[22]

Den Ostverbindungen, insbesondere den Verbindungen zum anderen Teil Deutschlands, wurde im Konzept der europäischen Friedensordnung ein herausgehobener Stellenwert zugesprochen: Da der Weg zur europäischen Friedensordnung und damit zur Wiedervereinigung lang sein würde, konnte nur durch die Erhaltung und Erweiterung der menschlichen Verbindungen zwischen beiden Teilen Deutschlands das Zusammengehörigkeitsgefühl und die nationale Substanz gewahrt werden. Dazu bedurfte es fester Vereinbarungen mit der Sowjetunion und mit der DDR. Und da die deutsch-deutschen Bezie-

19 Ebenda, S. 12681.
20 Ebenda, S. 12645.
21 Verhandlungen des Deutschen Bundestages, 5. Wahlperiode, Sitzung vom 17.6.1969, Stenographische Berichte Bd. 70, S. 13247.
22 Werner Link: Die außenpolitische Staatsräson der Bundesrepublik Deutschland, in: Manfred Funke u. a. (Hrsg.): Demokratie und Diktatur. Festschrift für Karl Dietrich Bracher, Düsseldorf 1987, S. 400–416.

hungen ja als konstitutives Element und nicht als Störfaktor auf dem Weg zur Errichtung einer europäischen Friedensordnung fungieren sollten, bedurfte es auch aus diesem Grunde einer Regelung des deutsch-deutschen Nebeneinanders (Modus vivendi) für eine wahrscheinlich lange Übergangszeit.

Mit der Anpassung an die Détente-Politik der Westmächte mittels des Konzepts der europäischen Friedensordnung war eine notwendige Bedingung für eine aktive Deutschlandpolitik, aber noch nicht die hinreichende Bedingung für die Kooperation zwischen der Sowjetunion und ihres deutschen Staates erreicht. Die Sowjetunion blockierte nicht nur Schröders Politik der Bewegung und der Umgehung bzw. Isolierung der DDR, sondern auch die neue Politik der Einbeziehung der DDR, solange damit nicht die Anerkennung verbunden war. Und auch die DDR blockierte; Bahr mußte feststellen, Ost-Berlin sei »nicht bereit zur Erörterung des Nebeneinanders der beiden deutschen Teile«.[23]

Mit der Konstruktion, den DDR-Behörden eine beschränkte und bis zur Wiedervereinigung befristete Geschäftsfähigkeit zuzubilligen, versuchte die Große Koalition, mit der DDR offizielle Gespräche und Vereinbarungen über die Verbesserung der menschlichen und wirtschaftlichen Beziehungen zwischen den Deutschen in Ost und West und vor allem über weitere Passierscheinvereinbarungen oder gar einen freien Reiseverkehr in Berlin zu erreichen. Die Frage eines Vertrages zur prinzipiellen Regelung der deutsch-deutschen Beziehungen bis zu einer späteren Wiedervereinigung konnte – nach Meinung der Regierung Kiesinger/Brandt – nur im Rahmen eines deutsch-*sowjetischen* Arrangements geklärt werden; eine entsprechende Initiative war deshalb nur dann sinnvoll, wenn die Sowjetunion zu echten erfolgsorientierten Verhandlungen bereit war. Das war erst gegen Ende der Regierungszeit der Großen Koalition der Fall, und die Regierung Kiesinger/Brandt versuchte jetzt sofort, politisch und wirtschaftlich erste Schritte auf dem langen Weg zu einer europäischen Friedensordnung einzuleiten.

Der Erfolg war nicht gesichert und ein Scheitern nicht auszuschließen. Bundeskanzler Kiesinger hat das immer wieder öffentlich betont.[24] Auch Egon Bahr hat bei seinen internen »Überlegungen« immer wieder auf die Risiken hingewiesen. Ihm war klar, daß das Hauptziel der sowjetischen Europapolitik die Legalisierung des Status quo und das der deutschen Politik dessen Überwindung war. Dieser fundamentale Interessengegensatz – so Bahr – könne durch einen Rahmenvertrag nicht aufgehoben werden; er müßte deshalb so angelegt werden, daß die Chancen zur Durchsetzung der eigenen Interessen langfristig größer seien.[25]

23 Aufzeichnung des Ministerialdirektors Bahr vom 11.12.1968 (demnächst abgedruckt in: AAPD, 1968).

24 So z. B. wörtlich in der Rede am 17. Juni 1967, abgedruckt in: Meissner (Hrsg.): Die deutsche Ostpolitik, S. 205 ff., hier S. 206.

25 Leiter des Planungsstabs des Auswärtigen Amtes, Bahr, Aufzeichnung, Betr. Rahmenvertrag mit der DDR, September 1969; Politisches Archiv des Auswärtigen Amtes, Planungsstab, Bd. 11576.

Am Ende der Regierungszeit der Großen Koalition wurden noch die Weichen für die konkreten und umfassenden deutsch-sowjetischen Gewaltverzichtsverhandlungen gestellt. Erst die Änderung der internationalen Großwetterlage schuf die notwendige Voraussetzung. Die militärische Zuspitzung des sowjetisch-chinesischen Konflikts und der Beginn der »Ära der Verhandlungen« (SALT) durch den neuen amerikanischen Präsidenten waren die wichtigsten internationalen Faktoren, die jetzt (nach Klärung der Machtfrage in der ČSSR und damit im gesamten Herrschaftsbereich der UdSSR, einschließlich des deutschen Grenzstaates) wirksam wurden. So manifestierte sich am Ende der Großen Koalition erneut die Dominanz der internationalen Politik für die Bundesrepublik Deutschland, sowohl für die Außen- als auch für die Deutschlandpolitik.

Durch die lange Blockade seitens der Sowjetunion war der Regierung Kiesinger/Brandt ein Fortschritt in der Deutschlandpolitik im operativen Bereich – trotz der gelungenen konzeptionellen Neuorientierung – nicht gelungen. Ob ihr damit auch ein negativer Offenbarungseid hinsichtlich ihrer deutschlandpolitischen Gemeinsamkeit erspart blieb, ist eine Frage, die offen bleiben muß. Fest steht, daß der Abschluß eines Vertrages mit der DDR »für eine Übergangszeit« am Ende von Verhandlungen nicht ausgeschlossen wurde, weder von Bundeskanzler Kiesinger noch von der CDU/CSU-Fraktion (trotz interner Widerstände). Sicherlich wäre es der Union auch als *Regierungs*fraktion schwer gefallen, von ihrem Dogma der Nichtanerkennung Abschied zu nehmen. Aber die Konstruktion von der Zuerkennung einer bis zur Wiedervereinigung befristeten Geschäftsfähigkeit hätte sich wohl – wenn auch mit einigen Mühen – transformieren lassen in eine staatliche Anerkennung der DDR bis zur Wiedervereinigung im Rahmen einer künftigen europäischen Friedensordnung. Daß das neue deutschlandpolitische und gesamteuropäische Konzept der Großen Koalition so flexibel und ausbaufähig war, war kein Nachteil, sondern ein Vorteil für eine aktive Deutschlandpolitik unter den Bedingungen der Ost-West-Détente.[26] Der Gedanke einer vertraglichen Modus-vivendi-Regelung in Deutschland, der der internationalen Konfliktregulierung der Détente-Ära entsprach, hatte sich intern durchgesetzt, und mit dem neuen Kurs der Sowjetunion war nun seine Zeit auch international gekommen. Vermutlich hätte auch eine neue Große Koalition den ernsthaften Versuch unternommen, ihn zu realisieren (wenngleich behutsamer als die Kleine Koalition und wahrscheinlich mit Bremsspuren).

Die Deutschlandpolitik der sozialliberalen Koalition

Mit der neuen sozialliberalen Regierung erfolgte eine Präzisierung und die Umsetzung der neuen Deutschland- und Ostpolitik, selbstverständlich im Sinne der sozialdemokratischen Variante des einst gemeinsamen Konzepts. Die Präzisierung bestand darin, daß in der Regierungserklärung von Bundes-

26 So meine Einschätzung im Unterschied zu Timothy Garton Ash: Im Namen Europas. Deutschland und der geteilte Kontinent, München/Wien 1993.

kanzler Willy Brandt vom 28. Oktober 1969 die Aufgabe der praktischen Politik wie folgt definiert wurde: Wir müssen »ein weiteres Auseinanderleben der deutschen Nation verhindern, also versuchen, über ein geregeltes Nebeneinander zu einem Miteinander zu kommen [...]. Die Bundesregierung [...] bietet dem Ministerrat der DDR erneut Verhandlungen beiderseits ohne Diskriminierung auf der Ebene der Regierungen an, die zu vertraglich vereinbarter Zusammenarbeit führen sollen. Eine völkerrechtliche Anerkennung der DDR durch die Bundesregierung kann nicht in Betracht kommen. Auch wenn zwei Staaten in Deutschland existieren, sind sie doch füreinander nicht Ausland; ihre Beziehungen zueinander können nur besonderer Art sein.«[27]

Daß der Begriff »Wiedervereinigung« hier nicht vorkam, ist sicher bemerkenswert, aber nicht der entscheidende Punkt. Denn in Bahrs Aufzeichnung vom 1. Oktober 1969 »Zur Außenpolitik einer künftigen Bundesregierung« (die zur Koalitionsvereinbarung wurde) hieß es, daß die Notwendigkeit wachse, sich der neuen Lage 20 Jahre nach Gründung der Bundesrepublik Deutschland und der DDR »anzupassen, ohne das Ziel der Wiedervereinigung aufzugeben«; der angestrebte deutsch-deutsche Rahmenvertrag solle »bis zur Wiedervereinigung juristisch nicht mehr revisionsbedürftig« sein.[28] Das Endziel wurde also nicht aufgegeben; aber es erfolgte in Brandts Regierungserklärung ein Paradigmawechsel in der Deutschlandpolitik – signalisiert durch die Formel von den »Zwei Staaten in Deutschland«. Die CDU/CSU-Opposition hat dies sofort pointiert herausgearbeitet und dann 1972 im Zusammenhang mit Beratungen über die Ratifikation des Warschauer Vertrages präzisiert; sie argumentierte: »Hier wächst die Gefahr, daß die Wiederherstellung der staatlichen Einheit Deutschlands nicht mehr eine Frage der Ausübung eines einheitlichen Selbstbestimmungsrechtes für das ganze Volk ist, sondern in eine Frage nach der Zusammenführung zweier Staaten transformiert wird.«[29]

Wie 1972 der Grundlagenvertrag und zuvor der Verkehrsvertrag »als Probelauf« (Bahr) zustande kamen und wie dieser deutsch-deutsche Rahmenvertrag inhaltlich aussah, kann hier nicht dargestellt werden.[30] Hervorgehoben seien lediglich folgende Punkte: 1. Priorität hatten die Verhandlungen mit der Sowjetunion; die Grundzüge des deutsch-deutschen Vertrages wurden in den Bahr-Gromyko-»Gesprächen« vereinbart und die sowjetische Seite übernahm es, wie Gromyko am 10. März 1970 Bahr versicherte, mit der DDR (und mit Polen) »zu reden«, also dort die Zustimmung zu erwirken. 2. Die Ostverträge und das Viermächte-Abkommen über Berlin waren die materielle Vorausset-

27 Zit. nach Meissner (Hrsg.): Die deutsche Ostpolitik, S. 380. Vgl. dazu und zu folgendem Werner Link: Außen- und Deutschlandpolitik in der Ära Brandt 1969–1974, in: Karl Dietrich Bracher/Wolfgang Jäger/Werner Link: Republik im Wandel 1969–1974, Stuttgart/Mannheim 1986, S. 161–282 (Geschichte der Bundesrepublik Deutschland, Bd. 5/I).

28 5. Ausfertigung im Besitz des Verfassers; Ausführliche Zitate enthält Werner Link: Neuanstöße in der Deutschlandpolitik.

29 Schriftlicher Bericht des Auswärtigen Ausschusses, Drucksache VI/3157, A. Bericht der Abgeordneten Dr. Haack und Dr. Bach, 28.4.1972. Deutscher Bundestag, 6. Wahlperiode, Drucksache VI/3396, S. 8.

30 Siehe Link: Außen- und Deutschlandpolitik in der Ära Brandt.

zung für den deutsch-deutschen Vertrag (so wie ja auch das Transitabkommen im Auftrag der Vier Mächte bereits von beiden deutschen Staaten ausgehandelt worden war). 3. Der deutsch-deutsche Vertrag erfüllte nicht die von der DDR erhobene Maximalforderung der uneingeschränkten völkerrechtlichen Anerkennung durch die Bundesrepublik Deutschland.

Aber auch die sozialliberale Regierung konnte gerade den Punkt nicht verwirklichen, den Bahr einst in der kritischen Auseinandersetzung mit der FDP als essentiell bezeichnet hatte[31] und der auch in die Koalitionsvereinbarung aufgenommen worden war. Der institutionelle gesamtdeutsche Aspekt – der »Deutsche Rat« – wurde im Grundlagenvertrag gewissermaßen substituiert durch die in Artikel 7 vereinbarten Verhandlungen über Zusammenarbeit in allen wichtigen Teilbereichen – das war eben nur eine Verbindung »zwischenstaatlicher Art«. Bezüglich der »nationalen Frage« wurde lediglich (aber immerhin ausdrücklich) der Dissens in der Präambel und bezüglich der »Staatsangehörigkeitsfragen« der Dissens bzw. Vorbehalt in Protokollvermerken fixiert. Und auch Ost-Berlin wurde der Brief zur deutschen Einheit überreicht.

Die erbitterte Auseinandersetzung zwischen der CDU/CSU-Opposition und den Regierungsparteien über den Grundlagenvertrag und über die Ostverträge insgesamt erklärt sich nicht zuletzt aus folgendem Sachverhalt: Die Regierung Brandt/Scheel trat mit dem idealistischen Anspruch an, im Innern mehr Demokratie zu wagen, und folgte in der Deutschlandpolitik den realpolitischen Gegebenheiten – ohne die Legitimation durch den gesamtdeutschen Demos. Freiherr von und zu Guttenberg (CSU) setzte hier seine radikale Kritik an: »Es gibt nur einen Souverän, der darüber befinden darf, [...] ob auf deutschem Boden ein oder zwei Staaten bestehen; und dieser Souverän ist das deutsche Volk.«[32] Was in dieser leidenschaftlichen Diskussion offenkundig wurde, war vielleicht das generelle Charakteristikum auf dem gesamten »langen Weg« des geregelten Nebeneinanders: Die radikalen Demokratiepolitiker waren deutschlandpolitisch die Realpolitiker, und die traditionellen Realpolitiker die radikalen Demokratiepolitiker.

Die Verfassungskonformität des Grundlagenvertrages wurde vom Bundesverfassungsgericht in seinem Urteil vom 31. Juli 1973 bestätigt.[33] Zugleich bekräftigte dieses Urteil jedoch die Gültigkeit des Wiedervereinigungsgebots und der einheitlichen Staatsbürgerschaft, was für die weitere Politik von großer Bedeutung war. Eine »Konföderation« wurde als eine Möglichkeit der Wiedervereinigungspolitik bezeichnet.

Deutsch-deutsche »Dauerverhandlungen«, deren Verästelungen und Feinheiten nur noch von den Spezialisten der beteiligten Ministerien beherrscht wurden, charakterisierten den »langen Weg« nach dem Grundlagenvertrag.[34]

31 Siehe Anm. 25.

32 Zit. nach Meissner (Hrsg.): Die deutsche Ostpolitik, S. 391.

33 Abgedruckt in: Entscheidungen des Bundesverfassungsgerichts, Bd. 36, Tübingen 1974, S. 1–36.

34 Dazu ausführlicher Werner Link: Außen- und Deutschlandpolitik in der Ära Schmidt 1974–1982, in: Karl Dietrich Brachu/Wolfgang Jäger/Werner Link: Republik im Wan-

Nach Auffassung der Regierung Schmidt/Genscher sollten die Verhandlungen mit der DDR auf dem Boden des Grundlagenvertrages geführt werden, also »unbeschadet der unterschiedlichen Auffassungen [...] zu grundsätzlichen Fragen«, mit dem Ziel, durch praktische Maßnahmen die deutsch-deutschen Beziehungen zu verdichten; »das Verhältnis zueinander und auch die wirtschaftliche Bindung der beiden Staaten aneinander« zu fördern; »durch viele einzelne Schritte einen Interessenausgleich herzustellen, ein Geflecht von Interessenausgleichen, das keine Seite ohne Nachteile für sich selbst zerreißen kann«.[35] Die DDR-Regierung hingegen wollte durch die Sachverhandlungen mit der Bundesregierung sowohl ökonomischen Nutzen ziehen als auch ihre Rechtsauffassung in bezug auf West-Berlin (als gesonderte politische Einheit) und ihren Anspruch auf völkerrechtliche Anerkennung (einschließlich der Anerkennung der DDR-Staatsbürgerschaft) durchsetzen, also die ausbalancierte Geschäftsgrundlage von 1972 zu ihren Gunsten ändern.

Beide Seiten verfolgten also in den Verhandlungen konträre Ziele: die Bundesregierung die Stärkung und politische Nutzung wechselseitiger Verbindungen, die DDR-Regierung die Abgrenzung mit allen politischen Konsequenzen bei gleichzeitiger ökonomischer Nutzung der Austauschbeziehungen und der materiellen Leistungen der Bundesrepublik Deutschland.

In dieser Widersprüchlichkeit spiegelte sich die jeweilige außenpolitische Staatsräson beider deutscher Staaten exakt wider – Westbindung und Ostverbindungen hier, Ostbindung und Westverbindungen dort. Und das hieß und heißt: einerseits eine strikte Entgegensetzung in der außenpolitischen Bindung beider Staaten und andererseits eine gewisse Entsprechung und Komplementarität der Verbindungen. Die Bundesrepublik Deutschland konnte ihre Politik gegenüber der DDR nur unter Wahrung der Westbindung und in Abstimmung mit den westlichen Alliierten betreiben; umgekehrt waren die Rücksicht auf die Sowjetunion und die Berücksichtigung ihrer Interessen die Grundbedingungen der Westpolitik der DDR, und zwar umso mehr, als das SED-Regime existentiell von der UdSSR abhing. Durch die Verfassungsänderung vom 7. Oktober 1974 wurde die Ostbindung der DDR, das Bündnis mit der UdSSR, sogar »für immer und unwiderruflich« verfassungspolitisch festgeschrieben und dann durch den Freundschaftsvertrag vom 7. Oktober 1975 auch völkerrechtlich untermauert, während gleichzeitig die gesamtdeutschen nationalen Bezüge eliminiert wurden, so daß die deutsch-deutschen Beziehungen formal nur noch unter dem Verfassungsgebot der »Verwirklichung der Prinzipien der friedlichen Koexistenz von Staaten unterschiedlicher Gesellschaftsordnung« subsumierbar erschienen. Während die Ostverbindungen der Bundesrepublik Deutschland bezüglich der DDR an dem Ziel orientiert blieben, die Chancen für die Verwirklichung der nationalen Selbstbestimmung des deutschen Volkes zu verbessern, dekretierte die neue Verfassung der DDR, daß das »Volk der Deutschen Demokratischen Republik« »sein Recht

del 1974–1982 (Geschichte der Bundesrepublik Deutschland, Bd. 5/II), S. 273–432, hier S. 353 ff.

35 Zit. nach ebenda, S. 354 f.

auf sozial-ökonomische, staatliche und nationale Selbstbestimmung verwirklicht« habe. Dadurch wurden die Westverbindungen der DDR bezüglich der Bundesrepublik Deutschland offiziell ihres nationalen Charakters entkleidet. Die DDR hielt sich an das, was Breschnew am 28. Juli 1970 Honecker als Maxime genannt hatte: »Es darf zu keinem Prozeß der Annäherung zwischen der BRD und der DDR kommen«[36].

Die Enttarnung und Verhaftung des engen Kanzler-Mitarbeiters Günter Guillaume als DDR-Spion wirkte wie ein Kälteeinbruch, dessen langfristige Frostschäden für das deutsch-deutsche Verhältnis nicht abzusehen waren. Mit dem Rücktritt Brandts und der Regierungsübernahme durch das Kabinett Schmidt/Genscher stellte sich für die sozialliberale Regierungskoalition freilich nicht die Frage, ob ihre deutschlandpolitische Vertragspolitik fortgesetzt werden sollte, sondern wie man auf diesem Weg zu einem »geregelten Miteinander« kommen könne.

Der Gesamtprozeß der deutsch-deutschen Verhandlungen blieb auch in der Folgezeit ein langwieriges, oft frustrierendes Unternehmen – mit kleinen Fortschritten und Teilvereinbarungen und anschließenden Rückschritten durch einseitige Maßnahmen der DDR, denen alsbald wieder neue gemeinsame Anläufe folgten. Die Ampeln wechselten zwischen Rot und Grün, mit langen Gelbphasen. Einer Echternacher Springprozession vergleichbar, bewegten sich die beiden deutschen Staaten voran, aber die politischen Begleitgesänge waren alles andere als erbaulich. Trotz der Abgrenzungspolitik der DDR kamen einige Verhandlungen im November 1978 zu einem positiven Abschluß, wie verkehrs- und finanzpolitische Maßnahmen oder die »Grenzdokumentation«.

Insgesamt betrachtet, veranschaulichte Mitte der siebziger Jahre das Foto vom KSZE-Gipfel von Helsinki (1975) symbolisch die deutsch-deutschen Beziehungen auf dem »langen Weg« des »geregelten Nebeneinanders« und des angestrebten »geregelten Miteinanders«: In der ersten Reihe der Konferenzteilnehmer sitzen Schmidt und Honecker nicht direkt, aber doch indirekt nebeneinander, nämlich durch den Mittelgang getrennt, und sie neigen sich im Gespräch einander zu.[37] Der Kontext der KSZE verweist zudem auf jene Einbettung der deutsch-deutschen Beziehungen, die nach dem ursprünglichen Konzept der neuen Deutschlandpolitik mit dem Schlüsselwort »neue europäische Friedensordnung« umschrieben worden war. Daran orientierte sich die Politik der Bundesregierung in den siebziger sowie in den achtziger Jahren – mit der Sequenzannahme, daß erst eine neue europäische Friedensordnung zu errichten sei und dann das deutsche Selbstbestimmungsrecht realisiert werden könne. Diese langfristige Perspektive rechnete mit einem derartig langen Weg, daß zunehmend fragwürdig wurde, inwieweit sie überhaupt noch die operative Deutschlandpolitik beeinflußte.

36 Protokoll einer Unterredung zwischen L.I. Breschnew und Erich Honecker am 28. Juli 1970, abgedruckt in: Peter Przybylski, Tatort Politbüro, Berlin 1991, S. 280–288, hier S. 283.

37 Das Foto ist reproduziert bei Link: Die Außen- und Deutschlandpolitik in der Ära Schmidt, S. 301.

Die Prager Ereignisse von 1968 stärkten nicht nur den Pragmatismus der Deutschlandpolitik, sondern führten auch dazu, daß die »homeopathischen« Dosierungen zur Veränderung der SED-Diktatur, von denen Bahr in seiner Tutzinger Rede gesprochen hatte, immer kleiner und bescheidener wurden. Um Erleichterungen beim Reiseverkehr zu erreichen, traten diejenigen Komponenten in den Hintergrund, die dann später in den achtziger Jahren von der Regierung Kohl wieder stärker betont wurden: der »normative Abstand«[38] bzw. der »normative Dissens«[39]. Zudem hatte die Politik zur Schaffung und Stärkung der »Interdependenzen« unvermeidbar den Effekt der Stabilisierung der SED-Herrschaft.

Unter diesen Aspekt ist auch die Rolle Herbert Wehners einzuordnen. Es kann hier nicht darum gehen zu entscheiden, »wo dessen Loyalität« lag (so Hans-Jürgen Wischnewski 1974 zu Egon Bahr)[40]. Bis zum Beweis des Gegenteils kann man davon ausgehen, daß Bahr recht hat[41]: »Er [Wehner] hat mit der anderen Seite gearbeitet, nicht für die andere Seite.« In unserem Zusammenhang ist jedoch aufschlußreich, daß Wehner in seinem »Testament« für Honecker vom 2. Dezember 1973 trotz der Maxime, daß SED und SPD »einander aus[schließen]«, eine symmetrische Interessenlage oder Interessenentsprechung unterstellte.[42] Und beide Politiker, Wehner und Honecker, benutzen bezeichnenderweise dieselbe Terminologie der neuen Deutschlandpolitik: Honecker, der gerade durch die Verdoppelung des Zwangsumtauschs konträr gehandelt hatte, versicherte, »daß eine zielstrebige Politik, die eine Entspannung der Situation zwischen DDR und BRD und deren Hinüberleitung zu einem friedlichen Nebeneinander und Miteinander verwirklichen soll, nicht durch Kraftakte ersetzt werden darf«.[43] Und Wehner versicherte Honecker, für SPD und SED ergebe sich die Notwendigkeit, »ihre Staaten bzw. Einflußbereiche zu einem geregelten Nebeneinander und – so wie denn möglich – gedeihlichen Miteinander zu befähigen und durch alle Schwierigkeiten hindurch fähig zu halten«.[44] Bahr bemerkte dazu in seinen Erinnerungen pointiert: »Das ›Gedanken‹-Dokument stellt den persönlichen Grundlagenvertrag zwischen Herbert Wehner und Erich Honecker dar. […] Das Verhältnis der beiden deutschen Staaten wird definiert, als ob es den Grundlagenvertrag mit der Erwähnung der Nation und den Brief zur deutschen Einheit nicht gäbe.«[45]

Nicht westdeutsche, sondern ostdeutsche »Kraftakte« hemmten das deutsch-deutsche Miteinander. Die DDR-Führung hat immer dann, wenn partielle Fortschritte bei den deutsch-deutschen »Dauerverhandlungen« die gesamtdeutsche Perspektive in der westdeutschen Publizistik aufscheinen lie-

38 Matthias Zimmer: Nationales Interesse und Staatsräson, Paderborn 1992.
39 Karl-Rudolf Korte: Deutschlandpolitik in Helmut Kohls Kanzlerschaft, Stuttgart 1998.
40 Egon Bahr: Zu meiner Zeit, München 1996, S. 447.
41 Ebenda.
42 Aufzeichnung Wehners vom 2. Dezember 1973, Anlage zu dem Rundschreiben Greta Wehners vom 20.1.1994 (hektogr.).
43 Ebenda, S. 1.
44 Ebenda, S. 9.
45 Bahr: Zu meiner Zeit, S. 443.

ßen, deutliche Abgrenzungssignale gesetzt, um entsprechende Hoffnungen zu dämpfen. So wurde nach den erfolgreichen Verkehrsvereinbarungen vom November 1978 im April 1979 die Bewegungsfreiheit der westlichen Journalisten eingeschränkt, was eindeutig gegen die deutsch-deutschen Vereinbarungen vom 9. November 1972 und gegen die KSZE-Schlußakte verstieß. Offenkundig richtete sich die DDR-Maßnahme primär gegen die Journalisten der Bundesrepublik, weil die westdeutschen Medien mit ihrer auch in der DDR zu empfangenden Berichterstattung so etwas wie eine gesamtdeutsche Öffentlichkeit schufen.

Selbstverständlich protestierte die Bundesregierung, aber zugleich mehrten sich in der Bundesrepublik diejenigen Stimmen, die eine Dämpfung der gesamtdeutschen Illusionen für ratsam hielten, um die operative Deutschlandpolitik nicht zu gefährden. So versuchte Herbert Wehner, die Wiedervereinigungsdiskussion semantisch umzuleiten. Er verwahrte sich dagegen, daß man ihm das Konzept einer »Hokus-Pokus-Wiedervereinigung« unterstellte und scheute sich nicht zu bemerken, daß Wiedervereinigung »ein nicht mehr brauchbarer Begriff« sei. Er hielt freilich an der Perspektive fest, die Einheit Deutschlands in einem vereinigten Europa zu vollenden, »und zwar nicht vereinigt in irgendeinem Pakt, sondern durch die Praxis und mit zunehmenden Abkommen, die diese Praxis auch regeln«.[46] Ähnlich argumentierten Egon Bahr und Willy Brandt: Deutschlandpolitik ziele nicht auf *Wieder*vereinigung, sondern auf Neuvereinigung in ferner Zukunft.[47]

Der für innerdeutsche Beziehungen zuständige Bundesminister, Egon Franke, akzentuierte noch stärker die aktuellen, unmittelbaren Aufgaben der Deutschlandpolitik. Er plädierte für den Verzicht auf »Strategien im Dienste säkularer Zielsetzungen«; stattdessen müsse man jederzeit bereit und fähig sein, sich bietende Gelegenheiten für die Verbesserung und den Ausbau der innerdeutschen Beziehungen zu nutzen, um unter den gegebenen Umständen ein Auseinanderleben der Deutschen zu verhindern: »Also Flexibilität, gleichsam zum methodischen Prinzip erhoben!« Diese pragmatische Deutschlandpolitik war zwar insofern an einem »Endziel« deutsche Einheit orientiert, als durch die Verhinderung des Auseinanderlebens der Deutschen »gewissermaßen die Bedingungen der Möglichkeit der selbstbestimmten Rückkehr unter ein gemeinsames deutsches Dach aufrechterhalten« werden sollten, »falls eine solche Möglichkeit sich je noch einmal bieten sollte«. Aber zugleich war doch das aktuelle Ziel, »nämlich das Auseinanderleben zu verhindern«, Dreh- und Angelpunkt der Praxis. Franke argumentierte, daß man sich eine Vorstellung bilden müsse von dem, was diesem Ziel dienlich sei. Aber eine solche Selbstklärung wollte er nicht als Strategie verstanden wissen: »Deswegen nicht, weil, erstens, das Ziel ein permanentes, d. h. ein ständig zurückweichendes, nie einzuholendes ist, solange die Rahmenbedingungen fortbestehen. Zweitens [...],

46 Interview mit Herbert Wehner im Norddeutschen Rundfunk, 16.4.1979; Informationen der sozialdemokratischen Bundestagsfraktion, Ausg. 381.

47 Siehe Interview mit Egon Bahr in der Deutschen Welle, 1.11.1978, und Egon Bahrs Rede vor der Georgetown University, Washington D. C., am 30.11.1978 (hektogr. Ms., in Besitz des Verf.). Willy Brandt: Erinnerungen, Frankfurt a. M./Zürich 1989, S. 492.

weil unsere Vorstellungen und Wünsche hinsichtlich dessen, was ein Auseinanderleben der Deutschen verhindert, sollten sie realisiert werden, unabdingbar gebunden sind an die Zustimmung der DDR-Führung.«[48] Deutlicher konnte der »Wiedervereinigungsrevisionismus« keinen Ausdruck finden.

Zusammenfassung

Das deutschlandpolitische Konzept des »geregelten Nebeneinanders« war in den sechziger Jahren eindeutig als Weg zum Endziel der Wiedervereinigung entwickelt worden. Aber auf dem langen Weg der deutsch-deutschen Dauerverhandlungen nach dem Grundlagenvertrag rückte dieses Endziel in immer weitere Ferne. Die deutsch-deutschen Verhandlungen brachten zwar »menschliche Erleichterungen« und stärkten die persönlichen Beziehungen zwischen den Deutschen in Ost und West. Aber die von Brandt 1966 genannte Bedingung, daß »im anderen Teil Deutschlands die freie Meinung sich entfalten kann«, wurde nicht erfüllt. Und die DDR betrieb konsequent eine »Frustrationspolitik« gegenüber allen Wiedervereinigungshoffnungen. So wurde der Weg alles. Dieser »Wiedervereinigungsrevisionismus« setzte also bereits in der zweiten Hälfte der siebziger Jahre und nicht erst in der Phase der »zweiten Ostpolitik« der SPD ein, als die Partei Deutschlandpolitik aus der Opposition heraus betrieb.[49] In dieser Phase verstärkte sich lediglich die revisionistische Tendenz. Diese weitere Entwicklung kann hier nicht mehr dargestellt werden.

Es bleibt jedoch anzumerken, daß die Tendenzverstärkung ganz offenkundig mit der Veränderung der internationalen Politik (Détente-Krise, neuer Kalter Krieg) zusammenhing, wodurch die Grundthese unserer Überlegungen erneut bestätigt wird. Erst die neue internationale Konstellation Ende der achtziger Jahre und die durch sie ermöglichte demokratische Revolutionierung der DDR ließen die ursprüngliche Orientierung am Wiedervereinigungsziel plötzlich relevant werden, machten das schon utopisch gewordene Endziel tatsächlich erreichbar. Daß sich die Wiedervereinigung als Beitritt der DDR zur Bundesrepublik Deutschland *und* mittels des deutsch-deutschen Einigungsvertrags vollzog, entsprach der Weichenstellung der Deutschlandpolitik Ende der sechziger/Anfang der siebziger Jahre.

Gleichwohl sollte man sich davor hüten, darin die Bestätigung des deutschlandpolitischen Konzepts des »geregelten Nebeneinanders« zu sehen. Wäre es 1990 nicht zur Wiedervereinigung gekommen, so würde mit großer Wahrscheinlichkeit heute die Zweistaatlichkeit als großer Erfolg und als Erfüllung dieses politischen Konzeptes gefeiert werden; etwa so, wie es der stellvertretende Obmann der SPD-Fraktion für Deutschlandpolitik, Heimann, Ende Juni 1987 als Meinung der Fraktion im Pressedienst der SPD formulierte: »Das Fortbestehen der Bundesrepublik Deutschland und der Deutschen Demokratischen Republik hat den unbestreitbaren Vorteil, daß die neue Mittel-

48 Egon Franke: Rede am 12.12.1980 im Reichstagsgebäude in Berlin; Presse-Mitteilung des Ministeriums für innerdeutsche Beziehungen, 12.12.1980.
49 Siehe Garton Ash: Im Namen Europas.

lage der Deutschen nicht wieder zwangsläufig zu politischer Isolierung mit schwankender Orientierung führen muß.« Wenn es die Bundesrepublik fertigbringe, die ihr zufallende »europäische Schlüsselrolle« mit der DDR so zu teilen, daß die Grenze eine Grenze der gemeinsamen Sicherheit, umfassender Partnerschaft und vielfältiger Vernetzung werde, dann werde das deutsche Volk »das europäischste Volk Europas werden, auch das modernste, weil es gezwungen war, das ohnehin überholte Prinzip des Nationalstaates« durch Formen zu ersetzen, die zu einem Modell systemübergreifender gesamteuropäischer Zusammenarbeit werden könnten. Die Frage des Selbstbestimmungsrechts werde sich unter solchen Voraussetzungen »in einem historischen Sinne von selbst erledigen«.[50]

Etwas mehr als zwei Jahre später wurde diese Prognose glücklicherweise widerlegt. Bundeskanzler Helmut Kohl nutzte den geschichtliche Kairos, und das »geregelte Nebeneinander« mündete nicht in eine »Vertragsgemeinschaft« (Hans Modrow), sondern in die Wiedervereinigung.[51]

50 Zit. nach Frankfurter Allgemeine Zeitung, Nr. 148, 1.7.1987, S. 3.

51 Siehe Deutsche Einheit. Sonderedition aus den Akten des Bundeskanzleramtes 1989/90. Dokumente zur Deutschlandpolitik, München 1998. Karl-Rudolf Korte/Dieter Grosser/Wolfgang Jäger/Werner Weidenfeld: Geschichte der deutschen Einheit, 4 Bde., Stuttgart 1998.

III. Gemeinsame Problemlagen – verschiedene Antworten

Sigrid Meuschel

Legitimationsstrategien in der DDR und in der Bundesrepublik

Zunächst muß hervorgehoben werden, daß sich die Legitimationsstrategien in Ost- und Westdeutschland während der 45jährigen Nachkriegsgeschichte nicht nur scharf voneinander unterschieden – das versteht sich angesichts der Systemgegnerschaft von selbst –, sondern auch innerhalb beider deutscher Staaten variierten. Aufgrund der unterschiedlichen Einstellungen und Erfahrungen vor und während der Diktatur gingen die Vorstellungen und Erwartungen nach deren Zerschlagung zum Teil weit auseinander. So war innerhalb der Gesellschaften der Legitimitätsglaube stets von Zweifeln, wenn nicht von der Ablehnung dominierender Legitimationsangebote begleitet. Es wäre daher jeweils von Mehrheits- und Minderheitspositionen zu reden, die hier jedoch nicht en detail nachgezeichnet werden können. Legitimationsstrategien politischer Eliten sind grundsätzlich gesellschaftlich umstritten, was ganz besonders für Deutschland nach 1945 gilt, denn hier stand ein radikaler Macht- und Systemwechsel an: der Bruch mit dem nazistischen Regime. Weil der Nazismus sich auf starken Rückhalt in der deutschen »Volksgemeinschaft« hatte stützen können, hingen die Erfolgschancen alternativer Legitimationen in ungewöhnlich hohem Maße davon ab, wie Bruch und Kontinuität vereinbart wurden, was die neuen Eliten zu tradieren und was sie zu verwerfen beabsichtigten.

Vergangenheitspolitik

Umfragen in den Westzonen und der späteren Bundesrepublik wiesen bis weit in die fünfziger Jahre hinein noch eine hohe Zustimmung zu der von außen besiegten Diktatur auf; es besteht kein Grund anzunehmen, daß dies in Ostdeutschland anders war. So wie man Weimar als »Republik ohne Republikaner« bezeichnet hat, kann man für die Nachkriegszeit vom Aufbau einer »Demokratie ohne Demokraten« (Heinz Bude) sprechen, sofern beide Kürzel sich auf Mehrheitsströmungen in Politik und Gesellschaft beziehen. Demnach waren die politischen Minderheiten, die die Nachkriegspolitik bestimmten, mit vielen Punkten ihrer Programmatik nicht mehrheitsfähig. Die SED[1] wich diesem Demokratiedilemma freilich von vornherein aus, indem sie sich nur rhetorisch auf »das Volk« stützte. Sie errichtete ihre Parteidiktatur unbehelligt von Mehrheitsvoten und entgegen dem ersten Anschein ohne Rücksicht auf Bündnispolitik. Ihre Legitimationsstrategie kombinierte kurzfristige und langfristige Ziele, wobei die letzteren – die sozialistische Utopie – Glaubensbereitschaft und Unterwerfung unter das Wissensprivileg der Partei verlangten. Das grenzte die Mehrheit der Gesellschaft explizit aus: sie sollte erst Schritt für Schritt von der Legitimität der Diktatur überzeugt werden.

Die westdeutschen Parteien dagegen waren von demokratischen Wahlen abhängig und mußten der Mehrheit von Anbeginn Zugeständnisse machen. Die Konzessionen bezogen sich vor allem darauf, die alliierte Politik der Entnazifizierung zu korrigieren. Das machten die Amnestiegesetze, das 131er-Gesetz und das Verschleppen der justitiellen Ahndung der NS-Verbrechen in den fünfziger Jahren überdeutlich.[2] Die Vergangenheitspolitik der Konservativen integrierte nicht nur die Mitläufer, sondern selbst schwer Belastete; sie trug dazu bei, neben der subjektiven Schuld der Täter auch die politische Verantwortung für die nazistische Katastrophe, die auf der Mehrheit der Gesellschaft lastete, zu verschleiern. Die junge Republik grenzte sich zwar deutlich von der Diktatur ab, verfolgte Nachfolgeorganisationen und Apologeten. Doch den Charakter des Nationalsozialismus und des Zweiten Weltkriegs, die Verstrickung und Verantwortung der Gesellschaft stellte sie nicht nachhaltig zur Diskussion. Vielmehr rehabilitierte sie Armee, Polizei und Bürokratie en bloc. Statt Erinnern des Holocaust und der Verbrechen der Wehrmacht und statt Suche nach justitieller Gerechtigkeit setzte sie auf das Ende der Entnazifizierung und eine philosemitisch intonierte »Versöhnung«. Die »Wiedergutmachung« wie auch die Wiederbewaffnung sollten nach Westen hin die demokratische Zuverlässigkeit unter Beweis stellen. Der Antikommunismus des Kalten Krieges verdrängte nicht nur den Krieg an der Ostfront, sondern lenkte die Aufmerksamkeit von der eigenen totalitären Vergangenheit ab und auf die totalitäre Kontinuität der stalinistischen Sowjetunion und ihres Hegemonialbereichs hin.[3]

Die SED dagegen integrierte lediglich die »kleinen Pg's« und ergänzte die personelle Entnazifizierung durch tiefgreifende Strukturreformen in Ökonomie und Politik, die sie anfangs antifaschistisch-demokratisch nannte. Da ihr Antifaschismus zuallererst antikapitalistisch war und sie das Hauptverbrechen des Nazismus im Überfall auf die Sowjetunion sah, dienten die Strukturreformen immer auch dem sozialistischen Aufbau und der Frontstellung gegen den Westen. Zugleich boten die politischen Säuberungen und die neue antikapitalistische Ordnung jenen Klassen und Schichten Aufstiegschancen,

1 Vgl. zur Politik in der DDR, wenn nicht anders vermerkt, Sigrid Meuschel: Legitimation und Parteiherrschaft. Zum Paradox von Stabilität und Revolution in der DDR 1945–1989, Frankfurt a. M. 1992.

2 Dazu neuerdings Norbert Frei: Vergangenheitspolitik. Die Anfänge der Bundesrepublik und die NS-Vergangenheit, München 1996.

3 Hierzu ausführlich Jeffrey Herf: Divided Memory, Cambridge 1997.

die zuvor noch in keinem politischen System Deutschlands hatten Führungspositionen besetzen können. Damit gingen legitimatorische, jedenfalls integrierende Effekte einher.

Die unterschiedlichen Vergangenheitspolitiken – verhaltene Entnazifizierung hier, strenge dort – ergaben sich nur zum Teil aus dem Demokratiedilemma der westlichen bzw. der Freiheit von diesem Dilemma auf der östlichen Seite. Die Entscheidung für Demokratie oder Diktatur entsprach den konträren politisch-normativen Vorverständnissen, die die neuen Eliten ohnehin hegten und die sich in ihren unterschiedlichen Interpretationen des Nationalsozialismus niederschlugen. Vor dem Hintergrund der Faschismuskonzeption der Komintern setzte die SED den Nazismus mit Faschismus gleich und sah dessen Ursache in Kapitalismus und »bloß formaler Demokratie«. Auf diese Weise hat sie den Nationalsozialismus »universalisiert«[4], also aus einem deutschen Problem ein allgemeines Problem der bürgerlich-kapitalistischen Demokratien gemacht und den Nazismus aus der Vergangenheit der ostdeutschen Gesellschaft quasi ausgebürgert. Da die zentrale Legitimationsstrategie der SED auf Antifaschismus im erwähnten Sinne zielte, konnte die DDR als das »bessere Deutschland« gelten. Dieser Bruch mit dem Kapitalismus und dieser Vorbehalt gegen Demokratie bedeutete zugleich Kontinuität mit den politisch-kulturellen Ressentiments gegenüber der westlichen Moderne.

Die Bundesrepublik dagegen übernahm, indem sie die Rechtsnachfolge des Deutschen Reiches antrat, die Verantwortung für das Dritte Reich und mußte deshalb die Abkehr vom Nazismus »normativ internalisieren«.[5] Sie stand mithin für kapitalistische Kontinuität, aber für Bruch mit den Traditionsbeständen, die Distanz zur westlichen Politik und Ökonomie hielten. Die Defizite dieser Internalisierung wurden bereits erwähnt; freilich war das »kommunikative Beschweigen« (Hermann Lübbe) des Nazismus in der frühen Bundesrepublik insofern keineswegs singulär, als es seine Parallele in der antifaschistischen Expatriierung der Vorgängerdiktatur hatte, die die SED betrieb. Die westdeutschen Verdrängungsleistungen trafen neben den Opfern der Diktatur vor allem den linken Widerstand, so wie überhaupt die Legitimationen der Rekonstruktion die demokratische Linke und ihre antinazistischen Energien an den Rand des entstehenden Mehrheitskonsensus drängten. Denn indem dieser Konsens die Werte des »christlichen Abendlandes« beschwor und eine »antitotalitäre« Frontstellung einnahm, die sich im Kalten Krieg auf einen Antikommunismus verengte, der über Antistalinismus weit hinausging, wurde der Konsens zu einer politischen Waffe gegen die Sozialdemokratie. Dabei hätte diese aufgrund ihrer doppelten Gegnerschaft zu Nationalsozialismus *und* Stalinismus geradezu als die Inkarnation der demokratischen Normativität des Grundgesetzes gelten können und – wie die SPD insbesondere unter Kurt Schumacher reklamierte – gelten müssen. Die Legitimationsstrategie der

4 M. Rainer Lepsius: Das Erbe des Nationalsozialismus und die politische Kultur der Nachfolgestaaten des »Großdeutschen Reiches«, in: Ders.: Demokratie in Deutschlalnd, Göttingen 1993, S. 232.

5 Ebenda, S. 233.

frühen Bundesrepublik brach einerseits mit den antikapitalistischen und antidemokratischen Traditionen, andererseits setzte sie die altbekannte Praxis der innenpolitischen Feinderklärung gegen den politisch-moralischen Führungsanspruch der Sozialdemokratie fort. Diese Politik der »Lager«-bildung und -mentalität provozierte tiefe Verletzungen; lange herrschte ein politisches Klima des Verdachts und der Vorwürfe des Verrats. Darin kam zum Ausdruck, daß die deutsche Kultur der Angst und der Unsicherheit in der neuen Demokratie noch lange nicht überwunden war.[6]

Nationsdefinitionen

Vor dem Hintergrund des rassistischen Begriffs der »Volksgemeinschaft« und des integralen Nationalismus der unmittelbaren Vergangenheit kam alternativen Nationskonzeptionen ein hoher Stellenwert zu.[7] Beide Staaten delegitimierten Interpretationen, die rassische Herkunft zum Kriterium der gleichen Zugehörigkeit zum nationalen Verband erhoben. Die SED leitete ihre Definition der Nation primär von der sozioökonomischen Basis, also vom antifaschistisch-demokratischen resp. sozialistischen Aufbau ab, auch wenn Agitation und Propaganda zunächst anderes vermuten ließen. Die grundsätzlich politökonomische Fundierung der Nationsdefinition war theoretisch gesehen vernunftbegründet und universalistisch.[8] Freilich hatte eine solche Argumentation angesichts des Stalinismus der späten vierziger und frühen fünfziger Jahre legitimierende Wirkung allein in den Augen der Überzeugten; zudem stand die sowjetische Deutschlandpolitik einer derart prononcierten Position entgegen.

Um ihre antifaschistische Transformation als beispielhaft für ganz Deutschland darzustellen, lancierte die SED Kampagnen für die nationale Einheit, die bewußt auf nationalistische Stereotype zurückgriffen. Nachdem sie Anton Ackermanns »besonderen deutschen Weg zum Sozialismus« desavouiert hatte, schürte sie antiwestliche Ressentiments, indem sie sich anbot, die Nation aus den Händen ihrer US-imperialistischen Verderber zu retten, und behauptete, die »wahren nationalen Interessen« des Volkes zu vertreten. Schließlich kontrastierte sie die »Unkultur« der kosmopolitischen Feinde des Volkes mit den vermeintlich kulturvollen Tugenden der Deutschen – und das wenige Jahre nach dem Ende des Nazismus. Die SED geißelte nicht gerade die jüdisch-kapitalistische Weltverschwörung, obwohl sie dem sehr nahe kam, als sie sich dem Antizionismus der Schauprozesse in Mittel- und Osteuropa nicht entzog und ein Wallstreet-Syndrom kolportierte, das auch der Nazi-Propaganda nicht fremd gewesen war.[9] Sie scheute auch nicht davor zurück, die Westzonen zum »national-revolutionären Befreiungskampf« aufzurufen und dabei an Arndt, Körner oder Lützow zu erinnern. Zwanzig Jahre später war

6 Vgl. Ralf Dahrendorf: Gesellschaft und Demokratie in Deutschland, München 1965.
7 M. Rainer Lepsius: Nation und Nationalismus in Deutschland, in: Ders.: Interessen, Ideen, Institutionen, Opladen 1990.
8 Vgl. Alfred Kosing: Die Nation in Geschichte und Gegenwart, Berlin (O) 1976.
9 Meuschel: Legitimation und Parteiherrschaft, S. 101 ff.

dies längst Vergangenheit. Angesichts der deutsch-deutschen Annäherung, die mit der Entspannungspolitik einherging, rückte die SED die eigenständige »Nation DDR« in den Vordergrund und formulierte eine nüchterne Theorie der sozialistischen Nation. Doch dürfte sie damit nicht viele Anhänger gefunden haben. Die Mehrheit der Gesellschaft blickte nach Westen: auf die Bundesrepublik.

Auch hier standen grundsätzlich universalistische Kriterien bei der Nationsvorstellung im Vordergrund, wenn auch andere als in der DDR: die gleichen Rechte und Freiheiten der Staatsbürger auf der Basis der Verfassung. Aber der Alleinvertretungsanspruch des westdeutschen Staates konnte nicht allein rechtlich, im Sinne einer Staatsbürgernation begründet werden, sondern hielt die Idee der Kulturnation aufrecht, die auf die Gemeinsamkeit von Herkunft, Sprache und Geschichte gründete. Insgesamt jedoch haben die Westintegration und die »starke Betonung der Europaidee [...] es den [West]Deutschen erleichtert, sich von den problematischen Elementen der eigenen politischen Tradition in zunehmendem Maße freizumachen und sich dem Einströmen westlicher Verfassungsideale zu öffnen.«[10] Weil sie in unmittelbarem Zusammenhang zur Frage der nationalen Einheit, zur Gestaltung des politischen und ökonomischen Systems und zum Problem der Wiederbewaffnung stand, hat die Westintegration allerdings erst einmal zur weiteren und scharfen Polarisierung der öffentlichen Auseinandersetzungen beigetragen. Sie war selbst innerhalb der großen Parteien umstritten, denn Adenauer und anfangs auch Schumacher waren bereit, die Teilung der Nation vorübergehend in Kauf zu nehmen, um allererst ihre Vorstellungen von Freiheit und Selbstbestimmung in der Bundesrepublik fest zu verankern.[11]

Für Adenauer hatte die an Frankreich und den USA orientierte bürgerlich-demokratische Entwicklung Priorität vor der nationalen Frage.[12] Er kämpfte gegen alle Positionen in der CDU, die die nationale Einheit um den Preis der Neutralität anstrebten und einem vereinten Deutschland die Rolle einer »Brücke« zwischen Ost und West zutrauten. Vielmehr sollte die Einbindung in die Bündnisse die antidemokratischen Traditionsbestände der deutschen politischen Kultur abbauen und – verbunden mit der Wiederbewaffnung und einer »Politik der Stärke« – die Wiedervereinigung zu einem späteren Zeitpunkt erreichen. Auch Schumacher[13] lehnte eine deutsche Mittlerrolle zwischen Ost und West ab. Er hielt weder die USA für besonders demokratisch noch gar die Sowjetunion für sozialistisch. Seine Zielvorstellung war ein gleichermaßen antikommunistisches wie antikapitalistisches Westeuropa. Als die Westintegration, die auch er im Sinne der »Magnettheorie« als Hebel der Wiedervereinigung verstand, immer weniger die erhofften demokratisch-sozialistischen Konturen annahm, und als ihm die Wiederbewaffnung als zu hoher Preis für

10 Wolfgang Mommsen: Nationalbewußtsein und Staatsverständnis der Deutschen, in: Robert Picht (Hrsg.): Deutschland, Frankreich, Europa, München 1948, S. 42.

11 Hans-Peter Schwarz: Vom Reich zur Bundesrepublik, Stuttgart 1980.

12 Werner Weidenfeld: Konrad Adenauer und Europa, Bonn 1976.

13 Willy Albrecht (Hrsg.): Kurt Schumacher. Reden-Schriften-Korrespondenzen 1945 bis 1952, Berlin/Bonn 1985.

die Integration in ein klerikales, konservatives und kapitalistisches Westeuropa erschien, begann Schumacher um die nationale Einheit und um die Prüfung der Stalin-Noten von 1952 zu kämpfen. Die erbitterten Auseinandersetzungen um EVG, NATO und die Politik der Stärke einerseits und um deutsche Einheit in Neutralität bzw. im Rahmen eines europäischen Sicherheitssystems andererseits[14] machten deutlich, daß die Vorstellungen des Verhältnisses zwischen Nation und Europa stark kontrastierten. Der offene Konflikt trug maßgeblich dazu bei, die demokratischen Institutionen zu legitimieren.

Nach dem Bau der Mauer, mit dem die Politik der Stärke in Deutschland scheiterte, interpretierte die SED ihre »nationale Mission« ganz offen im Sinne der Verwirklichung des Sozialismus in ihrem Lande.[15] War die DDR dem anderen deutschen Staat damit »um eine ganze Epoche voraus«, so verhießen doch die historischen Entwicklungsgesetze die künftige nationale Einheit, da die Weltgeschichte und mit ihr der Sozialismus auch Westdeutschland erreichen mußte. In der Bundesrepublik hingegen setzte sich mit der sozialliberalen Ostpolitik schließlich in allen Parteien die Idee einer Kultur- und Bewußtseinsnation durch, ohne daß die Rechtsposition, der gesamtdeutsche Staat bestehe fort, aufgegeben wurde. »Im Begriff der Nation«, sagte Willy Brandt in seinem ersten Bericht zur Lage der Nation, »sind geschichtliche Wirklichkeit und politischer Wille vereint. Nation umfaßt und bedeutet mehr als gemeinsame Sprache und Kultur, als Staat und Gesellschaftsordnung. Die Nation gründet sich auf das fortdauernde Zusammengehörigkeitsgefühl der Menschen eines Volkes. Niemand kann leugnen, daß es in diesem Sinne eine deutsche Nation gibt und geben wird, so weit wir vorauszudenken vermögen.«[16] Indem die konservativ-liberale Koalition seit 1982 die Ostpolitik fortführte, avancierte diese Idee der Nation zum geistigen Eigentum aller Parteien. Helmut Kohl kündigte folgerichtig an, die Politik auch seiner Regierung werde vor allem das Gefühl der nationalen Verbundenheit aufrechterhalten und stärken. Einen Höhepunkt erfuhr diese Orientierung in den achtziger Jahren, als im Zuge der Nachrüstungsdebatte und der Stationierung der Mittelstreckenraketen auch Honecker sich der Idee der Kulturnation – »Verantwortungsgemeinschaft« – öffnete. Diese deutsch-deutsche Annäherung trug der SED-Herrschaft vermutlich weitaus mehr Loyalität ein als die vorhergehenden Bemühungen, eine »sozialistische Nation DDR« jener der bürgerlich-kapitalistischen Bundesepublik gegenüber zu stellen. Freilich trug die Idee der Kulturnation auch zum Untergang der DDR bei, nachdem die Diktatur gestürzt worden war. Damit trat ganz offen zutage, daß die nationale Identifikation in der DDR-Gesellschaft weitaus präsenter geblieben war als in der westdeutschen. Das lag an der geringen Überzeugungskraft des Regimes, das überdies keine attraktive Integration in ein supranationales Bündnis hatte anbieten können.

14 Udo F. Löwke: Für den Fall, daß … SPD und Wehrfrage, 1949–1955, Hannover 1969.
15 Sigrid Meuschel: Kulturnation oder Staatsnation?, in: Leviathan 3 (1988), S. 416ff.
16 Zit. nach Boris Meissner (Hrsg.): Die deutsche Ostpolitik 1961–1970, Köln 1970, S. 415f.

Legitimationsstrategien in der Bundesrepublik

Anders als für die Vergangenheitspolitiken und Nationsdefinitionen war der Nazismus für den Neuaufbau der politischen Institutionen von »konstitutiver Bedeutung«. Gerade in dieser Hinsicht galt er den Nachkriegseliten beider deutscher Staaten, wie M. Rainer Lepsius hervorgehoben hat, als »ein extrem negativ bewertetes Bezugsereignis«.[17] Freilich wählten beide sehr unterschiedliche Bezüge für ihre Abkehr. Die Bundesrepublik orientierte sich am Untergang der Weimarer Republik und zog zuallererst verfassungsrechtlich-institutionelle Konsequenzen. Um ein zweites Scheitern der Demokratie auszuschließen, gestaltete sie ihre Verfassung als Korrektur jener Weimars. Dafür stehen die ausschließlich repräsentative Funktion des Präsidenten, der Ausschluß von Plebisziten auf Bundesebene, das konstruktive Mißtrauensvotum oder die fünf Prozent-Klausel. Besondere Bedeutung wurde den Grundrechten als unmittelbar geltendem Recht, der verfassungsmäßigen Anerkennung der Parteien und dem Bundesverfassungsgericht beigemessen. Die neuen politischen Institutionen, ihre Begründung und die politische Praxis, die sie möglich machten, sollten den Glauben in die Legitimität demokratischer Normen und Verfahren fördern. Dabei ging es vor allem darum, mit dem überkommenen deutschen Staatsverständnis zu brechen, das den Staat von der Gesellschaft getrennt sah und deshalb dem Parlamentarismus und der Parteienkonkurrenz skeptisch gegenüberstand. Mit der Denkfigur und Praxis der »wehrhaften Demokratie« wurde die Staatsvorstellung allerdings substantiell aufgeladen; die autoritären Folgen ließen nicht auf sich warten. Stichworte wie Delegation politischer Fragen an den »Sachverstand«, rechtliche Regelung politischer Kontroversen, Kontinuität des Obrigkeitsstaats insbesondere angesichts der Besonderheiten der Ausgrenzung und Verfolgung der Kommunisten müssen hier genügen.[18]

Um die bundesdeutsche politische Ordnung zu legitimieren, reichte die demokratische Normativität der Verfassung allein nicht aus; es bedurfte zudem der »sozialstaatlichen Bändigung des Kapitalismus« durch das Prinzip der sozialen Gerechtigkeit.[19] In den ersten Nachkriegsjahren fanden Konzeptionen eines christlichen oder demokratischen Sozialismus große Resonanz. Sie hätten einen Bruch nicht mit der Marktwirtschaft, wohl aber mit dem Privateigentum als alleiniger Basis der Verfügungsgewalt über die Produktionsmittel bedeutet. Während die thomistischen Vorstellungen des christlichen Sozialismus geeignet waren, autoritäre Gemeinwohlorientierungen in Gestalt einer »christlichen Gesamtlebensordnung« fortzuschreiben, sollten die wirtschaftsdemokratischen Forderungen der SPD und der Gewerkschaften die Demokratie auch in der

17 Lepsius: Das Erbe des Nationalsozialismus, S. 229.

18 Zum Obrigkeitsstaat vgl. Martin u. Sylvia Greiffenhagen: Ein schwieriges Vaterland, München 1993, S. 73 ff. Zur justitiellen Kommunistenverfolgung vgl. Heinrich Hannover: Die Republik vor Gericht 1954–1974, Berlin 1998.

19 Hans Joas: Was hält die Bundesrepublik zusammen?, in: Friedhelm Hengsbach/ Matthias Möhring-Hesse (Hrsg.): Eure Armut kotzt uns an! Solidarität in der Krise, Frankfurt a. M. 1995, S. 73, S. 80.

Produktionssphäre und in Institutionen der überbetrieblichen Mitbestimmung verankern.[20] Die Durchsetzung der sozialen Marktwirtschaft bedeutete vor diesem Hintergrund einerseits, autoritäre Traditionsbestände abzuwerten; andererseits hieß sie Ausgrenzung potentieller demokratischer Akteure durch Eingrenzung der Partizipationsrechte auf ausschließlich das politische System.

Die soziale Komponente der Marktwirtschaft zielte nicht allein darauf, wie seit Bismarck die subjektiv unverschuldeten Risiken des Marktverkehrs sozialstaatlich abzufedern. Vielmehr sollte nun staatliche Politik die Rahmenbedingungen des Wettbewerbs darauf ausrichten, Kapitalkonzentrationen zu hemmen und den Mittelstand quantitativ und qualitativ zu stärken. Die legitimatorische Wirkung dieses Konzepts beschränkte sich anfangs auf christlich-soziale und wirtschaftsliberale Kreise, bis das »Wirtschaftswunder« ihm eine übergreifende Überzeugungskraft verlieh. Obwohl bald unübersehbar war, daß die Vision einer egalitären Mittelstandsgesellschaft Illusion blieb, hat der ökonomische Aufschwung mitsamt seinem »Fahrstuhleffekt« (Ulrich Beck) die rechts wie links zunächst noch bestehenden Vorbehalte gegenüber dem Kapitalismus nahezu vollständig zum Verschwinden gebracht. Zwar machte der Streit um die Interpretation des Sozialstaatsprinzips des Grundgesetzes deutlich, daß die Staatsauffassung der Weimarer Zeit noch sehr lebendig war, beispielsweise als Ernst Forsthoff als Vertreter der herrschenden Meinung den Rechtsstaat dagegen verwahrte, sich mit dem Sozialstaat in einer Weise verbinden zu müssen, die die gegebenen Machtverhältnisse in Wirtschaft und Gesellschaft zugunsten der Wirtschaftsdemokratie angetastet hätte.[21] Doch der Erfolg der ökonomischen Rekonstruktion, flankiert vom Ausbau der herkömmlichen sozialen Sicherungssysteme, legitimierte die Wirtschafts- und Sozialordung auch in den Augen der Mehrheit der Arbeiterklasse und ihrer gewerkschaftlichen Interessenvertreter, obwohl deren Forderungen nach weitergehender Mitbestimmung und Betriebsverfassung auf Ablehnung gestoßen waren. Die bereits 1918 konzedierte Tarifpartnerschaft avancierte erst in der Bundesrepublik (von den jünsten Angriffen abgesehen) zur kaum noch umstrittenen Normalität – sogar zum Bestandteil des »Modells Deutschland«. Entwickelt hat sich eine »Politik des mittleren Weges« zwischen skandinavischem Wohlfahrtsstaat und marktorientiertem Kapitalismus amerikanischer Provenienz, eine Verknüpfung wirtschaftsliberaler, konservativ-reformerischer und demokratisch-sozialistischer Traditionen, die sich durch eine eigenartige Gewichtung von Preisstabilität und Vollbeschäftigung, Liberalismus und Protektion, Gleichheit und Effizienz auszeichnete und insofern »deutsche« Erfahrungen und Legitimationsmuster bündelte.[22]

20 Gerold Ambrosius: Die Durchsetzung der Sozialen Marktwirtschaft in Westdeutschland 1945–1949, Stuttgart 1977.

21 Ernst Forsthoff: Rechtsstaatlichkeit und Sozialstaatlichkeit, Darmstadt 1968. Vgl. Hans-Hermann Hartwich: Wirtschaftsdemokratie und die Theorie vom sozialen Rechtsstaat, in: Wolf-Dieter Narr/Dietrich Thränhardt (Hrsg.): Die Bundesrepublik, Königstein 1984.

22 Manfred G. Schmidt: Die Politik des mittleren Weges, in: Aus Politik und Zeitgeschichte, B 9–10/1990, S. 1–33.

Der ökonomische Erfolg erleichterte nicht nur die Integration in die kapitalistische Wirtschaftsordnung, er führte darüber hinaus dazu, daß die Gesellschaft in ihrer Pluralität und Heterogenität allmählich akzeptiert wurde. Sie konnte ihre Interessenkonflikte offen und zunehmend unangefochten über die Vermittlung von Parteien und Verbänden artikulieren, organisieren und zu einem gewissen Ausgleich bringen. Freilich wurden Zweifel an der Legitimität des organisierten Pluralismus noch lange aufrechterhalten. Von links wurden die Gerechtigkeits- und Demokratiedefizite eines Interessenausgleichs kritisiert, den ökonomische Macht systematisch verzerrt.[23] Konservative griffen den »Verbändestaat« an und riefen nach einer rechtlichen Reglementierung, die vornehmlich darauf zielte, die Gewerkschaften zu schwächen.[24] Doch die »offene Gesellschaft« wurde – anders als in Weimar – zunehmend akzeptiert, was allerdings auch damit zusammenhing, daß sie so offen nicht war. Vielmehr zügelten korporative und andere Arrangements der Konkordanzdemokratie den pluralistischen Interessenkonflikt – und zügeln ihn bis heute. Dies läßt sich nicht allein für die Wirtschaftspolitik, zum Beispiel die Konzertierte Aktion oder den Verbandseinfluß auf die Ministerialbürokratie, sondern für den politischen Entscheidungsprozeß insgesamt zeigen, vor allem für die Verflechtung des Parteienwettbewerbs mit den föderalen Institutionen des Bundesstaates.

Während das Parteiensystem in der parlamentarischen Demokratie auf den Prinzipien der Konkurrenz und des Mehrheitsentscheids beruht und deshalb anfangs auf die traditionsgesättigte Skepsis gegenüber Parlamentarismus und offenem Konflikt stieß, privilegierte der deutsche Bundesstaat bereits seit 1871 das Konsensprinzip und vorparlamentarische Verfahren des Aushandelns. Nach wie vor[25] überlagert auch in der Bundesrepublik das Konkordanzprinzip die Parteienkonkurrenz. Das entlastet die Parlamente in Bund und Ländern, schränkt aber ihre Macht zugleich ein. Dies mag einerseits die Integration in das parlamentarische System erleichtert und den Glauben an die Überlegenheit des »Sachverstands« über den politischen Parteienstreit weiterhin genährt haben, zumal der Bundestag sich eher als ein Arbeits- denn als Debattenparlament versteht und entsprechend agiert. Andererseits ließen die negativen Begleiterscheinungen des Aushandelns, insbesondere die Innovationsschwäche des Föderalismus und die mangelnde Transparenz politischer Entscheidungen[26] die Politikverdrossenheit ansteigen, seit der »kurze Traum der immerwährenden Prosperität« (Burkhart Lutz) zu Ende war. Studentenbewegung, Bürgerinitiativen und die Erweiterung des Parteienspektrums, also die wachsende Partizipationsbereitschaft stärkte die Konkurrenzdemokratie und korrigierte den Befund, die Bundesrepublik sei ganz

23 Claus Offe: Politische Herrschaft und Klassenstrukturen, in: Gisela Kress/Dieter Senghaas (Hrsg.): Politikwissenschaft, Frankfurt a. M. 1972.

24 Ulrich v. Alemann/Rolf G. Heinze: Verbände und Staat. Vom Pluralismus zum Kooperatismus, Opladen 1979.

25 Gerhard Lehmbruch: Parteienwettbewerb im Bundesstaat, Stuttgart u. a. 1976.

26 Fritz W. Scharpf: Optionen des Föderalismus in Deutschland und Europa, Frankfurt a. M. 1994.

überwiegend eine repräsentative Demokratie. Zugleich sind die Konflikte um »Unregierbarkeit«, »Staatsüberlastung« und Deregulierung ebenso wenig ausgestanden, wie die Staatsaufgaben sich nicht einfach zurückschrauben lassen.[27]

Legitimationsstrategien in der DDR

Die Rekonstruktion mußte in der DDR zu anderen Strukturen und Resultaten führen als in der Bundesrepublik. Die SED nahm in ihrer Abkehr vom Nationalsozialismus auf die »unvollendete« Revolution von 1918/19 Bezug. Sie behauptete anfangs, diese Revolution im bürgerlichen Sinne zu Ende führen zu wollen, was ihre faktische Politik jedoch sehr bald widerlegte. Die Partei konzentrierte sich auf die sozialistische Transformation, noch bevor sie sie offen benannte, und sie legte keinen Wert auf eine verfassungsrechtliche Konstitution der neuen Ordnung. Deren normative Stoßrichtung war polit-ökonomisch auf die Umwälzung der kapitalistischen Basis und ihres »bloß formaldemokratischen« Überbaus ausgerichtet. Mit der Enteignung der Produktionsmittel ging die Umwälzung der Sozial- und Klassenstruktur einher; die »Partei neuen Typs« etablierte die Herrschaft der Kader. Auch die SED brach mit dem konservativen deutschen Staatsverständnis, wenngleich in ganz anderer Weise als die Bundesrepublik: Sie machte den Staat zum »Instrument« der Partei und ersetzte formales durch revolutionär-dynamisches Recht. Im Rahmen der Konzeption einer identitären Demokratie, die die objektive Einheit zwischen Parteistaat und Gesellschaft postulierte, hieß das Vergesellschaftung des Staates, de facto aber bedeutete es eine scharfe Trennung des Parteistaates von der Gesellschaft. Der Staat war also wieder von der Gesellschaft getrennt, aber nicht länger »neutral«, sondern in seinem »Wesen« geschichtsphilosophisch aufgeladen.

In der kurzen antifaschistisch-demokratischen Phase der Besatzungsherrschaft ließ die SMAD zunächst ein plurales Parteien- und Verbändesystem und die Konturen von Zivilgesellschaft und Öffentlichkeit zu. Die Pluralität wurde jedoch sofort in den Parteienblock eingebunden, den die SED dominierte und dem sich auch die Massenorganisationen anzuschließen hatten. Die freie Artikulation und Organisation der Interessen wurde so dem parteistaatlich definierten Gesamtinteresse unterworfen.[28] Eine unabhängige Interessenvertretung war umso weniger möglich, als die Partei eigenständige Handlungsbereiche, die Ausdifferenzierung von Subsystemen, nicht zuließ, sondern Ökonomie, Wissenschaft und Kunst ihrer unmittelbar politischen Macht ebenso unterwarf wie die formalen Steuerungsmedien Recht und Geld. Als Kehrseite des Machtmonopols der Partei entstand eine insofern homogenisierte Gesellschaft, als sie ihrer politischen Eigenständigkeit und Selbstorgani-

27 Dieter Grimm (Hrsg.): Staatsaufgaben, Baden-Baden 1994.

28 Walter Süß: Gesellschaftliche Interessen und gesellschaftliche Organisationen in der DDR, in: Werner Weidenfeld/Hartmut Zimmermann (Hrsg.): Deutschland-Handbuch, München 1989, S. 152–164.

sation beraubt war. Daneben bestand soziale Ungleichheit – sei es zwischen Hand- und Kopfarbeit, Stadt und Land, den Generationen oder Geschlechtern – fort. Zudem war die Gesellschaft von Spannungslinien – wie zum Beispiel zwischen der Westabschottung oder Westorientierung, der Formalität oder Informalität, der Fortschrittsorientierung oder -kritik[29] – durchzogen. Die Gesellschaft war in ihrer sozialen Struktur vergleichsweise egalitär, aber doch keineswegs einheitlich; Gegensätze und Konflikte waren jedoch machtpolitisch überlagert, also entweder in die Informalität abgedrängt oder zu unmittelbar politischem Ausdruck gezwungen.[30]

Die SED legitimierte den Bruch mit dem Kapitalismus und ihre eigene Diktatur als Antwort auf die Krisen und Katastrophen des 20. Jahrhunderts. Planrationalität sollte an die Stelle von Marktanarchie treten, die Effizienz des Kapitalismus überbieten und zu krisenfreiem Wachstum führen. Aus diesen Prämissen leitete sie die Erwartung einer zukünftigen Gesellschaft der Gleichen und Freien ab. Die Leitnormen des Sozialismus appellierten an den Vernunft- und Machbarkeitsglauben marxistisch-leninistischer Provenienz; sie waren aber auch offen für technokratische Interpretationen und hätten wohl legitimatorisches Potential entfalten können, wäre die Praxis – im Anschluß an die kurze antifaschistisch-demokratische Phase und noch einige Jahre über Stalins Tod hinaus – nicht stalinistisch gewesen. Da die SED das sowjetische Planungsmodell mitsamt seiner Arbeitsorganisation und Aktivistenbewegung übernahm, kollidierte die ökonomische Rekonstruktion mit den wirtschaftsdemokratischen Konzeptionen der Arbeiterbewegung – und mit den liberal-konservativen Vorstellungen des Mittelstands ohnehin. Die Gewaltförmigkeit der Konfliktrepression konnte in Betrieben und Gewerkschaften allenfalls jene nicht verstören, die die Chancen des sozialen Aufstiegs und Statusgewinns, die mit der Transformation und gerade auch der Bildungspolitik entstanden, nutzen konnten.

Die Legitimationsstrategie der SED richtete sich in der stalinistischen Periode daher auch weniger auf die Praxis der Umgestaltung als vielmehr auf ihre antifaschistische Begründung, von der sie überdies ein positives Echo in der westdeutschen Arbeiterklasse erwartete. Der Aufstand des 17. Juni 1953 signalisierte die Krise des deutschen Stalinismus par excellence.[31] Ihr folgten kurz darauf die Delegitimierung durch den XX. Parteitag und schließlich, als dritte Krise, Massenflucht und Mauerbau. Das Regime war offenkundig nicht mehrheitsfähig und sollte es als Diktatur im Namen »objektiver« Interessen, die das Volk selbst zu erkennen nicht in der Lage sei, ja auch gar nicht sein. Obwohl spätestens 1953 der Unterdrückungszusammenhang in aller Deutlichkeit zutage trat,[32] fielen die innerparteilichen Auseinandersetzungen und die

29 Detlef Pollack: Die konstitutionelle Widersprüchlichkeit der DDR. Oder: War die DDR-Gesellschaft homogen?, in: Geschichte und Gesellschaft 24 (1998), S. 110–132.

30 Sigrid Meuschel: Machtmonopol und homogenisierte Gesellschaft. Antwort auf Detlef Pollack, in: Geschichte und Gesellschaft (i. E.).

31 Meuschel: Legitimation und Parteiherrschaft, S. 116 ff.

32 Zu Opposition und Widerstand neuerdings Ehrhart Neubert: Geschichte der Opposition in der DDR 1949–1989, Berlin 1997.

Visionen des Revisionismus in der DDR verhaltener aus als in vergleichbaren sozialistischen Ländern. Dies mag daran gelegen haben, daß nur Deutschland mit dem Nazismus belastet war und hier selbst ein stalinistischer Antifaschismus als legitime Abwehrhaltung gegenüber Kapitalismus und bloß formal verstandener westlicher Demokratie erscheinen konnte. Die Konkurrenzhaltung gegenüber dem Westen, zumal an der Nahtstelle der Systeme, kam hinzu. Und anders als in der Bundesrepublik war den Ostdeutschen die Chance verwehrt, sich durch das offene Austragen von Konflikten in die Institutionen eines pluralistischen Systems einzugewöhnen und so tradierte Vorbehalte gebenüber der westlichen politischen Kultur abzubauen.

Die Konstellation blieb nicht 45 Jahre lang immer gleich. Ganz im Gegenteil versuchte die Partei selbst, die Widersprüche zwischen ihren hochgesteckten Zielen einerseits und den Mitteln des Zielverfolgs andererseits durch Reformversuche aufzulösen. Dies gilt insbesondere für das Neue Ökonomische System (NÖS) der sechziger Jahre. Es stellte erstmals den Sozialismus selbst mitsamt seiner mittelfristig erhofften Vorteile ins Zentrum der Legitimationsstrategie. Die Reformbestrebungen gingen von der DDR als einer Industriegesellschaft aus, konzedierten erweiterte Handlungsspielräume in der Ökonomie und begrenzte Freiheiten in der Wissenschaft, anfangs auch in der Kunst. Das politische System öffnete sich partiell der Gesellschaft, indem es Chancen für Interessenpolitik einräumte (was Peter Christian Ludz als »konsultativen Autoritarismus« bezeichnet hat), das Ziel der wissenschaftlich-technischen Revolution proklamierte und eine »Ersatzutopie« formulierte, die erreichbar schien. So war die Reform geeignet, den Legitimationsglauben nicht nur der Ideologen, sondern vor allem der technischen Intelligenz zu stärken und darüber hinaus mit Wohlstandsversprechen die Loyalität von Teilen der Gesellschaft zu wecken. Man konnte meinen, nun gehe es aufwärts, und das »Modell DDR« könne nach Osten ausstrahlen. Das Regime entfremdete sich jedoch im selben Zuge jene Schriftsteller und Künstler, die sich mit einer Verkürzung des Sozialismus auf »Ökonomismus« nicht anfreunden wollten; und das Scheitern des NÖS zerstörte zusätzlich den Legitimationsglauben vieler, die auf die Reform gesetzt hatten.

Die SED zog sich seither auf die Strategie der Einheit von Wirtschafts- und Sozialpolitik im realexistierenden Sozialismus zurück. Sie vermochte immer weniger nach vorn orientierte Impulse zu geben und ging daher zunehmend in der Verwaltung des status quo auf. Das bedeutete einerseits, daß sie den Mobilisierungsdruck milderte, der zuvor auf der Gesellschaft gelastet hatte, und den Rückzug in die Privatsphäre zuließ. Andererseits baute sie den MfS-Apparat aus und verfeinerte die Methoden der Repression und Kontrolle. So vermied sie es, sich der Dauerkritik seitens der Bundesrepublik und der KSZE-Staaten auszusetzen, ohne jedoch die Verfolgung Oppositioneller einzustellen. Mit dieser ambivalenten Politik handelte sich die SED eine Vielzahl von Problemen ein. Die Diktatur der Partei war ohne Hoffnung auf eine Utopie zumindest mittlerer Reichweite selbst – oder gerade – in den Augen ihrer Apologeten nicht zu rechtfertigen. Deshalb arbeiteten parteilich engagierte Wissenschaftler an weiterführenden Reformansätzen; das Desinteresse der

Parteiführung mußte sie desillusionieren. Die künstlerische Intelligenz der mittleren Generation zog sich ohnehin zurück, und die junge Generation ließ sich auf das Regime erst gar nicht mehr ein. Die Mehrheit der Gesellschaft war nun zwar von ehrgeizigen Zielvorgaben wie »Überholen ohne einzuholen« befreit und blieb – Konformität nach außen vorausgesetzt – im Privatleben unbehelligt, zogen nicht »Vorfälle« im Familien- oder Bekanntenkreis staatliche Reaktionen nach sich. Wuchs so zwar einerseits die Bereitschaft, sich einzurichten, nahmen andererseits die Ansprüche zu, seit mit der deutsch-deutschen Annäherung der Blick nach Westen unverstellt war. Vor allem aber konnten unter diesen Bedingungen die Alternativ- und Bürgerrechtsbewegungen entstehen und selbst die raffinierten Methoden der »Zersetzung« überstehen. Außerdem eröffneten die informellen Beziehungen, die die Defizite in Produktion und Versorgung kompensierten, Individuen und Kollektiven Handlungs- und Gestaltungsmöglichkeiten, die ihr Selbstbewußtsein erhöhten und die Ostdeutschen weiter vom System entfremdeten.[33]

Hatten zuvor vornehmlich die Partei und ihre Kader den gesamtgesellschaftlichen Zusammenhang hergestellt, traten nun zunehmend die informellen Netzwerke in die Lücken, die das ökonomische und politische System eröffnete. Setzte die Macht der Partei den Abbau von gesellschaftlicher Macht und Selbstorganisation voraus, und ließ die demokratisch-zentralistische Organisationsförmigkeit das offene Austragen von Konflikten nicht zu, gab es »unter der Decke« doch Pluralität und Konflikt. Deren Artikulation übernahmen die protestantischen Kirchen. Die Mitglieder der Gesellschaft konnten sich entweder in die obrigkeitliche Konstellation fügen, die in der deutschen Geschichte ja nicht unbekannt war; sie konnten nach Westen schauen und dabei gleichsam Lernprozesse ex negativo machen; oder sie konnten beginnen, sich selbst zu organisieren. Als sie schließlich die SED zu Fall gebracht hatten, stellte sich aber heraus, daß die negativen Erfahrungen mit der Diktatur und die eigenständigen Handlungsformen der Gegenwehr nicht ausreichten, das politische Gemeinwesen »von unten« neu zu gründen. So haben die Ostdeutschen, anders als die deutsche Gesellschaft unter dem Nazismus, die Diktatur zwar gestürzt und so einen Bruch mit der ganzen deutschen Vorgeschichte vollzogen. In deren Kontinuität blieben sie aber insofern, als ein republikanischer Gründungsakt auch ihnen nicht gelang.

33 Vgl. Wolfgang Engler: Die ungewollte Moderne, Frankfurt a. M. 1995.

Jürgen Danyel

Die beiden deutschen Staaten und ihre nationalsozialistische Vergangenheit. Elitenwechsel und Vergangenheitspolitik

Die nationalsozialistische Vergangenheit gehört zu jenen Voraussetzungen, Herausforderungen und nicht zuletzt Belastungen für die Deutschen nach 1945, die trotz der Mächtigkeit von staatlicher Teilung und ordnungspolitischer Gegensätzlichkeit ein gemeinsames Substrat der deutsch-deutschen Nachkriegsgeschichte begründeten. In diesem Sinne gehört das Problem der Vergangenheitspolitik, wie diese Gemengelage von Erinnerungsarbeit und politischen Interessen neuerdings und im Vergleich zum reichlich verschlissenen Begriff der »Vergangenheitsbewältigung« auch präziser benannt wird[1], durchaus in den Themenkatalog einer gemeinsamen Geschichte.

Doch bereits hier zeigt sich ein Dilemma aller bisherigen Versuche, *eine* Geschichte der Deutschen in Ost und West nach 1945 zu schreiben. Nach dem etwas Gemeinsames und Verbindendes konstatiert wird, das sich im Vorfeld der Besatzungszeit und der Geschichte der deutschen Zweistaatlichkeit abgespielt hat, beeilen sich die meisten Darstellungen, die vielfältigen und gravierenden Unterschiede in der Entwicklung beider deutscher Staaten zu untersuchen und zu betonen: gemeinsame Problemlagen und verschiedene Antworten. Dieses Vorgehen scheint auch durch die Erinnerungen und Erfahrungen jener bestätigt zu werden, die einzelne Phasen der geteilten Nachkriegsgeschichte auf beiden Seiten mitgestaltet bzw. bewußt erlebt haben. Bei der Frage, worin sich die DDR und die Bundesrepublik am meisten unterschieden haben, dürfte auch nach 1989 das Thema der Vergangenheitspolitik unter den Nennungen an vorderster Stelle stehen. Bestenfalls beziehungsgeschichtliche Untersuchungen oder Arbeiten, die die Deutschen in Ost und West aus einer Außenperspektive beschreiben, entdecken gelegentlich manch Verbindendes und Gemeinsames bei den sonst so ungleichen Geschwistern.

Es endet fast immer wie in dem bekannten deutschen Märchen: Beide deutsche Staaten stammen sozusagen aus dem gleichen Elternhaus und bekommen in einer ihnen zunächst fremden Welt die gleichen Aufgaben gestellt. Sie stellen sich den Herausforderungen jedoch auf so unterschiedliche Weise, daß die von ihnen erwartete Belohnung – hier die westliche Goldmarie dort die sozialistische Pechsträhne – denkbar ungleich ausfällt. Gestritten werden darf bei dieser Konstellation dann lediglich über die Wertmaßstäbe jener alten Dame in den Wolken, die über beide Staaten zu richten hatte.

1 Siehe Norbert Frei: Vergangenheitspolitik. Die Anfänge der Bundesrepublik und die NS-Vergangenheit, München 1996, S. 13 f.

Nachdem seit 1989 eine kaum noch zu überschauende und erfreulich quellengesättigte Forschungsliteratur zum Umgang mit der NS-Vergangenheit insbesondere in der frühen DDR und Bundesrepublik erschienen ist[2], besteht erstmals die Möglichkeit auch danach zu fragen, ob sich hinter den so gegensätzlichen Fassaden ost- und westdeutscher Vergangenheitspolitik bzw. Erinnerungskultur nicht mehr an verborgenen Gemeinsamkeiten finden läßt, als dies bisher vermutet wird. Dies setzt allerdings voraus, dem wiederholt historiographisch durchgearbeiteten Stoff der geteilten Erinnerung mit neuen und anderen Fragen zu begegnen. Ein Beispiel dafür, daß dies jenseits beliebter Themen wie politischer Instrumentalisierung, Verdrängung, personeller Kontiniutäten und Mythenbildungen produktiv sein kann, liefert Jeffrey Herf[3]. Am Anfang seiner Studie über »Zweierlei Erinnerung« steht eine Frage, die – so Norbert Frei in einer Rezension – seinen deutschen Kollegen wahrscheinlich nicht in den Sinn gekommen wäre: »Warum gab es in den beiden deutschen Staaten nach 1945 überhaupt ein politisches Gedenken an den Holocaust und die Verbrechen der NS-Zeit?«[4] Herf beantwortet sie, in dem er in den Mittelpunkt seiner Untersuchung jene Politikergeneration in Ost und West stellt, die die 1933 unterbrochenen »nicht- bzw. antifaschistischen Traditionen« nach 1945 im Zuge einer »vielfältigen Restauration«[5] wieder aufgegriffen habe und bei aller Gegensätzlichkeit für die Solidarität mit den Opfern und eine öffentliche Erinnerung eingetreten sei. Entgegen der gängigen These, die Entnazifizierung und die Anfänge einer öffentlichen Erinnerung seien nur auf Druck der Alliierten zustande gekommen, bestehe deren Hauptbeitrag zur politischen Entwicklung im Nachkriegsdeutschland in erster Linie in der Zerschlagung des Nationalsozialismus als organisierter politischer Kraft und in der Wiederbelebung obengenannter Traditionen.[6] Allerdings konzentriert sich auch Herfs Darstellung auf die Beschreibung des Trennenden und der Unterschiede, indem sie sicherlich zurecht den Zusammenhang zwischen der Erinnerung an den Holocaust und die Verbrechen der NS-Zeit einerseits, Demokratie und Diktatur andererseits in den Vordergrund stellt. Festzuhalten bleibt, daß hier erstmals Anhaltspunkte dafür geliefert werden, die Geschichte des Umgangs der Deutschen mit ihrer nationalsozialistischen Vergangenheit nicht nur mit Blick auf die Voraussetzungen, sondern möglicherweise auch hinsichtlich der konkreten Formen, Motive und der Schwierigkeiten, diese Vergangenheit anzunehmen und zu bearbeiten, als eine gemeinsame Geschichte zu begreifen.

2 Siehe Neuere Forschungsliteratur zum Umgang mit Nationalsozialismus und Widerstand in beiden deutschen Staaten. Auswahlbibliographie 1989–1994, zusammengestellt von Inge Schmöker und Jürgen Danyel, in: Jürgen Danyel (Hrsg.): Die geteilte Vergangenheit. Zum Umgang mit Nationalsozialismus und Widerstand in beiden deutschen Staaten, Berlin 1995, S. 247–266. Michael Ruck: Bibliographie zum Nationalsozialismus, Köln 1995, S. 1113ff.

3 Jeffrey Herf: Zweierlei Erinnerung. Die NS-Vergangenheit im geteilten Deutschland, Berlin 1998.

4 Vgl. Norbert Frei: Das geteilte Gedenken, in: Die Zeit, Nr. 42, 8.10.1998, S. 39.

5 Vgl. Herf: Zweierlei Erinnerung, S. 12.

6 Vgl. ebenda, S. 13.

Für eine Untersuchung der ost- und westdeutschen Vergangenheitspolitik sowie Erinnerungskultur als einer gemeinsamen Geschichte ergeben sich einige Schwierigkeiten. Es hat nach 1989 insbesondere in der Phase der zugespitzten Auseinandersetzung mit der DDR und ihrer Geschichte nicht an Versuchen gefehlt, die Aufarbeitung der NS-Zeit in der Bundesrepublik neu darzustellen und zu bewerten, indem man sie mit der Aufarbeitung der zweiten deutschen Diktatur verglichen hat.[7] Wohl haben diese Arbeiten mit dem Hinweis auf die enormen Probleme der deutsch-deutschen Vergangenheitsdebatte auch das Bewußtsein für die Schwierigkeiten und Widerstände beim Umgang mit der NS-Vergangenheit nach 1945 geschärft. Dies mag heilsam gewirkt haben angesichts einer in den siebziger und achtziger Jahren kultivierten moralisierenden Kritik. Diese ersten Versuche hatten den Umgang mit dem problematischen Erbe von Diktaturen zum Gegenstand und begründeten dies mit der höchst umstrittenen und kaum verifizierten These von der Vergleichbarkeit der DDR mit dem NS-Regime. Sie blieben nicht frei von der Versuchung, das Verhältnis der frühen Bundesrepublik zur NS-Vergangenheit in einem milderen Licht erscheinen zu lassen. Der Preis für dieses Unterfangen war die Herauslösung des DDR-Antifaschismus aus dem zeitgeschichtlichen Kontext seiner Parallelität und seiner Wechselbeziehungen zu den vergangenheitspolitischen Entwicklungen im Westen. Auf seine Grundmuster reduziert und quasi zeitlos wurde er unter jene Diktaturrelikte subsumiert, die das Rohmaterial für die zweite Vergangenheitsbewältigung liefern sollten. Unbestreitbar gibt es mit Blick auf den DDR-Antifaschismus immer noch genug kritisch zu verarbeiten. Aber einer vergleichenden und vielleicht auch synthetisierenden Betrachtung der deutsch-deutschen Nachkriegsgeschichte war somit die vergangenheitspolitische Praxis des zweiten deutschen Staates gründlich entzogen. Ohnehin gab und gibt es immer noch genug Stimmen, die vergangenheitspolitische und andere Ost-West-Vergleiche als eine Zumutung für die alte Bundesrepublik strikt ablehnen. In vielen historiographischen Texten zur DDR stehen zudem mehr oder weniger moderate Versatzstücke der Totalitarismustheorie, Ost-West-Vergleiche und beziehungsgeschichtliche Analysen in einer erstaunlichen methodischen Unbekümmertheit nebeneinander. Eine gemeinsame deutsch-deutsche Nachkriegsgeschichte – hier im Sinne einer analytischen Anstrengung der Historiographie – ist insofern nicht zum Nulltarif zu haben. Sie setzt dringend eine kritische Bilanz jener Begriffe und Konzepte voraus, mit denen die Zeitgeschichtsschreibung, aber auch die Politik, die Me-

7 Siehe u. a. Christa Hoffmann: Stunden Null? Vergangenheitsbewältigung in Deutschland 1945 und 1989, Bonn/Berlin 1992. Christa Hoffmann/Eckhard Jesse: Die »doppelte Vergangenheitsbewältigung« in Deutschland: Unterschiede und Gemeinsamkeiten, in: Werner Weidenfeld (Hrsg.): Deutschland. Eine Nation – doppelte Geschichte. Materialien zum deutschen Selbstverständnis, Köln 1993, S. 209–234. Manfred Kittel: Die Legende von der »Zweiten Schuld«. Vergangenheitsbewältigung in der Ära Adenauer, Berlin/Frankfurt a. M. 1993. Zur Diskussion siehe auch Vergangenheitsbewältigung 1945 und 1989. Ein unmöglicher Vergleich? Eine Diskussion, hrsg. v. Klaus Sühl im Auftrag der Brandenburgischen Landeszentrale für politische Bildung in Zusammenarbeit mit der Deutschen Gesellschaft e. V., Berlin 1994.

dien und die verschiedenen ost-westlichen Teilöffentlichkeiten dem untergegangenen ostdeutschen Staat in den letzten Jahren beizukommen versuchten.

Eine weitere Schwierigkeit resultiert daraus, daß wir uns dem Thema nicht voraussetzungslos nähern. Alle, die als Historiker oder Publizisten – sei es mit einer ostdeutschen oder westdeutschen Biographie – über die Aufarbeitung der NS-Vergangenheit nach 1945 in Deutschland reden oder schreiben, sind zugleich in dieser oder jener Form selbst an dieser Erinnerungsarbeit beteiligt, die sie reflektieren sollen. Sie bringen darüber hinaus eine bestimmte Wahrnehmung der jeweils anderen Seite in diesen Prozeß ein. Zu dieser »Voreingenommenheit« gehören auch eine ganze Reihe von Begriffen und Bildern, die im Zuge einer vierzigjährigen geteilten Erinnerung und der Aufarbeitungswelle nach 1989 entstanden sind und als symbolische Repräsentationen die »Rezeption der Rezeption« strukturieren, vielleicht auch gelegentlich verzeichnen: »Amnesie« und »Amnestie«, »Unfähigkeit zu trauern«, »Schlußstrichmentalität«, »Bitburg«, »Opfer des Faschismus«, »Befreiung«, »antifaschistische Widerstandskämpfer«, »instrumentalisierter«, »verordneter«, »zelebrierter« usw. Antifaschismus, »antifaschistische Traditionspflege«, »Nationale Mahn- und Gedenkstätten« etc. Ähnlich ließen sich Bücher, Filme, Theaterstücke, Denkmäler und Reden aufzählen, die noch Jahre nach ihrer Entstehung die Wahrnehmung und Deutung prägen. Die Gefahr liegt darin, daß diese Wegmarken, Schlagwörter, Sinnbilder und Ikonen allzu leicht als wohlfeile und statische Generalisierungen eines komplizierten und widersprüchlichen Geschehens genommen werden und damit die Sicht eher verbauen. Entsprechend ritualisiert werden schließlich auch viele Diskussionen über die Leistungen und Versäumnisse beider deutscher Staaten im Umgang mit der NS-Vergangenheit geführt: Wird der ostdeutsche Antifaschismus vollends dekonstruiert, schwingen seine von der westlichen (oder auch inneröstlichen) Kritik bedrängten Anhänger als letztes Mittel der Notwehr die berühmte »Globke-Keule«. Vice versa wird der Verweis auf Adenauers Sünden mit dem Gegenargument quittiert, daß es die DDR als ein riesiger antifaschistischer »Durchlauferhitzer« auch zu kaum mehr als unverdaulichen Mahnmalen und einer für den Rechtsextremismus anfälligen Bevölkerung gebracht habe. Zudem verfüge sie über manch eigene Leiche – ehemalige Nazis in Führungspositionen – im sozialistischen Keller.

Über eine gemeinsame Geschichte bzw. Geschichtsschreibung nachzudenken, hieße also auch, jene vorgeprägten Deutungsmuster und orientierenden Begriffe an den widersprüchlichen und konflikthaltigen historischen Kontext zurückzubinden, aus dem sie hervorgegangen sind. Sie sind selbst Bestandteile jenes Prozesses der Erinnerung, den sie beschreiben und bewerten. Ihre »Benutzung« oder Zurückweisung spiegelt vergangenheitspolitische Interessen und Machtverhältnisse und dies bedarf der kritischen Reflexion.

Schließlich sollte sich die laufende Diskussion um die deutsch-deutsche Nachkriegsgeschichte – auch wenn dies im Trend liegt – nicht allzusehr den Harmoniebedürfnissen des Prozesses hingeben, der so blumig als »Vollendung der inneren Einheit« bezeichnet wird. Eine Geschichtsdebatte, die Ost- und Westdeutsche näher bringt, muß nicht notwendig unkritisch, unverbindlich, allgemein und konfliktarm sein. Dies gilt in besonderem Maße für die Diskussion um den deutsch-deutschen Umgang mit der NS-Vergangenheit, von dem wir seit Peter Reichels Buch über die deutsche Erinnerungslandschaft einmal mehr wissen, daß er von Streit und Konflikten geradezu beherrscht, geprägt und vorangetrieben wurde.[8] Eine solche Debatte könnte sich Verletzungen und Aufgeregtheiten durch westliche Besserwisserei und ostdeutsche Selbstgerechtigkeit ersparen und vielleicht etwas mehr Offenheit vertragen. Sie muß deshalb nicht darauf verzichten, Unrecht und diejenigen, die es begangen haben, beim Namen zu nennen. Gleichzeitig, und hier hat die historische Forschung mit zahlreichen Studien den Weg bereits geebnet, sollte sie die Lebenswelten, die Alltagskultur und die Teilöffentlichkeiten der ostdeutschen Gesellschaft nicht mehr in einem Maße unter das Herrschaftssystem subsumieren, wie es dem SED-Machtapparat in seiner politischen Praxis nie gelungen ist.[9]

Angesichts einer deutschen Dauerdebatte um die richtigen Orte und die angemessenen Formen der Erinnerung, angesichts nicht enden wollender verbaler Peinlichkeiten und aufgeregter intellektueller Kontroversen, angesichts einer ratlosen Gesellschaft, die dazu neigt, ihr Problem mit dem Rechtsextremismus an die Polizei, die Gedenkstätten oder die Schulen zu delegieren, wird deutlich, daß auch die deutsche Vereinigungsgesellschaft mehr als fünfzig Jahre später noch nicht im Besitz der Ultima ratio beim Umgang mit der NS-Vergangenheit ist. Warum also nicht weniger altklug die mehr als fünf Jahrzehnte deutsch-deutschen Nachdenkens, Streitens über und Scheiterns an dieser Vergangenheit als ein Reservoir von Bezugspunkten, Angeboten, abschreckenden Beispielen und vielleicht auch noch zu entdeckenden Möglichkeiten begreifen – als einen großen mitunter staubigen Speicher, in dem man Gegenstände findet, die einen anrühren und inspirieren, über die man sich erregt und aufregt oder die man wieder weglegt, weil man zumindest im Moment nichts mit ihnen anzufangen weiß. Eine solche deutsch-deutsche Geschichte der Vergangenheitspolitik und Erinnerungskultur müßte in erster Linie von den Schwierigkeiten handeln, die die Deutschen immer wieder mit dieser Erinnerung hatten. Diese Schwierigkeiten haben die deutsche Gesellschaft nach 1945 und verschiedene soziale Gruppen und Generationen nachhaltig beschäftigt, nicht alle sind auf die deutsche Teilung, bestimmte Ideologien oder den Dualismus von Demokratie und Diktatur zurückzuführen.

Dafür lassen sich beispielsweise in der wechselvollen Geschichte des öffentlichen Gedenkens und der Denkmalskultur im Nachkriegsdeutschland zahlreiche Belege finden: Kurz nach 1945 stellten die Überlebenden der Konzentrationslager und ihre Interessenverbände in vielen deutschen Orten erste bescheidene Denkmäler auf. Diese ersten Mahnmale – seien es Stelen, einfache Feldsteine oder ein hölzerner Obelisk, wie in Buchenwald – erinnern in ihrer Gestaltung stark an die Kriegerdenkmäler für die Gefallenen des Ersten Weltkrieges. An die Stelle des eisernen Kreuzes trat nun der rote Winkel der politi-

8 Peter Reichel: Politik mit der Erinnerung. Gedächtnisorte im Streit um die nationalsozialistische Vergangenheit, München/Wien 1995.

9 Siehe u.a. Richard Bessel/Ralph Jessen (Hrsg.): Die Grenzen der Diktatur. Staat und Gesellschaft in der DDR, Göttingen 1996.

schen Gefangenen. Neben der allmählichen Vereinnahmung des Gedenkens durch bestimmte Gruppen verdeutlicht dies, daß es sich hier um eine Erinnerung handelt, die noch keine eigene Sprache gefunden hat und sich deshalb an traditionellen Formen der Totenehrung orientiert. Diese Suche nach einer angemessenen Sprache des Erinnerns ist eine immer wiederkehrende Aufgabe und Herausforderung. Man kann also heute nicht so tun, als ob diese Sprache schon endgültig gefunden wäre.

Unmittelbar nach der Befreiung des Konzentrationslagers Buchenwald – Volkhard Knigge hat dies eindrucksvoll geschildert[10] – versuchten die überlebenden Häftlinge verzweifelt, den Urzustand des Lagers zu erhalten, es gewissermaßen faktisch zu musealisieren. Dazu gehört auch, daß die Leichenstapel im Lager von den Häftlingen immer wieder neu aus soeben gestorbenen Häftlingen zusammengelegt wurden, »um internationalen Delegationen und den immer zahlreicher durch das Lager geführten amerikanischen Militärangehörigen eine Vorstellung von den Verhältnissen im Lager zu geben«[11]. Diese bezeichnende Episode ist Ausdruck einer großen Unsicherheit, wie außenstehenden Menschen oder den nachfolgenden Generationen das erlebte Grauen vermittelt werden könne. Diese Unsicherheit beschäftigt Künstler, Museumspädagogen und Zeitzeugen bis heute.[12]

Wenn die DDR den zentralen symbolischen Ort ihrer verstaatlichten Erinnerung an den kommunistischen Widerstand und die NS-Verbrechen mit einer monumentalen Denkmalsanlage bebaute, deren Glockenturm wie der vormals an dieser Stelle befindliche Bismarckturm weit ins Land sichtbar sein sollte, deren Architektur merkwürdige Assoziationen zu NS-Bauten weckte und deren von Fritz Cremer geschaffene Figurengruppe im Zuge der mehrfachen Überarbeitungen die Schlichtheit des Rodinschen Vorbildes vollends einbüßte[13], so ist dies zuerst ein Lehrstück über den antifaschistischen Mythos der DDR. Zugleich ist es aber auch eine frühe Belehrung darüber, daß Monumentalität und Gigantomanie nicht die angemessenen Formen sind, um die Erinnerung an ein Jahrhundertverbrechen wachzuhalten – eine Belehrung, mit der sich auch eine Auseinandersetzung jenseits des engeren DDR-Kontextes lohnt.

Vergleicht man die ernüchternden Befunde der Untersuchung von Norbert Frei über die Vergangenheitspolitik in der frühen Bundesrepublik[14] mit dem, was wir seit Öffnung der Archive über die Entnazifizierung in der SBZ, das Ausmaß und die Grenzen des politisch induzierten Elitenwechsels, die Situation der NS-Opfer, den ostdeutschen Umgang mit den Tätern und einfachen Pg's oder die Geschichtspolitik der KPD/SED wissen, rücken Deutschland-

10 Volkhard Knigge: Buchenwald, in: Detlef Hoffmann (Hrsg.): Das Gedächtnis der Dinge. KZ-Relikte und KZ-Denkmäler 1945–1995, Frankfurt a. M./New York 1998, S. 92–174.

11 Ebenda, S. 97.

12 Siehe u. a. Hanno Loewy (Hrsg.): Holocaust: Die Grenzen des Verstehens. Eine Debatte über die Besetzung der Geschichte, Reinbek 1992.

13 Vgl. Knigge: Buchenwald, S. 106 u. S. 131.

14 Vgl. Frei: Vergangenheitspolitik.

Ost und Deutschland-West mit ihrer Bilanz von Soll und Haben auf dem Feld der Vergangenheitspolitik und Erinnerungskultur merkwürdigerweise wieder enger aneinander.

In der SBZ/DDR wie in den westlichen Zonen und der frühen Bundesrepublik vollzog sich Ende der vierziger und Anfang der fünfziger Jahre ein folgenreicher Transformationsprozeß im Bereich der Erinnerung an die NS-Vergangenheit. Dessen Grundmuster und Ergebnisse sind durchaus ähnlich: Eine zunächst sehr differenzierte und plurale Erinnerungskultur der Opfer, Widerständler und rückkehrenden Emigranten und deren moralisches Gewicht werden von den sich durchsetzenden politischen Machteliten gewissermaßen enteignet und als ein System von identitätsstiftenden Leit- und Feindbildern neu konstruiert.[15] Damit wird der öffentliche Umgang mit dem NS-Erbe zugleich symbolisch und pragmatisch-instrumentell und verliert dabei allmählich seine gesinnungsethischen Wurzeln.

Um die politische Abgrenzung vom Nationalsozialismus für möglichst große Gruppen akzeptabel zu machen, wurden mit dem westlichen Antikommunismus und dem östlichen Antikapitalismus ideologische Konstrukte etabliert, die eine Brückenfunktion übernahmen: Die einen seien lediglich mit den falschen Führern und deren falschen Mitteln gegen den richtigen Feind im Osten marschiert, die anderen hätten sich von der sozialen Demagogie der Nazis verführen lassen, während sie nun die Ausbeutergesellschaft wirklich überwinden könnten. Diese Transformation hatte ihren Preis, indem sie wichtige Gruppen und Konzepte aus der öffentlichen Diskussion um die deutsche Vergangenheit hinausdrängte, sie der Möglichkeiten zur politischen Gestaltung der deutschen Nachkriegsgesellschaft beraubte und in subkulturelle Milieus zwang. Auch und gerade die SBZ/DDR drängte in mehreren Wellen die jüdischen Opfer[16], den bürgerlichen und konservativen Widerstand[17], die Westemigranten, die Buchenwalder[18], die Sozialdemokraten und linke Abweichler[19] aus den Schaltstellen des vergangenheitspolitischen Diskurses. In der frühen Bundesrepublik kamen diese Gruppen ebensowenig zu großen Ehren.

Mit Blick auf die Gegenwart und den Wunsch, die über eine weitere Vergangenheit zerstrittenen Deutschen zusammenzubringen, muß solcher Hin-

15 Ausführlicher Danyel: Die geteilte Vergangenheit.

16 Siehe Olaf Groehler: Verfolgten-Opfergruppen im Spannungsfeld der politischen Auseinandersetzungen in der SBZ und DDR, in: Danyel: Die geteilte Vergangenheit, S. 17–30. Angelika Timm: Hammer, Zirkel, Davidstern. Das gestörte Verhältnis der DDR zu Zionismus und Staat Israel, Bonn 1997, S. 51 ff. Mario Keßler: Die SED und die Juden – zwischen Repression und Toleranz. Politische Entwicklungen bis 1967, Berlin 1996. Herf: Zweierlei Erinnerung, S. 87 ff.

17 Siehe Jürgen Danyel: Bilder vom »anderen Deutschland«. Frühe Widerstandsrezeption nach 1945, in: Das andere Deutschland. Der Widerstand gegen den Nationalsozialismus. Mythos und Vermächtnis, hrsg. v. d. Brandenburgischen Landeszentrale für politische Bildung, Potsdam 1994, S. 61–82.

18 Siehe Lutz Niethammer: Der »gesäuberte« Antifaschismus. Die SED und die roten Kapos von Buchenwald, Berlin 1994.

19 Siehe Thomas Klein/Wilfriede Otto/Peter Grieder (Hrsg.): Visionen. Repression und Opposition in der SED, Frankfurt O. 1997.

weis auf die Kosten und die Verluste einer vergangenheitspolitischen Normalisierung beunruhigen. Der Frage nachzugehen, ob dies angesichts der Nachkriegserfahrungen notwendig ist und welche Alternativen bestehen, könnte eines der Themen für eine gemeinsame Geschichte sein.

Es gibt einen weiteren Grund, sich diesen Prozeß noch einmal zu vergegenwärtigen: Die dauerhafte Verlagerung der Erinnerung ins Politische hat auch den Blick der Historiker geprägt und sie dazu verleitet, beim Thema des Umgangs mit der NS-Vergangenheit auf der Königsebene zu verweilen. Jenseits der politischen Schauplätze ist demgegenüber sowohl für die DDR als auch für die Bundesrepublik noch manches in den Niederungen der Gesellschaft, in den Teilöffentlichkeiten und Milieus zu entdecken.[20]

Eine weitgehende Parallelität und viel Gemeinsames läßt sich für die in Ost und West Anfang der fünfziger Jahre ablaufenden Integrationsprozesse feststellen, mit denen die große Gruppe der ehemaligen Anhänger und Parteigenossen des NS-Regimes, der Soldaten und Offiziere der Wehrmacht politisch und staatsbürgerlich rehabilitiert wurden. Die von den Politikern im Westen angesichts der verbreiteten Frustrationen über die Entnazifizierung gewonnene Erkenntnis, »daß der Einsatz für die Entnazifizierung und eine offene Sprache in bezug auf die Verbrechen der NS-Zeit einen bedeutenden Teil der Wählerschaft verprellten«[21], haben diesen Prozeß ebenso beschleunigt wie die frühe Einsicht der KPD/SED, daß man mit dem Thema der Integration der kleinen Pg's gegenüber der politischen Konkurrenz in die Offensive gehen könne.

Auch die DDR senkte nach der sprichwörtlichen Wurzelbehandlung des Faschismus ihr personalpolitisches Anspruchsniveau, worüber die immer wieder öffentlich demonstrierte Unnachgiebigkeit gegenüber den Tätern nicht hinwegtäuschen sollte. In Ost und West wurden jenseits der politischen Distanzierung vom NS-Regime manche stille Abmachung und mancher Kompromiß auch mit belasteten Funktionsträgern geschlossen. In der Bundesrepublik, die – ob verdient oder unverdient sei dahingestellt – mehr Täter beheimatete, wurden wesentlich mehr Kompromisse eingegangen. Aber auch die SED hielt die »Ehemaligen«, sofern sie umkehrwillig und antifaschistisch geschult waren, nicht selten für zuverlässiger als die unsicheren Kantonisten aus ihren kommunistischen Reihen.

Insgesamt ist eine große Unsicherheit zu beobachten, wie diese Integrationsleistungen zu bewerten sind. In der Regel werden sie mit dem Beigeschmack des Versagens und Zurückweichens vor der Vergangenheit zitiert. Diese Integration für die DDR kritisch zu konstatieren, führte unmittelbar nach 1989 zu der heilsamen Erkenntnis, daß der sich so konsequent präsentierende DDR-Antifaschismus auch nicht frei von Sünde ist. Heute interessiert

20 Siehe die Beiträge von Simone Barck, Christoph Classen und Thomas Heimann, in: Martin Sabrow (Hrsg.): Geschichte als Herrschaftsdiskurs. Fallanalysen zum Umgang mit der Vergangenheit in der frühen DDR, Köln/Weimar/Wien 1999.

21 Vgl. Herf: Zweierlei Erinnerung, S. 241.

weit mehr die Frage, ob denn, wenn es zu diesem Prozeß kaum Alternativen gab, seine Folgekosten für die Erinnerungskultur so gravierend sein müssen.

Wie ist darüber hinaus die Tatsache zu beurteilen, daß es in beiden deutschen Staaten langfristig gelungen ist, neonationalsozialitische Strömungen und Ideologien weitestgehend zu marginalisieren? Die dabei gewählten Strategien waren höchst unterschiedlich: Die in der Bundesrepublik in den fünfziger Jahren teilweise zu beträchtlichem Einfluß gelangenden rechten Parteien wie die SRP konnten langfristig durch die Integrationskraft der großen Volksparteien marginalisiert werden. In der DDR wirkte die repressive Praxis des Herrschaftssystems der SED auch auf diesem Gebiet, so daß derartige Strömungen keine Chancen hatten, sich in irgendeiner Form öffentlich zu artikulieren bzw. zu organisieren. Beide Strategien hatten ihren Preis. Im Westen blieben Konzessionen an den rechten Rand des Wählerpotentials ein wichtiges Mittel der Auseinandersetzung mit politischen Konkurrenten bei Wahlen oder bevorstehenden politischen Grundsatzentscheidungen. Im Osten wurden die Restbestände nationalsozialistischer Ideologien, Wertvorstellungen und Prägungen unterdrückt. Angesichts einer ausbleibenden öffentlichen Auseinandersetzung um diese Fragen blieben sie jedoch oft unverarbeitet und existierten unter der Oberfläche antifaschistischer Bekenntnisse im mentalen Bereich weiter. Dennoch sollte dieser »Erfolg« bei der Abkehr vom Nationalsozialismus nicht als von vornherein selbstverständlich angesehen und auch auf mögliche Gemeinsamkeiten hin befragt werden.

Auch unser Bild des Elitenwechsels nach 1945, das für den Westen nach dem Ende der Entnazifizierung vom Eindruck weitreichender Kontiniutät zu den alten Funktionseliten geprägt ist und für die SBZ/DDR das Bild eines sehr weitreichenden personalpolitischen Einschnitts und einer darauf folgenden Aufstiegsmobilität bislang unterprivilegierter Gruppen zeichnet, bedarf vorsichtiger Korrekturen. Immer dann, wenn in der SBZ/DDR die Funktionsfähigkeit des Verwaltungsapparates gefährdet war, wirtschaftliche Abläufe nicht zuletzt für die Reparationsleistungen an die Sowjetunion in Gang gebracht werden mußten oder schlichtweg Personal fehlte, ging man mit den ehemaligen NS-Funktionseliten sehr pragmatisch um.[22] Die Tatsache, daß die KPD/SED ihr eigenes Personal durch Säuberungen immer wieder ausdünnte, hat diese Tendenz weiter begünstigt. Auf der anderen Seite sollten jene Bereiche im Westen nicht übersehen werden, in denen es, wie zum Beispiel in den Medien oder den Gewerkschaften, auch interessante personelle Neuanfänge gegeben hat.

Über die NS-Vergangenheit wurde zwischen Deutschland-Ost und Deutschland-West auch auf dem Höhepunkt des Kalten Krieges mehr kommuniziert, als das verbreitete Bild der deutsch-deutschen Entfremdung sugge-

22 Siehe Arnd Bauerkämper/Jürgen Danyel/Peter Hübner: »Funktionäre des schaffenden Volkes«? Die Führungsgruppen der DDR als Forschungsproblem, in: Arnd Bauerkämper u. a. (Hrsg.): Gesellschaft ohne Eliten? Führungsgruppen in der DDR, Berlin 1997, S. 46 ff. Alexander von Plato/Almut Leh: »Ein unglaublicher Frühling«. Erfahrene Geschichte im Nachkriegsdeutschland 1945 – 1948, Bonn 1997, S. 96 f.

riert. Der deutschlandpolitische Diskurs in den fünfziger Jahren wurde trotz der sich bereits verfestigenden Zweistaatlichkeit immer noch mit Blick auf die Möglichkeit einer vereinten Nation geführt. Fragen der Vergangenheitspolitik spielten in dieser Debatte eine herausragende Rolle. Wenn im Osten unter dem NS-Regime verfolgte und inhaftierte Kommunisten die Überzeugung artikulierten, daß es in einem vereinten Deutschland keine alten Nazis in Führungspositionen geben dürfe, so formulierten sie bei aller antiwestlichen Propaganda auch eine vergangenheitspolitische Vision. Gleiches gilt, wenn im Westen beispielsweise die Sozialdemokraten ihre Stimme erhoben angesichts des von der sowjetischen Besatzungsmacht und der SED praktizierten Umgangs mit Regimegegnern, der sie fatal an die Zustände im nationalsozialistischen Deutschland erinnerte. Zu Trägern einer grenzüberschreitenden Debatte über den deutschen Umgang mit der NS-Vergangenheit wurden unfreiwillig auch die zahlreichen »Wanderer zwischen den Welten«, die sowohl in der DDR als auch in der Bundesrepublik zwischen die politischen Stühle gerieten. Auch sie und das von ihnen in die Gesellschaft eingebrachte kulturelle Kapital gehören zu einer deutsch-deutschen Geschichte der Aufarbeitung der nationalsozialistischen Vergangenheit. Zudem versuchten beide deutsche Staaten immer wieder, sich in die vergangenheitspolitische Diskussion im jeweils anderen Land einzumischen. Die lautstarken Kampagnen der DDR gegen ehemalige Nationalsozialisten in Bonn in den fünfziger und sechziger Jahren und die entsprechenden Antworten aus dem Westen etwa in Gestalt der Dokumentationen des Untersuchungsausschusses freiheitlicher Juristen belegen dies für die Frühphase der deutschen Teilung sehr eindrucksvoll.

Für den Bereich der Vergangenheitspolitik und Erinnerungskultur scheint also eine gemeinsame Geschichte möglich zu sein, der es jedoch nicht um vordergründige Harmonisierung gehen sollte. Für ein solches Projekt sollten zwei Prämissen gelten, die Peter Bender im Zusammenhang mit seinem Versuch einer »Geschichte des geteilten Deutschland«[23] formuliert hat. Gemeinsame Geschichte hieße insofern, daß die in Ost und West im Zuge der Nachkriegsentwicklung und Zweistaatlichkeit gemachten Erfahrungen, auch jene Erfahrungen des Scheiterns und Versagens, den gleichen Wert haben: »Was den West- und Ostdeutschen nach 1945 widerfuhr, ist gleich wichtig und hat den gleichen Anspruch, von den Historikern mit Aufmerksamkeit bedacht zu werden.«[24] Zweitens hätte eine gemeinsame Geschichte stärker als bisher in den Blick zu nehmen, daß sich die DDR und die Bundesrepublik zwar in den meisten Dingen unterschieden, die von ihnen angebotenen Lösungen sich »zuweilen aber ähnelten« und beide mitunter »auf den gleichen Weg getrieben« wurden, »weil die Umstände gleich waren«[25].

Ein sicherlich von vielen begrüßtes Projekt einer gemeinsamen Geschichte sollte indes nicht dazu führen, daß die Debatte um die DDR-Vergangenheit

23 Peter Bender: Episode oder Epoche? Zur Geschichte des geteilten Deutschland, München 1996.
24 Ebenda, S. 10.
25 Ebenda.

und die deutsche Nachkriegsgeschichte noch einmal von vorne beginnt, noch einmal dieselben Argumente wie nach 1989 ausgetauscht werden, nur eben ruhiger, zivilisierter und weniger verletzend – dieses Projekt müßte schon um jene Erkenntnisse klüger sein, zu denen die Jahre des Streits geführt haben.

Martin Sabrow

Gegensätzliche Geschichtsbilder – gegnerische Geschichtsbildner? Die deutsch-deutsche Historikerkonkurrenz als Wahrnehmungsgeschichte

Vergleichende Analysen auf dem Gebiet der doppelten deutschen Historiographiegeschichte zwischen 1945 und 1989 sind zwar häufig gefordert, aber bislang nur in bescheidenem Umfang unternommen worden.[1] Das liegt zum einen an der unterschiedlichen Quellenlage: Den mit dem Zusammenbruch der sozialistischen Diktatur auf uns gekommenen und zugänglich gemachten Aktenbeständen der zentralisierten und einem detailbesessenen Berichtswesen unterworfenen DDR-Geschichtswissenschaft steht auf der bundesdeutschen Seite auch dort, wo die dreißigjährige Sperrfrist nicht greift, wenig Vergleichbares gegenüber. Nur in wenigen Fällen lassen sich parallele oder gar miteinander verflochtene Entwicklungen in beiden deutschen Geschichtswissenschaften auf einer gleichwertigen Quellenbasis verfolgen.[2] Zum anderen beeinflussen die politischen Implikationen der deutschen Zeitgeschichte und besonders der Umstand, daß die Debatte um Leistung und Versagen der Historiker in der Zeit der deutschen Teilung eine besonders ausgeprägte Rolle in der zweiten deutschen Vergangenheitsbewältigung spielt, die gegenwärtigen historiographiegeschichtlichen Erkenntnisinteressen und Untersuchungsdimensionen in prägnanter Weise: Ebenso wie dem diachronen Vergleich zwischen der Rolle der Wissenschaft unter der NS-Herrschaft und in der DDR gern eine den zweiten deutschen Staat von vornherein delegitimierende Funktion zugeschrieben wird, scheint dem synchronen Blick auf die doppelte deutsche Zeitgeschichte nach 1945 ein stärker entlastendes und aufwertendes Moment anzuhaften, das die ostdeutsche Historiographie zum Zwecke des Vergleichs *pari passu* mit der westdeutschen setzt und dadurch auch ihre vermeintliche Gleichartigkeit zu unterstreichen geeignet ist.[3] Nicht umsonst be-

1 Eine Ausnahme bildet für die Zeit vor 1989 die Arbeit von Günther Heydemann: Geschichtswissenschaft im geteilten Deutschland. Entwicklung, Organisationsstruktur, Funktionen, Theorie- und Methodenprobleme in der Bundesrepublik Deutschland und der DDR, Frankfurt a. M. 1980.

2 Einen solchen Sonderfall erörtere ich am Beispiel der deutsch-deutschen Historikerbeziehungen der 80er Jahre unter dem Titel »Der Streit um die Verständigung. Deutsch-deutsche Historikerkontakte in den achtziger Jahren«, in: Arnd Bauerkämper/Martin Sabrow/Bernd Stöver (Hrsg.): Doppelte Zeitgeschichte. Deutsch-deutsche Beziehungen 1945–1990, Bonn 1998, S. 113–130.

3 Zur wissenschaftspolitischen Konnotierung sowohl der diachronen wie der synchronen Vergleichsperspektive aus der Sicht eines früheren DDR-Historikers: »Für unsere Vergleichsfrage wichtiger noch ist [...], daß Alternativen und Verantwortungen ost- und westdeutscher Historiographie in der Nachkriegszeit häufig überhaupt nicht mehr im historischen Kontext des Kalten Krieges und dann der Koexistenz der Systeme, d. h. in

harren ehemals systemverbundene DDR-Historiker häufig darauf, daß die ihnen einst vom Westen her gezollte Anerkennung mit Analysemodellen fortgeschrieben wird, die etwa die Normalität der DDR-Geschichtswissenschaft im internationalen Vergleich betonen[4], oder erinnern unter Berufung auf Karl Dietrich Erdmann an die Zugehörigkeit auch der marxistisch-leninistischen Geschichtswissenschaft zur »Ökumene der Historiker«, die es erlaube, »von der intersystemaren Wechselwirkung gegensätzlicher Typen des Historismus in Ost und West« zu sprechen.[5]

Dieser methodischen Vorwegnahme einer inhaltlichen Prüfung vermag vielleicht am ehesten eine synchrone Perspektive zu entgehen, die weniger vergleichend als beziehungsgeschichtlich angelegt ist und die die Geschichte der deutsch-deutschen Teilung in der historischen Disziplin als Prozeß der wechselseitigen Abstoßung und Annäherung zu erfassen sucht. Hier läßt sich prüfen, inwieweit die beiden deutschen Geschichtswissenschaften in der Gemengelage von Abgrenzung und Verflechtung parallel oder unterschiedlich reagierten und ob sie gleichermaßen oder einseitig für Verlust und Wiedergewinn der Einheit der historischen Wissenschaft in Deutschland verantwortlich waren. Mit einer solchen Überlegung verbindet sich zugleich die Hoffnung, einen Beitrag zur inhaltlichen Klärung der bisher vor allem durch methodische Vorentscheidungen entschiedenen Frage zu liefern, inwieweit die beiden deutschen Geschichtswissenschaften in über vierzigjähriger Gegnerschaft und Kooperation als gleichartig oder aber als wesensverschieden zu beurteilen sind. Dieses Problem soll im folgenden an einem Aspekt beleuchtet werden,

einer gemeinsamen immer prekären Distanz zur faschistischen Vergangenheit und im Systemwettbewerb, gesehen werden. Vielmehr setzt sich immer mehr eine Verdiktperspektive über die gesamte DDR-Historiographie durch, in der diese schließlich allein in der Tradition von Diktatur und Totalitarismus erscheint: gewissermaßen ein historiographiegeschichtlicher Ausnahmezustand, der jeden Weg versperrt, in dieser Historiographie konstruktive Inhalte und Lösungen bei der Abkehr von alten Fehlentwicklungen deutscher Geschichte und generell wissenschaftlich relevante Leistungen auch nur zu suchen.« Wolfgang Küttler: Probleme des Geschichtsdiskurses im vereinigten Deutschland. Historisches Denken und Geschichtswissenschaft im Übergang, in: Gustavo Corni/Martin Sabrow (Hrsg.): Die Mauern der Geschichte. Historiographie in Europa zwischen Diktatur und Demokratie, Leipzig 1996, S. 159–186, hier S. 164.

4 »Die Geschichtswissenschaft der DDR war nicht anders als die in vielen Staaten der Erde ein sehr komplexes und vielgegliedertes Gebilde. Ihren geistigen Kern bildeten Theorien, Erkenntnisse, Hypothesen, Informationen, Vermutungen. Sie hatte feste Organisationsformen, Institute an den Universitäten, an der Akademie der Wissenschaften, bei politischen Parteien und Organisationen, innerhalb der Armee und der Polizei. Sie verfügte über Periodika, wirkte mit Redaktionen wissenschaftlicher Zeitschriften und speziellen Lektoraten von Verlagen zusammen. Von ihr liefen Verbindungsstränge zu Zeitungen und Rundfunkstationen, über die eine intensiv betriebene Verbreitung wissenschaftlicher Kenntnisse erfolgte.« Kurt Pätzold: Die Geschichtsschreibung in der Deutschen Demokratischen Republik [DDR] in der Retrospektive – ein Diskussionsbeitrag, in: Corni/ Sabrow (Hrsg.): Die Mauern der Geschichte, S. 187–203, hier S. 187.

5 Wolfgang Küttler: Das Historismus-Problem in der Geschichtswissenschaft der DDR, in: Otto Gerhard Oexle/Jörn Rüsen (Hrsg.): Historismus in den Kulturwissenschaften. Geschichtskonzepte, historische Einschätzungen, Grundlagenprobleme, Köln/Weimar/ Wien 1996, S. 239–262, hier S. 241.

der von der archivalischen Schieflage nur in geringem Maße betroffen ist, weil er sich in gedruckten wie in ungedruckten Zeugnissen gleichermaßen prägnant manifestiert: der gegenseitigen Wahrnehmung und Verortung von Historikern in Ost und West in der Zeit der deutschen Teilung. Die Entwicklung der deutsch-deutschen Perzeptionsbeziehungen auf dem Feld der Geschichte läßt sich chronologisch in vier deutlich voneinander unterschiedene Stadien gliedern, deren erstes die Zeit der wechselseitigen Ausgrenzung aus dem Fachdiskurs umfaßt.

Entfremdung durch Verleugnung

In den ersten Nachkriegsjahren gruppierten sich in Ost und West die unterschiedlichen Lager, die die deutsch-deutsche Teilungsgeschichte in der Historikerzunft in Zukunft bestimmen sollten.[6] Eine weitgehende personelle Kontinuität bestimmte die Situation des Faches in den Westzonen, als die Universitäten im Winter 1945/46 ihren Lehrbetrieb wieder aufzunehmen begannen; nur wenige der in den dreißiger Jahren emigrierten Historiker kehrten zurück, und kaum einer wurde zurückgebeten. Dank ihrer nationalkonservativen Grundausrichtung, die ihr vor 1945 die Annäherung an das NS-System ebenso wie nach 1945 die Distanzierung von ihm erlaubte, wurde sich die deutsche Geschichtswissenschaft im Westen »in der Stunde Null« nicht zum Problem.[7] Das Bild der »deutschen Katastrophe« (Friedrich Meinecke), das sie Studenten und Lesern nahebrachte, trug die Züge des Unbegreiflichen. Ratlos verharrte man vor dem »bösen Zauber«, dem »dunklen Rätsel deutscher Geschichte«, das sich nur in mythischen Wendungen vergegenwärtigen lasse: »Wir sind allesamt im Dickicht. In einem dunklen Wald sind wir vom Weg abgekommen«, lauteten die Eröffnungsworte Rudolf Stadelmanns zu seiner Vorlesung im Wintersemester 1945/46.[8] So führte der Umbruch von 1945 in Westdeutschland keineswegs zu einer tiefen Zäsur in der Geschichtswissenschaft, sondern mündete schnell in die Restaurierung eines nun allerdings »politisch-moralisch gezähmten« Historismus.[9]

Die Entwicklung der Geschichtswissenschaft in Ostdeutschland hingegen wurde entscheidend von Remigranten bestimmt, die in der Regel vor 1933 in Deutschland keinen akademischen Karriereweg durchlaufen hatten und als Verfolgte ihr Dasein während der NS-Zeit im Exil gefristet oder im Konzentrationslager gelitten hatten. Ihr akademischer Aufstieg ging einher mit einer weitgehenden Ablösung des bisherigen Personals in der universitären For-

6 Ich stütze mich im folgenden auf die Darstellung bei Jürgen Kocka/Martin Sabrow: Die doppelte Vergangenheit. Der gemeinsame Blick auf die geteilte Geschichte, in: Funkkolleg Deutschland im Umbruch, Tübingen 1997, Studienbrief 2, S. 4–42, bes. S. 8 f.

7 Ernst Schulin: Geschichtswissenschaft nach 1945, in: Ders.: Traditionskritik und Rekonstrukionsversuch. Studien zur Entwicklung von Geschichtswissenschaft und historischem Denken, Göttingen 1979, S. 133–143, hier S. 136.

8 Die Zitate nach Winfried Schulze: Deutsche Geschichtswissenschaft nach 1945, München 1989, S. 16 f.

9 So die treffende Formulierung von Schulin: Geschichtswissenschaft nach 1945, S. 139.

schung und Lehre. Bei Wiederaufnahme des universitären Lehrbetriebs hatte sich die Zahl der Geisteswissenschaftler an den sechs in der SBZ gelegenen Universitäten um volle zwei Drittel vermindert. Dieser radikale Umbruch erleichterte den »Sturm auf die Festung Wissenschaft«, den die SED-Hochschulpolitik seit 1950 immer energischer vorantrieb und der bis spätestens 1957 auch die Geschichtswissenschaft einheitlich auf ein sozialistisches Geschichtsbild ausrichtete.

Parallel zu dieser Entwicklung vollzog sich die institutionelle Spaltung der deutschen Historikerzunft, die sich schon auf den ersten Verbandstagen nach dem Krieg in München 1949 und Marburg 1951 abzeichnete, auf denen die Westdeutschen praktisch unter sich blieben. Immerhin kam es 1953 in Bremen und besonders 1956 in Ulm wieder zu hoffnungsvollen Begegnungen und Verständigungsbemühungen, bis zwei Jahre später die am Reden gehinderte DDR-Delegation vorzeitig den Trierer Historikertag verließ und die mit der Gründung einer eigenständigen ostdeutschen Historiker-Gesellschaft im März 1958 schon angekündigte Spaltung der Disziplin endgültig vollendete.

Die wechselseitige Wahrnehmung der sich in gegensätzlichen Lagern sammelnden deutschen Historikerschaft bewegte sich in dieser ersten Phase auf rasche Zuspitzung des Konflikts zu. Wohl erklärte Walter Markov 1947 programmatisch, daß niemand wünsche, »den historischen Materialismus für seine Unterdrückung in anderen Teilen Deutschlands durch ein Monopol in der Ostzone zu entschädigen«.[10] Auch im Westen wurde noch bis Mitte der fünfziger Jahre die Devise ausgegeben, daß »wir [...] nichts tun dürfen, was den Zusammenhalt mit den Ost-Kollegen gefährden kann«.[11] Doch waren zu dieser Zeit die Brücken der Verständigung schon fast gänzlich abgebrochen, und als Ludwig Dehio die als Gegenstück zur Historischen Zeitschrift begründete Zeitschrift für Geschichtswissenschaft mit der Bemerkung annotierte, die Geschichtsschreibung in der DDR sei ein Kentaur, dessen Rumpf der Geschichtswissenschaft und dessen Kopf der Politik gehöre[12], war für Gerhard Ritter, der dieses Urteil in einem Brief an Hermann Aubin als zu matt kritisierte, das Maß des Zumutbaren schon längst überschritten: »Ich bin nicht der Meinung, daß die ›Zeitschrift für Geschichtswissenschaft‹ ›ernsthaft gelesen zu werden verdient‹, daß sie ›Anregungen wissenschaftlicher Natur‹ enthält, daß sie ›Scharfsinn‹ zeigt, daß die ›geistige Eigenart und Kraft des Gegners‹ hervortritt, und daß die marxistische Doktrin heute noch als ›erzieherische Aufrüttelung‹ unserer Wissenschaft dienen kann. Außerdem bin ich nicht geneigt, den ›zeitgeschichtlichen Quellenwert‹ der Berliner Schmierereien

10 Walter Markov: Historia docet?, in: Forum 1 (1947), S. 129. Vgl. zum folgenden auch: Konrad H. Jarausch/Matthias Middell/Martin Sabrow: Störfall DDR-Geschichtswissenschaft. Problemfelder einer kritischen Historisierung, in: Georg G. Iggers u. a. (Hrsg.): Die DDR-Geschichtswissenschaft als Forschungsproblem, München 1998, S. 1–50.

11 Max-Planck-Institut für Geschichte Göttingen, Archiv des Verbandes der Historiker Deutschlands (AVHD) 6, Herbert Grundmann an Hermann Aubin, 17.4.1954.

12 Ludwig Dehio: Zeitschrift für Geschichtswissenschaft, in: Historische Zeitschrift 178 (1954), S. 1551 f.

sehr hoch einzuschätzen und ärgere mich über so viele Verbeugungen vor den Berliner Gesinnungslumpen.«[13]

Wie das archivierte Schriftgut des Verbandes der Historiker Deutschlands (VHD) zeigt, stand Gerhard Ritter, von 1948 bis 1953 Vorsitzender des Verbandes, nicht allein mit seinem Urteil, daß man kommunistische Historiker »doch eigentlich nicht als freie Wissenschaftler anerkennen kann, da sie mit gebundener Marschroute marschieren«.[14] Sie hatte Ritter konsequenterweise in der internen Verständigung bereits lange vor der institutionellen Spaltung des VHD aus der fachlichen Gemeinschaft ausgeschlossen und ihnen das Prädikat »Historiker« damit entzogen: »Unser Verband ist einer der nicht zahlreichen wissenschaftlichen Verbände, die alle Besatzungszonen Deutschlands umfassen, auch die sogenannte demokratische Republik. Die dort tätigen Historiker gehören so gut wie ausnahmslos zu unseren Mitgliedern. Diese sind in einer allgemein bekannten schwierigen Lage mit ihrem Bemühen, den Geist echter Wissenschaft weiter zu pflegen unter dem roten Terror.«[15] Ritter stand unter dem Eindruck von Berichten im Osten verbliebener Fachkollegen, die ihm wie der Hallenser Wirtschaftshistoriker Hans Haussherr schon 1950 geschildert hatten, wie »man uns doch immer mehr das Wasser ab(gräbt), [...] unsere Schüler, vor allem die wissenschaftlich und charakterlich besten ein(schüchtert) und durch Neubesetzungen sowie durch die Schraube des Aufnahmeverfahrens immer ungeeignetere Kräfte an die Hochschule (bringt).«[16] Schärfer noch als er urteilte Theodor Schieder, der sich im April 1954 an den Vorsitzenden des VHD wandte, um auf »die skrupellose, jeder wissenschaftlichen Gesinnung hohnsprechende Berichterstattung« über den Bremer Historikertag 1953 in der Zeitschrift für Geschichtswissenschaft aufmerksam zu machen und seine Auffassung zu bekräftigen, daß der Herausgeberkreis der ostdeutschen Fachzeitschrift »kein Gesprächspartner ist, mit dem wir uns, ohne unseren Namen und unser Ansehen zu gefährden, noch einmal an einen Tisch setzen können.«[17] Unverkennbar freilich war seine Empörung nicht zuletzt darauf zurückzuführen, daß der Referent der Zeitschrift für Geschichtswissenschaft Schieders Auftakt-Referat zum Bremer Historikertag in eine Kontinuitätslinie zu dessen Arbeiten in der NS-Zeit gestellt hatte.[18] Schieder

13 AVHD 7, Gerhard Ritter an Hermann Aubin, 23.9. (?) 1954. Vgl. Schulze, Deutsche Geschichtswissenschaft, S. 190.

14 Ebenda 3, Gerhard Ritter an Theodor Schieder, 8.12.1950.

15 Ebenda 4, Gerhard Ritter an den Bundesminister des Innern, 8.6.1951.

16 Ebenda 3, Hans Haussherr an Gerhard Ritter, 11.7.1950.

17 Ebenda 6, Theodor Schieder an Hermann Aubin, 1.4.1954.

18 »Wenn Schieder zum Abschluß die Aufgabe stellte, die Gegenkräfte der ›Vermassung‹ aufzuspüren, so drängt sich vor allem eine Schlußfolgerung auf: Die Furcht und Verachtung gegenüber der Masse, die Schieder in früheren Schriften bekundete, haben sich erhalten. [...] Vom Referenten ist vor allem bekannt, daß er in den Jahren von 1933 bis 1945 mit besonderem Eifer den imperialistischen Anspruch auf deutsche Oberhoheit in Osteuropa erhoben hat. Er suchte durch seine Hinweise auf kulturelle Leistungen die deutsche Hegemonie auch dort zu rechtfertigen, wo die politische Macht noch nicht vorgedrungen oder zurückgedrängt worden war. Er widmete sich der ›Heimat deutscher Menschen auf vorgeschobenem Posten‹ im Baltikum und in Polen und führte die Energie der deutschen Minderheiten zurück auf die ›natürlich-bluthaften Zusammen-

bekräftigte seine Forderung, daß »Symptome einer Gesinnung [...], die jedenfalls nichts mit dem Ethos wissenschaftlicher Arbeit zu tun haben und die wir in unserem Verband nicht dulden können«, mit einer detaillierten Gegenüberstellung der Zitate in der Zeitschrift für Geschichtswissenschaft und des vollständigen Wortlautes der von ihm geschriebenen Sätze und erklärte, in Zukunft nicht mehr »an einem Kongreß teilzunehmen, auf dem die Herausgeber und Mitarbeiter der ›Zeitschrift für Geschichtswissenschaft‹, soweit sie zum 22. Deutschen Historikertag Stellung genommen haben, vertreten sind.«[19]

Zwar fand diese kompromißlose Abgrenzung, die sich auch von »der Verbundenheit mit unseren unter dem kommunistischen Regime leidenden Kollegen in der Sowjetzone« nicht beirren lassen wollte[20], zunächst im VHD-Ausschuß noch keine Mehrheit; angesichts optimistischerer Eindrücke, die im Jahr darauf etwa Hermann Heimpel nach einem Besuch in der DDR weitergab[21], und vor allem der sehr viel freundlicheren Atmosphäre des Ulmer Historikertags 1956 schien Schieders Unversöhnlichkeit bald sogar zu einem Relikt der Vergangenheit zu werden.[22] Doch als sich nach dem Ende des Tauwetters in der DDR eine wissenschaftspolitische Linie durchsetzte, die die »ideologische Koexistenz« mit dem Westen mit neuer Schärfe aufkündigte und die wenigen verbliebenen Nicht-Marxisten unter den ostdeutschen Universitätshistorikern abermals unter Druck zu setzen begann[23], gab der VHD die innerlich längst gekündigte Einheit der deutschen Geschichtswissenschaft nun auch institutionell verloren und erklärte im Herbst 1958 die auf dem Trierer Historikertag ausgeschlossenen DDR-Historiker zu Trägern eines »Kurses, mit denen wir die wissenschaftliche Gemeinschaft nicht weiter aufrechterhalten können«.[24] Damit hatte sich nun auch öffentlich eine Sicht durchgesetzt, die die Entwicklung der historischen Disziplin unter dem SED-Regime als bloße Verfallsgeschichte begriff. Aufmerksamkeit verdiente aus diesem Blickwinkel allein die freilich immer kleiner werdende Schar von

hänge und Lebensgesetze der Reinhaltung von Rasse und Art‹. [...] Seine Ausführungen in Bremen bewiesen, daß er die gleichen Grundsätze, die 1945 ihr grauenvolles Fiasko in der Praxis erlebten, beibehalten hat.« Heinz Kamnitzer: Zum Vortrag von Th. Schieder »Das Verhältnis von politischer und gesellschaftlicher Verfassung und die Krise des bürgerlichen Liberalismus«, in: Zeitschrift für Geschichtswissenschaft 1 (1953), S. 909–912, hier S. 912.

19 AVHD 6, Theodor Schieder an Hermann Aubin, 1.4.1954.

20 Ebenda.

21 Ebenda 7, Hermann Heimpel an Hermann Aubin, 22.11.1955.

22 Vgl. hierzu Schulze: Die deutsche Geschichtswissenschaft, S. 190ff. Martin Sabrow: Ökumene als Bedrohung. Die Haltung der DDR-Historiographie gegenüber den deutschen Historikertagen von 1949 bis 1962, in: Matthias Middell/Gerald Diesener (Hrsg.): Historikertage im Vergleich (= Comparativ 6 (1996), H. 5/6), Leipzig 1996, S. 178–202, bes. S. 185ff.

23 Einen nicht zuletzt aus eigener Anschauung verfaßten Überblick veröffentlichte die selbst kurz zuvor in den Westen gegangene Historikerin Irmgard Höß in ihrem Beitrag »Trier – und wie weiter?, in: Geschichte in Wissenschaft und Unterricht 10 (1959), S. 725–734, hier S. 727f.

24 Stellungnahme des Verbandes der Historiker Deutschlands zu den Äußerungen der Deutschen Historiker-Gesellschaft der DDR vom 27. September 1958, zit. ebenda, S. 734.

Nicht-Marxisten im ostdeutschen Wissenschaftsbetrieb. Und auch sie stieß in ihrer westdeutschen Kollegenschaft auf manche Reserven, denn nach verfallsgeschichtlichem Deutungsmuster mußte auch die lauterste Gegenwehr gegen die unaufhaltsam scheinende Zerstörung des Faches durch die Politik auf verlorenem Posten stehen, wenn sie sich nicht individuell besonders zu wappnen wußte, wie etwa Hermann Heimpel in bezug auf Friedrich Schneider hervorhob: »Unwissenschaftlichen Zumutungen wußte er zu begegnen, eine gewisse Schrulligkeit schützte ihn jeweils auch bei denen, die ihn am liebsten nicht geschützt hätten.«[25] Wer bereit war, »den Grundsatz (zu) vertreten, daß man auch unter härtesten Bedingungen ausharren sollte«[26], mußte so seine aus westlicher Sicht mehr oder minder blauäugige Hoffnung auf eine Wendung zum Besseren mit Kompromissen bezahlen, die außerhalb der DDR als diskreditierende Anpassung an die Forderungen einer kommunistischen Un-Wissenschaft empfunden werden konnte und jene mißtrauische Distanz erleben, auf die beispielsweise der Mediävist Heinrich Sproemberg im Westen Deutschlands stieß[27]. Aber auch die in der östlichen Diaspora Verbliebenen sahen sich in einem von Tag zu Tag aussichtsloser werdenden Ringen: »Wer hier geblieben ist, kann kaum mehr tun als seine Position verteidigen in der Hoffnung, daß Entsatz kommt, bevor sie überrannt wird«.[28]

25 Hermann Heimpel: Nachruf auf Friedrich Schneider, in: Historische Zeitschrift 196 (1963), S. 249. Der dank seines West-Berliner Wohnsitzes und seiner herausgehobenen Rolle in der Akademie der Wissenschaften vor politischen Pressionen der SED weitgehend geschützte Fritz Hartung hatte Schneider freilich bereits Jahre zuvor unverblümt als »komische Figur« qualifiziert; AVHD 8, Fritz Hartung an Hermann Aubin, 5.8.1956.

26 Hans Patze: Willy Flach zum Gedächtnis, in: Jahrbuch für Geschichte Mittel- und Ostdeutschlands, Bd. VIII 1959, S. 361.

27 So waren Sproembergs Diskussionsbeiträge auf dem Bremer Historikertag 1953 von den westdeutschen Kollegen »fast feindselig« aufgenommen worden; Veit Didczuneit: Heinrich Sproemberg – ein Außenseiter seines Faches. Unter besonderer Berücksichtigung seiner Tätigkeit als Leipziger Hochschullehrer 1950 bis 1958, in: Veit Didczuneit/Manfred Unger/Matthias Middell (Hrsg.): Geschichtswissenschaft in Leipzig: Heinrich Sproemberg, Leipzig 1994, S. 11–90, hier S. 64. Auch Hartung beurteilte Sproembergs vermittelnde Haltung ablehnend: »Haussherr hat mir über die letzte Sitzung des Wissenschaftlichen Rats beim Staatssekretär für Hochschulwesen geschrieben. [...] Danach hat Sproemberg gewünscht, daß in Ulm ein Historiker der DDR in den Vorstand des Historikerverbandes gewählt werde, und zwar ›einer, der bei beiden Richtungen Vertrauen genösse‹. Daß er dabei an sich gedacht hat, ist sowohl Haussherr wie mir höchstwahrscheinlich. [...] Daß Sproemberg in der von ihm eingeschlagenen Richtung in Ulm weiterarbeiten wird, ist anzunehmen. Das Stänkern gehört zu seinen Lebensbedürfnissen. Ich nehme an, daß man ihn auch im Westen genügend kennt und ihn nicht in den Vorstand oder Ausschuß wählen wird.« AVHD 8, Fritz Hartung an Hermann Aubin, 5.8.1956. Nicht anders ließ der Nachruf für Fritz Rörig 1952 in der Historischen Zeitschrift anklingen, daß die Offenheit des Verstorbenen gegenüber der politischen Entwicklung in der DDR im Westen oft »mißverstanden« worden ist; Paul Johansen: Fritz Röhrig (1882–1952), in: Historische Zeitschrift 174 (1952), S. 739–741, hier S. 741.

28 Fritz Hartung an Eduard Spranger, 24.6.1952, zit. nach Werner Schochow: Fritz Hartung. Ein Historiker in der Zeit, in: Jahrbuch für mittelostdeutsche Geschichte 32 (1983), S. 218–250, hier S. 242.

Die auf dieser Sicht gründende Denkhaltung schloß die entstehende parteimarxistische Geschichtsschreibung aus der Fachdisziplin aus, weil – in den Worten der in Trier veröffentlichten Erklärung des VHD – »eine wissenschaftliche Verständigung mit Gesprächspartnern sinnlos ist, die eingestandenermaßen die Wissenschaft politischen Zwecken dienstbar machen«.[29] Mit Hilfe eines normativen Wissenschaftsbegriffs war damit die in der DDR dominierende Fachpraxis der »sogenannten Historiker der Ostzone«[30] als »pseudowissenschaftlich«[31] aus dem fachlichen Diskurs ausgegrenzt und der Zweck der Beschäftigung mit ihr vornehmlich in den Kontext antitotalitärer Gefahrenabwehr eingeordnet: »Bei der Auseinandersetzung mit dem totalen Bolschewismus, die auf allen Ebenen erfolgt, darf kein entscheidendes Gebiet übersehen werden«.[32] Die Aufmerksamkeit für die Arbeit der ostdeutschen Gegenwissenschaft bedeutete unter diesem Vorzeichen im bundesdeutschen Fachverständnis keinen Schritt zu deren Anerkennung, sondern vielmehr ein geschärftes Bewußtsein für die von der kommunistischen Nutzung der Geschichte ausgehende Gefahr: »Man muß sich darüber klar sein, daß von der ideologisch-geistesgeschichtlichen Behauptung der Inhalte unserer Kultur gegen die bolschewistische Weltrevolutionsmacht der Bestand unseres geistigen und wissenschaftlichen Lebens abhängt.«[33] Die aus dieser Zeit stammenden Publikationen waren daher vor allem Enthüllungsschriften, die über die Entwicklung der ostdeutschen Geschichtsschreibung aus genauer Beobachtung oder eigenem Erleben aufzuklären versuchten. Entsprechende Erfahrungsberichte von in den Westen gewechselten Historikern standen freilich vor dem paradoxen Umstand, ihre höhere Authentizität mit einer in gleichem Maße sinkenden Glaubwürdigkeit bezahlen zu müssen, hatten sie doch im Berichtszeitraum in eben den Verhältnissen gewirkt, über die sie warnend aufklären wollten.[34] Durchgängig verfuhren sie chronologisch, und sie beschrieben die

29 Erklärung des Verbandes der Historiker Deutschlands vom 25. September 1958, zit. nach Höß: Trier – und wie weiter?, S. 732.

30 AVHD 28, Hermann Aubin an Holzmann, 7.8.1955.

31 Walther Hofer: Geschichtsschreibung als Instrument totalitärer Politik, in: Ders. (Hrsg.): Wissenschaft im totalen Staat, München 1964, S. 198–227, hier S. 206.

32 Fritz Kopp: Die Wendung zur »nationalen« Geschichtsbetrachtung in der SBZ, München 1955, S. 7.

33 Ebenda.

34 Der in die Bundesrepublik geflüchtete Albrecht Timm, der von 1952 bis zu seiner Flucht im August 1955 eine außerplanmäßige Professur für mittelalterliche Geschichte an der Berliner Humboldt-Universität bekleidet hatte, löste dieses Problem als Verfasser einer Publikation über »Das Fach Geschichte in Forschung und Lehre in der Sowjetischen Besatzungszone seit 1945« so: »Die hier vorgelegte Untersuchung [...] schöpft aus dem eigenen Erleben und aus Beobachtungen während eines Jahrzehnts praktischer Tätigkeit in der Sowjetzone, wo der Verfasser zwar Auseinandersetzungen mit dem Marxismus-Leninismus nicht vermied, von dessen Interpreten aber stets als ›Nichtmarxist‹ und ›Bürgerlicher‹ gekennzeichnet wurde.« Albrecht Timm: Das Fach Geschichte in Forschung und Lehre in der Sowjetischen Besatzungszone seit 1945, Bonn/Berlin 1961, S. 5. Vgl. auch Timms schriftliche Erklärung vom 17.1.1956 über seine wissenschaftliche Arbeit in der DDR gegenüber Hermann Heimpel und Percy Ernst Schramm; AVHD 7.

»Sowjetisierung des Geschichtsbildes in Mitteldeutschland« als »Etappen«[35] eines Niedergangsprozesses, dessen Schlußpunkt die gänzliche Instrumentalisierung der »parteihörigen« Wissenschaft bildete und damit die »Aufspaltung des deutschen Geschichtsbildes in ein westliches und ein östliches«.[36]

Zwar wurde ein wissenschaftlicher Austausch auch weiterhin zugelassen; so konnte der Präsident der Historiker-Gesellschaft in der DDR darauf verweisen, daß sich immerhin 1954 neun, 1955 sechzehn, 1956 neunzehn und 1957 wieder sechzehn westdeutsche Kollegen zu Vorträgen an ostdeutschen Hochschulen aufgehalten hätten.[37] Doch diese sporadischen Kontakte änderten wenig daran, daß die westdeutsche Zunft die fortschreitende Entfremdung von der ostdeutschen Kollegenschaft mit ihrem Verbandsvorsitzenden in kühler Distanz registrierte: »Es ist wirklich ein unheimlicher Eindruck, wie die Verbindungen zwischen Ost und West immer mehr zerschnitten werden, und man steht da einigermaßen ratlos gegenüber.«[38]

Dieselbe Entfremdung prägte freilich auch die Entwicklung des ostdeutschen Blicks. Die obligatorischen Reiseberichte ostdeutscher Fachkollegen ließen deutlich erkennen, daß ihre Fahrten in den Westen in den fünfziger Jahren bereits den Charakter von Expeditionen in die Terra incognita einer fremden Völkerschaft trugen: »Wir legten die Reise mit dem Auto zurück. Als wir bei Helmstedt die Grenze passierten, fiel uns als erstes eine geschriebene Losung ›Ostpreußen bleibt deutsch‹ in die Augen. [...] Wir fuhren unbeanstandet bis Hamburg. Unterwegs hatten wir Gelegenheit, mit einer Gruppe Bauarbeiter, die wir nach dem Weg fragten, ins Gespräch zu kommen. Durch unsere Wagennummer aufmerksam geworden, fragten sie, woher wir denn wären, und auf die Antwort ›aus dem demokratischen Berlin‹ kam es prompt: ›Ja, hat man Euch denn rausgelassen?‹ [...] Hamburg ist sehr belebt, die Straßen überfüllt mit PKW's, teils parkenden, teils sich mühsam vorwärtsschiebenden. Den Hafen sahen wir nur sonntags und konnten daher nur den Schiffsfriedhof (Öltanker u. a.) zur Kenntnis nehmen. Das Warenangebot ist sehr reichlich, die Kaufkraft jedoch schwach. So werden Früchte (Birnen, Pfirsich, Bananen) stückweise verkauft, und beim Betreten eines Ladens wird man von Verkäuferinnen umringt. [...] Die arbeitenden Menschen waren uns gegenüber hilfsbereit. Wir mußten wegen Überhitzung unseres Wagens diese Hilfsbereitschaft dreimal in Anspruch nehmen. Sie war die gleiche bei 17jährigen Lehrlingen, einem älteren Landarbeiter und dem Fahrer eines LKW's. Da sich letzterer, 32 Jahre, sehr für die DDR interessierte, kamen wir mit ihm ins

35 Jürgen von Hehn: Die Sowjetisierung des Geschichtsbildes in Mitteldeutschland, in: Europa-Archiv 19 (1954), S. 6929–6938 u. 6973–6977, hier S. 6929 f.

36 Georg v. Rauch: Das Geschichtsbild der Sowjetzone, in: Jahrbuch der Ranke-Gesellschaft 1954, Frankfurt a. M./Berlin/Bonn 1955, S. 101–119, hier S. 101.

37 Ernst Engelberg: Trier – und wie weiter? Materialien, Betrachtungen und Schlußfolgerungen über die Ereignisse auf dem Trierer Historikertag am 25.9.1958, Berlin (O) 1959, S. 40 f. Vgl. auch Ilko-Sascha Kowalczuk: Legitimation eines neuen Staates. Parteiarbeiter an der historischen Front. Geschichtswissenschaft in der SBZ/DDR 1945 bis 1961, Berlin 1997, S. 260 f.

38 AVHD 4, Gerhard Ritter an Martin Lintzel, 8.5.1951.

Gespräch. [...] Er war sehr beeindruckt von dem, was wir ihm über die Möglichkeiten der Fortbildung in unserer DDR erzählten. In längeren Diskussionen machten wir ihm klar, was unsere Freiheit ist, (eben Einsicht in die Notwendigkeit), und auch den Unterschied zwischen der Dienstpflicht in der Bundesrepublik und dem freiwilligen Ehrendienst in unserer Volksarmee, ein Problem, das von ihm aufgeworfen wurde.«[39]

Freilich läßt sich dieses Zeugnis der innerdeutschen Entfremdung nicht auf die Historikerschaft der DDR *in toto* übertragen. Wie im Westen fehlten auch im Osten Stimmen nicht, die sich beispielsweise gegen die Gründung eines ostdeutschen Konkurrenzverbandes sperrten und davor warnten, durch eine zu radikale ideologische Abgrenzung leichtfertig die nationalkulturelle Einheit zu gefährden. Besonders Alfred Meusel, der viele politische und fachliche Funktionen auf sich vereinigende Nestor der marxistischen Historiographie in der DDR, machte das Bekenntnis zur Einheit der deutschen Fachwissenschaft zu der vielleicht entscheidenden Richtschnur seines Handelns. Daß auch in der engeren SED-Historikerschaft ein »demokratischer Patriotismus« virulent war, bewies Meusel nicht nur mit seinem Widerstand gegen einen eigenen Historikerverband der DDR und in seinem Engagement für die 1954 zur Überwindung der Spaltung gegründeten »Deutschen Begegnung«, sondern ebenso in seinem fachlichen Auftreten – bis hin zu seinem unermüdlichen Verlangen, selbst im sprachlichen Ausdruck die gesamtdeutsche Perspektive nicht aus dem Auge zu verlieren: »Es ist nun wirklich an der Zeit, daß wir jede Sorglosigkeit in dieser Hinsicht vermeiden, daß wir die Seuche der Sprachverschlechterung bei uns und bei anderen entschieden bekämpfen, denn sonst werden wir dahin geraten, daß es in relativ kurzer Zeit nur noch eine geringe Anzahl geben wird, die gutes Deutsch schreiben kann. Wie gefährlich, ja verhängnisvoll das in einer Zeit sein würde, in der Deutschland in zwei Staaten zerfallen ist und in der die Gemeinschaft der Sprache eines der stärksten nationalen Bindemittel darstellt, brauche ich nicht auseinanderzusetzen.«[40]

Die Hegemonie aber errang in derselben Zeit mit einem eigens der Geschichtswissenschaft gewidmeten Politbüro-Beschluß vom Juli 1955 eine Linie, die »die imperialistische Geschichtsschreibung in Westdeutschland« zu einem »Instrument der gefährlichsten Feinde der deutschen Nation – der deutschen Imperialisten und Militaristen – zur ideologischen Kriegsvorberei-

39 Archiv der Berlin-Brandenburgischen Akademie der Wissenschaften (ABBAW), Rb 46, Erna Schaxel, Politischer Bericht über die Reise nach Hamburg vom 20. bis 24.8.1959, 15.9.1959.

40 Stiftung Archiv der Parteien und Massenorganisationen im Bundesarchiv (SAPMO-BArch), Dy 30, IV 2/9.04/108, Alfred Meusel an Fritz Klein, 30.6.1955. Meusels Äußerung bezog sich auf einen von Fritz Klein verantworteten Beitrag zum »Lehrbuch der deutschen Geschichte«, mit dem die DDR der tradierten deutschen Geschichtsschreibung eine sozialistische »Meistererzählung« der deutschen Geschichte von den Anfängen bis zur Gegenwart entgegensetzen wollte. Zu Meusel und seinem Engagement in der »Deutschen Bewegung« Horst Haun: Alfred Meusel (1896 bis 1960), in: Heinz Heitzer/Karl-Heinz Noack/Walter Schmidt (Hrsg.): Wegbereiter der DDR-Geschichtswissenschaft. Biographien, Berlin (O) 1989, S. 149–168, hier S. 164.

tung« erklärte.[41] Vergeblich wehrte sich Meusel gegen diese Formulierung des Geschichtsbeschlusses, die »die Tür zu einem Gespräch mit westdeutschen Historikern, die schon jetzt halb geschlossen ist, vollends zuschlagen« werde. Das Politbüro ging über Meusels Gegenargument hinweg, daß der »Professor in Westdeutschland (wie in allen bürgerlichen Staaten) [...] sich nicht als einen Mann (betrachtet), der um bestimmter politischer Zwecke und Ziele willen fälscht, verheimlicht und entstellt, sondern als einen Gelehrten, der sich um die wissenschaftliche Erkenntnis der Wahrheit bemüht«.[42] Mit der Entscheidung des Politbüros hatte eine Auffassung in der DDR offizielle Geltung erlangt, nach der das »charakteristische Kennzeichen der Entwicklung in der westdeutschen Geschichtsschreibung« in der »Unterdrückung der fortschrittlichen Ideen und die Förderung aller antihumanistischen, militaristischen und faschistischen Kräfte und Strömungen durch den Adenauer-Staat« lag. Nur während des »Tauwetters« nach dem XX. Parteitag der KPdSU verlor dieses Feindbild kurzzeitig an Kontur. Nun war selbst auf einer von Kurt Hager, dem für Wissenschaft, Volksbildung und Kultur verantwortlichen ZK-Sekretär, anberaumten Historikerberatung die Ansicht zu hören, daß die westdeutsche Geschichtsschreibung keineswegs einen monolithischen Block von politischem Kampfeswillen getragener Aggressoren bilde, sondern sich in ihrer großen Mehrheit durchaus nicht um politische Fragen bekümmere.[43] Doch schon 1957 brachte die SED-Führung angesichts der dramatischen Folgen der Entstalinisierungskrise auch ihre Historiker zu der Erkenntnis, daß es »vollkommen unmarxistisch gedacht (wäre), wenn man meinen wollte, daß die ideologische Offensive des Feindes vor den Historikern haltgemacht hätte, oder anders ausgedrückt, wenn sie an der historischen Front nicht auch weiche Stellen aufgespürt hätten«.[44] Unter diesen Auspizien wurde im Zuge einer förmlichen Restalinisierung die restlose Zerschlagung der »ideologischen Koexistenz« Kern einer umfassenden Kampagne zur Festigung der sozialistischen Geschichtswissenschaft, die komplementär zur westlichen Sicht der bürgerlichen Historiographie den Wissenschaftscharakter absprach, weil eben »der objektive, gesetzmäßige Verlauf der bisherigen Geschichtsprozesse [...] mit den Mitteln bürgerlichen historischen Denkens nicht zu begreifen ist«, wie ein autoritatives Handbuch noch 1977 festhielt.[45]

Anders aber als die westdeutsche sah die ostdeutsche Seite das Trennende zwischen den beiden Geschichtswissenschaften nicht in ihrer qualitativen Unterschiedlichkeit, sondern umgekehrt in ihrer spiegelbildlichen Gleichartig-

41 Die Verbesserung der Forschung und Lehre in der Geschichtswissenschaft der Deutschen Demokratischen Republik, in: Dokumente der Sozialistischen Einheitspartei Deutschlands, Bd. V, Berlin (O) 1956, S. 337–368, hier S. 341.

42 SAPMO-BArch, Dy 30, IV 2/9.04/90, Einwände des Gen. Prof. Meusel zum Geschichtsbeschluß, 26.4.1955.

43 Ebenda, 2/1.01/304, Stenographische Niederschrift der Beratung des Gen. Prof. Kurt Hager mit Genossen Historikern am 12. Jan. 1956.

44 Ebenda, 397, Heinrich Scheel [Referat vor der SED-Grundorganisation des Instituts für Geschichte an der Deutschen Akademie der Wissenschaften], Dezember 1957.

45 Werner Berthold u. a. (Hrsg.): Kritik der bürgerlichen Geschichtsschreibung. Handbuch, 4. Aufl., Köln 1977, S. 136.

keit. Die DDR-Historiographie formte sich das Bild ihres Gegners nach den vertrauten Zügen ihrer eigenen Gestalt als eine Zunft, die nicht weniger politisiert und nicht weniger organisiert die ideologische Unterstützung des Imperialismus betrieb als sie selbst die des Sozialismus. Immer wieder suchten aus dieser Vorstellungswelt heraus in das »nichtsozialistische Wirtschaftsgebiet« reisende DDR-Historiker den parteipolitischen Standort ihrer westlichen Gesprächspartner zu ermitteln oder meinten sie hinter fachlichen Kontaktangeboten die »organisierte Hand« der Bonner Machthaber zu spüren. Wissenschaftliche Paradigmenwechsel der bundesdeutschen Zunft wurden so in der ostdeutschen Zunft zu taktischen Frontbegradigungen, die der »Gegner« vornehme, um seine antisozialistische Kampfstellung zu halten; und jede fachliche Meinungsäußerung eines prominenteren West-Historikers provozierte die Frage, welche politische Absicht sich hinter ihr verbergen möge. Seine »sachliche und im ganzen positive Berichterstattung über seine Archivreise in der DDR« habe er dem VHD-Vorsitzenden Gerhard Ritter bis vor kurzem »sehr zugute gehalten«, teilte der Leipziger Ordinarius Ernst Engelberg der Abteilung Wissenschaften und Hochschulen Ende 1953 mit. Doch nach Ritters Auftreten auf dem Bremer Historikertag, »wo er den Adenauer'schen Militarismus verschleiert und praktisch gerechtfertigt hat«, müsse er sein Urteil revidieren und fragte sich nun nicht nur, »welche konkreten Zwecke Gerhard Ritter mit seinen relativ positiven Veröffentlichungen im Jahre 1951 verfolgte«, sondern bekundete in der von ihm gefundenen Antwort der Listigkeit des »Gegners« seinen ehrlichen Respekt: »ein geschicktes Manöver, um bei uns Vertrauen zu erwecken, was ihm offensichtlich weitgehend gelungen ist; ich schließe mich dabei ein.«[46]

In zugespitzter Form konnte es aus dieser Perspektive zu einem förmlichen Rollentausch kommen, wenn nämlich die Projektion des objektiven Gegners ein imaginiertes Eigenleben gewann und nun ihrem ursprünglichen Produzenten in bedrohlicher Übermacht entgegentrat, wie 1958 der oberste Diktator selbst den Teilnehmern einer Historikerberatung der Abteilung Wissenschaften im ZK der SED zu verdeutlichen versuchte: »Im Interesse der aggressiven Pläne der Nato und der Bonner Regierung wurde der psychologische Krieg begonnen. Die Historiker [...] arbeiten gegenwärtig für die Durchführung des psychologischen Krieges, und Adenauer hat sie ganz hübsch an die Strippe genommen. Welches ist die Aufgabe, die Adenauer ihnen gestellt hat? Adenauer hat diese ganzen Historiker zusammen genommen und ihnen klar gemacht, daß sie beweisen müssen die geschichtliche Notwendigkeit der europäischen Integration und die Rolle Westdeutschlands in der Nato. Und sie schreiben alle tapfer in dem Sinne, wie ihnen das angeordnet wurde, alle, angefangen bei Ritter bis zum letzten Schulmeister in den Dörfern. [...] Die ganze Geschichtsschreibung, wie sie jetzt dort im Westen betrieben wird, dient dieser Aufgabe. Es gibt dort eine einheitlich ideologisch-politische Leitung der gesamten Geschichtsforschung. Deshalb hat einer der Genossen zitiert, daß

46 SAPMO-BArch, Dy 30, IV 2/9.04/152, Ernst Engelberg an das ZK der SED, Abt. Wissenschaft und Hochschulen, 30.12.1953.

sich die Geschichtsschreiber von philosophischen Prinzipien leiten lassen sollen. In der Tat, die westdeutschen Geschichtsschreiber lassen sich von den philosophischen Gesichtspunkten des deutschen Imperialismus leiten, absolut, und jetzt steht die Frage, welche Konzeption wir haben, ob bei uns die Geschichtsschreibung so von diesen Grundsätzen ausgeht und so zielbewußt arbeitet. Die Geschichtsschreibung Westdeutschlands ist auf die Durchführung des psychologischen Krieges abgestellt und darauf, daß im Jahre 1961 die Rüstung der westdeutschen Nato-Truppen fertig ist, und bis zu dieser Zeit muß die entsprechende ideologische Verseuchung in Westdeutschland erreicht sein. Das ist dort exakt ausgearbeitet [...]. Sie haben einen großen, auf lange Sicht ausgearbeiteten Plan, und bei uns steht die Frage: Haben wir eine solche Gesamtkonzeption? Ist bei uns die gesamte Arbeit auf die Grundfragen konzentriert? Das kann man bei uns noch nicht sagen, und das ist die Schwierigkeit, in der wir uns befinden.«[47]

Getrennte Wege zur gemeinsamen Normalisierung

Gleichartigkeit in der gegenseitigen fachlichen Ausgrenzung, aber substantielle Unterschiedlichkeit in der wechselseitigen Wahrnehmung kennzeichnen die deutsch-deutschen Historikerbeziehungen in dieser ersten Phase, und diese Doppelbödigkeit setzte sich in der Folgezeit der sechziger und siebziger Jahre in veränderter Weise fort. Aufschlußreich ist hier eine Episode, die sich als deutsch-deutsche Emanzipationshoffnung durch Generationswechsel deuten läßt und sich auf den gemeinsamen Versuch ost- und westdeutscher Nachwuchshistoriker in der Mitte der sechziger Jahre bezieht, einen innerdeutschen Dialog der beiden deutschen Geschichtswissenschaften zustande zu bringen. Angestoßen von einem Aufruf Kurt Hagers, »alle Anstrengungen [zu] unternehmen, um unseren Einfluß nach Westdeutschland zu verstärken«[48], wurden besonders in den Abteilungen 1917–1933 und 1933–1945 des Instituts für Geschichte an der Deutschen Akademie der Wissenschaften Forderungen laut, die Beziehungen zu der »um eine Modernisierung der bürgerlichen deutschen Geschichtsschreibung bemüht[en]« Richtung auf der Gegnerseite zu verbessern – ohne freilich dabei die gebotene Wachsamkeit »gegenüber Aufweichungsversuchen« zu vergessen, »die darin bestehen, die Historiker der DDR nach ›aufgeschlossenen Wissenschaftlern‹ und ›Dogmatikern‹ zu differenzieren«.[49] Das Unternehmen gipfelte in einem deutsch-deutschen Historikertreffen am Rande des Berliner Historikertages 1964 in der Deutschen Akademie der Wissenschaften, von dem vorsichtshalber weder die Öffentlichkeit noch die Führung des VHD informiert wurde. Die neun West-Historiker, die

47 Ebenda, IV 2/1.01/392, Stenographische Niederschrift der Abteilung Wissenschaften beim ZK mit Genossen Historikern im Großen Sitzungssaal des Zentralhauses der Einheit am Mittwoch, dem 17. Dezember 1958, Äußerung Walter Ulbricht.

48 Ebenda, IV A 2/9.04/331, Kurt Hager, [Rede auf der konstituierenden Sitzung der Sektion Geschichte] 29.1.1964.

49 Ebenda, Fritz Klein, Thesen zur Frage der Beziehungen der Historiker der DDR zu denen der Bundesrepublik, o. D.

so unter klandestinen Umstände nach Ost-Berlin einreisten, um mit DDR-Kollegen verschiedener staatlicher und parteilicher Institute »Probleme der Weltkriegsforschung« zu erörtern, amüsierten sich, »daß die Kollegen in der Akademie glaubten, daß wir eine Historikerdelegation seien«[50], während die ostdeutsche Seite von dem Glauben ihrer Diskussionsgegner überzeugt war, »daß sie nach der Losung Wandel durch Annäherung ideologische Einbrüche in unseren Reihen erzielen können«.[51]

Hier zeichnete sich schon eine Kehrtwendung ab, die im Jahr darauf offenbar wurde, als der eben begonnene Ost-West-Dialog auf Betreiben der ZK-Abteilung Wissenschaften wieder abgebrochen wurde, weil die Hoffnung, im Gefolge der Fischer-Kontroverse und des Generationswechsels in der bundesdeutschen Historiographie jüngere Kollegen im Umkreis der neuen Sozialgeschichtsschreibung auf die eigene Seite hinüberzuziehen, auf gefährlicher Blindheit über das gleiche Ziel der auf unterschiedlichen Wegen marschierenden Fachwissenschaft des Gegners beruht habe: »Offensichtlich streiten sich im Lager des Imperialismus zwei entgegengesetzte methodische Prinzipien darüber, welches am besten ideologisch mit dem Marxismus-Leninismus und politisch mit den sozialistischen Staaten fertig wird.«[52]. Damit waren die Vertreter der Gesprächsoffensive kaltgestellt und wurden nun eines »politisch motivierten Übereifer[s]« geziehen, der zu einer Suche von »Kontakte[n] um der Kontakte willen« geführt[53] und so dem Revisionismus die Gelegenheit geboten habe, »die innere Geschlossenheit der Genossen Historiker innerhalb und außerhalb der DDR und ihre Verbundenheit mit der Gesamtpartei zu lockern«.[54]

Dennoch entspannte sich das Verhältnis zwischen den feindlichen Klios in West und Ost im Verlauf der sechziger und siebziger Jahre, wenngleich auf unterschiedliche Weise. Im Westen begann mit dem fachlichen Generationswechsel eine Betrachtungsweise an Anziehungskraft zu gewinnen, die auch die marxistisch-leninistische Historiographie wieder in die »Ökumene der Historiker« aufzunehmen bereit war, um ihre Erklärungskraft fallweise in der wissenschaftlichen Diskussion zu erproben. Hinter dem Appell, daß »sich eine unvoreingenommene Geschichtswissenschaft zu einer neuen Sicht [wird] durchringen müssen« statt »auf dem westlichen oder dem östlichen Standpunkt zu verharren«[55], verbarg sich eine allmähliche Unterminierung und schließlich weitgehende Verdrängung des verfallsgeschichtlichen Interpreta-

50 Schriftliche Mitteilung Prof. Dr. Hans Mommsen an den Verf., 20.12.1994.

51 SAPMO-BArch, Dy 30, IV A 2/9.04/334, Kurt Pätzold, Bericht über einen Diskussionsabend mit westdeutschen Historikern am 9. Oktober 1964 in der Akademie-Zentrale (Erste Fassung, 10.10.1964).

52 Ebenda, 331, Ernst Engelberg, Diskussionsbeitrag in der Mitgliederversammlung der SED-Grundorganisation des Instituts für Geschichte der Deutschen Akademie der Wissenschaften, 6.3.1965.

53 Joachim Petzold, Stellungnahme, 29.1.1965 (Privatarchiv Prof. Dr. Joachim Petzold).

54 ABBAW, ZIG 165, Ernst Engelberg, Diskussionsbeitrag in der Mitgliederversammlung der SED-Grundorganisation des Instituts für Geschichte, 15.6.1965.

55 Hans Joachim Berbig: Thomas Müntzer in der Geschichtswissenschaft der DDR, in: Geschichte in Wissenschaft und Unterricht 27 (1976), S. 211–222, hier S. 216.

tionsmusters. Der damit einhergehende Perspektivenwechsel etablierte ein entgegengesetztes Paradigma, das die Entwicklung der ostdeutschen Geschichtswissenschaft nicht länger als fortschreitende Zerstörung der Fachwissenschaft durch die Parteiideologie begriff, sondern im Gegenteil als zwar zögerliche und uneinheitliche, aber im ganzen doch fortschreitende Emanzipation des historischen Denkens von den Fesseln der Politik. Sichtbar reagierte dieses neue Denken nicht nur auf innerfachliche Differenzierungs- und Professionalisierungstendenzen in der DDR, sondern vor allem auf die Veränderungen des politischen Kontextes in der Entspannungsära und besonders auf die Erkenntnis, daß die deutsche Teilung und auch eine zweite deutsche Geschichtswissenschaft keine bloßen Übergangsphänomene waren. Vielmehr galt nun, »daß mit der DDR zu leben ist und nur die Beibehaltung des status quo in Europa langfristig Sicherheit und Entspannung garantieren kann«, was für die DDR-Forschung den Verzicht darauf bedeuten müsse, »Ideologien, Hypothesen oder ›Theorien‹ zu produzieren und in Umlauf zu setzen, die eben diesen status quo in Frage stellen können«.[56]

Der Wandel vom »ausgrenzenden« zum »ökumenischen« Deutungsmuster in der bundesdeutschen Fachöffentlichkeit läßt sich an der Entwicklung der Diskussion über die DDR-Geschichtswissenschaft in den siebziger und achtziger Jahren Schritt für Schritt ablesen. An ihrem Anfang standen Zweifel an der normativen Totalverurteilung der Ost-Wissenschaft und ihrer monolithischen Festgefügtheit, die mit dem gewachsenen Forschungsertrag ostdeutscher Arbeiten in einzelnen Bereichen, den inneren Zäsuren des marxistisch-leninistischen Geschichtsbildes[57] oder den gravierenden, politisch induzierten Schwankungen argumentierten.[58] In späteren Jahren nahmen immer mehr West-Historiker selbst die ideologisch besonders aufgeladene Zeitgeschichtsforschung der DDR nicht mehr als in sich geschlossen wahr, sondern versuchten auch hier eine »differenziertere Sicht in der Historikerdiskussion« nachzuzeichnen.[59] Die sich mehrenden Befunde verlangten nach einer allgemeineren Erklärung. Sie wurde durch die in den siebziger Jahren rasche Verbreitung

56 Josef Foschepoth: Reformation und Bauernkrieg im Geschichtsbild der DDR. Zur Methodologie eines gewandelten Geschichtsverständnisses, Berlin 1976, S. 23, unter Bezug auf eine Einlassung von Wolfgang Pfeiler: Über den politischen Wert einer wissenschaftlichen DDR-Forschung, in: Deutschland Archiv 6 (1973), S. 493–499, hier S. 497.

57 Alexander Fischer/Günther Heydemann: Weg und Wandel der Geschichtswissenschaft und des Geschichtsverständnisses in der SBZ/DDR seit 1945, in: Dies. (Hrsg.): Geschichtswissenschaft in der DDR, Bd. 1: Historische Entwicklung, Theoriediskussion und Geschichtsdidaktik, Berlin 1988, S. 3–30, hier S. 7.

58 Ulrich Neuhäußer-Wespy: Die SED und die Historie. Probleme und Aspekte der gegenwärtigen Umorientierung in der Geschichtswissenschaft der DDR, in: Aus Politik und Zeitgeschichte, B 41/1976, S. 30–45. Vgl. ders.: Zur Neuorientierung der DDR-Geschichtswissenschaft seit 1971, in: Geschichte in Wissenschaft und Unterricht 31 (1980), S. 172–187.

59 Christina von Buxhoeveden: Geschichtswissenschaft und Politik in der DDR. Das Problem der Periodisierung, Köln 1980, S. 220. Vgl. auch Hans-Dieter Schütte: Zeitgeschichte und Politik. Deutschland- und blockpolitische Perspektiven der SED in den Konzeptionen marxistisch-leninistischer Zeitgeschichte, Bonn 1985, S. 201.

findende These geliefert, daß es in der DDR eine erheblich größere Diskrepanz zwischen Sachforschung und ideologischen Grundlagen gebe, als bislang wahrgenommen. Aus dieser veränderten Perspektive erhielt das Bild von der geistigen Verfassung der Historiographie unter kommunistischer Herrschaft neue Konturen. Es deutete ihre Entwicklung nicht mehr als rapiden Verfall von Wissenschaft infolge politischer Vereinnahmung, sondern als allmähliche Emanzipation von ideologischer Gängelung, als – wenngleich uneinheitliche und zaghafte – wissenschaftliche Aufstiegsgeschichte. Damit aber war eine Ökumene der Historiker denkbar geworden, die auch der verstaatlichten Historie der DDR einen Platz bot: Ihre vordem unbeirrte Enthüllung als gelenkte Pseudowissenschaft wurde mehr und mehr durch das beharrliche Bemühen um ihre allmähliche Integrierung in die *scientific community* abgelöst.

In derselben Zeit vollzog sich auch in der Ost-Wissenschaft eine Anpassung, die freilich ganz anders geartet war und sich schlagwortartig als »Normalisierung durch Nihilierung« etikettieren läßt, als Versuch, die westliche Störwissenschaft aus dem eigenen Fachleben zu eliminieren. Der Zugang zu westlicher Fachliteratur blieb restringiert, Reisen in das »nichtsozialistische Wirtschaftsgebiet« einem ausgewählten und vom Ministerium für Staatssicherheit für unbedenklich erklärten Reisekaderstamm vorbehalten. Geschichtswissenschaftliche Einrichtungen mußten in der zweiten Hälfte der sechziger Jahre ihre noch bestehenden Westverbindungen melden und in der Regel abbrechen, bis die DDR-Seite sich 1970 auch aus dem »Hansischen Geschichtsverein« als dem letzten gesamtdeutschen Historiographie-Unternehmen mit Ausnahme der *Monumenta Germaniae Historica* zurückzog. Fortan lauteten routinemäßige »Meldungen über Beziehungen [...] zu Einrichtungen und Personen in der BRD« gewöhnlich so: »Das ZI [Zentralinstitut] für Geschichte ist an der Benutzung von Archiven und Bibliotheken in der BRD und in Westberlin [...] interessiert. Aus Archivbenutzung und Anforderung von Materialien auf dem Postwege ergeben sich sowohl schriftliche als auch persönliche Kontakte mit den Archiv- bzw. Bibliotheksleitungen und -verwaltungen bzw. einzelnen Angestellten. Eine wissenschaftliche Zusammenarbeit findet jedoch nicht statt.«[60] Innerdeutsche Begegnungen außerhalb der von DDR-Seite mit ausgwählten Delegationen beschickten Internationalen Historikerkongresse hatten in dieser Zeit Seltenheitswert und tauchten in den Rechenschaftsberichten historischer Forschungseinrichtungen vor allem als Prüfung der eigenen Standhaftigkeit gegenüber dem Versucher auf, wie der Jahresbericht des Zentralinstituts für Geschichte für 1978 ausweist: »Gelegentlich gab es von seiten der BRD Versuche, sogenannte ›innerdeutsche‹ Kontakte anzuknüpfen, die alle zurückgewiesen wurden.«[61]

60 ABBAW, ZIG 174, Meldung vom 7.6.1977, Anl.
61 Ebenda, 088.

Wandel durch Annäherung

Doch im Zuge des weltweiten Entspannungsprozesses und des unter Erich Honecker forcierten Strebens nach internationaler Anerkennung ließ eine solche »Normalisierung durch Nihilierung« nicht länger aufrechterhalten, weil ihm die entscheidende Voraussetzung immer weiter zu entgleiten begann: die gesellschaftliche und politische Abschließung des zweiten deutschen Staates. Eine ostdeutsche Geschichtswissenschaft, die unermüdlich um die Aufnahme in den Internationalen Historikerverband, das Comité International Science Historique, kämpfte, konnte auf Dauer um so weniger in der Abschottung verharren, als das westliche Werben um Kontaktaufnahme ihr selbst nicht zuletzt als der beste Beleg ihrer immer deutlicheren Überlegenheit erscheinen mußte.[62] »Derartige Angebote sollten beachtet und geprüft werden. Die Geschichtswissenschaft der DDR besitzt die Kraft, solche Dialoge im Sinne unserer ideologischen Offensive zu führen«[63], erläuterte die Historiker-Gesellschaft der DDR 1984 ihre Empfehlung, auf einen von Lutz Niethammer und Hans Mommsen ausgehenden Dialogvorschlag zur Zeitgeschichte einzugehen. Auch die eigene Historikerschaft drängte immer stärker auf erleichterte Reise- und Austauschmöglichkeiten mit dem Westen und konnte sich hierbei obendrein einer systemkonformen Argumentation bedienen: »Da Beweiskraft und Wirksamkeit und damit die internationale Geltung unserer geschichtswissenschaftlichen Forschungsergebnisse in hohem Maße von der Erschließung neuen Quellenmaterials bestimmt werden, ist die optimale Nutzung der Möglichkeiten zu Archiv- und Bibliotheksstudien auch in nichtsozialistischen Ländern [...] unverzichtbar.«[64]

Freilich wurden intern auch die Kosten einer Kooperation mit dem Klassenfeind kalkuliert, die in den achtziger Jahren zu einer lawinenartigen Zunahme von genehmigten West-Reisen und Austauschbeziehungen führten: »Es häufen sich Einladungen zu Vorträgen, Tagungen und zu gemeinsamen

62 Als Beispiel für viele sei die Argumentation des ostdeutschen »Handbuchs« »Kritik der bürgerlichen Geschichtsschreibung« angeführt: »Der marxistisch-leninistischen Forschung wird [...] von der bundesrepublikanischen Historie zunehmend Aufmerksamkeit gewidmet. In der Tat unterscheiden sich Arbeiten und Rezensionen über die Geschichtswissenschaft der DDR und einzelne ihrer Ergebnisse, die in den letzten Jahren erschienen sind, nicht unbeträchtlich von jenen Auslassungen, die in den fünfziger Jahren und noch zu Beginn der sechziger Jahre das Feld beherrschten. Eine Ursache dafür kann darin erblickt werden, daß sich die Geschichtswissenschaft der DDR ebenso entfaltete und internationale Geltung gewann wie der sozialistische Staat, mit dem sie aufs engste verbunden ist. Daraus ergab sich auch, daß eine Geschichtswissenschaft nicht länger ignorantenhaft behandelt werden kann, von der befürchtet wird, ›das Bild von der politischen Geschichte Deutschlands im 19. und 20. Jahrhundert im Ausland‹ werde ›in einigen Jahren‹ von ihr bestimmt sein.« Berthold u. a. (Hrsg.): Kritik der bürgerlichen Geschichtsschreibung, S. 134, mit Bezug auf eine Aussage Dieter Riesenbergers.

63 Der Bundesbeauftragte für die Unterlagen des Staatssicherheitsdienstes der ehemaligen Deutschen Demokratischen Republik, AGMS 5397/85, Zusammenfassung eines Berichtes der Historikergesellschaft der DDR, 10.4.1984.

64 ABBAW, ZIG 686, Bd. 2, Bericht über die Leistungsentwicklung und die Erfüllung der anteiligen Aufgaben des Zentralen Forschungsplanes [...] im Jahre 1986, 10.12.1986.

Veröffentlichungen, besonders seit Abschluß des Kulturabkommens DDR-BRD. Realisiert werden vorrangig diejenigen Vorschläge, die der DDR bedeutenden wissenschaftlichen und politischen (z. T. auch finanziellen) Nutzen bringen und die einer weiteren fruchtbaren Zusammenarbeit mit uns nahestehenden linksorientierten, liberalen sowie einem Dialog zugänglichen realistischen bürgerlichen Historikern dienen.«[65] Doch diese Kanalisierungsbemühungen erwiesen sich als nutzlos. Rasch verschwanden aus den Reiseberichten derselben Zeit die identitätsverbürgende Betonung der eigenen Parteilichkeit und die kategorische Abgrenzung vom bürgerlichen Gegner zugunsten einer nicht weniger stereotypen Beteuerung des beiderseitigen Nutzen einer fachlichen Verständigung im Zeichen des bedrohten Weltfriedens. Zurückgekehrte DDR-Historiker berichteten nun über »sehr objektiv gehaltene und neue Forschungsergebnisse« ihrer westlichen Kollegen, beklagten die Schwierigkeiten, in einen »beiderseits aufgeschlossenen Dialog« über die Kriterien geschichtswissenschaftlicher Erkenntnis zu kommen, und empfanden ihre Teilnahme gleichwohl als »zweckmäßig und nützlich, da die Gelegenheit besteht, den marxistischen Standpunkt [...] offensiv darzulegen« und »von allen Seiten das Interesse an weiterer Zusammenarbeit mit der DDR-Historiographie geäußert« werde.[66]

Daß die diesem Wandel aufgeschlossenen Historiker der DDR sich gleichwohl auch in den achtziger Jahren nur tastend auf dem unübersichtlichen Gelände der innerdeutschen Fachkontakte zu bewegen wagten, illustriert der Reisebericht eines Faschismusforschers über seine Teilnahme an einer Tagung der Arbeitsgemeinschaft zur Preußischen Geschichte in der Evangelischen Akademie Hofgeismar im September 1987: »An sich hat mich die Einladung verwundert; denn mein Buch über die Jungkonservativen als geistige Wegbereiter des Faschismus, über dessen Inhalt ich referieren sollte, ist eine scharfe Abrechnung mit dem reaktionären Preußentum. Da der Hauptredner [...] wegen einer Amerikareise abgesagt hatte, rückte mein Referat in den Mittelpunkt der Tagung. Ich hatte es Wort für Wort schriftlich ausgearbeitet und selbstverständlich der Direktion zur Freigabe vorgelegt. Es hat heftige Diskussionen ausgelöst, die aber doch insgesamt auf die von einigen Tagungsteilnehmern erhobene Forderung hinausliefen, [...] sich in Zukunft mehr mit den Forschungsergebnissen der ›Damen und Herren aus dem Osten‹ auseinanderzusetzen. Ich habe Einladungen zu Vorlesungen und Seminaren erhalten [...]. Ich habe keinerlei Zusagen gemacht, sondern im Gegenteil auf meine beruflichen Belastungen in der Forschungsarbeit verwiesen, die dem entgegenstünden.«[67]

65 Ebenda, 163/1, Jahresbericht des ZIG für 1986.

66 Ebenda, A 8485, Wolfgang Küttler, Konferenz »Theorie der Geschichte«, Besprechung mit Prof. Kocka, 9.–12.12.1987, u. Dietrich Eichholtz, Sofortbericht über die Reise nach Bochum (Vortragsreise) und nach Brüssel (Studienreise) in der Zeit vom 10. bis 23.11.1987.

67 Ebenda, Joachim Petzold, Sofortbericht über den Besuch einer Tagung der Arbeitsgemeinschaft zur preußischen Geschichte vom 28.–30.9.1987 in Hofgeismar.

Diskursauflösung durch Fachaussöhnung

Die Integration von immer mehr historischen Forschungsfeldern der ostdeutschen Fachwissenschaft wurde erleichtert durch eine immer deutlichere Bereitschaft der westdeutschen Historiographie, ihre Wende von der normativen Ausgrenzung zur pragmatischen Einbeziehung des ostdeutschen Schwesterfachs bis an den Rand der eigenen Identitätsaufgabe weiterzutreiben. Im bundesdeutschen Verständnis hatte die DDR-Geschichtswissenschaft auf ihrem Weg der Emanzipation von politischer Bevormundung durch die SED ein tüchtiges Stück zurückgelegt und war in ihre »Verwissenschaftlichungsphase« eingetreten, die sie von einem selektiven zu einem integralen Geschichtsbild geführt habe.[68] Selbst eine administrative Entscheidung der DDR-Wissenschaftspolitik wie die Einführung des Rates für Geschichtswissenschaft im Jahre 1968 diente aus dieser Sicht dem Nachweis, daß »das Prinzip bisheriger Dekretierung politisch-ideologischer Aufgaben der Geschichtswissenschaft durch die SED von einem konsultativen Komunikationsprozeß abgelöst« worden sei.[69] Dieser Befund ließ eine qualitative Unterscheidung zwischen den beiden deutschen Geschichtswissenschaften zunehmend überholt erscheinen und öffnete statt dessen den Blick auf ihre »erstaunliche Parallelität« und mögliche Konvergenz: »Die Historiker in der Bundesrepublik und in der DDR haben heute mehr gemeinsam als vor zehn oder zwanzig Jahren«, bilanzierte etwa Jürgen Kocka 1988[70], und Günther Heydemann erklärte im selben Jahr die »Herausbildung einer wissenschaftlich innovativen, marxistisch-leninistischen Historiographie, die in der Lage war, ein überzeugungsfähiges und damit den brennenden politisch-historischen Legitimationsbedarf der DDR erfüllendes Geschichtsbild zu produzieren«, zum eigentlichen Ziel der SED.[71] Schon zuvor hatten andere Beobachter auch die höhere Objektivität der politisch nicht oder doch weniger gebundenen Historiographie im Westen anzuzweifeln begonnen und das Bewußtsein der Standortgebundenheit allen Denkens zu »eine[r] Art Minimalkonsens« beider deutscher Geschichtswissenschaften erklärt.[72] Anders als in den sechziger Jahren schloß in der westdeutschen Zunft unter diesen Voraussetzungen auch eine nüchterne Aufstellung

68 Fischer/Heydemann: Weg und Wandel der Geschichtswissenschaft, S. 19.

69 Ebenda, S. 15.

70 Jürgen Kocka: Prinzipielle Unterschiede – gemeinsame Probleme, in: Susanne Miller/Malte Ristau (Hrsg.): Erben deutscher Geschichte. DDR -BRD, Protokolle einer historischen Begegnung, Reinbek 1988, S. 26–32, hier S. 26. Ohne darüber die fortbestehenden und gravierenden Gegensätze zu übersehen, begründete Kocka sein Urteil so: »In vielen Einzelbereichen der empirischen Forschung verfolgt man ähnliche Fragestellungen, benutzt man gleiche Methoden und lernt voneinander. Hier wie dort zeigen sich ähnliche Trends, etwa eine gesteigerte Beschäftigung mit Sozialgeschichte. [...] Das gegenseitige Verhältnis ist durch zunehmende Differenzierung und größere Sachlichkeit bestimmt.« Ebenda.

71 Günther Heydemann: »Die andere deutsche Klio«: Geschichtswissenschaft in der DDR und deutsche Geschichte, in: Streitfall deutsche Geschichte. Geschichts- und Gegenwartsbewußtsein in den 80er Jahren, hrsg. von der Landeszentrale für Politische Bildung Nordrhein-Westfalen, Essen 1988, S. 209–224, hier S. 215.

72 So schon 1976 Josef Foschepoth: Reformation und Bauernkrieg, S. 13.

der in der ostdeutschen Geschichtsschreibung fortbestehenden »Schönfärbereien« und »weißen Flecken« nicht mehr das Angebot aus, sich über die »Prinzipien einer Partnerschaft« mit »der anderen deutschen Klio« zu verständigen, »die sich der Verantwortung auch der Wissenschaftler für den Umgang mit Geschichte bewußt sein will.«[73]

Die Folgen dieser beiderseitigen Öffnung allerdings waren unvorhergesehen; die unterstützende Kooperationsbereitschaft des Westens entpuppte sich schließlich als tödlicher Konkurrenzdruck für den Osten. Als beispielsweise im Oktober 1987 das die historische Forschung in der DDR dominierende Akademie-Institut für Geschichte auf einer Klausurtagung Bilanz über seine Stellung im internationalen Wettbewerb zog, war man sich einig, daß das bisherige Profil erhalten und gleichzeitig ausgebaut werden müsse: »Zugleich sind mit der Sozialgeschichte, Alltagsgeschichte, Proletariatsforschung in der Volkskunde, Regionalgeschichte, Kirchengeschichte, Akademiegeschichte neue Forschungsrichtungen zu entwickeln bzw. weiterzuentwickeln, die Forschungen zur Geschichte der DDR auszubauen, die geschichtswissenschaftliche Information auf ein höheres Niveau zu heben und weitgehend auf EDV umzustellen und weitere Forschungslücken zu schließen.« Deutlicher noch beschrieb der Direktor dieses Instituts die Sprengkraft, die aus einer ungeschützten Konkurrenz zwischen den beiden deutschen Geschichtswissenschaften resultieren müsse, in einer Dienstbesprechung seines Hauses über ein zum Thema »Erbeerschließung und Traditionspflege« vorgelegtes Arbeitspapier: »Prof. Schmidt antwortet, daß er ursprünglich das Papier wieder einziehen wollte, es aber jetzt doch in den Händen der Bereichsleiter läßt. Er bat aber darum, vor Überarbeitung des Papiers noch keine institutsweite Diskussion zu beginnen, es nur für den eigenen Gebrauch zu nutzen und evtl. einen bestimmten Kreis von Mitarbeitern einzubeziehen. [...] Im Herbst wird dann zur ganzen Problematik ein Institutsplenum stattfinden, auf dem dann von uns verantwortungsbewußt alle Fragen in der ganzen Breite ins Institut getragen werden können. Dann ist zu überlegen, ob und was veröffentlicht werden kann. Das wird auch von der Großwetterlage abhängig sein, denn jetzt ist noch nicht abzusehen, wie die ganze Erbe-/Traditionsproblematik in den nächsten fünf Jahren angegangen wird. Auf jeden Fall geht es aber nicht mehr so weiter, daß wir weiter differenzieren und breiter werden bei allen anderen Klassen und Schichten, nur bei der Führungskraft der sozialistischen Gesellschaft nicht. Wenn dort nicht nachgezogen wird, müssen wir bremsen, denn das ist dem Gegner schon so auffällig, daß es mich eigentlich wundert, daß er höflich, freundlich und zuvorkommend ist und uns das nicht tagtäglich um die Ohren haut. Alle Arbeiten von ihnen haben diesen Fragenkomplex noch nicht angepackt. Nur in persönlichen Gesprächen haben sich westdeutsche Vertreter geäußert und ganz brutal auf diesen offenkundigen Rückstand hingewiesen. Und dieser Rückstand liegt nicht bei uns. Weiter, als hier zur Arbeiterklasse Stellung genommen ist, möchte Prof. Schmidt nicht gehen. Mehr

73 Dietrich Staritz: DDR-Geschichte im deutsch-deutschen Wissenschaftsdialog, in: Aus Politik und Zeitgeschichte, B 34/1989, S. 10–17, hier S. 17.

können wir dazu nicht sagen, das müssen andere, dazu Berufene, tun. Von uns ist im Papier auf die Gefahr und daß Disproportionen und Unstimmigkeiten im Geschichtsbild, was ich ausdrücklich betone, entstehen können, hingewiesen worden.«[74]

Immer häufiger monierten DDR-Historiker nun mit Blick auf die deutschdeutsche Konkurrenz die eigene restriktive Forschungspraxis oder, schlimmer noch, mahnten sie tabubrechende Einschätzungen auch in der Zeitgeschichte an, um nicht vom Gegner überholt zu werden. Immer häufiger bewerteten interne Fachgutachten, die Voraussetzung einer Druckfreigabe waren, vorgelegte Arbeiten nach den Kriterien von Komplexität und Ausgewogenheit und wiesen tadelnd auf »Vereinfachungen« und »Einseitigkeiten« hin. Eine besondere Konjunktur erlebte in diesem Kontext die Forderung nach Differenzierung, die eine Brücke vom heimischen zum internationalen Fachverständnis zu schlagen erlaubte, und in den achtziger Jahren eine geradezu epidemische Verbreitung in der internen Fachpraxis erlebte. Welche identitätszerstörende Folgen für das sozialistische Geschichtsdenken aus seiner allmählichen Integration in die *scientific community* erwuchsen, illustriert das Ergebnis einer west-östlichen Diskussion über einen von der DDR-Seite für die Fernuniversität Hagen erarbeiteten Lehrbrief zur Sozialgeschichte. Wie der entsprechende Reisebericht festhielt, problematisierten die Hagener Kollegen nicht nur das Dogma der einheitlichen revolutionärem Umgestaltung in der SBZ und die vom Autor behauptete Einheit von Wirtschafts- und Sozialpolitik in der DDR, sondern auch den von ihm verwendeten Klassenbegriff und die geringe Komplexität seines Verständnisses von gesellschaftlichem Fortschritt oder von Arbeiterinteressen: »In der Diskussion zeigten sich beträchtliche Verständigungsschwierigkeiten [...], und schon aus Zeitmangel wurde von unserer Seite mehr postuliert, als sich nachweisen und erläutern ließ. [...] Obwohl die Diskussion nicht recht befriedigen konnte, erfüllte sie insofern ihren Zweck, als sie [...] uns anzeigte, wo wir unser Anliegen besser verständlich machen und ›verkaufen‹ müssen«.[75]

Das gesamtdeutsche Beziehungsschauspiel beendete schließlich ein doppeltes Mißverständnis. Im Westen mißdeutete man die Folgen der eigenen Öff-

74 ABBAW, ZIG 091/6, Diskussionsprotokoll zum Tagesordnungspunkt 1 der Dienstbesprechung vom 15.5.1985.

75 Ebenda, 703/9, WB DDR-Geschichte im ZIG der Akademie der Wissenschaften, Bericht über das Arbeitstreffen in der FernUniversität Hagen (BRD), 30.9.–3.10.88, 10.10.1988. In welche *arcana* eine deutsch-deutsche Partnerschaft auf dem Gebiet der Zeithistorie führen konnte, dokumentierte dasselbe Arbeitstreffen, das sich in seinem weiteren Verlauf der Frage nach einem »gesellschaftlichen Grundkonsens« in der DDR zuwandte: »Herbert erklärte: Gäbe es den von Niethammer konstatierten Grundkonsens, sei er nun ›aktiv‹ oder (nach Niethammer) ›passiv‹, wäre die DDR stabiler, als er bislang angenommen hätte. Niethammer bestand darauf, dieser Konsens sei lediglich ›residual‹. Aktuell sei ein – durch bestimmte politische Einsichten angereichertes – Arrangement mit der Macht. Plato billigte unserem politischen System eine historische Legitimation zu, die es als ›Erziehungsdiktatur‹ bei der Entnazifizierung der Gesellschaft besessen, mittlerweile aber verloren habe. Insoweit die DDR von ihren Bürgern heutzutage der BRD vorgezogen werde, erwachse das weitgehend aus dem dominierenden Bedürfnis nach Sicherheit.« Ebenda.

nung zu den Erkenntnischancen »eines anderen historischen Blicks«, wie Georg Iggers noch in der Wendezeit titelte[76], und verstand als bloßen Beistand zur Verwissenschaftlichung, was doch gleichermaßen die Herausforderung zu einer systemsprengenden Deutungskonkurrenz war. Im Osten erlag man dem selbst erzeugten Glauben an die Stabilität »einer der sozialistischen Gesellschaft gemäßen, voll ausgebildeten, produktiven Geschichtswissenschaft«[77], die durch ihre dosierte Integration in die internationale Fachgemeinschaft ihren Beitrag zur wachsenden Ausstrahlung des Sozialismus leisten könne. Erst im Rückblick auf die nacheinander spielenden Szenen der deutsch-deutschen Historikerbeziehungen in der Zeit der staatlichen Teilung wird erkennbar, wohin das Konstrukt einer eigenständigen sozialistischen Geschichtswissenschaft in der DDR durch die vermeintliche Stärkung durch Anerkennung in Wahrheit geführt wurde: in ihre innere Auflösung durch Anverwandlung.

76 Georg G. Iggers: Ein anderer historischer Blick. Beispiele ostdeutscher Sozialgeschichte, Frankfurt a. M. 1991.

77 Walther Schmidt: Zur Geschichte der DDR-Geschichtswissenschaft vom Ende des zweiten Weltkriegs bis zur Gegenwart, in: Beiträge zur Geschichte der Arbeiterberwegung 27 (1985), S. 614–633.

Arnold Sywottek

Wirtschafts- und sozialpolitische Entwicklungen als Legitimationsbasis im deutsch-deutschen Systemgegensatz

Daß die wirtschaftliche Lage und ihre Bewertung politische Präferenzen der Bevölkerung und deren politisches Verhalten und damit die Entscheidungen der wahlberechtigten Bürger mitbestimmen, ist generell unbestritten. In ihren differenzierten handlungsbestimmenden Ausformungen sind diese Zusammenhänge jedoch bisher selten konkret nachgewiesen, und auch in diesem Beitrag kann es nur um einige Hinweise und Annäherungen an das Thema gehen.

Aspekte der Legitimationsproblematik

Nach der »Legitimität« gegebener gesellschaftlicher und politischer Verhältnisse wird in westdeutschen akademisch-politischen Diskussionen seit den ausgehenden sechziger Jahren gefragt. Das oft marxistisch inspirierte »Hinterfragen«, das im politisch-kulturellen Jargon oft angesagt war, zielte auf die Verbreitung der Einsicht, daß nicht alles so sein mußte und sein sollte, wie es sich darbot. Hinweise auf Akzeptanz- und Wirkungsdefizite von Programmen, zum Beispiel der Gemeinwohl-Orientierung, und von Institutionen, zum Beispiel der Parlamente als »Volksvertretungen«, wurden damals zur »Legitimationskrise« verdichtet.[1] In der Folge des theoriebezogenen Streits darüber, ob sich »Legitimation (nur) durch Verfahren«[2] vollziehe, versuchten soziologische Empiriker, den sich in solchen Diskursen äußernden »Wertewandel« nachzuweisen – ein für Historiker teils nützliches, teils sie ratlos lassendes Unterfangen.[3] Doch Schlußfolgerungen wie die, daß die Zufriedenheit der Bevölkerung mit der wirtschaftlichen und sozialpolitischen Entwicklung der westdeutschen Demokratie maßgeblich zur Stabilität verholfen hat, sind weiterführend – gerade auch in der hier anstehenden Erörterung.[4]

Hier soll der Frage nachgegangen werden, welche wirtschaftlichen und sozialpolitischen Entwicklungen sich in der ständigen Bekräftigung des eingeschlagenen Wegs in Westdeutschland niederschlugen. Diese Frage soll verglei-

1 Jürgen Habermas: Legitimationsprobleme im Spätkapitalismus, Frankfurt a. M. 1973.
2 Niklas Luhmann: Legitimation durch Verfahren, Frankfurt a. M. 1969.
3 Max Kaase: Legitimitätskrise in westlichen demokratischen Industriegesellschaften – Mythos oder Realität? In: Helmut Klages/Peter Kmieciak (Hrsg.): Wertwandel und gesellschaftlicher Wandel, Frankfurt a. M. 1979, S. 328–350.
4 Bettina Westle: Politische Legitimität. Theorien, Konzepte, empirische Befunde, Baden-Baden 1989.

chend auch im Blick auf den ostdeutschen Weg gestellt werden, der anders »gepflastert« war und gewissermaßen in zahlreichen »Wüstungen« endete (um im topographischen Bild zu bleiben). Die Ereignisse, die zu den »Wüstungen« führten, können hier allerdings nicht rekapituliert werden[5]; betrachtet werden soll das »Wanderer«-Verhalten auf beiden Wegen, auch Gängelungen und Appelle, optimistisches und mißmutiges Voranstapfen, ängstliches Nachlaufen und selbstbewußtes Auftrumpfen gegenüber Führern, die unangemessen erscheinende Tempi vorgaben, und auch das Sich-absetzen vom jeweiligen Weg. Mit solchen Bildern soll darauf hingewiesen werden, daß Quellen, die über die jeweilige Zufriedenheit der Bevölkerung Auskunft geben, für West- und Ostdeutschland nicht gleichermaßen zur Verfügung stehen. Systematisch erhoben wurden Daten zur Beurteilung der Lebensqualität in Westdeutschland erst seit Mitte der siebziger Jahre[6] – zu einem Zeitpunkt, als die Sehnsucht nach einer »anderen Republik«[7] oder einem »dritten Weg«[8] hier kaum noch populär war. Aus der DDR sind vergleichbare Erhebungen bisher nicht bekannt.

Die wirtschaftsordnungspolitischen Grundlagen für die unterschiedliche Entwicklung in Ost- und Westdeutschland waren gelegt, als die beiden Republiken konstituiert wurden.[9] Wieviel ordnungspolitischer Spielraum für die zunächst nicht für ausgeschlossen gehaltene Wiedervereinigung bis 1953[10] sowohl in Ost- als auch in Westdeutschland bestand, wäre einmal genau auszuleuchten. Bekannt ist, daß für die sowjetischen Vorstellungen von der Wiedervereinigung Deutschlands die Forderung nach »antifaschistischen« bzw. »nichtimperialistischen« Strukturen in der Wirtschaft für ganz Deutschland kennzeichnend war; wie dem hätte entsprochen werden können, ist bisher nur

5 Charles S. Maier: Dissolution. The Crisis of Communism and the End of East Germany, Princeton, New Jersey 1997, S. 59 ff.

6 Wolfgang Zapf: Lebensbedingungen in der Bundesrepublik – sozialer Wandel und Wohlfahrtsentwicklung, Frankfurt a. M. 1977.

7 So Hoffnungen in den 60er Jahren; vgl. Friedrich Mager/Ulrich Spinnarke: Was wollen die Studenten? Frankfurt a. M. 1967.

8 Sammelbezeichnung für sowohl außenpolitische als auch ordnungspolitische theoretische Alternativen bzw. Synthesen zwischen den west- und ostdeutschen Wegen besonders in den 50er Jahren; vgl. Rainer Dohse: Der dritte Weg. Neutralitätsbestrebungen in Westdeutschland zwischen 1945 und 1955, Hamburg 1974. Martin Jänicke: Der dritte Weg. Die antistalinistische Opposition gegen Ulbricht seit 1953, Köln 1964. Belebung erfuhr das entsprechende Nachdenken noch einmal durch den »Prager Frühling«. Vgl. dazu den Rückblick Stefan Bollinger: Dritter Weg zwischen den Blöcken? Prager Frühling 1968: Hoffnung ohne Chance, Berlin 1995.

9 Gerold Ambrosius: Die Durchsetzung der Sozialen Marktwirtschaft in Westdeutschland 1945–1949, Stuttgart 1977. Jörg Roesler: Die Herausbildung der sozialistischen Planwirtschaft in der DDR, Berlin (O) 1978. Rainer Klump: Die Währungsreform von 1948. Ihre Bedeutung aus wachstumstheoretischer und ordnungspolitischer Sicht, in: Wolfram Fischer (Hrsg.): Währungsreform und Soziale Marktwirtschaft. Erfahrungen und Perspektiven nach 40 Jahren, Berlin 1989, S. 403–422.

10 Elke Scherstjanoi: Die sowjetische Deutschlandpolitik nach Stalins Tod 1953. Neue Dokumente aus dem Archiv des Moskauer Außenministeriums, in: Vierteljahreshefte für Zeitgeschichte 46 (1998), S. 497–549.

zu vermuten; ein Blick nach Finnland ist dabei vielleicht hilfreich.[11] Wenig bekannt dürfte sein, daß die Wiedervereinigungspläne, die in den Anfangsjahren der Bundesrepublik in Bonn erarbeitet wurden, mindestens für die ostdeutsche Landwirtschaft nicht die abrupte Wiederherstellung der Eigentumsverhältnisse von vor 1945 vorsahen.[12]

In Westdeutschland war die Ablehnung des sowjetischen Modells der Volkswirtschaft, dem sich Ostdeutschland erklärtermaßen näherte, unstrittig, sieht man von den Kommunisten ab; und für die Nachkriegsvorstellungen von »Sozialismus«, denen Gewerkschaften, Sozialdemokraten und christdemokratische Arbeitnehmer zunächst folgten, gab es ab 1948 kurzfristig wohl kaum noch Realisierungschancen.[13] Diese Verbände stellten sich ab 1949 nach und nach auch programmatisch auf das Arrangement mit den bestehenden Verhältnissen ein. Nicht die Ordnung insgesamt wollten sie zur Disposition gestellt wissen; es ging ihnen nur um einzelne – kompatible – Komponenten, die noch anzusprechen sind. Die spätere Fundamentalopposition der ausgehenden sechziger und frühen siebziger Jahre in der alten Bundesrepublik war, wie zuvor die der KPD/DKP, marginal und bleibt hier außer Betracht.

In der DDR stellte sich das Problem der Legitimation radikaler. Die Mitte Juni 1953 auf gesamtdeutsche freie Wahlen gerichteten oppositionellen Parolen dürften auch einer anderen wirtschaftlichen Ordnung gegolten haben; denn die bestehende war an die Suprematie der SED geknüpft, die in solchen Wahlen abgeschüttelt werden sollte.[14] Wie breit diese Fundamentalopposition damals war und von welchen Ordnungsvorstellungen sie geleitet war, bleibt wohl unergründbar, besonders wenn man die Ereignisse vom Juni 1953 mit einiger Berechtigung als »Volksaufstand« deutet. Daß die pflichtgemäßen Akklamationen bei späteren Wahlen der »Volksvertreter« in der DDR so gut wie keine Hinweise auf die Akzeptanz der Ordnung liefern können, ist wohl unumstritten[15]; nicht einmal von der SED wurden die Wahlergebnisse als zweifelsfreie Legitimation bewertet, sondern eher als möglichst glanzvoll zu inszenierende Akte der Loyalitätsbekundung. (Die Wahlen von 1989 wären einer gesonderten Analyse zu unterziehen.) Die Historiker werden deshalb andere Hinweise auf die vermutlich durchaus breite Akzeptanz und das Maß der Ablehnung der wirtschaftlichen Grundordnung in der DDR heranziehen müssen.

11 Hans Mouritzen: Finlandization: Towards a general theory of adaption politics, Aldershot u. a. 1988.

12 Forschungsbeirat für Fragen der Wiedervereinigung Deutschlands beim Bundesminister für gesamtdeutsche Fragen: Tätigkeitsbericht 1952/53 (Auszug) (Bonn 1954), S. 21 f.

13 Eberhard Schmidt: Die verhinderte Neuordnung 1945–1952, 7. Aufl., Frankfurt a. M. 1977.

14 Manfred Hagen: DDR – Juni 1953. Die erste Volkserhebung im Stalinismus, Stuttgart 1992. Ilko-Sascha Kowalczuk u. a. (Hrsg.): Der Tag X. 17. Juni 1953. Die »Innere Staatsgründung« der DDR als Ergebnis der Krise 1952/54, Berlin 1995.

15 Artikel »Wahlen«, in: DDR-Handbuch, hrsg. vom Bundesministerium für innerdeutsche Beziehungen, 2. Aufl., Köln 1979, S. 1147 f.

Wirtschaftliche Entwicklung und Legitimation

Sowohl die westdeutsche als auch die ostdeutsche Wirtschaft wiesen lange Zeit hohe Wachstumsraten auf. In den siebziger Jahren fand sich die Bundesrepublik auf Platz 2 und die kleine DDR auf Platz 10 oder 11 in den Weltranglisten der wirtschaftsstärksten Staaten eingeordnet.[16] In beiden Volkswirtschaften vollzog sich überdies ein markanter Strukturwandel hin zu hoher betrieblicher Konzentration in großen Unternehmenseinheiten, sichtbar besonders in der Landwirtschaft, aber auch in den Bereichen Handel und Gewerbe. Im Unterschied zur Bundesrepublik, wo dieser Prozeß marktmäßig ablief, wurde er in der DDR politisch diktiert und forciert, was oft der Volkswirtschaft kurzfristig schadete und langfristig kaum zu den Rationalisierungseffekten führte, die wirtschaftliche Konzentrationsprozesse mit sich bringen können, wie die vergleichsweise niedrige Arbeitsproduktivität in der DDR schon damals zeigte. Das verweist nicht zuletzt auf die im Kern ordnungspolitische Motivation in der Programmatik der SED und auf die klassenpolitische Dimension der Grundlegung der DDR-Wirtschaft, die sich vorderhand gegen erfolgreiche Privat-Unternehmer in Gewerbe und Landwirtschaft richtete[17]; viele von ihnen resignierten oder wanderten ab, so lange dies möglich war. In den Abwandernden[18] – nicht nur in den »Selbständigen« unter ihnen – ist ein Potential zu sehen, das die wirtschaftliche Entwicklung und die Wirtschaftspolitik, die in der DDR enger verflochten waren als in Westdeutschland, mindestens für Außenstehende eher delegitimierte als legitimierte.

Auch Westdeutschland verlor besonders in den fünfziger Jahren Einwohner durch Auswanderung[19]; die Auswanderer – unter ihnen auch manche, die im Gebiet der DDR gelebt hatten – zog es überwiegend in die USA und nach Kanada und Australien, wo sie für sich eine perspektivenreichere Zukunft sahen, als sie sich ihnen in Westdeutschland zu bieten schien. Dies wurde jedoch allenfalls marginal als Legitimationsproblem wahrgenommen. Unter legitimationsgeschichtlichen Gesichtspunkten war und ist entscheidend, daß es eine westdeutsche Wanderung nach Ostdeutschland in nennenswerter Höhe nicht gab.

Ein Teil der Zuwanderer aus der DDR konnte in Westdeutschland mit wirtschaftlicher Förderung rechnen, die sich nicht aus ihrer Herkunft aus dem Gebiet der DDR begründete, sondern aus ihrem Status als Flüchtlinge und Vertriebene aus den ehemaligen deutschen Gebieten jenseits der Oder und der

16 Vgl. 1979, in: World Bank Atlas, Washington D. C. o. J., S. 5.

17 Wolfgang Mühlfriedel/Klaus Wießner: Die Geschichte der Industrie der DDR bis 1965, Berlin (O) 1989.

18 Volker Ackermann: Der »echte« Flüchtling. Deutsche Vertriebene und Flüchtlinge aus der DDR 1945–1961, Osnabrück 1995.

19 Siegfried Bethlehem: Heimatvertreibung, DDR-Flucht, Gastarbeiter-Zuwanderung. Wanderungsströme und Wanderungspolitik in der Bundesrepublik Deutschland, Stuttgart 1982, S. 205 ff.

ČSR (Sudetenland).[20] Viele dieser Vertriebenen hatten zunächst in der SBZ/DDR Aufnahme gefunden, und in nicht wenigen Fällen folgte ihre Weiterwanderung üblichen, aus der Migrationsgeschichte bekannten Mustern: Sie zog es dorthin, wo Verwandte und Freunde es besser getroffen zu haben schienen.

Es waren, wie schon die Zeitgenossen in Ost- und Westdeutschland wußten, überwiegend junge, gut ausgebildete Facharbeiter, die den Weg, meistens über Berlin, nach Westdeutschland fanden, gegen Ende der fünfziger Jahre auch Ingenieure und andere Spezialisten, die hier einen wachsenden Bedarf deckten, dem die noch wenigen Fachhochschulabsolventen nicht nachkamen.[21] Dabei ist zu berücksichtigen, daß eine erste statistisch kaum erfaßte Zuwanderungswelle aus der SBZ, gerade auch von Hochqualifizierten, bereits in den vierziger Jahren Westdeutschland erreicht hatte – entweder in den letzten Kriegswochen oder ab 1946, als viele Unternehmen in deutsche staatliche oder gar direkte sowjetische Verfügung gerieten. Und es ist zu bedenken, daß in manchen wirtschaftlichen Feldern bereits der Verlust vergleichsweise weniger Personen zu markanten Schäden führen konnte. Dies gilt beispielsweise für die Landwirtschaft, in der die abwandernden Jungbauern schon vor und insbesondere im Zuge der Vollkollektivierung ab 1958/59 Produktion und Produktivität beeinträchtigten und damit die Legitimität der Führung – für diese spürbar[22] – in Frage stellten.

Nichtsdestoweniger ließ sich das breit fundierte grundsätzliche Einverständnis mit dem hohen Anteil an »Volkseigentum« als dem Grundelement der Wirtschaftsordnung der DDR noch in der zweiten Hälfte der fünfziger Jahre als traditioneller Antikapitalismus gegen scheinbar erfolgreiche Kleinunternehmer mobilisieren, die einen PKW oder einen LKW zugeteilt erhalten hatten.[23] Dies hinderte dieselben Bevölkerungskreise aber nicht daran, den jeweiligen Stand der wirtschaftlichen Entwicklung realistisch und die wirtschaftspolitische Praxis kritisch zu beurteilen. Daß die wirtschaftliche Rückständigkeit gegenüber Westdeutschland nicht nur im Lande wahrgenommen, sondern gelegentlich auch in den höchsten Führungszirkeln angesprochen wurde, belegen nicht erst bekannt gewordene Detailkritiken aus den achtziger Jahren[24], sondern auch schon eine Vorlage der Staatlichen Plankommission für die Sitzung des Politbüros der SED am 4. Juni 1957, die ankündigte, man werde auf der bevorstehenden RGW-Tagung erläutern: »Wir stehen nach wie

20 Eine genaue Bezifferung ist nicht möglich; vgl. Helge Heidemeyer: Flucht und Zuwanderung aus der SBZ/DDR 1945/49–1961. Die Flüchtlingspolitik der Bundesrepublik Deutschland bis zum Bau der Berliner Mauer, Düsseldorf 1994, S. 37 ff.

21 Ebenda, S. 50, S. 69.

22 Hinweise in Auszug aus Informationsberichten der Bezirksleitungen Potsdam, Frankfurt/Oder, Erfurt über einige Fragen der Landwirtschaft, 6.6.1961.; Stiftung Archiv der Parteien und Massenorganisationen im Bundesarchiv (SAPMO-BArch), DY 30/4, ZK der SED, Büro Gerhard Grüneberg, Abt. Parteiorgane des ZK der SED,

23 SAPMO-BArch, FBS 338/13 374, Bericht der »Brigade Jena«, 13. Mai 1958, ZK der SED, Abt. Agitation.

24 Theo Pirker u. a.: Der Plan als Befehl und Fiktion: Wirtschaftsführung in der DDR, Opladen 1995.

vor dem Problem gegenüber, daß Westdeutschland uns auch weiterhin bedeutend überlegen bleibt in der Frage der industriellen Produktion, der Investitionen und des Lebensstandards, wodurch fortgesetzt ein starker politischer und ökonomischer Druck auf die DDR ausgeübt wird.«[25] Das ökonomische Niveau, von dem hier die Rede ist, wird in einem Politbürobeschluß vom selben Tage deutlich: »Der Minister für Handel und Versorgung hat sich entschlossen, zum Pfingstfest aus HO-Beständen 36 Mio. Stück Eier zu einem verbilligten Preis abzugeben. Um eine Kontrolle darüber zu haben, erfolgt der Verkauf von 3 Stück Eiern auf Sonderabschnitt [...] der Lebensmittelgrundkarte.« Der ermäßigte Eierpreis wurde auf 25 Pfennige pro Stück festgesetzt.[26]

Ein weiterer Politbürobeschluß vom selben Tag bezog sich auf das Absinken der »Marktproduktion« in der zu diesem Zeitpunkt noch großenteils einzelbäuerlich betriebenen Landwirtschaft. In diesem Beschluß hieß es: »Die wesentliche Unklarheit bei vielen werktätigen Bauern besteht darin, daß sie in der Arbeiter- und Bauern-Macht der DDR unter den Bedingungen der Spaltung Deutschlands noch nicht den Staat mit einer festen Perspektive erkennen, der konsequent für die Interessen der werktätigen Bauern in Deutschland eintritt und Vorbild für die zukünftige Entwicklung in ganz Deutschland ist.«[27]

Zusammengenommen geben diese drei Zitate folgende Hinweise auf die Legitimitätsproblematik der DDR und ihrer Führung vor 1961 und darüber hinaus:

- Die politische Führung wußte, daß die wirtschaftliche Lage in absehbarer Zeit kaum geeignet sein würde, ihr in breiten Bevölkerungsschichten Legitimation zu verschaffen.
- Die politische Führung war sich ihrer autoritären Rolle als Verteilungsinstanz in der Mangelsituation bewußt; Zuwendungen an die Bevölkerung hatten Gratifikationscharakter.
- Die politische Führung nahm realistisch wahr, daß Bevölkerungsgruppen, die ihre Interessen in der DDR nicht vertreten sahen, weder die Staatsführung noch den Staat als legitim anerkannten. Ihrer autoritären Rolle entsprechend erklärte sie diesen Sachverhalt wesentlich mit Defiziten an politischem Bewußtsein bzw. mit dem Mangel an Zukunftsgewißheit in diesen Gruppen – der Zukunftsgewißheit, mit der sie selbst sich in letzter Instanz zu legitimieren suchte.

Es ist bekannt, daß die politische Führung der DDR der sich daraus ergebenden Aufgabe, die Bevölkerung zum »richtigen« Bewußtsein zu erziehen, gerade in den folgenden Jahren nicht gewachsen war und das in seinen wirtschaftlichen Folgen unübersehbare Legitimationsdefizit durch die Absperrung des Schlupflochs West-Berlin im August 1961 unwirksam zu machen suchte.

25 Vorlage für die Sitzung des Politbüros am 4.6.1957; SAPMO-BArch, DY 30, J IV 2/2A 568.

26 Beschluß des Politbüros vom 4.6.1957; ebenda.

27 Ebenda.

Wirkungen dieses offenen Einsatzes von Gewalt blieben wohl nicht auf die DDR beschränkt, wo die Bevölkerung sich mit dem dortigen Regime arrangierte; steigende Arbeitsproduktivität und Aus- und Fortbildungsbereitschaft waren wichtige Folgen.[28] Wohl mit Recht wird von Politikwissenschaftlern und Soziologen vermutet, daß die Berliner Mauer auch »einen stabilisierenden Rückwirkungseffekt auf die Akzeptanz des Regimes der Bundesrepublik durch seine Bürger gehabt haben dürfte«, indem es »die konkurrierende Systemalternative in symbolisch äußerst dichter Form« diskreditierte.[29] Diese Vermutung schließt an die Auswertung von Meinungsumfragen an, die seit der Besatzungszeit in Westdeutschland immer wieder durchgeführt wurden. Zwischen Februar 1947 und Januar 1949 war zum Beispiel in der US-Zone über 60 Prozent der Befragten jeweils primär an einer Regierung gelegen, die wirtschaftliche Sicherheit bot, dagegen nur rund 30 Prozent an einer Regierung, die individuelle Freiheit garantierte.

Dem neuen demokratischen Staat standen viele Bundesbürger anfangs distanziert gegenüber. Mit der günstigen wirtschaftlichen Entwicklung stieg dann die Zustimmung nicht nur zur Regierung, sondern auch zur bestehenden Republik an, wie sich beim Wahlsieg Konrad Adenauers und der CDU/CSU 1953 zeigte. Dabei wird man auch »Rückwirkungseffekte« der Ereignisse des »17. Juni« in der DDR in Rechnung stellen dürfen. Nach 1953 jedenfalls wuchs den Meinungserhebungen zufolge die Akzeptanz der bestehenden Ordnung auch bei den Anhängern der sozialdemokratischen Opposition. Etwa ab 1959 war es dann nicht mehr primär der wirtschaftliche Erfolg, der bei der Befürwortung der westdeutschen Demokratie den Ausschlag gab, sondern es waren die Normen und die Institutionen der repräsentativen Demokratie sowie ihre Funktionsweisen.

Gleichwohl blieben zeitgenössische Beobachter damals hinsichtlich der Stabilität der westdeutschen »Schönwetterdemokratie« skeptisch. Erst seit sich zeigte, daß die Einbrüche in die Wachstumskonjunktur 1964/66 und 1973/74 die Zunahme des aktiven Interesses an der Politik und an der Demokratie nicht gravierend beeinträchtigten, wuchs das Vertrauen in deren Stabilität. Für den Historiker bietet sich damit die These an, die wirtschaftliche Erfolgsgeschichte der Bundesrepublik in ihrem ersten Jahrzehnt auch als Grundlegung ihrer Demokratie anzusehen.

Mit Recht hat Christoph Buchheim kürzlich darauf hingewiesen, daß nicht allein und wohl auch nicht primär der westdeutschen Politik diese Erfolgsgeschichte gutgeschrieben werden kann; vor allem die US-amerikanische Politik, die die Modalitäten der westdeutschen Währungsreform 1948 als Ausgangs-

28 Johannes Huinink/Karl Ulrich Mayer/Heike Trappe: Staatliche Lenkung und individuelle Karrierechancen: Bildungs- und Berufsverläufe, in: Dies. u. a.: Kollektiv und Eigensinn. Lebensläufe in der DDR und danach, Berlin 1995, S. 89–143. Vor diesem Hintergrund ist zu diskutieren Heinz Niemann: Meinungsforschung in der DDR. Die geheimen Berichte des Instituts für Meinungsforschung an das Politbüro der SED, Köln 1993.

29 Dieter Fuchs: Die Unterstützung des politischen Systems der Bundesrepublik Deutschland, Opladen 1989, S. 107; zum Folgenden ebenda., S. 91 f.

punkt der Entwicklung maßgeblich bestimmte, habe für die günstigen außenwirtschaftlichen Bedingungen in den Folgejahren gesorgt.[30] Dies wird zu bedenken haben, wer als ordnungspolitische Voraussetzung der westdeutschen Demokratie die »soziale Marktwirtschaft« ansieht. Die »soziale Marktwirtschaft« mit ihren sozialpolitischen Verteilungsmöglichkeiten und -geboten konnte sich nur in *dem* Rahmen entfalten, der nicht zuletzt durch das in erheblichem Maße außenwirtschaftlich bedingte Wirtschaftswachstum gesteckt wurde.

Der DDR wurde solche außenwirtschaftliche Förderung nicht zuteil. Im Gegenteil: Rainer Karlsch hat detailliert nachgewiesen, in welchem Umfang die DDR für die Schäden, die das Deutsche Reich 1939–1945 in Osteuropa angerichtet hatte, aufkommen mußte.[31] Die Einbindung in den RGW und die Energie- und Rohstoffabhängigkeit vom osteuropäischen Ausland sowie die Devisenknappheit haben in der DDR dann bis zu ihrem Ende zu manchmal absurd erscheinenden Außenhandels-Transaktionen geführt. Für die Verteilung von »Gratifikationen« blieb zuweilen kaum Spielraum. Allerdings behinderte, wie angedeutet, auch die ordnungspolitische Grundentscheidung für den »Sozialismus« die optimale Nutzung der Ressourcen, besonders solcher des Humankapitals. Eine sich bis 1989 ständig wiederholende demotivierende Erfahrung so mancher DDR-Bürger dürfte gewesen sein, daß sie Konsumgüter für den Export produzierten, die sie im eigenen Staat nicht oder nur selten erwerben konnten.[32] In welchem Maße sich solche Erfahrungen noch mit Erinnerungen an die Losung vom »Überholen« der Westdeutschen verbanden, die 1958 ausgegeben worden war, bleibt zu erforschen. Daß diese Losung in der Bevölkerung von vornherein skeptisch aufgenommen wurde, war der DDR-Führung bekannt; sie hat sie zunächst in ihrem Sinngehalt verändert und schließlich ganz fallen lassen.[33] Die Produktionspropaganda für Waren mit weltmarktgängiger Qualität (mit dem Prädikat »Q«)[34] setzte später am vorhandenen Unterlegenheitsempfinden an, und am Ende bestand selbst in führungsloyalen Bevölkerungskreisen zuweilen nicht mehr als die verzweifelt-zynische Hoffnung, der DDR würde das wirtschaftliche Überleben gelingen.

Zwischen der »Überhol«-Propaganda und solcher Hoffnung lagen dreißig Jahre, die Spanne eines Arbeitslebens, also die Spanne einer Generation, die sich in der seit 1961 geschlossenen DDR »eingerichtet« und deren Normen

30 Christoph Buchheim: Amerikanische Grundlagen der sozialen Marktwirtschaft?, in: 42. Deutscher Historikertag, Frankfurt am Main 1998. Intentionenen – Wirklichkeiten. Skriptenheft III: Zeitgeschichte, Frankfurt a. M. 1998, S. 51–53.

31 Rainer Karlsch: Allein bezahlt? Die Reparationsleistungen der SBZ/DDR 1945–1953, Berlin 1993.

32 Zum Hintergrund vgl. Hans-Hermann Hertle: Die Diskussion der ökonomischen Krisen in der Führungsspitze der SED, in: Theo Pirker u. a.: Der Plan als Befehl und Fiktion. Wirtschaftsführung in der DDR, Opladen 1995, S. 308–345.

33 Dietrich Staritz: Geschichte der DDR, erw. Neuausgabe, Frankfurt a. M. 1996, S. 174 ff.

34 Hans Müller/Karl Reißig: Wirtschaftswunder DDR. Ein Beitrag zur Geschichte der ökonomischen Politik der Sozialistischen Einheitspartei Deutschlands, Berlin (O) 1968, S. 417.

und Gewohnheiten gewissermaßen internalisiert hatte. Ausbildung und Berufstätigkeit waren zu zentralen Lebensinhalten geworden, die Bindung an die Arbeitskollegen im Kollektiv oder in der Brigade war in den siebziger Jahren fast gleichbedeutend neben die familialen Zukunftsvorstellungen der männlichen und weiblichen Heranwachsenden getreten.[35] Wenn man so will, fand die Führungsparole der SED »Arbeite mit, plane mit, regiere mit!«[36] in solchen Einstellungen erfolgreich Niederschlag. Eine Lehrergeneration von sozialen Aufsteigern, die bereits in der DDR ausgebildet worden waren, und ein funktionales Schulsystem begünstigten diese Tendenzen.[37]

In der ersten Hälfte der siebziger Jahre konnten sich auch die Bürger, die sich – nicht ohne Zwang – auf die DDR eingelassen und sich mit ihr identifiziert hatten, belohnt fühlen, als unter der Parole »Einheit von Wirtschafts- und Sozialpolitik« gerade auch ihren Konsumbedürfnissen ausdrücklich und mit fühlbaren »Gratifikationen« Rechnung getragen wurde:[38] mit dem intensivierten Wohnungsbau, mit dem zeitweilig erhöhten Angebot an Waren gehobenen Bedarfs und mit der seit den sechziger Jahren zunehmenden Verbreitung des »Trabi«. Zudem war die DDR seit 1970/72 auch von der Bundesrepublik als zweiter deutscher Staat anerkannt – ein Legitimationsgewinn für seine politische Führung nicht nur nach außen, sondern auch nach innen, der sich sogar wirtschaftlich bemerkbar machte, zum Beispiel mit den Autobahnen zwischen Helmstedt-Marienborn und Berlin sowie später zwischen Hamburg und Berlin.[39]

In welchem Maße dieser Legitimationsgewinn in wirtschaftlicher Hinsicht durch politische Restriktionen seitens der Führung beeinträchtigt wurde – als Stichworte seien nur Kontaktsperren und Stasi-Ausdehnung genannt –, ist wohl kaum zu ermitteln. Unverkennbar ist aber, daß nicht wirtschaftliche Not zum Zusammenbruch der DDR führte, sondern eher neue politisch-kulturelle Tendenzen, die für die Zeit seit Mitte der siebziger Jahre differenziert zu analysieren wären. Zunehmend wurde deutlich, daß die in den sechziger Jahren gefestigten Mechanismen, Agenturen und Instrumente der politischen Sozialisation an Wirkungskraft verloren. Eine selten berücksichtigte Voraussetzung dafür, daß sich Tendenzen zu individueller Risikobereitschaft ausbrei-

35 Walter Friedrich/Hartmut Griese (Hrsg.): Jugend und Jugendforschung in der DDR. Gesellschaftspolitische Situationen, Sozialisation und Mentalitätsentwicklung in den achtziger Jahren, Opladen 1991, S. 126ff. Martin Diewald: »Kollektiv«, »Vitamin B« oder »Nische«? Persönliche Netzwerke in der DDR, in: Huinink u.a.: Kollektiv und Eigensinn, S. 223–260, hier 238, 242.

36 Sie galt seit Ende der 60er Jahre; Willy Wyniger: Demokratie und Plan in der DDR. Probleme der Bewältigung der wissenschaftlich-technischen Revolution, Köln 1971, S. 116.

37 Oskar Anweiler u.a. (Hrsg.): Bildungspolitik in Deutschland 1945–1990. Ein historisch-vergleichender Quellenband, Bonn 1992, S. 21.

38 Vgl. Cord Schwartau/Heinz Vortmann: Die materiellen Lebensbedingungen in der DDR, in: Werner Weidenfeld/Hartmut Zimmermann (Hrsg.): Deutschland-Handbuch. Eine doppelte Bilanz 1949–1989, Bonn 1989, S. 292–307.

39 Manfred Rexin: »Koexistenz auf deutsch«. Aspekte der deutsch-deutschen Beziehungen 1970–1987, in: Gert-Joachim Glaeßner (Hrsg.): Die DDR in der Ära Honecker. Politik – Kultur – Gesellschaft, Opladen 1988, S. 43–55, hier 50.

teten, wie sie sich besonders bei den jungen Botschafts-»Besetzern« und »Montagsdemonstranten« 1989 zeigte, dürfte die Erfahrung relativer materieller Sorglosigkeit im gegebenen Rahmen gewesen sein. Bedenkenswert ist auch, daß ein Großteil der aktiven Opposition 1989/90 an der Wirtschaftsordnung – genauer: an den Eigentumsverhältnissen – im Kern nichts ändern wollte. Insofern hatte sich auch die politische Legitimation des DDR-Regimes von der wirtschaftlichen Entwicklung entkoppelt; die politischen Strukturen, der »vormundschaftliche Staat«, waren zum Ärgernis geworden.[40]

Daß sich allerdings bei einer Beibehaltung der Eigentumsverhältnisse innerhalb einer »*demokratisch*-sozialistischen« DDR-Wirtschaft nach 1989 auch Legitimationsprobleme hinsichtlich der Verfügungsverhältnisse ergeben hätten – sowohl sortiments- als auch institutionenbezogen –, steht wohl außer Frage. In der DDR vor 1989 waren dies Probleme vor allem der Experten in den Wirtschaftslenkungsapparaten. Deren Diskussionen und Streitigkeiten nahm die Bevölkerung generell allenfalls als »Überbau«-Phänomene wahr; Beschäftigte erfuhren davon bei Änderungen der Produktionsstrukturen, Störungen der Zulieferungs- und Abrechnungsmodalitäten oder der Begründung für einzelne Mobilisierungsaktionen.

Sozialpolitische Entwicklung und Legitimation

Von der Situation des Jahres 1953 abgesehen, scheint der sozialpolitische Bereich der Arbeitsordnung und Arbeitsverfassung in der DDR[41] keinen nennenswerten Anlaß dafür zu bieten, ihn unter Legitimations- und Legitimitätsgesichtspunkten ausführlich zu diskutieren. Nicht daß es keine Konflikte gegeben hätte. Arbeitsniederlegungen bis hin zu einzelbetrieblichen kurzen Streiks waren durchaus nach wie vor bekannte Formen der Interessendurchsetzung. Aber diese Konflikte führten nicht zu Systemkrisen.[42] Dasselbe galt für nicht erfüllte Ausbildungs- und Studienwünsche; aber auch diese Unzufriedenheit erreichte kein systemgefährdendes Ausmaß. Und bis 1961 bot, wie angesprochen, die Abwanderung ein Ventil auch bei situativer Unzufriedenheit. Später ließ sich manche Not durch »Freikauf« der Betroffenen seitens der Bundesregierung lindern, und einiger Fälle eher politischer Renitenz entledigte sich die DDR-Führung durch Ausweisung der »Störenfriede«. Daneben war das Regime bemüht, Konflikte und Unzufriedenheit durch praktisches Aushandeln aufzufangen.

Daß sich dabei unterhalb der offiziellen Normen gewissermaßen eine Kultur unartikulierter Toleranz der Normabweichungen verfestigte, die erheblich zur politischen Stabilisierung beitrug, soll hier nicht unerwähnt bleiben. Hervorgehoben sei die Existenz eines offenbar funktionierenden systemwidrigen

40 Rolf Henrich: Der vormundschaftliche Staat: Vom Versagen des real existierenden Sozialismus, Reinbek 1989.

41 Johannes Frerich/Martin Frey: Handbuch der Geschichte der Sozialpolitik in Deutschland, Bd. 2: Sozialpolitik in der Deutschen Demokratischen Republik, München/Wien 1993, Kap. 2.

42 Martin Jaenicke: Politische Systemkrisen, Köln 1973.

Arbeitsmarktes, dem mit der planerischen Arbeitskräftelenkung nicht beizukommen war[43], und angeführt sei auch, daß Beschäftigte bis zum Ende der DDR nicht selten ihren Arbeitsplatz während der Arbeitszeit verließen, um nach Konsumgütern Schlange zu stehen. Erregte dies noch Anfang der sechziger Jahre manche Gemüter so stark, daß sie drohten, Frauen würden ihre Arbeitsverhältnisse kündigen, um die Versorgung ihrer Familien sicherstellen zu können[44], so entwickelten sich bei diesem Problem offenbar im Laufe der Zeit allenthalben geduldete Gewohnheiten, die sich dann nicht zuletzt in der erwähnten niedrigen Arbeitsproduktivität der Betriebe niederschlugen. Das gewährte Recht auf Arbeit und dessen Einlösbarkeit sowie der angesichts des zuweilen situativ auftretenden Arbeitskräftemangels mehr oder minder starke Druck besonders auf Frauen, eine Beschäftigung anzunehmen[45], haben offensichtlich in der DDR eine Arbeitsgesellschaft entstehen lassen, deren Kultur noch weithin unerforscht ist. Den Beschäftigten in der DDR wurden mit einigem zeitlichen Abstand auch die »Segnungen« zuteil, die das westdeutsche Arbeitnehmerleben seit Mitte der fünfziger Jahre zunehmend kennzeichneten: der »freie Sonnabend« und die 43-Stunden-Woche.[46] Für die DDR charakteristisch war die Betriebszentriertheit des gesamten Beschäftigtenlebens, die es in diesem Ausmaß in Westdeutschland nicht gab. Zu denken ist nicht zuletzt an die Betriebskindergärten und die über die Betriebe vermittelten Ferienplätze.[47]

Für die Bundesrepublik sind im Feld der Arbeitsordnung und Arbeitsverfassung einige Vorgänge anzusprechen, die für ihre Legitimitätsgeschichte relevant sind und auch ihre Funktionsweise als repräsentative Demokratie betreffen. Zu erwähnen ist zum einen die institutionalisierte Tarifautonomie.[48] Löhne und Gehälter wurden hier nicht wie in der DDR im Staatsapparat festgelegt, sondern in regional differenzierten Verhandlungen zwischen verbandlich organisierten Arbeitgeber- und Arbeitnehmervertretern vereinbart. Dies konnte und kann zu Legitimitätsproblemen führen, wie sich am gegenwärtigen Nachlassen der Integrationskraft der Arbeitgeberverbände zeigt. Die Gewerkschaften als Arbeitnehmervertretungen sahen sich ansatzweise in einer Legitimationskrise, als im Herbst 1969 in zahlreichen Betrieben der Metall-

43 Rainer Deppe/Dietrich Hoß: Arbeitspolitik im Staatssozialismus, Frankfurt a. M. 1989.

44 Notiz der Abt. Agitation an Gerhard Grüneberg v. 29.8.1962; SAPMO-BArch, DY 30/8, ZK der SED, Büro Gerhard Grüneberg.

45 Heike Trappe: Emanzipation oder Zwang. Frauen in der DDR zwischen Beruf, Familie und Sozialpolitik, Berlin 1995.

46 Frerich/Frey: Sozialpolitik, Bd. 2, S. 136.

47 Hinweise in: Autorenkollektiv: Sozialpolitik, Betrieb, Gewerkschaften, hrsg. i. A. der Gewerkschaftshochschule »Fritz Heckert« beim Bundesvorstand des FDGB, Berlin (O) 1972. Claus Ulrich Selbach: Reise nach Plan. Der Feriendienst des Freien Deutschen Gewerkschaftsbundes, in: Endlich Reisen! Die Deutschen reisen. Begleitbuch der Ausstellung im Haus der Geschichte der Bundesrepublik Deutschland, 6. Juni bis 13. Oktober 1996, Bonn 1996, S. 65–76.

48 Günter Halbach u. a.: Übersicht über das Arbeitsrecht, hrsg. v. Bundesministerium für Arbeit und Sozialordnung, Referat Öffentlichkeitsarbeit, Bonn 1998, S. 325 ff.

branche Arbeitnehmer mit den ausgehandelten geringen Lohnerhöhungen angesichts massiv steigender Unternehmergewinne nicht zufrieden waren und in »wilden«, das heißt gewerkschaftlich nicht gebilligten und organisierten Streiks »Nachschlag« forderten.[49]

Zwei Streikaktionen der fünfziger Jahre gehören unverzichtbar zur sozialpolitischen Gründungschronik der Bundesrepublik: die Streikvorbereitung für das Mitbestimmungsrecht in den Betrieben, das 1952 im – aus gewerkschaftlicher Sicht unzureichenden – Betriebsverfassungsgesetz Niederschlag fand[50], und der Streik in der Metallindustrie Schleswig-Holsteins für die Lohnfortzahlung an Arbeiter im Krankheitsfall von 1956/57[51], der im Ergebnis zu einer Angleichung der Arbeiter und Angestellten im Beschäftigtenstatus führte. Beide Aktionen, die erste wohl weniger als die zweite, steigerten die Legitimation der Gewerkschaften nach innen und außen und dürften zur Akzeptanz des massiv von korporativen Zügen durchsetzten »rheinischen Kapitalismus« geführt haben, der außerhalb Deutschlands viel positive Beachtung gefunden hat und mindestens bis vor kurzem als Kennzeichen auch der deutschen Demokratie galt.[52] Für die entflochtenen Werke der ehemaligen Montan-Konzerne war eine weitergehende innerbetriebliche Mitbestimmung schon in der Besatzungszeit eingeführt worden und wurde 1951 erneut festgeschrieben[53]; sie sollte nicht zuletzt den wirtschaftlichen Machtmißbrauch in dieser damals besonders diskreditierten Branche eindämmen helfen. Im Ergebnis wird man alle innerbetrieblichen Mitbestimmungsregelungen wohl eher in ihrer politisch-symbolischen, zum Dialog motivierenden Funktion würdigen können, als daß man in ihnen Vetopositionen der Belegschaften bei unternehmerischen Entscheidungen verankert sehen dürfte.

Die gefundenen Kompromisse erwiesen sich bei den meist jährlichen Tarifverhandlungen – aufs Ganze gesehen – als tragfähig und hinsichtlich der Arbeitnehmerforderungen nach Verbesserung der Lebensverhältnisse als ausreichend. Das läßt sich nicht zuletzt daran ablesen, daß schon früh propagierte Konzepte zur Beteiligung der Beschäftigten am Produktivvermögen, die mehrmals in der Geschichte der Bundesrepublik auf gewerkschaftlicher, aber auch auf Arbeitgeberseite aufkamen, nie solche Resonanz gewannen, die sie bis zur parlamentarischen oder tarifpartnerschaftlichen Entscheidungsreife gedeihen ließen. Auch die Propagierung des »Volkskapitalismus«, die die Privatisierung der staatseigenen VW- und VEBA-Werke Ende der fünfziger Jah-

49 Michael Schumann: Am Beispiel der Septemberstreiks – Anfang der Rekonstruktionsperiode der Arbeiterklasse. Eine empirische Untersuchung, Frankfurt a. M. 1971.

50 Vgl. Horst Thum: Mitbestimmung in der Montanindustrie. Der Mythos vom Sieg der Gewerkschaften, Stuttgart 1982.

51 Irene Dittrich/Wilfried Kalk: »Wir wollen nicht länger Menschen zweiter Klasse sein!« Der Metallarbeiterstreik in Schleswig-Holstein 1956/57, in: Demokratische Geschichte, Jahrbuch zur Arbeiterbewegung und Demokratie in Schleswig-Holstein 2 (1987), S. 351–394.

52 Michel Albert: Kapitalismus contra Kapitalismus, Frankfurt a. M. 1992.

53 Gloria Müller: Strukturwandel und Arbeitnehmerrechte. Die wirtschaftliche Mitbestimmung in der Eisen- und Stahlindustrie 1945–1975, Essen 1991.

re begleitete, hat kaum breite Bevölkerungskreise so beeindruckt, daß sie die Vermögensverteilung nennenswert beeinflußte oder daß sie eine breite Kritik daran nach sich zog.[54] Diskussionen über die Verstärkung staatlicher zentraler Investitionslenkung, die in den Führungszirkeln der Gewerkschaften und der Sozialdemokratie Anfang der siebziger Jahre aufkamen und sich auf das Grundgesetzpostulat annähernd gleicher Lebensbedingungen in der gesamten Republik bezogen[55], dürften ebenfalls kaum breite Bevölkerungskreise erreicht haben. Trotz nach wie vor nicht unbeträchtlicher Unterschiede zwischen einzelnen westdeutschen Regionen – beispielsweise geriet das Ruhrgebiet in eine Strukturkrise, als sich die Pfalz gerade konsolidierte –, hat sich der gelegentliche Unmut darüber nie in massivem Legitimationsentzug, etwa in Form eines Steuerzahlungsboykott, niedergeschlagen. Rechtsextremistische Parteien faßten in strukturell benachteiligten Gebieten nicht nachhaltig Fuß, linksextremistische Parteien fanden eine Basis allenfalls in sozialpolitisch nicht bedeutsamen Randgruppen der Gesellschaft. Der Föderalismus, dem sich auch die demokratischen Parteien bis hin zur Ausbildung von Regionalparteien fügten, trug zweifellos auch zur Dämpfung akuter Probleme bei, darüber hinaus ein reichhaltiges Bündel wechselnder steuerpolitischer Regelungen, zum Beispiel zur Unterstützung des Eigenheimerwerbs sowie hier nicht aufzählbare Ansätze familienpolitischer Förderung.[56]

Alles in allem hat die sozialpolitische Entwicklung der Bundesrepublik deren demokratische Legitimität und die Legitimität ihrer Regierungen nicht beeinträchtigt und nie Anlaß für einen Regierungswechsel geboten. Auch im Blick auf dieses Feld wird man also sagen können, daß in den fünfziger Jahren ein Fundament gelegt wurde, das mehr als zwei oder gar drei Jahrzehnte trug. Zu nennen sind hier vor allem zwei sozialpolitische Projekte mit Langzeitwirkung: zum einen die Lastenausgleichsregelungen von 1952, die dem Fünftel der Bevölkerung, das aus Vertriebenen bestand, in differenzierter Weise bei der wirtschaftlichen und gesellschaftlichen Integration half – zunächst eher symbolisch, nach und nach auch in materiell relevanter Form[57]; zum anderen 1957 eine zum Teil beträchtliche Erhöhung der Renten und der Beschluß über ihre weitere Dynamisierung gemäß dem Bruttolohnanstieg[58] – diese Regelung kann auch als staatliche Einkommens-Förderung der Arbeitnehmerhaushalte

54 Yorck Dietrich: Eigentum für jeden. Die vermögenspolitischen Initiativen der CDU und die Gesetzgebung 1950–1961, Düsseldorf 1996.

55 Vgl. die Materialien in: Langzeitprogramm 1–4 (= Theorie und Praxis der deutschen Sozialdemokratie), Bad Godesberg 1972/73.

56 Johannes Frerich/Martin Frey: Handbuch der Geschichte der Sozialpolitik in Deutschland. Bd. 3: Sozialpolitik in der Bundesrepublik Deutschland bis zur Herstellung der deutschen Einheit, München 1993.

57 Reinhold Schillinger: Der Entscheidungsprozeß beim Lastenausgleich 1945–1952, St. Katharinen 1985.

58 Hans Günter Hockerts: Vorsorge und Fürsorge: Kontinuität und Wandel der sozialen Sicherung, in: Axel Schildt/Arnold Sywottek (Hrsg.): Modernisierung im Wiederaufbau. Die westdeutsche Gesellschaft der 50er Jahre, aktual. Studienausgabe, Bonn 1998, S. 223–241.

gesehen werden, entlastete sie doch die Familien, die bis dato nicht selten mehr zum Unterhalt der Rentner beizutragen hatten, als es danach nötig war. Gleichwohl entstand eine bis heute nicht beantwortete »neue soziale Frage«.[59]

Zur Wechselwirkung von wirtschaftlicher und politischer Entwicklung

Daß die DDR-Führung ab 1961 die Übersiedlung von Rentnern in die Bundesrepublik gestattete, kennzeichnet vielleicht am deutlichsten ihre wirtschaftliche Rückständigkeit und den von daher bestimmten Primat des Wirtschaftswachstums. Auch das Bemühen, ein dichtes Netz von Bildungs- und Kultureinrichtungen aufrechtzuerhalten, wird man nicht zuletzt unter dem Gesichtspunkt der Produktions- und Produktivitätsförderung zu betrachten haben.[60] Traditionelle Felder der Sozialpolitik jedenfalls, besonders die Sorge für die Alten und Behinderten, blieben nachrangig und wurden sogar teilweise der kirchlichen Diakonie als ansonsten wenig geschätztem Sozialpolitik-Konkurrenten überlassen.[61] Dies änderte sich auch nicht, als unter Erich Honecker die »Einheit von Wirtschafts- und Sozialpolitik« zum erklärten Leitbild wurde. Staatlich garantiert war nur eine Alterssicherung auf niedrigem Niveau.[62] Für dessen Erhöhung konnten die künftigen Rentner durch freiwillige Zusatzversicherungen sorgen. Daß viele von ihnen von dieser Möglichkeit privater Vorsorge Gebrauch machten, deutet auf das Bewußtsein von nur knapp bemessener Alterssicherung in der Bevölkerung hin. Wie das offensichtlich zwar ausreichende, aber hinter westdeutschen Standards zurückbleibende Gesundheitswesen[63] beurteilt wurde, kann dagegen nicht ermittelt werden.

Auch in Westdeutschland war die Sozialpolitik von der wirtschaftlichen Entwicklung her determiniert, wie sich besonders gut an der Bildungspolitik zeigen läßt, die in der Regel aber nicht der Sozialpolitik zugerechnet wird. Die mit der gesellschaftspolitischen Forderung nach »Chancengleichheit« begründete Bildungsexpansion der sechziger Jahre trug auch dem wirtschaftspolitischen Kalkül der Ausschöpfung der »Bildungsreserven« angesichts erkannten Mehrbedarfs an wissenschaftlich und technisch qualifizierten Arbeitskräften Rechnung, der seit 1961 nicht länger durch Zuwanderer aus der DDR mehr

59 Heiner Geißler: Die neue soziale Frage. Analysen und Dokumente, 3. Aufl., Freiburg 1980.

60 So jedenfalls die frühe SED-Programmatik; Hinweise u.a. bei Wolfgang Emmerich: Kleine Literaturgeschichte der DDR 1945–1988, 5. erw. u. bearb. Aufl., Frankfurt a.M. 1989, S. 91 ff.

61 Wilfried Rudloff: Die deutsche Tradition der Wohlfahrtspflege und die DDR, in: Ingolf Hübner/Jochen-Christoph Kaiser (Hrsg.): Diakonie im geteilten Deutschland (im Druck).

62 Frerich/Frey: Sozialpolitik, Bd. 2, S. 329 ff., bes. 354 ff. Vgl. Gunnar Winkler (Hrsg.): Geschichte der Sozialpolitik der DDR 1945–1985, Berlin (O) 1989, S. 229.

63 Frerich/Frey: Sozialpolitik, Bd. 2, S. 205 ff.

oder minder notdürftig gedeckt werden konnte.[64] Daß diese Bildungsexpansion dann eine politisch-kulturelle Irritation der Bundesrepublik mit sich brachte – vor dem Hintergrund zunehmender Internationalisierung der Konsumkultur verbanden sich Ende der sechziger Jahre allgemeine außerparlamentarische Oppositionsbestrebungen mit einer auf Schul- und Hochschulreformen gerichteten Bewegung –, ist unbestreitbar; an der Legitimität der bundesrepublikanischen Ordnung, die sich jetzt bei einem erstmaligen »Machtwechsel« bewährte, hat diese Irritation wenig geändert.[65]

Auch nichtakademische Kreise der Bevölkerung, deren Status sich im Lauf der wirtschaftlichen Entwicklung veränderte, haben deshalb der bestehenden Ordnung ihre Legitimation nicht entzogen. Dies gilt nicht zuletzt für die Bauern, die sich mit Hilfe durchsetzungsfähiger Lobbyisten staatliche Unterstützung bei den sie betreffenden landwirtschaftlichen Strukturanpassungen sicherten.[66] Freilich hing ihr wirtschaftlicher Status ab 1958 auch von agrarpolitischen Regelungen der Europäischen Wirtschaftsgemeinschaft ab. Ob sich für die Beschäftigten weiterer Wirtschaftszweige oder gar für die gesamte lohnabhängige Bevölkerung europäische Regelungen entwickeln lassen, wie in aktuellen Forderungen nach sozialpolitischen Ergänzungen oder Implementationen des Maastrichter Vertrages nahegelegt wird[67], sei dahingestellt. Die Arbeitslosigkeit – gerade auch in den neuen deutschen Bundesländern – wird zwar als akutes Problem breit wahrgenommen, scheint aber die Legitimität der deutschen Demokratie bislang nicht schwerwiegend zu beeinträchtigen, wie sich bei der Bundestagswahl am 27. September 1998 zeigte.[68] Dies ist angesichts der deutschen Erfahrungen mit der Situation auf dem Arbeitsmarkt 1930–1932/33, die vordergründig ähnlich erscheinen kann, ein erfreulicher Zustand, der nicht zuletzt auch auf die wirtschaftlichen und sozialpolitischen Fortschritte im letzten halben Jahrhundert zurückzuführen ist.

64 Vgl. die Fallstudie von Joachim Drescher: »Wer mehr kann, kommt voran!« Berufliche Fort- und Weiterbildung in den 50er Jahren am Beispiel Hamburg. Ein Beitrag zur westdeutschen Gesellschaftsgeschichte, Frankfurt a. M. 1995.

65 Arnulf Baring/Manfred Görtemaker: Machtwechsel. Die Ära Brandt-Scheel, München 1984.

66 Konrad Hagedorn: Agrarsozialpolitik in der Bundesrepublik Deutschland. Kritik und Alternativmodelle zur Alterssicherung in der Landwirtschaft, Berlin 1982. Ulrich Kluge: Vierzig Jahre Agrarpolitik in der Bundesrepublik Deutschland, 2 Bde., Hamburg/Berlin 1989.

67 Hinweise auf den Beginn dieser Diskussion bei Albert Statz/Klaus-Peter Weiner: Fortschritt durch Flexibilisierung? Stand und Aussichten von Maastricht II, in: Blätter für deutsche und internationale Politik 41 (1996), S. 1480–1490.

68 Hans Rattinger/Jürgen Maier: Der Einfluß der Wirtschaftslage auf die Wahlentscheidung bei den Bundestagswahlen 1994 und 1998, in: Aus Politik und Zeitgeschichte, B 52/1998, S. 45–54.

Dietrich Mühlberg

Von der Arbeitsgesellschaft in die Konsum-, Freizeit- und Erlebnisgesellschaft. Kulturgeschichtliche Überlegungen zum Bedürfniswandel in beiden deutschen Gesellschaften

Unter deutschen Historikern wird nach Forschungsansätzen gesucht, die es ermöglichen, geteilte Vergangenheit als eine gemeinsame Geschichte zu begreifen. Das soll auch neue Perspektiven auf die untergegangene DDR eröffnen. Der Anstoß dazu kam eher von außen. Es ist die aktuelle Vereinigungskrise, die danach fragen läßt, ob nicht auch die von westdeutschen Historikern[1] in beachtlicher Dimension betriebene »Aufarbeitung« der DDR-Geschichte eine der Ursachen für die wachsenden Spannungen zwischen Ost und West sein könnte. Bei diesem zeitgeschichtlichen Großprojekt kam die DDR – wie auch im außerwissenschaftlichen Diskurs – fast ausschließlich als Herrschaftssystem der SED in den Blick. Die damit verbundene Fixierung auf den Gegensatz von westlicher Demokratie und »zweiter deutscher Diktatur« hat zu Bewertungen geführt, die für die Mehrheit der Ostdeutschen unannehmbar sind, weil sie sich nur als Täter, Opfer und Mitläufer dargestellt finden. Jenseits der Frage, ob nachdenkliche Ostdeutsche überhaupt bereit sind, solche Zuschreibungen zu akzeptieren, scheint festzustehen, daß sie in diesem Szenario keinen Platz für ihre eigene Lebensgeschichte ausmachen können. Überdies waren und sind nicht wenige von ihnen überzeugt, ihre Kräfte für eine notwendige Alternative zur kapitalistischen Konkurrenzgesellschaft vergeblich eingesetzt zu haben. Da der in diesem Kontext von Historikern wiedererweckten Totalitarismustheorie eine unversöhnliche antikommunistische Ideologie anhaftet und sie überdies eine starke moralische Komponente hat, dürften gerade diese Ostdeutschen solcher Aufarbeitung ihres politischen Lebens mit skeptischer Distanz begegnen. Und so haben die an der zeitgeschichtlichen Kampagne beteiligten Wissenschaftler wohl vor allem ihre eigenen politischen Vorstellungen bekräftigt, kaum aber haben sie im Osten die geistige Auseinandersetzung über die jüngste Geschichte anregen können. Dafür hätte mindestens der Eindruck erweckt werden müssen, es handele sich dabei um eine gemeinsame Angelegenheit der Deutschen.

Für solche Absicht ist es sinnvoll, daß nach gemeinsamen Problemlagen der beiden deutschen Gesellschaften gefragt wird, die sie auf verschiedene Weise bewältigt haben. Wenn in diesem Zusammenhang ein Blick auf das alltägliche Leben der Deutschen geworfen wird, auf ihre Lebensweisen und ihre Alltagskultur, so begeben wir uns auf ein Feld, das unter Historikern als ein akzeptierter Nebenschauplatz gilt, für die übrigen Leute aber häufig das einzige ist, was sie an der Vergangenheit bewegt. Darin besteht auch eines der

1 Von Ausnahmen abgesehen, war der Anteil ostdeutscher Historiker marginal.

aktuellen Ost-West-Probleme. In den letzten Jahren interessierten jenseits der Fachdebatten nicht so sehr die Unterschiede vergangener politischer Strukturen, sondern was im Alltag verblüffte und konflikthaltig war und ist: die anderen Deutschen sind, wie sich herausstellte, tatsächlich ein wenig anders.

Vergleichbare Stadien im Wandel der Lebensweisen?

Wie aber sind Unterschiede und Gemeinsamkeiten in Mentalität, Weltauffassung und Alltagspraxen zu erklären? Zweifellos sind sie auch auf den gesellschaftlichen Wandel nach 1945 zurückzuführen, der in beiden Gesellschaften und politischen Systemen anders ablief und im Alltagsleben auch verschieden wahrgenommen und verarbeitet worden ist. Also wäre sowohl danach zu fragen, welche Mittel und Wege die Menschen in Ost und West alltäglich für sich finden mußten, als auch nach den »Problemen«, die die beiden politischen Systeme mit den Gewohnheiten und Erwartungen der Menschen hatten, deren Leben sie durch ihre Vorkehrungen ordneten. Auf politischer Ebene wurden die inneren Konflikte der beiden Gesellschaften ausgetragen, nachweisbar durch die für Historiker üblichen Quellen, die Aktenberge. Hier kann erkennbar werden, wann und wie die Alltagsbedürfnisse der Leute »die politischen Systeme« in herausfordernde Problemsituationen gebracht haben. Diese Perspektive zu wählen, scheint schon dadurch legitimiert zu sein, daß das Ende der DDR auch darum unvermeidlich war, weil Mehrheiten für sich keine Chance und Notwendigkeit mehr darin sahen, ihr Lebensschicksal an eine reformierte DDR zu binden. Ihre Bedürfnisse und Lebensvorstellungen waren mit dem politisch geprägten Gesellschaftssystem nicht mehr zu vereinbaren, die (in diesem Ausnahmefall vorhandene) »andere Seite« machte das bessere Angebot.

Allerdings ist fraglich, ob der naheliegende Ansatz, den Wandel der alltäglichen Bedürfnisse in den Reaktionen des politischen Systems zu untersuchen, durchführbar und kulturhistorisch ergiebig ist. Und kann auf diese Weise überhaupt eine Perspektive entwickelt werden, die beide Gesellschaften umfaßt? Die Schwierigkeiten beginnen ja bereits damit, daß nur ein Bruchteil der relevanten politischen Entscheidungsprozesse eine direkte Reaktion auf Bedürfnisse der Bevölkerung war, und schnell engt sich der Blick auf die Sozialpolitik ein. Gefördert wird die Spezialisierung auf »das Soziale« durch die Praxis des politischen Geschäfts. Auf beiden Seiten ging es den Politikern vor allem darum, wie ihr Gesellschaftssystem am Leben und stabil gehalten wurde, sich also auch dynamisch fortentwickelte. Hier wie dort galt die Überzeugung, daß der Lebensprozeß der Gesellschaft der Zweck und das Ende aller Politik sei, entsprechend ausgebaut waren auch die Sicherungs- und Legitimationssysteme.

Darüber hinaus wäre zu bedenken, daß die beiden politischen Systeme letztlich inkommensurabel waren. Ermöglichte das westliche politische System den konträren Interessengruppen die Durchsetzung ihrer Ziele im sozialen Verband – ein Aushandlungsprozeß um Macht und Einfluß – so hatte das östliche eine darüber hinausgehende Zielfunktion: es sollte und wollte durch

Beseitigung des Privateigentums die soziale Differenzierung einebnen und damit die politisch auszutragenden Interessenkonflikte sozialer Gruppen abschaffen. Sie sollten sich in bloße kulturelle Verschiedenheiten umwandeln. In diesem Sinne hatte das politische System der DDR ein übergeordnetes Ziel in der Wohlfahrt aller[2]. Es war mit der erklärten Absicht konstituiert worden, die seit einem Jahrhundert offene »soziale Frage« aufzulösen und stand dadurch in einem grundsätzlicheren Legitimationszwang. Der haftete dem westlichen Konkurrenzsystem nur so lange an, als es dort politisch handlungsfähige Großgruppen gab, die sich erheblich benachteiligt sahen. Ordnungspolitische Leitbilder wie »soziale Marktwirtschaft«, »Generationenvertrag«, »sozialstaatliche Daseinsvorsorge« deuten hier auf aushandelbare moralische Schwellen, die von der Kapitalseite nicht überschritten werden durften. »Moralische Ökonomie« setzte dem freien Spiel der wirtschaftlichen Mächte humane Grenzen und legitimierte die subjektiven Erwartungen der Bevölkerungsgruppen, die nur über ein Arbeitsvermögen verfügten oder hilfsbedürftig waren.

So brachten die Alltagsbedürfnisse »die politischen Systeme« zwar nicht auf gleiche Weise »in Problemsituationen«, beide aber reagierten auf sie. Zugleich standen beide deutschen Industriegesellschaften unter einem ähnlichen Veränderungsdruck. Sie mußten – teils schon in der Wiederaufbauphase der Industriegesellschaften – Erfordernissen gerecht werden, die später als »Modernisierungsprozesse« zusammengefaßt worden sind. Dieser Strukturwandel veränderte die Systeme wie die Lebensbedingungen der Menschen. Was da in Ost und West (selbstverständlich in anderen vergleichbaren Ländern auch) sich vollzog, das war sehr ähnlich und darin liegt eine weitere Chance für einen historischen Vergleich der »Lösungen« und der darin enthaltenen Reaktionen auf die Erwartungen der sozialen Gruppen, die jeweils die Bevölkerung konstituierten.

Die als Modernisierung bezeichneten Wandlungen beider Gesellschaften wurde erlebt als weitere Technisierung vieler Lebensbereiche, als die Industrialisierung der Reproduktionssphäre, die Modernisierung des Bildungswesens, als zunehmende Frauenberufstätigkeit und Öffnung der Familie. Dazu kamen die alltägliche Internationalisierung, wachsende Mobilität, Verstädterung, Mediatisierung der Kommunikation usw. Alles das waren unterschiedlich schnelle Teilprozesse. Sie sind für beide Gesellschaften durch Daten belegt, aus denen die kulturhistorische Forschung auch auf die menschlichen

2 Konrad H. Jarausch hat für dieses politische System die Bezeichnung »Fürsorgediktatur« vorgeschlagen, um »die Spannung zwischen der emanzipatorischen Rhetorik des Sozialismus und der korrumpierten Praxis des Leninismus und Stalinismus in einem einzigen Doppelwort zu fassen«; Konrad H. Jarausch: Realer Sozialismus als Fürsorgediktatur: Zur begrifflichen Einordnung der DDR, unveröff. Entwurf eines Papiers vom November 1997. Jarausch lag viel daran, die »Einheit von progressivem Anspruch *und* regressiver Realität« zu betonen. Zugleich aber wäre festzuhalten, daß dieser »progressive Anspruch« sozialpraktisch viel weiter umgesetzt worden ist, als er wirtschaftlich tragbar war – vor allem durch den Druck derer, die diesen Anspruch eingelöst sehen wollten.

Aktionen und Reaktionen rückschließen könnte.[3] Allerdings ist die soziologische Erforschung von Wandlungen der Lebensweisen für die westliche Gesellschaft viel umfangreicher und detaillierter vorangetrieben worden.[4] Deutlich anders ist die Lage in der historischen Forschung. Hier liegen für die ostdeutsche Gesellschaft kaum verwertbare Untersuchungen zum Alltag und zur Lebensweise vor. Das gilt besonders für die »führende Klasse«, die Arbeiter.[5] Peter Hübner sieht darin »eine gewisse Ironie, denn während ›keine soziale Gruppe der neueren deutschen Geschichte‹ besser erforscht ist ›als die gewerbliche Arbeiterschaft‹ (Kocka), fehlt bislang ein vergleichbar genaues Bild von den Arbeitern im ›deutschen Arbeiter- und Bauernstaat‹«.[6]

Wandel der Lebensweisen – Interpretationsangebote

In beiden deutschen Gesellschaften wurden die Modernisierungsprozesse von den Beteiligten in ihrer Einheit erfahren und lebensweltlich verarbeitet. Und so verschoben sich langsam – in den letzten Jahrzehnten eher schneller – die Muster ihres Alltagslebens. In allen Bereichen finden sich neue Akzentuierungen: womit man hauptsächlich beschäftigt war, was als wichtig galt, wofür man seine Lebenszeit, wofür sein Geld ausgab, wie man seine Kinder erzog, was vom Partner erwartet wurde, welche Autorität man akzeptierte usw. Für diesen Wandel in der Lebensweise von Mehrheiten hat sich eine Etikettierung eingebürgert, mit der auf die »strategische Mitte« des Alltagslebens hingewiesen werden soll. Danach hat es – im Anschluß an die kurze Phase der »Zusam-

3 Dafür liegen in der ost- wie westdeutschen Forschung interessante Vorschläge vor; vgl. etwa Rüdiger Thomas: Aspekte sozialen Wandels in der DDR, in: Heinz Timmermann (Hrsg.): Sozialstruktur und sozialer Wandel in der DDR, Saarbrücken 1988, S. 27–53.

4 Vgl. dazu die Übersichten von Wolfgang Zapf unter dem Titel »Sozialstruktur und gesellschaftlicher Wandel in der Bundesrepublik Deutschland« sowie von Katharina Belwe unter dem Titel »Sozialstruktur und gesellschaftlicher Wandel in der DDR«, in: Werner Weidenfeld/Hartmut Zimmermann (Hrsg.): Deutschland-Handbuch. Eine Bilanz 1949–1989, Bonn 1989; vgl. ebenda die Literaturauswahl S. 731–734. Die dabei entwickelten kulturgeschichtlich zu diskutierenden Theorien und Methoden finden sich bei Peter A. Berger: Entstrukturierte Klassengesellschaft? Klassenbildung und Strukturen sozialer Ungleichheit im historischen Wandel, Opladen 1986. Ders./Stefan Hradil (Hrsg.): Lebenslagen, Lebensläufe, Lebensstile, Göttingen 1990. Stefan Hradil: Sozialstrukturanalyse in einer fortgeschrittenen Gesellschaft. Von Klassen und Schichten zu Lagen und Milieus, Opladen 1987. Ders. (Hrsg.): Zwischen Bewußtsein und Sein. Die Vermittlung »objektiver« und »subjektiver« Lebensweisen, Opladen 1992.

5 1989 ist anläßlich eines Forschungsvorhabens zur deutsch-deutschen Mentalitätsgeschichte der fünfziger Jahre eine Übersicht zur Forschungslage versucht worden; vgl. Peter Alheit/Dietrich Mühlberg: Arbeiterleben in den 1950er Jahren. Bremen 1990. Vgl. dazu auch Dietrich Mühlberg: Warum sollten wir wissen, was Arbeiter sind und was sie in ihrer Freizeit machen. Zur Bestimmung von Arbeiterkultur in der DDR, in: Wolfgang Kaschuba/Gottfried Korff/Bernd Jürgen Warneken (Hrsg.): Arbeiterkultur seit 1945 – Ende oder Veränderung?, Tübingen 1991, S. 71–85.

6 Peter Hübner: »Revolution in der Schrankwand?« in: Gerd Kuhn/Andreas Ludwig (Hrsg.): Alltag und soziales Gedächtnis. Die DDR Objektkultur und ihre Musealisierung, Hamburg 1997, S. 155. Inzwischen liegen – von Peter Hübner und anderen – aufschlußreiche sozial- und kulturgeschichtliche Studien zu ostdeutschen Arbeitermilieus vor.

menbruchgesellschaft«[7] – ein Nacheinander von Arbeits-, Konsum-, Freizeit- und Erlebnisgesellschaft gegeben.[8] Nach Ulrich Beck und anderen sind das Momente des Übergangs von der entwickelten Industriegesellschaft der »Ersten Moderne« zu einem neuen Gesellschaftstyp.[9]

Auch für Gerhard Schulze, der den Begriff der »Erlebnisgesellschaft« geprägt hat, folgt auf die »Restauration der Industriegesellschaft« eine »Reihe von Übergangszuständen«, ein kontinuierlicher Wandel – hin zur Erlebnisgesellschaft, die sich in der Konsum- und Freizeitorientierung bereits ankündigte. Über die Arbeitssphäre hinaus ist auch sie eine Leistungsgesellschaft; soziales Engagement, unbezahlte Leistungen, Sport und anderes kommen hinzu. Das Leben bestehe dann nicht mehr nur aus Arbeit und Freizeit, sondern aus Leistung und Lebensgenuß.[10]

Andere Autoren sehen in der Auflösung der institutionellen Konturen der arbeitsorientierten Industriegesellschaften die Chance für eine »zivile Kultur«[11] oder für eine »Kulturgesellschaft«[12], und dies durchaus in der emanzipatorisch-aufklärerischen Hoffnung, daß sich die divergierenden sozialen Interessen weiter abschwächen und eine andere politische Kultur des Gemeinsinns möglich werde. Deutlich anders fallen die postmodernen Interpretationen aus, die in der Kulturalisierung aller Lebensbereiche das Soziale als steuernden Faktor für das Verhalten, die Einstellungen und Optionen der Menschen verschwinden sahen. Subjektive Aspekte der Handlungsführung, Selbststilisierung, selbstgesetzte Werte – Schulze spricht von der umfassenden »Ästhetisierung des Alltagslebens«[13] – bestimmten inzwischen die Lebensweisen der Bevölkerung.

7 Vgl. Christoph Kleßmann: Die doppelte Staatsgründung. Deutsche Geschichte 1945–1955, 5. Aufl., Bonn 1991. Kleßmann wird hier auch zitiert, weil seine Darstellung der (gesamt)deutschen Geschichte zwischen 1945 und 1970 »Alltag, Lebensgefühl und politische Kultur« einbezieht. Vgl. Ders.: Zwei Staaten, eine Nation. Deutsche Geschichte 1955–1970, 2. Aufl., Bonn 1997.

8 Vgl. dazu u. a. Ralf Dahrendorf: Im Entschwinden der Arbeitsgesellschaft. Wandlungen in der sozialen Konstruktion des menschlichen Lebens, in: Merkur 43 (1980), S. 749–760. Karl-Otto Hondrich u. a.: Krise der Leistungsgesellschaft. Empirische Analysen zum Engagement in Arbeit, Familie und Politik, Opladen 1988. Michael Wildt: Am Beginn der »Konsumgesellschaft«. Mangelerfahrung, Lebenshaltung und Wohlstandshoffnung in Westdeutschland in den fünfziger Jahren, Hamburg 1994. Horst W. Opaschowski: Arbeit, Freizeit, Lebenssinn? Orientierungen für eine Zukunft, die längst begonnen hat, Opladen 1983. Gerhard Schulze: Die Erlebnisgesellschaft. Kultursoziologie der Gegenwart, Frankfurt a. M./New York 1992.

9 Vgl. Ulrich Beck/Anthony Giddens/Scott Lash: Reflexive Modernisierung, Frankfurt a. M. 1996.

10 Vgl. Horst W. Opaschowski: Feierabend? Von der Zukunft ohne Arbeit zur Arbeit mit Zukunft, Opladen 1998.

11 Peter Alheit: Zivile Kultur. Verlust und Wiederaneignung der Moderne, Frankfurt a. M./New York 1994.

12 Vgl. Karla Fohrbeck/Andreas Johannes Wiesand: Von der Industriegesellschaft zur Kulturgesellschaft? Kulturpolitische Entwicklungen in der Bundesrepublik Deutschland, München 1989.

13 Schulze: Die Erlebnisgesellschaft, S. 413.

Tatsächlich haben »sich Klassen, Schichten und konsistentere soziale Ordnungen tendenziell entgliedert ins soziologisch Amorphe, ist Kultur zum dominanten gesellschaftlichen Bestimmungsmerkmal statt dessen aufgestiegen, und dies nicht nur im Sinne jenes ›erweiterten‹, ubiquitär applizierbaren Kulturbegriffs, sondern einer erklärten funktionellen Prägung der Gesellschaft durch Kultur«[14]. Doch dieser Sachverhalt stützt postmodernistisch verkürzte Erklärungsansätze nicht, die »Kulturgesellschaft als delektable, frei gestaltete, bloße ›Erlebnisgesellschaft‹ anzusehen«[15]. Nachzuweisen wären erst noch die Zwangsläufigkeiten und Konstanten kultureller Vergesellschaftung; sie könnten übrigens in den davon betroffenen Schichten und Milieus der DDR-Gesellschaft plastischer hervortreten als in den Lebensweisen gebildeter Mittelschichten des Westens. Die Entwicklungen nach 1990 legen es allerdings nahe, das Fortleben »des Sozialen« (also auch der »sozialen Frage«) in neuer Form und selbst die Wiederkehr alter Konfliktlinien anzunehmen. Michael Vester hat das Weiterleben von »Habitus-Stammbäumen« der Herkunftmilieus nachgewiesen und im Modell einer »pluralisierten Klassengesellschaft«[16] die Verschränkung verschiedener historischer Strukturierungen (»insbesondere auch ständische und meritokratisch, geschlechts- und lebensphasentypische, regionale und ethnische«) deutlich gemacht.

In den hier empfohlenen, stark vereinfachenden (und ideologisch gefärbten) Konstrukten wie Arbeits-, Konsum-, Freizeit- und Erlebnisgesellschaft können keine unverrückbaren Leitbegriffe kulturhistorischer Periodisierung gesehen werden. Dennoch empfehlen sie sich als Orientierungs- und Verständigungsformeln. Obwohl auch die heutige Existenzweise auf der Erwerbsarbeit beruht und sich die so konstruierte Abfolge bei näherer Betrachtung als ein dauerndes graduelles Nebeneinander[17] erweist und selbstverständlich nach Generationen, Klassen[18], Milieus und Regionen differenziert ist, haben sie sich als ordnende Schemata für die Geschichte des Alltagslebens eingebürgert[19]. In West und Ost wurde »die langsame Identitätsauslagerung aus der

14 Wolfgang Lipp: Kulturgesellschaft – was und wohin? in: Kultursoziologie 4 (1995), Berlin 1995, S. 17.

15 Ebenda, S. 18.

16 Michael Vester u. a.: Soziale Milieus im gesellschaftlichen Strukturwandel, Köln 1993, S. 32.

17 Vgl. etwa Hans A. Hartmann/Rolf Haubl (Hrsg.): Freizeit in der Erlebnisgesellschaft, Opladen 1996.

18 Wolfgang Nahrstedt erwartet einen neuen Widerspruch zwischen »Arbeiter- und Mußeklasse«. Er schreibt über dessen Perspektive: »Die Zweidrittelgesellschaft wird freizeitwissenschaftlich zu einer Drei-Drittelgesellschaft. Zwischen neuer (reicher) Mußeklasse, neuer Klasse (wohlhabender) Arbeitsplatzbesitzer und der Klasse armer Müßiggänger vergrößert sich die Kluft.« Wolfgang Nahrstedt: Leben in freier Zeit. Darmstadt 1990, S. 205.

19 Auch Gliederungen nach Jahrzehnten (»Die langen fünfziger Jahre«, Abelshauser) stimmen inhaltlich damit überein. Siehe dazu beispielhaft Axel Schildt: Moderne Zeiten. Freizeit, Massenmedien und »Zeitgeist« in der Bundesrepublik der 50er Jahre, Hamburg 1995.

Arbeitswelt«[20] beobachtet, Oskar Negt spricht von einer »Erosionskrise«, die »die Subjekte in ihrer seelischen und geistigen Grundausstattung« erfaßte und sie in ihren »wichtigsten Lebensäußerungen« veränderte: »in ihrem Arbeitsverhalten, in ihrem Selbstwertgefühl, in ihren Wert- und Bedürfnisorientierungen«.[21] Eine ganze Reihe von Daten läßt aber auch die Vermutung zu, in der ostdeutschen Gesellschaft habe dieser Übergang in eine nachindustrielle Gesellschaft nur ansatzweise stattgefunden und sei auf die jüngeren Generationen und einige Milieus beschränkt geblieben. Peter Hübner meint sogar, »Klassenhabitus und proletarisches Wir-Bewußtsein, die ›mentale Identität‹ der Arbeiter, blieben in der DDR nicht auf die Arbeiterschaft beschränkt. Unter den Bedingungen einer am Leitbild der ›Arbeiterklasse‹ ausgerichteten, sozial und kulturell nivellierenden Gesellschaftspolitik sowie einer zentralisierten Planwirtschaft wurde ›Proletarität‹ zum stilbildenden Faktor des täglichen Lebens. Auch habituell blieb die DDR-Gesellschaft traditionaler als die westdeutsche Mittelstandsgesellschaft.«[22] Das (auch bis in die Konsumgewohnheiten und den Umgang mit den Gebrauchsgütern hinein) nachzuweisen, dürfte nur dann einfach sein, wenn von einem festen Begriff der Modernität ausgegangen wird. Wird aber die Dauerhaftigkeit mentaler Dispositionen »abhängiger Erwerbsklassen« unterstellt, könnte sich mancher Wandel als Über- oder Ausformung bekannter Grundmuster erweisen. Gerade weil im Osten die sozial und kulturell prägende Kraft der Arbeitswelt länger anhielt[23] und bis zum Ende der DDR die Arbeit für größere Gruppen das zentrale Lebensfeld geblieben ist, kann eine solche vergleichende Betrachtung aufschlußreich werden, die den Akzent auf die Übergänge zu anderen Lebensorientierungen legt.

Die Unterscheidung von Arbeits-, Konsum-, Freizeit- und Erlebnisorientierungen ist also etwas grob und aus guten Gründen umstritten, hat aber nicht nur den Vorteil, auch jenseits wissenschaftlichen Streits verständlich und in Gebrauch zu sein, in West und Ost.[24] Gewichtiger ist, daß damit Phasen der

20 Vgl. Eckart Pankoke: Die Arbeitsfrage. Arbeitsmoral, Beschäftigungskrisen und Wohlfahrtspolitik in der industriellen Moderne, Frankfurt a. M. 1990.

21 Oskar Negt: Lebendige Arbeit, enteignete Zeit. Politische und kulturelle Dimensionen des Kampfes um die Arbeitszeit, Frankfurt a. M. 1984, S. 62.

22 Hübner: »Revolution in der Schrankwand?«, S. 161.

23 Darüber, wie weit die Lebenssphären jenseits der Arbeit als eigene und vielleicht auch dominante Handlungsfelder erlebt werden, wurde seit Beginn der Freizeit-Forschung in der DDR debattiert. Vgl. dazu Wissenschaftsbereich Kultur der Humboldt-Universität (Hrsg.): Freizeitkultur. Mitteilungen aus der kulturwissenschaftlichen Forschung Nr. 22, Berlin 1987; besonders die Thesen »Zeit im Sozialismus und sozialistische Freizeitkultur«, S. 181–186. Vgl. auch Helmut Hanke: Kultur und Freizeit, Berlin 1971.

24 Seit Beginn der Debatte über die Folgen der »zweiten industriellen Revolution« (Mitte der fünfziger Jahre) waren Arbeit, Konsum und Freizeit zentrale Kategorien von gesellschaftstheoretischen Entwürfen in Ost und West. Wechselseitige Reaktionen betrafen den Einfluß der Gesellschaftsverfassung auf die Wirksamkeit des wissenschaftlich-technischen Fortschritts im Alltag. Von ostdeutscher Seite wurden die Industriegesellschafts-Theorien heftig abgelehnt, während im Westen mehrheitlich die Gleichartigkeit der Vorgänge betont wurde. So etwa schreibt Erwin K. Scheuch über die prägenden Faktoren des Freizeitverhaltens: »Sie haben nichts zu tun mit der politischen Öko-

Modernisierung von Lebensstilen in ihrer Einheit von gegebenen Lebenslagen und subjektiver Selbstbestimmung[25] bezeichnet werden können. Erst so wird es möglich, das Alltagsleben im Kontext der Grundverfassung beider Gesellschaften zu sehen und auf die innere Logik der systemischen Reaktionen zu stoßen. Daß dieses Abfolge-Schema zur groben Strukturierung kulturgeschichtlicher Vergleiche geeignet sein kann, dürfte schon einsichtig sein, wenn etwa die Frage aufgeworfen wird, ob und wie sich eine sozialistische von einer marktwirtschaftlich geprägten Freizeitgesellschaft unterscheidet oder wenn geprüft wird, ob sozialistische Konsumgesellschaften überhaupt möglich sind.

Es gibt auch andere Ansätze, die parallele und zugleich verflochtene Geschichte der deutschen Alltagskulturen zeitlich zu strukturieren, etwa eine, die den Wertewandel[26] in die Mitte rückt und eine zeitliche Folge von Normalisierungsstreben, Haben-Materialismus und Konsum-Materialismus ausmacht, dem dann postmaterialistisches Streben nach »erhöhtem Sein« folge.[27] Unschwer ist zu erkennen, daß sich diese Abfolge auf die andere projizieren ließe. Das soll hier nicht weiter verfolgt werden, geht es doch nur um den Hinweis darauf, daß die Geschichte der Lebensweisen als gemeinsame im Unterschied gedacht und untersucht werden kann, und die dafür notwendigen Instrumentarien und Daten bereits verfügbar sind.

Wie unmittelbar die Typenfolge des Alltagslebens mit der Grundverfassung der Systeme verbunden ist, kann ein Blick auf ihre Charakterisierung als »Konsumgesellschaft« zeigen. Folgt man nämlich der Literatur, so geht der Zusammenschluß der beiden deutschen Gesellschaften 1990 auf zwei sehr ähnliche politische Entscheidungen zurück: auf eine richtige und auf eine falsche. Die richtige war die für eine freie, aber staatlich gesicherte Marktwirtschaft, mit der sich die Wirtschaftsliberalen der CDU 1948 durchsetzten und den Übergang aus der Mangelsituation in eine reiche Konsumgesellschaft vorbereiteten. Die falsche traf Walter Ulbricht als er – sicher nicht ganz freiwillig – Nikita Chruschtschows Einfall für die DDR übernahm, die sozialistischen Länder müßten den Westen jetzt auf dem Felde der individuellen Konsumtion niederkonkurrieren. Allerdings galt damit auch für die DDR die sinnreichere Formel vom »Überholen ohne einzuholen«. Der Literatur nach mußte dies

nomie einer Industriegesellschaft und sind in ihren Auswirkungen auf die Art der Verwendung freier Zeit durch die politische Ökonomie nur begrenzt zu beeinflussen.« Erwin K. Scheuch: Soziologie der Freizeit, in: René König: Handbuch der empirischen Sozialforschung, Bd. 2, Stuttgart 1969, S. 740.

25 Vgl. Hans-Peter Müller: Sozialstruktur und Lebensstile. Der neuere theoretische Diskurs über soziale Ungleichheit, Frankfurt a. M. 1992.

26 Vgl. Dieter Oberndörfer u. a. (Hrsg.): Wirtschaftlicher Wandel, religiöser Wandel und Wertewandel. Folgen für das politische Verhalten in der Bundesrepublik Deutschland, Berlin 1985. Wolfgang Glatzer/Wolfgang Zapf (Hrsg.): Lebensqualität in der Bundesrepublik. Objektive Lebensbedingungen und subjektives Wohlbefinden, Frankfurt a. M. 1984. Vom kulturgeschichtlichen Resultat her hat Heiner Meulemann auf den – seinem Urteil nach – vergleichsweise begrenzten Wertewandel in der DDR zurückgeblickt; Heiner Meulemann: Werte und Wertewandel. Zur Identität einer geteilten und wieder vereinten Nation, München 1996.

27 Vgl. Albrecht Göschel: Die Ungleichzeitigkeit in der Kultur. Wandel des Kulturbegriffs in vier Generationen, Essen 1995.

»dem System zum Verhängnis« werden, sein Zusammenbruch war »eine unausweichliche Folge der in den fünfziger Jahren eingeleiteten Konsumorientierung« (schrieb Stephan Merl in seiner holzschnittartigen Studie über »Staat und Konsum in der Zentralverwaltungswirtschaft«). Warum Chruschtschow nach Stalins Tod auf diesen Einfall gekommen ist, wurde noch nicht eindeutig ermittelt. Einigermaßen sicher ist nur, daß es in der Absicht der Leistungsstimulierung geschah, es aber nicht dem aktuellen Bedürfnisdruck der Bevölkerung geschuldet war. Den daraufhin eskalierenden Bedürfniswandel hätten die Politiker selbst losgetreten, mit ihrem Projekt »Konsum-Sozialismus« erst in Gang gesetzt. Dann aber »verschlang« der »nicht zu zügelnde Konsumwille der Bevölkerung [...] die zur Investition benötigten Mittel, die Wirtschaftsleistung stagnierte«.[28]

Es lohnte, diesen seltsamen Vorgang näher zu untersuchen, weil damit ja auch Fragen an die obsiegende Seite und an ihren »nicht zu zügelnden Konsumwillen« gestellt worden sind. Mit ihm haben sich die Kritiker der westlichen Überflußgesellschaften auseinandergesetzt und von Konsumterror, Verschwendung und Entfremdung gesprochen und auf die Notlage der übrigen Welt hingewiesen. Weit gravierender aber dürfte die selbstzerstörerische Gefahr sein, die in einer räumlichen und zeitlichen Ausdehnung dieser hochmodernen Produktions- und Lebensweise liegt.

Chruschtschows Entschluß wirft die Frage auf, ob mit den einsetzenden Reformen bis hin zum »Realsozialismus« auch ein ansatzweiser Versuch verbunden war, die »Grenzen des Wachstums« durch eine nicht primär materiell orientierte Bedürftigkeit der Menschen zu überwinden. War in der Reformphase eine andere »Bedürfnisstrategie« tatsächlich intendiert? Ist der »Realsozialismus« tatsächlich daran gescheitert, daß er gar keine Alternative, sondern nur die schwächere Variante des selben Systems, der selben Moderne war? Das jedenfalls legen Merl und andere nahe, wenn sie konstatieren, daß das östliche System vor den selbst angestachelten konsumtiven Bedürfnissen ökonomisch versagt habe. Und dies, obwohl es gleichermaßen begonnen hatte, hemmungslos die Ressourcen – wenn auch nicht der ganzen Welt – aufzubrauchen. Doch verglichen mit dem marktwirtschaftlichen Krieg gegen Umwelt und Zukunft, drohte vom Realsozialismus – trotz Tschernobyl und anderer katastrophaler Folgen – nicht die soziale und ökologische Apokalypse.

Auch für das Problem der Selbstbegrenzung[29] sind Lösungen denkbar. Selbstzweckhaftes materielles Wachstum scheint die Lebensgrundlage moderner Gesellschaften zu sein, zugleich beunruhigen seine Folgen immer mehr. Sollte nach Auswegen gesucht werden, könnte vergangener gesellschaftspolitischer »Umgang mit Bedürfnissen« von Interesse sein und Spielmaterial für neue Diskurse bereitstellen, die von der Frage ausgehen, wie es gelingen

28 Stephan Merl: Staat und Konsum in der Zentralverwaltungswirtschaft, in: Hannes Siegrist/Hartmut Kaelble/Jürgen Kocka (Hrsg.): Europäische Konsumgeschichte, Frankfurt a. M./New York 1997, S. 240.

29 Vgl. Fred Hirsch: Die sozialen Grenzen des Wachstums, Reinbek 1980.

könne, die Möglichkeiten von Menschen zu erweitern, ohne dadurch das Wohlergehen anderer zu beeinträchtigen oder zu verhindern. Vielleicht wären da auch die beiden deutschen Wege von Interesse.

Welche »Probleme« hatten die politischen Systeme mit den Alltagsbedürfnissen und Erwartungen der Bevölkerung?

Fragen der eben genannten Art kommen in der aktuellen Debatte über die DDR-Geschichte kaum vor. Die Forschung rekonstruiert das politische Herrschaftssystem vor dem Hintergrund westlicher Demokratie, rückt in liberalem Geiste die Unterschiede zwischen Demokratie und Diktatur in die Mitte. Lebensweise kommt als »durchherrschte« und mit der Frage verbunden in den Blick, wie weit sich Eigensinn entfalten konnte. Das machte aber nur einen Sinn, wenn etwas tiefer nach den Zusammenhängen von Produktions- und Lebensweisen gefragt und wenigstens im Ansatz erklärt wird, wie das Leben in egalitären Industriegesellschaften ohne Privateigentum an Produktionsmitteln »geordnet« sein konnte und tatsächlich war. Und dies im Unterschied zu Ordnungen, die sich in kapitalbeherrschten Industriegesellschaften ausgebildet haben.

Ein Schlüssel dafür liegt in der unmittelbaren Nachkriegszeit, als die ordnungspolitischen Vorstellungen aller Gruppierungen auf eine weitgehende Sozialisierung des produktiven Privateigentums hinausliefen und im demokratischen Staat das wichtigste Medium sahen, das gesellschaftliche Leben zu organisieren. Dahinter stand nicht nur die Idee der Arbeiterbewegung, ihre Organisation einmal zum Staat zu machen, sondern auch die Erfahrung mit der staatlichen Interventionspolitik in zwei Weltkriegen und – hinsichtlich des Alltagslebens – mit der perfekten Organisation des Mangels durch den Staat. Vielleicht war es sogar eine »deutschere« Lösung, als in Ostdeutschland von einer staatlich regulierten zu einer wesentlich staatlich organisierten Produktionsweise übergegangen wurde, während sich in Westdeutschland bald eine privatwirtschaftliche Lösung durchsetzte, die unter amerikanischem Einfluß sogar (für deutsche Verhältnisse) extrem wirtschaftsliberale Züge annahm.

In der SBZ/DDR dagegen fielen inzwischen politische und wirtschaftliche Macht in der Kombination von Partei, Gewerkschaften und Staat[30] zusammen, und über alle Ressourcen wurde letztlich zentral entschieden. Von der Art des politisch gestalteten Gesellschaftsaufbaus hing nun die Lebensweise ab. Auch die Bedürfnisse wurden im Plan entweder als zu berücksichtigender Bedarf »legitimiert« oder nicht anerkannt. Der Staat war zur primären Verteilungs- und Versorgungsinstanz[31] geworden. Er beeinflußte damit auch die

30 Vgl. Walter Süß: Gesellschaftliche Interessen und gesellschaftliche Organisationen in der DDR, in: Weidenfeld/Zimmermann: Deutschland-Handbuch, S. 152–164.

31 »Der Staat« erweist sich bei näherer Betrachtung selbstverständlich als ein hochkompliziertes Zusammenspiel recht verschiedener Handlungssubjekte, von Betriebsleitungen, Preisbehörden, Handelsbetrieben, Plankommissionen, örtlichen Organen, Wirtschaftsräten, wissenschaftlichen Instituten, Ministerien und Parteileitungen.

Modi der Bedürfnisbefriedigung. Im Westen wurde dies wieder weitgehend »dem Markt« überlassen, wozu auch gehörte, daß weite Bereiche des Alltagslebens bald wieder weitgehend marktförmig geregelt waren.[32] Das gelang jedoch nicht vollständig, denn auch hier wurden die Interessenlagen und Bedürfnisse der verschiedenen Bevölkerungsgruppen von den politischen Kräften, den Gewerkschaften und Verbänden aufgenommen, die auch versuchten, ihnen durch Gesetzgebung und Regierungseinfluß Geltung zu verschaffen, wenn auch mit unterschiedlichem Erfolg. Doch obwohl die wichtigsten gesellschaftsprägenden Entscheidungen von privatwirtschaftlichen Gruppen getroffen wurden, wuchs auch hier das Funktionsspektrum des Staates. Der durch die »öffentliche Hand« gehende Anteil des volkswirtschaftlichen Gesamtaufkommens wuchs von Jahrzehnt zu Jahrzehnt, und fast das gesamte System der sozialen Vorsorge hing auch hier vom Staat ab.

Wenn also nach den Einflüssen beider politischer Systeme auf die Lebensweise gefragt wird, müßte das jeweils unterschiedliche Verhältnis zum Staat, zum Markt, zu Betrieb und Kommune bedacht werden, das sich nach 1945 herausgebildet hat. Doch die Gemeinsamkeiten sind – versucht man die Schnittmenge zu finden – gerade beim Staat nicht zu übersehen. In beiden Gesellschaften versorgte er im Interesse des sozialen Friedens und des Ausgleichs nicht nur die Hilflosen, sondern berücksichtigte auch die Konsum-, Freizeit- und Kulturbedürfnisse derer, die nicht selbst über die Mittel zu ihrer Befriedigung verfügten. Dafür gab es auf beiden Seiten die üblichen Beschreibungen akzeptierter Standards (Armutsgrenze, Mindesteinkommen, Anspruchsumfang, Warenkörbe). Beide Staatswesen stellten die Mittel für die »kulturelle Grundausstattung« aller Bürger (vor allem Bildung und berufliche Qualifikation) sowie die Mittel für die Pflege der bürgerlichen Hoch- und Repräsentationskultur bereit. Gemeinsam war beiden Staaten auch, daß der Gesetzgeber (und damit der Staat) politisch und sittlich bedenkliche Bedürfnisse und Wunschvorstellungen reglementierte. Dies alles legt nahe, zeit- und kulturgeschichtlich auf die vergleichenden Betrachtungen zurückzukommen, wie sie mit dem von Peter Christian Ludz verantworteten »Bericht zur Lage der Nation« von 1974 erstmals vorgelegt worden sind[33] und in den folgenden Jahren eine Fülle von Daten beider Gesellschaften für vergleichende Betrachtungen zusammengeführt haben.

Jedenfalls hat die üppige staatliche Zuständigkeit eine Fülle von Dokumenten (und Akten) hinterlassen, die als Quellen bereitstehen, wenn man die Reaktionen der beiden politischen Systeme auf den Bedürfniswandel untersuchen wollte. Sicher waren Bedürfnisse und Lebensweisen im Westen seltener

32 Die Zwangsbewirtschaftung der Arbeitskraft und die festen Löhne wurden ebenso aufgehoben wie die Zuteilungen und festen Preise für Güter und Dienste.

33 »Wissenschaftlich handelt es sich um einen ersten Versuch, in einer sowohl multidisziplinär wie mehrdimensional angelegten Untersuchung die maßgebenden Vorstellungen von Nation, Staat und Gesellschaft sowie die Ordnung der Wirtschaft und das System der sozialen Sicherung in der Bundesrepublik Deutschland und in DDR zu beschreiben und zu analysieren.« Materialien zum Bericht zur Lage der Nation 1974, Bonn 1974, S. XXII.

ein direkter Gegenstand politischer Entscheidungen, doch vermittelt wurden sie von der Finanz-, Wirtschafts- und Beschäftigungspolitik, über das Steuer-, Arbeits- und Sozialrecht und über die in diesem Rahmen operierenden Haushalte berücksichtigt und beeinflußt.[34] Selbstverständlich galt das nicht für das wohlhabende bis reiche obere Drittel der Gesellschaft, das nach der Währungsreform über seine Lebensbedürfnisse wieder weitgehend selbst entscheiden konnte. Vor allem regulierten staatliche Interventionen und Leistungen – und darin besteht dann wieder eine Ähnlichkeit mit der ostdeutschen Gesellschaft – die Lebensbedingungen der »lohnabhängigen« anderen zwei Drittel, vor allem die der niedrigen Einkommensgruppen und die der besitzlosen Nichterwerbstätigen.

»Untere Ebenen« des Systems: Kommunen, Betriebe und Märkte

Schwierigkeiten ergeben sich für eine vergleichende Betrachtung auch mit den Ebenen des »politischen Systems«. Im Westen bildeten die Kommunen ein – wenn so auch nicht im Grundgesetz vorgesehenes – selbständiges Politikfeld mit beträchtlichem Einfluß auf die Gestaltung lokaler Lebensbedingungen, in dem zugleich über hohe Aufwendungen für die Bürger entschieden wurde.[35] Die Vorkehrungen der »kommunalen Ebene« hatten starke Wirkungen und können als bürgernahe Reaktionen auf den Bedürfniswandel angesehen werden. Die Kommunen der DDR dagegen waren örtliche Organe der Staatsmacht, sie hatten nicht den gleichen Entscheidungsspielraum und darum kein großes Gewicht. Sie sicherten aber mit den aus dem Staatshaushalt zugewiesenen Mitteln gleichfalls eine bestimmte Lebensqualität. Im Osten dürften darum eher die (staatlichen) Betriebe mit dem »Leistungsangebot« reicher westdeutscher Kommunen vergleichbar sein.[36]

Problematisch ist auch die strukturell andere Verortung des Marktes im Osten. »Das volkswirtschaftliche Gleichgewicht sollte nicht – wie im westlichen System – ex post über Markt und Preis, sondern über einen Plan transparent gemacht und bewußt im vorhinein hergestellt werden. Markt und Preissystem wurden als unabhängige Informationsquelle und dezentrales Re-

34 Beispielsweise viel diskutiert wurden die sozialen und mentalen Folgen, die der Rückzug der sozialliberalen Koalition aus der »Politik der Vollbeschäftigung« Anfang der siebziger Jahre hatte.

35 Das fällt sofort ins Auge, wenn man die westdeutschen Kulturausgaben betrachtet: die Kommunen trugen etwa die Hälfte, die andere Hälfte trugen die Ländern und der Bund.

36 Wenn Kulturausgaben dafür ein Indikator sind: der betriebliche und gewerkschaftliche Kulturaufwand im Osten wurde gleichfalls auf etwa 50 Prozent der Gesamtausgaben für Kultur veranschlagt. In guter deutscher Tradition gehörte es auch in der Bundesrepublik bis in die achtziger Jahre zur Philosophie mancher Unternehmensführung, betriebsverbundene Stammbelegschaften durch Gratifikationen im Kultur- und Freizeitbereich zu fördern.

gulierungsinstrument überflüssig.«[37] Von einem »unvollkommenen Markt« ist die Rede. Zwar regelte er nicht das ökonomische Verhältnis zwischen den Produzenten und den Konsumenten, weil der Staat die Preise sozial-politisch festlegte, den Markt organisierte und selbst als hauptsächlicher Anbieter auftrat. Doch für den Käufer und Konsumenten hatte er schon eine (wenn auch eingeschränkte) wirtschaftliche und vor allem eine kulturelle Funktion. Die Anerkennung seiner Bedürfnisse erfuhr er durch den Umfang des Marktangebots und durch die Staffelung der Preise von Waren und Dienstleistungen. Steiner ist nur bedingt zuzustimmen, wenn er schreibt, »die Kunden hatten kaum eine Wahl und daher auch keine wirtschaftliche Macht«[38]. Dieses Urteil scheint auf westlichen Illusionen der Käufersouveränität zu beruhen. Auf dem fragmentarischen sozialistischen Markt hatten Käufer offenbar andere »Machtmittel«: an ihrem Marktverhalten wurden die sogenannten Versorgungsengpässe offenbar, in ihrer Nachfrage drückte sich der »Kaufkraftüberhang« aus, sie entschieden sich für Ersatzkäufe, für Vorratsanschaffung und sie konstituierten die Nebenmärkte. Selbstverständlich waren das alles Reaktionen auf objektive Bedingungen, doch zugleich Handlungen in einem komplizierten Rückkopplungsprozeß etwa mit der Lohn-, Wirtschafts- und Handelspolitik.

Die kulturellen Wirkungen des Marktes gingen nicht nur von den angebotenen Produkten und Diensten aus, von Breite und Vielfalt, von den Gebrauchswerteigenschaften usw. Es wäre ein eigenes Thema, die kulturellen Aspekte eines Marktverhaltens darzustellen, bei dem »der Staat« als Produzent, Anbieter und Verkäufer auftrat und überdies für den Service und die Werbung zuständig war. Vielleicht hat er (»der Staat«) das unter den gegebenen Bedingungen gar nicht so schlecht gemacht, obwohl Lenin bereits 1923 seine Genossen davor gewarnt hatte, sich das auf den Hals zu laden: Bedürfnisbefriedigung solle man lieber den Trusts überlassen, die verstünden etwas davon, die Partei dagegen nicht.

Auf Lenin wird verwiesen, weil er in seinem ersten Vortrag den »Volkstümlern«, die in Rußland keinen Kapitalismus zulassen wollten, die kulturellen Wirkungen des Marktes erläutert hatte.[39] Durch seine »Verstaatlichung« verlor der Markt viele dieser kulturellen Wirkungen, vor allem die Kraft, ständig neue Angebote zu erfinden, bessere Gebrauchswerte anzubieten, sie (sofern das nicht durch eine Monopolisierung verhindert wurde) wohlfeiler zu machen, mit ihnen in alle Regionen vorzudringen und die Gegenstände, an denen sich unsere Bedürfnisse erst bilden, ständig zu erweitern. Die kritisierten nega-

37 André Steiner: Zwischen Frustration und Verschwendung, in: Neue Gesellschaft für Bildende Kunst (Hrsg.): Wunderwirtschaft. DDR-Konsumkultur in den 60er Jahren, Köln/Weimar/Wien 1996, S. 21.

38 Ebenda, S. 28.

39 Lenin berief sich selbstverständlich auf Marx; den Satz Henry Fords, die Produktion schaffe die Bedürfnisse, konnte er noch nicht kennen. Lenin sprach davon, »daß die Entwicklung des Kapitalismus unvermeidlich eine Zunahme der Bedürfnisse der gesamten Bevölkerung und des Arbeiterproletariats zur Folge« habe und sah darin ein »Gesetz vom Anwachsen der Bedürfnisse«; W.I. Lenin: Zur sogenannten Frage der Märkte, in: Ders.: Gesammelte Werke, Bd. 1, Berlin 1961, S. 98.

tiven Seiten eines profitorientierten Marktmechanismus, der Massenbedürfnisse verwertet, sind bekannt: Suggerieren von Bedürfnissen, Übertölpeln durch Werbung, Uniformierung, Markenfixierung, Verminderung der Qualität, Kurzfristigkeit des Verbrauchs, Vergeudung durch Rivalitätsaufwand, der »ungerechtfertigt« hohe Gewinn etc. Das alles sollte – liest man die ostdeutschen Debatten der sechziger Jahre – durch eine sozialistische Lösung vermieden werden, die mit planvollem Einsatz aller Ressourcen jedes vernünftige Bedürfnis befriedigt, das in einer Industriegesellschaft sich bildet.

Werden Reaktionen der politischen Systeme auf den Bedürfniswandel untersucht, müßten auch beide »Marktsysteme« betrachtet werden. Übergreifend und integrierend könnte dabei die (etwas kulturkritische) Fragestellung lauten, wie die menschlichen Bedürfnisse bei ihrer Anerkennung als Bedarf und Nachfrage durch »sachfremde« Interessen verstellt, verzerrt, reduziert oder gar nicht berücksichtigt werden, weil sie sich nicht rechnen oder die Bilanzen stören. Zu vergleichen wäre das Spannungsverhältnis zwischen Bedürfnissen und Bedarf bei ihrer planmäßigen Kalkulation im Staatssozialismus einerseits, mit ihrer weitgehend marktförmigen Formierung und Kanalisierung im modernen Kapitalismus andererseits. Vorliegende Gesellschaftsanalysen beider Systeme bieten bereits einige Voraussetzungen für eine vergleichende Untersuchung kultureller Folgen von Verplanung und Vermarktung unter industriegesellschaftlichen Bedingungen.

Bedürfnisse und Politik in den »langen fünfziger Jahren« bis 1965 – Anmerkungen zur Geschichte

Als sich die Zonen trennten, stellte sich die Frage, welche Seite die Erwartungen und Bedürfnisse der Bevölkerung besser befriedigen werde. Konrad Adenauer formulierte die Alternative: »bürokratische Planwirtschaft oder soziale Marktwirtschaft«.[40] Schon 1947/48 hatte Ludwig Erhard sich gegen die Fortführung planwirtschaftlicher Maßnahmen der ersten Nachkriegsjahre ausgesprochen, als Wirtschaftsminister verfocht er ein wirtschaftsliberales Programm der Bedarfsweckung und Entgrenzung des Konsums. »Soziale Marktwirtschaft« wurde zur Integrationsformel sowohl für die (antikommunistische) Abgrenzung vom Osten als auch vom »bürokratischen Staatssozialismus« in den Programmen von SPD und Gewerkschaften.[41] Auch der Marshall-Plan sollte den befürchteten kommunistischen Vormarsch nach Westeuropa durch schnelle Besserung der Lebensverhältnisse aufhalten. Die ERP-Mittel förderten mehrere Wirtschaftswunder in Westeuropa. Zunächst hatten die Westdeutschen nach der Entwertung ihres Geldes wenig davon,

40 Kleßmann: Die doppelte Staatsgründung, S. 146.

41 Auch die »Freiheit« dieser Marktwirtschaft war historisch relativ. »Es war die Verbindung der kapitalistischen Marktwirtschaft mit einer staatlichen Regulierung, die ein gemischtes politökonomisches System hervorbrachte, das genügend Flexibilität und Plastizität besaß, um zu überleben.« Hirsch: Die sozialen Grenzen, S. 171.

aber Geldknappheit, niedrige Löhne und ein nach der Entbehrungszeit überwältigendes Marktangebot forderten zu hoher Arbeitsleistung heraus, die deutsche Tüchtigkeit nahm eindrucksvolle Formen an.

Im Osten war die Verwaltung des Mangels schwieriger – wegen des deutlich höheren Anteils an Vertriebenen und an alleinstehenden Frauen. Die Last der Reparationen war schwerer, da es keine Unterstützung wie aus dem Marshall-Plan und keine belebende Anbindung an einen großen Markt gab. Dafür hatten die Bomben weniger Wohnraum zerstört und die West-Abwanderung von Arbeitskräften machte wenigstens Zimmer frei. Gravierender aber dürfte gewesen sein, daß hier auf die erste Wiederherstellungsphase ein Jahrzehnt dauernden gesellschaftlichen Umbaus folgte. Während die Marktwirtschaft nach der Währungsreform bald auf »vollen Touren« lief, gewann die ostdeutsche Gesellschaft erst gegen Ende der fünfziger Jahre ihr eigenes Profil. Als sich im Westen die ersten Krisensymptome marktwirtschaftlicher Regulation zeigten, verstetigte sich im Osten die Entwicklung »auf eigener Grundlage«. Allerdings war die Debatte um das Gesellschaftsmodell gerade erst in Gang gekommen.

Was die Berücksichtigung der Bedürfnisse durch das politische System im Osten betrifft, so gab es dort schon bald nach 1945 keine innere »liberale« Gegenkraft mehr zum egalitären Prinzip der Gleichversorgung im Mangel (wie sie SPD, KPD, Gewerkschaften und Betriebsräte für selbstverständlich hielten). Auch die Lebensmittelkarten unterschieden nur nach notwendiger Energiezufuhr bei körperlich anstrengender Arbeit. Zwar sollte es besser werden, doch »Bedürfnispolitik« zielte lediglich darauf, den notwendigen Bedarf zu decken und rechnete nicht mit wachsender Begehrlichkeit. Selbstverständlich gab es keinen Gedanken daran, die Bedürfnisse anzureizen.

Eine gewisse Differenzierung nach Leistung, aber auch nach Status und Qualifikation, wurde erst durch den Befehl Nr. 234 der SMAD (Oktober 1947) vorgenommen. Doch der damit verbundene Anstoß blieb dauerhaft zweitrangig; bis zum Ende der DDR setzte sich in der widersprüchlichen Einheit von egalisierenden und sozial differenzierenden Faktoren immer wieder eine leistungsunabhängige Versorgungs- und Konsumpolitik durch.[42] Sie rechnete anfangs mit einer belebenden Wirkung der von Ausbeutung befreiten Arbeit mit veränderten Produzenten, die aus Einsicht und Freude, jedenfalls ohne Leistungsdruck, mehr und Besseres leisten würden. Später wurde auch aus Angst vor Arbeiterprotesten an den immer größer werdenden Subventionen für leistungsunabhängige Zuwendungen festgehalten. Auf diese Weise entstand im Osten mit der Zeit gleichfalls eine »Konsumgesellschaft«. Davon kann nicht nur gesprochen werden, weil auch hier nach und nach etliche der konsumtiven Möglichkeiten »demokratisiert« wurden, die ehedem Begüterten vorbehalten waren. Vor allem wurde soziale Sicherheit ein allgemeines Gut. Diese »Gleichheit im Konsum« ist sicher anders erfahren worden als die der

42 »Egalisierende und differenzierende Verteilungsprinzipien standen sich konträr gegenüber und zugleich ergänzten sie sich auf seltsame Weise.« Ina Merkel: Der aufhaltsame Aufbruch in die Konsumgesellschaft, in: Neue Gesellschaft für Bildende Kunst (Hrsg.): Wunderwirtschaft, S. 8.

marktwirtschaftlichen. Als Konsumgesellschaft könnte der Osten auch deshalb charakterisiert werden, weil schon in den ersten Jahrzehnten alle erwerbstätigen Gruppen eine schnellere Steigerung ihrer Löhne, Gehälter und Prämien durchsetzten als in den Plänen vorgesehen war und so einen dauernden Konsum-Druck erzeugten[43]. Dieser konnte auch deshalb zu einer selbständigen Größe werden, weil die Rückbindung des individuellen Konsums an die wirtschaftliche Leistung weniger über den Markt erfolgte[44] als über ein kompliziertes staatliches Regelungssystem, letztlich durch Entscheidungen des Politbüros[45], das die Kaufkraftsteigerung nicht kontrollieren konnte und die Aufzehrung der Ressourcen zu verantworten hatte.

An derartige höhere Zusammenhänge waren die Arbeitenden gewöhnt. Die Abkoppelung der individuellen Arbeitsleistung von sofortiger irdischer Belohnung hatte die pietistisch geprägte Volksschule über zwei Jahrhunderte gelehrt. Im Krieg sollte selbstlos für den Sieg gearbeitet werden, danach war »Wiedergutmachung« durch Arbeit verlangt. Es folgten der »Aufbau aus eigener Kraft« und die Propagierung der heldenhaften »Aktivisten«, auch durch Belohnung ihrer herausragenden Leistung. Insgesamt galt lange: »wie wir heute arbeiten, werden wir morgen leben«; Aufbau-Askese sollte eine Art »ursprünglicher Akkumulation« ermöglichen.

Auch das westdeutsche Wirtschaftswunder war zunächst dem höheren Druck auf die Arbeitsleistung der Vielen zu verdanken. Arbeitslosigkeit und Zustrom qualifizierter Arbeitskräfte aus dem Osten ermöglichten niedrige Löhne, und das bald einsetzende Gerede von der Wohlstandsgesellschaft war für die Mehrheit eher Zukunftsmusik. Auch westdeutsche Politiker haben unter Anrufung welthistorischer Missionen an Leistungsbereitschaft und Arbeitswillen appelliert. Ludwig Erhard, der die ERP-Mittel konsequent marktstimulierend als soziales Befriedungsmittel einsetzte, war dazu gezwungen, als die USA im Koreakrieg 1951 seine einseitige Förderung der Konsumgüterindustrie kritisierten. Die Regierung mußte ihren Beitrag zur Aufrüstung durch Abschöpfung in diesem Bereich finanzieren. Er wünschte darum (1951 im Bundestag) dem deutschen Volke Mut und Kraft »um das unabdingbare Opfer der Konsumeinschränkung durch vermehrte und verbesserte Leistungen so weit als möglich wettmachen zu können«.[46]

Ein aufschlußreiches Parallelereignis zur ostdeutschen »Bedürfnispolitik«? 1950 sah der erste Fünfjahrplan[47] vor, den Lebensstandard von 1939 zu übertreffen. 1952 konnte die DDR (durch die Trennung von Schlesien und der Ruhr notwendige) planmäßige Investitionen in der Grundlagenindustrie und beträchtliche Reparationsleistungen mit außerplanmäßigen Aufwendungen von zwei Milliarden Mark aufbringen. Denn auf den NATO-Beitritt der Bun-

43 Vgl. Peter Hübner: Konsens, Konflikt und Kompromiß. Arbeiterinteressen und Sozialpolitik in der SBZ/DDR 1945–1970, Berlin 1995.
44 Für den einzelnen galt, daß er nur so viel kaufen konnte, wie er verdient hatte.
45 Selbstverständlich wurde hier nur in letzter Instanz und am Maßstab des Gesellschaftsmodells wie nach politischer Opportunität entschieden.
46 Zit. nach Werner Abelshauser: Die langen fünfziger Jahre, Düsseldorf 1987, S. 96.
47 Mit ihm wurde der Anschluß an das sowjetische Planungssystem vollzogen.

desrepublik hatte Stalin mit der Weisung reagiert, die DDR aufzurüsten. Auch hier forderte die bestimmende Siegermacht von den Deutschen Rüstungsleistungen auf Kosten ihrer Konsumbedürfnisse. Dennoch sollten die Planziele gesichert bleiben. Das war nur durch erhöhte Arbeitsleistung möglich, die durch Normerhöhung erreicht werden sollte (wie durch ökonomischen Druck auf den Mittelstand und die Bauern). Als nach Stalins Tod der »Neue Kurs« von der Sowjetunion übernommen wurde, entlastete die Regierung nur die Bauern und den Mittelstand. Das führte bekanntlich zu dem Aufstand der Arbeiter vom 17. Juni 1953, verunsicherte das »politische System« und verhinderte eine Absenkung des erreichten Lebensstandards und der Bedürfnisbefriedigung der Arbeiter.[48] Der Stand von 1939 konnte erst 1957 überboten werden. Die Führung der SED zog die Lehre, daß die Konsumtionsmöglichkeiten nie wieder eigenmächtig beschnitten werden dürften.

Der gleiche Zwang zur Rüstungsleistung hatte offenbar unterschiedliche Folgen. Im Westen konnten nicht ausgelastete Kapazitäten genutzt werden und den internationalen Rüstungsmarkt beliefern. Trotz langer Arbeitszeit und einem Konsumniveau, das in vielen Positionen auch hier noch unter dem Stand von 1936 lag, signalisierten der langsame Anstieg der Reallöhne und der Rückgang der Arbeitslosigkeit das beginnende Wirtschaftswunder. Nachdem die Nahrungsstandards der Vorkriegszeit bald übertroffen worden waren (»Freßwelle«), waren gegen Ende der fünfziger Jahre auch Kleidung und langlebige Konsumgüter wieder verfügbar.[49] Das Konsumverhalten erreichte nun eine neue Dimension: die Begehrlichkeit begann über das Gewohnte hinauszugehen.[50]

Als der Übergang zur »Konsumgesellschaft« mit Motorisierung, Tourismus und neuen Massenmedien von allen erfahren wurde, identifizierten sich auch die Arbeiter weitgehend mit der westdeutschen Gesellschaft. Die SPD paßte sich dieser neuen Lage an: sie verdrängte Kurt Schumachers drastische Charakterisierung der Regierung Adenauer als vierfache Verbindung von

48 Otto Grotewohl formulierte am 24. Juli 1953: »Der Hauptinhalt des neuen Kurses besteht in der raschen Verbesserung der Lebenslage der Arbeiterklasse und der gesamten werktätigen Bevölkerung.« Der neue Kurs und die Aufgaben der Partei, 15. Tagung des ZK der SED, Berlin 1953, S. 41.

49 »Auf die Anschaffungswelle folgte die Freßwelle, auf die Freßwelle die Saufwelle, auf die Saufwelle schließlich die Reisewelle. Und so schien es auch in Zukunft weiterzugehen. Daß dieses ›Wirtschaftswunder‹ mit einer gewaltigen Monopolisierung, das heißt einem Verzicht auf ökonomische und politische Mitbestimmung erkauft worden war, wurde den meisten damals noch gar nicht bewußt.« Jost Hermand: Kultur im Wiederaufbau, Frankfurt a. M. 1989, S. 227.

50 »Die späten fünfziger und frühen sechziger Jahre bildeten für die untersuchten Arbeitnehmerhaushalte [...] eine Wendemarke, die zwei Phasen des Konsums in der Nachkriegszeit voneinander trennte: die kargen Jahre, in denen noch ›geknapst‹ und der Pfennig umgedreht werden mußte, von einer neuen Form des Konsums, in der sich der Blick des Konsumenten, um eine Formulierung Ernest Zahns aufzugreifen, nicht mehr auf ›Entbehrtes‹, sondern auf ›Begehrtes‹ richtete.« Michael Wildt: Die Kunst der Wahl. Zur Entwicklung des Konsums in Westdeutschland in den 1950er Jahren, in: Siegrist/Kaelble/Kocka (Hrsg.): Europäische Konsumgeschichte, S. 316f.

»Kapitalismus, Kartellen, Klerikalismus und Konservatismus«[51], bekannte sich schon bald zur sozialen Marktwirtschaft, stellte sich auf die »neue Mitte« ein und wandelte sich Ende der fünfziger Jahre zu einer Volkspartei.

Bis in die sechziger Jahre war westdeutsche »Bedürfnispolitik« (vor allem über die Stimulierung des marktwirtschaftlich ermöglichten Massenkonsums, aber auch durch »Lastenausgleich«, Rentenreform, Eigenheimförderung, sozialen Wohnungsbau) auf den Abbau sozialer Spannungen gerichtet.[52] Immer wurde sie zugleich als Abgrenzung vom Zonenregime, als »antikommunistische Propaganda« verstanden und betrieben. Bereits 1953 begannen die Propagandisten des »Wirtschaftswunders« von einer Überflußgesellschaft zu sprechen und sahen den Übergang von der Bedarfsdeckungsgesellschaft zur Wohlstands- oder Konsumgesellschaft vollzogen. Helmut Schelsky betrachtete die »nivellierte Mittelstandsgesellschaft« als Realität; das Klassenbewußtsein der Arbeiter sei bereits ein *cultural lag* und habe sich überlebt. In der politischen Auseinandersetzung richtete sich das gegen die inneren Gegner – Sozialdemokratie und Gewerkschaften – wie gegen die äußere Alternative in Gestalt der DDR; es gehörte im Kalten Kriege zur antikommunistischen Eindämmungsstrategie. Ludwig Erhard hat seine Politik auch als wirksame Strategie gegen den Osten verteidigt.[53] »Durch Abbau von Spannungsherden sollte die bestehende Gesellschaftsordnung gefestigt werden und damit zugleich die Bundesrepublik ›attraktiv bleiben‹ für die ›Menschen in der Zone‹«, zitiert Christoph Kleßmann (aus der Rentendebatte von 1956) Konrad Adenauer.[54]

Diese gegensätzliche Situation zwischen 1948 und 1961/65 kann durchaus als Wettlauf zweier vergleichbarer Arbeitsgesellschaften um die bessere »Versorgung« der Bevölkerungsmehrheit verstanden (und untersucht) werden. Sie endete mit dem Mauerbau. Er führte im Westen deutlich vor Augen, daß aus dem Osten wohl in keiner Hinsicht Gefahr drohe. Die Bindekraft des »Kalten Krieges« ließ nach, die »Zone« wurde als Begründungspopanz weitgehend bedeutungslos. Die »Legitimität« des politischen Systems war kein Problem der Abgrenzung von Ostdeutschland mehr, sondern fast ausschließlich eine »innere Angelegenheit«, obwohl auch in den sozialen Auseinandersetzungen der Folgezeit die DDR (offen oder verdeckt) zum bekräftigenden Vergleich herangezogen wurde; für Gewerkschafter war sie auch danach noch der dritte Tarifpartner am Tisch.

Diese Entwicklung endete in einer Krise, in der die Grenzen marktwirtschaftlicher Selbststeuerung offenbar wurden. Nachgedacht wurde über eine

51 Kurt Schumacher auf dem Landesparteitag der SPD in Berlin am 8. Januar 1951.

52 »Das Systemvertrauen in die soziale Sicherheit sozialstaatlicher ›Daseinsvorsorge‹ konnte sich gründen auf die ›Adenauersche‹ Rentenreform mit ihrer Garantie der ›dynamischen Rente‹, auf die Anfangserfolge staatlicher Arbeitsverwaltung und auf den Wachstumskurs von Strukturpolitik und Konjunktursteuerung.« Eckart Pankoke: Arbeit und Kultur: Moralökonomie, Wohlfahrtskultur und Gesellschaftspolitik in Deutschland 1945–1990, in: Robert Hettlage (Hrsg.): Die Bundesrepublik. Eine historische Bilanz, München 1990, S. 92.

53 Ludwig Erhard: Wohlstand für alle, Düsseldorf 1957.

54 Kleßmann: Die doppelte Staatsgründung, S. 251.

»formierte Gesellschaft«. Der Organisator des »Wirtschaftswunders«, Ludwig Erhard, sprach vom »Ende der Nachkriegszeit«. Er verabschiedete sich damit selbst und ebnete der Großen Koalition vom Dezember 1966 den Weg. Diese versuchte eine bewußte Modernisierung mit Hilfe staatlicher Eingriffe und Planungen durchzusetzen (beginnend mit dem Stabilitätsgesetz vom Juni 1967) und leitete damit eine neue Phase von »Bedürfnispolitik« ein. Die sechziger Jahre sind »die Inkubation für die zweite formative Phase der (west)deutschen Politik« genannt worden: »Vorbereitung des ostpolitischen Kurswechsels, Ausbau der Planungsinstrumente, Intensivierung der Daseinsvorsorge«.[55]

Grundsatzdebatten über den gesellschaftlichen Wandel

Auch das geistige Klima veränderte sich. Die neokonservativen Altgeister christlicher und elitär-neuhumanistischer Richtung, der mittelständische Kulturmief und der bedenkenlose Wirtschaftswunder-Liberalismus verloren an Autorität (übrigens auch der sozial unverbindliche Modernismus in den Künsten). Für die nachgewachsene studierte Generation des Ostens wurde der Westen plötzlich interessant und es begann eine Phase geistiger Auseinandersetzungen (denn kritische Westler hatten nun auch einen neuen Blick auf den Osten). Es wurde ein »Austausch« darüber geführt, wie die moderne industrielle oder nachindustrielle Gesellschaft zu gestalten wäre und wie der Mensch in ihr leben könnte und sollte. Die westdeutsche Kritik an den Resultaten der stürmischen Aufbauphase fiel zeitlich zusammen mit den Debatten über die Gestaltung einer sozialistischen Gesellschaft. Im Mittelpunkt stand das Verhältnis von Mensch und Technik[56], doch ebenso wurden die Stadtentwicklung[57], das Bildungswesen[58], die Perspektiven der Jugend[59], die Rolle einer praktisch orientierten Intelligenz, die neue Medienrealität und die Chan-

55 Werner Weidenfeld: Deutschland 1989: Konturen im Rückblick auf vierzig Jahre, in: Weidenfeld/Zimmermann (Hrsg.): Deutschland-Handbuch, S. 22.

56 Auch hier standen sich Technikeuphorie (die sich auf Robert Jungk: Die Zukunft hat schon begonnen; und Norbert Wiener: Mensch und Menschmaschine berief) und kulturkritische Warnungen gegenüber.

57 Es wäre zu untersuchen, wie schnell Mitscherlichs kurzer Aufsatz über »Die Unwirtlichkeit unserer Städte« von 1965 im Osten rezipiert wurde; er hatte ihn ja listig »den Hausbesitzern in Deutschland« gewidmet.

58 Georg Picht hatte 1964 von einer »Bildungskatastrophe« und Ralf Dahrendorf 1965 von »Bildung ist Bürgerrecht« gesprochen. Damit hatten sie teils die Brechung des Bildungsprivilegs im Osten indirekt legitimiert, zugleich aber für ein dynamisches Bildungssystem votiert, das auf die Gesellschaftspraxis zugeschnitten ist. Das aber regte an, die Funktion der geistig Arbeitenden in der modernen Gesellschaft neu zu bestimmen.

59 Vgl. Soziologie und Jugend – methodische und praktische Probleme. Fragen der marxistischen Soziologie Teil 1, Sonderband der Wiss. Zeitschr. d. Humboldt-Universität, Berlin 1964. An diesem Sammelband kann der Stand der gerade begonnenen soziologischen Forschung ebenso abgelesen werden wie das Verständnis von Jugend und Jugendpolitik.

cen wachsender Freizeit diskutiert. Vor allem zeigte sich das Bedürfnis nach Selbstbestimmung einer nachgewachsenen Generation gebildeter Jugendlicher, die nach den Regeln ihrer eigenen Lebensweise suchte und die Gesellschaft an rationalen Kriterien zu messen begann.

Im Osten hatten die Debatten über neue Lebensweisen früher begonnen als in der Bundesrepublik, ausgelöst durch die nach dem XX. Parteitag der KPdSU einsetzende Neubestimmung von Politikzielen. Über den Grad der Zentralisierung und die Reichweite von Planung wurde ebenso diskutiert wie über die Rolle des Wertgesetzes und des Markts in der sozialistischen Gesellschaft. Die Reformorientierung der KPdSU unter Chruschtschow ermöglichte, alternative Wege zu prüfen. Peter Ruben bezeichnet das als »eine wahre ›revisionistische‹ Attacke gegen die klassischen Prinzipien kommunistischer Wirtschaftsführung ›mit Walter Ulbricht an der Spitze‹«.[60]

Bereits der SED-Parteitag von 1958 hatte den Entwurf eines Gesellschaftskonzepts beschlossen, das nach dem Mauerbau in Reformdiskussionen weiter konturiert wurde. Dieser erste durchdachte Entwurf einer deutschen sozialistischen Gesellschaft nach Stalins Tod sah eine »Arbeitsgesellschaft«[61] vor, favorisierte die »produktiven Bedürfnisse« und die damit zusammenhängenden kulturellen Bestrebungen (vor allem nach Bildung und beruflicher Qualifikation). Eine sinnvolle Zeitnutzung sollte ermöglicht und gefordert werden. »Mit der Orientierung auf den Gewinn von frei verfügbarer Zeit anstelle von gegenständlichem Reichtum und auf Gebrauchswerte anstelle von kulturell-symbolischer Distinktion ist die Utopie auf eine einfache Formel gebracht.«[62]

Zugleich wurde an der Industrialisierung der Konsumgüterproduktion, des Handels, des Dienstleistungssektors und vor allem des Bauwesens gearbeitet. Vielleicht täuscht der Eindruck nicht, daß in der DDR – eingebettet in ein Konzept der Bedürfnisbefriedung – auch über eine alternative Konsumkultur nachgedacht wurde. Anlaß zu dieser Vermutung bietet einerseits die Tatsache, daß zu dieser Zeit durchaus das Verständnis dafür entwickelt war, welche anspornende Kraft die konsumtiven Bedürfnisse der Menschen haben; ursprünglich das Ziel des einzelnen, werden sie als Ansporn selbst zum Mittel

60 Peter Ruben: Vom Platz der DDR in der deutschen Geschichte, in: Berliner Debatte INITIAL (9), 2/3 1998, S 30.

61 Martin Kohli schlug 1994 vor, auch die DDR als »Arbeitsgesellschaft« anzusehen, aber nicht im Sinne einer abgeschlossenen Phase vorwiegender Wertorientierungen, sondern um auszudrücken, daß hier – analog zur Bundesrepublik – die Arbeit nicht nur »die Quelle von materiellem Überleben und Wohlstand, sondern (in der Form der beriebsgebundenen Lohnarbeit) auch die zentrale Quelle der Strukturierung von Interessen, Institutionen und Identitäten« war; Martin Kohli: Die DDR als Arbeitsgesellschaft?, in: Hartmut Kaelble/Jürgen Kocka/Hartmut Zwahr (Hrsg.): Sozialgeschichte der DDR, Stuttgart 1994, S. 38. In diesem Sinne dürfte die bundesdeutsche Gesellschaft auch heute eine Arbeitsgesellschaft sein. In unserem Zusammenhang geht es um die subjektiven Orientierungen von Bevölkerungsmehrheiten. Die waren in Ostdeutschland bis zum Ende der DDR vergleichsweise stärker durch die Arbeitszusammenhänge beeinflußt.

62 Merkel: Der aufhaltsame Aufbruch, S. 9.

produktiven Handelns.[63] Andererseits war mit der spezifischen Lösung der »sozialen Frage« auch ein Wandel der Bedürfnisse verbunden. An die Stelle der ganz selbstverständlichen existenzsichernden Außenorientierung traten langsam (nach Generation und Sozialmilieu verschieden) die stärker subjektbezogenen Ansprüche[64] und Lebensziele. Kulturgeschichtlich zu betrachten wäre, in welchem Maße die ostdeutsche Gesellschaftsorganisation die Vermittlung zwischen konsumtiven Bedürfnissen und produktivem Handeln hat herstellen können. Wie wirkte das »System der ökonomischen Hebel«[65] in den sechziger Jahren, wie weit die »Triebkraft Bedürfnis«, von der dann in den siebziger Jahren immer wieder die Rede war? Erst noch zu ermitteln wäre auch, wann ein Rückgang der Arbeitsorientierung einsetzte, wann er bemerkt wurde und wie die »Bedürfnispolitik« auf ihn reagiert hat.

»Gleichzeitig begann die Rezeption westlicher Organisationswissenschaften, die Befreiung der Natur- und Technikwissenschaften von detaillierten ideologischen Vorgaben, entstanden die empirischen Sozialwissenschaften. In dieser Erweiterung und Ausdifferenzierung der Wissenschaften deutete sich ein wichtiger Modernisierungsprozeß an.«[66] Die Debatten darüber, wie der Mensch in der technisch und wissenschaftlich geprägten Welt leben könne und wie der industrielle Reichtum zu nutzen sei, gehörten (in der ersten Hälfte der sechziger Jahre) wohl zu der geistig produktivsten Phase der DDR-Geschichte.[67] Sie dürfte mit den bislang vorliegenden Untersuchungen, die Politik und politische Ideologie der SED-Führung in den Mittelpunkt stellen,

63 Damals wurde für diese Argumentation vor allem die Marxsche Bedürfnisdialektik seiner Frühschriften herangezogen. Doch auch die Betrachtungen kulturgeschichtlich argumentierender Nationalökonomen, wie Werner Sombart oder Karl Oldenberg, wurden wahrgenommen. »Die Steigerung der Bedürfnisse, auch wenn sie nicht zu gesteigerter Lust führt, zwingt doch den Menschen zur Anspannung seiner Kräfte und wird durch diese belebende Wirkung zu einer der Grundlagen moderner Kultur. Sie ist das wirksamste Erziehungsmittel für die träge Masse. Sie schafft auch in der Befriedigung des Erfolges Genußwerte, die denen des Konsumtionsgenusses überlegen sind.« Karl Oldenberg: Die Konsumtion, in: Grundriß der Sozialökonomik, 2. Aufl., Tübingen 1923, S. 207.

64 Mit der erreichten sozialen Sicherheit waren Bedingungen gegeben, wie sie Gerhard Schulze als Voraussetzungen der Erlebnisgesellschaft in Westeuropa beschrieben hat. »Es wurde unter den geänderten materiellen Bedingungen denkbar, das zentrale existentielle Problem nicht mehr im Überleben, sondern im Erleben zu sehen.« Schulze: Die Erlebnisgesellschaft, S. 536.

65 Erich Apel und Günter Mittag sahen es als generelles Ziel, »die gesellschaftlichen Interessen mit den materiellen Interessen der Werktätigen in Übereinstimmung zu bringen, um diese Übereinstimmung als entscheidende Triebkraft immer besser zu entfalten.« Im neuen ökonomischen System der Planung und Leitung der Volkswirtschaft sollte dies »mit der umfassenden Anwendung der materiellen Interessiertheit in Gestalt des in sich geschlossenen Systems ökonomischer Hebel« gelingen; Erich Apel/Günter Mittag: Ökonomische Gesetze und neues ökonomisches System, Berlin 1964, S. 13, S 68.

66 Hartmut Zimmermann: DDR-Geschichte, in: Werner Weidenfeld/Karl-Rudolf Korte: Handbuch zur deutschen Einheit, 2. Aufl., Bonn 1996, S. 110.

67 Vgl. Thomas Klein/Wilfriede Otto/Peter Grieder: Vision, Repression und Opposition in der SED (1949–1989), 2 Bde., Frankfurt O. 1996.

noch nicht hinreichend erfaßt sein. Wenn Reformversprechen[68] Legitimationsgewinn brachte, so wäre näher zu prüfen, worin er bestand und wodurch er ermöglicht wurde.

Vermutlich kulturgeschichtlich herausragend war der als »Bitterfelder Weg« bezeichnete Versuch zur kulturpädagogischen Formierung einer betriebsgebundenen Arbeitskultur. Dieses Ereignis wurde in der westdeutschen Literatur[69] vor allem als eine Art integratives Zwangsprogramm für Künstler interpretiert oder mit dem Werkkreis Literatur der Arbeitswelt verglichen. Das sind sicher keine unzulässigen Deutungen, doch berücksichtigen sie nicht die davon betroffene Alltagsrealität der Arbeiterinnen und Arbeiter. Deren Milieus waren noch durch die klassische Industriearbeit geprägt. Die heute selbstverständlichen Wandlungen zu einer »nachindustriellen Dienstleistungsgesellschaft« usw. waren auch im Westen erst ansatzweise zu erkennen. Man wandte sich kulturpolitisch der chemischen Industrie zu (ging also nach Bitterfeld), weil in diesem Bereich die Automatisierung und »Verwissenschaftlichung« der Produktion am weitesten fortgeschritten waren. Ein Teil der damaligen ostdeutschen Kulturpolitiker sah in modernen Industriearbeitern vielleicht ernsthaft die künftigen Träger einer neuen ästhetischen Kultur. Sicher ein fundamentales Mißverständnis, das – neben dem bildungsbürgerlichen Sendungsbewußtsein dieser Kulturfunktionäre – nur mit der damaligen geistigen Situation erklärt werden kann. Es ging zu dieser Zeit ja darum, auf welchem Wege die klassenlose Gesellschaft zu erreichen wäre. Da galten als größtes Hindernis die unübersehbaren sozialen und kulturellen Unterschiede zwischen den körperlich und geistig Arbeitenden. Während die eine Fraktion die Lösung in der Automatisierung der Handarbeit wie der mechanisierten Produktion sah (der Mensch tritt neben die Produktion, statt ihr Hauptagent zu sein), wollte die andere Fraktion durch ästhetische Erziehung und Anleitung zu künstlerischer Produktion diese Differenz bedeutungslos machen. Beides etwas wirklichkeitsfremd, aber situationsbedingt verständlich.[70] Tatsächlich aber entstand durch diese Aktion[71] eine neue Gesellungsform im Ar-

68 Vgl. Sigrid Meuschel: Legitimation und Parteiherrschaft. Zum Paradox von Stabilität und Revolution in der DDR 1945–1989, Frankfurt a. M. 1992.

69 Beispielhaft dafür Manfred Jäger: Kultur und Politik in der DDR, Köln 1982.

70 Die möglichen Übergänge (und deren Modi in den beiden Gesellschaftssystemen) wurden gerade erst von den Gesellschaftstheoretikern diskutiert und betont wurde die Annahme einer zweiten *industriellen* Revolution. Das schnelle Anwachsen des tertiären Sektors wurde bemerkt und kommentiert (die Fourastiers Prognose war bekannt), doch wuchs ja bis in die sechziger Jahre auch noch die Zahl der Industriearbeiter in Ost und West; das schien den »industriellen Ansatz« zu bestätigen. Vgl. für die frühe Debatte in der DDR Ekkehard Sachse: Automatisierung und Arbeitskraft, Berlin 1959. Ders.: Technische Revolution und Qualifikation der Werktätigen, Berlin 1965. Kurt Tessmann: Probleme der technisch-wissenschaftlichen Revolution, Berlin 1962.

71 In diesen Kontext gehört die gewerkschaftlich »hineingetragene« Bewegung »sozialistischer Brigaden«, deren Programm dazu aufforderte, sozialistisch zu »arbeiten, lernen und leben«. Nur die dritte dieser Forderungen wurde wirklich angenommen, und es bildeten sich dabei kulturelle Gewohnheiten, die bis zum Ende der DDR Bestand hatten.

beitsmilieu, die mit ihren eher hedonistischen Zügen wenig mit der intendierten kulturellen Hebung gemein hatte.[72]

Doch das »systemtheoretisch« zusammengehaltene Reformprojekt scheiterte bald. Es wurde schon 1965 durch den innerparteilichen Streit zwischen Reformern und Apparat gestoppt.[73] Ulbricht beharrte zwar auf der Kontrolle des Plans durch den Markt, schließlich blieb davon nur die etwas weltfremde Systemtheorie übrig, die Honecker effektvoll als überflüssigen Ballast beiseite schob und damit auch den Versuch einer alternativen Bedürfnisstrategie beendete. Die DDR kehrte zum sowjetischen Planungssystem zurück und verlor damit jede Chance, eine überlebensfähige Alternative zur kapitalistischen Marktwirtschaft zu werden. Die zunächst durchaus populäre Losung, die die »immer bessere Befriedigung der ständig wachsenden Bedürfnisse« zum Hauptziel machte, enthielt anfangs auch das Versprechen, einen Diskurs über Bedürfnispolitik zu eröffnen. Breitere Forschungen zum Alltagsverhalten (Konsumtion, Zeitnutzung, Wohnen usw.) und konzeptionelle Debatten setzten ein[74], konnten jedoch nicht lange geführt werden, weil Grundfragen der Gesellschaftsverfassung nicht mehr öffentlich aufgeworfen werden durften. Philosophisch entwickelte Vorschläge für anzustrebende Wandlungen im Gebrauch der Gegenstände wurden schnell als Kuriosität abgetan. Dies auch, weil sie deutlich machten, wie vergeblich die angestrengte Vermehrung des konsumtiven Angebots sei. Überwunden werden müsse der »konkurrierende Gebrauch von Gegenständlichkeit«, »weil auf dessen Grundlage trotz aller Steigerung der Produktivkräfte kein Punkt der Bedürfnisbefriedigung auszumachen ist, durch die eine freie Aneignung der Gegenständlichkeit durch die Individuen bewirkt wird.«[75]

72 Eine Übersicht der Gesamtgeschichte gibt Jörg Roesler: Die Brigaden – Produktionseinheit und sozialistische Gemeinschaft, in: Ludwig Elm/Dietmar Keller/Reinhard Mocek (Hrsg.): Ansichten zur Geschichte der DDR, Band VII (Alltag 1), Eggersdorf 1997, S. 185–224.

73 Ausführlicher Jörg Roesler: Zwischen Plan und Markt. Die Wirtschaftsreform 1963–1970 in der DDR, Berlin 1990. Peter Ruben meint, »daß die von der Reform avisierte Geltung des Marktes auf den massiven Protest des kommunistischen Kerns der antikapitalistischen Attitüde treffen mußte [...]« die »stets zur Fronde gegen solche Reform präsent« war. Ruben: Vom Platz der DDR, S. 31.

74 Das ist vor allem im Zusammenhang damit zu sehen, daß die wachsenden »geistig-kulturellen Bedürfnisse« als Planposition berücksichtigt wurden und nun eine »Kulturprognose« notwendig wurde. Dies eröffnete neue Arbeitsfelder für Soziologen und Kulturwissenschaftler. Aufschlußreich für das damalige Problembewußtsein ist die Studie, die der Wissenschaftsbereich »Planung der Konsumtion und des Lebensstandards« der Hochschule für Ökonomie Bruno Leuschner 1976 unter dem Titel »Geistig-kulturelle Bedürfnisse und sozialistisches Lebensniveau« als Abschlußbericht veröffentlichte. Hier sind auch Ursachen für »Unzulänglichkeiten der gegenwärtigen Planung« genannt (Teil II, S. 100f.).

75 Lothar Kühne: Gegenstand und Raum, Dresden 1981, S. 252. Kühne sieht die künftige »kommunistische Beziehung der Menschen zu ihren Gegenständen« befreit »von dem Druck der Verunsicherung, von den Zwängen zu ihrer Vergeudung und von der bloßen Sorge um ihren Erhalt«. Damit habe der Gegenstand nun »keinen gleichgültigen, seine Konkretheit im Grunde verwerfenden, sondern einen behutsamen Nutzer. Die Behutsamkeit gegenüber dem Gegenstand ist im Grunde nur eine Voraussetzung für das Sub-

Was blieb, war ein pragmatischer Dauerstreit der Ökonomen über »Investitionen versus Konsumtion«.[76] Die DDR war tatsächlich eine (sozialistische) Konsumgesellschaft, die sukzessive nicht nur ihre eigenen Grundlagen verzehrte, sondern von Jahr zu Jahr größere Auslandsschulden häufte, um »den DDR-Bürgern durch steigenden Lebensstandard die Überzeugung von der Richtigkeit der kommunistischen Politik zu vermitteln«.[77] Das läßt die Vermutung zu, die realsozialistische DDR habe erste Ansätze einer alternativen Bedürfnispolitik nicht durchhalten können. Für Modernisierungstheoretiker ist schon die bloße Mutmaßung irrelevant, hat doch das politische System der DDR die Modernisierung nur behindert und damit verzögert. Kulturhistorisch bleibt die Frage legitim, ob es mit der DDR die Chance gegeben hat, Ansätze einer alternativen Konsumkultur zur »Überflußgesellschaft« zu versuchen. Gelang es, jene Genußwerte zu stimulieren, »die denen des Konsumtionsgenusses überlegen sind«[78]? Augenblicklich dürfte weder die Frage zu beantworten sein, ob im Sinne einer »Gegenmoderne«[79] praktische Vorschläge für einen »vernünftigen« Umgang mit Bedürfnissen gemacht worden sind, noch ließe sich schon nachweisen, welche alternativen Potentiale in den Konsumgewohnheiten Ostdeutscher entstanden und vielleicht noch heute zu beobachten sind.

Damit sind sicherlich keine genuin zeithistorischen Fragen gestellt, aber auch kulturhistorisch lassen sie sich nur schwer in Forschungen umsetzen. Doch vielleicht könnten wenigstens einzelne Aspekte genauer untersucht werden. So könnte es sinnvoll sein, die gemeinsamen geistigen und praktischen Traditionen in den Blick zu nehmen, die in den beiden Strategien von Bedürfnispolitik und ihren zahlreichen Varianten erkennbar sind[80]. Die Tatsache, daß im Osten relativ konservative bildungsbürgerliche Kulturvorstellungen mit dem Unvermögen korrespondierten, die moderne Massenkultur anders denn als profitorientierten Verwertungsapparat zu verstehen, dürfte sich ähnlich im Westen finden. Der sogenannte Wertewandel wäre in West und Ost gründlicher auf Gemeinsamkeiten und Unterschiede zu prüfen, aber nach einem Konzept, das der ostdeutschen Gesellschaft ein inhärentes Wertgefüge »zugesteht«. Vergleichend wäre auch den kulturellen Folgen unentgeltlicher Leistungen nachzugehen (die gegenwärtig wieder kontrovers diskutiert werden). Und die reichen Erfahrungen, die bei den Versuchen gesammelt wurden, den Bedürfniswandel zu steuern oder zu beeinflussen, sind nicht nur kulturhistorisch von Interesse. Gleiches gilt vom Werthorizont der Bedürftigkeit: wie Armut und Reichtum, Überfluß und Mangel erfahren wurden und welchen

jekt, seinen Gegenstand zu konsumieren« – entfremdeter Konsum werde durch eine neue Intimität ersetzt.

76 Vgl. Steiner: Zwischen Frustration und Verschwendung.

77 Ruben: Vom Platz der DDR, S. 31.

78 Oldenberg: Die Konsumtion.

79 Rainer Land: Unvereinbar: Avantgardismus und Modernismus, in: Neues Deutschland, Nr. 94, 23./24.4.1994.

80 Es hatte wohl kulturelle Folgen, daß sich preußisch-pietistischer Sozialismus und rheinischer Kapitalismus gegenüberstanden – was hätte die umgekehrte Konstellation gebracht?

symbolischen Ausdruck sie erhielten. Die Nähe zu anthropologisch-ethnologischen Untersuchungen deutet sich an.

Überfluß und Mangel

Für die westdeutsche Gesellschaft scheint festzustehen, daß mit dem Übergang zur Konsumgesellschaft eine neue kulturelle Situation entstanden war: »Aus der Vielzahl der Konsumoptionen einen distinktiven Stil zu entwickeln, wurde zur Hauptaufgabe der Konsumenten. Der Konsument der ›Konsumgesellschaft‹ mußte auswählen lernen. Die Praxis des Konsums, die bis weit in die fünfziger Jahre hinein aus dem Wenigen viel zu machen hatte, bestand nun in der Kunst, aus dem Vielen ein Eigenes herzustellen.«[81] Kulturell setzten sich, wenn auch nicht im Stil der Mußeklassen, neue Alltagsstrategien durch. Hat die DDR-Gesellschaft diese kulturelle Stufe nicht erreichen können, weil sie bis an ihr Ende eine Mangelgesellschaft ohne Wahlfreiheit bei Konsumentscheidungen geblieben ist? Von westdeutschen Beobachtern wird das angenommen. Abgewrackte Trabbis und zerbröselnde Häuser sind zu medialen Symbolen für den DDR-Alltag geworden, zur Erinnerung an die graue Zeit werden von den Zeitungen gerne leere Verkaufsregale vor absurden Werbe- oder Propagandasprüchen gezeigt. Anerkennend wird publizistisch zugestanden, daß es, trotz aller Widrigkeiten, einzelnen und Kleingruppen gelungen sei, einen eigenen Lebensstil zu behaupten, der aber nicht annähernd das Distinktionsrepertoire des Westens zur Verfügung hatte.

Über Armut und Reichtum, Überfluß und Mangel läßt sich spielend philosophieren. Kommunismus sollte sein: Jeder bekommt das, was er benötigt. Was der Mensch aber benötigt, folgt selbstverständlich – will man es nicht auf die unerläßliche Kalorienzufuhr begrenzen – den jeweils anerkannten kulturellen Konventionen, die die selbstverständlichen Ansprüche festlegen und keineswegs naturgegeben sind. Darum sind sie auch – besonders in Mangelsituationen – strittig. Auch die sogenannten »elementaren« Bedürfnisse sind sozial geprägte, mit Sinn aufgeladene, kulturell geregelte Beziehungen, wie Ethnologen nachgewiesen haben. Ein Beispiel liefern Nachrichten über eigenartige Ausformungen des Fleischbedarfs in »Bedarfsdeckungsgesellschaften«. Häufig gehört hier der seltene Fleischgenuß in den Kontext »konsumtiver Exzesse«, die eine eher karge Lebensweise unterbrechen. Von allen »Mangelgesellschaften« ist ähnlicher punktueller Luxus bekannt. Erstaunlich ist die Wiederkehr solchen Verhaltens in der Moderne. Auch in der DDR[82] (und Polen) besaß das »elementare« Konsumgut Fleisch starke symbolische Bedeutung. Es wurde in wachsenden Mengen verzehrt[83], reichte nie und entfachte immer wieder die Unzufriedenheit – offenbar eine Art exzessiv-herausfordernder

81 Wildt: Die Kunst der Wahl, S. 321.

82 Hier freilich begünstigt durch die auf niedrigem Niveau erfolgte Festschreibung der Preise für Grundnahrungsmittel im Jahre 1958.

83 1960 betrug der Pro-Kopf-Verbrauch 55,0 Kilo, 1970 waren es bereits 66,1 Kilo, zehn Jahre später 89,5 Kilo, 1988 wurde dann die 100-Kilo-Marke überschritten. »1993 lag der gesamtdeutsche Fleischverbrauch pro Kopf mit 62,8 Kilo noch unter dem west-

Konsum, ein Potlatsch im DDR-Alltag. Deshalb mußte der Staat (als schlechter Hausvater) immer mehr für den Fleischbedarf ausgeben, importierte Unmengen teurer Futtermittel und stützte die steigenden Kosten der Viehhaltung. Er war machtlos gegenüber dem Fleischhunger, in dem sich offenbar ein berechtigtes Begehren ausdrückte. Ausgeliefert war er dem in doppeltem Sinne: er konnte dieses »unvernünftige« Verhalten nicht beeinflussen, weil er sich durch dogmatische Preispolitik selbst die Hände gebunden hatte; er konnte das Verhalten aber auch nicht als kulturell gesteuerte symbolische Handlung verstehen, weil er »die Bedeutung dieser Dimension nie ernsthaft begriffen, sondern sie mit den Strategien einer direkten, an gesellschaftlicher Nützlichkeit orientierten Moral zu neutralisieren versuchte«[84]. Eine Parteiführung, die einst die politische Verantwortung für ein Volk übernommen hatte, dem (berechtigt) zu mißtrauen war und das umerzogen werden sollte, sah in den Eigenheiten des Alltagslebens auch weiterhin viel Unvernünftiges, Störendes und Unberechenbares, kaum aber dynamische Faktoren gesellschaftlicher Entwicklung. Diese Situation erschwerte die Verständigung über den maßvollen Umgang mit den Ressourcen. Denn jede Debatte über gesundheitliche Risiken oder volkswirtschaftliche Vernunft hätte die Konsumenten vermutlich mißtrauisch gemacht und den symbolischen Fleischhunger noch gesteigert.

Trennt man elementare (oder primäre) von »sekundären«[85] Bedürfnissen, dann gab es in der DDR so wenig Mangel wie in Westdeutschland. Anders fällt der Vergleich im Hinblick auf das Mißverhältnis zwischen zahlungskräftiger Nachfrage und Marktangebot aus, das auf die staatliche Einkommenspolitik zurückzuführen ist, die ständig dem Forderungsdruck nachgegeben hat. Beständiges Auseinanderklaffen zwischen Geldeinkünften und produziertem Angebot erzeugte einen Dauermangel, der – wie Harry Nick in einer Studie[86] vermutet – das Realeinkommen beträchtlich verminderte und ausschließlich negative Folgen hatte: »Das Zurückbleiben des Angebots hinter der zahlungsfähigen Nachfrage hat keinerlei positive, sondern ausschließlich

deutschen Pro-Kopf-Verbrauch von 1988 (69,7 Kilo).« Fritz R. Glunk: Der gemittelte Deutsche, München 1996, S. 259.

84 Dieter Kramer: Alltag als Herausforderung für Museum und Besucher, in: Gerd Kuhn/Andreas Ludwig (Hrsg.): Alltag und soziales Gedächtnis. Die DDR Objektkultur und ihre Musealisierung, Hamburg 1997, S. 107.

85 In dieser kulturwissenschaftlich nicht haltbaren Dichotomie wurde auch in der DDR über das Bedürfnisproblem nachgedacht.

86 »Wenn es notwendig wurde, die Ansätze für einen Fünfjahrplan zu korrigieren, [...] wurden selten die Zielstellungen auf der Konsumtionsseite herabgesetzt, sondern die Zielstellungen für Investitionen, für die volkswirtschaftliche Akkumulation. Dies geschah immer in der Erwartung, daß das Wachstum des Lebensniveaus eine genügend stimulierende Wirkung auf die Effektivitäts- und Produktionsentwicklung auslösen würde. Diese Erwartungen erfüllten sich regelmäßig nicht; die Regel war eine Übererfüllung der geplanten Verbrauchsziffern und eine Untererfüllung der geplanten Produktionsaufgaben.« Harry Nick: Dauermangel und Alltagsverhalten, in: Elm/Keller/Mocek (Hrsg.): Ansichten zur Geschichte der DDR, S. 158. Nick analysiert in seiner Studie den Dauermangel als ein strukturelles Merkmal der sozialistischen Planwirtschaft sowjetischen Typs und prüft seine Auswirkungen auf das Alltagsleben.

negative Wirkungen auf das gesamte System sozialer Triebkräfte, und zwar sehr schwerwiegende.«[87]

So bestand im »Elementaren« zwar kein Mangel, das Lebensniveau stieg von Jahrzehnt zu Jahrzehnt, doch Lücken im Angebot entstanden immer wieder. Zunehmend bestand auch Mangel im Adäquaten, im jeweils Angemessenen, an dem, was man vom Handel und von einer modernen Produktion erwartete. Die westlichen Konsumstandards waren weitgehend bekannt, wenn auch eher idealisiert – »da gibt es immer alles«. Wichtiger waren jedoch die »Gebrauchswerteigenschaften«[88] der Dinge, die weitgehend jenseits ihrer sozialdistinktiven Bedeutung wahrgenommen wurden, wie schnelle Autos, blitzende Bäder, funktionierende Geräte, sonnige Strände usw. Viele der eigenen Angebote mußten in der Konkurrenz mit westlichen Standards als technologisch rückständig gelten, vielleicht als ein funktionierender Behelf.

In dieser Situation wurde weniger nach der überbordenden Vielfalt des Ähnlichen und Gleichen verlangt. Problematisch war nicht die mangelnde Auswahl, sondern die Qualität und Verfügbarkeit der Waren und Dienstleistungen. Das für den Massenkonsum bereitgestellte Großserienprodukt bedurfte der diversen Verkleidungen nicht, es wurde auch so angenommen. Qualität, Haltbarkeit und Preis spielten eine größere Rolle, die Differenzierung lag eher im Gebrauch. Es hatte also sicher eine große Spielbreite, was da von wem und wann als Mangel empfunden worden ist. Aber jeder artikulierte Mangel beunruhigte die Politiker (man lese die Eingabenanalysen). Sie versuchten ihn zu beheben, wenigstens zu kaschieren oder wegzureden. Mangel war eindeutig negativ, ein Makel für den Hausvater, den »fürsorglichen Diktator«.

Es ist vermutet worden, daß in dieser Situation kaum eine Chance für eine andauernde Debatte über den objektiven (oder kulturellen) Reichtum der Gesellschaft bestanden habe. Die Konkurrenzsituation mit der westdeutschen Konsumgesellschaft habe dazu geführt, daß die Ostdeutschen die beiden Systeme vor allem daran gemessen hätten, was sie »für vergleichbaren Fleiß und analoge Leistung zu bieten imstande waren«.[89] Für das alltägliche Leben der Mehrheit ist das sicher richtig, denn die Entscheidung für die D-Mark wurde vor dem Hintergrund dieses Vergleichs getroffen. Ein anderes Bild vermittelt der tatsächliche Alltagsumgang mit dem »objektiven Reichtum«. Hier waren – wie nachwirkende Gewohnheiten heute zeigen – die Selbstbestimmtheit der eigenen Lebensverhältnisse, die Zeitsouveränität, die sozialen Kontakte, die Spielräume jenseits von materiellen Komponenten des Wohlstands deutlich stärker ausgeprägt, als es die inzwischen gewandelten, nun westlichen Lebensverhältnisse zulassen. Was die davon abgehobenen Debatten über Lebensweise und Bildungsziele betrifft, so war hier der Erkenntnisprozeß geradezu entgegengesetzt. Die Verfechter hoher Ideale lernten nur sehr langsam, daß

87 Ebenda, S. 163.
88 »Gebrauchswerteigenschaft« meint den Gebrauchswert im engeren Sinne, selbstverständlich ist der Prestigewert eines Konsumgutes auch eine seiner Gebrauchseigenschaften.
89 Kramer: Alltag als Herausforderung, S. 109.

kultureller Reichtum der Gesellschaft wie des einzelnen beträchtliche materielle Voraussetzungen hat, daß Wohlbefinden und Wohlstand doch irgendwie zusammenhängen. Genau um diesen Zusammenhang kreisten in den sechziger und siebziger Jahren die Debatten über das »materielle und kulturelle Lebensniveau«.[90]

Die letzte Generation, die »wirklichen« Mangel in einer Notzeit erlebt hat und darüber Auskunft geben kann, tritt gerade ab. Sie hat im Westen das Ende der Mangelwirtschaft als die große Wende im Leben erfahren, hin zu »immer mehr und immer besser«. Verständlich, daß sie niemals wieder zurück wollte zum erzwungenen sparsamen Umgang mit den Ressourcen. Mangel war für sie zwar kein Schreckenswort – sie konnte damit umgehen – aber gewiß keines von den positiven.

Etwas verhaltener, doch recht ähnlich war dieses Wende-Erlebnis im Osten. Aber hier war der einzelne viel intensiver in den Gesellschaftsprozeß eingebunden, trug immer irgendwie Mitverantwortung; dies auch, weil der große Zusammenhang zwischen Leistung und Konsum nicht nur äußerlich-rhetorisch blieb. Die Konsumwünsche waren sogar zunehmend durch die Ahnung getrübt, über die Verhältnisse zu leben, den haushälterischen Umgang mit dem Verfügbaren zu verfehlen. Trotz gegenteiliger Beteuerungen der politisch Verantwortlichen waren die meisten über die wirtschaftliche Situation informiert. Und auf die Losung der Anfangsjahre, »wie wir heute arbeiten, werden wir morgen leben«, antwortete man in der Spätzeit mit bitterer Selbstironie, »wie wir heute leben, werden wir nie arbeiten«. Uta Kösser und Harald Homann vermuten, daß bis heute deutliche Unterschiede im Konsumverhalten auf mentale Differenzen zurückzuführen sind: »Sparsamkeitsmentalität versus Wohlstandsmentalität«.[91] Ein wichtiger Hinweis, der dazu anregt, die Ökonomie des Alltagslebens in der Geschichte beider deutscher Gesellschaften darauf zu prüfen, welche sozialregulativen Ideen sie prägten, die über den ökonomischen Verstand hinausgehen, der heute den Gesellschaftsprozeß bestimmt. Die genannten mentalen Dispositionen sind auch »Strategien« zur perspektivischen Sicherung der eigenen Lebenswelt, sie enthalten unterschiedliche Vorstellungen oder Ahnungen von Zukunft, die für alternative Gesellschaftsentwürfe mobilisierbar sein könnten.

Ist die DDR als eine Mangelgesellschaft richtig charakterisiert? Empfohlen sei die Zusammenfassung der Berichte über den Alltag in der DDR, die die zweite Enquete-Kommission des Bundestages vorgelegt hat. Sie nennt den Mangel als zentrale Erfahrung des ostdeutschen Alltags und sieht darin einen bedauerlichen Mißstand (der nun endlich deutlich benannt werden kann). Ab-

90 Vgl. Erhard John (Leiter des Autorenkollektivs): Beiträge zur Entwicklung sozialistischer Kulturbedürfnisse, Berlin 1975. Günter Manz (Leiter des Autorenkollektivs): Das materielle und kulturelle Lebensniveau des Volkes und seine volkswirtschaftliche Planung, Berlin 1975. Eine gewisse Zusammenfassung der Debatten aus ökonomischer Sicht findet sich in einem späteren Hochschullehrbuch: Ders.: Lebensniveau im Sozialismus, Berlin 1983.

91 Uta Kösser/Harald Homann: Mehr Gewand als Haut. Zur Diskussion um (ost)deutsche Mentalitäten, in: Kultursoziologie 4 (1995), S. 32.

gesehen davon, daß dies den Expertisen so nicht zu entnehmen ist, dachte die Enquete-Kommission nicht darüber nach, ob Überfluß möglicherweise ein größeres Übel, der kluge Umgang mit dem Mangel dagegen ein Merkmal dauerhaft entwicklungsfähiger Gesellschaften sein könnte, in denen durch Konvention oder durch Vereinbarung gilt, was man entbehren kann und worauf man sich besser beschränkt. Freilich vermutet ein kulturwissenschaftlicher Kenner des Problems, daß zu bewußter Einschränkung nur reiche Gesellschaften fähig sind [92], doch selbst wenn das praktisch so sein sollte, bietet es sich für den vergangenen deutschen Alltag als forschungsleitende Frage an.

Darum wäre es schon ein Projekt wert, herauszufinden, woran es den Leuten im Osten tatsächlich mangelte, was sie – wie sie meinten – nicht besaßen oder ihnen nur in unzureichendem Maß zugänglich war. Zu hinterfragen wäre, wie klug der ostdeutsche »Umgang mit dem Mangel« (bewußt oder ungewollt) wirklich war, welche kulturellen Gewohnheiten und Lebenseinstellungen er hervorgebracht hat, wie mit Zeitsouveränität, Spielräumen für humane Zwecke umgegangen wurde. Die Frage nach dem Mangel schließt die Frage nach dem Gesichtspunkt des Kreativen ein. Dabei liegt es kulturwissenschaftlichen Perspektiven völlig fern, die enormen kulturellen Potenzen der Konsumtion zu unterschätzen oder gar den Arbeitenden die Verachtung des Irdischen zu predigen und nachträglich konsumtive Mangelsituationen zu verklären.[93] Doch bekanntlich führt die Frage nach Überfluß und Mangel in geschichtliche Tiefen, zu den religiösen und philosophischen Geboten der Selbstbeherrschung, ins Schlaraffenland, zur Lebensgestaltung der kleinen Leute und zu den produktiven Lösungen, die sie gefunden haben.

Das führt auch zu den deutschen Erfindern, die ja bei jedem auftretenden Mangel mit deutscher Tüchtigkeit sofort nach einem Ersatz gesucht haben und damit den »Ersatz« (als kulturelle Praxis) überhaupt erfanden. Manches davon blieb bekanntlich dauerhaft, weniger der Kaffee-Ersatz, der Kunsthonig und das Leuna-Benzin, aber der Süßstoff, die Kunstbutter und der Kunststoff – vielleicht die ganze Welt des Künstlichen? Es wurde als Kuriosität gemeldet, daß die ostdeutschen Ernährungsforscher in ihrer Not erfolgreich Zitronat und Orangeat durch Produkte aus unreifen Tomaten ersetzten. Ist

92 »Sicher ist es kein Zufall, daß Ideen für neue Wohlstandsmodelle in den reichen Staaten entwickelt wurden, und vielleicht hat auch die ›Effizienzrevolution‹ Ernst Ulrich von Weizsäckers nur in einer solchen Prosperitätsgesellschaft eine Chance. Aber möglicherweise lassen sich solche Themen gerade auch mit Hilfe der Auseinandersetzung mit der Alltagskultur der ehemaligen DDR thematisieren.« Kramer: Alltag als Herausforderung, S. 109.

93 »Im Wirtschaftsalltag der DDR gab es auf Schritt und Tritt Aufforderungen, Debatten und auch redliches Bemühen, [...] die Diskrepanz zwischen Angebot und Nachfrage zu verringern. Der Mangel war der wirkliche Ausgangspunkt vieler sozialistischer Wettbewerbe. Die konkrete Veranschaulichung des Mangels – der Dringlichkeit, mit der der Abnehmer auf Leistung wartet – konnte solidarische Motive, volkswirtschaftliches Verantwortungsbewußtsein mobilisieren. Die Meinung, daß der Mangel eine Triebkraft im ›Sozialismus‹ sei, bestätigte sich in viel höherem Maße, als dies im allgemeinen, vor allem von den Ökonomen, bemerkt und anerkannt worden war; nur eine der kapitalistischen Marktwirtschaft überlegene Triebkraft ist er nicht.« Nick: Dauermangel und Alltagsverhalten, S. 164.

das überflüssiger Erfindungsgeist, wo doch alles auf der Welt für gutes Geld zu haben ist – aber eben auch aus der ganzen Welt herangeschafft werden muß? Womöglich gibt es Situationen, in denen »DDR-Technologien wieder interessant (werden): Mängellösungen, Einfachlösungen, Überbrückungstechnologien, ressourcensparende bzw. auf lokale Ressourcen zurückgreifende Lösungen«.[94] Unabhängig von solcher Erwartung aber wäre in der kulturgeschichtlichen Erforschung des Alltagslebens den schöpferischen Antworten nachzugehen, zu denen Mangelsituationen auf besondere Weise herausforderten. Seit Siegmund Freud wissen wir einiges über deren individuelle Mechanismen, etwa den der Ersatzbefriedigung von Bedürfnissen durch Ersatzhandlungen – als welche auch historische Forschung zu identifizieren wäre.

94 Kramer: Alltag als Herausforderung, S. 112.

Manuela Glaab

Geteilte Wahrnehmungswelten. Zur Präsenz des deutschen Nachbarn im Bewußtsein der Bevölkerung

In seiner Rede anläßlich der ersten Sitzung des gesamtdeutschen Bundestages im Berliner Reichstagsgebäude am 4. Oktober 1990 beschrieb der Kanzler der neuen Deutschland- und Ostpolitik, Willy Brandt, die Stimmungslage jenes historischen Momentes wie folgt: »Die große Freude darüber, daß willkürliche Teilung im Zeichen von Selbstbestimmung ihr Ende gefunden hat, mischt sich allerdings mit der sorgenvollen Frage, ob wir mit der konkreten Untermauerung der Einheit gut und rasch fertigwerden. [...] Die Überbrückung geistig-kultureller Hemmschwellen und seelischer Barrieren mag schwieriger sein [als die wirtschaftliche und soziale Absicherung]. Aber mit Takt und Respekt vor dem Selbstgefühl der bisher von uns getrennten Landsleute wird es möglich sein, daß ohne entstellende Narben *zusammenwächst, was zusammengehört* [Hervorh. – M. G.].«[1] Brandts berühmt gewordenes Diktum hat sich eingeprägt; verflüchtigt hat sich allerdings der darin noch anklingende vorsichtige Optimismus. Nachdem fast ein Jahrzehnt seit dem Mauerfall vergangen und die Einheit Deutschlands zur alltäglichen Realität geworden ist, scheint die innere Einheit noch immer in weiter Ferne zu liegen. So fällt auch die Antwort auf die Frage, wie es um die wechselseitige Wahrnehmung der Bevölkerung in Ost und West steht, heute eher ernüchternd aus.

Umfragedaten zeigten frühzeitig die Trendwende an: So hatte beispielsweise das Institut für Demoskopie (IfD) Allensbach am 23. Oktober 1989 in der Frankfurter Allgemeinen Zeitung noch getitelt: »Das Zusammengehörigkeitsgefühl ist stark geblieben.«[2] Nur wenige Jahre später kamen die Allensbacher Meinungsforscher hingegen zu dem Ergebnis, daß die Gemeinsamkeiten in den Augen der Ost- und Westdeutschen bei weitem von den bald festgestellten Unterschieden übertroffen wurden. »Wird sich jetzt fremd, was zusammengehört?«[3], wurde angesichts des Einstellungswandels gefragt. Kulturelle Eigenheiten und unterschiedliche Mentalitäten allein wären noch kein Anlaß zur Irritation, schließlich zählen diese gerade zu den Kennzeichen regionaler Identitäten – in Deutschland genauso wie in anderen Ländern der Welt. Ernüch-

1 Willy Brandt, zit. nach Texte zur Deutschlandpolitik, Reihe III/Bd. 8b-1990, Bonn 1991, S. 758–763, hier S. 758.

2 Elisabeth Noelle-Neumann: Das Zusammengehörigkeitsgefühl ist stark geblieben. Auch die junge Generation hält an der einen deutschen Nation fest, in: Frankfurter Allgemeine Zeitung, Nr. 246, 23.10.1989.

3 Elisabeth Noelle-Neumann: Wird sich jetzt fremd, was zusammengehört? Die Deutschen empfinden sich immer weniger als ein geeintes Volk, in: Frankfurter Allgemeine Zeitung, Nr. 115, 19.5.1993.

ternd wirkt vielmehr der Befund, daß sich die Deutschen in ihrer wechselseitigen Wahrnehmung seit der staatlichen Vereinigung weiter voneinander entfernt haben, statt sich einander anzunähern. Vorhandene Vorurteile haben sich nach der Datenlage in den letzten Jahren eher verschärft, je besser man sich kennenlernte oder kennenzulernen glaubte.[4]

Dieser Befund wachsender Distanzen zwischen den Deutschen in Ost und West läßt sich rückblickend nur schwer ausblenden. Dennoch soll im folgenden der Versuch unternommen werden, die Präsenz des deutschen Nachbarn im Bewußtsein der Bevölkerung während der Jahrzehnte der Teilung, das heißt in ihrem zeitgebundenen Kontext, ohne nachträgliche Interpretationsfilter zu analysieren. Dieser Untersuchungsgegenstand ließe sich auf verschiedenen Wegen erschließen: So verfügt ein jeder als Zeitzeuge hierzu über subjektive Eindrücke und Erfahrungswerte. Literarische Zeugnisse oder die Medienberichterstattung bilden ebenfalls interessante Facetten ab. Eine zuverlässige Beschreibung individueller Befindlichkeiten im Bevölkerungsquerschnitt erlaubt jedoch nur die repräsentative Einstellungsforschung. Der vorliegende Beitrag bezieht sich daher auf die öffentliche Meinung, wie sie von 1949 bis 1989/90 in Repräsentativerhebungen in Deutschland ermittelt wurde.[5]

Abgesehen von den grundsätzlichen Problemen bei der Interpretation von Umfragedaten (Frageformulierung, Fragebogendesign, Interviewerfehler, Stichprobenfehler etc.) sind im folgenden bei der Sekundäranalyse allerdings spezifische Defizite des relevanten Datenmaterials zu berücksichtigen. Kennzeichnend ist im vorliegenden Zusammenhang eine Asymmetrie der Datenlage, die sich im nachhinein nicht mehr korrigieren läßt: Während für den Bereich der Bundesrepublik Deutschland ein umfangreicher Bestand an Repräsentativerhebungen zur deutschen Frage vorliegt,[6] ist die DDR in dieser Hinsicht ein weitestgehend »unbekanntes Land«. Meinungsforschung unterlag in der DDR erheblichen staatlichen Restriktionen und strikter Geheimhaltung. Mittlerweile zugängliche Daten erscheinen unter methodischen Gesichtspunkten fragwürdig.[7] Das beim ZK der SED angesiedelte Institut für Meinungsforschung, das im Auftrag und mit Hilfe des Parteiapparats schrift-

4 Vgl. etwa Hans-Joachim Veen: Innere Einheit – aber wo liegt sie?, in: Aus Politik und Zeitgeschichte, B 40–41/1997, S. 19–28: Max Kaase/Petra Bauer-Kaase: Deutsche Vereinigung und innere Einheit 1990–1997, in: Heiner Meulemann (Hrsg.): Werte und nationale Identität im vereinten Deutschland. Erklärungsansätze der Umfrageforschung, Opladen 1998, S. 251–267.

5 Einen Überblick zur Begriffsgeschichte der öffentlichen Meinung sowie zur Umfrageforschung vgl. bei Alexander Gallus/Marion Lübbe: Öffentliche Meinung und Demoskopie, Berlin 1998.

6 Den Kernbestand des Datenmaterials haben die Meinungsforschungsinstitute Emnid, Infas, Infratest sowie das Institut für Demoskopie (IfD) Allensbach vorgelegt; umfassend hierzu vgl. Manuela Glaab: Deutschlandpolitik in der öffentlichen Meinung. Einstellungen und Regierungspolitik in der Bundesrepublik Deutschland 1949 bis 1990, Opladen 1999; soweit nicht anders belegt, sind die im folgenden zitierten Umfrageergebnisse dort zu entnehmen.

7 Zur Problematik der staatlichen Forschungsplanung und Zensur vgl. Uta Meier: Nachdem die Panzerschränke geöffnet sind [...], in: DJI-Bulletin, 15/1990, S. 7–12.

liche Befragungen durchführte, ließ Erich Honecker bereits Anfang 1979 schließen.[8] Nur vereinzelt konnten durch das Zentralinstitut für Jugendforschung (ZIJ) Leipzig zwischen 1966 und 1989 Umfragedaten zum hier interessierenden Themenkontext erhoben werden.[9] Hinzu kommen Daten des Münchner Infratest-Instituts, das von 1968 bis 1989 im Auftrag der Bundesregierung sogenannte »Stellvertreterbefragungen« durchführte. Dabei handelt es sich um eine standardisierte, kombinierte Variante teilnehmender Beobachtung und indirekter Befragung westdeutscher DDR-Besucher, die gewissermaßen eine Sprachrohrfunktion für die DDR-Bevölkerung übernahmen.[10] Das ohnehin nur in begrenztem Umfang für die DDR vorliegende Datenmaterial wirft somit Validitätsprobleme auf und ist nur eingeschränkt mit den im Westen Deutschlands erhobenen Repräsentativdaten vergleichbar. Daher konzentriert sich dieser Beitrag in erster Linie auf die Einstellungsentwicklung in der Bundesrepublik Deutschland. Nur punktuell kann auf Gemeinsamkeiten und Unterschiede in den Perzeptionsmustern der Ost- und Westdeutschen eingegangen werden.

Die Präsenz des deutschen Nachbarn im Bewußtsein der Bevölkerung wird im folgenden anhand von drei Fragekomplexen untersucht: Grundsätzlich ist *erstens* der Frage nach dem Stellenwert der deutschen Frage in den Jahren 1949 bis 1989/90 nachzugehen: Inwieweit war überhaupt die Teilung und die Perspektive ihrer Überwindung im Bewußtsein der Bevölkerung präsent? *Zweitens* geht es um die Frage der Wahrnehmung der beiden deutschen Staaten: Wie wurde der jeweils andere Teil Deutschlands im Vergleich zu den eigenen Lebensbedingungen eingeschätzt? *Drittens* wird zu klären sein, welches Bild sich die Deutschen in Ost und West in den Jahrzehnten der Teilung voneinander machten: Welche Eindrücke bestimmten ihre Selbst- und Fremdwahrnehmung?

Die Deaktualisierung der deutschen Frage

Das im Grundgesetz der Bundesrepublik Deutschland verankerte Gebot zur Vollendung der Einheit in Freiheit hatte nicht nur im deutschlandpolitischen Zielkatalog sämtlicher bis 1990 amtierenden Bundesregierungen seinen festen

8 Dabei handelte es sich in der Regel um regional begrenzte Umfragen, die zudem in ausgewählten Betrieben durchgeführt wurden; der Vernichtung des Archivs des Instituts für Meinungsforschung entgangene Umfrageberichte sind als Faksimili dokumentiert bei Heinz Niemann: Meinungsforschung in der DDR. Die geheimen Berichte des Instituts für Meinungsforschung an das Politbüro der SED, Köln 1993.

9 Befragt wurden vorwiegend Jugendliche im Alter von 14 bis 25 Jahren; einen Einblick in die Umfragemethodik sowie eine Zusammenschau des Datenbestandes des ZIJ gibt Peter Förster: Die deutsche Frage im Bewußtsein der Bevölkerung in beiden Teilen Deutschlands: Einstellungen junger Menschen in der DDR, in: Materialien der Enquete-Kommission »Aufarbeitung von Geschichte und Folgen der SED-Diktatur in Deutschland«, Bd. V/2, Frankfurt a. M./Baden-Baden 1995, S. 1212–1380.

10 Ausführlich zu Methodik und Ergebnissen vgl. Anne Köhler: Nationalbewußtsein und Identitätsgefühl der Bürger der DDR unter besonderer Berücksichtigung der deutschen Frage, in: Materialien der Enquete-Kommission, Bd. V/2, S. 1636–1675.

Platz,[11] im gesamten Untersuchungszeitraum stimmte auch die große Mehrheit der Westdeutschen für dieses Ziel. Die hohen Zustimmungswerte – noch in den achtziger Jahren sprachen sich je nach Erhebungsinstrument zwei Drittel bis drei Viertel der Befragten für die Wiedervereinigung aus – zeigen, daß die Überwindung der Teilung normativ im Bewußtsein der Bevölkerung verankert blieb. Daraus läßt sich jedoch keineswegs schlußfolgern, daß die Einheit zu den drängendsten Sorgen der Westdeutschen zählte. Vielmehr ist davon auszugehen, daß sich deren politischer Stellenwert im Zeitverlauf erheblich reduzierte.

Bereits für die ersten Nachkriegsjahre gilt, daß andere, dringlichere Anliegen zunächst im Vordergrund standen. Die Sicherung des Friedens, der Wiederaufbau des zerstörten Landes und die Verbesserung der eigenen materiellen Lebensverhältnisse waren den Menschen wichtiger als die staatliche Vereinigung. Erst mit der Konsolidierung der Lage kehrten sich die Prioritäten um. Von 1953 an bis Mitte der sechziger Jahre stellte die Wiedervereinigung einer Umfragereihe des IfD Allensbach zufolge für die Westdeutschen die wichtigste anstehende politische Aufgabe dar. Erst in der zweiten Hälfte der sechziger Jahre gewannen die sich verschärfenden ökonomischen Probleme ein größeres Gewicht.

In der Längsschnittperspektive bildet der Mauerbau vom 13. August 1961 den Referenzpunkt eines weitreichenden Einstellungswandels zur deutschen Frage. Mit diesem Ereignis trat ein Faktum klar zutage, das die kraftvolle deutschlandpolitische Rhetorik bis dahin überdeckt hatte: Die Vereinigung Deutschlands stand auf absehbare Zeit nicht auf der weltpolitischen Tagesordnung. Und damit verlor nicht nur Konrad Adenauers »Politik der Stärke« an Überzeugungskraft, sondern es setzte sich in der Bevölkerung auch zunehmend die Erkenntnis durch, daß die Überwindung der Teilung zwar wünschenswert, aber kaum zu realisieren sei. Mitte der sechziger Jahre öffnete sich in der Vereinigungsfrage bereits jene »Meinungsschere«[12] zwischen steigendem Pessimismus einerseits und sinkendem Optimismus andererseits, die bis zum Umbruch in der DDR 1989/90 kennzeichnend bleiben sollte.

So wie der Glaube an eine Vereinigung Deutschlands im Laufe der sechziger Jahre zusehends schwand, verschoben sich auch andere Einstellungsindikatoren zur deutschen Frage. Seit 1964 gestand eine wachsende Mehrheit der Westdeutschen in Infas-Umfragen ein, sich an die Teilung gewöhnt zu haben. Die Existenz eines zweiten deutschen Staates – nicht eines »Phänomens«[13],

11 Zu den politischen wie sprachlichen Akzentverlagerungen vgl. Glaab: Deutschlandpolitik in der öffentlichen Meinung, S. 114–127; sowie weiterführend Sören Roos: Das Wiedervereinigungsgebot des Grundgesetzes in der deutschen Kritik zwischen 1982 und 1989, Berlin 1996.

12 Elisabeth Noelle-Neumann: Urteile über Bonn, in: Die Zeit, Nr. 13, 26.3.1971.

13 So Bundeskanzler Kurt-Georg Kiesinger vor dem Deutschen Bundestag während der Aussprache zur Erklärung des Bundesministers des Auswärtigen, Willy Brandt, am 13.10.1967; zit. nach Verhandlungen des Deutschen Bundestages, 5. Wahlperiode, Sitzung vom 13.10.1967, Stenographische Berichte Bd. 65, S. 6360.

wie Bundeskanzler Kurt-Georg Kiesinger es noch 1967 formuliert hatte – rückte zunehmend ins Bewußtsein, auch wenn man die DDR mehrheitlich noch nicht anerkennen wollte. Anfang der siebziger Jahre, nach dem Abschluß der Ostverträge, verschwand das Thema Wiedervereinigung dann beinahe ganz von der politischen Prioritätenliste der Westdeutschen. In den hierzu vorliegenden offenen Befragungen wurde dieses Stichwort höchstens noch von einem Prozent der Probanden genannt und von der Meinungsforschung schließlich nicht mehr als eigene Antwortkategorie erfaßt. Etwa seit Mitte der siebziger Jahre wurde zudem der europäischen Vereinigung – der vielfach die Funktion einer »Ersatznation« für die Bundesbürger zugeschrieben wurde[14] – eine größere Bedeutung beigemessen als der deutschen Einheit.

Dieser Befund, wonach die Überwindung der Teilung von einem weithin als dringlich empfundenen Anliegen zu einem abstrakten, alltagsfernen Programmsatz verkümmerte – jedenfalls aus westdeutscher Perspektive – bildet gewissermaßen die Hintergrundfolie, die bei der weiteren Behandlung der Frage nach der Präsenz des deutschen Nachbarn mit angelegt werden muß.

Das DDR-System als Negativfolie für die Bundesrepublik

Wachsenden Befürchtungen, wonach die Bevölkerung den jeweiligen deutschen Nachbarn mit der Fortdauer der Teilung allmählich aus den Augen zu verlieren drohte, begegnete die westdeutsche Politik 1967 mit der Einführung der jährlich im Bundestag zu erstattenden »Berichte zur Lage der Nation«.[15] Ein ausdrückliches Ziel dieser Berichterstattung war es, regelmäßig über die Lebensbedingungen in beiden Teilen Deutschlands zu informieren und dabei Verbindungen und Gemeinsamkeiten aufzuzeigen. Gleichzeitig wurde das Bestreben verfolgt, »den Menschen dort drüben mehr über sich und über uns zu sagen, als ihnen ihr System zu wissen erlaubt.«[16] Statt der strikten, scharf formulierten Abgrenzung von der DDR – wie sie Adenauers Vergleich mit »Feuer und Wasser«[17] einst bildhaft zum Ausdruck gebracht hatte – setzte die Gro-

14 Umfassend vgl. Hagen Schulze: Staat und Nation in der europäischen Geschichte, München 1994, bes. S. 329. Karl-Rudolf Korte: Nation und Nationalstaat. Bausteine einer europäischen Identität, Melle 1993, S. 17.

15 Zu Entstehung und Funktion der Berichte zur Lage der Nation vgl. ausführlich Manuel Fröhlich: Sprache als Instrument politischer Führung. Helmut Kohls Berichte zur Lage der Nation im geteilten Deutschland, München 1997 (Schriftenreihe der Forschungsgruppe Deutschland, Bd. 8). Einen knappen inhaltlichen Überblick der Berichterstattung von 1968 bis 1989 bietet Michael Garthe: Berichte zur Lage der Nation, in: Werner Weidenfeld/Karl-Rudolf Korte (Hrsg.): Handwörterbuch zur deutschen Einheit, Frankfurt a. M./New York 1992, S. 19–27.

16 Begründung des interfraktionellen Antrags der Fraktionen der CDU/CSU, SPD und FDP vom 14.2.1967, zit. nach Verhandlungen des Deutschen Bundestages, 5. Wahlperiode, Sitzung vom 17.3.1967, Stenographische Berichte Bd. 63, S. 4636–4638, hier S. 4636.

17 Zit. nach Wolfgang Benz u. a.: Einheit der Nation. Diskussionen und Konzeptionen zur Deutschlandpolitik der großen Parteien seit 1945, Stuttgart/Bad-Canstatt 1978, S. 33.

ße Koalition auf eine »Entkrampfung«[18] der Beziehungen zum anderen Teil Deutschlands.

Auch die Meinungsforschung wandte sich erst in den ausgehenden sechziger Jahren dem DDR-Bild als Fragegegenstand differenzierter zu. Als Staat nach vorherrschender Auffassung nicht existent, lag die Wahrnehmung der DDR bis dahin auch außerhalb des Erhebungsinteresses. Hier wird deutlich, daß die Demoskopie als Seismograph der öffentlichen Meinung stets das nachfragt, was sich im öffentlichen Themenhaushalt neu zu plazieren und Auftraggeber zu interessieren beginnt. Entsprechend sind aufschlußreiche Themenkonjunkturen zu verfolgen, aber auch Erhebungslücken zu konstatieren, die sich im nachhinein nicht mehr schließen lassen.

Allgemein zeigen die vorliegenden Umfrageergebnisse, daß die Westdeutschen nicht nur begrenzte Kenntnisse über die DDR besaßen, sie brachten ihr auch kein spezifisches Interesse entgegen. Durchschnittlich 42 Prozent der in den Jahren 1971 bis 1989 von Infas und Infratest Befragten verfolgten die Entwicklung in der DDR nach eigenen Angaben aufmerksam, 54 Prozent interessierten sich für die DDR wenig. Nur anläßlich herausragender deutschlandpolitischer Ereignisse, beispielsweise angesichts des Honecker-Besuchs in der Bundesrepublik im Herbst 1987, stieg die Aufmerksamkeit kurzfristig. Trotz des insgesamt eher verhaltenen Interesses ließ sich aus den Reisezahlen seit Beginn der siebziger, vor allem aber in den achtziger Jahren ein eindeutig positiver Trend ablesen. Das Bundesministerium für innerdeutsche Beziehungen bezifferte die Zahl der Besuchs- und Transitreisen von Westdeutschen in bzw. durch die DDR 1986 auf 3,79 Millionen; 1988 wurden 5,51 Millionen gezählt. Umfragen des Emnid-Instituts zufolge, hatte sich der Anteil derjenigen, die seit Errichtung der Mauer mindestens einmal in der DDR oder Ost-Berlin gewesen waren, von 1967 bis 1987 mehr als verdreifacht: auf beachtliche 36 Prozent.[19] Die individuelle DDR-Erfahrung ist zugleich – neben persönlichen Kontakten sowie hohem politischen Interesse und formaler Bildung – zu den Faktoren zu rechnen, die mit einem gesteigerten Interesse am ostdeutschen Nachbarn einhergingen.

Bereits die vereinzelt aus den fünfziger Jahren datierenden Erhebungen zeigen eine polarisierte Wahrnehmung der Verhältnisse in Deutschland. So hielten nach einer Umfrage des Emnid-Instituts im September 1951 78 Prozent der erwachsenen Bundesbevölkerung die Lebensverhältnisse im Westen für günstiger als im Osten. Vom Herbst 1953 an bis zum Sommer 1959 lag dieser Anteil bei durchschnittlich 96 Prozent. Differenziertere Einblicke gewähren die ab den späten sechziger Jahren erhobenen Daten. Besonders aufschluß-

18 Kurt-Georg Kiesinger, Regierungserklärung des Bundeskanzlers vor dem Deutschen Bundestag v. 13.12.1966, zit. nach Bulletin, Nr. 157, 14.12.1966, S. 1265–1270, hier S. 1270.

19 Eine strukturierte Datensammlung zu Reisen und Kontakten in die DDR vgl. bei Werner Weidenfeld/Manuela Glaab: Die deutsche Frage im Bewußtsein der Bevölkerung in beiden Teilen Deutschlands. Das Zusammengehörigkeitsgefühl der Deutschen – Konstanten und Wandlungen. Einstellungen der westdeutschen Bevölkerung 1945/49–1990, in: Materialien der Enquete Kommission, Bd. V/3, S. 2798–2962, bes. S. 2903–2907.

reich sind in vergleichender Perspektive abgefragte Eigenschaftsprofile beider deutscher Staaten, wie sie beispielsweise im Rahmen der Materialien zum Bericht zur Lage der Nation von 1974 erhoben wurden.[20] Ungeachtet ihres begrenzten Kenntnisstandes hatten sich die Westdeutschen demnach ein klar konturiertes, vorwiegend negativ besetztes Bild von der DDR gemacht. Drei über die Jahre weitgehend konstante, charakteristische Perzeptionsmuster lassen sich hier unterscheiden:

- *Freiheit im Westen versus Unfreiheit im Osten:* Die Westdeutschen zogen eine klare Trennlinie zwischen der freiheitlich-demokratischen Grundordnung einerseits und dem SED-System andererseits. Auch die Wahrnehmung der alltäglichen Lebensverhältnisse in der DDR wurde nach der Datenlage maßgeblich durch den Kontrast eingeschränkter persönlicher Entfaltungsfreiheit bestimmt. Hierbei handelt es sich um ein Grundmuster des Negativbildes von der DDR.
- *Westdeutscher Wohlstand versus ostdeutsche Mangelwirtschaft:* Während sich die Bundesrepublik in den Augen der Westdeutschen nicht zuletzt durch wirtschaftliche Leistungsfähigkeit auszeichnete, wurde die DDR auf ökonomischem Gebiet stets als unterlegen betrachtet. Wirtschaftlicher Wohlstand bildete somit ein zentrales Unterscheidungsmerkmal in der Fremdwahrnehmung der DDR.
- *Geringe Distanzen in bestimmten gesellschaftlich-sozialen Belangen:* Jenseits der politischen und ökonomischen Rahmenbedingungen ließ sich jedoch das Wahrnehmungsmuster eines erfolgreichen Systemwettbewerbs der DDR nachweisen. So schienen deren Leistungen auf dem Gebiet des Gesundheitswesens, der Wissenschaftsförderung oder der Arbeitsplatzsicherheit einem Vergleich mit der Bundesrepublik durchaus standzuhalten. In den Bereichen Jugend und Bildung sowie im Sport wurde die DDR sogar als überlegen betrachtet.

In der Längsschnittanalyse des Datenmaterials ist auffällig, daß die Einschränkung der Freiheitsrechte bei eher grundsätzlich ausgerichteten Fragen nach den Verhältnissen in der DDR durchgängig als wichtigster Unterschied zur Bundesrepublik genannt wurde. Interessanterweise hinterließen aber bei Besuchen vor Ort die wahrgenommenen ökonomischen Schwierigkeiten bei den Westdeutschen offenbar einen stärkeren Eindruck als die – vermutlich subtiler wirkenden – persönlichen Freiheitsbeschränkungen. Bei einmaligen DDR-Besuchern wurde zudem der Eindruck ermittelt: »Ganz so schlimm ist es ja gar nicht in der DDR!«[21] Selbst einmal dort zu leben, und sei es nur für kurze Zeit, konnten sich allerdings nur die wenigsten vorstellen.

Untersuchungen zum Staats- und Nationalbewußtsein der Deutschen haben ergeben, daß die DDR als Negativfolie die Herausbildung einer demokratischen Gegenidentität in der Bundesrepublik erleichterte. Der andere Teil

20 Vgl. Bundesministerium für innerdeutsche Beziehungen (Hrsg.): Materialien zum Bericht zur Lage der Nation 1974, o. O. o. J.

21 Ausführlicher hierzu vgl. Infratest/Die Welt: Die Deutschen und ihr Vaterland, München/Bonn 1988, S. 43.

Deutschlands diente dabei auch als »legitimatorischer Kontrast zur Rechtfertigung bundesrepublikanischer Verhältnisse«[22]. Diese wurden zwar keineswegs gänzlich unkritisch wahrgenommen, doch galt die freiheitlich-demokratische Grundordnung weithin als Modell einer künftigen Vereinigung. Besaßen derartige Wunschvorstellungen jahrzehntelang auch nur einen spekulativen Charakter, so bestätigte sich deren Gehalt im Einigungsprozeß 1989/90: Eine klare Mehrheit der Westdeutschen sprach sich gegen eine neue Verfassung und für die Beibehaltung des Grundgesetzes aus (60 Prozent) und begrüßte den Beitrittsmodus nach Artikel 23 (57 Prozent). Zugleich stieg die Demokratiezufriedenheit im Vereinigungsjahr im Westen auf einen bis dahin nie gemessenen und seither nicht wieder erreichten Spitzenwert von 85 Prozent.[23]

Bis zum Umbruch 1989 blieb die innere Erosion des SED-Systems im Westen jedoch weithin unerkannt: Die DDR galt als unterlegen, aber überlebensfähig.[24] Tatsächlich deuten Umfrageergebnisse aus den achtziger Jahren auf eine Tendenz zu Korrekturen am Negativbild von der DDR hin, die auch den Kernbereich der Systemmerkmale betraf – und die in auffallendem Gegensatz zu den Entwicklungen innerhalb der DDR stand, wo sich genau in dieser Phase eine Distanzierung der Bevölkerung vom herrschenden System vollzog.[25] Die Lebensbedingungen in der DDR wurden von den Westdeutschen zwar weiterhin als Kontrast zur eigenen, als vorteilhaft eingestuften Situation empfunden und die Mehrheit lehnte eine Gleichsetzung beider Ordnungssysteme grundsätzlich ab. Doch erschien die Situation in der DDR im Bereich der persönlichen Freiheiten und Grundrechte insgesamt in einem positiveren Licht. Nach einer Infratest-Umfrage vom Frühjahr 1987 hielt beinahe jeder zweite der im Westen Befragten die freie Studien- und Berufswahl (49 Prozent) wie auch die freie Arbeitsplatzwahl (48 Prozent) in der DDR für »teilweise verwirklicht«. 42 Prozent nahmen dies auch von der Glaubensfreiheit an. Immerhin 28 Prozent schätzten außerdem das Recht auf freie Meinungsäußerung als »teilweise verwirklicht« ein. Ganz allgemein verstärkte sich nach der Datenlage in den achtziger Jahren der Eindruck, daß die DDR-Bürger freier lebten als noch zehn Jahre zuvor.

Zusammenfassend läßt sich das DDR-Bild der Westdeutschen als von Distanzgefühlen und Abwehrhaltungen bestimmt charakterisieren. Wiederho-

22 Werner Weidenfeld/Karl-Rudolf Korte: Die Deutschen. Profil einer Nation, Stuttgart 1991, S. 235.

23 Vgl. Ipos: Einstellungen zu aktuellen Fragen der Innenpolitik 1990 in der Bundesrepublik und in der DDR. Ergebnisse zweier repräsentativer Bevölkerungsumfragen, Mannheim 1990, S. 20 ff.; sowie für einen knappen Überblick zur Stimmungslage im Einigungsprozeß Karl-Rudolf Korte: Die Chance genutzt? Die Politik zur Einheit Deutschlands, Frankfurt a. M./New York 1994, bes. S. 99–107.

24 Auf die teils heftig geführte Auseinandersetzung um die Streitfrage der Stabilisierung der DDR durch den Westen soll hier nicht eingegangen werden; mit Bezug auf das DDR-Bild vgl. hierzu pointiert Wilfried von Bredow: Perzeptions-Probleme. Das schiefe DDR-Bild und warum es bis zum Schluß so blieb, in: Deutschland Archiv 24 (1991), S. 147–154 sowie kontrovers dazu Jens Hacker u. a.: »Das DDR-Bild«. Einschätzungen und Wahrnehmungen in Politik und Medien, Sankt Augustin 1995.

25 Vgl. hierzu den folgenden Abschnitt dieses Beitrags.

lungsbefragungen von Infas und Infratest belegen, daß die Sympathiebilanz der DDR von wenigen Ausnahmen abgesehen – zu nennen ist hier die kurze Phase nach Abschluß des Grundlagenvertrags im Winter 1972 bis Frühjahr 1973 sowie das zeitliche Umfeld des Honecker-Besuchs in der Bundesrepublik im Herbst 1987 – eindeutig negativ ausfiel. Bei der gefühlsmäßigen Abgrenzung unterschieden die Befragten allerdings klar zwischen Land und Leuten auf der einen Seite und dem SED-System auf der anderen Seite: Land und Leuten wurden durchgängig Sympathien entgegengebracht, während die DDR als Staat stets abgelehnt wurde. In diesem Zusammenhang ist zugleich exemplarisch nachweisbar, daß das Verhältnis zur DDR nicht nur auf politischer Ebene, sondern ebenso in der Wahrnehmung der Bevölkerung stets auch das weltpolitische Klima des Ost-West-Konflikts reflektierte. So war in der zweiten Hälfte der achtziger Jahre, als sich die Beziehungen zum Osten nach dem Amtsantritt Michail Gorbatschows als Staats- und Parteichef der Sowjetunion zusehends entspannten, allgemein eine positivere Haltung gegenüber der sozialistischen Staatenwelt festzustellen – von diesem Trend profitierte auch die DDR, deren Sympathiewerte sich in dieser Phase ebenfalls deutlich verbesserten.

Die Asymmetrie des Interesses

Die Perspektive einer Vereinigung beider deutscher Staaten – die seitens der SED-Führung mit der Streichung des sogenannten »Wiedervereinigungsartikels« aus der DDR-Verfassung vom 7. Oktober 1974 endgültig verworfen wurde – besaß auch aus ostdeutscher Sicht einen zunehmend spekulativen Charakter. Nach Berechnungen des Infratest-Instituts aus den siebziger und achtziger Jahren wurde die Wiederherstellung der Einheit zwar von beinahe 90 Prozent der Ostdeutschen befürwortet, aber – ganz in Übereinstimmung mit den Nachbarn im Westen – kaum jemals erwartet. Mitte der achtziger Jahre tendierte der Anteil der Optimisten in dieser Frage in der DDR ebenfalls gegen Null.[26] Die Überwindung der Teilung hatte für die DDR-Bevölkerung jedoch insofern einen anderen Stellenwert, als sich damit konkrete, das persönliche Lebensumfeld betreffende Erwartungen verknüpften. Diese Erwartungen, so läßt sich begründet annehmen, reflektierten die politischen und ökonomischen Restriktionen in der DDR, aber auch das Bild, das sich die Bevölkerung vom Leben in der Bundesrepublik machte.[27]

Allgemein wird in diesem Zusammenhang eine Asymmetrie des Interesses konstatiert, denn im Unterschied zu den Westdeutschen schenkten die Ostdeutschen dem anderen Teil Deutschlands eine erhöhte, mit dem Fortschritt der Kommunikationstechnik wohl sogar wachsende Aufmerksamkeit.[28] Die

26 Vgl. Köhler: Nationalbewußtsein, S. 1653–1655.

27 Zunächst richteten sich die Hoffnungen allerdings auf größere Freizügigkeit sowie Verbesserung der Lage in der DDR im Zuge der Intensivierung der innerdeutschen Beziehungen; vgl. hierzu Köhler: Nationalbewußtsein, S. 1653–1655.

28 So beispielsweise Wilhelm Bleek: Das eine und das andere Deutschland, in: Deutschland Archiv 22 (1989), S. 373–383.

Bundesrepublik bildete als Referenzgesellschaft für die Ostdeutschen einen zentralen Maßstab der eigenen Lebenszufriedenheit.[29] Aufgrund der eingeschränkten Reise- und Kontaktmöglichkeiten handelte es sich hierbei um ein vorwiegend medienvermitteltes Bild. Zudem sahen sich die Ostdeutschen mit gegensätzlichen Medienrealitäten konfrontiert: der zentral gelenkten DDR-Medien einerseits und der pluralistischen Westmedien andererseits. Untersuchungen des Leipziger ZIJ stellten unter den Jugendlichen in der DDR eine stetig zunehmende Nutzung westlicher Massenmedien fest, die sich langfristig auch in einer stärkeren Westorientierung der Rezipienten niederschlug.[30] In den achtziger Jahren stieg jedoch auch der Anteil derjenigen, die die Bundesrepublik aus eigener Anschauung kennengelernt hatten, in der Gesamtbevölkerung deutlich an: 1988 hatten 14 Prozent der 14–29jährigen, ein Drittel der 30–49jährigen und gut die Hälfte der über 50jährigen eine Westreise unternommen.[31]

Insgesamt deuten die wenigen für die Jahre 1949 bis 1989/90 vorliegenden Daten darauf hin, daß das Gegenbild der Bundesrepublik die Herausbildung einer stabilen, eigenständigen DDR-Identität erschwerte. Die westdeutsche Vergleichsgesellschaft gewann in den Augen der Ostdeutschen immer deutlicher an Attraktivität. Folgt man den Ergebnissen des Infratest-Instituts, so hielten sie die Bundesrepublik bereits zu Beginn der siebziger Jahre an erster Stelle auf dem Gebiet der Konsumgüterversorgung, aber auch hinsichtlich der persönlichen Freiheiten für deutlich überlegen. In etwas abgeschwächter Form galt dies auch für die Leistungsfähigkeit der Wirtschaft. Bis Ende der achtziger Jahre geriet die DDR in der Wahrnehmung ihrer Bevölkerung dann auf nahezu allen Feldern ins Hintertreffen. Ausnahmen bildeten lediglich die positivere Bewertung des sozialen Miteinanders und der Schutz vor Kriminalität in der DDR. Hinzu kam als entscheidendes Plus die hohe Arbeitsplatzsicherheit.[32]

Die besondere Förderung der Jugend durch den Staat hinterließ in dieser Altersgruppe zwar durchaus positive Identifikationsmuster, doch hielten diese den später im Berufsleben gesammelten negativen Erfahrungen offenbar kaum stand.[33] Folgt man den Ergebnissen des Leipziger ZIJ, so war der Höhepunkt der DDR-Identifikation in der ostdeutschen Jugend Anfang der siebziger Jahre erreicht – symbolträchtig sollten dies die Weltjugendfestspiele von 1973 zum

29 Vgl. Detlef Pollack: Ostdeutsche Identität – ein multidimensionales Phänomen, in: Meulemann (Hrsg.): Werte und nationale Identität, S. 301–318, hier S. 311.

30 Vgl. Förster: Die deutsche Frage, S. 1223–1237; sowie weiterführend Kurt R. Hesse: Westmedien in der DDR. Nutzung, Image und Auswirkungen bundesrepublikanischen Hörfunks und Fernsehens, Köln 1988.

31 Vgl. Köhler: Nationalbewußtsein, S. 1661.

32 Vgl. Anne Köhler: Marschierte der DDR- Bürger mit? Systemidentifikation der DDR-Bevölkerung vor und nach der Wende, in: Uta Gerhardt/Ekkehard Mochmann (Hrsg.): Gesellschaftlicher Umbruch 1945–1990. Re-Demokratisierung und Lebensverhältnisse, München 1992, S. 59–79, hier S. 63 f.

33 Vgl. Köhler: Nationalbewußtsein, S. 1662–1670; sowie weiterführend Barbara Hille: Nicht nur Blauhemden. Die Situation der Jugendlichen in der ehemaligen DDR (Deutschland-Report, 13), Melle 1991.

Ausdruck bringen.[34] Allerdings sei die DDR trotz des allgemeinen politischen Mentalitätswandels[35] noch in den achtziger Jahren von einem beachtlichen Teil der ostdeutschen Jugendlichen als das »bessere Deutschland« betrachtet worden. Ausschlaggebend hierfür schien das positiv bewertete Engagement des SED-Systems auf dem Gebiet der Sicherheits- und Friedenspolitik sowie der sozialen Sicherung. Die subjektive Wahrnehmung der beiden deutschen Gesellschaftssysteme wurde nach diesen Daten durch zwei Faktoren gegenläufig beeinflußt: einerseits durch die sozialistische Agitation und Propaganda, andererseits durch die Rezeption westlicher Medien.[36] Beide Institute – Infratest wie auch das ZIJ – kommen jedoch übereinstimmend zu dem Schluß, daß die Umfragedaten in den achtziger Jahren insgesamt auf eine zunehmende Distanzierung der DDR-Bevölkerung vom eigenen Staat hinwiesen.[37]

Die im Westen begrüßten Liberalisierungstendenzen wurden von der DDR-Bevölkerung allem Anschein nach kaum wahrgenommen. So ermittelte Infratest Ende der achtziger Jahre einen gegenüber früheren Erhebungszeitpunkten unverändert hohen Anteil von DDR-Bürgern, die sich in ihrer Meinungsfreiheit beeinträchtigt fühlten: Wie schon Ende der sechziger Jahre beklagten zwei von drei Befragten diesbezügliche Ängste. Fehlende Meinungsfreiheit, politischer Druck und eingeschränkte Reisemöglichkeiten bildeten noch vor der Unzufriedenheit mit der Versorgungslage und den fehlenden Zukunftsaussichten in der DDR auch die wichtigsten Ausreisemotive bei der ersten großen Übersiedlerwelle im Jahr 1984.[38] Die großzügigere Handhabung der Besucherregelungen und Ausreisegenehmigungen zeitigte jedoch keinesfalls den vom SED-System gewünschten Ventileffekt. Vielmehr erschien die DDR innerhalb der sozialistischen Staatenwelt zunehmend als starres, rückwärtsgewandtes System – ein Faktor, der zu den zentralen Ursachen des Umbruchs von 1989/90 gerechnet werden muß.[39]

34 Eine kritische Betrachtung hierzu vgl. bei Stefan Wolle: Die heile Welt der Diktatur. Alltag und Herrschaft in der DDR 1971–1989, Bonn 1998, bes. S. 164–166.

35 Vgl. hierzu ausführlicher Thomas Gensicke: Mentalitätsentwicklungen im Osten Deutschlands seit den siebziger Jahren. Vorstellung und Erläuterung von Ergebnissen einiger empirischer Untersuchungen in der DDR und in den neuen Bundesländern von 1977 bis 1991 (Speyerer Forschungsberichte, 109), Speyer 1992.

36 Förster, Die deutsche Frage, S. 1263–1277.

37 Weiterführend vgl. Anne Köhler: Marschierte der DDR-Bürger mit?

38 Vgl. Anne Köhler/Volker Ronge: »Einmal BRD – einfach«. Die DDR-Ausreisewelle im Frühjahr 1984, in: Deutschland Archiv 16 (1984), S. 1280–1286. Ähnlich auch die Motivlage der Übersiedler und Flüchtlinge im Sommer 1989, wobei der Freizügigkeitsproblematik noch ein gesteigerter Stellenwert zukam; vgl. Richard Hilmer/Anne Köhler: Der DDR läuft die Zukunft davon. Die Übersiedler-/Flüchtlingswelle im Sommer 1989, in: Deutschland Archiv 22 (1989), S. 1383–1388.

39 Zur inneren Erosion der DDR vgl. Klaus Schroeder (unter Mitarbeit von Steffen Alisch): Der SED-Staat. Geschichte und Strukturen in der DDR, München 1998, bes. S. 274–300. Ehrhart Neubert: Geschichte der Opposition in der DDR 1949–1989, Bonn 1997.

Das Zusammengehörigkeitsgefühl der Deutschen, das zu Beginn der Teilung in zwei Staaten noch als selbstverständlich vorausgesetzt werden konnte, drohte mit der Zeit allmählich auszuhöhlen – wurden Kommunikation und Kontakte zwischen beiden Bevölkerungsteilen durch die Abriegelung der DDR doch erheblich eingeschränkt. Etwa die Hälfte der Westdeutschen – wie auch der in ihrer durchschnittlichen Alterstruktur etwas jüngeren ostdeutschen Bevölkerung – zählte Ende 1989 zu den nach 1949 geborenen, kannte ein geeintes Deutschland also nicht mehr aus eigener Anschauung.[40] Immerhin knapp ein Viertel der Westdeutschen ab 16 Jahre gab Ende der achtziger Jahre einer Erhebungsreihe des Emnid-Instituts zufolge noch an, Verwandte oder Bekannte in der DDR zu haben, gegenüber 40 Prozent Anfang der fünfziger Jahre. In der Längsschnittperspektive wird deutlich, daß sich dieser Rückgang der persönlichen Bindungen langsam, seit der zweiten Hälfte der sechziger Jahre aber nahezu kontinuierlich vollzog.[41] Nicht nur das Bild vom anderen Deutschland, auch die Vorstellungen von den anderen Deutschen beruhten somit bei der Mehrheit nicht auf persönlichen, sondern auf indirekt vermittelten Eindrücken.

Nähe und Distanz zwischen den Deutschen in Ost und West lassen sich mit den Mitteln der Demoskopie nur schwer messen. Dennoch zeigen die vorliegenden Umfragedaten, daß die Bevölkerung noch in den achtziger Jahren mit großer Mehrheit daran festhielt, die Deutschen seien ein Volk, wenn sie auch in zwei getrennten Staaten lebten. Infratest bezifferte den Anteil der Westdeutschen, die von einem zusammengehörigen Volk ausgingen, 1987 auf 78 Prozent. Während die DDR in den achtziger Jahren zumindest tendenziell, von bis zu einem Drittel der Befragten, als Ausland betrachtet wurde, empfanden sie die Bevölkerung der DDR nach weiteren Ergebnissen des Instituts auch oder gleichermaßen als Deutsche (53 bzw. 40 Prozent), zu denen die Mehrheit allerdings nach eigenen Angaben nur wenig persönliche Beziehungen unterhielt. Es handelte sich eher um ein diffuses, latent vorhandenes Gefühl der Verbundenheit. Nur ein kleiner Teil betrachtete die Ostdeutschen als Bürger eines anderen Staates, denen man gleichgültig (3 Prozent) oder gar fremd (4 Prozent) gegenüberstand. Eine allgemein distanziertere Haltung wurde in diesem Zusammenhang allerdings in der jüngeren Generation der 14–29jährigen ermittelt: In dieser Altergruppe betrachtete 1987 jeder zweite die DDR als Ausland. Auch hielten nur 65 Prozent fest an der Vorstellung, die Deutschen seien ein Volk, gegenüber 34 Prozent, die von zwei Völkern ausgingen. Zudem fühlten sich nur 21 Prozent eng mit den Ostdeutschen ver-

40 Vgl. Statistisches Bundesamt (Hrsg.): Datenreport 1992. Zahlen und Fakten über die Bundesrepublik Deutschland, 2. Aufl., Bonn 1992, S. 38.

41 Ausführlicher hierzu vgl. Weidenfeld/Glaab: Die deutsche Frage, S. 2900 f. Die für sich betrachtet anteilsmäßig weitgehend stabilen verwandtschaftlichen Bindungen waren dabei auf den Zustrom von Flüchtlingen und Übersiedlern in die Bundesrepublik zurückzuführen, der für den Zeitraum von 1972 bis 1987 auf 70.000 Flüchtlinge und 190.000 Übersiedler beziffert wurde.

bunden, während 69 Prozent sich interessiert zeigten, ohne intensivere persönliche Beziehungen zu unterhalten.

Vereinzelt vorliegende Ergebnisse der Stellvertreterbefragungen lassen darauf schließen, daß die Zusammengehörigkeit der Deutschen auch im Bewußtsein der DDR-Bevölkerung präsent blieb – trotz aller gegenteiligen Anstrengungen der SED-Regierung, der DDR eine eigenständige sozialistische Identität zu verordnen. So ermittelte Infratest in den Jahren 1977 wie auch 1984 stabile Zustimmungswerte von 79 bzw. 80 Prozent zu der Auffassung, die Deutschen seien ein Volk.[42] Ganz im Gegensatz zur offiziellen Sprachregelung in der DDR betrachtete zu beiden Erhebungszeitpunkten nur etwa ein Drittel (28 bzw. 31 Prozent) der ostdeutschen Bevölkerung die Bundesrepublik als Ausland. Ähnlich wie im Westen wurde in der jüngeren Generation eine Distanzierung vom andern Teil Deutschlands beobachtet: In der Gruppe der 14–29jährigen sank der Anteil derjenigen, die Bundesbürger und DDR-Bevölkerung als ein Volk empfanden, demnach von 70 Prozent im Jahr 1977 auf 61 Prozent im Jahr 1988; im gleichen Zeitraum stieg der Anteil derjenigen, die die Bundesrepublik als Ausland betrachteten, von 42 Prozent auf 54 Prozent an.[43]

Präzisieren läßt sich der Befund durch Umfragen zur Selbst- und Fremdwahrnehmung der Deutschen. Nur vereinzelt wurden hierzu von den Meinungsforschungsinstituten bereits vor der Maueröffnung Eigenschaftsprofile erhoben, welche die Selbsteinschätzung der Westdeutschen mit ihrem Bild von den Ostdeutschen kontrastierten; vergleichbare Daten für die ostdeutsche Bevölkerung sind hingegen nicht bekannt.[44] Wie die abgefragten Eigenschaften von den Probanden bewertet wurden, geht aus dem Datenmaterial aber nicht hervor. In ihrer Grundtendenz deuten die vorliegenden demoskopischen Ergebnisse darauf hin, daß sich beide Bevölkerungsteile in der Perzeption der Westdeutschen – im positiven wie im negativen – in vielerlei Hinsicht ähnelten. Dennoch lassen sich durchaus einige markante Unterscheidungen ausmachen. So zeichnete sich die Bevölkerung in beiden Teilen Deutschlands – einem dichotomischen Eigenschaftsprofil des Infratest-Instituts aus dem Jahr 1976 zufolge[45] – nach Meinung der Westdeutschen an erster Stelle und gleichermaßen durch ih-

42 Vgl. Köhler: Nationalbewußtsein, S. 1651–1653.

43 Vgl. ebenda, S. 1659 f.

44 Folgt man den wenigen hierzu vorliegenden Ergebnissen des ZIJ, dann herrschte unter den Jugendlichen in der DDR bis in die siebziger Jahre ein ausgeprägtes Wir-Gefühl vor, das sich aus positiven Eigenstereotypen und negativen Fremdstereotypen der Bundesbürger konstituierte; in den achtziger Jahren zeigten die Daten demgegenüber eine umgekehrte Stereotypisierung, was auf einen fortschreitenden Identitätsverlust und Mentalitätswandel der ostdeutschen Jugend hindeutete; vgl. hierzu Förster: Die deutsche Frage, S. 1366–1377. Walter Friedrich: Mentalitätswandlungen der Jugend in der DDR, in: Aus Politik und Zeitgeschichte, B 16–17/1990, S. 25–37.

45 Die von Infratest befragten Probanden mußten Ostdeutsche wie Westdeutsche auf einer Skala von 1 bis 7 hinsichtlich 15 gegensätzlicher Eigenschaftspaare einordnen; auf diese Weise ließ sich sowohl der Grad der Eigenschaftszuschreibung erfassen als auch der Abstand zwischen beiden Bevölkerungsteilen; im Detail zum Frageinstrument wie auch zu den Umfrageergebnissen vgl. Weidenfeld/Glaab: Die deutsche Frage, S. 2915.

ren Fleiß aus. Ostdeutsche wie Westdeutsche wurden außerdem übereinstimmend als eher menschlich denn unmenschlich sowie mit nur geringfügigem Abstand als eher friedliebend denn aggressiv, eher ungefährlich denn gefährlich, eher aktiv denn passiv und eher bürokratisch denn unbürokratisch eingestuft. Nur bei vier Eigenschaftspaaren wurden deutliche Unterschiede angenommen. Demnach hielten die westdeutschen Befragten sich selbst im Vergleich zu den Ostdeutschen für deutlich anspruchsvoller, fortschrittlicher und selbstbewußter. Die Ostdeutschen wurden im Unterschied zu den Westdeutschen tendenziell als eher nationalistisch denn weltoffen eingeschätzt.

Ein im Herbst 1990 ebenfalls von Infratest erhobener Eigenschaftsvergleich bestätigte diesen Befund einer weitgehenden Ähnlichkeit beider Bevölkerungsteile. So konnte die große Mehrheit der Befragten im Hinblick auf Bildung, Spießbürgerlichkeit, Toleranz, Solidarität, Nationalgesinnung, Ausländerfeindlichkeit und Rücksichtslosigkeit keinerlei Unterschiede zwischen den Deutschen erkennen. Die übrigen Antwortverteilungen zeigen aber, daß tendenziell eher die Westdeutschen für gebildet (32 Prozent) und tolerant (27 Prozent), aber auch für rücksichtslos (35 Prozent), egoistisch (37 Prozent) und geltungssüchtig (43 Prozent) gehalten wurden. Dagegen schienen die Ostdeutschen einem Teil der Befragten eher solidarisch (28 Prozent), national gesinnt (26 Prozent) sowie spießig und kleinbürgerlich (20 Prozent) zu sein. Außerdem zeichneten sich die Ostdeutschen nach mehrheitlicher Auffassung und ganz im Gegensatz zu den Westdeutschen durch ihre Obrigkeitshörigkeit, leichte Beeinflußbarkeit und Bescheidenheit aus. Dagegen betrachteten sich die Westdeutschen selbst klar als selbstbewußter, überheblicher, konsumorientierter, demokratischer und ehrgeiziger. Dabei handelt es sich um Eigenschaften, die nur zu einem geringen Teil primär den Ostdeutschen zugeschrieben wurden.[46]

Geteilte Geschichte und innere Einheit

In der Längsschnittperspektive der Jahre 1949 bis 1989/90 wurden drei zentrale Faktoren herausgearbeitet, die geteilte Wahrnehmungswelten der Deutschen in Ost und West kennzeichneten: *Erstens* bleib das Ziel der Vereinigung Deutschlands zwar latent im Bewußtsein der Bevölkerung verankert, doch handelte es sich zuletzt um eine eher abstrakte, realitätsferne Vorstellung. Darüber hinaus besaß die deutsche Teilung jedoch einen unterschiedlichen, aus der politischen wie ökonomisch-sozialen Auseinanderentwicklung beider deutscher Staaten resultierenden Stellenwert. So blieb die Perspektive der Einheit an das westliche Modell geknüpft, ohne allerdings für Ostdeutsche wie Westdeutsche gleichermaßen unmittelbare, die persönlichen Lebensbedingungen betreffende Konsequenzen zu besitzen. *Zweitens* blieben Bundesrepublik und DDR durch wechselseitige Selbst- und Fremdbilder miteinander verklammert. Zugleich bestand eine deutliche Asymmetrie des gegenseitigen Interesses. Kennzeichnend war hierbei eine große innere Distanz gegenüber der

46 Vgl. ebenda, S. 2917.

DDR als auf seiten der Westdeutschen sowie die Orientierung an der Bundesrepublik als Vergleichsgesellschaft auf seiten der Ostdeutschen. *Drittens* waren Selbst- und Fremdbild der Deutschen in Ost und West nicht deckungsgleich, auf unüberbrückbare Gegensätze lassen die wenigen hierzu vorliegenden Daten jedoch kaum schließen. Ein Fremdheitsgefühl verband sich aus westdeutscher Perspektive vor allem mit der DDR als Staat, nicht aber mit Land und Leuten. Die DDR-Bürger hielten ihrerseits an der Zusammengehörigkeit der Deutschen fest. Insbesondere in der jüngeren Generation ließen sich aber auf beiden Seiten der Mauer Brüche im Zusammengehörigkeitsgefühl ermitteln.

Die genannten Faktoren mögen mit dazu beigetragen haben, daß die Einheit 1990 zwar mit großer Mehrheit begrüßt, der Weg dorthin aber doch eher nüchtern, ohne nationale Euphorie beschritten wurde. Auch gibt es Anhaltspunkte dafür, daß sich in den aufgezeigten Differenzen genau die Trennlinien andeuten, die heute in der wechselseitigen Wahrnehmung schärfer hervortreten. Nicht zuletzt wird damit jedoch schlaglichtartig deutlich, daß die geteilte Vergangenheit von Ostdeutschen und Westdeutschen tatsächlich ganz unterschiedlich erlebt wurde. Aus dieser Perspektive der individuellen Wahrnehmungswelten handelt es sich um eine doppelte Geschichte, die bis in die gemeinsame Gegenwart hinein nachwirkt.[47]

47 Weiterführend vgl. Werner Weidenfeld (Hrsg.): Deutschland: Eine Nation – doppelte Geschichte. Materialien zum deutschen Selbstverständnis, Köln 1993.

Friedrich Wilhelm Graf

Die evangelischen Kirchen als kritische Institution und Brücke zwischen Ost und West

1976 veröffentlichte der amerikanische Publizist Frederic Spotts ein Buch über »Kirchen und Politik in Deutschland«[1], das als ein Standardwerk über die politische Rolle der Kirchen im geteilten Deutschland gilt. Spotts vertrat die These, daß die Kirchen in der deutschen Geschichte ein »Schlüsselfaktor in jeder politischen Gleichung« seien. Auch anderen ausländischen Beobachtern stellten sich die deutschen Kirchen als politisch einflußreiche, mächtige Großorganisationen dar. In einer Studie über »West German Politics«[2] rechnete sie der amerikanische Politologe Lewis J. Edinger 1986 zu den »big four« unter den organisierten Interessenverbänden der Bundesrepublik: ebenso mächtig wie Unternehmerverbände, Gewerkschaften und der Bauernverband. Vielen Beobachtern aus anderen europäischen Staaten gilt es als ein herausragendes Kennzeichen des deutschen politischen Systems, daß den Kirchen in der Bundesrepublik vielfältige rechtliche Privilegien zuerkannt worden sind und sie einen großen Einfluß auf politische Entscheidungsprozesse auszuüben vermögen. Auch für die DDR ist seit den siebziger Jahren mehrfach darauf hingewiesen worden, daß die evangelische Kirche trotz vielfältiger staatlicher Repression eine bemerkenswerte gesellschaftliche Prägekraft zu entfalten vermochte.

Die jeweilige besondere politische Relevanz der evangelischen Kirchen in den beiden deutschen Staaten zeigt sich vor allem in deutschlandpolitischen Perspektiven: Die evangelischen Kirchen verstanden sich auch nach dem Mauerbau und der institutionellen Verselbständigung der ostdeutschen Landeskirchen ausdrücklich als Organisationen grenzüberschreitender Kommunikation und konnten erfolgreich den Anspruch durchsetzen, die negativen Folgekosten der Teilung zu begrenzen und die protestantischen Bürger der DDR vielfältig zu unterstützen. Bei der Analyse dieser Kommunikationsprozesse ist allerdings eine strukturell entscheidende Asymmetrie zu berücksichtigen: Für die DDR war die Bundesrepublik die entscheidende Referenzgesellschaft, an der sie sich – negativ oder affirmativ – orientierte. Umgekehrt gilt dies aber nicht. Trotz der großen Bedeutung, die Fragen der nationalen Einheit und die Versuche zur Minimierung der Trennungsfolgen für die Politik aller Bundesregierungen spielten, gewann die DDR für die Bundesrepublik niemals die Rolle einer identitätskonstituierenden Referenzgesellschaft.

1 Frederic Spotts: Kirchen und Politik in Deutschland, Stuttgart 1976.
2 Lewis J. Edinger: West German Politics, New York 1986.

Grenzüberschreitende Kommunikationsnetze

Die Evangelische Kirche in Deutschland (EKD) blieb die letzte gesamtdeutsche Organisation, getrennt erst im Juni 1969 mit der Gründung des Bundes der Evangelischen Kirchen in der DDR (BEK) und dem faktischen Austritt des Bundes aus der EKD im November 1969. Doch in Artikel 4 Absatz 4 seiner Grundordnung bekannte sich der DDR-Kirchenbund gegen massiven staatlichen Druck[3] »zu der besonderen Gemeinschaft der ganzen evangelischen Christenheit in Deutschland«. In der Grundordnung des BEK hieß es: »In der Mitverantwortung für diese Gemeinschaft nimmt der Bund Aufgaben, die alle evangelischen Christen in der Deutschen Demokratischen Republik und in der Bundesrepublik Deutschland gemeinsam betreffen, in partnerschaftlicher Freiheit durch seine Organe wahr«[4]. Auch die EKD bekannte sich zur »besonderen Gemeinschaft«[5] und verpflichtete sich zu enger partnerschaftlicher Zusammenarbeit mit den ostdeutschen Landeskirchen. Trotz der Spaltung der gesamtdeutschen EKD konnte in den evangelischen Kirchen ein Bewußtsein der Zusammengehörigkeit der Menschen in den beiden deutschen Staaten sehr viel intensiver als in anderen gesellschaftlichen Verbänden gepflegt werden. Auch nach der zunehmend perfekteren »Sicherung« der innerdeutschen Grenze bildeten die evangelischen Kirchen die wichtigste Integrationsklammer zwischen den beiden deutschen Gesellschaften.

Über die innerdeutsche Grenze hinweg konnten äußerst dichte protestantische Kommunikationsnetze aufrechterhalten oder neu geknüpft werden. Dies gilt zunächst für zentrale kirchliche Leitungsgremien. EKD und BEK koordinierten ihre Aktivitäten seit Dezember 1969 in einer regelmäßig tagenden »Beratergruppe« mit jeweils 15 Mitgliedern. Andere Gremien verantworteten die materiellen Hilfsleistungen der westlichen Landeskirchen für die »Schwesterkirchen« im Osten. Auf Wunsch des Kirchenbundes bestand seit 1980 außerdem eine »Konsultationsgruppe« aus je sechs Mitgliedern, in der vorrangig Fragen der Friedenssicherung und deutschlandpolitische Probleme besprochen wurden[6]. Jede westliche Landeskirche hatte mindestens eine Partnerkir-

3 Vgl. zu den Einzelheiten Robert F. Goeckel: The Lutheran Church and the East German State. Political Conflict and Change under Ulbricht and Honecker, Ithaca/London 1990, S. 56–85.

4 Bund der Evangelischen Kirchen in der DDR. Dokumente zu seiner Entstehung, ausgewählt und kommentiert von Reinhard Henkys (epd Dokumentation 1), Witten/Berlin 1970, S. 33–40, S. 35.

5 In der 1983 überarbeiteten Grundordnung der EKD aus dem Jahre 1948 wurde Artikel 4 Abs. 4 der Ordnung des BEK implizit aufgenommen: »Die Evangelische Kirche in Deutschland bekennt sich zu der besonderen Gemeinschaft der ganzen evangelischen Christenheit in Deutschland. In der Mitverantwortung für diese Gemeinschaft nimmt sie die Aufgaben, die sich daraus ergeben, in freier Partnerschaft mit dem Bund der Evangelischen Kirchen in der Deutschen Demokratischen Republik wahr«.

6 Aus der Teilnehmerperspektive informiert über die institutionalisierten Beratungsprozesse zwischen EKD und Kirchenbund Uwe-Peter Heidingsfeld: Die »besondere Gemeinschaft« der Kirchen – Stabilisierung der DDR?, in: Trutz Rendtorff (Hrsg.): Protestantische Revolution? Kirche und Theologie in der DDR: Ekklesiologische

che im Osten, so daß auch auf landeskirchlicher Ebene regelmäßige Kontakte zwischen kirchenleitenden Gremien institutionalisiert waren. Diese landeskirchliche Kooperation wurde in zahllosen Partnerschaftsbeziehungen auf der Ebene von Kirchenkreisen, Einzelgemeinden, kirchenpolitischen Gruppierungen und Kreisen konkretisiert. Durch gemeinsame Pflege protestantischer religiöser Überlieferungen wurde einer grenzüberschreitenden geistlichen Verbundenheit Geltung verschafft. Seit 1980 veranstalteten evangelische Christen in Ost und West sogenannte Friedensdekaden und feierten dabei nach einer von der EKD und dem BEK vereinbarten liturgischen Ordnung gemeinsame »Bittgottesdienste für den Frieden in der Welt«. Im September 1979 äußerten sich EKD und BEK aus Anlaß des vierzigsten Jahrestages des Beginns des Zweiten Weltkrieges erstmals gemeinsam zum Thema Frieden; neben weiteren »Worten« zur Friedenssicherung sind Stellungnahmen zur »Versöhnung und Verständigung« mit der UdSSR sowie zum »50. Jahrestag des Pogroms im November 1938« zu erwähnen[7]. Zur relativ intensiven Kommunikation zwischen ostdeutschen und westdeutschen evangelischen Kirchen trug entscheidend bei, daß es dem DDR-Staat nicht gelang, die aus der altpreußischen Unionskirche hervorgegangene Evangelische Kirche der Union und ihre zentrale Landeskirche, die Berlin-Brandenburgische Kirche, zu spalten. Im Bereich der Evangelischen Kirchen der Union und der Berlin-Brandenburgischen Kirche konnten trotz vielfältiger Behinderungen gemeinsame Strukturen aufrechterhalten werden.

Auch auf der Ebene der akademischen Theologie wurden vielfältige Kontakte gepflegt. Die EKD förderte jährliche Treffen von bundesdeutschen Universitätstheologen mit ihren ostdeutschen Fachkollegen aus den sechs staatlichen Theologischen Fakultäten (bzw. seit 1968 Sektionen) und den drei kirchlichen Bildungseinrichtungen in Ost-Berlin, Naumburg und Leipzig. Ein 1946 gegründeter »Evangelischer Schrifttumsdienst« förderte Lizenzausgaben westlicher theologischer Literatur in kirchennahen Verlagen der DDR wie der Evangelischen Verlagsanstalt Berlin und verbreitete durch Buchspenden theologische Literatur aus der DDR in der Bundesrepublik und umgekehrt. Im Verhältnis zur sonstigen »Kulturintelligenz« verfügten viele evangelische Pfarrer in der DDR über eine relativ große Privatbibliothek mit westlicher Literatur. Bei den Partnerschaftstreffen zwischen Kirchengemeinden konnten auch Pfarrer der Nachkriegsgeneration kollegiale Freundschaftsbeziehungen über die Mauer hinweg knüpfen. Auf solchen informellen Kanälen gelangten seit 1968 auch die Literatur der Studentenbewegung und die Klassiker der alternativen Linken in den Osten. Viele östliche Kirchenfunktionäre wurden von den allgemeinen gesetzlichen Reisebeschränkungen ausgenommen und genossen das Privileg, an kirchlichen Veranstaltungen in der Bundesrepublik und an ökumenischen Konferenzen im Ausland teilnehmen zu können.

Voraussetzungen, politischer Kontext, theologische und historische Kriterien, Göttingen 1993, S. 79–110.

7 Die Texte finden sich: In besonderer Gemeinschaft. Gemeinsame Worte des Bundes der Evangelischen Kirchen in der Deutschen Demokratischen Republik und der Evangelischen Kirche in Deutschland (EKD Texte 26), Hannover 1989.

Auch ökonomisch blieben die evangelischen Kirchen in Deutschland wichtige Organisationen grenzüberschreitender Kommunikation. Selbst in den fünfziger Jahren, als die DDR-Behörden durch einen äußerst repressiven »Kirchenkampf« die Handlungsspielräume der Kirchen massiv zu beschneiden versuchten und verfassungswidrig die Erhebung von Kirchensteuern einstellten, mußte die DDR aus wirtschaftlichen Zwängen den westdeutschen Landeskirchen einen legalen Transfer von Mitteln zur Unterstützung der östlichen Landeskirchen ermöglichen. Durch Warenlieferungen an Außenhandelsfirmen des Ministeriums für Außen- und Innerdeutschen Handel der DDR, die den Warenwert dann in DDR-Mark den Kirchen gutschrieben, wurden seit 1957 der Wiederaufbau zerstörter Kirchen, die Errichtung neuer kirchlicher Gebäude, die Arbeit der zahlreichen diakonischen Einrichtungen, die Besoldung und Alterssicherung kirchlicher Mitarbeiter, die kirchliche Jugendarbeit und die Bildungsarbeit der Landeskirchen unterstützt. Auch nach dem Mauerbau konnten die westdeutschen Kirchen dieses sogenannten »Kirchengeschäft A« und andere kirchliche Hilfsprogramme fortführen. Für die Bundesregierung übernahm das Diakonische Werk 1963 die Durchführung des Gefangenenfreikaufs und sonstiger humanitärer Aktionen. Zugunsten dieses sogenannten »Kirchengeschäfts B« erhielt das Diakonische Werk Mittel aus dem Bundeshaushalt. Auch bei den Hilfsprogrammen für die ostdeutschen Landeskirchen und ihre diakonischen Einrichtungen konnten EKD und Diakonisches Werk auf finanzielle Unterstützung des Bundes rechnen. Beim »Kirchengeschäft A« wurden 1957 bis 1990 1,42 Milliarden DM in die DDR transferiert. Hinzu kamen unter anderem Unterstützungsleistungen im Rahmen des »Valutamark-Programms« für kirchliche Neubauten von 726 Millionen DM, Partnerschaftshilfen von 1,37 Milliarden DM und weitere Hilfeleistungen von ca. 148 Millionen DM. In diesen insgesamt 4,02 Milliarden Mark sind die vielfältigen Unterstützungen, die einzelne Kirchengemeinden ihren östlichen Partnergemeinden gewährten, sowie die zahllosen Spenden und Hilfsaktionen kirchlich engagierter Gruppen und Einzelpersonen noch nicht berücksichtigt. Neben den für spezifisch kirchliche Zwecke gedachten Mitteln wurden vom Diakonischen Werk des weiteren 3,43 Milliarden DM im Rahmen des »Kirchengeschäftes B« in die DDR transferiert.

Die engen Kommunikationsnetze zwischen den Funktionseliten der EKD und des BEK dienten auch dazu, die Verständigung zwischen der politischen Klasse in beiden deutschen Staaten zu fördern. Für bundesdeutsche Politiker, die in die DDR reisten, waren Kirchenvertreter wichtige Gesprächspartner, konnten sie hier doch Informationen über die DDR-Gesellschaft erhalten, die ihnen Repräsentanten der SED vorenthielten. Funktionäre des BEK vermittelten zahllose Gesprächskontakte zwischen Politikern aus der Bundesrepublik und Vertretern der DDR. Auch die Gespräche zwischen SED und SPD, die zu der 1987 veröffentlichten gemeinsamen Denkschrift »Der Streit der Ideologien und die gemeinsame Sicherheit« führten, wurden von BEK-Funktionären mit in die Wege geleitet. Bei ihren häufigen Besuchen in der Bundesrepublik verstießen DDR-»Kirchenführer« mehrfach gegen die von der EKD und dem BEK getroffene Vereinbarung, daß Kirchenvertreter sich im jeweils anderen deutschen Staat nicht in dessen innere politische Auseinandersetzungen einmischen sollten, wenn sie etwa in den Auseinandersetzungen um den NATO-Doppelbeschluß die Positionen der DDR-Regierung offensiv rechtfertigten. EKD-Vertreter vermittelten den BEK-Repräsentanten vielfältige Begegnungen mit Politikern der im Bundestag vertretenen Parteien. Der Kirchenjournalist Reinhard Henkys charakterisierte die Kommunikation zwischen EKD und BEK deshalb als einen »stellvertretenden [...] oder auch das Regierungshandeln begleitenden nationalen Dialog«[8]. Viele BEK-Funktionäre entwickelten dabei ein stark autoritäres Rollenverständnis. Sie wußten, daß sie – schon aus ökonomischen Gründen – über erhebliche politische und soziale Macht verfügten, und sahen sich als Kirchen-Politiker, die ein Stück weit Regierungsverantwortung mit übernommen hatten. Auch übten sie auf westliche kirchliche Gesprächspartner häufig moralischen Druck aus. Das Schuldtrauma vieler westlicher Kirchenvertreter und Politiker, unverdient im freien Teil Deutschlands leben zu können, und das von manchen östlichen Kirchenvertretern habitualisierte Selbstmitleid trugen dazu bei, daß die Gesprächssituation bisweilen Züge impliziter Erpressung annahm. Einige bundesdeutsche Kirchenvertreter sprechen im selbstkritischen Rückblick davon, daß auch in den diskreten – aber von der Staatssicherheit peinlich genau beobachteten – Gesprächsforen, etwa in der Konsultationsgruppe, über viele Konfliktthemen nicht offen kommuniziert werden konnte. Wer wollte den BEK-Vertretern schon deutlich sagen, daß man viele ihrer allzu schönfärberischen Beschreibungen des Lebens in der DDR nicht teilte oder gar für einen Ausdruck ekklesialen Realitätsverlusts hielt? Vor allem über die elementaren Strukturfragen der politischen Ordnung, etwa über die Vorzüglichkeit der parlamentarischen Demokratie und des liberalen Rechtsstaates, konnte man aufgrund vielfältiger Hemmungen und Lernpathologien nicht miteinander reden.

So wenig sich die politische Rolle der EKD in der zunehmend pluralistischen Gesellschaft der alten Bundesrepublik in einer rein kirchengeschichtlichen Perspektive zureichend erfassen läßt, so wenig darf der DDR-Protestantismus nur in seinen speziell kirchen- oder theologiegeschichtlichen Bezügen wahrgenommen werden. In seiner Partialbedeutung vermochte er in der DDR-Gesellschaft eine erstaunlich große politisch-soziale Prägekraft zu entfalten. Wer die Gesellschaften der Bundesrepublik und der DDR in sozial- oder kulturhistorischer Perspektive vergleichen will, sei deshalb vorrangig auf die beiden deutschen Protestantismen verwiesen. Die evangelischen Kirchen in Ost und West teilen die Ausgangslage nach 1945 und weisen vielfältige Kontinuitäten zum Protestantismus im Deutschen Reich auf. Sie bleiben gemeinsam auf überkommene Bestände symbolischer Kommunikation bezogen, in denen neben der sinnhaften Deutung der Kontingenzen individuellen Lebens immer auch die Ordnung der Welt insgesamt sowie soziale Ordnungsstrukturen thematisiert werden. Innerhalb dieses traditionsbestimmten verbin-

8 Zit. nach Helmut Zander: Die Christen und die Friedensbewegungen in beiden deutschen Staaten. Beiträge zu einem Vergleich für die Jahre 1978–1987, Berlin 1989, S. 332.

denden Verständigungshorizontes entwickelten sich die Protestantismen in der DDR und in der Bundesrepublik aber sehr unterschiedlich.

Traditionale Kirche

Die protestantischen Sozialmilieus in der DDR wiesen insgesamt eine erstaunlich hohe Kontinuität zum Protestantismus im Deutschen Reich auf. Zwar führten die Vertreibung der adeligen Eliten und Großbauern sowie die erzwungene Flucht vieler Angehöriger des bürgerlichen Mittelstandes dazu, daß wichtige Trägerschichten des kirchlichen Protestantismus gesamtgesellschaftlich marginalisiert wurden. Doch blieb in den ostdeutschen Landeskirchen die Dominanz der Gruppen weithin ungebrochen, die sich wegen der Herkunft aus akademischen Elternhäusern und der Orientierung an überkommenen protestantischen Kulturwerten als Bildungsbürger in einer postbürgerlichen Gesellschaft verstanden. Großen Einfluß behielten auch Gruppen des Mittelstandes, vor allem Kleinbauern bzw. seit der erzwungenen Kollektivierung Arbeiter und Angestellte in der Landwirtschaft, Handwerker, kleine Kaufleute und Angestellte. Durch protestantische Flüchtlinge aus den Ostgebieten, die sich in der DDR niederließen, wurde die überkommene Mittelstandsorientierung der evangelischen Kirche noch verstärkt. So wurden evangelische Gemeinden in der DDR tendenziell zu Fluchtburgen kleinbürgerlicher Gruppen, und auch die Pfarrerschaft scheint sich stärker als früher aus kleinbürgerlichen und proletarischen Sozialschichten rekrutiert zu haben[9]. Die Selbstrekrutierungsquote ging deutlich zurück. Die erzwungene Westwanderung bürgerlicher Sozialgruppen läßt sich als eine sich beschleunigende soziale wie kulturelle Verengung des protestantischen Kirchenmilieus beschreiben: Die evangelischen Kirchen in der DDR waren, zumindest bis in die siebziger Jahre, deutlich traditionsorientierter und provinzieller als der kirchliche Protestantismus in der Bundesrepublik. Die repressive staatliche Kirchenpolitik, die die Kirchen aus wichtigen sozialen Bereichen wie dem Erziehungswesen auszugrenzen und ihre traditionellen Öffentlichkeitsfunktionen zu beschneiden versuchte, verstärkte die Tendenzen zur Bildung eines kirchlichen Ghettoprotestantismus. Diese »verspätete Kirche« spiegelte in ihren Modernisierungsdefiziten die hohe Beharrungskraft traditionaler Gemeinschaftsstrukturen in der DDR-Gesellschaft, die in ihrem hohen Homogenitätsdruck, dem obrigkeitsstaatlich-repressiven Politikstil und der autoritären Mentalität großer Teile der Bevölkerung »traditionell deutscher« blieb als die seit den sechziger Jahren sich schnell verwestlichende Gesellschaft der Bundesrepublik[10]. In gemeinschaftsorientierter

9 Vgl. Christoph Kleßmann: Zur Sozialgeschichte des protestantischen Milieus in der DDR, in: Geschichte und Gesellschaft 19 (1993), S. 29–53. Ders.: Opposition und Dissidenz in der Geschichte der DDR, in: Aus Politik und Zeitgeschichte B 5/1991, S. 52–62.

10 Vgl. Anselm Doering-Manteuffel: Deutsche Zeitgeschichte nach 1945. Entwicklung und Problemlagen der historischen Forschung zur Nachkriegszeit, in: Vierteljahrshefte für Zeitgeschichte 41 (1993), S. 1–29.

Sozialmoral, konservativen Kulturidealen und spießiger Wohnkultur waren viele Kirchenprotestanten ihren SED-Mitbürgern bemerkenswert ähnlich.

Angesichts der prominenten Rolle, die protestantische Pfarrer und kirchlich hoch engagierte »Laien« in den Wendeprozessen gespielt haben, ist häufig das Bild einer stark politisierten Kirche gezeichnet worden, die aufgrund ihrer Prägung durch alternative Gruppen eine friedliche »protestantische Revolution«[11] zu inszenieren vermochte. Doch darf die große Beharrungskraft traditionaler kirchlicher Strukturen und überkommener volkskirchlicher Partizipationsmuster nicht übersehen werden. Die Landeskirchen der DDR umfaßten sehr heterogene religiöse Lebenswelten, von einer agrarisch-konservativen Dorfkirche im Erzgebirge über einen Moralprotestantismus der pietistisch-erwecklichen Kleingruppen bis hin zu Zirkeln mystisch erleuchteter Bildungsprotestanten und ökopax-inspirierter frommer Spontis.[12] Diese unterschiedlichen Protestantismen blieben in Sozialprofil und kulturellem Habitus aber erstaunlich traditional. Trotz der extrem starken Erosion der Gemeinden, die zu einem erheblichen Maße auf die antikirchlichen Sanktionen im Erziehungsbereich und sonstige politische Repressionsmaßnahmen zurückzuführen ist[13], blieb das Partizipationsverhalten an den überkommenen Mustern distanzierter Kirchlichkeit orientiert. Das Selbstbild vieler Theologen des Kirchenbundes, in der DDR habe sich die alte Volkskirche zu einer wahrhaft bekennenden, von hoch engagierten Gesinnungstreuen geprägten »Gemeindekirche« »gesundgeschrumpft«, stellt eine theologiepolitisch motivierte Selbsttäuschung dar. Die evangelischen Kirchen in der DDR waren Volkskirchen auf minoritärer Basis. Vielen Pfarrern und leitenden Kirchenfunktionären fiel es aber schwer, die faktische Vielgestaltigkeit des Protestantischen konstruktiv wahrzunehmen. Dem repressiven Vergemeinschaftungsdruck in der Gesellschaft entsprachen überzogene ekklesiologische Homogenitätsvisionen.

11 Gerhard Rein: Die protestantische Revolution 1987–1990. Ein deutsches Lesebuch, Berlin 1990. Ehrhart Neubert: Eine protestantische Revolution, in: Deutschland Archiv 23 (1990), S. 704–713. Ders.: Eine protestantische Revolution, Osnabrück 1990. Ders.: Protestantische Kultur und DDR-Revolution, in: Aus Politik und Zeitgeschichte B 19/1991, S. 21–29.

12 Vgl. etwa Gottfried Kretzschmar: Volkskirche im Umbruch, Berlin (O) 1967. Ders.: Die Unterschiedlichkeit der Gemeindesituation in den Kirchen der DDR, in: Wissenschaftliche Zeitschrift der Karl-Marx-Universität Leipzig. Gesellschaftswissenschaftliche Reihe 37 (1988), S. 82–91.

13 Wolfgang Büscher: Unterwegs zur Minderheit: eine Auswertung konfessionsspezifischer Daten, in: Reinhard Henkys (Hrsg.): Die evangelischen Kirchen in der DDR. Beiträge zu einer Bestandsaufnahme, München 1982, S. 422–436. Karl Fritz Daiber: Kirche und religiöse Gemeinschaften in der DDR, in: Religion, Kirchen und Gesellschaft in Deutschland (Gegenwartskunde: Sonderheft 5), Opladen 1988, S. 75–88. Ehrhart Neubert: Von der Volkskirche zur Minderheitenkirche. Bilanz 1990, in: Horst Dähn (Hrsg.): Die Rolle der Kirchen in der DDR. Eine erste Bilanz, München 1993, S. 36–55. Trutz Rendtorff: Unkirchlichkeit? Historisch-theologische Überlegungen zu einem unklaren Begriff aus Anlaß des Endes der DDR, in: Wolfgang Hardtwig/Harm-Hinrich Brandt (Hrsg.): Deutschlands Weg in die Moderne. Politik, Gesellschaft und Kultur im 19. Jahrhundert, München 1993, S. 83–94.

Politische Repression und kulturelle Tristesse, spießbürgerlicher Moralterror und organisierte Doppelmoral führten in der Gesellschaft des staatlich verordneten Atheismus seit den siebziger Jahren zu einer »Reproduktion von Religion« in symbolträchtigen jugendlichen Subkulturen und sonstigen alternativen Sozialmilieus[14]. Als unter dem Einfluß der westlichen '68er-Bewegungen Gruppen der neuen sozialen Bewegungen – konzentriert auf Themen wie Ökologie, Frieden und Menschenrechte –, eine politisch nicht domestizierte neue Frauenbewegung, Teile der literarischen Intelligenz sowie sogenannte Randgruppen wie Homosexuelle und Drogenabhängige in die verfaßte Kirche einwanderten (oder im Schutzraum der kirchlichen Institution sich bildeten), kam es zu vielfältigen Konflikten mit wertkonservativ orientierten Kirchenvorständen und Pfarrern sowie mit den Kirchenleitungen[15]. Diese Gruppen förderten die Überwindung alter sozialer Barrieren und verstärkten die innere Pluralisierung des DDR-Protestantismus. So trugen sie erheblich dazu bei, daß eine durchaus traditionale, gemeinschaftsorientierte Kirche Individualisierungstendenzen förderte, Prozesse der Enttraditionalisierung von Lebenswelten verstärkte und zum Agenten politischer Mobilisierung werden konnte. In den Dauerdebatten um das Verhältnis von Gruppen und Kirche, die in der kirchlichen Öffentlichkeit geführt wurden, holte der DDR-Protestantismus religiös-kulturelle Modernisierungsschübe nach, die sich in der Bundesrepublik bereits in den sechziger Jahren vollzogen hatten. Im Kontext des autoritär verspäteten DDR-Staates, angesichts der vielfältigen Versuche eines totalitären Durchgriffs auf alle Dimensionen des sozialen Lebens, vollzogen sich diese Modernisierungsschübe des protestantischen Kirchenmilieus aber dramatischer, explosiver und gesamtgesellschaftlich sehr viel folgenreicher als in der Bundesrepublik.

Religiöse Freiräume

Die DDR war eine weithin entdifferenzierte Gesellschaft. Ihre grundlegenden Strukturmerkmale waren, wie M. Rainer Lepsius gezeigt hat, Institutionenfusion, Entdifferenzierung der Entscheidungskompetenzen und Zentralisierung der Mittelallokationen[16]. Der viel beschworene Glaube an die »Einheit von Staat und Volk«[17] legitimierte politischen Zentralismus und Zwangshomoge-

14 Dafür grundlegend sind faszinierende Analysen von Ehrhart Neubert, der in der Studienabteilung des BEK arbeitete. Ehrhart Neubert: Reproduktion von Religion in der DDR-Gesellschaft. Ein Beitrag zum Problem der sozialisierenden Gruppen und ihrer Zuordnung zu den Kirchen, epd Dokumentation Nr. 35/86, Frankfurt a. M. 1986.

15 DDR-Theologen und Kirchensoziologen haben diese Konflikte schon vor der Wende vielfältig analysiert. Wichtige Beiträge dieser Debatte sind gesammelt bei Detlef Pollack (Hrsg.): Die Legitimität der Freiheit. Politisch alternative Gruppen in der DDR unter dem Dach der Kirche, Frankfurt a. M. 1990.

16 M. Rainer Lepsius: Die Institutionenordnung als Rahmenbedingung der Sozialgeschichte der DDR, in: Hartmut Kaelble/Jürgen Kocka/Hartmut Zwahr (Hrsg.): Sozialgeschichte der DDR, Stuttgart 1994, S. 17–30.

17 Karl Polak: Zur Dialektik in der Staatslehre, Berlin 1963, zit. nach Uwe-Jens Heuer: Marxistische Theorie und Demokratie, in: Kritische Justiz 2/1990, S. 202.

nisierung. In der inneren Konsequenz der systemkonstitutiven Ideologie lag es, die religiösen Institutionen soweit wie möglich zu marginalisieren. Sie sollten zu bloßen Kultvereinen für die Befriedigung religiöser Bedürfnisse umgeformt werden. Dabei war die religionskritische Utopie leitend, daß die aus der Entzweiung von Individuum und Gesellschaft resultierenden religiösen Bedürfnisse nach der Aufhebung aller Entfremdung, also im Übergang vom realen Sozialismus zum kommunistischen Reich der Freiheit, von selbst absterben würden. Der SED-Staat beanspruchte notwendig ein Monopol für die öffentliche Auslegung aller Sinnstiftungsprobleme. Durch Gegenkulte wie die Jugendweihe versuchte der Weltanschauungsstaat, das »Innerliche« der Individuen politisch zu vergemeinschaften.

Unbeschadet der relativ breiten Durchsetzung der Jugendweihe hatten die Versuche, die Kirchen aus der Öffentlichkeit zu drängen, nur einen begrenzten Erfolg. In der entdifferenzierten DDR-Gesellschaft stellten die Kirchen trotz vielfältiger harter Repression die einzigen *relativ* autonomen intermediären Organisationen dar. Die evangelische Kirche blieb, bei allen Beschränkungen ihrer Handlungsspielräume und der zum Teil äußerst eng geknüpften Kommunikationsnetze zwischen führenden Kirchenfunktionären wie Manfred Stolpe einerseits sowie Vertretern der mit Kirchenfragen befaßten staatlichen Behörden und des Staatssicherheitsdienstes andererseits, ein eigenständiger Vergesellschaftungskern. Sie konnte für ihre Gottesdienste und Bildungsveranstaltungen eine zwar immer neu begrenzte, aber doch symbolträchtige Versammlungsfreiheit durchsetzen und trotz massiver Zensur eine residuale Publikationsfreiheit bewahren. Sie konnte in ihrer synodalen Verfassungsstruktur tendenziell alternativen politischen Partizipationsformen Geltung verschaffen und in ihren Repräsentativorganen, vom lokalen Kirchenvorstand bis hin zur Synode des BEK, quasi-parlamentarische Formen von Verständigung und diskursivem Konfliktaustrag einüben. Obwohl die »Informellen Mitarbeiter« des Staatssicherheitsdienstes sehr präsent waren und es vielfältige Versuche gab, die Entscheidungsprozesse von außen politisch zu steuern, bot die evangelische Kirche mit ihren Synoden ein Diskussionsforum für soziale Konflikte der DDR-Gesellschaft, die nirgends sonst in der DDR vergleichbar intensiv und offen verhandelt wurden. Obwohl sie traditionelle Öffentlichkeitsrollen verlor, war sie, neben der Familie und den Institutionen der (insgesamt wenig erfolgreichen) staatlichen Sekundärsozialisation, eine Sozialisationsagentur eigener Art. Ihre Sozialisationsangebote vermochten eine relevante Minderheit von Jugendlichen in der DDR nachhaltig zu prägen. Auch als der »Kirchenkampf« der fünfziger bzw. sechziger Jahre beendet wurde und sich seit 1971 politische Eliten und kirchliche Funktionseliten auf eine Politik pragmatischer Arrangements verständigten, kam es deshalb immer wieder zu Konflikten im Erziehungsbereich.

Weder vermochte der Staat die institutionelle Selbständigkeit der Kirchen aufzuheben, noch konnte er die evangelische Kirche ideologisch völlig gleichschalten. Zwar gab es neben den vielfältigen pragmatischen Anpassungsleistungen, dem alltäglichen Arrangement mit einer politisch-sozialen Ordnung, von deren Stabilität die meisten Protestanten sowohl in der Bundesrepublik als auch in der DDR und nahezu alle Kirchenvertreter in Ost und West bis in den Herbst 1989 hinein überzeugt waren, auch diverse Annäherungen an sozialistische Begriffe und Leitbilder. In derselben kirchlichen Institution versuchten aber auch viele Theologen durch eine gezielte Pflege der überkommenen christlichen Symbolsprache, die kontrafaktische Behauptung der christlichen Wahrheit und die Konzentration auf identitätsverbürgende Theologien eine prinzipielle Eigenständigkeit der Botschaft der Kirche zu wahren. Die zentralen Elemente der systemkonstitutiven Weltanschauung, etwa die für den Marxismus-Leninismus grundlegende Lehre von der tätigen Selbsterzeugung des Menschen als eines Gattungswesens, machten sich die Kirchen in ihrer Verkündigung niemals zu eigen.

Die DDR-Gesellschaft war eine Gesellschaft, in der die spezifische Differenzstruktur der modernen bürgerlichen Gesellschaft, die *vermittelte* Differenz von Privatheit und Öffentlichkeit, zerstört wurde. *Privat* und *öffentlich* waren scharf getrennt. Sozial- und mentalitätsgeschichtlich sind die kirchlichen Institutionen gerade darin interessant, daß sie gegenüber dieser dichotomischen Spaltung der sozialen Welt in Privatheit und Öffentlichkeit eine letzte Struktur der Vermittlung repräsentierten. Gewiß waren die religiösen Lebenswelten in der DDR auch durch Rückzugsmentalitäten und Tendenzen zur Flucht in kleine warme »Nischen« geprägt. Der Mythos von einer DDR-spezifischen Wärme der Sozialbeziehungen wurde auch von Pfarrern sehr gern verkündet. Insgesamt hielten die evangelischen Kirchen aber an der für den Protestantismus grundlegenden reformatorischen Einsicht fest, daß die von der Kirche zu verkündende Wahrheit des Evangeliums notwendig einen Anspruch auf Öffentlichkeit beinhaltet. Die Regression in eine privatistische Nischenreligion hätte bedeutet, theologische Grundeinsichten der Reformation preiszugeben. Dazu waren nur einzelne Universitätstheologen bereit.

Theologie

Protestantische Theologie wurde in der DDR in verschiedenen Institutionen und intellektuellen Milieus gepflegt. Neben den acht Theologischen Fakultäten an den staatlichen Universitäten bestanden drei Kirchliche Hochschulen. Theologie – bzw. in *diesem* Fall: theologische Ideologie – wurde darüber hinaus in Gremien der Ost-CDU produziert. Neben verschiedenen landeskirchlichen Bildungseinrichtungen, etwa den Evangelischen Akademien, war schließlich auch die Berliner Bürokratie des BEK um die Institutionalisierung theologischer Forschung bemüht. Hier ist, neben verschiedenen Ausschüssen der Bundessynode der BEK, in denen Theologen der Kirchlichen Hochschulen und der staatlichen Fakultäten zusammenarbeiteten, vor allem die 1974 gebildete Theologische Studienabteilung des BEK zu nennen.

Die in den verschiedenen Kontexten produzierten Theologien weisen erhebliche Unterschiede auf. Diese theologischen wie ethisch-politischen Differenzen lassen sich, idealtypisch verkürzt, mit Blick auf die für das Selbstverständnis des Kirchenbundes grundlegende Programmformel »Kirche im Sozialismus« verdeutlichen.

Aufgrund massiver Interventionen von Staat und Partei in die Berufungspolitik waren die Theologischen Fakultäten (bzw. seit 1968: Sektionen) ideologisch weithin gleichgeschaltet. Zwischen den Fakultäten gab es im Grad der Anpassung an die Staatsideologie jedoch erhebliche Unterschiede. Auch nach der erzwungenen Flucht prominenter systemkritischer Theologen und der Abschottung der DDR durch den Mauerbau blieben alle Fakultäten durch innere politische Positionsgegensätze bestimmt. Die von vielen – aber keineswegs allen! – Professoren der Theologischen Fakultäten unternommenen Versuche, die Formel von der »Kirche im Sozialismus« mit nur sehr geringer Problematisierung des politisch-sozialen Status quo auszulegen, fand in der kirchlichen Öffentlichkeit – etwa in den Synoden – nur wenig Resonanz. Auch die in den frühen siebziger Jahren in Berlin formulierten Programme einer DDR-spezifischen Theologie brachen schnell in sich zusammen. Nur relativ wenige Universitätstheologen vermochten mit ihren wissenschaftlichen Publikationen in der Bundesrepublik oder dem westlichen Ausland größere Resonanz zu finden. Umgekehrt wurden in der DDR nur bestimmte westdeutsche Theologen rezipiert: Jürgen Moltmann sehr intensiv, Wolfhart Pannenberg überhaupt nicht und der ursprünglich aus der DDR kommende Eberhard Jüngel primär im Ost-Berliner Sprachenkonvikt.

Im Verhältnis zu den Fakultäten besaßen Professoren und Studenten der kirchlichen Ausbildungsstätten deutlich größere Freiräume in Forschung, Lehre und Studium. Zumeist wurde Theologie hier entschieden traditionsorientiert, durch Konzentration auf die historisch-exegetischen Disziplinen und auf klassische Autoren der Theologiegeschichte, gelehrt. In Leipzig stand die Ausbildung stark im Zeichen einer konservativ-lutherischen Theologie, die einen Habitus des Andersseins und eine Abgrenzungsmentalität stärkte. Im Ost-Berliner Sprachenkonvikt spielte die umfassende Aneignung der für den Kirchenkampf der dreißiger Jahre grundlegenden Theologie Karl Barths eine wichtige Rolle. Die Konzentration auf die Sprachspiele der Barthschen Dogmatik wirkte identitätsverbürgend[18] und förderte bei vielen Lehrenden und Studenten das Bewußtsein einer prinzipiellen inneren Unabhängigkeit und geistlichen Überlegenheit erheblich. Beachtung verdient, daß in den Wendeprozessen Theologen aus den Kirchlichen Hochschulen, vor allem aus dem Ost-Berliner Sprachenkonvikt, sehr viel prononcierter als die in den Sektionen sozialisierten Theologen hervortraten und entschlossen die politische Selbstaufklärung des zunächst diffusen Protests in Richtung auf Parteiengründung und Parlamentarisierung vorantrieben[19]. Die relativ große theologische Autonomie der Kirchlichen Hochschulen zeigte sich auch darin, daß hier Lehrende auf die gefährliche Mehrdeutigkeit der Formel »Kirche im Sozialismus« hinwiesen und gegenüber den Machtkartellen politischer Eliten und kirchlichen Funktionseliten kritische Distanz wahrten.

18 Vgl. Wolf Krötke: Die Universalität des offenbaren Gottes. Gesammelte Aufsätze, München 1984.

19 Vgl. Richard Schröder: Denken im Zwielicht. Vorträge und Aufsätze aus der Alten DDR, Tübingen 1990. Wolf Krötke: Die Kirche und die ›friedliche Revolution‹ in der DDR, in: Zeitschrift für Theologie und Kirche 87 (1990), 521–544.

Protestantische Theologen im Nationalkomitee Freies Deutschland, die dem »Arbeitskreis für kirchliche Fragen« des Nationalkomitees Ende September 1944 eine Denkschrift zum zukünftigen Verhältnis von »Staat und evangelischer Kirche in Deutschland« vorlegten, bestimmten den Auftrag der Kirche gegenüber Gesellschaft und Staat als »Dienst und nicht (als) Machtanspruch«[20]. Diese Formel von der »dienenden Kirche« wurde von Vertretern der östlichen Landeskirchen dann vielfältig variiert und fand 1968 Eingang in das ekklesiologische Selbstverständnis des BEK. Diese »dienende Kirche« habe sich aus der bürgerlichen Gefangenschaft der alten Volkskirche befreit und die traditionell engen Bindungen an den Staat gelöst.

Mit großem Pathos stellten führende Repräsentanten des BEK, vor allem der leitende Bischof des BEK Albrecht Schönherr und sein mächtiger Kirchenjurist Manfred Stolpe, ihre Kirche als den besseren deutschen Protestantismus dar. Im Unterschied zu den Volkskirchen im Westen habe der BEK mit den autoritären Traditionen des deutschen landeskirchlichen Protestantismus gebrochen und den lutherischen Obrigkeitsglauben durch eine konsequente Orientierung am Kampf der Bekennenden Kirche 1933 bis 1945 und am »Darmstädter Wort« des Bruderrates der Bekennenden Kirche vom August 1947 überwunden. Die Landeskirchen im Westen Deutschlands seien in ihren staatskirchenrechtlichen Privilegien gefangen, hätten sich weitestgehend an ihre Gesellschaft und den Staat des Grundgesetzes angepaßt und das Mandat kritischer Zeugenschaft zugunsten einer zivilreligiösen Verklärung des politisch-sozialen Status quo preisgegeben. Demgegenüber sei in der DDR eine konsequente Trennung von Staat und Kirche vollzogen und der Kirche so die Freiheit zu exklusiver Bindung an Gottes Wort geschenkt worden. Die Entchristlichung der Gesellschaft und der Abbau alter staatskirchlicher Privilegien seien kein Verlust, sondern eröffneten die Chance zu wahrer Zeugenschaft in einer säkularen Welt. Für diese theologische Situationsdeutung beriefen sich Albrecht Schönherr und andere Vertreter des BEK vor allem auf Dietrich Bonhoeffer, der zum Heiligen eines neuen, mündigen Protestantismus stilisiert und zugleich als Ziviltheologe des besseren Deutschland in Anspruch genommen wurde[21].

Seit den späten fünfziger Jahren waren die kirchlichen Funktionseliten der ostdeutschen Landeskirchen zunehmend bereit, den DDR-Staat anzuerkennen und seine Legitimität zu verteidigen. Vor dem Hintergrund der traumatischen politischen Erfahrungen des kirchlichen Protestantismus war dies alles andere als selbstverständlich. Sich mit den neuen Machthabern zu arrangieren, bedeutete für den kirchlichen Protestantismus in Ostdeutschland einen

20 Eine gekürzte Fassung des Textes findet sich bei Klaus Drobisch (Hrsg.): Christen im Nationalkomitee »Freies Deutschland«. Eine Dokumentation, Berlin (O) 1973, 253–262. Vgl. Clemens Vollnhals: Zwischen Kooperation und Konfrontation. Zur Kirchenpolitik von KPD/SED und SMAD in der Sowjetischen Besatzungszone 1945–1949, in: Deutschland Archiv 27 (1994).

21 Zum Bonhoeffer-Mißbrauch in der DDR hat Wolf Krötke eine ideologiekritische Fallstudie vorgelegt: Dietrich Bonhoeffer als Theologe der DDR – ein kritischer Rückblick, in: Trutz Rendtorff (Hrsg.): Protestantische Revolution, S. 295–309.

tiefen Traditionsbruch. In den krisenhaften Prozessen der Durchsetzung der modernen bürgerlichen Gesellschaft gehörte der kirchliche Protestantismus in Deutschland zu jenen sozialen Kräften, die entschlossen die Abkehr von westlichen Vergesellschaftungskonzepten betrieben und für einen deutsch-protestantischen, lutherischen »Sonderweg« kämpften[22]. Viele Theologen gaben einem starken, sozialpaternalistisch autoriären Kulturstaat auf protestantischer Wertebasis höheren moralischen Kredit als einem schwachen liberalen Rechtsstaat, der, so ihre Kritik, gesellschaftliche Desintegration nicht bewältigen könne und nur zur Ausbeutung der Schwächeren durch die Stärkeren führe.

Die Gründung und allmähliche Konsolidierung des DDR-Staates bedeutete für die protestantischen Kircheneliten einen sehr tiefen Einschnitt. Sie waren erstmals in der Geschichte des deutschen Protestantismus mit einer »Obrigkeit« konfrontiert, die sich mit Pathos zum Atheismus bekannte, den »Bolschewismus« als Vorbild pries und die marxistisch-leninistischen Vergemeinschaftungsvisionen zur allein gültigen Norm von Staat und Gesellschaft erklärte. Sie mußten Abschied vom Glauben nehmen, daß die Protestanten in Deutschland gleichsam selbstverständlich dazu berufen seien, die Leitkultur zu definieren und in Staat und Gesellschaft die zentralen Machtpositionen zu besetzen. Der Staat gehörte nun nicht mehr protestantischen Eliten, sondern ihren in Weimar wichtigsten weltanschaulichen »Feinden«. Die politische Teilung Deutschlands und die Gründung zweier Staaten, die in ideologisch diametrale Bündnissysteme eingebunden waren, bedeutete für viele Vertreter des kirchlichen Protestantismus außerdem den Verlust ihres identitätsverbürgenden staatlichen Ordnungsrahmens, des »deutschen Reiches protestantischer Nation« (Adolf Stoecker). Der kirchliche Protestantismus in Ostdeutschland stand also vor einer dreifachen politischen Herausforderung. Er mußte sich mit einem Weltanschauungsstaat arrangieren, der explizit antichristlich war und gegen die Kirchen einen massiven Kulturkampf führte; er mußte zugleich den traumatischen Verlust der überkommenen nationalprotestantischen Identität verarbeiten und er mußte schließlich Abschied vom überkommenen Selbstbild der protestantischen Eliten in Deutschland nehmen, daß allein sie zur Führung von Staat und Nation berufen seien.

Theologen, die in der Bekennenden Kirche ihre entscheidenden Prägungen erhielten, spielten in den Prozessen der Spaltung der EKD und der Gründung des Kirchenbundes eine dominierende Rolle. Viele dieser Theologen hatten zunächst den Nationalsozialismus unterstützt und hatten als Offiziere oder Militärgeistliche der Wehrmacht angehört. In ihrem protestantischen Moralnationalismus fühlten sie sich an den alten Nationalstaat innerlich, in der Tie-

22 Vgl. Friedrich Wilhelm Graf: Protestantische Theologie und die Formierung der bürgerlichen Gesellschaft, in: Ders. (Hrsg.): Profile des neuzeitlichen Protestantismus, Band 1: Aufklärung, Idealismus, Vormärz, Gütersloh 1990, S. 11–54. Ders.: Protestantische Theologie in der Gesellschaft des Kaiserreichs, in: Profile des neuzeitlichen Protestantismus, Band 2/1: Kaiserreich, Gütersloh 1992, S. 12–117.

fe des frommen Gewissens gebunden[23]. Die mühevolle Akzeptanz der mit der Teilung gegebenen politischen Realitäten deuteten sie deshalb in einer religiös-theologischen Sprache, für die Begriffe wie Konversion, Bekehrung und Umkehr zentral waren. Das Gefühl, im Zweiten Weltkrieg tiefe Schuld auf sich geladen zu haben, verstärkte ihre Bereitschaft, auf die Kommunisten »zuzugehen« und den Aufbau eines sozialistischen deutschen Staates als unumgängliche Folge der »deutschen Katastrophe« von 1945 zu unterstützen.

Viele Theologen, die die bruderrätliche Tradition der Bekennenden Kirche fortzuführen suchten und in den Kirchlichen Bruderschaften organisiert waren, überzeugte die Vision des Aufbaus eines wirklich neuen, sozialistischen Deutschlands. Das Schuldsyndrom förderte eine Moralkoalition der Verfolgten von gestern, einen »antifaschistischen« Pakt von Teilen der protestantischen Kircheneliten mit der SED. Immer wieder wurde die Gemeinschaft der Opfer beschworen und an die Zeit erinnert, in der Christen und Kommunisten gemeinsam in den Konzentrationslagern der Nationalsozialisten inhaftiert waren. Theologen, die in Weimar der DNVP angehört und 1933 begeistert die Nationalsozialisten unterstützt hatten, beteiligten sich in den fünfziger und sechziger Jahren daran, die DDR durch einen antifaschistischen Gründungsmythos zu legitimieren. Alter Obrigkeitsglaube, überkommener Antiamerikanismus, sozialromantisches Gemeinschaftsdenken, antikapitalistischer Sozialismusglaube, Träume vom »Dritten Weg«, traditionalistische Kulturkonzepte – Volkstanz statt Jazz –, ein kulturkämpferischer Antikatholizismus – immer wieder beklagten protestantische Intellektuelle im Osten wie im Westen in den fünfziger Jahren die Dominanz der Katholiken in Adenauers Weststaat – und ein tiefes protestantisches Schuldtrauma bildeten ein Ideenkonglomerat, das es Teilen der protestantischen Kircheneliten erlaubte, alte weltanschauliche Gräben zu überbrücken und den neuen sozialistischen deutschen Staat als gottgegegebene »Obrigkeit«[24] anzuerkennen. In diesen »Ideen des besseren Deutschland«, die vielfältige Kontinuitäten zu den traditionellen Sonderwegsvorstellungen erkennen lassen, spielte neben der überkommenen protestantischen Staatsfrömmigkeit ein sozialpaternalistischer Gemeinschaftsglaube die entscheidende Rolle. Auf »Gemeinschaft«, »Solidarität« und »Sozialismus« richteten sich hohe religiös-moralische Erwartungen, doch mit »Kapitalismus«, »Konsumismus« und »Konkurrenz« verbanden sich »zivilisations«kritischer Ekel, Unbehagen an der Moderne und Abscheu gegenüber amerikanischer »Überfremdung«.

23 Vgl. Ernst Wolf: Volk, Nation, Vaterland im protestantischen Denken von 1933 bis zur Gegenwart, in: Horst Zilleßen (Hrsg.): Volk – Nation – Vaterland. Der deutsche Protestantismus und der Nationalismus, Gütersloh 1970, S. 171–212.

24 Noch in der Ende 1960 veröffentlichten »Handreichung« der Vereinigten Evangelisch-Lutherischen Kirche in Deutschland (VELKD) »Der Christ in der DDR« wurde die DDR-Regierung als eine von Gott verordnete »Obrigkeit« charakterisiert, der der Christ »untertan zu sein und durch Erfüllung seiner bürgerlichen Pflichten zu dienen« habe: Der Christ in der DDR. Handreichung der VELKD, hrsg. vom Lutherischen Kirchenamt, Berlin 1961, S. 29.

Die politischen Diskurse im deutschen Protestantismus der fünfziger Jahre blieben, wie die Kontroversen um die Wiederbewaffnung, den Militärseelsorgevertrag und die Aufgabe der »Kirche zwischen Ost und West«[25] erkennen lassen, stärker als in anderen gesellschaftlichen Verbänden auf Modelle eines vereinigten, neutralen Deutschlands sowie Konzepte eines »Dritten Weges« bezogen. Schon aus institutionellen Gründen, wegen der permanenten deutsch-deutschen Kommunikation in den Gremien der EKD, waren sie in einem emphatischen Sinne gesamtdeutsche Diskurse. Erst mit der Konsolidierung der DDR kam es seit den späten fünfziger und sechziger Jahren zu einer mentalen Spaltung der beiden deutschen Protestantismen. Der westdeutsche Protestantismus wurde zunehmend durch die ökonomische und politische Erfolgsgeschichte der Bundesrepublik geprägt. Der Erfolg der »sozialen Marktwirtschaft« und die Sozialstaatslegitimation der Bundesrepublik förderten die Bereitschaft zur allmählichen Akzeptanz der pluralististischen Parteiendemokratie[26] auch in solchen protestantischen Milieus, die die politische Verwestlichung zunächst abgelehnt hatten. Die massiven Modernisierungsschübe der sechziger Jahre und die wachsende kulturelle Differenzierung der bundesdeutschen Gesellschaft verstärkten die Tendenzen, von den überkommenen Homogenitätsmustern und Rechristianisierungskonzepten theologisch Abstand zu nehmen. Eine Geschichte der protestantischen Theologie in der Bundesrepublik ließe sich auch als Geschichte von Verwestlichung und vielfältiger Pluralisierung, das heißt der Akzeptanz neuer pluralismusoffener Denkstile, aber auch fundamentalistischer Gegenreaktionen schreiben.

Demgegenüber gab es in einer Gesellschaft, die durch einen totalitären Interventionsanspruch des Weltanschauungsstaates, die starke Beharrungskraft kleinbürgerlicher Mentalitäten und einen zunächst nur schwach entwickelten Pluralismus der Lebensstile geprägt wurde, kaum externe Zwänge zur Modernisierung theologischer Reflexion. Viele DDR-Theologen, die gerade die traditionalen Strukturen ihrer Gesellschaft positiv würdigten[27], hielten deshalb an überkommenen politisch-ethischen Orientierungsmustern des kirchlichen Protestantismus relativ ungebrochen fest. Die spezifischen Bedingungen der politischen Diskurse prägten in hohem Maße auch den »Denkstil« (Karl Mannheim) der Theologen. In einer Gesellschaft, in der es faktisch keine politischen Institutionen zur kontroversen Diskussion sozialer Konflikte, ökonomischer Steuerungsprobleme und ökologischer Krisenphänomene gab und die Strukturen freier Öffentlichkeit weithin zerschlagen waren, konnte die evange-

25 Zum Begriff vgl. Karl Barth: Die Kirche zwischen Ost und West, in: Der Götze wakkelt. Zeitkritische Aufsätze, Reden und Briefe von 1930–1960, hrsg. von Karl Kupisch, Berlin 1961.

26 Für die erheblichen Verspätungen im Demokratiebewußtsein auch der westdeutschen Theologen ist immer noch grundlegend Hans Gerhard Fischer: Evangelische Kirche und Demokratie nach 1945. Ein Beitrag zum Problem der politischen Theologie, Lübeck/Hamburg 1970.

27 Vgl. etwa Joachim Wiebering: Handeln aus Glauben. Grundriß der theologischen Ethik, Berlin (O) 1981.

lische Kirche zwar eine residuale Gegenöffentlichkeit bilden. Aber innerhalb der kirchlichen Öffentlichkeit gab es, anders als im Protestantismus der Bundesrepublik, keine institutionalisierten Diskurse zwischen Theologen und den Funktionseliten aus Politik, Wissenschaft und Ökonomie. In den Synoden blieb die theologische »Kulturintelligenz« weithin unter sich. Gespräche mit Parteivertretern gab es nur äußerst selten, und auch Diskurse mit der technischen Intelligenz oder mit den Industriekadern blieben die Ausnahme. So waren die BEK-Theologen in der Situation, Blaupausen eines besseren, menschlicheren Sozialismus entwerfen oder Visionen einer ganz anderen, geschwisterlichen Gesellschaft predigen zu können, ohne sich kritischen Fragen stellen und die Realisierbarkeit ihrer frommen Utopien thematisieren zu müssen.

Eine hohe Kontinuität zu alten protestantischen Sonderwegsideologien gab es bei vielen DDR-Theologen nicht nur auf inhaltlicher Ebene, im Leiden an Individualismus, Konkurrenz, Leistungsdenken, Konsumismus, Ökonomisierung des Lebens, Industrialisierung, kapitalistischem Moralverzehr und Sinnleere des Lebens in einer industriellen Massengesellschaft. Traditionsbewahrung zeigte sich auch im Habitus des Umgangs mit gesellschaftlichen Konflikten. Wie die große Mehrheit protestantischer Theologen im Kaiserreich und in der Weimarer Republik neigten viele DDR-Theologen dazu, politische Konflikte oder ökonomische Steuerungsprobleme primär in einer moralisierenden Perspektive zu thematisieren. Sie kommunizierten primär in der Sprache von Moral und Gesinnung. Eine Sprache, in der Kategorien wie Interesse, Gewinn und Konflikt im Zentrum stehen, galt ihnen als Ausdruck einer moralisch verwerflichen, unchristlichen Lebenshaltung. So hatten viele Theologen erhebliche Schwierigkeiten damit, die Ausdifferenzierungstendenzen in der DDR-Gesellschaft und die allmähliche Durchsetzung neuer, relativ eigenständiger Subkulturen mit autonomen Lebensstilen und Wertorientierungen zu akzeptieren. Die subkulturellen Lebenswelten der neuen sozialen Bewegungen waren ihnen zutiefst suspekt, und ihre Distanz gegenüber den »Gruppen« resultierte nicht nur aus der Sorge vor Konflikten, sondern auch aus tiefer innerer Ablehnung eines prinzipiellen Pluralismus selbstbestimmter Lebensstile. In ihrer politisch sehr schwierigen Zwischenstellung zwischen Staat und Partei einerseits und den »Gruppen« andererseits beschworen prominente Funktionäre des Kirchenbundes daher immer wieder eine »Gemeinschaft«, die es schon längst nicht mehr gab, und beklagten die Orientierung an einem »Ganzen« bzw. an einem »Gemeinwohl«, das nur noch ideologische Fiktion war. So war es keineswegs nur eine Folge politischen Drucks, daß sich prominente Kirchenbundfunktionäre bereitwillig auf eine enge Zusammenarbeit mit dem Staatssicherheitsdienst einließen. In dieser Form der Elitenkooperation sahen sie nur die unausweichliche Folge des alten sozialpaternalistischen Anspruchs, daß die Kirchen der Obrigkeit primär durch Sozialdisziplinierung und Pazifizierung gesellschaftlicher Konflikte zu dienen habe. Die Selbstbeschreibungen, in denen BEK-Funktionäre wie Manfred Stolpe und Günter Krusche nachträglich ihre intime Kooperation mit dem Staatssicherheitsdienst zu rechtfertigen versuchten, lassen eine erstaunliche

Nähe zu den Traditionen der aufgeklärt-absolutistischen »Religionspolizei«[28] sowie zum spezifisch deutschen »Staatskirchenrecht« erkennen. Trotz der Trennung von Staat und Kirchen hielten sie daran fest, daß die Kirche der Obrigkeit zu dienen, das Gemeinwohl zu fördern, gesellschaftlichen Protest zu kanalisieren und kritische Geister zu beruhigen habe.

Die protestantischen Kircheneliten in der Bundesrepublik befanden sich demgegenüber in einer prinzipiell anderen Situation. Die grundlegend anderen Kontextbedingungen einer demokratisch verfaßten offenen Gesellschaft und die sehr viel stärkere Öffnung kirchlicher Gremien für andere Funktionseliten zwangen sie zu Lernprozessen, die in der DDR so nicht erforderlich waren. Auch sie wollten in ihrer Gesellschaft ein »kritisches Wächteramt« wahrnehmen und legten großen Wert darauf, das eigene Profil der Kirche gegenüber der gesellschaftlichen Umwelt zu schärfen. Dazu gehörte für die EKD-Vertreter häufig auch das Wissen darum, daß die Erinnerungsgemeinschaft der deutschen Protestanten sich mit den Gegebenheiten der politischen Teilung nicht einfach abfinden könne, sondern Elemente der kritischen Differenz und Systemtranszendenz zu bewahren habe. Gerade der sowohl im Osten als auch im Westen von den evangelischen Kircheneliten erhobene Anspruch, »Brükke« zwischen Ost und West zu sein, hängt sehr eng mit ihrer Selbstdefinition als »kritischer Faktor« zusammen.

28 Vgl. Christof Dipper: Volksreligiosität und Obrigkeit im 18. Jahrhundert, in: Wolfgang Schieder (Hrsg.): Volksreligiosität in der modernen Sozialgeschichte, Göttingen 1986, S. 73–96.

Dorothee Wierling

Opposition und Generation in Nachkriegsdeutschland. Achtundsechziger in der DDR und in der Bundesrepublik

Warum, so lautet die hinter dem Titel meines Beitrags verborgene Frage, gab es in der DDR kein '68?[1] Die DDR *hatte* ihr eigenes '68, lautet eine Entgegnung, welche die Voraussetzung dieser Frage nicht anerkennen will.[2] Und: war 1989 ein nachgeholtes '68?[3] Bei all diesen Fragen ist das westliche '68 der historische Maßstab für das östliche Defizit und gilt Vielen als das eigentliche Ereignis, das die beiden deutschen Nachkriegsstaaten kulturell voneinander trennte.[4]

Auch ich kann dieses Dilemma, das so typisch ist für die vergleichende deutsche Nachkriegsgeschichte, im folgenden nicht vermeiden, aber die Entwicklungen in der DDR müssen auch in ihrem eigenen Recht untersucht werden. Ich möchte im folgenden fünf Aspekte meines Themas thesenartig für beide deutsche Nachkriegsgesellschaften untersuchen: 1968 als politisches Ereignis, 1968er als Generation, die Bedeutung von Jugendkultur und Generationskonflikt in beiden deutschen Staaten, die Frage nach der Position der intellektuellen Jugend im jeweiligen System und die langfristigen Erfahrungsgehalte und generationellen Prägungen im Zusammenhang mit dem, wofür 1968 jeweils steht. Daran wird sich zunächst eine vergleichende Bilanz der sechziger Jahre anschließen; enden möchte ich mit der Frage, ob '68 in der DDR lediglich auf das Jahr 1989 verschoben wurde und in welchem Verhältnis dessen Protagonisten zu dem, wofür 1968 eine Chiffre ist, stehen. Bei dem

1 Diese Frage haben vor mir auch andere gestellt und zu beantworten versucht, z. B. Brigitte Rauschenbach: Warum es in der DDR kein '68 gab, sondern ein '89, in: Dies.: Deutsche Zusammenhänge. Zeitdiagnose als politische Psychologie, Zürich/Osnabrück 1995, S. 83–89.

2 Annette Simon: »Kluge Kinder sterben früh«. Die Achtundsechziger der DDR: Was verbindet, was trennt sie von jenen der Bundesrepublik?, in: Die Zeit, Nr. 24, 6.6.1997, S. 42.

3 Auf der globalen Ebene und im internationalen Vergleich sind die Ereignisse von 1989 als Vollendung des im Osten repressiv abgebrochenen Kampfes gegen die »Alte Linke«, also die etablierten kommunistischen Herrschaften, gedeutet worden. So argumentieren etwa Giovanni Arighi/Terence Hopkins/Immanuel Wallerstein: 1989 – Die Fortsetzung von 1968, in: Etienne Francois u. a. (Hrsg.): 1968 – ein europäisches Jahr? Leipzig 1997, S. 147–164. Auf die DDR bezogen spricht z. B. Stefan Wolle – in Frageform – von der 1968 nachholenden Revolution; Stefan Wolle: Die DDR-Bevölkerung und der Prager Frühling, in: Aus Politik und Zeitgeschichte B 36/1992, S. 35–45, hier S. 35.

4 Heinz Bude: Das Altern einer Generation. Die Jahrgänge 1938–1948, Frankfurt a. M. 1995, S. 21 f. Vgl. die Kritik von Wolfgang Engler: Konträr und parallel: 1968 im Osten. Thesen, in: Francois u. a. (Hrsg.): 1968 – ein europäisches Jahr?, S. 105–109.

beschränkten Raum, der mir zur Verfügung steht, muß ich notwendigerweise verallgemeinern, verkürzen und zuspitzen – mein Beitrag sollte deshalb im Wortsinn als Essay gelesen werden, zumal insbesondere die Bedeutung des Jahres 1968 und die damit verbundenen Folgen für die politische Kultur der DDR noch wenig erforscht sind.

1968 als »Ereignis«

Dreißig Jahre nach 1968 erinnert eine neue Flut von Veröffentlichungen an die Bedeutsamkeit dieses Jahres für die westdeutsche Nachkriegsgeschichte.[5] Es gilt als ein »Datum, an dem der zivile Staat sich in der Bundesrepublik durchgesetzt hat – gegen die Vertreter der deutsch-autoritären Tradition«.[6] Begonnen als Diskussion über die Bildungsmisere und spezieller über die Hochschulreform, wurden die Protestinhalte bald zunehmend politisiert und ausgeweitet.[7] Mehrere Themen lassen sich unterscheiden: außenpolitisch der Vietnamkrieg und die Befreiungsbewegungen der Dritten Welt; innenpolitisch die Notstandsgesetze, die unbearbeitete nationalsozialistische Vergangenheit und die Unfähigkeit zum demokratischen Neuanfang; allgemeiner standen der autoritäre und kapitalistische Charakter der Bundesrepublik und ihre Einbindung in die von den USA dominierte imperialistische Politik im Mittelpunkt der Diskussionen und politischen Auseinandersetzungen. Die Hauptstoßrichtung der Kritik ging zwar in Richtung Westen – von dort kamen aber auch die Anregungen für die *kulturelle* Revolution, für die 1968 steht, das, was den »Phantasie-Anteil« (Karl-Heinz Bohrer) von '68 ausmachte: die radikale Kritik an den herrschenden Verhältnissen war verbunden mit der spontanen Aktion und dem Versuch, das private Leben bereits zu revolutionieren, während die politische Revolution noch geplant wurde. Mit den nach 1945 verbannt gebliebenen Theorien, dem Marxismus und der Psychoanalyse, erwarben die Akteure von '68 die Sinnkonzepte für diese, auf totale Veränderungen hin gedachte, offene Zukunft. Obwohl diese Ziele nie verwirklicht wurden, hat es eine Erfahrung der Niederlage eigentlich nicht gegeben. Allenfalls gab es ein Gefühl politischen und moralischen Scheiterns im Zusammenhang mit den terroristischen Ausläufern von '68 in den siebziger Jahren. Aber das Grundgefühl blieb, wirklich Veränderungen bewirkt zu haben, wenn auch andere als die ursprünglich intendierten. 1968 erfüllt auch die mit Stolz, die damals etwas ganz anderes wollten.

1968 galt nicht nur als ein dominant westliches Ereignis, es zeigte sich auch nur am Rande beeindruckt von den Vorgängen östlich der Mauer. Über die inneren Verhältnisse der DDR wußte man wenig zu sagen oder zu fragen, ob-

5 Vgl. Ingrid Gilcher-Holthey (Hrsg.): 1968. Vom Ereignis zum Gegenstand der Geschichtswissenschaft, Göttingen 1998. Wolfgang Kraushaar: 1968. Das Jahr, das alles verändert hat, München 1998.

6 Karl-Heinz Bohrer: 1968: Die Phantasie an die Macht? Studentenbewegung – Walter Benjamin – Surrealismus, in: Merkur 585 (1997), S. 1069–1080.

7 Christoph Kleßmann: 1968 – Studentenrevolte oder Kulturrevolution?, in: Manfred Hettling (Hrsg.): Revolution in Deutschland? 1789–1989, Göttingen 1991, S. 90–105.

wohl einige Protagonisten der Bewegung, wie Rudi Dutschke und Bernd Rabehl, ihre Kindheit und Jugend dort verbracht hatten und eine eindeutige Haltung antistalinistischer Kritik formulierten. Gegenüber dem Prager Frühling wurden ebenso eindeutige Bedenken geäußert, die mit dem befürchteten Erstarken einer kapitalistisch und bürgerlich-demokratisch ausgerichteten Politik zu tun hatte.[8] In der DDR aber waren der Prager Frühling und seine Niederlage nach dem Einmarsch der Warschauer-Pakt-Staaten in die ČSSR im August 1968 das zentrale Ereignis des Jahres. In der ČSSR schien sich aus der KP heraus ein Reformkonzept zu verwirklichen, das in der DDR nur vorsichtig und ansatzweise in der ersten Hälfte der sechziger Jahre diskutiert worden war – in den Jahren 1963 bis 1965, als mit Unterstützung Walter Ulbrichts Öffnungen in der Wirtschafts-, Kultur- und Jugendpolitik zugelassen worden waren, die mit dem 11. Plenum des ZK im Dezember 1965 abrupt abgebrochen und durch lediglich technokratische Modernisierungsstrategien ersetzt wurden. Nun war in der ČSSR ein Sozialismus denkbar geworden, der demokratisch legitimiert und für notwendige Korrekturen offen war. Neben diesem Kern des Aufbruchs in der DDR spielten die Themen der Studentenunruhen des Westens nur eine geringe Rolle: Dies gilt sowohl für die innenpolitischen Themen, also Bildungs- und Hochschulreform, Notstandsgesetzgebung und Vergangenheitsbewältigung, als auch für die internationalen Auseinandersetzungen, insbesondere die Befreiungsbewegungen in Südamerika und den Krieg in Vietnam. In der DDR galten diese Probleme entweder als gelöst, etwa durch die »konsequente« Entnazifizierung und die umfassende Bildungsreform, oder sie waren von der staatlichen Politik besetzt, wie durch die kritische Kommentierung westdeutscher Politik bis zur Beschwörung einer dort wurzelnden neuen Faschismusgefahr oder die offizielle Unterstützung der kämpfenden Völker in der Dritten Welt, besonders in Vietnam. Darüber hinaus traten Partei und Universität selbst als Sachwalter des Marxismus auf – die Theorien der Neuen Linken fanden vor den siebziger Jahren in der DDR kaum Widerhall und die öffentlichen Aktionen westdeutscher und West-Berliner Studenten zeigten nur geringe Wirkung auf die Studenten der DDR.[9] Die revolutionäre Erwartung konzentrierte sich stattdessen auf die inneren Re-

8 Eine Durchsicht des Kursbuch 1965–1970 ergibt, daß nur 1966 (siehe Februar- und Septemberheft) eine Diskussion zur Deutschen Frage geführt wurde, die sich auf das Problem der Zweistaatlichkeit und ihrer Anerkennung als notwendiges Ergebnis des verlorenen und verbrecherischen Zweiten Weltkriegs bezieht. Ansonsten behandelt nur ein 14seitiges Dossier über Polen und ein 23seitiges Dossier über Prag die Haltung der dortigen Studentenverbände. Bezeichnend für die befremdete Einstellung zu deren Politik ist der Kommentar von Hans-Magnus Enzensberger: Die Studenten und die Macht, in: Kursbuch 13 (Juni 1968), S. 106f.

9 Es kam zwar zu vereinzelten, eher vorsichtigen Sympathiekundgebungen für studentische Demonstrationen, interessanterweise aber eher in Verbindung mit weltweiten, also auch osteuropäischen; vgl. Armin Mitter/Stefan Wolle: Untergang auf Raten. Unbekannte Kapitel der DDR-Geschichte, München 1993, S. 402f., S. 435f. Die offizielle »Linie« gegenüber den Studentenunruhen im Westen war nach anfänglicher Vorsicht und dem Versuch, die politischen Auseinandersetzungen in Kategorien der Alten Linken zu deuten, in Skepsis und Ablehnung umgeschlagen.

formkräfte der kommunistischen Parteien selbst. Entsprechend stark wurde die Niederschlagung dieser Kräfte im August 1968 als Niederlage auf lange Sicht gedeutet. Achtundsechzig in der DDR erscheint so, nach langer Latenzphase, als eine kurze, akute Episode der Hoffnung auf eine offene Zukunft, brutal beendet Mitte des Jahres.

Die ’68er als Generation

In Bezug auf die Akteure des Jahres 1968 ist im Westen im nachhinein von »den ’68ern« gesprochen worden,[10] also technisch zunächst von den Geburtsjahrgängen aus und unmittelbar nach dem Zweiten Weltkrieg, die 28–18 Jahre alt bzw. jung waren. 1968 war ein Phänomen, daß vorwiegend von dieser Altersgruppe, der westdeutschen Jugend getragen wurde. Freilich handelte es sich hier nur um einen kleinen Teil der Kohorte, aus der die Generation der ’68er sich rekrutierte. Mit dem Generationenbegriff ist für diese Gruppe in Anspruch genommen, was Karl Mannheim 1925, bis heute gültig, als »Generationenlage«, »Generationszusammenhang« und »Generationseinheit« bezeichnet hat.[11] Die Lage bezeichnet dabei den zeitlichen Ort des Aufwachsens, der Zusammenhang die aufgrund dieser historischen Verortung gemeinsamen Erfahrungen und die Einheit jene gemeinsamen Reaktionen, die sich für Segmente der Generation aus diesem Zusammenhang ergeben. Auf allen diesen Stufen scheint der Generationsbegriff hier zuzutreffen. 1968 gilt als das prägende Ereignis, in dem die ’68er sich selbst als Generation erfuhren und erfanden. Gegen diese Selbst-Bestimmung hat der Soziologe Heinz Bude die These aufgestellt, daß die generationelle Prägung dieser Altersgruppe eher von der Kriegs- und Nachkriegskindheit bestimmt gewesen sei, der Zeugenschaft für die elterliche Niederlage, der unausgesprochenen Verpflichtung, ein besseres, ein erfolgreicheres Leben zu führen; sie hätten nur einen Modernisierungstrend genutzt, der in der Gesellschaft längst vorbereitet war, als sie auf die Straße gingen.[12] Obwohl Bude hier überzeugend am Mythos der Selbstbefreiung kratzt, bleibt es dabei, daß 1968-West ein gelungenes Generationenphänomen ist: damit, ’68er zu sein, schmücken sich heute auch diejenigen gern, die nie dabei gewesen sind. 1968 wurde zur Chiffre für einen Modernisierungsschub, eine positiv besetzte Zäsur, ausgelöst von der Generation der jetzt 50jährigen.

Auch in der DDR war die Mehrzahl der in die Unterstützung des Prager Frühlings und in die Proteste gegen den Einmarsch Involvierten jung. Sie ge-

10 So titeln viele Neuerscheinungen nicht in Bezug auf das Ereignis, sondern die handelnde Generation; vgl. Bärbel von Danneberg u. a. (Hrsg.): Die ’68er. Eine Generation und ihr Erbe, Wien 1998. Gerhard Fels: Der Ursprung der ’68er. Zu den geistigen und sozialen Grundlagen der Studentenrevolte, Bonn 1998. Hadayatullah Hübsch: Peng, 68er Generation. Die Kraft der Kreativität, Nienburg 1993.

11 Karl Mannheim: Das Problem der Generationen, in: Ders.: Wissenssoziologie. Auswahl aus dem Werk, Neuwied/Berlin 1970, S. 509–565.

12 Bude: Das Altern einer Generation; bes. S. 37–56.

hörten ungefähr denselben Geburtsjahrgängen an wie die '68er im Westen.[13] Dennoch bildeten sie nicht wie diese eine Generation, wurden nicht als solche betrachtet und gaben sich nie einen Namen, der aus 1968 oder irgendeinem anderen prägenden Ereignis hervorgegangen war.[14] In vielem waren ihre biographischen Voraussetzungen jedoch ähnlich: auch sie waren kindliche Zeugen der elterlichen Niederlage gewesen, die im Osten stärker und länger als solche weiterwirkte – denn die Masse der Elterngeneration war nicht nur im Krieg, sondern fühlte sich auch durch die materiellen und politischen Bedingungen des langen Nachkriegs in der SBZ/DDR als Verlierer. Während im Westen der wirtschaftliche Erfolg und andere Annehmlichkeiten der Demokratie zu einer manischen Konzentration auf eine vielversprechende Gegenwart und Zukunft führten, wurden die Nachkriegskinder in der DDR zwar auch auf die Zukunft und ihre Versprechen eingeschworen, blieben aber mental an die unselige Vergangenheit und eher deprimierende Gegenwart des Landes gebunden.[15] Damit wuchsen die DDR-Nachkriegskinder in den fünfziger Jahren in eine Gesellschaft hinein, die zur »tragischen Selbstthematisierung«[16] neigte, von der sie als letzte Altersgruppe in Ostdeutschland noch geprägt blieben. Während im Westen das Hineinwachsen in eine lange Jugendphase mit einer allmählichen Liberalisierung der Gesellschaft in den sechziger Jahren einherging, erfuhren die Gleichaltrigen im Osten in den frühen sechziger Jahren nur eine kurze Phase der Lockerung autoritärer Strukturen, für die die Verkündung des sogenannten Jugendkommuniqués steht, die aber 1965 abrupt abgeschnitten wurde und in strikte Kontrolle und Disziplinierung umschlug. Gab es also nicht jene fröhliche Selbststiftung als Generation wie im Westen, so gab es doch eine gemeinsame Lage in der Geschichte, einen Zusammenhang gemeinsamer Erfahrungen. Aber die *politischen* Akteure von '68-Ost blieben einzelne, sei es als kleine Gruppe ohne größeren Zusammenhang, sei es als isolierte Protestierer ohne zusammenhängende geistige Orientierung; weder im Frühjahr noch im August bildeten sich Gruppen, die auch

13 In bezug auf das Interesse an den Prager Reformen gibt es bisher nur Vermutungen, die sich zu keinem geringen Teil aus den Befürchtungen und Projektionen der SED und der Staatssicherheit speisen. Genauere Kenntnisse gibt es über die Verhaftungen im Zusammenhang mit öffentlichen Protesten gegen den Einmarsch: etwa Zweidrittel der Festgenommenen waren 25 Jahre alt oder jünger, weniger als 10 % waren älter als 40 Jahre; vgl. Monika Tanzscher: Maßnahme »Donau« und Einsatz »Genesung«. Die Niederschlagung des Prager Frühlings 1968/69 im Spiegel der MfS-Akten, hrsg. vom Bundesbeauftragten für die Unterlagen des Staatssicherheitsdienstes in der DDR, Reihe B, Nr. 1/94, S. 126.

14 Einen solchen Versuch gab es auch »von oben« nicht, obwohl einerseits der Jahrgang 1949 eine symbolische Rolle als Personifizierung des DDR-Projekts zu spielen hatte, andererseits die »14–18jährigen« als eine potentielle Problemgruppe im Zentrum der DDR-Jugendpolitik der 60er Jahre standen.

15 Ich kann hier nur pauschal auf Erfahrungsmuster aus lebensgeschichtlichen Interviews mit dem Geburtsjahrgang 1949/50 in der DDR verweisen, von denen ich 25 zwischen 1992 und 1996 durchgeführt habe.

16 Eine Formulierung, die Bude von Hayden White, dieser von Kenneth Burke übernommen hat. Heinz Bude: Das Ende einer tragischen Gesellschaft, in: Hans Joas/Martin Kohli (Hrsg.): Der Zusammenbruch der DDR, Frankfurt a. M. 1993, S. 267–281.

nur den Anschein einer Vernetzung erkennen ließen.[17] 1968 wurde in der DDR zur Chiffre für eine Niederlage, nicht aber ein einheitsstiftendes Datum.

Jugendkultur und Generationskonflikt

In beiden deutschen Nachkriegsstaaten hatte es zunächst eine jugendfreundliche Rhetorik und eine naive Hoffnung auf die unverdorbenen Aufbaukräfte der Jugend gegeben. Im Westen richtete sich diese positive Haltung insbesondere auf die unpolitischen und am persönlichen Erfolg orientierten Jüngeren, die sogenannte »unbefangene Generation«,[18] während im Osten gerade auf die Politisierung der Jugend und ihre Integration in das sozialistische Zukunftsprojekt gesetzt wurde. Aber Jugendliche sorgten in beiden deutschen Staaten auch für Irritationen, vor allem durch die aus dem angelsächsischen Raum kommende Rockmusik und die dazugehörigen subkulturellen Stile.[19] Obwohl diese neue Jugendkultur in Ost und West gleichermaßen Anklang fand, unterschieden sich die Bedingungen, unter denen sie realisiert werden konnten, beträchtlich. Im Westen integrierten Musik- und Kleidungsindustrie die subkulturellen Stile zumindest teilweise, stießen aber an der demonstrativen Konsum- und Arbeitsverweigerung der sogenannten »Gammler« und dem Drogenkonsum der »Hippies« an die Grenzen der Integrationskünste des offiziellen Marktes. Im Osten waren die Konsummöglichkeiten äußerst begrenzt,[20] aber auch hier provozierte der »Rowdy« erfolgreich die erwachsene Umwelt. Lange Haare, Jeans, Blümchenhemden und spitze Schuhe – so präsentierten sich männliche Jugendliche nicht nur in den FDJ-Clubs, sondern auch an Straßenecken und vor Kinos; ihr betont lässiger, unsoldatischer Habitus und die provozierend leidenschaftlichen Tänze irritierten alle Erwachsenen. Aber das Phänomen der jugendlichen Subkultur wurde in der DDR offiziell als Teil einer umfassenden Strategie und der »Zersetzung« interpretiert und dadurch sofort und unausweichlich von oben politisiert.[21] Dadurch wurde aber tendentiell der persönliche, vor allem innerfamiliäre Konflikt zwischen den Generationen verdeckt und gebremst. Öffentliche Erzieher argumentierten politisch gegen die nonkonformen Jugendlichen, privat dagegen verweigerten Ältere oft den Schulterschluß mit dem Staat gegen die Jugend. Eltern baten ihre Kinder um Anpassung an die strikten Normen der öffentli-

17 Eine Ausnahme scheint eine Berliner Gruppe von Schülern und Studenten gewesen zu sein, zu der Kinder prominenter Antifaschisten, hoher Funktionäre und auch der prominenten Opposition Robert Havemanns gehörten.

18 Viggo Graf Blücher: Die unbefangene Generation, Düsseldorf 1966.

19 Zur Bedeutung jugendlicher Subkultur für ’68 im Westen sehr inspirierend Jacob Tanner: »The Times, They Are A-Changin« – Zur subkulturellen Dynamik der 68er-Bewegungen, in: Gilcher-Holthey (Hrsg.): 1968 – vom Ereignis zum Gegenstand der Geschichtswissenschaft, S. 207–223.

20 Zur Musikszene in den 60er Jahren der DDR Michael Rauhut: Beat in der Grauzone, Berlin 1994.

21 Dorothee Wierling: Die Jugend als innerer Feind. Konflikte in der Erziehungsdiktatur der 60er Jahre, in: Hartmut Kaelble/Jürgen Kocka/Hartmut Zwahr (Hrsg.): Sozialgeschichte der DDR, Stuttgart 1994, S. 404–425.

chen Erziehungsanstalten und -agenten, um sie vor ernsten Sanktionen zu bewahren. Zugleich waren sie selbst oft in ihrer beruflichen Position durch auffälliges Verhalten ihrer Kinder bedroht – zumindest mußten sie Belehrungen in der Schule und an ihrem Arbeitsplatz über sich ergehen lassen. So entstand eine Front quer zu derjenigen der Generation: die Front zwischen der Privatsphäre, die von den Generationen gemeinsam geschützt werden mußte, und der Sphäre der Politik. Der kulturelle Generationenkonflikt wurde also im Westen von oben systematisch entpolitisiert, privatisiert und damit öffentlich entschärft, im Osten wurde er von oben systematisch politisiert, öffentlich verschärft, privat zumindest äußerlich minimiert und tendentiell stillgestellt.

Die öffentlichen Proteste der späten sechziger Jahre knüpften im Westen an die subkulturellen Stile an und verbanden sie mit einem politischen Motiv.[22] Das irritierte die westdeutsche Gesellschaft weit mehr als die vorherige unpolitische Praxis der Jugend. Von Beginn an und bis heute ist diese politkulturelle Bewegung, für die '68 steht, als gesamtgesellschaftlicher Generationenkonflikt gedeutet worden, und zwar sowohl von besorgten Politikern und beruhigenden Soziologen, als auch von der radikalen Jugend selbst, die sich gegen die Elterngeneration zum Garanten des Neuen, des Nonkonformen, der revolutionären Unschuld erklärte. Der Begriff des »establishments« und seine Benutzung durch die westlichen '68er ist ein guter Indikator für die Ineinssetzung des Protests gegen reaktionäre Politik und reaktionäre Lebensstile. Eine Besonderheit, durch welche die westdeutsche Bewegung sich sowohl von den anderen westlichen Ländern als auch von der DDR-Jugend unterschied, spielte dabei eine zentrale Rolle: die Tatsache nämlich, daß dieser Elterngeneration eine konkrete historische Schuld, die Unterstützung des Nationalsozialismus, zugeschrieben werden konnte.

Die Deutung der gesellschaftlichen Konflikte als generationelle besaß große Überzeugungskraft, auch für die Machthaber in der DDR, die entsprechende Folgen für das eigene Land fürchteten. Generation war aber keine Kategorie der marxistisch-leninistischen Gesellschaftstheorie. Aus diesem Dilemma zwischen realen Befürchtungen und abstraktem »Wissen« ergab sich eine offizielle Sprachregelung, die vehement einen möglichen Generationenkonflikt für die DDR ausschloß. Dem stand zwar das jugendliche Selbstgefühl gegenüber, das sich in einem gemeinsamen Stil manifestierte, aber eine *autonome* Politisierung der Jugend, wie für den Westen beschrieben, gab es in der DDR nicht. Erstens war das zentrale politische Ereignis, nämlich »Prag«, keine kulturelle Jugendrevolte wie das westliche '68, sondern ein generationsübergreifendes, verantwortliches politisches Reformprogramm, wenn auch

22 CheShaShit. Die sechziger Jahre zwischen Cocktail und Molotow, Berlin 1984. Das BilderLeseBuch gibt eine gute Einführung in das Lebensgefühl der '68er, für die das Verbot, den Rasen in öffentlichen Parks zu betreten, mit dem Krieg in Vietnam in Verbindung gebracht wurde – als Erfahrung eines Zusammenhangs von psychischer und politischer Repression (so Peter Schneider in einer Rede 1967); die Melancholie eines Dylan-Songs konnte sich mit der Empörung während einer Antinotstandsdemonstration zu einem einzigen Gefühl von Leidenschaft vermischen.

von der tschechoslowakischen Jugend in besonderer Weise unterstützt; zweitens sprang der theoretische Funken nicht über, der die westliche Bewegung so beflügelte. Wo die Positionen der Neuen Linken überhaupt Interesse fanden und diskutiert wurden, identifizierten sich mit ihnen Reformsozialisten verschiedenen Alters, meist innerhalb der SED. Was sie einte, war nicht die Zugehörigkeit zu einer Generation, sondern ihr Selbstverständnis als kritische Intellektuelle im Sozialismus.[23] Vor allem aber kam es in der DDR nicht zu jener Auseinandersetzung zwischen den Generationen, die sich an der Frage der elterlichen Schuld am Nationalsozialismus entzündete. Der Grund scheint mir in demselben Mechanismus zu liegen, den ich auch für die Konflikte um subkulturelle Jugendstile beschrieben habe: in der DDR schien die Vergangenheit staatlich »bewältigt«, symbolisiert an der aus dem antifaschistischen Widerstand hervorgegangenen politischen Führung des Landes. Die Generationskonflikte in deren Familien machten sich deshalb vor allem am Stalinismus fest, vermieden aber eine Auseinandersetzung über den Nationalsozialismus selbst dann, wenn der mächtige Vater eher ein bekehrter HJler war, als ein in der illegalen kommunistischen Partei gestärkter Kämpfer.[24] Vor allem aber wirkte ein Schweigemechanismus als Schutzmechanismus zwischen den Generationen: Anders als die wieder erstarkten Eltern im Westen, waren diejenigen in der DDR noch immer die Geschlagenen und Beschämten, selbst wenn sie sich auf die Seite der Macht geschlagen hatten. Eine Rebellion gegen schwache Eltern aber verspricht wenig Gewinn, kann sogar Angst auslösen. In der DDR war unter solchen Bedingungen eine Aufkündigung des Generationenpakts über die Vergangenheit kaum zu erwarten, wie lebensgeschichtliche Interviews mit der Nachkriegsgeneration der DDR zeigen.[25]

Wir haben es also in Ost und West mit seitenverkehrten Generationsdiskursen zu tun. Während im Westen die Deutung als Generationskonflikt von seiten der irritierten Gesellschaft dazu diente, die letztlich unbegriffenene Auseinandersetzungen in ein vertrautes Deutungsschema einzuordnen, hatte in der DDR die Abwehr dieser Deutung dieselbe Funktion, aber die jugendlichen Normverletzungen galten als vom Klassengegner gesteuert. Auf der Seite

23 Das ist nur eine vorläufige Hypothese, da die Kommunikation zwischen westdeutschen und ostdeutschen linken Intellektuellen um 1968 noch wenig erforscht ist. Wertvolle Hinweise über die Reformlinke in der DDR der 60er Jahre habe ich Rosemarie Heise zu verdanken. Eine bekannte Ausnahme im Hinblick auf enge persönliche und intellektuelle Kontakte mit West-Berliner linken Studenten, zum Beispiel den Mitgliedern der Kommune I, stellt wiederum die in Anm. 17 erwähnte Gruppe dar; für entsprechende Hinweise und Informationen danke ich Rosita Hunzinger und Frank Havemann.

24 Ich befinde mich über diese Fragen im Gespräch mit Ingrid Miethe, die kürzlich eine Arbeit über Frauen in der DDR-Friedensbewegung abgeschlossen hat und dabei auch die Frage untersucht, welchen Anteil die NS-Vergangenheit der Eltern für das eigene politische Engagement spielte.

25 Zu dieser Frage ist eine Veröffentlichung in Vorbereitung; Dorothee Wierling: Nationalsozialismus und Krieg in den Lebensgeschichten der ersten Nachkriegsgeneration der DDR, in: Elisabeth Domansky/Harald Welzer (Hrsg.): Kommunikative Tradierung von Geschichte. Das Beispiel des Dritten Reiches, Tübingen 1999.

der agierenden Jugend im Westen diente die Selbstdeutung als Generation der offensiven und lustvollen Politisierung, in der DDR dagegen mußte die nonkonforme Jugend gegenüber einer bedrohlichen Staatsmacht gerade ihren *unpolitischen* Anspruch auf Autonomie betonen.

Intellektuelle Jugend und Staat

Im Westen war es die studentische Jugend, welche die soziale Basis des Protestes darstellte. Einerseits zeigt sich darin das allgemeine Phänomen, daß es oft die sozial privilegierteren Gruppen sind, von denen der stärkste Reformdruck innerhalb einer Gesellschaft ausgeht, weil ihre Zukunft in besonderer Weise von der inneren Reformfähigkeit des Systems abhängt, sie dies wissen und es artikulieren können. Andererseits verweist dieser Tatbestand in Westdeutschland auch darauf, daß die Arbeiterschaft als Ganze, die Arbeiterjugend eingeschlossen, sozial weitgehend befriedet und politisch integriert und entpolitisiert war. Durch die Übernahme von Konzepten der Neuen Linken wurde diese Erfahrung nun theoretisch begründet und überhöht, mit Theorien, denenzufolge nicht mehr die Zugehörigkeit zur ausgebeuteten Klasse, sondern die intellektuelle und sinnliche Erfahrungsfähigkeit von Manipulation, Entfremdung und autoritärer Bedrückung die Voraussetzung revolutionärer Aktivitäten darstellte.[26] Es war auch hier die nationalsozialistische Vergangenheit, die solcher Zuwendung zur Frankfurter Schule eine besondere politische und moralische Bedeutung gab; damit verbunden war auch der Versuch, ein unterbrochenes Kontinuum progressiver Theoriegeschichte wiederherzustellen, statt sich als Generation lediglich gegen das Alte und die Alten abzusetzen. Indem man die »Herrschenden« in der Bundesrepublik mit jenen identifizierte, die diese Fortschrittslinie unterbrochen hatten, konnte man den revolutionären, antiautoritären Kampf verbinden mit dem Anspruch auf eine historisch begründete, zukünftige eigene Führungsrolle. Zugleich waren die rebellischen Studenten insofern ein Produkt der Vergangenheitsverdrängung im Westen des Wirtschaftswunders, als sie mit dem Rest der Gesellschaft glaubten, das überkommene Überlebte ebenfalls überwinden, und ihrerseits das sie mit den Eltern verknüpfende Band kappen zu können.

Diesem selbstbewußten und voluntaristischen Zukunftsanspruch im Westen, der sich keineswegs auf Studenten beschränkte, entsprach bei den Gleichaltrigen in der DDR ein ganz anderes Grundgefühl, nämlich das der Dankbarkeit. Dankbarkeit ist eine Form gesellschaftlicher Bindung als Verpflichtung für vorangegangene Gaben, und bindet damit an die Vergangenheit. Im Unterschied zum Tausch, der die äußerliche Balance zwischen den Mitgliedern einer Gruppe darstelle, so Georg Simmel, gehe Dankbarkeit tiefer, sei »das moralische Gedächtnis« einer Gesellschaft, indem sie einen Dauerzustand der Schuldigkeit konstituiere; die ursprünglich empfangene Gabe könne niemals vollständig erwidert werden, weil dieser ein Moment der Frei-

26 Ingrid Gilcher-Holthey: Kritische Theorie und Neue Linke, in: Dies. (Hrsg.): 1968. Vom Ereignis zum Gegenstand der Geschichtswissenschaft, S. 168–187.

willigkeit anhafte, das der Gegengabe nicht mehr möglich sei.[27] Ein solches Verhältnis aber besteht insbesondere zwischen Generationen: das Band der Schmerzen und der Opfer, welche die Eltern für ihre Kinder auf sich genommen haben. In der DDR wurde der Topos der Dankbarkeit politisch stark instrumentalisiert, besonders jenen gegenüber, deren Leben als erster Nachkriegsgeneration in Frieden und Fortschritt durch hohe materielle und moralische (Blut-)Opfer der Gründergeneration ermöglicht worden war. Es war aber gerade die schon durch mehrere Filter für den Aufstieg ausgewählte *studentische* Jugend der DDR, die sich in dieser Hinsicht am meisten beschenkt wußte, und der gegenüber diese Opfer auch besonders betont wurden. Der erhoffte und weitgehend auch erreichte Effekt war ein aus Dankbarkeit entstandener Ansporn, die Gabe, wenn nicht zu erwidern, so doch mindestens zu rechtfertigen. Im Westen dagegen herrschte ein aus Gegnerschaft entstandener Anspruch, etwas ganz anderes zu schaffen. Dankbarkeit war kein Topos der westdeutschen Studenten, und der Vorwurf der Undankbarkeit seitens der erwachsenen Umwelt traf sie nicht, im Gegenteil: er wurde aggressiv bis ironisch gegen die Älteren gewandt. Haben wir es im Westen also mit Studenten zu tun, die ihre Identität als Generation aus dem Geist des Widerspruchs und der Autonomie schöpften, so handelte es sich in der DDR um eine studentische Generation, deren Selbstverständnis vielmehr von der dankbaren Bindung an die Elterngeneration in Staat und Familie sowie dem Bewußtsein bestimmt war, deren historischen Auftrag zu erfüllen. Diese Orientierung fiel mit den angedrohten Sanktionen im Falle von Kritik und Protest zusammen. Sie begrenzte nicht nur die Zahl derjenigen, die sich im Frühjahr für »Prag« engagierten oder gar die Alte Linke mit der Neuen bekämpften; sie erweist sich besonders deutlich in der Reaktion auf den Einmarsch in die ČSSR im August 1968. Von den 506 Personen, gegen die die Staatssicherheit bis Ende November Ermittlungsverfahren im Zusammenhang mit öffentlichen Protesten gegen den Einmarsch eingeleitet hatte, waren nur 7,6 Prozent Studenten, aber 71,7 Prozent meist junge Arbeiter und Lehrlinge.[28]

1968 – Erfahrungsgehalt und generationelle Prägung

Heißt das nun, daß in der DDR die Arbeiterjugend die politischere war, während im Westen die studentische Jugend den Politisierungsprozeß trug? Betrachtet man die Fälle von »Hetze« genauer, so zeigt sich, daß die meisten von Einzelpersonen ausgingen, die zuvor niemals politisch aufgefallen waren, und die offensichtlich in unvorbereiteten Situationen spontan, aus einer diffusen Wut heraus reagierten; auch provokative Elemente spielten eine Rolle, wenn in aller Öffentlichkeit Polizisten oder sowjetische Panzer beschimpft wurden. Proteste, die von meist kleinen Gruppen ausgingen, schlossen sich häufig an

27 Georg Simmel: Dankbarkeit. Ein soziologischer Versuch, in: Ders.: Schriften zur Soziologie, hrsg. v. Heinz-Jürgen Dahme/Ottheim Rammstedt, Frankfurt a. M. 1995, S. 210–218.
28 Tanzscher: Maßnahme »Donau«, S. 127.

Gaststättenbesuche an oder waren Straßenbanden zuzuordnen, die sich sonst unter dem Stichwort »Rowdytum« in den Akten der Polizei fanden. Der Einmarsch in die ČSSR, so legen die Quellen nahe, provozierte gerade jene zum öffentlichen Widerspruch, die ohnehin dem sozialistischen Projekt am fernsten standen, nämlich die männliche Arbeiterjugend, auch wenn »Prag« eher Zeichencharakter für ungezielte Widerständigkeit hatte, als daß es Zeichen eines politischen Engagements war. Schüler und Studenten, mehr noch die etablierten Intellektuellen, standen demgegenüber unter einem doppelten Druck: innerlich durch ihre Dankbarkeit geschuldeter Loyalität, äußerlich durch die Sanktionen, die jenen drohten, die sich nicht zustimmend zum Einmarsch verhielten. Doch auch an den Universitäten kam es zu Beginn des Studienjahres zu zahlreichen, heftigen und langwierigen Diskussionen, die gegenüber der sonstigen Angepaßtheit der Studenten in politischen Dingen den Berichterstattern bemerkenswert schienen. Die meisten Auseinandersetzungen endeten aber mit dem, was in den Akten »Klärung« genannt wurde.[29] Beide Situationen, die des Protests und die der abgepreßten Zustimmung, waren von der Grunderfahrung der Vereinzelung und Ohnmacht bestimmt. Gegen die Sanktionen gab es kein Mittel, und auf Solidarität konnte man kaum rechnen. Auf dieser Erfahrung beruhte eine zunehmende Entpolitisierung nicht nur der ersten Nachkriegsgeneration. Diejenigen, die Widerspruch gewagt hatten, wurden zum größten Teil gebrochen; die anderen fühlten sich in ihrem Schweigen, ihrem Opportunismus oder ihrer Angst bestätigt. Einige aber nährten ihre Enttäuschung, indem sie aufmerksam die späteren Reformdebatten und erneuten Rückschläge verfolgten. Es gibt Hinweise darauf, daß das Scheitern des Prager Experiments das theoretische Interesse an marxistischen Theoriedebatten förderte, die sich in den siebziger Jahren in einigen Zirkeln entwikkelten.

Im Westen scheinen die Politikerfahrungen der Akteure und jugendlichen Zeitgenossen genau umgekehrt zu sein: Sowohl die theoretischen Instrumente als auch die direkten Aktionen förderten ein Gefühl der Autonomie und der Allmacht selbst da, wo man äußerlich unterlegen schien. Indem die »Herrschenden« in die Situationen, in denen sie Gewalt anwandten, erklärtermaßen hinein provoziert wurden, konnten Ohnmachts- und Angsterfahrungen vermieden und wegdefiniert werden. Der theoretische und handelnde Zugriff auf die Welt waren verbunden mit einem Gemeinschaftserlebnis, das sich nun auch in politischen Situationen kollektiven Handelns, etwa bei Demonstrationen oder der Besetzung von Herrschaftsräumen, erfahren wurde. Dieses Erlebnis von Macht in einer »imagined community«[30] wurde durch den Bezug auf die informelle Internationale der '68er ebenso verstärkt und entgrenzt wie durch die Identifikation mit den antiimperialistischen Kämpfen jenseits der europäischen und industriellen Gesellschaften. Auch diejenigen, die den politischen Aktionen eher fern standen – inhaltlich oder als Zuschauer aus der

29 Exemplarisch sind die Berichte über Diskussionen mit Studenten zu Beginn des Studienjahres 1968 an der Leipziger Universität; Universitätsarchiv Leipzig: 2 M/722.

30 Benedict Anderson: Imagined Communities, London/New York 1983.

Provinz – verstanden doch, daß sich hier eine Schwächung der alten Autoritäten vollzog. Und auch diese selbst ahnten, daß die Flasche geöffnet war und der ihr entflogene und sich in Größenphantasien aufblähende Geist sich nicht wieder darin einsperren lassen würde. Der Tendenz zu Rückzug und unterdrückter Wut bei den jugendlichen Akteuren im Osten entsprach ein rauschhaftes Gefühl des Erstaunens und der Euphorie bei den Gleichaltrigen im Westen.

Vergleichende Bilanz

Bei dem Versuch, die Frage nach der ersten Nachkriegsgeneration und ihren oppositionellen Herausforderungen in beiden deutschen Staaten abschließend systematisch vergleichend zu betrachten, scheint mir ein ethnologischer Zugang hilfreich. Claude Lévi-Strauss hat zwischen sogenannten »kalten« und »heißen« Gesellschaften unterschieden. Die ersteren sind auf Verankerung in und Treue gegenüber der Tradition, auf größtmögliche Stabilität angelegt; die letzteren sind stärker auf eine für Veränderung offene Dynamik, auf Modernisierung ausgerichtet.[31] Das hat Konsequenzen unter anderem für die Rolle, die der Jugend zugesprochen wird, und damit auch Folgen für den Verlauf und die Erfahrung von Adoleszenz in beiden Gesellschaftstypen. In kalten Gesellschaften gilt Jugend und Generationenwechsel als potentiell gefährlich, da hier ein möglicher Bruch mit der Autorität der Alten und den Geboten der Tradition entstehen kann. Mit Hilfe von Initiationsriten werden die Jugendlichen in die Wissensbestände der Gesellschaft eingeführt und so an sie gebunden. Psychoanalytisch gesprochen, müssen die kindlich-familiären Bindungen in der Adoleszenz auf die Gruppe übertragen werden. Dadurch wird der Jugendliche als potentieller Zerstörer der Kultur eingebunden in einen zyklischen Prozeß der Wiederholung und Sicherung des kulturellen Bestandes. Heiße Gesellschaften betonen stärker den mobilisierenden Effekt von Jugend, die gerade durch ihr rebellierendes Potential ein Garant für die Realisierung der Veränderungspotentiale, den Fortschritt der Gesellschaft darstellen. Hier dominiert das Bild des Jugendlichen als Heilsbringer, als Lichtgestalt der Zukunft. In solchen Gesellschaften werden die als wünschenswert angesehenen Veränderungen an die Jugend regelrecht delegiert. Mario Erdheim hat diesen Ansatz auf moderne Industriegesellschaften angewandt, die in diesem Sinne natürlich alle heiße Gesellschaften sind.[32] Allerdings entwickeln auch solche Gesellschaften sogenannte »Kühlsysteme«, Institutionen wie Schule, Militär und ähnliches, die sicher stellen sollen, daß die Dynamik des Generationswechsels das System als Ganzes nicht sprengt.

In den beiden Nachkriegsgesellschaften lassen sich die genannten Charakteristika identifizieren: hier der Auftrag, zu einer dynamischen Marktwirtschaft, dort zu einem dynamischen Sozialismus beizutragen. Beide Gesell-

31 Claude Lévi-Strauss: Primitive und Zivilisierte, Zürich 1972.

32 Mario Erdheim: Die gesellschaftliche Produktion von Unbewußtheit, Frankfurt a. M. 1984, S. 296 ff.

schaften waren also auf Zukunft ausgerichtet, und der oben erwähnte Jugendkult enthielt eben jene Delegation der Errichtung zukünftigen Heils. In beiden Fällen beobachten wir jedoch auch eine Verweigerung dieser Mission und ihre teilweise Umwandlung in Opposition: die soziale Praxis einer widerständigen, die traditionellen Ordnungs- und Sittlichkeitsvorstellungen provozierenden jugendlichen Subkultur, im Westen zusätzlich durch kritische Politisierung, im Osten durch die Negierung des staatlichen Polit-Projekts überhaupt. Dieser Widerstand enthielt natürlich auch gerade jenes Element von Dynamik, das auf eine tendentiell offene Zukunft gerichtet war.

Wir finden auch jene Kühlsysteme, die im Westen zunehmend, auch unter dem Druck der Jugend, »heiße« Freiräume, in der DDR ein besonders hohes Maß an Kontrolle und Einschränkung der Jugendlichen bereitstellten. 1968 ist ein Datum, das in West und Ost gegensätzliche Konnotationen aufweist: der Westen wurde eine heißere, der Osten eine kältere Gesellschaft.

Die in beiden Staaten vorhandene jugendliche Widerständigkeit hatte über die unmittelbaren Akteure hinaus als generationelle Erfahrung langfristige Bedeutung, indem sie *alle* lehrte, was die eigene Generation leisten bzw. sich leisten konnte. Im Westen verstärkte »1968« den Zukunftsoptimismus und den Glauben an die eigene Kraft, auch nach der Anpassung der Allmachtsphantasien an die Realität. Im Osten kam es häufiger zu dem, was Erdheim »gebrochene Adoleszenz« genannt hat[33]: Durch eine Mischung aus Loyalität, äußerer Niederlage und innerem Rückzug wurde die Jugend weitgehend zum Verzicht auf ihre dynamische, vorwärtstreibende Rolle gezwungen – der sozialistische Jugendkult wurde zusehends leerer, die Modernisierung auf das Technokratische reduziert, nachdem es sich als zu gefährlich herausgestellt hatte, ihr auch einen politischen Gestaltungsraum zuzugestehen.[34]

1989 als spätes 1968?

Abschließend möchte ich auf die Frage zurückkommen, ob 1989 in der DDR als ein nachgeholtes 1968 oder als dessen Vollendung verstanden werden kann. Für die DDR ist behauptet worden, es habe sich 1989 um eine Revolution der Vierzigjährigen gehandelt, also jener Altersgruppe, die im Westen 1968 getragen und im Osten 1968 eine Niederlage erlitten hatte.[35] Ein Blick in die Biographien der wichtigsten Akteure der politischen DDR-Opposition der achtziger Jahre bestätigt diese These: Von den 53 Aktivisten, die in einem biographischen Lexikon der DDR unter dem Stichwort Opposition aufgeführt

33 Ebenda, S. 333 f.

34 Dieses Scheitern war in der DDR allerdings schon vor 1968 angelegt. In diesem Zusammenhang ist die Entmachtung jener Gruppe um Kurt Turba im ZK ein wichtiges Datum, eine Gruppe, die zu der Überzeugung gelangt war, daß nur eine politische Partizipation ermöglichende Mobilisierung der jungen Generation zu einer effektiven Modernisierung des Systems führen könne. Was diese Gruppe allerdings nicht verstand, war die Tatsache, daß gute Pädagogik allein jene grundlegende Legitimation des sozialistischen Systems nicht zu ermöglichen vermochte, die umgekehrt Vertrauen in die Jugend rechtfertigen konnte.

35 Wolle: Die DDR-Bevölkerung und der Prager Frühling, S. 35.

sind,[36] wurde einer, Robert Havemann, 1910 geboren, drei zwischen 1929 und 1933 (sie gehören der HJ-Generation an), 12 zwischen 1935 und 1944 (Kinder des Nationalsozialismus und des Zweiten Weltkriegs), 28 zwischen 1945 und 1954 (sie gehören zur ersten Nachkriegsgeneration der DDR) und 9 zwischen 1955 und 1964. Sucht man nach politischen Schlüsselerlebnissen, so ist 1968 nur eines von vielen: dazu gehören die Biermann-Ausweisung,[37] lokale und individuelle Erfahrungen und Prägungen, die in die Opposition hinein führten.[38] In den siebziger Jahren entstanden erstmals theoretische Zirkel, in denen sozialistische Alternativen gedacht wurden, und die Kontakte zu osteuropäischen Dissidenten und Oppositionsgruppen, zum Beispiel nach Polen, stellten Menschenrechtsfragen ins Zentrum. Zugleich suchten die Gruppen den Anschluß an die westlichen, aus der '68er-Bewegung entstandenen neuen sozialen Bewegungen, thematisierten wie diese Fragen des Friedens, der Ökologie und der Frauenemanzipation und schufen in den städtischen Zentren das, was später als Boheme in der DDR musealisiert wurde.[39] Es gab also in der DDR seit den siebziger und verstärkt in den achtziger Jahren ein Milieu, das von seinem Habitus, seiner politischen Orientierung und seinem Lebensstil an das westliche '68 anschloß, ohne ihm ganz ähnlich zu werden. Seit Mitte der siebziger Jahre hatten die oppositionellen Gruppen der DDR sich den linken intellektuellen Diskursen im Westen angenähert, doch die kleine Zahl der Aktivisten, die Schwierigkeit der Vernetzung und die zersetzende Wirkung der Repression verhinderten das Entstehen eines die Gruppen übergreifenden *Generationengefühls*. Dazu fehlte es eben auch an jener Gemeinsamkeit der biographischen Erfahrung, die durch ein prägendes historisches Ereignis hätte konstituiert werden können. 1968-Ost war dieses Ereignis jedenfalls nicht, eher schon die Teilhabe an der jugendlichen Subkultur der sechziger Jahre, deren Politisierung von unten man aber weitgehend vermieden hatte.[40] Zur Erfahrung als Generation fehlte aber auch im weiteren Sinn eine generationelle *Struktur* in der Oppositionsgeschichte der DDR. Am Ende war es nur Havemann, der als Angehöriger der Honeckergeneration für den antifaschistischen *und* antistalinistischen Widerstand bürgte und die Rolle des Mentors übernahm. Die anderen hatte der Westen geschluckt. Wichtig ist aber auch die Feststellung, daß die DDR nicht an ihrer Opposition zugrunde gegangen ist, sondern an den Massen, die es vorzogen, sie zu verlassen – und

36 Wer war Wer in der DDR. Ein elektronisches Lexikon unter Windows, hrsg. von Bernd-Rainer Barth u. a., Berlin 1994.

37 Manfred Krug: Abgehauen. Ein Mitschnitt und ein Tagebuch, Düsseldorf/München 1998.

38 Ich verweise auf einen Vortrag von Ulrike Poppe, den sie Anfang Oktober 1998 in Salt Lake City über unterschiedliche Vorprägungen gehalten hat.

39 Paul Kaiser/Claudia Petzold: Boheme und Diktatur in der DDR, Berlin 1997.

40 In den lebensgeschichtlichen Interviews mit dem Geburtsjahrgang 1949 der DDR stellten sich gemeinsame Musikerinnerungen als das stärkste kulturelle Band zwischen meinen Gesprächspartnern und mir selbst heraus. Zugleich wurde deutlich, welch unterschiedliche Bedeutung diese Musik als kulturelle Praxis in den Auseinandersetzungen mit der erwachsenen Umwelt gehabt hatte.

dabei handelte es sich in der Mehrheit um eine Generation, die nach 1955 geboren war: die Dreißigjährigen.

Nach 1989 sind sich die Angehörigen der beiden deutschen Nachkriegsgenerationen, die hier im Zusammenhang mit '68 vorgestellt wurden, in der Politik, vor allem bei Bündnis 90/Die Grünen, begegnet. Was zunächst als vielversprechendste Fusion begonnen hatte, hat sich inzwischen als der größte Fehlschlag herausgestellt: die Bürgerrechtler der DDR waren in ihrer eigenen Gesellschaft weitgehend marginalisiert, konnten deshalb außer einer moralischen keine politische Funktion in Bezug auf Ostdeutschland wahrnehmen und verloren infolgedessen auch ihre politischen Funktionen in der gemeinsamen Partei. Ende Oktober 1998 übernahmen mit Gerhard Schröder und Joschka Fischer zwei Achtundsechziger die Regierung, zwei, die angeblich schon vor Jahrzehnten am Biertisch das Kabinett zusammenstellten, und der Bundeskanzler versäumte nicht, in seiner Regierungserklärung auf den bedeutsamen Generationen- und damit Wertewechsel im Zuge seiner Machtübernahme hinzuweisen. Gleichzeitig wurde mit Werner Schulz der letzte Ostdeutsche von einer führenden Parteifunktion bei Bündnis 90/Die Grünen abgewählt. Seine persönliche Enttäuschung ließ ihn durchaus klarsichtig bemerken, die Partei habe sich nun endgültig als ein erfolgreiches Projekt allein der *westdeutschen* '68er erwiesen. Wenn er hier auch ein Stück weit auf die Selbststilisierung der Sieger hereingefallen ist – immerhin brauchten die '68er dreißig Jahre zur Machtübernahme, und sind darüber fünfzigjährig geworden –, bleibt es über 1989 und 1998 hinaus dabei, daß die erste Nachkriegsgeneration in West und Ost zwar in ihren biographischen Voraussetzungen und kulturellen Orientierungen viele Gemeinsamkeiten aufweisen, die Nachkriegskinder der DDR aber gerade da politische Verlierer geblieben sind, wo sie ihr Selbstverständnis an ihre linke Oppositionsgeschichte in der DDR und ihre Zukunft an die politischen Kräfte gebunden hatten, die jenen Idealen verpflichtet waren, für die 1968 vor allem steht.

Falco Werkentin

Der politische und juristische Umgang mit Systemgegnern in der DDR und in der Bundesrepublik in den fünfziger Jahren

Wer in den vergangenen zehn Jahren auch nur halbwegs aufmerksam die Tagespresse gelesen oder die abendlichen Fernsehprogramme verfolgt hat, war mit einem ständigen Nachhilfeunterricht in DDR-Geschichte konfrontiert. Selbst treuen Lesern des »Neuen Deutschland« wurden seit 1990 Wahrheiten präsentiert, deren Veröffentlichung einen Redakteur des SED-Parteiblattes noch ein Jahr zuvor ins Zuchthaus gebracht hätte.

Es könnte nur längst Bekanntes wiederholt werden, wenn hier der knappe Platz darauf verwendet würde, erneut eine gedrängte Skizze der juristischen und administrativen Verfolgung von Systemgegnern und Oppositionellen in den Jahren des bekennenden Terrors der SED-Diktatur, das heißt in den fünfziger Jahren, zu zeichnen.[1] Dieser Beitrag beschränkt sich daher darauf, ein gerafftes Bild der juristischen und administrativen Verfolgung von Systemgegnern und Oppositionellen in der Bundesrepublik der fünfziger Jahre zu skizzieren. Auf die DDR soll nur in systematisch-vergleichenden Hinweisen eingegangen werden. Dies ist umso angebrachter, da sowohl die zeitgeschichtliche Forschung der alten Bundesrepublik bis 1989 als auch die Forschung nach 1990 sich davor gedrückt hat, die Geschichte der alten Bundesrepublik im Spiegel des Umgangs mit vermeintlichen und tatsächlichen Systemgegnern und einer radikalen Opposition nachzuzeichnen. Anschaulich wird diese Zurückhaltung der Geschichtsschreibung, wenn man beispielsweise die 46 Jahrgänge der renommierten »Vierteljahreshefte für Zeitgeschichte« sichtet: Von einem 1990 veröffentlichten Aufsatz über die Entstehungsgeschichte des politischen Strafrechts der alten Bundesrepublik abgesehen, ist zu dieser Fragestellung nahezu nichts zu finden.[2]

1 Zur Praxis politischer Justiz in der DDR der 50er Jahre siehe Falco Werkentin: Politische Strafjustiz in der Ära Ulbricht, Berlin 1995.

2 Reinhard Schiffers: Grundlegung des strafrechtlichen Staatsschutzes in der Bundesrepublik Deutschland 1949–1951, in: Vierteljahreshefte für Zeitgeschichte 38 (1990), S. 589 ff. Wer sich hierzu sachkundig machen will, ist – von wenigen Ausnahmen abgesehen – nahezu ausschließlich angewiesen auf Betroffenen-Literatur, Autobiographien von Strafverteidigern (vgl. Diether Posser: Anwalt im Kalten Krieg, München 1991. Heinrich Hannover: Die Republik vor Gericht 1954–1974, Berlin 1998) und auf Arbeiten, die eher der politischen Publizistik denn der zeitgeschichtlichen Forschung zuzuordnen sind; eine Ausnahme bilden das große Werk von Otto Kirchheimer: Politische Justiz – Verwendung juristischer Verfahrensmöglichkeiten zu politischen Zwecken, Köln 1981, und die bis heute grundlegenden Studien von Hans Copic: Grundgesetz und politisches Strafrecht neuer Art, Tübingen 1967, und von Alexander von Brünneck: Politische Justiz gegen Kommunisten in der Bundesrepublik Deutschland 1945–1968, Frankfurt

Die »wehrhafte Demokratie« als Grundentscheidung des Parlamentarischen Rates[3]

Mit den »Frankfurter Dokumenten« vom 1. Juni 1948 erhielten im Sommer 1948 die Ministerpräsidenten der westlichen Zonen von den Besatzungsmächten den Auftrag, für ihre Länder eine Verfassung vorzubereiten.[4] Der Kalte Krieg war bereits offen ausgebrochen: im Februar 1948 hatten in der Tschechoslowakei die Kommunisten putschartig die Macht ergriffen; bereits im April 1948 gab es seitens der Sowjets erste Versuche einer West-Berlin-Blokkade, die am 24. Juni endgültig mit der Sperrung aller Land- und Wasserverbindungen sowie mit der Unterbrechung der Strom- und Kohleversorgung der Westsektoren durchgesetzt wurde; am 6. September 1948 trieben kommunistische Demonstranten die Stadtverordnetenversammlung in Ost-Berlin auseinander. Vor diesem Hintergrund tagte ab dem 1. September 1948 in Bonn der Parlamentarische Rat, jenes Gremium, das zwischen September 1948 und Mai 1949 ein Grundgesetz für die Westzonen entwarf.

Zu den vom ersten Tag an verfolgten verfassungspolitischen Zielen des Parlamentarischen Rates zählte die Konzeption einer streitbaren, also einer vor den Gegnern der zukünftigen verfassungsrechtlichen Ordnung zu sichernden Republik. »Zur Volkssouveränität gehört, wenn das Wort einen Sinn haben soll, auch die Entschlossenheit, sie zu verteidigen und sich zu widersetzen, wenn sie angegriffen wird« – so Carlo Schmid (SPD) im September 1948 in kraftvollen Worten in seinem »Bericht über die dem Parlamentarischen Rat gestellten Aufgaben«.[5] Schmid präzisierte wenige Minuten später: »Ich für

a. M. 1978. Arbeiten der politischen Publizistik sind Lutz Lehmann: Legal und opportun – politische Justiz in der Bundesrepublik, Berlin 1966. Rolf Gössner: Die vergessenen Opfer des Kalten Krieges – Verdrängung im Westen – Abrechnung mit dem Osten?, Berlin 1998. Schließlich an SED-, KPD- und DKP-»nahen« Arbeiten zu nennen sind: Autorenkollektiv unter der Redaktion von H. Gerats/G. Kühlig/K. Pfannenschwarz: Staat ohne Recht, Berlin (O) 1959. Weissbuch der Kommunistischen Partei Deutschlands über die mündliche Verhandlung im Verbotsprozeß vor dem Bundesverfassungsgericht in Karlsruhe, Berlin (O) 1955. Altlasten der politischen Justiz: Politische Strafjustiz der Bundesrepublik Deutschland in den 50er und 60er Jahren, Wuppertal 1991 (Schriftenreihe der Marx-Engels-Stiftung).

3 Ausführlicher hierzu: Falco Werkentin: Von der Angst vor dem Volk und dem Schutz der Verfassung – die verfassungs(schutz)rechtlichen Grundentscheidungen des Parlamentarischen Rates, in: Vorgänge. Zeitschrift für Gesellschaftspolitik, Nr. 99 (Heft 3/1989), S. 41 ff.

4 Siehe Falco Werkentin: Die Restauration der deutschen Polizei – Innere Rüstung von 1945 bis zur Notstandsgesetzgebung, Frankfurt a. M./New York 1984, S. 64; die Dokumente wurden unlängst wieder abgedruckt in: Aus Politik und Zeitgeschichte, B 32–33/1998, S. 42–46.

5 Vgl. Parlamentarischer Rat (PR), 2. Sitzung, 8.9.1948, Protokoll S. 10; hier wie bei den folgenden Quellenangaben zitiert nach den im Bundesarchiv Koblenz zugänglichen Originalprotokollen. Vgl. die Aktenpublikation Deutscher Bundestag/Bundesarchiv Koblenz (Hrsg.): Der Parlamentarische Rat 1948–49. Akten und Protokolle, mehrere Bde., München 1975 ff.

meinen Teil bin der Meinung, daß es nicht zum Begriff der Demokratie gehört, daß sie selber die Voraussetzungen für ihre Beseitigung schafft.«[6]

Der positive Inhalt dessen, was als zu schützender Kernbestand der künftigen Verfassung mit den Begriffen »freiheitliche und demokratische Grundordnung« sowie »verfassungsmäßige Ordnung« erfaßt wurde, erschloß sich für Schmid und seine Gefährten im Parlamentarischen Rat vorrangig daraus, was man als politische Ordnung *nicht* wollte. Einerseits wurde die prägende Erfahrung des Scheiterns der Weimarer Republik, andererseits in sehr deutlichem Gegenwartsbezug die Abgrenzung zur Sowjetunion und den »Volksdemokratien« zugrunde gelegt. Schmid betonte dies bereits in seinem Eröffnungsreferat, in dem er auf die selbstgestellte Frage »Was heißt denn eigentlich bei Verfassungen ›demokratisch‹?« antwortete: »Gerade heute gefällt man sich darin, die Demokratie ›weiterzuentwickeln‹, indem man ›progressistische‹ Demokratien erfindet. Mir persönlich liegt es, wenn von Demokratie gesprochen wird, eher dabei an die klassische Demokratie zu denken.« Wenig später grenzte er sich wiederholt von der »progressistischen« Demokratie ab, die er unter anderem in den »Richtlinien des Deutschen Volksrates für eine Verfassung« formuliert sah, jener zu dieser Zeit in der SBZ gebildeten Quasi-Gegeninstitution zum Parlamentarischen Rat. Für Schmid waren in diesen Verfassungsrichtlinien des Deutschen Volksrates »alle Voraussetzungen für die Installierung einer Diktatur verwirklicht«.[7]

Zu den von Carlo Schmid im September 1948 benannten Kernelementen der künftigen Verfassungsordnung zählten die Garantie der Grundrechte, das Prinzip der Gewaltenteilung, die Unabhängigkeit der Rechtsprechung, freie Wahlen und die Gesetzesbindung der Exekutive. Das Grundgesetz, das am 24. Mai 1949 in Kraft trat, enthält eine Reihe von Artikeln, die im Sinne der wehrhaften Demokratie dem vorbeugenden Verfassungsschutz dienen sollen.

In Artikel 9 (Vereinigungsfreiheit) Absatz 1 heißt es: »Alle Deutschen haben das Recht, Vereine und Gesellschaften zu bilden.« Absatz 2 schränkt jedoch ein: »Vereinigungen, deren Zwecke oder deren Tätigkeit den Strafgesetzen zuwiderlaufen oder die sich gegen die verfassungsmäßige Ordnung oder gegen den Gedanken der Völkerverständigung richten, sind verboten.« Artikel 18 (Verwirkung von Grundrechten) lautet: »Wer die Freiheit der Meinungsäußerung, insbesondere die Pressefreiheit (Artikel 5 Abs. 1), die Lehrfreiheit (Artikel 5 Abs. 3), die Versammlungsfreiheit (Artikel 8), die Vereinigungsfreiheit (Artikel 9), das Brief-, Post- und Fernmeldegeheimnis (Artikel 10), das Eigentum (Artikel 14) oder das Asylrecht (Artikel 16 Abs. 2) zum Kampfe gegen die freiheitliche demokratische Grundordnung mißbraucht, verwirkt diese Grundrechte. Die Verwirkung und ihr Ausmaß werden durch das Bundesverfassungsgericht ausgesprochen.« Artikel 21 (Aufgaben der Parteien) besagt: »(1) Die Parteien wirken bei der politischen Willensbildung des Volkes mit. Ihre Gründung ist frei. Ihre innere Ordnung muß demokratischen Grundsätzen entsprechen. Sie müssen über die Herkunft

6 Ebenda, S. 13.
7 PR, 2. Sitzung, Protokoll S. 13 und S. 14.

und Verwendung ihrer Mittel sowie über ihr Vermögen öffentlich Rechenschaft geben.« Auch hier schränkt der Absatz 2 ein: »Parteien, die nach ihren Zielen oder nach dem Verhalten ihrer Anhänger darauf ausgehen, die freiheitliche demokratische Grundordnung zu beeinträchtigen oder zu beseitigen oder den Bestand der Bundesrepublik Deutschland zu gefährden, sind verfassungswidrig. Über die Frage der Verfassungswidrigkeit entscheidet das Bundesverfassungsgericht.« Schließlich heißt es in Artikel 87 (Gebiete bundeseigener Verwaltung) in Absatz 1 unter anderem: »Durch Bundesgesetz können Bundesgrenzschutzbehörden, Zentralstellen für das polizeiliche Auskunfts- und Nachrichtenwesen, zur Sammlung von Unterlagen für Zwecke des Verfassungsschutzes und für die Kriminalpolizei eingerichtet werden.« Dies war die Geburtsurkunde der Ämter für Verfassungsschutz und des Bundeskriminalamtes – Institutionen, die bald eine wichtige Rolle bei der Kommunistenverfolgung spielen sollten.

In der Geschichte der Bundesrepublik nicht zur Anwendung gekommen, gleichwohl als Ausdruck der Bedrohungsängste der Väter und Mütter des Grundgesetzes erwähnenswert, ist der »Unechte Notstandsartikel« des Grundgesetzte, wie der Artikel 91 (Abwehr drohender Gefahren) alsbald in der Literatur bezeichnet wurde: »(1) Zur Abwehr einer drohenden Gefahr für den Bestand oder die freiheitliche demokratische Grundordnung des Bundes oder eines Landes kann ein Land Polizeikräfte anderer Länder anfordern. (2) Ist das Land, in dem die Gefahr droht, nicht selbst zur Bekämpfung der Gefahr bereit oder in der Lage, so kann die Bundesregierung die Polizei in diesem Lande und die Polizeikräfte anderer Länder ihren Weisungen unterstellen. Die Anordnung ist nach Beseitigung der Gefahr, im übrigen jederzeit auf Verlangen des Bundesrates aufzuheben.«

Schließlich soll noch auf den Artikel 143 (Hochverrat) hingewiesen werden, der nahezu unbekannt ist, weil er bereits 1951 wieder gestrichen wurde: »(1) Wer mit Gewalt oder durch Drohung mit Gewalt die verfassungsmäßige Ordnung des Bundes oder eines Landes ändert, den Bundespräsidenten der ihm nach diesem Grundgesetze zustehenden Befugnisse beraubt oder mit Gewalt oder durch gefährliche Drohung nötigt oder hindert, sie überhaupt oder in einem bestimmten Sinne auszuüben, oder ein zum Bunde oder zu einem Lande gehöriges Gebiet losreißt, wird mit lebenslangem Zuchthaus oder Zuchthaus nicht unter zehn Jahren bestraft. [...] (6) Die vorstehenden Vorschriften gelten bis zu einer anderweitigen Regelung durch Bundesgesetz.»[8] Dieser Artikel wurde als notwendig erachtet, weil der alliierte Kontrollrat das gesamte, bis 1945 geltende politische Strafrecht außer Kraft gesetzt hatte.

Das Grundgesetz wurde am 8. Mai 1949 mit 53 der insgesamt 65 Stimmen angenommen. Dagegen stimmten sechs von acht CSU-Vertretern sowie die zusammengenommen sechs Vertreter der KPD, der Deutschen Partei und des Zentrums. Die Westmächte genehmigten den Text, suspendierten jedoch den Artikel 91 mit der Option, daß die Bundesregierung die Polizeikräfte anderer

8 Der Artikel 143 wurde durch Gesetz vom 30.8.1951 (BGBl. I, S. 739) aufgehoben, nachdem das neue politische Strafrecht in Kraft getreten war.

Länder ihrer Weisung unterstellen könne. Entscheidend ist, daß bereits die Väter und Mütter des Grundgesetzes sich mit deutlicher Mehrheit in doppelter Frontstellung klar dafür aussprachen, Feinde der verfassungsrechtlichen Ordnung gegebenenfalls mit staatlichen Machtmitteln in die Schranken zu weisen.

Das Konzept der »wehrhaften Demokratie« in der DDR-Verfassung des Jahres 1949

Das Konzept einer »wehrhaften Demokratie« wurde auch in Ost-Berlin formuliert, als am 7. Oktober 1949 die erste DDR-Verfassung in Kraft trat. Sie setzte durchaus vielversprechende Maßstäbe. In Artikel 3 (Volkssouveränität, Mitwirkung der Bürger), hieß es unter anderem: »Die im öffentlichen Dienst Tätigen sind Diener der Gesamtheit und nicht einer Partei.« Artikel 10 (Auslieferung, Auswanderung) lautete: »Jeder Bürger ist berechtigt, auszuwandern.« Explizit dem Schutz der verfassungsrechtlichen Ordnung sollten Artikel 4 und Artikel 6 dienen. Artikel 4 besagte: »(1) Alle Maßnahmen der Staatsgewalt müssen den Grundsätzen entsprechen, die in der Verfassung zum Inhalt der Staatsgewalt erklärt sind. [...] (2) Jeder Bürger ist verpflichtet, im Sinne der Verfassung zu handeln und sie gegen ihre Feinde zu verteidigen.« In Artikel 6 hieß es: »(1) Alle Bürger sind vor dem Gesetz gleichberechtigt. (2) Boykotthetze gegen demokratische Einrichtungen und Organisationen, Mordhetze gegen demokratische Politiker, Bekundung von Glaubens-, Rassen-, Völkerhaß, militärische Propaganda sowie Kriegshetze und alle sonstigen Handlungen, die sich gegen die Gleichberechtigung richten, sind Verbrechen im Sinne des Strafgesetzbuches. Ausübung demokratischer Rechte im Sinne der Verfassung ist keine Boykotthetze. [...]«[9]

Während die Bundesrepublik erst mit der Notstandsverfassung des Jahres 1968 den Bundesbürgern ein Widerstandsrecht gegen den Verfassungsbruch zugestand[10], galt dieses Recht de jure als Widerstandspflicht für Bewohner der DDR seit dem 7. Oktober 1949. DDR-Ministerpräsident Otto Grotewohl erläuterte 1949 im Geleitwort zu einer broschürten Ausgabe dieser Verfassung: »Verläßt die Staatsgewalt den Boden der Verfassung oder weigert sie sich, die Verfassung durchzuführen, so tritt das heilige Recht des Volkes auf

9 Zwar ist dieser Artikel rechtsdogmatisch nicht als Straftatbestand ausgestaltet. Jedoch statuierte das Oberste Gericht der DDR im sog. Zeugen-Jehova-Urteil vom 4. Oktober 1950 als Leitsatz: »Artikel 6 der Verfassung der DDR ist unmittelbar anzuwendendes Strafgesetz. Die in ihm aufgezählten Handlungen stellen keine einzelnen Tatbestände, sondern Begehungsformen eines Tatbestandes dar.« Vgl. Entscheidungen des Obersten Gerichts der DDR in Strafsachen, Bd. 1, S. 33 ff. Zur Auslegungsbreite vgl. Wolfgang Schuller: Geschichte und Struktur des politischen Strafrechts der DDR bis 1968, Ebelsbach 1980, S. 35 ff.

10 Artikel 20 Abs. 4 Grundgesetz in der Fassung vom 24.6.1968 (BGBl. I, S. 709): »Gegen jeden, der es unternimmt, diese Ordnung zu beseitigen, haben alle Deutschen das Recht zum Widerstand, wenn andere Abhilfe nicht möglich ist.«

Widerstand gegen die Machtusurpation und Willkür in Kraft.«[11] Als Bürger der DDR am 17. Juni 1953 dieses »heilige Recht« gegen die Machtusurpation und Willkür der SED in Anspruch nahmen, zeigte sich, wie die politische Führung den Artikel 4 der DDR-Verfassung verstand.

Der Umgang mit Systemgegnern und innerer Opposition auf der Grundlage des Grundgesetzes

Die erste Bundestagswahl vom 14. August 1949 gewann mit 31 Prozent aller abgegebenen Stimmen die CDU/CSU, gefolgt von der SPD mit 29,2 Prozent. FDP/DVP und BDV erhielten zusammen 11,9 Prozent, die KPD 5,7 Prozent der Stimmen. Unter Führung von Bundeskanzler Konrad Adenauer wurde im September 1949 die erste »bürgerliche« Koalitionsregierung der Bundesrepublik gebildet.

Als offen neonazistische Partei wirkte am rechten Rand des politischen Spektrums die Sozialistische Reichspartei (SRP), geführt von Dr. Fritz Dorls; der linke Rand wurde von der KPD besetzt, die im Bundestag mit 15 Abgeordneten vertreten war.

Im Zentrum der scharfen politischen Auseinandersetzungen der folgenden Jahre standen einerseits das Betriebsverfassungsgesetz und die qualifizierte Mitbestimmung in der Montanindustrie, andererseits die Deutschlandpolitik und die Frage der Wiedervereinigung vor dem Hintergrund der Wiederbewaffnung und der Westintegration.

Die Ziele der KPD

Seit ihrer Herner Konferenz vom 28. April 1948 propagierte die KPD den »revolutionären Massenkampf« mit dem Ziel, auch in Westdeutschland eine »demokratische Ordnung« nach dem Vorbild der sowjetischen Besatzungszone zu errichten. In einer Entschließung des Parteivorstandes vom 6./7. Oktober 1948 anerkannte die KPD – auch als Folge des Konflikts zwischen Jugoslawien und der Sowjetunion – offen die bedingungslose Führungsrolle der Sowjetunion. Programmatisch wurde in dieser Erklärung formuliert: »Es gibt keinen friedlichen Weg zum Sozialismus.«[12]

Als Front- und Bündnisorganisationen der KPD wirkten die FDJ, die VVN, die sogenannte »Nationale Front des demokratischen Deutschland«, die seit Anfang 1950 auch in der Bundesrepublik aktiv war, sowie eine Vielzahl weiterer Organisationen. Anfang 1951 wurden sogenannte »Volksbefragungsausschüsse gegen die Remilitarisierung Deutschlands und für einen Friedensvertrag« gebildet, in denen zwar auch Nicht-Kommunisten mitarbeiteten, die aus Gegnerschaft zur Westintegration, die in der Tat die Spaltung Deutschlands zementieren mußte, einen »Dritten Weg« suchten. Daß diese »Volksbefragungsausschüsse« Instrumente der SED/KPD-Politik waren,

11 Verfassung der Deutschen Demokratischen Republik (1949), Berlin 1949, S. 10.
12 Zit. nach Brünneck: Politische Justiz, S. 24.

Stand außer Zweifel. Seit 1952 propagierte die KPD den »unversöhnlichen revolutionären Kampf aller deutschen Patrioten zum Sturz des Adenauer-Regimes«.[13]

Der Einsatz des Instrumentariums der »wehrhaften Demokratie« in der Bundesrepublik

Bereits die westlichen Besatzungsmächte hatten noch vor Gründung der Bundesrepublik die Arbeit der KPD behindert. So wurde etwa Max Reimann, der KPD-Vorsitzende, Ende Januar 1949 von einem britischen Militärgericht zu drei Monaten Haft verurteilt, weil er in einer Massenversammlung Mitglieder des Parlamentarischen Rates als »Quislinge« bezeichnet hatte. Vierzehn Tage später wurde er jedoch wieder aus dem Gefängnis entlassen. Gemessen an der Spruchpraxis sowjetischer Militärtribunale während dieser Jahre gegen unfolgsame Politiker der Blockparteien, insbesondere gegen Sozialdemokraten und junge Leute, die gegen die Machtansprüche der SED opponierten, war die Militärgerichtsbarkeit der westlichen Besatzungsmächte äußerst zurückhaltend.

Im September 1950 faßte die Bundesregierung einen Beschluß über die »Politische Betätigung von Angehörigen des öffentlichen Dienstes gegen die demokratische Grundordnung«[14], der alsbald mit ähnlichem Inhalt von den meisten Bundesländern übernommen wurde. Er ermächtigte dazu, gegen Mitglieder der KPD und ihrer Frontorganisationen, soweit sie im öffentlichen Dienst tätig waren, »die erforderlichen Maßnahmen« zu ergreifen – das heißt, sie zu entlassen. Zwar wurden in diesem Erlaß auch zwei neonazistische Organisationen aufgeführt – die SRP und die sogenannte »schwarze Front« Otto Strassers –, doch zielte der Erlaß vorrangig auf die Entlassung von Kommunisten.

Es folgten Verbotsverfügungen der Bundesregierung gemäß Artikel 9 des Grundgesetzes gegen die »Volksbefragungsausschüsse gegen die Remilitarisierung« und gegen die FDJ durch Beschluß vom 24. April 1951 und gegen den »Rat der VVN« durch Beschluß vom 21. Juni 1951.

Diese Verfügungen blieben rechtlich umstritten. Auf Antrag der Bundesregierung bestätigte das Bundesverwaltungsgericht das Verbot der FDJ gemäß § 129a Absatz 1 und Absatz 3 des Strafgesetzbuches erst am 16. Juni 1954.[15]

13 Hier zusammengefaßt nach Brünneck: Politische Justiz, S. 24.

14 Abgedruckt bei Christoph Kleßmann: Die doppelte Staatsgründung, 5. Aufl., Bonn 1991, S. 496 f.

15 § 129a (Fortsetzung einer verbotenen Vereinigung) gehörte zu dem am 31.8.1951 in Kraft getretenen neuen politischen Strafrecht: »(1) Hat das Bundesverwaltungsgericht oder das oberste Verwaltungsgericht eines Landes festgestellt, daß eine Vereinigung gemäß Artikel 9 Abs. 2 des Grundgesetzes verboten ist, so wird jeder, der die Vereinigung fortführt, den organisatorischen Zusammenhalt auf andere Weise weiter aufrechterhält, sich an ihr als Mitglied beteiligt oder sie sonst unterstützt, mit Gefängnis bestraft, soweit nicht in anderen Vorschriften eine schwerere Strafe angedroht ist. (2) § 129 Abs. 3 und 4 gilt entsprechend. (3) Das Bundesverwaltungsgericht entscheidet auf Antrag der Bundesregierung, das oberste Verwaltungsgericht eines Landes auf Antrag der Landesregierung.«

Gegen die VVN stellte die Bundesregierung erst im Oktober 1959 einen derartigen Verbotsantrag, doch das Bundesverwaltungsgericht vertagte die Entscheidung, ohne einen neuen Termin anzusetzen. Damit war dieser Prozeß zunächst gescheitert, schließlich machte eine neue Rechtslage das Verfahren gegenstandslos.[16] Dabei mag eine Rolle gespielt haben, daß ein am Verfahren beteiligter Richter einst als NSDAP- und SA-Mitglied einem anderen Regime seine »Verfassungstreue« bewiesen hatte, was sehr schnell offenkundig wurde.

Schon lange Zeit vor solchen höchstrichterlichen Entscheidungen – bzw. Nicht-Entscheidungen – konnten die Verbotsverfügungen der Bundesregierung und der Länderregierungen im politischen Alltag auf dem Wege von Polizeimaßnahmen durchgesetzt werden. Denn es gab auch unterhalb der Ebene des politischen Strafrechts ein Waffenarsenal, das noch vor Inkrafttreten des 1. Strafrechtsänderungsgesetzes im August 1951 und anschließend dazu parallel eingesetzt wurde, um den Handlungsspielraum von Kommunisten sowie ihren Bündnis- und Frontorganisationen einzuengen. Während Artikel 9 Absatz 2 des Grundgesetzes, der zu Vereinsverboten ermächtigte, bald als Instrument der »streitbaren Demokratie« genutzt wurde, spielte Artikel 19 (Individuelle Verwirkung von Grundrechten) in der gesamten Geschichte der Bundesrepublik keine Rolle.[17]

Weitaus bedeutsamer war Artikel 21 des Grundgesetzes (Aufgaben der Parteien), der die Möglichkeit eröffnet, eine Partei durch das Bundesverfassungsgericht verbieten zu lassen. Entsprechende Anträge wurden von der Bundesregierung sowohl gegen die neonazistische SRP als auch gegen die KPD bereits im November 1951 gestellt. Während das Verbot gegen die SRP knapp ein Jahr später ausgesprochen wurde (23. Oktober 1952), zog sich das Verfahren gegen die KPD fünf Jahre hin. Erst am 17. August 1956 verkündete das Bundesverfassungsgericht sein Verbotsurteil.[18] Dieses schuf zusätzliche Befugnisse zu weitergehenden strafrechtlichen und administrativen Verfolgungen von Kommunisten, denn das KPD-Verbot stellte auch die Tätigkeit in Ersatzorganisationen unter Strafe. In der Folgezeit wurden Kommunisten nicht nur wegen der Arbeit in sogenannten Ersatzorganisationen strafrechtlich verfolgt, sondern auch wegen ihrer Betätigung für die KPD *vor* deren Verbot – ein eklatanter Verstoß gegen das Rückwirkungsverbot, vom Bundesgerichtshof jedoch legitimiert. Erst das Bundesverfassungsgericht setzte mit seiner Entscheidung vom 12. März 1961 dieser Praxis ein Ende.[19]

16 Brünneck: Politische Justiz, S. 111 f.

17 Vgl. die Anträge in: Bundesverfassungsgericht: Verfahren wegen Verwirkung von Grundrechten gemäß Artikel 18 GG, in: Entscheidungen des Bundesverfassungsgerichts, Bd. 11, Nr. 32, S. 282 f. Den Anträge folgten keine Entscheidungen des Bundesverfassungsgerichts.

18 Siehe Hanns W. Ruhrmann: KPD-Verbotsurteil des Bundesverfassungsgerichts und Staatsschutzrechtsprechung des Bundesgerichtshofes, in: Neue Juristische Wochenzeitschrift 9 (1956), S. 1817–1821.

19 Urteil zum Artikel 21 und zum Rückwirkungsverbot in: Entscheidungen des Bundesverfassungsgerichts, Bd. 13, Nr. 5, S. 46–55.

Bereits vor dem KPD-Verbot war mit dem 1. Strafrechtsänderungsgesetz, welches nach mehr als einjähriger Beratung im Juli 1951 mit nur wenigen Gegenstimmen vom Bundestag verabschiedet wurde und am 31. August 1951 in Kraft trat, ein umfangreiches strafrechtliches Waffenarsenal zur Kommunistenverfolgung geschaffen worden.[20]. Diesem Gesetz ging der Entwurf eines »Gesetzes gegen die Feinde der Demokratie« voraus, den die SPD-Fraktion im März 1950 im Bundestag eingebracht hatte und der sich in erster Linie gegen das Wiederaufleben nazistischer Strömungen richtete. Die Bundesregierung griff diese Initiative mit einem eigenen Entwurf auf, der die Zielrichtung dahingehend veränderte, daß die staatsschützende Verteidigungslinie weit ins Vorfeld konkreter Hochverratshandlungen vorverlegt wurde. Die erste Lesung des Regierungsentwurfs erfolgte am 12. September 1950, wenige Wochen nach Beginn des Koreakrieges, der zum entscheidenden Katalysator für die »Politik innerer Sicherheit« der frühen Bundesrepublik wurde.[21]

Zur Begründung des Entwurfs erklärte Bundesjustizminister Thomas Dehler (FDP) unter anderem: »[...] und ein von außen bedrohtes Volk wie das unsere und ein in sich noch nicht gefestigtes Volk wie die Bundesrepublik Deutschland kann keine schrankenlose Freiheit zugestehen. Wir würden sonst Gefahr laufen, von den Gegnern der Demokratie unter Mißbrauch der ihnen zufallenden Freiheiten in den Abgrund der Unfreiheit und des Terrors wieder einmal gestürzt zu werden. [...] Wir müssen Freiheitsopfer bringen, um die Freiheit zu bewahren. [...] Man hat gegen diese Fassung, weil sie zu abstrakt sei und die Tatbestände nicht genügend konkretisierte, Bedenken erhoben, die im Bundesrat zu einer Ablehnung geführt haben. [...] Wenn der Bundesrat meint, man müsse das Problem erst in der Wissenschaft weiterhin klären –, nun ja, so war vielleicht am Tage der Beschlußfassung des Bundesrats – das war der 23. Juni – noch darüber zu reden. Aber zwei Tage später, meine Damen und Herren, war Korea! Ich meine, das müßte jedem Zauderer die Augen eröffnet haben. Wir brauchen ja nicht in koreanische Fernen zu schweifen, denn das Böse liegt so nah! Für uns genügt das, was in der Ostzone vorgeht. [...] Der Kampfruf ist ja nicht: Hannibal ante portas!, sondern das Trojanische Pferd ist in unserer Mitte, und wir müssen uns dagegen zur Wehr setzen.«[22]

Zu den »trojanischen Pferden«, vor denen sich die politischen Kräfte in der Bundesrepublik fürchteten, zählte die auch in der Bundesrepublik agierende FDJ, die mit mehreren zehntausend Mitgliedern 1950 am Pfingsttreffen der FDJ in Ost-Berlin teilnahm. Nachdem in die Bundesrepublik zurückreisende Teilnehmer an der Zonengrenze, unter anderem in Herrnburg bei Lübeck, von der bundesdeutschen Polizei festgenommen und erkennungsdienstlich erfaßt worden waren, schrieb Bertolt Brecht seinen von Paul Dessau vertonten »Herrnburger Bericht« – ein halluzinatorisches, prognostisches Editorial auf jenes Grenzregime, das die DDR am 13. August 1961 installierte.

20 Dokumentiert bei Brünneck: Politische Justiz, S. 387 ff.
21 Vgl. Werkentin: Die Restauration der deutschen Polizei.
22 Verhandlungen des Deutschen Bundestages, 1. Wahlperiode, Sitzung vom 12.9.1950, Stenographische Berichte Bd. 5, S. 3105–3108.

Der KPD-Vorsitzende Max Reimann formulierte anläßlich der Verabschiedung westdeutscher FDJler am Ende des Pfingsttreffens 1950 in Ost-Berlin vor der Kulisse mehrerer Zehntausend FDJler, die Anti-Adenauer-Parolen skandierten, mit drohendem Unterton: »Nun, meine lieben jungen Freunde – jetzt wollen wir Abschied nehmen – vorübergehend! Der Tag ist nicht mehr fern, wo wir ein einheitliches, unabhängiges, demokratisches und friedliebendes Vaterland haben werden!«[23] Zwei Jahre später, im Mai 1952, wurde Hans Jendretzky, zu dieser Zeit ZK-Mitglied und SED-Chef in Ost-Berlin, noch weitaus deutlicher: »Uns vereint auf dieser gewaltigen Kundgebung der gleiche Kampfwille gegen den Adenauerschen Kriegspakt wie er die deutsche Jugend beseelt, die kühn das Banner des nationalen Widerstands gegen die koloniale Versklavung Westdeutschlands und Westberlins durch die amerikanischen Rüstungsmillionäre und ihre gefügigen Vasallen in Bonn und im Schöneberger Rathaus erhoben hat. Adenauer und Lehr, das sind zwei Namen für Schande und Verrat am deutschen Volk! Für Unterdrückung, Terror und Blutschuld bei der Vorbereitung des amerikanischen Krieges auf dem Boden unserer deutschen Heimat. Wenn Deutschland in Frieden leben will, wenn die Einheit Deutschlands erstehen soll, dann müssen solche amerikahörigen Kreaturen verschwinden!«[24]

Zurück zum Strafrechtsänderungsgesetz des Jahres 1951. Die SPD, die ein politisches Strafrecht prinzipiell befürwortete, äußerte im Hinblick auf die strafrechtliche Ausgestaltung des Regierungsentwurfes Bedenken. Der damalige Kronjurist der Partei, Dr. Adolf Arndt, bemerkte am 12. September 1950: »Der Herr Bundesjustizminister hat von einer Überdosierung der Freiheit und davon gesprochen, wir müßten ein Freiheitsopfer bringen, um die Freiheit zu wahren. Herr Minister, solche Klänge haben wir auch früher schon gehört, sie sind gefährlich. Ich möchte sogar umgedreht davor warnen, daß wir die Freiheit zum Opfer bringen, worauf dieses Gesetz in Einzelheiten sehr hinzuzielen scheint. […] Das alte deutsche Strafrecht hat sich stets dadurch ausgezeichnet, daß in den sogenannten Tatbeständen das Wertmäßige, das bloß Bewertungs-Beurteilungsmäßige weitgehend ausgeschaltet wurde, um zu einem objektiven Begriff zu kommen, der dem Richter keine Willkür mehr ließ. Dieser Entwurf dagegen geht den umgekehrten Weg, einen Weg, wie er besonders auch von den Nationalsozialisten geschätzt wurde, nämlich uferlose Bewertungen zum strafrechtlichen Tatbestand zu machen«.[25] Daß der Regierungsentwurf einen Weg wies, der von den Nationalsozialisten geschätzt worden wäre, mag nicht zuletzt darauf zurückzuführen sein, daß der für diesen Entwurf im Bundesjustizministerium zuständige Referent bereits im Reichsjustizministerium Adolf Hitlers für das politische Strafrecht zuständig gewesen war.

23 Abschrift nach dem O-Ton einer Rundfunkübertragung.
24 Abschrift nach dem O-Ton einer Rundfunkübertragung.
25 Verhandlungen des Deutschen Bundestages, 1. Wahlperiode, Sitzung vom 12.9.1950, Stenographische Berichte Bd. 5, S. 3118.

Die Konzeption, die dem Regierungsentwurf zugrunde lag, und die Gefahrenperzeption, der dieses Strafrecht begegnen sollte, faßte der Abgeordnete Dr. Eduard Wahl (CDU) als Berichterstatter in der 2. Lesung am 9. Juli 1951 prägnat zusammen: »Hier war etwas Neues zu schaffen, weil die Erfahrungen der jüngsten deutschen Geschichte und die Staatsumwälzungen in den Satellitenstaaten gezeigt haben, daß das Begehungsmittel zu dem Vebrechen, die demokratische Grundordnung zu beseitigen, heute nicht mehr unbedingt die Gewalt und die Drohung mit der Gewalt sein muß. Wie in den äußeren Beziehungen der Staaten hat sich neben dem Heißen Krieg der Kalte Krieg auch im Innern entwickelt. [...] Die Methoden des Kalten Krieges sind gerade deshalb so gefährlich, weil sie die Gewaltanwendung zunächst ausschließen und weil ein System von Einzelakten entwickelt wird, von denen jeder einzelne an sich mehr oder weniger harmlos erscheint, die aber durch das Zusammenspiel aller, die von den verschiedensten Ansatzpunkten aus das gemeinsame Ziel fördern, eine Situation schaffen können, die schließlich die Staatsumwälzung unausweichlich macht und sie wie eine reife Frucht gewinnen läßt. Wir erinnern uns alle an die ›Legalität‹ der von Hitler herbeigeführten Revolution.«[26]

Sein Kollege, Dr. Hermann Kopf (CDU), sprach in dieser 2. Lesung über Zuständigkeitsregelungen bei der Anwendung des neu zu schaffenden politischen Strafrechts und plädierte unter anderem für eine Änderung des Gerichtsverfassungsgesetzes: »Die Regierung hat diesen Wünschen des Rechtsausschusses Rechnung getragen und ihrerseits die Fassung des § 74a vorgeschlagen, wonach eine Strafkammer des Landgerichts, in dessen Bezirk das Oberlandgericht seinen Sitz hat, für den Bezirk des Oberlandgerichts als erkennendes Gericht des ersten Rechtszuges für bestimmte Vergehen und Verbrechen zuständig sein soll. [...] Wenn auch das Weisungsrecht der Bundesstaatsanwaltschaft gegenüber den Staatsanwaltschaften der Länder sich nicht als durchführbar erwiesen hat, so bestanden auf der anderen Seite keine Bedenken, ein Evokationsrecht zugunsten des Oberbundesanwalts vorzusehen. Der Oberbundesanwalt kann wegen der besonderen Bedeutung des Falles vor Eröffnung des Hauptverfahrens die Verfolgung einzelner Strafsachen selbst übernehmen.«[27]

Hier wird ein weiteres zentrales Element politischer Justiz deutlich: Sie beschränkte sich nie ausschließlich auf das materielle Strafrecht, sondern griff immer auch auf prozessuale, verfahrensrechtliche Sonderregeln zurück; eine besondere Rolle spielten Zuständigkeitsregeln, die einen bestimmten Ausgang der Verfahren sichern sollten.

Damit ist eine deutliche Parallele zur prozessualen Praxis der politischen Justiz der DDR benannt. Weitere Entsprechungen gab es in der scheunentorbreiten Fassung einiger Straftatbestände. Einer der absurdesten Tatbestände, den der Bundestag 1951 verabschiedete, war der sogenannte »unechte« Landesverrat. In § 100a Strafgesetzbuch (Landesverräterische Fälschung) hieß es:

26 Verhandlungen des Deutschen Bundestages, 1. Wahlperiode, Sitzung vom 9.7.1951, Stenographische Berichte Bd. 8, S. 6303 f.

27 Ebenda, S. 6330.

»(1) Wer durch Fälschung oder Verfälschung Schriften, Zeichnungen oder andere Gegenstände, die im Falle der Echtheit Staatsgeheimnisse wären, herstellt, um sie in einer das Wohl der Bundesrepublik Deutschland oder eines ihrer Länder gefährdenden Weise zu verwenden, wird mit Zuchthaus bestraft. (2) Ebenso wird bestraft, wer Tatsachen, Gegenstände oder Nachrichten darüber, die falsch, verfälscht oder unwahr sind, aber im Falle der Echtheit oder Wahrheit Staatsgeheimnisse wären, vorsätzlich als echt oder wahr an einen Unbefugten gelangen läßt oder öffentlich bekanntmacht und dadurch das Wohl der Bundesrepublik Deutschland oder eines ihrer Länder gefährdet. (3) Wer Gegenstände, die falsch oder verfälscht sind, aber im Falle der Echtheit Staatsgeheimnisse wären, sich verschafft, um sie in einer das Wohl der Bundesrepublik Deutschland oder eines ihrer Länder gefährdenden Weise zu verwenden, wird mit Zuchthaus bis zu zehn Jahren bestraft. (4) Falschen, verfälschten oder unwahren Tatsachen, Gegenständen oder Nachrichten darüber (Absätze 2 und 3) stehen Staatsgeheimnisse gleich, die der Täter irrtümlich für falsch, verfälscht oder unwahr hält.«

Knapp vier Jahre nach dem Inkrafttreten dieses politischen Strafrechts und wenige Monate nach dem XX. Parteitag der KPdSU, auf dem Chruschtschow Stalins Verbrechen enthüllt und der eine kurze Tauwetter-Phase im gesamten Ostblock eingeleitet hatte, kam es am 30. Mai 1956 im Deutschen Bundestag zu einer erinnernswerten großen Debatte zur Lage politischer Häftlinge in der DDR. In deren Verlauf plädierten sowohl ein Sprecher der SPD, Herbert Wehner, als auch ein Sprecher der FDP für eine Amnestie politischer Häftlinge in Ost und West. Wehner formulierte in seiner Rede, es wäre Zeit, die »Opfer des Kalten Krieges auf beiden Seiten« zu entlassen; der FDP-Abgeordnete Rudolf Will regte sogar an, als Signal gegenüber der DDR »politische Gefangene in der Bundesrepublik« freizulassen.[28] Kurz darauf war es die FDP, die ein Amnestiegesetz im Bundestag einbrachte, das erwartungsgemäß an den Mehrheitsverhältnissen scheiterte.

Die Frage ist, wie viele politische Häftlinge, die in den Haftanstalten der Bundesrepublik saßen, die Bundesregierung im Jahre 1956 der DDR im Austausch hätte anbieten können.

Vergleichende Hinweise zum politischen und juristischen Umgang mit Systemgegnern in der DDR und in der Bundesrepublik in den fünfziger Jahren

Wie hoch war die Zahl der von der politischen Justiz der DDR und der Bundesrepublik zu Haftstrafen ohne Bewährung verurteilten Personen? Einen Überblick gibt die folgende Tabelle, wobei anzumerken ist, daß in den fünfziger Jahren nicht nur die DDR, sondern auch die Bundesrepublik keine Angaben über politische Häftlinge bekannt gab.

28 Verhandlungen des Deutschen Bundestages, 2. Wahlperiode, Sitzung vom 30.5.1956, Stenographische Berichte Bd. 30, S. 7728.

Strafgefangene wegen politischer Delikte:
Bundesrepublik und DDR fünfziger und sechziger Jahre[29]
(Bundesrepublik maximal 10 Prozent wegen rechtsradikaler Betätigung)

Jahr	Bundesrepublik	DDR
1953	ab 10. Juni bis Januar 1954 vorfristige Entlassung von ca. 30.000 Häftlingen aller Kategorien	
1954	?	14 000 (7 309 neu Verurteilte)
1955	?	13 988 (5 424 neu Verurteilte)
1956 (Mai)	223	15 258 (vor Gnadenaktion 1956)
1957		6 646
1958	?	4 688
1959	?	6 993
1960	?	7 183 (vor Gnadenaktion Ende '60)
1961	158	8 110 (ohne Grenzdurchbruch)
1962	145	9 340 (vor Gnadenaktion April '62)
1963	110	5 028
1964	71	2 528 (nach Amnestie 3.10.64)
		(Beginn Häftlingsverkauf)
1965	49	?
1966	42	?

Das »output« der politischen Strafjustiz war mithin radikal unterschiedlich. Als im Mai 1956 der FDP-Abgeordnete Will den Vorschlag machte, der DDR anzubieten, im Austausch für die Freilassung politischer Häftlinge in der Bundesrepublik politische Häftlinge in der DDR freizulassen, hätte die Bundesrepublik nur etwas mehr als 200 Häftlinge, die DDR hingegen ca. 15 000 »Staatsverbrecher«, so der Begriff in den internen Statistiken, entlassen müssen.

Die Zahl politischer Häftlinge in der Bundesrepublik war äußerst niedrig. Sie lag ab Mitte der fünfziger Jahre bei rund 200 Personen und fiel zu Beginn

29 Quellen für die BRD: Lüttger in MDR 1967, S. 262. Brünneck: Politische Justiz, S. 284. Quellen für die DDR: Bundesarchiv, O-1 – 117/2, 7758 ff. Diverse Einzelberichte Bundesarchiv, DY 30, IV/2/13/ ff. Bis 1956 sind in den DDR-Zahlen auch von Sowjetischen Militärtribunalen Verurteilte und 1950 in Waldheim Verurteilte enthalten. Nach der Gnadenaktion des Jahres 1956 mit der vorfristigen Entlassung von ca. 25 000 Häftlingen aller Kategorien spielten diese zwei Sondergruppen statistisch keine Rolle mehr.

der sechziger Jahre bald auf eine zweistellige Größenordnung; seit 1967 saßen keine Kommunisten mehr in bundesdeutscher Haft. 1968 wurde das politische Strafrecht der Bundesrepublik dann weitestgehend zusammengestrichen und die KPD nach einem von der Bundesregierung – der großen Koalition aus CDU/CSU und SPD – wohlwollend zur Kenntnis genommenen Etikettenschwindel unter dem neuen Namen DKP wieder zugelassen.

In der Bundesrepublik wurden in den Jahren zwischen 1951 und 1967 ca. 6000 bis 7000 Kommunisten verurteilt, doch weitgehend zu Bewährungsstrafen. Man war also auch im Strafmaß vergleichsweise äußerst zurückhaltend. Todesstrafen für politische Delikte – in der DDR zugelassen – konnte es in der Bundesrepublik bereits deshalb nicht geben, weil Artikel 102 des Grundgesetzes festlegte: »Die Todesstrafe ist abgeschaft.« Das höchste Strafmaß gegen Kommunisten während dieser Jahre überhaupt erhielt mit fünf Jahren Zuchthaus Jupp Angenfort, der Vorsitzende der FDJ; nach vier Jahren Haft wurde er vom Bundespräsidenten begnadigt. Zusammen mit Angenfort wurde Wolfgang Seiffert, ebenfalls ein hochrangiger FDJ-Funktionär, zu vier Jahren Gefängnis verurteilt. Weitere Haftstrafen über 3 Jahre sind nach meinem Kenntnisstand nicht verhängt worden.

Es hieße allerdings, das Bild der Kommunistenverfolgung in der Bundesrepublik der fünfziger Jahre kraß zu verniedlichen, würde man die politische Repression nur an der Zahl der Urteile und der Höhe der verkündeten Strafen messen. Auch wenn die Zahl der Urteile – gemessen an DDR-Verhältnissen – gering und die Höhe der verkündeten Strafmaße vergleichsweise milde war, so wirkte doch das staatsanwaltschaftliche Ermittlungsverfahren als Ersatzstrafe, als Ermächtigung zur Repression, mit dem die gerichtlichen Verfahrenskontrollen und -sicherungen unterlaufen werden konnten. Die Zahl der Ermittlungsverfahren – mit Hausdurchsuchungen, Vernehmungen, der Möglichkeit der Untersuchungshaft und ähnlichem – war mit etwa 125000 zwischen 1951 und 1968 erheblich. Diese Verfahren wirkten auch dann nachhaltig, wenn sie nicht zu einer abschließenden Verurteilung führten. Das war keine Folge des »Mißbrauchs« der Straftatbestände des politischen Strafrechts und politischen Strafverfahrensrechts durch Polizei und Staatsanwaltschaft, sondern vielmehr integraler Bestandteil des rechtsstaatlichen Systems des politischen Staatsschutzes.

Die gerichtliche Verurteilung politischer Repräsentanten und Symbolfiguren war exemplarisch notwendig – der Rest blieb Angelegenheit staatlicher Repression durch Polizei und Staatsanwaltschaft im Vorfeld. Diese Maßnahmen konnten im Gegensatz zu förmlichen Gerichtsverfahren unter Ausschluß der Öffentlichkeit durchgeführt werden. Die politische Gerichtsbarkeit wurde damit entlastet, der abschreckende Effekt gleichwohl erreicht.[30]

30 Dies weist geradezu exemplarisch die praktische Anwendung des § 129a Strafgesetzbuch (Bildung, Unterstützung, Werbung für eine terroristische Vereinigung) aus. Sowohl bei der Kommunistenverfolgung der 50er und 60er Jahre (vgl. die Angaben in Brünneck: Politische Justiz, S. 278) als auch in den 80er Jahren zeigte sich ein absolutes Mißverhältnis zwischen staatsanwaltschaftlichen Ermittlungsverfahren einerseits und Verurteilungen andererseits. Eine Statistik der Bundesregierung nennt für die Jahre

Zu den Mitteln der Repression unterhalb der Ebene strafrechtlicher Verurteilung zählte eine Praxis, die Berlins späterer Innensenator, Joachim Lipschitz (SPD), zu Beginn der fünfziger Jahre in einer Rede im Abgeordnetenhaus von Berlin anschaulich und in aller Deutlichkeit formulierte: »das wirksamste Mittel ist bei diesen Leuten der Stockschlag auf den Magen«.[31] Diese Strategie zielte darauf, Kommunisten nicht nur aus dem öffentlichen Dienst zu entlassen, sondern ihnen grundsätzlich Erwerbsmöglichkeiten zu entziehen. Zum Beispiel drängten »Verfassungsschützer« oder Beamte vom polizeilichen Staatsschutz Arbeitgeber dazu, beschäftigte Kommunisten zu entlassen. Eine weitere Methode war, kommunistische Berufskraftfahrer den Führerschein, oder einer kommunistischen Kassenärztin die kassenärztliche Zulassung zu entziehen.

Die Repression unterhalb des politischen Strafrechts zählte bekanntlich auch zum politischen Waffenarsenal der DDR im Kampf gegen vermeintliche und tatsächliche Gegner des Regimes. Die oben angeführten Häftlingszahlen und die Strafmaße der DDR-Justiz vermitteln das Bild einer weitaus rabiater praktizierten politischen Strafjustiz als in der Bundesrepublik. Dabei weisen die in der statistischen Übersicht gegenübergestellten Zahlen für die DDR nicht einmal alle Personen aus, die während des hier untersuchten Zeitraums jährlich aus politischen Gründen inhaftiert waren. Es fehlen jene Personen, die in den internen Statistiken als sogenannte »Wirtschaftsverbrecher« geführt wurden.

Nun gab es in der DDR ohne Zweifel auch den bürgerlichen Betrüger, der versuchte, staatliche Abgaben und Steuern zu unterschlagen und der deshalb in Haft kam. Doch verbargen sich hinter der Kategorie »Wirtschaftsverbrecher« in den fünfziger Jahren bis zum Abschluß der Zwangskollektivierung auf dem Lande im Frühjahr 1960 überwiegend Bauern, Handwerker und sonstige selbständige Produzenten und Gewerbetreibende, die ausschließlich zum Zwecke ihrer Enteignung mit konstruierten Strafverfahren überzogen wurden und inhaftiert wurden.[32]

Die unterschiedlichen Zahlen politischer Häftlinge verweisen auf strukturelle Unterschiede zwischen beiden politischen Systemen. Die Instrumentalisierung gerichtlicher Verfahren für politische Zwecke in der DDR hatte quantitativ wie qualitativ eine andere Dimension als in der Bundesrepublik. Diese quantitative Differenz liegt im wesentlichen darin begründet, daß die Zustimmung zum politischen System der Bundesrepublik durchgängig hoch und die Zahl der gegebenenfalls mit den Mitteln des Strafrechts zu verfolgenden poli-

zwischen 1980 und 1987 bundesweit knapp 2700 staatsanwaltschaftliche Ermittlungsverfahren wegen des Verdachts einer Straftat nach § 129a. Ausschließlich wegen des Organisationsdelikts – also wegen Mitgliedschaft, Unterstützung und Werbung – wurden im selben Zeitraum laut dieser Statistik nur 30 Personen verurteilt (vgl. die Bundestagsdrucksache 11/2774 vom 11.8.1988). Kaum mehr als 1 % aller Ermittlungsverfahren erwiesen sich als »gerichtsfest«, obgleich der Bundesgerichtshof in seiner Auslegungspraxis des § 129a grenzenlos war.

31 Abgeordnetenhaus v. Berlin, I/100. Sitzung, S. 348.

32 Vgl. Werkentin: Politische Strafjustiz, S. 47 ff.

tischen Gegner vergleichsweise gering war, während das SED-Regime zu keinem Zeitpunkt sich erlauben konnte, die Zustimmung zum Regime in freien Wahlen zu »testen«. Das DDR-Regime sah sich aus Mangel an Legitimität immer ungleich mehr politischen Gegnern innerhalb seines Machtbereichs gegenüber als die Bundesrepublik. Ein Verzicht auf ihre Unterdrückung mit strafrechtlichen und anderen Instrumenten wäre einer Selbstaufgabe gleichgekommen. Dieser zentrale Faktor allein erklärt jedoch nicht die quantitativen Differenzen im »output« politischer Justiz beider Teile Deutschlands. Über die Anwendung des politischen Strafrechts als Waffe des Systemschutzes hinaus wurden in der DDR gerichtsförmige Verfahren weiteren politischen Zwecken dienstbar gemacht.

Josef Streit, bis zur Berufung als Generalstaatsanwalt im Jahre 1962 langjähriger Sektionsleiter Justiz im ZK-Apparat, brachte die Doppelfunktion des DDR-Justizsystems 1959 – im Jahr der forcierten Zwangskollektivierung der Landwirtschaft[33] – auf folgende Formel: »Die Rechtsprechung und auch die Aufsichtstätigkeit der Staatsanwaltschaft eines sozialistischen Staates dienen nicht nur dem Schutz der Gesellschaftsordnung, sondern haben im besonderen als wichtige Hebel für die gesellschaftliche Umwälzung zu wirken.«[34] Diese gesellschaftliche Umwälzung, diese »Revolution von oben«, wurde offiziell auf der zweiten Parteikonferenz der SED im Sommer 1952 unter dem Motto »Schaffung der Grundlagen des Sozialismus mit dem Staat als Hauptinstrument« verkündet. Unter Einschluß der Justiz sollte mittels Staatsgewalt durchgesetzt werden, wofür es in der Gesellschaft offenbar keine Mehrheiten gab: die weitere soziale Transformation der DDR-Gesellschaft nach dem Vorbild des sowjetischen Modells. Eingeleitet worden war dieser »Transformationsprozeß« mit staatlichen Zwangsmitteln bereits in den Jahren 1945 bis 1949 unter dem Deckmantel der sogenannten »antifaschistisch-demokratischen Umwälzung«. Während Ende der vierziger Jahre die Verstaatlichung der Groß- und Schwerindustrie sowie der Banken und die Bodenreform offen durchgeführt und politisch offensiv begründet worden waren, tarnte die SED in den fünfziger Jahren ihren forcierten Klassenkampf von oben, der gegen den bäuerlichen und gewerblichen Mittelstand mit dem Ziel der Enteignung gerichtet war, mit dem Vorwurf krimineller Delikte. Entsprechende strafrechtliche Deliktfabrikate, wie es Otto Kirchheimer nannte, sollten die fehlende Legitimität kompensieren. Die hiervon Betroffenen wurden Opfer einer politischen Justiz – nicht weil sie sich um Politik gekümmert hatten und auffällig geworden waren, sondern weil die Politik sich um sie »gekümmert« hatte. Und zu den Stilmitteln zählte, die »objektiven« Klassenfeinde (Mittel- und Großbauern, gewerblicher Mittelstand) durch strafrechtliche Masseninszenierungen auch persönlich als moralisch verkommene »Subjekte« darzustellen.

Zu diesem Versuch einer sozialen Umwälzung, für die staatliche Gewalt und justitielle Verfahren instrumentalisiert wurden, kann auch der Kampf ge-

33 Ebenda.
34 Josef Streit: Die Justizorgane sind wichtige Hebel bei der sozialistischen Umgestaltung der Landwirtschaft, in: Neue Justiz 13 (1959), S. 789.

gen die Kirche als Kampf um die weltanschauliche Alleinherrschaft der SED und der Kampf um ein neues Wertebewußtsein der zur »herrschenden« Klasse verklärten Arbeiter gerechnet werden. Für letzteres ist insbesondere das im Oktober 1952 in Kraft getretene »Gesetz zum Schutz des Volkseigentums« und seine breite strafrechtliche Anwendung exemplarisch. Dieses Gesetz verfügte, daß selbst bei geringfügigstem Diebstahl am Volkseigentum eine Mindeststrafe von einem Jahr Zuchthaus zu verhängen sei. Zwischen Herbst 1952 und Juni 1953 wurden auf der Grundlage dieses Gesetzes nahezu zehntausend Bürger (Arbeiter, Bauern, Gewerbetreibende) aus erzieherischen Gründen zu langjährigen Haftstrafen verurteilt.

Daß die Strafjustiz der DDR nicht nur für die Abwehr realer und vermeintlicher Angriffe auf das politische System für politische Zwecke instrumentalisiert wurde, zeigt sich an einem weiteren sogenannten Delikt, das die Geschichte des realen Sozialismus vom ersten bis zum letzten Tage prägte und schließlich den unmittelbaren Zusammenbruch der DDR einleitete: die Flucht aus der DDR, ein »Delikt«, das es in der Bundesrepublik als Straftatbestand nicht gab. In der Verfassung der DDR vom 7. Oktober 1949 hieß es zwar in Artikel 10: »Jeder Bürger ist berechtigt, auszuwandern.« Doch angesichts einer Fluchtwelle von zweieinhalb Millionen DDR-Bürgern zwischen 1949 und dem Mauerbau im August 1961 kämpfte die politische Führung der DDR von Beginn an auch mit strafrechtlichen Mitteln gegen die sogenannte Republikflucht – dabei die abenteuerlichsten Rechtskonstruktionen entwicklend. Bereits seit Beginn der fünfziger Jahre wurden Bewohner der DDR für Fluchtversuche zu Haftstrafen verurteilt.

Weitere Unterschiede, die über die Zahl politischer Häftlinge hinausgehen, können an dieser Stelle nur noch stichwortartig benannt werden: die Verteidigungsmöglichkeiten Angeklagter; ein ungleich höheres Maß an Rechtssicherheit auch für politische Gegner des Systems in der Bundesrepublik; die Haftbedingungen; die Chance zur öffentlichen Kritik politischer Strafverfahren und deren Beeinflussung mittels politischen Drucks.

Zusammenfassung

Das Ergebnis ist eindeutig. Gemessen an der Praxis politischer Strafjustiz der DDR erweist sich die der Bundesrepublik als äußerst milde, als rechtsstaatlich gebändigt. Doch bleibt die Frage, ob es überhaupt sachgerecht ist, das politische System der Bundesrepublik und die Praktiken politischer Strafjustiz an den Verfahrensweisen der SED-Diktatur zu messen. Das Grundgesetz hat für die Bundesrepublik eigene Maßstäbe und Versprechungen geschaffen. An ihnen ist die Rechtswirklichkeit der Bundesrepublik zu messen, für ihre Einhaltung ist der Streit zu führen. Legt man diese Kriterien an, würde eine Bilanzierung des Umgangs mit Systemgegnern und radikaler politischer Opposition in der Bundesrepublik der fünfziger Jahre weitaus kritischer ausfallen. Dies nicht in Hinsicht darauf, daß in der Bundesrepublik vor dem Hintergrund der zeitgenössischen doppelten Diktaturerfahrung Vorkehrungen getroffen wurden, um die politische und Verfassungsordnung vor ihren Gegnern zu schützen, wohl aber in Hinsicht auf das *wie* des Schutzes, auf die praktischen Verfahrensweisen.

Wenn aber der Bundesrepublik ein legitimes Recht auf »Selbstverteidigung« der politischen Ordnung zuerkannt wird, stellt sich die Frage, ob nicht auch die DDR ein solches »legitimes« Recht beanspruchen konnte. Hat ein illegitimes Regime – wie das der SED –, das vierzig Jahre gegen den Mehrheitswillen der Bevölkerung unter ständigem Bruch mit dem selbstverfaßten Recht aufrechterhalten wurde, das gleiche »Recht auf Selbstverteidigung« mit strafrechtlichen Mitteln wie ein demokratischer Verfassungsstaat? An der Rechtsprechung des Bundesgerichtshofes aus den fünfziger Jahren orientiert, lautete die Antwort: Selbstverständlich JA! In einer Entscheidung aus dem Jahre 1956 führte der Bundesgerichtshof aus, daß auch der nationalsozialistischen Diktatur – selbst in der besonders mörderischen Schlußphase des Krieges 1944/45 – ein legitimes Recht auf Selbstbehauptung nicht abzusprechen sei.[35] Heute fiele ein derartiger Standpunkt hinter Positionen zurück, die die europäische und die Weltvölkergemeinschaft gerade als Konsequenz aus der nationalsozialistischen Barbarei sowohl mit der Europäischen Menschenrechtskonvention des Jahres 1950 als auch mit der Menschenrechts-Charta der Vereinten Nationen im Völkerrecht festzuschreiben versucht haben.

35 Bundesgerichtshof 1956, 19.6.1956-1 StR 50/56-3. Huppenkothen-Revision. Wortlaut bei C. F. Rüter, (Hrsg.): Justiz und NS-Verbrechen: Sammlung deutscher Strafurteile wegen nationalsozialistischer Tötungsverbrechen 1945–1966 , 22 Bde., Amsterdam/München 1970–1981, hier Bd. 13, Amsterdam 1975. In dieser Entscheidung heißt es u. a.: »Bei der Beurteilung der strafrechtlichen Schuld des Beschwerdeführers – nur über diese hat der Richter zu entscheiden – ist vielmehr ins Auge zu fassen, wie sich seine Aufgabe nach der Gesetzeslage und den sonstigen Gegebenheiten zur Tatzeit darstellte, mit der Unerbittlichkeit der damals geltenden Gesetze, denen er unterworfen war und gegen die die in Flossenbürg vor das Standgericht gestellten Widerstandskämpfer sich aufgelehnt hatten. Ausgangspunkt dabei ist das Recht des Staates auf Selbstbehauptung. In einem Kampf um Sein oder Nichtsein sind, worauf der erkennende Senat bereits in seinem ersten Urteil vom 12. Februar 1952 hingewiesen hatte, bei allen Völkern von jeher strenge Gesetze zum Staatsschutze erlassen worden. Auch dem nationalsozialistischen Staate kann man nicht ohne weiteres das Recht absprechen, dass er solche Gesetze erlassen hat.«

Exkurs: »Von deutschem Boden darf nie wieder Krieg ausgehen ...« Von der Friedenspflicht der Deutschen

Egon Bahr

Deutsche Friedenspolitik[1]

Deutschland war und ist nicht mehr in der Lage, einen Krieg zu führen und der einzige Staat, dessen gesamte Streitkräfte in toto den Strukturen und dem Kommando der NATO unterstellt sind. Das war eines der wesentlichen Argumente in den Verhandlungen von 1990, das auch die Sowjets überzeugte. Die Amerikaner vertraten die Auffassung, die Sowjetunion sei zu schwach geworden und könne daher keine Kontrolle mehr über Deutschland ausüben; Deutschland kontrollieren könnten nur die USA mit Hilfe der NATO. Das war auch der Grund, weshalb Michail Gorbatschow die Zugehörigkeit des wiedervereinigten Deutschland zur NATO akzeptierte, zumal der Westen zugesichert hatte, »wir rücken euch nicht auf den Pelz; zum Zeichen dafür, daß wir euch nicht auf den Pelz rücken, werden wir das Gebiet der nun bald ehemaligen DDR unter ein Sonderregime stellen, das heißt, dort keine Atomwaffen und keine fremden Truppen stationieren«. Damit hatte die Sowjetunion im Grunde das berühmte Wort des ersten Generalsekretärs der NATO, Lord Ismay, akzeptiert, die Aufgabe der NATO sei: »To keep the Amerikans in, the Russians out and the Germans down«. So wurde das »Kriegsziel« erreicht und die Friedenspflicht der Deutschen gesichert – die NATO garantierte immer auch Sicherheit vor Deutschland. Im übrigen ergab sich die Friedenspflicht natürlich schon dadurch, daß Deutschland nach der bedingungslosen Kapitulation 1945 weder Möglichkeiten, Rechte und Mittel noch Lust hatte, wieder ein Gewehr zu gebrauchen. »Die deutsche Hand soll verdorren«, sagte Franz Joseph Strauß einmal, »die noch mal zum Gewehr greift.«

Ich möchte von der kältesten Zeit des Kalten Krieges ausgehen. Alles, was sich anschließend ereignete, ging eigentlich vom Mauerbau aus. Der Mauerbau zementierte den Status quo in Europa, in Deutschland, in Berlin – Status quo hieß Friedenspflicht. Im Interesse dieses Status quo erteilten die drei Westmächte dem Berliner Senat den Auftrag, die Polizei zum Schutz der Mauer einzusetzen, weil unsere fabelhaften Studenten der Meinung waren: »Was die Algerier können, können wir auch. Wir können die Mauer schneller

1 Der hier abgedruckte Text ist eine überarbeitete und gekürzte Fassung des von Egon Bahr frei gehaltenen Vortrages.

in die Luft jagen, als die DDR sie wieder aufbauen kann.« Drei Monate später waren alle entsetzt, als in der Friedrichstraße Panzer auffuhren und sich gegenüberstanden. Nachdem die Panzer wieder abgezogen worden waren, sagte sich der Berliner Senat: »Jetzt halten wir still und hoffen, daß die beiden Großen vernünftig sind und nach dieser Demonstration der Kraft auf eine Kraftprobe verzichten«. Wir Deutschen konnten nichts tun – die Verantwortung für den Frieden lag bei den Vier Mächten.

Wir haben dann in der Erkenntnis, daß niemand die Mauer niederreißen könne, mit den ganz geringen Mitteln des Senats, der immer noch unter Besatzungsrecht stand, versucht, die Mauer wenigstens durchlässig zu machen, um ein paar Menschen ein paar Stunden das Wiedersehen zu ermöglichen. Das war ein ganz begrenzter, lokaler Versuch, ohne große Konzepte. Der Bau der Mauer führte zu der grundlegenden Einsicht, »man kann und muß, wenn man etwas erreichen will, mit der anderen Seite reden und verhandeln – ob legal oder nicht, demokratisch legitimiert oder nicht –, um Passierscheine zu erreichen«. Das war der Ausgangspunkt der Überlegungen, die dann viel weiter führten.

In seinen Harvard Lectures vom Oktober 1962 sagte Willy Brandt: »Für mich war die entscheidende Erfahrung des letzten Jahres: Wir haben in Berlin zwar objektiv einen Sieg errungen, den Preis aber müssen jene bezahlen, die unsere besten Freunde sind und denen wir jahrelang geholfen haben: die Menschen jenseits der Mauer, die auseinandergerissenen Familien auf beiden Seiten der Mauer. Es war eine Niederlage der Sowjets, aber ein kostspieliger und bitterer Sieg für uns, über den wir nicht froh werden können.«[2] Das war einerseits noch die Sprache des Kalten Krieges, andererseits aber ging Brandt über den Tenor des Kalten Krieges bereits hinaus. Die Harvard Lectures sollten die Amerikaner davon überzeugen, daß wir den Begriff der »friedlichen Koexistenz« nicht der Sowjetunion und dem Warschauer Pakt überlassen dürften, sondern versuchen müßten, den Begriff als einen ursprünglich westlichen wiederzugewinnen und mit eigenem Inhalt zu füllen. Das war ein mutiger Versuch, die Amerikaner von ihrem bisherigen Standpunkt abzubringen, Koexistenz sei eine kommunistische und daher abzulehnende Angelegenheit.

Brandt sagte in Harvard weiter: »Wir dürfen uns nicht lähmen lassen wie das Kaninchen von der Schlange. Wer sich gegenüber einem siegesgewissen Gegner nur passiv verhält, das heißt immer nur reagiert, gerät in Gefahr, zermürbt zu werden und auf die Dauer zu unterliegen. Wir müssen entscheiden, was wir selbst wollen und was wir glauben, erreichen zu können. Danach müssen wir uns richten und das Gesetz des Handelns an uns reißen. [...] Wahre Koexistenz ist heute die einzige Alternative zum Atomkrieg und damit zum Selbstmord der Menschheit. Da wir den Weltfrieden sichern, mehr noch, ihn gewinnen wollen, müssen wir die Koexistenz im Bewußtsein aller Menschen zu unserer ureigenen Sache machen. Wir müssen Chruschtschow und seiner Propaganda den Begriff Koexistenz entreißen, den er der Demokratie geraubt hat und den er als Tarnmantel für seine aggressive Krisenpolitik mißbraucht.

2 Zit. nach Willy Brandt: Koexistenz – Zwang zum Wagnis, Stuttgart 1963, S. 15.

[…] Wir haben Formen zu suchen, die die Blöcke von heute überlagern und durchdringen. Wir brauchen so viel reale Berührungspunkte und so sinnvolle Kommunikationen wie möglich. Bisher habe ich wirtschaftliche Formen in dieser Richtung behandelt. Im Prinzip gilt das Gleiche für Kultur. […] Eine solche Konzeption kann zu einer Transformation der anderen Seite beitragen. Das verstehe ich unter einer aktiven, friedlichen und demokratischen Politik der Koexistenz. […] Es hat verschiedene Phasen der Auseinandersetzung gegeben, seit die Weltpolitik vom Ost-West-Konflikt dominiert wird. Theorien des Zurückrollens haben mit solchen der Eindämmung gewechselt. Die Perspektive, gerade eben das Erhalten zu wollen, was man hat, reicht aber nicht aus. Es geht um eine Politik der Transformation. Wirkliche, politische und ideologische Mauern müssen ohne Konflikt nach und nach abgetragen werden. Es geht um eine Politik der friedlichen Veränderung des Konflikts, um eine Politik der Durchdringung, eine Politik des friedlichen Risikos; des Risikos deshalb, weil bei dem Wunsch, den Konflikt zu transformieren, wir selbst für die Einwirkung der anderen Seite auch offen sind und sein müssen.«[3] Damit reklamierte Brandt den Begriff der Koexistenz wieder als einen westlichen. Die spätere Formel »Wandel durch Annäherung« klang hier bereits an.

Später bezog Brandt seine Ausführungen explizit auf Deutschland: »Deutschland ist in der Tat die schwächste Stelle des sowjetischen Einflußbereichs. Wenn Koexistenz für uns mehr ist als die Bewahrung des status quo, wenn Koexistenz für uns eine friedliche Methode des Wettstreits und der Durchdringung, wenn es die Förderung der Transformation ist, dann muß man in Deutschland die Probe aufs Exempel machen. Natürlich liegt das im Interesse der Deutschen, die willkürlich auseinandergerissen wurden. Aber es liegt ebenso im allgemeinen Interesse des Westens.«[4] An anderer Stelle formulierte Brandt einmal kritisch und visionär zugleich: »Wir können nicht sicher sein, ob wir es schaffen, aber wir sind sicher, daß wir es schaffen können.«

Auch die Sowjetunion hatte eine offensive Koexistenzformel formuliert, wie hier nur angemerkt werden soll. Im Kern zielte sie darauf, das westliche Bündnis aufzuweichen, die Entwicklungsländer an die Sowjetunion zu binden und eine aktive Politik mit allen friedlichen Mitteln zu betreiben.

Die konzeptionellen Überlegungen Brandts wurden in den folgenden Jahren nach der Devise »agieren statt reagieren« in aktive Friedenspolitik umgesetzt. An oberster Stelle stand das Prinzip »Friedenssicherung durch Gewaltverzicht«. Der Status quo wurde in der Erwartung anerkannt, ihn im Laufe eines Prozesses verändern zu können. Das war für die andere Seite deshalb akzeptabel, weil sie mit dieser Anerkennung des Status quo die Festschreibung der Teilung Europas, der Teilung Deutschlands und Berlins zu erreichen hoffte. Unser Ziel war, den Osten von dem Axiom »Frieden durch Gewaltverzicht« als oberstem Kriterium zu überzeugen und damit die Bedeutung der Ideologie herabzustufen, die sogenannte Stärke des sowjetischen Lagers in Frage zu stellen. Ich möchte betonen, daß wir nicht mit ein paar Ideen die

3 Ebenda, S. 28, S. 39, S. 82 ff.
4 Ebenda, S. 91.

Welt verändert haben. Vielmehr haben wir die Veränderungen in der Welt genutzt, um die Situation in Europa zu entspannen. Angesichts der atomaren Bedrohung formulierte Brandt einmal anschaulich: »Frieden ist nicht alles, aber ohne Frieden ist alles Nichts.«

Die beiderseitige Einsicht in die Erhaltung des Friedens als obersten Prinzip hat sich in den Verträgen niedergeschlagen. Doch noch vor der Ratifizierung des Moskauer Vertrages, dem Abschluß des Vier-Mächte-Abkommens und den Verhandlungen über den Grundlagenvertrag nahmen Breschnew und Brandt in Oreanda Gespräche über den Abbau von Streitkräften auf: Die Erhaltung des Friedens wurde zum obersten Ziel erklärt und die Streitkräftereduktion sollte nicht zum Nachteil einer Seite erfolgen, wie die spätere Formel »Mutual and Balanced Forces Reduction« (MBFR), also »Ausgewogene Truppenreduktion«, zum Ausdruck brachte. Von entscheidender Bedeutung war, daß sich die Überzeugung durchgesetzt hatte, auf Gewalt verzichten zu können und zu müssen.

Angesichts der Fähigkeit, sich gegenseitig zerstören zu können und ausgehend von der Einsicht, daß Sicherheit nur gemeinsam oder gar nicht erreicht werden könne, wurde die Palme-Kommission eingerichtet, die die Formel der »Gemeinsamen Sicherheit« formulierte. Damit war ein Zustand während der »Mutual Assured Destruction«, der »Gegenseitig Gesicherten Zerstörung«, gemeint. Die Formel der »Gemeinsamen Sicherheit« für die Sicherheit im atomaren Zeitalter entfaltete eine ungewöhnliche Wirksamkeit, nicht zuletzt, weil erstmalig die Sowjetunion, vertreten durch Juri Arbatow, an einer solchen internationalen Konferenz teilgenommen hatte. Als ich Gorbatschow zum ersten Mal im Kreml traf, erläuterte er mir die Prinzipien der »Gemeinsamen Sicherheit«, die ich mit entwickelt hatte, was ich ihm jedoch verschwieg. Nach dieser Begegnung fragte ich Arbatow, wieso Gorbatschow über die Arbeit der Palme-Kommission unterrichtet sei. Arbatow antwortete, er sei mit ihm befreundet und habe ihm immer von den Sitzungen der Kommission erzählt. Diese Inhalte hatte Gorbatschow aus eigener Überzeugung verinnerlicht. Als er die Macht im Kreml übernahm, hatte er bereits die außenpolitischen Notwendigkeiten erkannt: die militärische Überlegenheit mußte abgebaut und ein gemeinsames Sicherheitssystem installiert werden – Gorbatschow hatte hier Gedanken Brandts aufgegriffen.

Welche Bedeutung hatten diese Entwicklungen für Deutschland? Bis zum Grundlagenvertrag wurden die Verhandlungen mit der Sowjetunion ohne Einbeziehung der DDR geführt. Die Polen haben uns das übelgenommen. Gomulka und Ulbricht waren ja gegen eine Verständigung. Bis zum Grundlagenvertrag haben wir die Grundsätze der Entspannungspolitik mit Moskau vereinbart; das waren die 10 Punkte des sogenannten Bahr-Papiers. Für den Grundlagenvertrag schalteten wir um. Uns lag daran, daß die DDR sich nun emanzipiere und selbständiger werde. Nach dem Grundlagenvertrag wollten wir von dem Nebeneinander zu einem Miteinander kommen; wir sprachen von Bindungen und Verbindungen, von mehr Kommunikation. Ideologische Fragen wurden aus dem Grundlagenvertrag bewußt ausgeklammert; über diese konnten und wollten wir uns nicht verständigen. Wir haben das Mittel des Grundlagenvertrages benutzt, um die praktischen Fragen, an denen beide Seiten interessiert waren, zu formulieren.

An einer Frage, die bis zum Schluß offengehalten wurde, wäre der Vertrag fast gescheitert: an der nationale Frage, bzw. ob die Frage der Nation in den Grundlagenvertrag aufgenommen werden sollte. Brandt hatte am 28. Januar 1971 in seinem zweiten »Bericht zur Lage der Nation«, also noch vor den Verhandlungen über den Grundlagenvertrag, gesagt: »Für uns kommt es auch nicht in Frage, den Begriff Nation scheinbar zeitgebundenen, kurzfristigen Notwendigkeiten anzupassen. Ich zögere nicht, in dieser Frage einen Mann zu zitieren, der am 30. November 1970 unter anderem erklärte: ›Wir sind Patrioten und Internationalisten zugleich. Denn, ob man es wahrhaben will oder nicht, die Nation ist eine Wirklichkeit, die in absehbarer Zeit nicht verschwinden wird. Damit es fruchtbare internationale Beziehungen zwischen Staaten gibt, müssen die Nationen unter sich Beziehungen der Zusammenarbeit, der Verständigung und der Freundschaft entwickeln. Das bedeutet, daß wir entschlossene Gegner dessen sind, was man den nationalen Nihilismus nennen kann.‹ Soweit das Zitat. Es stammt vom Vorsitzenden der Fraktion der Kommunistischen Partei Frankreichs im dortigen Senat, Jacques Duclos, einem Mann, den ich den Verantwortlichen der SED gewiß nicht vorzustellen brauche. Er stützt sich in seiner Erklärung des Begriffs Nation übrigens auch auf kommunistische Klassiker. Und bei ihm findet sich kein Wort davon, daß nur bestimmte Kreise der Bevölkerung die Nation bilden und andere, die ›klassenpolitische Gegner‹ sind oder solche genannt werden, davon ausgeschlossen wären.«[5] Brandt wandte sich dann der SED-Führung zu und hat sie ein bißchen auf den Arm genommen, weil sie die bürgerliche Nation von der sozialistischen Nation unterscheiden wollte. Wichtig war der Artikel 5 des Grundlagenvertrages, mit dem wir zum ersten Mal vereinbart haben, daß beide Staaten sich in Fragen der europäischen Sicherheit abstimmen und konsultieren werden. Das bedeutete im Grunde, daß beide Staaten sich abstimmten in Fragen, über die sie gar nichts zu sagen hatten. Obwohl die Vier Mächte über die europäische Sicherheit entschieden, haben sie eine Abstimmung über diese Fragen zwischen beiden deutschen Staaten toleriert. Entscheidend war das gemeinsame Interesse daran – das während der Verhandlungen nicht öffentlich ausgesprochen wurde –, Spannungen und Krieg zu verhindern. Es darf nicht vergessen werden, daß zu jener Zeit in Amerika darüber diskutiert wurde, ob es möglich oder sinnvoll sei, in Europa einen begrenzten Atomkrieg zu führen. Das war übrigens ein Punkt, der mir schlaflose Nächte bereitet hat, denn natürlich sprach die russische Doktrin dagegen, daß ein Atomkrieg, einmal begonnen, bis zu einem »overall nuclear war« nicht mehr aufzuhalten gewesen wäre. Ich bin der Überzeugung, daß nicht nur die Amerikaner, sondern auch die Russen ihn begrenzen wollten. Aber sicher konnte man nicht sein.

Als mit dem NATO-Doppelbeschluß ein Rückfall in den Kalten Krieg drohte, war erkennbar, daß beide deutschen Staaten daran interessiert waren,

5 Zit. nach Verhandlungen des Deutschen Bundestages, 6. Wahlperiode, Sitzung vom 28.1.1971, Stenographische Berichte Bd. 74, S. 5046.

die bisherigen Ergebnisse der Entspannung zu erhalten und eine ernsthafte Konfrontation der Großmächte zu verhindern. Ein Rückschlag war der NATO-Doppelbeschluß insofern, als er beide Staaten zum Objekt anderer machte. Das schränkte die Selbstbestimmung, die Möglichkeit, den eigenen Interessen zu folgen ein. Das war ein Grund für den Gegensatz zwischen Helmut Schmidt und mir.

Schmidt und ich hielten eisern an dem Beschluß der SPD fest, die endgültige Entscheidung über die Stationierung erst dann zu fällen, wenn das Ergebnis der Verhandlungen vorliege. Das sollte im Herbst 1983 sein. Entgegen allen Legenden ist daran nicht die Koalition zerbrochen, denn die FDP hat diesen Beschluß des SPD-Parteitages gekannt, gebilligt und nie etwas dagegen gesagt. Die Situation änderte sich erst, als Helmut Kohl Bundeskanzler wurde und nun den Amerikanern den Blankoscheck ausstellte, den auszustellen Helmut Schmidt sich immer geweigert hat: daß im Herbst 1983 die Stationierung in Deutschland beginnen könne, und zwar unabhängig davon, wie die Verhandlungen ausgehen.

In der Opposition haben wir mit der KPdSU und der SED in Arbeitsgruppen weiter über Sicherheitsfragen diskutiert und eine chemiewaffenfreie Zone und einen atomwaffenfreien Korridor für Deutschland vorgeschlagen. Dies hat Gorbatschow später unterstützt und damit den Menschen in der DDR und nicht zuletzt in den Kirchen Handlungsspielraum verschafft. Die Friedensfreunde in der DDR waren uns in Westdeutschland immer willkommen, die Friedensfreunde in Westdeutschland waren der westdeutschen Regierung weniger willkommen. Frieden hat sich geschichtlich als eine ebenso wirksame Waffe erwiesen wie die Gewaltlosigkeit Gandhis. Friede ist Befreiungspolitik, Friede ist Stärke, die Stärke des Schwachen.

Joachim Garstecki

Friedensbewegung und Politik

Als die Bundesrepublik Deutschland und die DDR 1949 gegründet wurden, waren die Schrecken des Zweiten Weltkrieges noch allgegenwärtig. Mit dem Abwurf der Atombomben über Hiroshima und Nagasaki im August 1945 begann das Atomzeitalter, und die sich abzeichnenden Konfrontationslinien des Kalten Krieges zwischen den Siegermächten USA und Sowjetunion, die Teilung Deutschlands entlang der neuen Blöcke, die Re-Militarisierung beider deutscher Staaten nach 1950 und der Koreakrieg von 1950 bis 1953 machten den Deutschen unübersehbar klar: Die beginnende »Nachkriegszeit« war nicht der Einstieg in eine stabile Friedensperiode. Ein Szenarium neuer Friedensbedrohungen war entstanden.

In beiden deutschen Staaten wurden diese Gefährdungen von Beginn an aufmerksam wahrgenommen, weil an der Trennlinie zwischen beiden Blöcken die gegenseitige Bedrohung besonders präsent war. Frieden war damit nicht nur zu einer Aufgabe beider deutscher Staaten im eng definierten Rahmen ihrer jeweiligen Bündnisse geworden, sondern auch zu einer Herausforderung für die Menschen beider deutscher Gesellschaften. Daß von deutschem Boden nie wieder Krieg, sondern nur noch Frieden ausgehen sollte, war eine Überzeugung, die nicht nur aus der Erinnerung an den eben beendeten Krieg gespeist wurde, sondern in gleicher Weise aus den neuen Bedrohungen des Friedens resultierte. Das Wort von der »Friedenspflicht der Deutschen« wurde zu einer Metapher, die auf ein über die Ebene der Politik hinausgehendes Bewußtsein von einer originären gesellschaftlichen Verantwortung für den Frieden hinwies. Der Name »Friedensbewegung« wurde in der Folgezeit zum Sammelbegriff für Gruppen, Initiativen und Aktionen, die sich für Frieden engagierten.

Friedensbewegung ist eine eigenständige Organisationsform friedensverantwortlichen, gesellschaftlichen Handelns, die durch vielfältige Prozesse der Bewußtseinsbildung, selbstorganisierten Lernens und durch politikbezogene Aktionen charakterisiert ist. Überwiegend wurde dieses Lernen und Handeln nicht von traditionellen gesellschaftlichen Institutionen, wie zum Beispiel der Schule, getragen. Zwei Ziele standen für die Friedensbewegung von Beginn an im Mittelpunkt: die Abwendung einer neuen Kriegsgefahr, die aus der Existenz der Atomwaffen und aus einem System der Friedenssicherung durch Abschreckung mit Massenvernichtungsmitteln erwuchs, und die Orientierung auf einen positiven Friedensbegriff, der Gewalt als Mittel zur Durchsetzung politischer Ziele ausschließt. Obwohl die Lernprozesse der Friedensbewegung unterhalb der Ebene politischer Entscheidungen abliefen, wirkten sie über eine allmähliche Veränderung der Meinungs- und Bewußtseinslage breiter Bevölkerungsschichten indirekt auf die Ebene politischen Handelns ein. Sie boten damit eine Möglichkeit, Politik im Sinne eines positiven Friedensbegriffs zu beeinflussen und ansatzweise zu verändern.

Die Reflexion von Erfahrungen im Verhältnis von Friedensbewegung und Politik, das Identifizieren von Berührungspunkten und Schnittstellen zwischen politischem Handeln und Bewegungshandeln in den beiden deutschen Staaten gehört zu den bisher noch wenig bearbeiteten Feldern deutsch-deutscher Nachkriegsgeschichte. Die Schwierigkeiten des Themas liegen in dem breiten politischen Spektrum, das für »die« Friedensbewegung in beiden deutschen Staaten seit den fünfziger Jahren kennzeichnend war, und damit zusammenhängend in den inhaltlichen Differenzierungen und zeitlichen Periodisierungen innerhalb der Friedensbewegung selbst. Hinzu kommt, daß die öffentliche Wahrnehmung je nach Standpunkt, Perspektive und Beteiligt- oder Nicht-Beteiligt-Sein unterschiedliche bis gegensätzliche Urteile über die politische Bedeutung und den Erfolg bzw. Mißerfolg »der« Friedensbewegung zuläßt. Eine unvermeidliche Begrenzung der hier vorgestellten Perspektive ergibt sich schließlich dadurch, daß der Verfasser Zeitzeuge und nicht Historiker ist, sich im wesentlichen auf die sogenannte »neue Friedensbewegung« seit Ende der siebziger Jahre bezieht, bis Ende 1990 in der DDR gelebt und seine Beobachtungen überwiegend im Handlungsfeld der eigenständigen kirchlichen Friedensarbeit gemacht hat.

Die Frage nach der Rolle der Friedensbewegung im Kontext der »geteilten Vergangenheit« setzt voraus, daß geklärt ist, wer und was mit dem Begriff »Friedensbewegung« gemeint und was nicht gemeint ist.

Die Frage, »inwieweit die getrennte Vergangenheit als gemeinsame, gegenseitig beeinflußte, von gleichen Herausforderungen geprägte Geschichte gesehen werden kann«, darf im Blick auf die Friedensfrage als Herausforderung der Nachkriegsgesellschaft eindeutig positiv beantwortet werden. Es gab eine fundamentale deutsch-deutsche Gemeinsamkeit: Von deutschem Boden sollte nie wieder Krieg ausgehen. Die Friedensbewegung der frühen Bundesrepublik war in diesem Sinne konsequente Anti-Atom (-Waffen)-Bewegung. Sie war eine kritische Reaktion auf die Existenz atomarer Massenvernichtungsmittel und ihre politische Instrumentalisierung im System der gegenseitigen atomaren Abschreckung zwischen Ost und West. Sie richtete sich gegen die militärische Einbindung der Bundesrepublik in dieses System, gegen die Politik der Wiederaufrüstung und ab 1955 gegen die Integration der Bundesrepublik in die NATO. Die Überzeugung »Nie wieder Krieg!« und die Parole »Kampf dem Atomtod!« (1957) bildeten die beiden maßgeblichen Perspektiven, unter denen sich die Friedensbewegung in der Bundesrepublik organisierte, die Sicherheitspolitik des NATO-Bündnisses kritisierte und eigene Formen nichtstaatlicher politischer Willensbildung entwickelte. Der bedrohliche Antagonismus der beiden hochgerüsteten Systeme sollte ohne Androhung und Anwendung von Gewalt durch Abrüstung überwunden werden.

Gleiches galt grundsätzlich auch für die Friedensbewegung in der DDR, die zwar in einem anderen politischen Rahmen, aber mit gleichen politischen Zielsetzungen auftrat. Doch es gab einen wichtigen Unterschied: Die öffentliche Artikulation friedensverantwortlichen Bewußtseins vollzog sich in der DDR nicht durch Selbstorganisation in sozialen Bewegungen, sondern ausschließlich im engen Rahmen der Vorgaben der staatlichen »Friedenspolitik der DDR«, das heißt der SED. War die westdeutsche Friedensbewegung mehrheitlich Ausdruck einer breiten »entstaatlichten politischen Willensbildung«[1] in der Bevölkerung der Bundesrepublik, so war die offizielle »Friedensbewegung der DDR« das genaue Gegenteil: ein Produkt gezielter Verstaatlichung gesellschaftlicher Friedensverantwortung. Der »Friedensrat der DDR« hatte die Aufgabe, »den mit der Friedenspolitik des sozialistischen Staates übereinstimmenden Friedenswillen der Bevölkerung der DDR«[2] national und vor allem international zu dokumentieren. Frieden war nach dieser Auffassung allein durch den »aggressiven Imperialismus« des Westens bedroht; in der DDR dagegen wurde Frieden als dem Sozialismus »wesenseigen« deklariert und unentwegt als tragendes Prinzip sozialistischer Politik propagiert. Öffentliches friedenverantwortliches Handeln war entsprechend nur in diesem ideologisch definierten Rahmen – und das heißt nach den Vorgaben der SED – möglich.

Im Rahmen der Fragestellung nach *einer* Geschichte trotz geteilter Vergangenheit wird hier bereits deutlich, daß Friedensbewegungen zwar in beiden deutschen Staaten existierten, sich aber hinsichtlich ihrer politischen Funktion, ihres Bewegungs-Verständnisses und ihrer organisatorischen Gestalt grundsätzlich voneinander unterschieden. Die offizielle »Friedensbewegung der DDR« war Teil der politisch-ideologischen Instrumentalisierung des Themas Frieden für die Sache des Sozialismus. Sie blieb unkritisch und sprachlos gegenüber dem Rüstungs- und Abschreckungspotential des Warschauer Vertrages und »verstärkte« damit lediglich die sozialistische »Friedenspolitik der DDR«.

Aber auch die Friedensbewegung in der Bundesrepublik war in den fünfziger Jahren nicht frei von ideologischen Einseitigkeiten. Das Thema Frieden war nach 1949 in den Sog der Konfrontation zwischen Ost und West geraten und zur ideologischen Waffe im Kalten Krieg geworden. Die Friedensbewegung West protestierte gegen Wiederbewaffnung und westliche Atomrüstung, stand aber gerade deshalb ständig in der Gefahr, politisch durch die DDR mißbraucht zu werden. Denn da »Friedenskampf« im Osten als Teil der Systemauseinandersetzung verstanden wurde, versuchte die DDR nicht ohne Erfolg, Einfluß auf die westdeutsche Friedensbewegung zu nehmen. Diese war zu weiten Teilen einer ebenso unkritischen wie naiven Schwarzweißmalerei verhaftet, die im Westen die Ursache alles Bösen und im Osten den Hort des wahren Friedens sah – im Ergebnis nicht Infragestellung, sondern Reproduk-

1 Jürgen Habermas/Dietrich Henrich: Zwei Reden aus Anlaß des Hegelpreises, Frankfurt a. M. 1974, S. 66 f.
2 Kleines politisches Wörterbuch, Berlin (O) 1973, S. 242.

tion der Muster des Kalten Krieges. Erst die sich formierende »neue« Friedensbewegung ab Ende der siebziger Jahre wurde in dieser Hinsicht wirklich autonom. Aber noch bis in die achtziger Jahre hinein mußte sie sich gegen den pauschalen Vorwurf zur Wehr setzen, Handlanger »der Kommunisten« und »von Moskau« bezahlt zu sein.

Die Friedensbewegungen in den beiden deutschen Staaten sind als Teil der »einen Geschichte« vor allem in bezug auf die Frage interessant, was sie auf ihrer jeweils *eigenen* Seite zur Überwindung des Abschreckungssystems und seiner gesellschaftlichen Folgen unternommen haben.

Die politische Logik der Abschreckung mit Massenvernichtungsmitteln im Rahmen des Ost-West-Konfliktes bestand in der Androhung gegenseitiger Vernichtung für den Fall eines atomaren Erstschlags durch eine Seite. Diese ständige Drohung sollte den Frieden sichern; sie hing wie ein Damoklesschwert über den Völkern und schuf jenes berüchtigte »Gleichgewicht des Schreckens«, das Dieter Senghaas zutreffend als »System organisierter Friedlosigkeit«[3] charakterisiert hatte.

Zentraler Kritikpunkt der Friedensbewegung war, daß Frieden damit durch die glaubwürdige Androhung von Vernichtung gesichert werden sollte. Ständig neue Rüstungswettläufe mit dem Ziel der Erstschlagfähigkeit destabilisierten dieses System zusätzlich von innen; eine permanente Militarisierung der beteiligten Gesellschaften war die Folge. Da beide Seiten, USA und Sowjetunion bzw. NATO und Warschauer Pakt, sich gemäß derselben Abschreckungslogik verhalten mußten, wenn das System funktionieren sollte, mußten auch die Friedenbewegungen beider Seiten auf jeweils ihrer Seite politische Abschreckungskritik betreiben, wenn sie dazu beitragen wollten, das Abschreckungssystem zu entschärfen und langfristig zu überwinden.

Gemessen an diesem Maßstab rücken jene Gruppierungen der Friedensbewegung in Ost und West in den Mittelpunkt des Interesses, die die Notwendigkeit der Kritik am Abschreckungssystem von beiden Seiten aus erkannt und praktiziert haben. Kriterium ihrer politischen Glaubwürdigkeit war die Fähigkeit und Bereitschaft, die Abschreckungspraxis der eigenen (und nicht zuerst der anderen) Seite »von unten« zu kritisieren. In der Bundesrepublik waren das ab Ende der siebziger Jahre unter anderen die »Christen für Abrüstung«, die Aktion Sühnezeichen/Friedensdienste, die ökumenische Initiative »Ohne Rüstung leben« oder die Initiative »Schritte zur Abrüstung«. In der DDR spielten die Gruppierungen und Initiativen der »eigenständigen« kirchlichen Friedensarbeit und der (staats-)»unabhängigen Friedensbewegung«, aus der Ende der achtziger Jahre die Bürgerbewegung der DDR hervorging, eine wichtige Rolle. Ihre Aktivitäten standen in enger Beziehung zu den Aktivitäten der »neuen« Friedensbewegung in der Bundesrepublik, die sich gegen den Nachrüstungsbeschluß der NATO von 1979 und die geplante Stationie-

3 Dieter Senghaas: Abschreckung und Frieden. Studien zur Kritik organisierter Friedlosigkeit, Frankfurt a. M. 1969, S. 5 ff., S. 228 ff.

rung atomarer Mittelstreckenwaffen auf dem Gebiet der Bundesrepublik richteten.

Da es in der DDR schwierig bis unmöglich war, zuverlässige Informationen über Art und Umfang des militärischen Potentials der Warschauer-Pakt-Staaten auf dem Gebiet der DDR zu erhalten, bestanden die Aktivitäten der kirchlichen und unabhängigen Friedensbewegung im wesentlichen in der Auseinandersetzung mit den gesellschaftlichen Folgen des Abschreckungssystems für die DDR. Die durchgängige Militarisierung der Gesellschaft, vor allem des Bildungswesens, Fragen des Wehrdienstes in der Nationalen Volksarmee und der »Alternative« der Baueinheiten bzw. der Totalverweigerung oder die Einführung des obligatorischen Wehrunterrichtes an den Schulen der DDR ab 1978 waren Schwerpunkte ihres Engagements.

Die Friedensbewegung in Ost und West hat spezifische deutsch-deutsche Gemeinsamkeiten ausgebildet und dadurch den System-Antagonismus unterlaufen. Sie hat damit aus einer »Trennlinie« eine »Nahtstelle« werden lassen.

Die für die Friedensbewegung der achtziger Jahre kennzeichnenden Interdependenzen und Parallelitäten zwischen Akteuren in der Bundesrepublik und in der DDR wirken auf den ersten Blick unscheinbar, sind aber möglicherweise von exemplarischer Bedeutung für die Frage nach Anhaltspunkten für eine gemeinsame deutsch-deutsche Nachkriegsgeschichte in getrennten politischen Kontexten. Es hat auf der Bewegungs-Ebene in friedenspolitischen Fragen schon nach 1970 ein starkes wechselseitiges Interesse und eine hohe gegenseitige Durchlässigkeit zwischen West und Ost und umgekehrt gegeben, die sowohl der Logik der Abschreckung als auch der erklärten Abgrenzungspolitik der DDR zuwiderlief. Von allergrößter Bedeutung war, daß die evangelischen Kirchen in beiden deutschen Staaten trotz ihrer organisatorischen Trennung seit 1968 an ihrer »besonderen geistlichen Gemeinschaft« festhielten und damit einen relativ stabilen offiziellen, aber auch informell nutzbaren Kommunikationsrahmen konstituierten, der für den Austausch von Ideen, Vorschlägen und Konzepten zum Thema Frieden zur Verfügung stand und vor allem von kirchlichen Friedensgruppen intensiv genutzt wurde. Dieser Austausch bezog sich vor allem auf die besonderen friedenspolitischen und -ethischen Herausforderungen an der Trennlinie der Systeme. Er bewegte sich bewußt im Horizont einer gemeinsamen Friedenspflicht der Deutschen, respektierte aber stets die spezifischen Handlungsbedingungen und die Eigenständigkeit der Akteure der jeweils anderen Seite.

Als Beispiele für die politische Gleichgerichtetheit und relative Gleichzeitigkeit friedensbewegter Ziele, Positionen und Aktivitäten in West und Ost seien hier genannt: *erstens* die Entwicklung friedenspädagogischer Konzepte und Strukturen in den siebziger Jahren in der Bundesrepublik und parallel dazu die Arbeit am Thema »Erziehung zum Frieden« als strukturierendem Mittelpunkt der beginnenden eigenständigen kirchlichen Friedensarbeit in der DDR nach 1971; *zweitens* die Durchführung von »Friedenswochen« in der Bundesrepublik nach dem Vorbild der Niederlande etwa ab 1980 und die Einrichtung der offizielen kirchlichen »Friedensdekade« in der DDR ab 1981. Die Friedensdekade entwickelte sich in den Folgejahren zum wichtigsten Träger unabhängiger friedenspolitischer Bewußtseinsbildung in der DDR. Ihre Themen rezipierten zumeist antimilitaristische Positionen der westdeutschen Friedensbewegung. Die Praxis der »Friedenswochen« und der »Friedensdekaden« mündete nach 1990 in das gemeinsame Projekt »Ökumenische Friedensdekade« ein; *drittens* die Parole »Frieden schaffen ohne Waffen« als Konsensformel der bundesdeutschen Friedensbewegung am Beginn der achtziger Jahre und etwa parallel dazu die Initiative »Schwerter zu Pflugscharen« 1981/82 als breiteste und öffentlich bedeutsamste Initiative im Bereich eigenständiger kirchlicher Friedensarbeit und unabhängiger Friedensbewegung in der DDR; und *viertens* die Kampagne »Die Zeit ist da für ein Nein ohne jedes Ja zu den Massenvernichtungsmitteln« im Zusammenhang mit dem Evangelischen Kirchentag 1983 in Hannover und die vom Bund der Evangelischen Kirchen in der DDR ab 1982/83 formulierte »Absage an Geist, Logik und Praxis der Abschreckung«. Beide Positionen waren eine spezifische Konsequenz der Ablehnung des Abschreckungssystems und besonders der geplanten Stationierung von neuen atomaren Mittelstreckenwaffen auf dem Gebiet der Bundesrepublik und der DDR.

Auffallend ist, daß alle diese Beispiele auf DDR-Seite jenseits der staatsoffiziellen Friedensbewegung an der Schnittstelle zwischen kirchlicher Arbeit und unabhängigen friedensbewegten Gruppen angesiedelt waren. Das unterstreicht die große Bedeutung, die die evangelischen Kirchen in der DDR als Freiraum für diese Gruppen hatten. Die inhaltliche Arbeit der Gruppen korrespondierte eng mit den Handlungsfeldern kirchlicher Friedensarbeit und bezog sich oft auf Positionen, die dort entwickelt worden waren.

In vielen Fällen partizipierte die unabhängige Friedensbewegung der DDR am Vorlauf der Friedensbewegung in der Bundesrepublik. Sie verstand es, deren Ideen und Aktionen produktiv an die Gegebenheiten in der DDR anzupassen und originell zu rezipieren. Auf dem Höhepunkt der Nachrüstungsdebatte 1983 gab es auch einen umgekehrten Transfer: Gruppierungen der westdeutschen Friedensbewegung, vor allem im Umfeld der Kirchen und des Deutschen Evangelischen Kirchentages, beriefen sich gern auf friedensethische und -politische Positionen, die von der kirchlichen Friedensarbeit in der DDR formuliert worden waren. Indirekt bestätigt dieser Befund die Vermutung, daß die Kritik am System nuklearer Abschreckung auf einer Seite zu Einsichten führte, die auch für die andere Seite brauchbar waren. Nicht immer war solche wechselseitige Inanspruchnahme gewollt. 1983 kam es im Kirchenbund der DDR zu der kuriosen Entscheidung, keine offiziellen Vertreter bei öffentlichen Veranstaltungen zum Thema Frieden und Nachrüstung im Bereich der EKD auftreten zu lassen, um die kontroverse kirchliche Debatte nicht zusätzlich zu polarisieren. Noch dieses Negativ-Beispiel zeigt, wie intensiv die wechselseitige Partizipation West-Ost/Ost-West auf dem Höhepunkt der Nachrüstungsdebatte war.

Die kirchliche Friedensarbeit in der DDR hat in den achtziger Jahren wichtige friedens- und sicherheitspolitische Impulse zur Überwindung der Abschreckungslogik rezipiert und eigenständig weiterentwickelt. Damit wurde friedensverantwortliches Handeln in einem bis dahin ungewohnten Maß »politisch«.

1982 wurde der »Bericht der Unabhängigen Kommission für Abrüstung und Sicherheit – Common security«, der sogenannte Palme-Bericht, veröffentlicht. Damit schien ein alternatives und politikfähiges Konzept zur Überwindung des Abschreckungssystems vorzuliegen. In seinem Kern besagte dieses Konzept, daß Sicherheit nicht länger gegeneinander errüstet werden könne, sondern in einem kooperativen Prozeß gegenseitigen Sicher-Machens gemeinsam organisiert werden müsse. Bereits im März 1983 wurde der Ansatz der »Gemeinsamen Sicherheit« von der »ad-hoc-Gruppe Abrüstung« der Theologischen Studienabteilung beim Kirchenbund der DDR mit einer Studie unter dem Titel »Sicherheitspartnerschaft und Frieden in Europa: Aufgabe der deutschen Staaten, Verantwortung der deutschen Kirchen« aufgegriffen, die in der DDR schnell verbreitet wurde und bald auch in der Bundesrepublik vorlag.[4] Dort fand sie vor allem im christlichen Spektrum der Friedensbewegung ein breites Echo. Im Juni 1983 veröffentlichten Christen aus der DDR und der Bundesrepublik auf dem Evangelischen Kirchentag in Hannover eine gemeinsame Erklärung »Für eine neue Sicherheitspolitik in Europa«, die der Logik des Konzeptes »Gemeinsame Sicherheit« folgte und politische Konsequenzen für den Umgang der beiden deutschen Staaten miteinander forderte. Der Denkansatz der »Gemeinsamen Sicherheit« prägte die Friedensdiskussion im christlichen Spektrum der Friedensbewegung der achtziger Jahre maßgeblich und führte in der kirchlichen Friedensarbeit der DDR zu einem bis dahin unbekannten Interesse an abrüstungs- und sicherheitspolitischen Fragestellungen.

Die Notwendigkeit, über konkrete politische Alternativen zum herrschenden Sicherheitssystem nachzudenken, ergab sich für die evangelischen Kirchen in der DDR aus der 1982/83 formulierten »Absage an Geist, Logik und Praxis der Abschreckung«. Diese Position hatte schon allein dadurch, daß sie von den Kirchen in der DDR öffentlich vertreten wurde und über die elektronischen Medien der Bundesrepublik in die DDR zurückwirkte, eine delegitimierende Wirkung auf die selbstverständliche Akzeptanz militärischer Friedenssicherung in der DDR. Es zeigte sich allerdings sehr bald, daß die mit der Absage an die Abschreckung verbundene Rezeption des Konzeptes der Palme-Kommision in mehrfacher Hinsicht mit wenig Gegenliebe rechnen konnte: seitens der SED, weil sie die sture Doktrin der »gleichen Sicherheit« in Frage stellte und als Einmischung in die Politik des Staates gewertet wurde, aber auch in Gruppierungen der unabhängigen Friedensbewegung der DDR, die mit dem Konzept »Gemeinsame Sicherheit« die Nachkriegsordnung von Jalta und damit den politischen Status quo in Europa festgeschrieben sahen. Schließlich äußerten Repräsentanten aus Kirche und Staat in der Bundesrepu-

4 Theologische Studienabteilung beim Bund der Evang. Kirchen in der DDR, Sicherheitspartnerschaft und Frieden in Europa. Aufgabe der deutschen Staaten, Verantwortung der deutschen Kirchen, hrsg. von Aktion Sühnezeichen/Friedensdienste, Berlin 1983.

blik Unbehagen, die solcher Art von Diskussion schlicht die Kompetenz absprachen und sie angesichts der realen Machtverhältnisse in der DDR als vergebliche Bemühung belächelten.

Für die eigenständige kirchliche Friedensarbeit in der DDR hatte das Konzept »Gemeinsame Sicherheit« exemplarische Bedeutung für die Bemühungen um Überwindung der Ost-West-Blockkonfrontation und für die politischen Chancen einer künftigen europäischen und weltweiten Friedensordnung. Schon 1981 hatten die evangelischen Kirchen in einer Studie dazu formuliert: »Politisch vernünftig ist, was allgemein zugemutet werden kann«; und: »Was (noch) nicht politikfähig ist, muß nicht politisch unvernünftig sein«.[5] Gerade weil das Thema Frieden von der SED monopolisiert war, konnte die eigenständige Auseinandersetzung mit alternativen Positionen und Konzepten unter DDR-Bedingungen eine unverhältnismäßig hohe politische Bedeutung gewinnen. So hatte zum Beispiel allein die Veröffentlichung des gemeinsamen Papiers von SED und SPD »Der Streit der Ideologien und die gemeinsame Sicherheit« von 1987 im SED-Zentralorgan »Neues Deutschland« unter in der DDR gegebenen Bedingungen eine große emanzipatorische Wirkung. Das SED-SPD-Papier folgte der Logik der »Gemeinsamen Sicherheit« und hat Argumente zur Verfügung gestellt, die den gesellschaftlichen Differenzierungsprozeß in der DDR beschleunigt haben.

Umgekehrt zeigten sich an der Rezeption des Konzeptes »Gemeinsame Sicherheit« auch die Grenzen einer so starken Konzentration auf sicherheitspolitische Fragestellungen in einer Friedensbewegung. Für die Mehrheit der Engagierten machte die Kritik am Abschreckungssystem zu wenig deutlich, daß Friedensarbeit an einem positiven Friedensbegriff orientiert sein muß, wenn sie handlungsrelevant werden soll. Viele fühlten sich von dem hohen politischen Anspruch friedens- und sicherheitspolitischer Konzepte überfordert. Das Konzept »Gemeinsame Sicherheit« hat große Teile der unabhängigen Gruppen Mitte der achtziger Jahre vor allem aber deshalb nicht mehr erreicht, weil es als zu stabilisierend und zu wenig emanzipatorisch wahrgenommen wurde. Hier deutet sich bereits der Übergang von der Friedensbewegung zur späteren Bürgerbewegung der DDR an, der zum Beispiel in der Berliner Initiative »Absage an Praxis und Prinzip der Abgrenzung« (1987) zum Ausdruck kam.[6] Typisch für diese Initiative war, daß sie das Motiv der Absage aufnahm, es aber bewußt von der militärischen Abschreckungslogik auf die menschenrechtsfeindliche Abgrenzungspraxis der DDR erweiterte. Damit war ein Themenwechsel in der Friedensfrage vollzogen, der die gesellschaftlichen

5 Grundfragen eines politischen Wirksamwerdens von christlichem Friedensdienst. Studie der Konferenz der Evang. Kirchenleitungen, 1981, in: Christoph Demke/Manfred Falkenau/Helmut Zeddies (Hrsg.): Zwischen Anpassung und Verweigerung. Dokumente aus der Arbeit des Bundes der Evangelischen Kirchen in der DDR, Leipzig 1994, S. 298 ff.

6 Absage an Praxis und Prinzip der Abgrenzung, in: Stephan Bickhardt (Hrsg.): Recht ströme wie Wasser. Christen in der DDR für Absage an Praxis und Prinzip der Abgrenzung, Berlin 1988, S. 16 f.

Grundfragen nach Demokratie und Menschenrechten vor die Probleme der Sicherheitspolitik stellte.

Man wird der politischen Bedeutung des Konzeptes »Gemeinsame Sicherheit« und seiner Rezeption in der Friedensbewegung allerdings nicht gerecht, wenn man es lediglich als Instrument der Stabilisierung des politischen Status quo in Europa denunziert. Der Gedanke der Sicherheitspartnerschaft war 1983 vor dem Hintergrund der nuklearen Bedrohung, besonders durch die neuen atomaren Mittelstreckenwaffen in Europa, schlechthin revolutionär, weil er von allen Beteiligten verlangte, die Ideologisierung des Themas Frieden zu überwinden und das gemeinsame Überlebensinteresse zwischen Ost und West zur Maxime nicht nur der Sicherheitspolitik, sondern politischen Handelns überhaupt zu machen. Michail Gorbatschow hat als erster die emanzipatorische Bedeutung dieser Logik erkannt und versucht, den Prozeß der gesellschaftlichen Erneuerung daran auszurichten.

Die Friedensbewegung in Ost und West hat allein durch ihre Existenz dazu beigetragen, daß das Thema Frieden jenseits ideologisch-politischer Inanspruchnahme durch die Blöcke ein Gegenstand authentischer Auseinandersetzung in den beiden deutschen Gesellschaften geworden ist. Darin besteht ihr bleibendes Verdienst. Die Behauptung, die Begriffe »Friedensbewegung« oder »unabhängige Friedensbewegung« seien »lediglich Selbstverständigungs- und Kommunikationsformeln«[7] der DDR-Opposition gewesen, wird der schicksalhaften Bedeutung des Themas Frieden für beide deutschen Gesellschaften zwischen 1949 und 1989 nicht gerecht. Sie verkennt, daß auch die unabhängige Friedensbewegung in der DDR in der Lage war, eine spezifische Antwort auf die Herausforderungen des Ost-West-Gegensatzes und die atomare Bedrohung zu geben.

7 Ehrhart Neubert: Geschichte der Opposition in der DDR 1949–1989, Berlin 1997, S. 27.

IV. Verarbeitung und Reflexion der geteilten Vergangenheit seit 1989

Mary Fulbrook

Aufarbeitung der DDR-Vergangenheit und »innere Einheit« – ein Widerspruch?

Der im Titel formulierten Frage sollen drei differenzierende Fragen hinzugefügt werden: *Erstens*, worin besteht ein Gefühl der »inneren Einheit«? *Zweitens*, welche Vergangenheitsaufarbeitung im Bereich der Geschichtswissenschaft hat es bislang gegeben? Und *drittens*, widersprechen sich Aufarbeitung der DDR-Vergangenheit und »innere Einheit« notwendig oder nur unter bestimmten Umständen; wenn das so ist, wie lassen sich Geschichte und Vergangenheitsaufarbeitung überzeugender vermitteln?

»Innere Einheit« und die Frage der nationalen Identität

Worin besteht die »innere Einheit«, worin bestehen die ihr nachgesagten Schwierigkeiten? Zunächst soll auf die Frage der nationalen Identität eingegangen werden. Was eine Nation sei, haben schon viele Wissenschaftler zu beantworten versucht. Die wissenschaftlichen Ansätze können vereinfachend in zwei Gruppen eingeteilt werden: Auf der einen Seite gibt es diejenigen, die Nationen als etwas ›reelles‹, als ein über Jahrzehnte oder sogar Jahrhunderte existentes natürliches Wesen beschreiben (*essentialists*). Auf der anderen Seite gibt es diejenigen, die Nationen als zu einem bestimmten historischen Zeitpunkt sich erst konstituierte, sich immer wieder verändernde Konstrukte begreifen (*constructionists*).[1]

»Nationen« können sich selber ganz unterschiedlich definieren, wie die verschiedenen Staatsbürgerschaftsgesetze und -debatten zeigen.[2] Entscheidend ist

1 Die meisten Deutschen neigen anscheinend zur ersten Interpretation; vgl. Werner Weidenfeld/Karl-Rudolf Korte: Die Deutschen. Profil einer Nation, Stuttgart 1991. Zu theoretischen Ansätzen vgl. Benedict Anderson: Imagined Communities, London 1991. Ernest Gellner: Nations and Nationalism, Ithaca/N. Y. 1983. Eric Hobsbawm: Nations and Nationalism, Cambridge 1990. John Hutchinson/Anthony Smith (Hrsg.): Nationalism, Oxford 1994. Anthony Smith: National Identity, Harmondsworth 1991. Zu meiner Interpretation vgl. Mary Fulbrook: German National Identity after the Holocaust, Cambridge 1999.

2 Vgl. Rogers Brubaker: Citizenship and Nationhood in France and Germany, Cambridge/Mass. 1992. David Cesarani/Mary Fulbrook (Hrsg.): Citizenship, Nationality and Migration in Europe, London 1996.

für die einen das Prinzip des Geburtsortes (*jus soli*), für andere – gelegentlich in Zusammenhang mit einer vermeintlichen gemeinsamen Kultur und Sprache – der Glaube an die gemeinsame Abstammung (*jus sanguinis*), für wieder andere entscheidend sind politische Werte (*konstitutioneller Patriotismus*). Vergegenwärtigt man sich das jeweilige Verständnis von Nation in den USA, der Schweiz, in Frankreich und Deutschland wird erkennbar, daß es ausgesprochen schwierig, wenn nicht gar unmöglich ist, allgemeingültige *essentielle* Merkmale zu formulieren, die eine Nation kennzeichnen.

Das Konzept des Nationalstaates ist eng mit den Veränderungen im europäischen Staatensystem der Neuzeit verbunden. Obwohl der Staat als solcher nicht gleich unterzugehen scheint, gibt es viele Hinweise auf Veränderungen im Verhältnis zwischen dem Gefühl von Zugehörigkeit und Heimat, den politischen und ökonomischen Funktionen des Nationalstaates oder der ihm übergeordneten supranationalen Organisationen und der Globalisierung der Wirtschaft, Kommunikationsnetze und Kultur. Wir leben in einem sich stetig verändernden System.

Es muß analysiert werden, unter welchen Umständen eine Mehrheit an die Realität einer Gemeinschaft glauben will, die sie Nation nennt. Meines Erachtens konstituiert sich nationale Identität nicht aus bestimmten wesenhaften Gemeinsamkeiten wie Sprache, Kultur oder Abstammung, sondern aus dem *Glauben an eine Zusammengehörigkeit*, der zwei Elemente vereinigt: den Glaube an ein gemeinsames geschichtliches Erbe (*common legacy*) und das Gefühl eines gemeinsamen Schicksals in Gegenwart und Zukunft (*a sense of common fate and common destiny*). Nur wenn diese beiden Elemente zusammenkommen, hat die Mehrheit einer bestimmten Bevölkerung das Gefühl, daß sie als eine menschliche, auf Dauer bestehende Gemeinschaft zusammengehört.

Im Hinblick auf den Aspekt des Glaubens an ein gemeinsames Schicksal in Gegenwart und Zukunft kann man annehmen, daß es ziemlich lange dauern wird, bis sich dieses Gefühl einstellen wird und kann. Es soll betont werden, daß es wichtige *reale* Probleme der inneren Einheit gibt wie Arbeitslosigkeit oder Hoffnungslosigkeit einzelner sozialer Gruppen. Frauen wurden besonders hart von der sozialen Transformation getroffen, was man am dramatischen Rückgang der Geburtenraten in den ersten zwei Jahren nach der Vereinigung deutlich ablesen kann. Wie Jürgen Kocka bemerkt hat, tritt ein solches Gefälle – etwa eine Halbierung der Geburtenraten – normalerweise nur in Ausnahmesituationen wie während des Zweiten Weltkrieges auf.[3]

Natürlich dürfen solche Probleme nicht überspitzt dargestellt und die sehr wichtigen positiven Auswirkungen der Vereinigung, wie etwa die Demokratisierung, unterbeleuchtet werden. Man muß aber berücksichtigen, daß die Erfahrungen des Alltags die Gefühle der Menschen bestimmen. Die Einstellung der meisten Menschen wird von Alltagsproblemen wie hohen Mieten oder niedrigen Renten, Kurzarbeit oder Arbeitslosigkeit und weniger von der Möglichkeit geprägt, einmal in vier Jahren die Mitglieder des Bundestages wählen oder im Sommer nach Spanien oder Griechenland fahren zu können.

3 Jürgen Kocka: Vereinigungskrise. Zur Geschichte der Gegenwart, Göttingen 1995.

Manche Soziologen meinen jetzt eine neue »Trotzidentität« unter Ostdeutschen erkennen zu können. Das relativ gute PDS-Wahlergebnis bei der letzten Bundestagswahl trägt zu dem Bild eines (noch?) nicht ganz vereinigten Deutschlands bei und scheint dieses zu bestätigen. Die innere Einheit wird kaum zu erreichen sein, wenn die ökonomische und soziale Wasserscheide zwischen den beiden Teilen der neuen Bundesrepublik weiterhin besteht. Gleichwohl wird es sicherlich noch Jahre oder sogar Jahrzehnte dauern, bis die ökonomischen und sozialen Verhältnisse in Ost- und Westdeutschland sich einigermaßen angeglichen und die Mentalitäten, besonders der älteren Generationen, sich gewandelt haben werden. Gerechnet werden muß darüber hinaus mit neuen Herausforderungen im Rahmen der Europäischen Union, deren Entwicklung jedoch positiv auf den Prozeß der inneren Einheit Deutschlands zurückwirken könnte.

Daher kann man nur unter Vorbehalt von der »Aufarbeitung der DDR-Vergangenheit« einerseits und der »inneren Einheit« andererseits sprechen, als ob ausschließlich diese beiden Gesichtspunkte zu diesem Problemkreis gehörten.

Das Nationalbewußtsein war für das Scheitern des SED-Regimes 1989 nicht ausschlaggebend. Entscheidend waren die internationale Entwicklung in der Ära Gorbatschow sowie der wirtschaftliche Verfall seit den späten siebziger und frühen achtziger Jahren, die wachsende Kritik nicht nur seitens kirchlicher Kreise an den Menschenrechtsverletzungen und der Mangel an Demokratie in der DDR. Diese Gesichtspunkte spielten wohl eine wichtigere Rolle als das immer noch und seit Jahren bestehende Gefühl, Angehörige *eines* deutschen Volkes zu sein. Im Sommer 1989 haben die immer größer werdenden Löcher im Eisernen Vorhang zu einer Krise beigetragen, der die überalterte SED-Führung zunehmend nicht mehr gewachsen war. Nachdem schließlich die Mauer geöffnet worden war, war die DDR als eigenständiges ökonomisches und politisches System nicht mehr lebensfähig.[4] Der Ruf »Wir sind ein Volk« ertönte erst sehr viel später als die Parolen »Wir sind das Volk« und »Wir bleiben hier«.

Wurde das Gefühl, Angehörige eines ethnisch-kulturellen deutschen Volkes zu sein, erst relativ spät als politische Parole in der DDR-Revolution artikuliert, war es dennoch schon seit langer Zeit ein wichtiges Element der ostdeutschen Wahrnehmung der Nation. Obwohl die SED-Theoretiker seit den siebziger Jahren mit dem Konzept der »Klassen-Nation« einer solchen ethnischen Wahrnehmung entgegenzuwirken versucht hatten, war ein Gefühl der ethnischen Identität als Deutsche nicht nur weitverbreitet, sondern auch weitgehend tabulos. Der hauchdünne offizielle Unterschied zwischen der klassenmäßigen »Nation« und der auf ethnischer Abstammung, Sprache und Kultur gründenden »Nationalität« hat anscheinend nicht viel Klarheit schaffen kön-

4 Zu meiner Interpretation des Lebens und Sterbens der DDR vgl. Mary Fulbrook: Anatomy of a Dictatorship. Inside the GDR, 1949 – 1989, Oxford 1995.

nen.[5] Die meisten DDR-Bürger glaubten nicht nur weiterhin, einem ethnisch definierten deutschen Volk anzugehören; sie schämten sich auch nicht, Deutsche zu sein.

Die Ostdeutschen hatten gelernt, daß sie die Sieger der Geschichte waren. Sie haben zwar nicht alles verinnerlicht, was die SED-Lehrer ihnen dargeboten hatten. Studien des Leipziger Zentralinstituts für Jugendforschung über das Geschichtsbewußtsein der Jugendlichen haben aber eindeutig gezeigt, daß die meisten jungen Ostdeutschen relativ problemlos mit ihrer Geschichte umgingen.[6] Auch die Interviews von Lutz Niethammer, Dorothee Wierling und Alexander von Plato scheinen zu beweisen, daß ältere DDR-Bürger keine großen Probleme mit ihren Erfahrungen und Lebensläufen im Dritten Reich hatten.[7] Und die Allgegenwärtigkeit der Mauer bzw. der innerdeutschen Grenze hat dazu beigetragen, daß für mehr als ein Drittel der ostdeutschen Bevölkerung nicht das Dritte Reich, sondern die Teilung Deutschlands das Spezifikum der jüngeren deutschen Geschichte darstellte.[8] Während mehr als die Hälfte (52 Prozent) der Westdeutschen das Dritte Reich angaben, war im Dezember 1990 der Nationalsozialismus für nur 5 Prozent der Ostdeutschen der wichtigste geschichtliche Abschnitt. Die meisten DDR-Bürger schämten sich gar nicht, Deutsche zu sein. Gerade deshalb war Nationalismus ein verbreiteter Diskurs während des Scheiterns der DDR.

Die meisten Westdeutschen hatten sich von dem Gefühl der Nation als einer ethnischen Volksgemeinschaft langsam gelöst – ein solches Gefühl wurde immer mehr in der offiziellen politischen Kultur Westdeutschlands tabuisiert und vom Begriff des »konstitutionellen Patriotismus« zurückgedrängt. Mehr noch: die verschiedenen Arten von Vergangenheitsbewältigung in bezug auf das Dritte Reich hatten dazu beigetragen, daß besonders jüngere Westdeutsche sich schämten, Deutsche zu sein. Mitte der siebziger Jahre hielten über zwei Drittel der jüngeren Generation das Wort »Vaterland« für problematisch und erklärten, es sei »ohne guten Klang«.[9] In den achtziger Jahren waren 79 Prozent der Amerikaner und 55 Prozent der Briten »sehr stolz« auf ihre Nationen; nur 21 Prozent der bundesrepublikanischen Bürger wollten ein solches Gefühl eingestehen. Im Vergleich zu anderen westlichen Bevölkerungen war

5 Vgl. die theoretische Auseinandersetzung von Alfred Kosing/Walter Schmidt: Nation und Nationalität in der DDR, in: Neues Deutschland, 15.2.1975, abgedruckt in: Deutschland Archiv 7 (1975), S. 1221–1228. Vgl. die verschiedenen Meinungsberichte bei Heinz Niemann: Meinungsforschung in der DDR. Die geheimen Berichte des Instituts für Meinungsforschung an das Politbüro der SED, Köln 1993. Gerhard Naumann/Eckhard Trümpler (Hrsg.): Der Flop mit der DDR-Nation 1971, Berlin (O) 1991. Erich Honecker: Rede an das ZK der SED vom 12. Dez. 1974, abdruckt in: Peter Brandt/Herbert Ammon (Hrsg.): Die Linke und die nationale Frage, Hamburg 1981.

6 Wilfried Schubarth: Zum Geschichtsbewußtsein von Jugendlichen, in: Zentralinstitut für Jugendforschung, VVS I 138/2/89.

7 Lutz Niethammer/Dorothee Wierling/Alexander von Plato: Die volkseigene Erfahrung. Eine Archäologie des Lebens in der Industrieprovinz der DDR, Berlin 1991.

8 Elisabeth Noelle-Neumann/Renate Köcher (Hrsg.): Allensbacher Jahrbuch der Demoskopie, 1984–1992, München 1993, S. 385.

9 Werner Weidenfeld: Die Frage nach der Einheit der deutschen Nation, München/Wien 1981, S. 49.

der Nationalstolz in der Bundesrepublik am geringsten: 41 Prozent der Westdeutschen verneinten ein positives Nationalgefühl.[10] Regionale und europäische Identitäten übernahmen bei vielen Westdeutschen gewissermaßen eine Alibifunktion.[11]

Für die späten achtziger Jahre ergibt sich folgendes Bild: Die Bundesrepublik ging offiziell von einer deutschen Nation und zwei deutschen Staaten aus, die DDR sprach nicht nur von zwei deutschen Staaten, sondern auch von zwei deutschen Nationen, die klassenmäßig unterschieden wurden. Vom Standpunkt des populären Geschichts- und Nationalbewußtsein aus gesehen, waren die Positionen umgekehrt: Die meisten Westdeutschen kümmerten sich kaum um die Ostdeutschen, wußten nur sehr wenig über ihre deutschen Nachbarn im Osten und identifizierten sich eher mit anderen westlichen (regionalen, westeuropäischen und vielleicht auch amerikanischen) Bevölkerungen; die Ostdeutschen dagegen hatten noch immer ein sehr lebendiges Interesse an Westdeutschland und begriffen sich zuerst – und relativ tabulos – als Deutsche. [12]

Als die Mauer fiel, konnte es also kein unproblematisches Gefühl der inneren Einheit geben. Gab es vor 1989 unter Ostdeutschen das Gefühl einer schwer zu beschreibenden Identität in einer Solidargemeinschaft, hat sich ihre Identität als Ostdeutsche nach der Wende gegenüber den reicheren und ihnen anscheinend überlegenen Westdeutschen eher verstärkt als abgeschwächt.

Aufarbeitung der DDR-Vergangenheit

Die Auseinandersetzung mit der DDR-Vergangenheit wurde und wird auf verschiedenen Ebenen geführt. Einige Stichwörter wie Enquete-Kommission, Strafjustiz, Mauer- und Politbüroprozesse, IM-Säuberung, Gauck-Behörde, Umstruktuierung, Denkmalsstreit genügen, um zu erkennen, welches breite Ausmaß diese Aufarbeitung angenommen hat.[13] Im folgenden steht ausschließlich die Aufarbeitung im Bereich der Geschichtswissenschaft im Mittelpunkt.

Bekanntlich hat es keine der DDR-Geschichte entsprechende Aufarbeitung der Geschichte oder der Geschichtswissenschaft der alten Bundesrepublik gegeben. Gerade die Kategorie des »Aufarbeitens« setzt voraus, daß das, was aufgearbeitet werden soll, als schlecht oder verwerfenswert angesehen wird. Der Begriff der Aufarbeitung impliziert zugleich, daß dem, was von der »aufzuarbeitenden« Seite und deren Stellvertreter gesagt wurde, nicht zu vertrauen ist. Dies war für zahlreiche Ostdeutsche kein akzeptabler Ausgangspunkt. Die

10 Elisabeth Noelle-Neumann/Renate Köcher: Die verletzte Nation. Über den Versuch der Deutschen, ihren Charakter zu ändern, Stuttgart 1987, S. 50.

11 Vgl. Werner Weidenfeld/Karl-Rudolf Korte: Region, Nation und Europa, in: Dies.: Die Deutschen.

12 Diese Thesen habe ich ausführlicher behandelt in Mary Fulbrook: German National Identity after the Holocaust, 1999.

13 Vgl. Erinnern Aufarbeiten Gedenken, hrsg. v. d. Friedrich Ebert Stiftung, Leipzig 1996 (7. Bautzen-Forum).

bundesdeutschen Historiker unterließen es, ihre eigene Vergangenheit und bisherige wissenschaftliche Praxis zu überprüfen und neu zu bewerten.

Welche Geschichtsbilder und Begriffe wurden uns in den letzten acht Jahren geboten? Ohne ausführlich auf die betreffende Literatur eingehen zu können, möchte ich mich mit der These auseinandersetzen, daß es in den letzten acht Jahren verschiedene Diskursformen gab, die sich nebeneinander und nacheinander entwickelt haben. Jeder Diskurs hat verschiedene Probleme aufgeworfen. Trotz aller Unterschiede im einzelnen und aller Varianten des Themenkomplexes und Zeitabschnittes stoßen die meisten Ansätze auf die gleichen theoretischen Probleme, die im folgenden skizziert seien.

Erstens scheint es vielen Autoren nicht möglich, keine persönliche, moralisch-politische Haltung zur DDR-Geschichte einzunehmen. Es mag sein, daß es Autoren gibt, die Geschichte schreiben, ohne daran persönlichen Anteil zu nehmen. Aber im Bereich der Zeitgeschichte – vor allem für die Betroffenen – ist das sehr schwierig. *Zweitens,* und mit dem zuvor gesagten eng verbunden, steht hinter jeder Theorie ein Geschichtsbild des Ganzen. Den historischen Akteuren werden verschiedene Rollen zugeteilt, in denen sie sich gelegentlich nicht oder nur verzerrt wiedererkennen. *Drittens* kann man Geschichte nur sprachlich vermitteln. Die Sprache aber ist keineswegs immer wertneutral. In den Sozialwissenschaften gebrauchen Akademiker oft dieselben Wörter wie der durchschnittliche Mensch. Manche Begriffe der Historiker sind jedoch auch Werkzeuge der politischen Debatte, jeweils mehr oder weniger politisch aufgeladen. *Viertens* haben viele – aber bei weitem nicht alle – Historiker empathische Schwierigkeiten. Sie verwechseln eine »verstehende Soziologie« im Sinne Max Webers mit einer persönlichen Sympathie oder Anteilnahme für die eine oder andere Ideologie, Mentalität oder soziale Gruppe (das war im Historikerstreit ein Fehler Andreas Hillgrubers[14]).

Weil die Deutschen persönlich betroffen sind, fällt es ihnen oft so schwer, diese Problembereiche klar zu reflektieren. Statt sich theoretischen Fragen zu stellen, werden persönlich motivierte Auseinandersetzungen geführt. Manchmal scheint es, die Frage stehe im Zentrum, wer die DDR-Geschichte schreiben dürfe, einen Lehrstuhl, ein Forschungsstipendium oder Fördermittel erhalten solle.[15] Persönliche Karrieren werden dann wichtiger als wissenschaftliche Leistungen; empirische Analysen werden vom politischen Standpunkt der Autoren her gewertet, und nur diejenigen, die von irgendeinem Standpunkt aus gesehen »rein« oder wenigstens akzeptabel sind, dürfen Forschung betreiben oder die Wahrheit aussprechen.

14 Vgl. insbesondere seine verwirrenden Bemerkungen in Andreas Hillgruber: Zweierlei Untergang. Die Zerschlagung des deutschen Reiches und das Ende des europäischen Judentums, Berlin 1986.

15 Vgl. den Sammelband von Rainer Eckert/Ilko-Sascha Kowalczuk/Isolde Stark (Hrsg.): Hure oder Muse? Klio in der DDR, Berlin 1994. Ein besonderes Beispiel für diese Art Vergangenheitsaufarbeitung bieten die Angriffe von Arnim Mitter und Stefan Wolle auf das Zentrum für Zeithistorische Forschung Potsdam.

Ich finde diese persönliche Ebene etwas abwegig (die für die Beteiligten natürlich sehr wichtig ist), da sie die Auseinandersetzung mit den wirklichen theoretischen Problemen, mit denen alle Historiker konfrontiert sind, vermissen läßt; am Ende wird darauf zurückzukommen sein.

Zur Literatur der letzten acht Jahren. Ich beschreibe hier nur verallgemeinernd einige typische Formen der Vergangenheitsaufarbeitung, die nur wenig mit der Konfrontationslinie »Ossis« gegen »Wessis« zu tun haben, sondern vielmehr ›grenzüberschreitende‹ Paradigmen der Geschichtsschreibung signalisieren.

Betroffenen-Literatur (Helden-, Schurken-, Opfer-Geschichten)
Anfangs wurden zahlreiche Erinnerungen sowohl der Opfer (bzw. Helden) als auch der ehemaligen Machtinhaber veröffentlicht. Auf der einen Seite gibt es eine Unmenge von Titeln wie »Jetzt oder nie – Demokratie!« oder »Wir sind das Volk!«, die zum Beispiel Flugschriften und Augenzeugenbekenntnisse der »sanften Revolution«, persönliche Spitzel-Geschichten und Enthüllungen aus den Stasi-Akten präsentieren;[16] erst später kamen auch literarische Umschreibungen hinzu. Auf der anderen Seite gibt es die Memoirenliteratur der Mächtigen: Protokolle, Vernehmungen, selbstgebastelte Memoiren oder selbstrechtfertigende Darstellungen von Prominenten wie Erich Honecker, Egon Krenz, Günter Schabowski, Kurt Hager usw.[17] Manche ehemaligen Bonzen werden hier in einem ganz sympathischen Licht dargestellt und es drängt sich einem der Eindruck auf, daß alle schuldlos seien.

Eine andere Sicht bieten Bücher apologetischen Tones, die die Frage »warum ist es schiefgegangen« stellen, wie die Veröffentlichungen der PDS oder die verschiedenen zumeist selbstgefälligen Kommentare eines alten Jürgen Kuczynski.[18]

Auch Bücher, die nicht aus der Feder direkt Beteiligter oder Betroffener stammen, sind des öfteren von einer moralisierenden oder politisch gefärbten Einstellung bestimmt. Wenn sie »diktaturnahe« Themen behandeln – etwa das Verhältniss von Kirche, Staat und Stasi – kreisen sie immer um das Problemfeld von Repression, Anpassung und Opposition. Man denke nur an die – empirisch sehr reichen – Bücher von Gerhard Besier, denen die metatheoretische Voraussetzung zugrunde liegt, daß die DDR-Diktatur weder legitim

16 Vgl. Michael Beleites: Untergrund, Berlin 1992. Neues Forum Leipzig (Hrsg.): Jetzt oder nie – Demokratie!, München 1990. Wolfgang Rüddenklau: Störenfried, Berlin 1992. Charles Schüddekopf (Hrsg.): Wir sind das Volk!, Hamburg 1990. Vera Wollenberger: Virus der Heuchler, Berlin 1992.

17 Vgl. Reinhold Andert/Wolf Herzberg: Der Sturz: Erich Honecker im Kreuzverhör, Berlin/Weimar 1990. Manfred Gerlach: Mitverantwortlich, Berlin 1991. Kurt Hager: Erinnerungen, Leipzig 1996. Erich Honecker: Moabiter Notizen, Berlin 1994. Egon Krenz: Wenn Mauern fallen, Wien 1990. Günter Schabowski: Das Politbüro, Hamburg 1990. Markus Wolf: Im eigenen Auftrag, München 1991.

18 Vgl. Dietmar Keller/Hans Modrow/Herbert Wolf (Hrsg.): Ansichten zur Geschichte der DDR, Bonn/Berlin 1993. Jürgen Kuczynski: Ein Hoffnungsloser Fall von Optmismus?, Berlin 1994.

noch tolerierbar war.[19] Man kann also einseitig und eindeutig diejenigen ablehnen, die auf irgendeine Weise die Diktatur »lebenserhaltend« unterstützten. Einige dieser Bücher, die sehr umfangreiches empirisches Materialien präsentieren, stellen wissenschaftliche Leistungen höchsten Grades dar; man muß sie aber *cum grano salis* nehmen und erkennen, daß sie nur das halbe Bild bzw. nur die halbe Wahrheit vermitteln.

Der Betroffenen-Literatur der ehemaligen Helden und Schurken gemeinsam ist – ironischerweise – das Geschichtsbild: das Bild von einem eher kleinen Zirkel Mächtiger, einem ebenso kleinen Kreis von Helden der Opposition und einer passiven Mehrheit von Opfern, Angepaßten und Mitläufern. Die Geschichte wird – mit einigen Variationen – als eine Erzählung von Macht und Opposition, Helden und Schurken dargestellt. Diesen verschiedenen Ansätzen gemeinsam ist auch der moralisierende Unterton, der die Analyse färbt.

Diese Literatur ist dennoch sehr aufschlußreich. Man erhält wichtige Einsichten sowohl in die Strukturen und Mentalitäten der Machtzentralen als auch in das manchmal merkwürdige Leben der Oppositionellen. Eine Gesamtgeschichte der DDR bietet diese Literatur aber nicht. Indem sie einzelne Bereiche aufhellt, verzerrt sie das Gesamtbild. Viele ehemalige DDR-Bürger finden sich und die eigene Vergangenheit in dieser Helden- und Schurken-Literatur kaum oder gar nicht wieder. Sie wollen sich weder in der Rolle der Opfer noch der Mitläufer wiedererkennen. Die einzelnen Aspekte bilden nur (Teil-)Beiträge zu einer möglichen Synthese oder Gesamtdarstellung der Geschichte der DDR.

Wissenschaftliche Literatur – Totalitarismustheorien

Zweitens gibt es einen selbstbewußten, theoretisch fundierten wissenschaftlichen Diskurs. Dieser ist jedoch oft nicht so objektiv und wissenschaftlich, wie die Autoren vorgeben. Obwohl die meisten dieser Autoren nicht im persönlichen oder engeren Sinne »betroffen« sind, müssen sie dennoch als beteiligt gesehen werden.

Ich denke hier insbesondere an die Totalitarismusdebatte. Es gibt verschiedene Zweige dieser Debatte. Die alten Positionen von Friedrich, Brzezinski oder Hannah Arendt, die, weil sie die »braune« und die »rote« Diktatur gemeinsam untersuchten, eine wichtige Rolle im Kalten Krieg spielten, wurden schon in den späten sechziger Jahren aus politischen Gründen heftig kritisiert. In den siebziger und achtziger Jahren wurde das Totalitarismusmodell in bezug auf das Dritte Reich aus wissenschaftlichen Gründen etwa durch das Konzept der Polykratie ersetzt. Historiker wie Hans Mommsen, Martin Broszat und Ian Kershaw haben eindeutig gezeigt, daß das chaotische System der Hitler-Diktatur nur sehr wenig mit dem »streamlined state« von Friedrich und Brzezinski zu tun hatte. Seit der Ostpolitik der sozialliberalen Koalition

19 Vgl. insbesondere Gerhard Besier: Der SED-Staat und die Kirche, München 1993. Ders./Stephan Wolf (Hrsg.): Pfarrer, Christen und Katholiken. Das Ministerium für Staatssicherheit der ehemaligen DDR und die Kirchen, 2. Aufl., Neukirchen 1992.

versuchten nur noch wenige Wissenschaftler, die DDR als totalitär zu bezeichnen.[20]

Erst nach dem Zusammenbruch der kommunistischen Staaten 1990/91 erhielt die Totalitarismustheorie neuen Aufwind. Es gibt aber noch kein allgemein anerkanntes, neues theoretisches Konzept. Während einige Historiker und Politikwissenschaftler am Modernisierungsmodell festhalten und angebliche Entdifferenzierungsprozesse in der DDR betonen, wollen andere Autoren den Begriff der »politischen Religion« mit dem des Totalitarismus verbinden.[21] Manche wollen eher die Rolle der Repression unterstreichen, nicht nur um die DDR zu typologisieren und ihre vierzig Jahre dauernde Stabilität zu erklären, sondern um diese Diktatur zugleich zu denunzieren. Ich denke hier besonders an Klaus Schroeder und Jochen Staadt, die von einem westdeutschen Standpunkt aus die Diktatur schwarzweißmalen, aber auch an ostdeutsche Geschichtswissenschaftler wie Arnim Mitter und Stefan Wolle, die mit dem Regime »abrechnen« wollen.[22]

Totalitarismustheorien sind also ganz verschiedener Art. Man muß zuerst wissen, mit welchem Konzept man umgeht, von welchen Voraussetzungen es ausgeht.[23] Meines Erachtens sind aber zuviele Probleme mit dem Wiederaufleben der Totalitarismustheorien verbunden. Sie versuchen, Typologisierung, Erklärung und Denunziation zugleich zu sein. Das, was sich als wissenschaftliches, analytisches Modell darstellt, ist zugleich ein Werkzeug der politischen Anprangerung.

Erstens zur Typologisierung: Immer wieder wird bekräftigt, »vergleichen heißt nicht gleichsetzen«. Das stimmt natürlich. Aber wenn man die Diktaturen des 20. Jahrhunderts vergleichend untersucht und betont, daß bei allen ideologischen Unterschieden zwischen Nazismus, Faschismus und Kommunismus die strukturellen Gemeinsamkeiten dennoch das wichtigste Charakteristikum sei, dann kommt in dieser Argumentationslinie beispielsweise zum Ausdruck, daß Hitler nichts (oder nur wenig) mit dem langen Weg (bzw. Sonderweg) der spezifisch deutschen Geschichte zu tun hat, sondern vielmehr mit Aspekten der Modernität. Das führt anscheinend zu der Position von Ger-

20 Vgl. als seltenes Beispiel Siegfried Thielbeer: Ist die DDR ein totalitärer Staat?, in: Eckhard Jesse (Hrsg.): Bundesrepublik Deutschland und Deutsche Demokratische Republik, Berlin 1992. Vgl. auch die scharfe Kritik an einer angeblich zu DDR-freundlichen westdeutschen Geschichtswissenschaft von Jens Hacker: Deutsche Irrtümer. Schönfärberei und Helfershelfer der SED-Diktatur im Westen, Berlin 1992.

21 Vgl. Eckhard Jesse: War die DDR totalitär? in: Aus Politik und Zeitgeschichte, B 40/1994, S. 12–23. Hans Maier: »Totalitarismus« und »politische Religionen«. Konzepte des Diktaturvergleichs, in: Eckhard Jesse (Hrsg.): Totalitarismus im 20. Jahrhundert, Bonn 1996. Sigrid Meuschel: Überlegungen zu einer Herrschafts- und Gesellschaftsgeschichte der DDR, in: Geschichte und Gesellschaft 19 (1993), S. 5–14.

22 Klaus Schroeder/Jochen Staadt: Der diskrete Charme des Status Quo. DDR-Forschung in der Ära der Entspannungspolitik, in: Klaus Schroeder (Hrsg.): Geschichte und Transformation des SED-Staates, Berlin 1994. Arnim Mitter/Stefan Wolle: Untergang auf Raten. Unbekannte Kapitel der DDR-Geschichte, München 1993.

23 Unakzeptabel aber vergleichsweise tragfähig finde ich das beschränkte Konzept von Ian Kershaw: Totalitarianism Revisited. Nazism and Stalinism in Comparative Perspective, in: Tel Aviver Jahrbuch für Deutsche Geschichte, XXIII (1994), S. 23–40.

hard Ritter oder Friedrich Meinecke zurück: die »deutsche Katastrophe« habe weniger mit »dem deutschen Volke« als mit der Modernität und insbesondere der Massengesellschaft zu tun. Es mag sein, das dies mit Absicht gemeint ist; man sollte sich aber darüber im klaren sein.

Zweitens zielen Totalitarismustheorien nicht nur auf Typologisierung, sondern auch auf Erklärung, andernfalls sind sie keine aussagekräftigen Theorien. Wie erklären sie? In der Regel kombinieren sie Repression und Indoktrination, aber erklären diese beiden Faktoren selten. Wieso ist die DDR gerade zu einer Zeit gescheitert, als der Apparat der Stasi am weitesten ausgebaut war? Wie kann man Mentalitäten als Resultat der Indoktrination einfach ignorieren, wenn man nicht (weingstens unausgesprochen) mit einem Begriff des »falschen Bewußtseins« operiert? Durch diesen »top down approach« (Geschichte von oben) können Totalitarismustheorien viele Ambivalenzen und komplizierte Vorgänge im Bereich der Anpassung und des Widerstandes nicht erkennen helfen; und wichtige Aspekte des alltagsgeschichtlichen Lebens werden kaum oder gar nicht erfaßt. Kurz gesagt: Ist so ein Modell nicht überhaupt zu einfach, um komplexe historische Prozesse aufzuhellen und unvorhersehbare geschichtliche Entwicklungen zu erklären?

Drittens ist der Begriff aufgrund zahleicher Assoziationen politisch so aufgeladen, daß nur diejenigen, die diktatorische Systeme verabscheuen, ihn benutzen können. Er kann also nicht als wissenschaftlicher Begriff in einer wertneutralen Geschichtswissenschaft (wenn es diese überhaupt geben sollte) benutzt werden.

Weitere wissenschaftliche Ansätze

Es gibt auch Versuche, aus diesem Problemkreis herauszukommen und die DDR in einem neutraleren Licht zu analysieren. Ich denke hier an Ansätze und Beiträge zur DDR-Geschichte verschiedenster Art, von denen die wichtigsten kurz skizziert werden sollen.

In mancher Hinsicht scheint die *Modernisierungsliteratur* kaum politisch aufgeladen. Aber auch hier sind moralisch-politische Erwägungen von Bedeutung. Das Konzept einer »Nachholrevolution« beispielsweise setzt voraus, daß der Westen besser sei: daß die parlamentarische Demokratie des Kapitalismus eine höhere Etappe der Geschichte darstelle als der demokratische Zentralismus des realexistierenden Sozialismus.[24] Ich denke hier insbesondere an Jürgen Kocka und Jürgen Habermas, deren Engagement für die demokratische Freiheit des Anders-Denkens unbezweifelbar ist. Das Problem dieses Geschichtsbildes liegt jedoch darin, daß nur diejenigen, die den Glauben an die Überlegenheit der westlichen parlamentarischen Demokratien teilen, diese wissenschaftliche Analyse als gültig akzeptieren können. Man muß zunächst die Idee der Modernisierung als einen westlichen Prozeß in Richtung *civil society* und soziale Marktwirtschaft ohne Einschränkung anerkennen, bevor man die DDR-Geschichte mit diesem Begriff interpretieren kann. Andernfalls

24 Vgl. Kocka: Vereinigungskrise; und meine Kritik an Kocka in German Historical Institute London Bulletin, Mai 1997.

wird man kaum zugeben wollen, daß die DDR nicht doch eine höhere Etappe des menschlichen Fortschritts im marxistischen Sinne war, die aus anderen Gründen gescheitert ist.

Andere Konzepte der Modernisierung mögen andere Schwerpunkte setzen (wie etwa Wohlfahrtsstaat, Differenzierung der ökonomischen, politischen und sozialen Sphären usw.). Diese Ansätze beruhen auf der Idee des Fortschritts, darauf, daß die DDR rückständig oder unterentwickelt, ihr politisches System mit bestimmten Modernisierungsprozessen nicht vereinbar war.

Mit *mikro-empirischen Studien und alltagsgeschichtlichen Ansätzen* versuchen Historiker ganz bewußt, kein großes Geschichtsbild aufzubauen. Manche Alltagsgeschichtler rekonstruieren nur die einzelnen Mosaiksteine, ohne diese in größere Zusammenhänge einzubetten.[25] Diese Position vermeidet viele der oben genannten Probleme, doch treten andere Schwierigkeiten auf: Die großen geschichtlichen Fragestellungen werden ausgeblendet oder trivialisiert; dennoch liegt auch der Mikroanalyse ein Geschichtsbild zugrunde, in das die kleinen Mosaiksteinchen oft unreflektiert eingesetzt werden. Mit Blick auf die DDR-Geschichte könnte an die Ergebnisse der großen Debatten angeknüpft werden, die über Alltagsgeschichte, die Historisierung und Normalisierung des Dritten Reiches geführt wurden.

Perspektiven für die Aufarbeitung der DDR-Vergangenheit und die »innere Einheit«

Welchen Weg soll die Vergangenheitsaufarbeitung einschlagen? Wer Kritik übt, steht in der Pflicht, Alternativen anzubieten. Man kann durchaus theoretische Konzepte formulieren (man denke nur an Max Weber), ohne diese selbst einzulösen. Das Ziel sollte eine Gesamtübersicht sein. Notwendig sind: Begriffe für das Ganze, also für das System wie für die individuellen Akteure; geschichtliche Interpretationen, in denen die historischen Akteure sich wiederfinden können; eine Geschichte, die die »worm's eye view« nicht leugnet, sondern erhellt, die sowohl die Strukturen der Macht, der Herrschaft und der Repression als auch die Qualität des ›ganz normalen Lebens‹ beschreibt, ohne dieses zu trivialisieren.

Wie kann man so eine Geschichte betreiben? Es gibt gewiß unzählige Möglichkeiten, an dem einen oder anderen Problem zu scheitern. Im folgenden seien einige Vorschläge erlaubt.

Terminologie und Kategorien der Analyse

Wir können uns nicht aus gewissen Denk- und Sprachstrukturen befreien und sind an die Sprache als Darstellungsmittel gebunden, die keine ausschließlich neutralen Begriffen zur Verfügung stellt, sondern zugleich moralisch und politisch aufgeladen ist. Es ist eine Frage des Grades. Man kann einen Begriff wie

25 Zum Beispiel Thomas Lindenberger vom Projekt »Herrschaft und Eigensinn« am Potsdamer Zentrum für Zeithistorische Forschung.

Totalitarismus vermeiden und statt dessen von kommunistischer oder realsozialistischer Diktatur sprechen. Wir sollten nicht denunzieren, sondern analysieren und erklären.

Eine neutrale Wissenschaftssprache wird dennoch nicht immer möglich sein, da manche Begriffe aus ganz spezifischen theoretischen Traditionen kommen und die Geschichtswissenschaft tatsächlich nicht ganz so wissenschaftlich ist, wie einige Historiker sie darstellen. In den Geisteswissenschaften sind die Kategorien der Analyse nicht einfach naturgegeben, wie es (wenigstens in einem höheren Grade) in den Naturwissenschaften der Fall ist. Wir haben keine »Table of the Elements«, unsere Begriffe sind Konstrukte der Gegenwart. Ich glaube *nicht*, wie Max Weber, daß Wissenschaftler verschiedener politischer Meinungen sich über die großen Begriffe (zum Beispiel Kapitalismus oder Klasse) und über die kausalen Prozesse und Erklärungen einigen können, um dann zu unterschiedlichen politischen Beurteilungen und Handlungen zu kommen. Man kann seine Wertvorstellungen nicht einfach ausblenden, während man theoretisch und empirisch arbeitet. Diese wissenschaftliche Arbeit kann nur unter Einschluß von Kategorien und Begriffen geleistet werden, die – eben weil sie aus unterschiedlichen theoretischen und manchmal auch politischen Traditionen kommen – mehr oder weniger wertgebunden sind.

Ob man zwischen verschiedenen theoretischen Traditionen rational unterscheiden und die eine oder die andere aus intellektuellen Gründen (nicht politischen) zurückweisen kann, ist noch eine offene Frage; wenigstens bis jetzt gibt es noch keinen Konsens darüber.[26] Wir sollten so weit wie möglich neutrales Vokabular gebrauchen, damit alle wenigstens gleichermaßen an den Debatten teilnehmen können.

Verstehende Soziologie

Wir müssen den Versuch unternehmen, die verschiedenen Mentalitäten der Akteure zu verstehen. In diese Analyse sollten aber *alle* Mentalitäten einbezogen und selbstverständlich kritisch dargestellt werden. Es ist durchaus möglich, Historiker als Dolmetscher zu begreifen. Wir haben den Auftrag, andere Welten, andere Sprachen zu interpretieren und in unsere eigene Sprache zu übersetzen. Hier können wir aber weiter gehen, als es dem Dolmetscher erlaubt ist: Wir können kommentieren, kreativ rekonstruieren, Bilder malen, Atmosphären aufbauen. Ich will hier nicht allzu postmodern auftreten: Geschichte schreiben heißt auch – und vor allem –, der Vergangenheit treu sein und zugleich etwas neues schreiben.

Geschichte und innere Einheit

Wir müssen natürlich dem geschichtlichen Material gegenüber offen sein und auch die Felder analysieren, die vielleicht nicht so einfach in das eine oder andere analytische Schema hineinpassen. Mir scheint der Bereich der Sozialge-

26 Ich behandele diese Fragen ausführlich in meinem nächsten Buch Historical Theory, Routledge 2000.

schichte der DDR besonders vielversprechend.[27] Hier könnte man ältere Traditionen und Mentalitäten unter Berücksichtigung säkularer, langfristiger Trends (Industrialisierung, Urbanisierung) einerseits und spezifische politische Zielsetzungungen andererseits im internationalen und ereignisgeschichtlichen Kontext analysieren und so eine Gesamtgeschichte schreiben, in der alle Beteiligten sich wiederfinden könnten.

Damit ist nicht gesagt, das die Vergangenheitsaufarbeitung eine wichtige Rolle bei der Konstruktion einer neuen deutschen Identität spielen sollte. Ich möchte auf die Fragwürdigkeit sowohl der Versuche Michael Stürmers, Ernst Noltes und Andreas Hillgrubers im Historikerstreit als auch der Instrumentalisierung der Geschichte von seiten der SED verweisen, um zu unterstreichen, daß die Geschichtswissenschaft nicht von politischen Erwägungen auf der nationalen Ebene beeinflußt und gesteuert werden sollte. Eine gesunde menschliche Gemeinschaft innerhalb bestimmter nationaler Grenzen – die nicht naturgegeben sind, sondern auf geschichtliche Prozesse zurückgehen – muß damit leben lernen, daß Menschen verschiedene Meinungen vertreten, daß freie Debatten und eine unvoreingenommene Suche nach der Wahrheit besser sind als die Suche nach einer einheitlichen Interpretation der Vergangenheit.

Ein kontroverses Geschichtsbild und Vergangenheitsaufarbeitung sind wichtige Elemente in dem Prozeß, eine offene und demokratische Gesellschaft aufzubauen, in der keine Meinungen vorgeschrieben werden und in der es möglich ist, sowohl anders zu denken als auch anderen im Geiste der gegenseitigen Toleranz, des Respekts und der Aufmerksamkeit zuzuhören – Aufarbeitung der DDR-Vergangenheit und »innere Einheit« sind *kein* Widerspruch.

27 Vgl. Mark Allinson: Popular Opinion in Thuringia, 1945–1968, Manchester 1999. Richard Besser/Ralph Jessen (Hrsg.): Die Grenzen der Diktatur. Staat und Gesellschaft in der DDR, Göttingen 1996. Hartmut Kaelble/Jürgen Kocka/Hartmut Zwahr (Hrsg.): Sozialgeschichte der DDR, Stuttgart 1994. Jürgen Kocka (Hrsg.): Historische DDR-Forschung. Aufsätze und Studien, Berlin 1993. Ders. (Hrsg.): Die DDR als Geschichte, Berlin 1994. Corey Ross: Constructing Socialism at the Grass Roots. Berlin-Brandenburg 1945–65, in: UCL PhD 1998.

Rolf Wernstedt

Vermittlungsprobleme der doppelten Geschichte in Schule und politischer Bildung

Zum Problem der doppelten Perspektive in der politischen Bildung

Diejenigen, deren Biographie in beiden deutschen Staaten verankert ist, erkannten bereits in den Wendemonaten 1989/90 angesichts der bevorstehenden Einheit, daß die unterschiedlichen Lebenserfahrungen auch zu einem politischen Problem würden. Ich habe sehr früh im Rahmen von Veranstaltungen zur politischen Bildung dazu aufgerufen, sie der *doppelten deutschen Perspektive* zu öffnen; dieses didaktische Erfordernis sei an verschiedenen Themen sowohl aus westlicher als auch aus östlicher Sicht durchzuführen. Die Geschichte der ersten neun Jahre der deutschen Einheit hat diesen Ansatz bestätigt. Es geht dabei nicht um die Frage, welche Positionen zu bestimmten Themen aus westlicher und östlicher Sicht (das heißt der kommunistischen Sicht) zu verstehen sind, sondern was über die ideologische Fundierung des Ostens hinaus lebenserfahrungsmäßig praktisch geworden ist. Es hat sich herausgestellt, daß die innere Einheit der Menschen in Deutschland kein Einerlei sein kann. Wichtig ist vielmehr das Verstehen und die Auslegung von Regeln, die aus dem praktischen Lebenszusammenhang resultieren.

Ich möchte das an folgenden Beispielen erläutern:

1. Arbeit bzw. Arbeitslosigkeit werden in Deutschland unterschiedlich erfahren. Während die Arbeitslosigkeit in Westdeutschland einkalkuliert wird, war dieses in der DDR niemals der Fall. Obwohl den Menschen in der DDR durch Rundfunk und Fernsehen viele Informationen über die Bundesrepublik zugänglich waren, ist das Problem der Arbeitslosigkeit nie bedeutungsrelevant rezipiert worden. Die Grundauffassung, wer fleißig sei, werde immer Arbeit finden, hatte während der 40jährigen DDR-Existenz keine Erschütterung erfahren. Diese Einstellung hat sich unabhängig von der Existenz des SED-Regimes als existentielles Konstituens erhalten.
2. Auch die Rolle des Staates wird in beiden deutschen Teilen unterschiedlich erfahren. Während in der Bundesrepublik der Sozialstaat wirtschaftliche und berufliche Eigeninitiative voraussetzt, trat in der DDR der Staat als allumsorgender Staat in Erscheinung. Dies konnte für den einzelnen bedeuten, nicht den gewünschten Beruf ausüben zu können oder nicht an dem gewünschten Ort eingesetzt zu werden. Aber es gab nie einen Zweifel an der sozialen Verpflichtung zum Ausgleich unterschiedlicher Lebenschancen. Was in Westdeutschland den Öffenlichen Dienst auszeichnet, et-

wa feste Tarife, einen sicheren Arbeitsplatz und eine geregelte Altersversorgung, kann als das Lebensgefühl der meisten Menschen der DDR gelten.

3. Des weiteren gibt es im privaten Verhalten zwischen West- und Ostdeutschen signifikante Unterschiede. Die Mehrheit der DDR-Bevölkerung reklamiert für sich selbst, ein politisch nicht verstricktes Leben geführt zu haben. Dieses galt als wertvoll und wurde neben dem öffentlichen und vom Staat vereinnahmten Leben gelebt. Das wird unter anderem daran erkennbar, daß es keine Kultur des öffentlichen Streites gab. Kritik wurde nur im privaten Rahmen artikuliert und fand hier kaum Widerspruch.
4. Es gibt politisch angebbare Entfremdungen im Laufe der vergangenen Jahre. Die politische Entscheidung für das Prinzip »Rückgabe vor Entschädigung« hat bis heute zu Unfrieden und Hemmnissen beim Wiederaufbau geführt. Die unterschiedliche Bezahlung in Ost und West führt zu einer Dauerverletzung der ostdeutschen Bevölkerung. Der Hinweis darauf, daß die Lebenshaltungskosten im Osten weiterhin niedriger seien als im Westen, trägt zur Lösung des Problems nicht bei. Die Übernahme östlicher Betriebe durch westliche Konzerne und die damit zusammenhängenden Konkursverfahren werden im Osten vielfach als westliche Arroganz und westlicher Kolonialismus empfunden – nicht nur von Anhängern der alten SED.
5. Es gibt unausgesprochene Erwartungen im Osten an den Westen und im Westen an den Osten und daraus resultierende Enttäuschungen. Bezogen auf das westliche Personal, das im Osten zum Einsatz kam, lassen sich drei Typen unterscheiden: die Engagierten, Uneigennützigen und Hochqualifizierten; die Karrieremacher, die im Westen keine Chance hatten und schnell in hohe und höchstdotierte Positionen kamen; und die Abzokker und Berater, die die unerfahrenen Ostdeutschen mit dem Kleingedruckten und in betrügerischer Absicht ausnutzten und sie ins Unrecht setzten. Aus den negativen Erfahrungen wurden herabsetzend die »Besserwessis«. Umgekehrt ist in den ersten Jahren der Kaufrausch und die Sucht der ehemaligen DDR-Bürger nach höchstem technischem Standard im Privatbereich im Westen böse aufgestoßen. Aus dergleichen Einstellungen wurde der »Ossi«.

   Im übrigen muß man darauf hinweisen, daß es unterschiedliche Wertigkeiten bezogen auf die Grundbedürfnisse gibt. Wohnung und Grundbesitz hatten im Osten wenig Bedeutung. Daß man im Westen dafür ein Drittel bis zur Hälfte des gesamten Einkommens ausgibt, war im Osten anfangs schlicht unverständlich. Daher ist auch erklärlich, daß Fragen wie Anschlußgebühren an Grundstücke so eminent politische und verdrießliche Diskussionen auslösten.
6. Der Umgang mit öffentlicher Sprache und Diskussionsfreude haben im Westen dazu geführt, daß eine relativ freie Haltung auch im Streit entstehen konnte. Wir alle wissen, daß dies die Grundvoraussetzung für funktionierende Demokratie ist. Für die Ostdeutschen erscheint das Vorläufi-

ge im öffentlichen Gespräch, das die Wessis beherrschen, als überheblich und minderwertig. Erkennbar wird dies an den unterschiedlichen Reaktionen auf Humor und Ironie. Die unabhängige Sprache, die sich auch öffentlich vermitteln konnte, hatte sich zurückgezogen in den kirchlichen und mathematisch-naturwissenschaftlichen Bereich. Man kann dies heute sehr gut an den Funktionsträgern in der Politik der neuen Länder erkennen. Dem gegenüber wird das öffentliche Gespräch im Westen, das häufig auch suchendes und manchmal leeres Gerede ist, diffamierend und mit Unverständnis verfolgt. In einer Welt, in der alle Gesetzmäßigkeiten erklärt sind, wie in der DDR, sind auch die im Historischen und Politischen entstehenden Fragen immer implizite geklärt. Das wirkt sich auf das tägliche Sprachverhalten aus.

7. Gemeinsam ist beiden deutschen Teilen die Unfähigkeit, über die eigene Geschichte zu sprechen. In der Bundesrepublik wurde bereits 1952 ein Gesetz verabschiedet, das den kleinen Nazis die Beamtenlaufbahn wieder eröffnete. Bezogen auf die DDR-Vergangenheit und vor allem den Stasi-Komplex ist dieses in Ostdeutschland kaum möglich. Die Gauck-Behörde wird einerseits als Ort tiefgreifender Erkenntnisse, andererseits aber auch als dauernder Herd des Unfriedens verstanden. Der Blick auf die eigene Geschichte, sowohl auf die nationalsozialistische als auch auf die DDR-Geschichte, könnte deutlich machen, daß die Regime nicht nur Opfer hervorgebracht haben, sondern sich auf vielfache Zustimmung und Verstrikkungen unterschiedlichster Art und Qualität stützten. Hier liegen Urteil und Vorurteil dicht beieinander. Eine für den einzelnen erträgliche Sprache dafür gibt es nicht. Das religiöse Angebot von Reue und Vergebung ist zu schwach.
8. Das Verständnis von Politik ist im Osten und Westen immer noch unterschiedlich. Die Herrschaftserfahrung der Menschen im Osten zeichnet sich dadurch aus, daß der Staat vorgab, was zu gelten hatte. Da institutionalisierter demokratischer Widerspruch nicht möglich war, wurde Herrschaft immer als Fremdbestimmung erfahren. Mit der Übernahme des bundesrepublikanischen Rechtssystems verband sich die Hoffnung auf allgemeine Gerechtigkeit. Daß man den Rechtsstaat bekam, wie Bärbel Boley bitter erklärte, führte dazu, daß es Schwierigkeiten in der Akzeptanz der westlichen Demokratie gab. Es muß im Osten erst gelernt werden, daß auch demokratische Entscheidungen gegen einzelne Interessen laufen und Runde Tische die Entscheidungsnotwendigkeit und Entscheidungsfähigkeit nicht ersetzen können. Die moralische Überlegenheitspose vieler westlicher Vertreter der parlamentarischen Demokratie darf allerdings nicht darüber hinwegtäuschen, daß auch im Westen das politische System doppelbödig ist. Ein Minister ist im Westen auf das Allgemeinwohl verpflichtet und hat darauf seinen Eid geleistet. Gleichwohl bleibt er in seinen Grundanschauungen einer Partei und damit nicht dem Allgemeinwohl verpflichtet. Diese Ambivalenz macht die eigentliche Spannung westlicher Demokratien aus, eine im Osten neue Erfahrung.

9. Der Umgang vor allem mit Ausländern und multikulturellen Erscheinungsformen ist in Ost und West signifikant unterschiedlich. Da es im Osten wenig Kontakt mit Ausländern gab, die Kenntnis von Fremdsprachen, auch des Russischen, rudimentär war, ist die Angst vor und die Aggression gegenüber Ausländern größer als im Westen. Daß die Anwesenheit von Ausländern unsere Gesellschaft kulturell bereichert, ist kein Argument gegen die prinzipielle Befürchtung, Ausländer würden in Deutschland den Arbeitsmarkt belasten. Für desorientierte Jugendliche ist dies ein Einfallstor für Rassismus.
10. Zu wenig verankert ist in beiden Teilen des Landes die europäische Idee. Wir müssen uns in Zukunft den gleichen Herausforderungen in Fragen etwa der Friedenssicherung und der Globalisierung stellen. Daher sollten die unterschiedlichen Erfahrungen und Perspektiven beider deutscher Staaten und der jeweiligen Biographien zurückgestellt werden. Gleichwohl wird man noch mindestens eine Generation diese unterschiedlichen Perspektiven berücksichtigen und sie politisch in Rechnung stellen müssen.

Institutionelle Versuche, die deutschen Probleme in den neunziger Jahren didaktisch zu bearbeiten

1. In der politischen Bildung der Schulen hat es mannigfache Initiativen gegeben. In den ersten Jahren gab es keinen Lehreraustausch von Ost nach West, weil die beamtenrechtlichen Voraussetzungen zunächst nicht gegeben waren. Seit zwei Jahren gibt es jedoch entsprechende Verträge zwischen Hessen und Thüringen sowie zwischen Niedersachsen und Sachsen-Anhalt und Thüringen. Diese Verträge ermöglichen es, daß Grundschullehrerinnen aus den beiden östlichen Ländern bei voller Zahlung des westlichen Gehalts im Westen arbeiten können und eine Einstellungsgarantie nach vier Jahren haben. Im Jahre 1997 haben in Niedersachsen etwa 40 Lehrerinnen aus den östlichen Bundesländern von diesem Angebot Gebrauch gemacht, im Jahre 1998 keine mehr. Dies ist umso verwunderlicher, als in Sachsen-Anhalt keine gesicherte Arbeitsperspektive über das Jahr 2003 hinaus besteht.
2. Schülerinnen und Schüler haben sich nicht nur im Rahmen von Partnerschaften einzelner Schulen in den ersten Jahren mit der deutschen Einheit auseinandergesetzt, dies hat in den vergangenen Jahren nachgelassen.
3. Lehrer aus Westdeutschland, die im Osten Anstellung suchten und teilweise auch dort gearbeitet haben, berichten von massiven Hindernissen und Verhältnissen von Mobbing. Sie sind fast alle wieder zurückgekehrt.
4. In der Lehrerfortbildung hat es viele Beziehungen zwischen den Bundesländern gegeben. Hamburg und Mecklenburg-Vorpommern, Niedersachsen und Sachsen-Anhalt, Thüringen, Bayern und Hessen haben jährlich Hunderte von Lehrerinnen und Lehrern ausgetauscht und gemeinsame Fortbildungen durchgeführt.

5. Die Kultusministerkonferenz hat sich darum bemüht, eine einheitliche Empfehlung auszuarbeiten für die Frage *Deutschland im Unterricht*.

Die Bemühungen der Kultusministerkonferenz und die gescheiterte Vereinbarung von 1995

Ich habe aufgrund eines Vortrages in der Akademie Loccum im Jahre 1991 (abgedruckt in der Frankfurter Rundschau vom 16. April 1991) die Kultusministerkonferenz gebeten, die alten Empfehlungen zur deutschen Frage im Unterricht von 1978 durch eine neue Empfehlung zu ersetzen. Da die alten Empfehlungen noch von der Teilung Deutschlands ausgingen, waren sie offensichtlich nach 1990 überholt. Der Schulausschuß der Kultusministerkonferenz hat sich nach intensiven Vorarbeiten, an denen Beamte der Länder Bayern, Berlin, Niedersachsen und Nordrhein-Westfalen beteiligt waren, auf einen Text verständigt, der im September 1995 der Kultusministerkonferenz in Halle vorgelegen hat. Dieser Text ist von der Kultusministerkonferenz nicht verabschiedet worden, weil vor allem Sachsen-Anhalt seinen Protest dagegen angemeldet hatte. Der sachsen-anhaltinische Kultusminister Karl-Heinz Reck hat darauf hingewiesen, daß die Empfehlungen den normalen Alltag der DDR-Menschen zu wenig reflektiere. Im nachfolgenden wird der Text wiedergegeben, der unter dem Kapitel 2.5 »Unterschiedliche Entwicklungen in beiden Teilen Deutschlands« zur Verabschiedung stand:

»Die Auseinanderentwicklung in den beiden deutschen Staaten hat während der Zeit der Teilung Deutschlands in politischer, wirtschaftlicher, gesellschaftlicher und auch in kultureller Hinsicht für die persönliche Entwicklung und die Lebensgestaltung der Menschen sehr unterschiedliche Rahmenbedingungen gesetzt.

Die gesellschaftlichen, wirtschaftlichen und politischen Institutionen im realexistierenden Sozialismus marxistisch-leninistischer Prägung sowie der Versuch der totalen Vereinnahmung des Individuums und der Familie brachten für die Menschen in der DDR erhebliche Belastungen mit sich. Gleichwohl hatten Selbstbehauptung und Widerstand einzelner eine beträchtliche Ausstrahlung, weshalb diese um so unnachgiebiger verfolgt wurden. Auf der anderen Seite der Grenze boten mehr als vier Jahrzehnte Aufbau und Gestaltung von parlamentarischer Demokratie, Rechtsstaat, sozialer Marktwirtschaft und pluralistischer Gesellschaft auf der Basis der Wertmaßstäbe des Grundgesetzes für den einzelnen vielfältige Möglichkeiten der Entfaltung und Mitwirkung. Gesellschaftliche und politische Auseinandersetzungen um den Unterschied zwischen Wirklichkeit und Anspruch der Verfassung waren dabei ein wichtiger Motor für demokratischen und sozialen Fortschritt. Die Frage nach der Bewertung einer mehr als 40 Jahre dauernden Lebensspanne während der Teilung stellt sich vor diesem Hintergrund für die Menschen in den alten und in den neuen Ländern in unterschiedlicher Weise. Nicht zu übersehen ist, daß die Bevölkerung in der ehemaligen DDR trotz schlechterer Ausgangsbedingungen und eines Systems politischer Unfreiheit erhebliche soziale, wirtschaftliche und kulturelle Leistungen erbracht hat. Sie bedürfen im Interesse der Verständigung und des Zusammenwachsens einer differenzierten Würdigung.

Der für viele überraschend schnelle und tiefgreifende Wechsel der Verhältnisse in den neuen Ländern kann, auch wenn viele Bürger ihn seit Jahren herbeigesehnt hatten, nur allmählich bewältigt werden. Der Prozeß des Zusammenwachsens wird voraussichtlich noch lange andauern. Er fordert alle Deutschen gleichermaßen heraus, und er bringt zum Teil große und schwierige Veränderungen in allen Lebensbereichen mit sich. Die Herstellung sozial gerechter und gleichwertiger Lebens- und Arbeitsbedingungen ist ein wichtiges Ziel deutscher Innenpolitik. Eine angemessene Verteilung der hieraus resultierenden Lasten stellt Staat und Gesellschaft vor schwierige Aufgaben.

Mit zunehmendem Abstand von der Periode der Teilung ergibt sich das Problem der historischen Wahrheit über diese Zeit. Hierzu bedarf es der gemeinsamen Aufarbeitung der Geschichte der Teilung Deutschlands, der Entwicklung der unterschiedlichen deutschlandpolitischen Situationen und Einschätzungen sowie der Beziehungen zwischen den beiden Staaten in Deutschland. Zur gemeinsamen Aufarbeitung der Geschichte der Teilung gehört auch die Aufdeckung begangenen und erlittenen Unrechts und von Gewaltmaßnahmen. Der brutal niedergeschlagene Aufstand des 17. Juni 1953, der Bau der Mauer im August 1961, der Aufbau eines allumfassenden Bespitzelungssystems und die hermetische Abriegelung der Grenze durch die Machthaber in der DDR sind dafür Zeugnis.

Millionen Bewohner des Gebietes der DDR flüchteten in den vierzig Jahren ihres Bestehens in die Bundesrepublik Deutschland, viele Oppositionelle wurden zu Haftstrafen verurteilt oder zum Weggang gezwungen. Hunderte kamen bei dem Versuch, die Grenze zu überqueren, zu Tode. Insbesondere seit der zweiten Hälfte der 80er Jahre fand die politische und gesellschaftliche Opposition in der DDR ihren Ausdruck in einer wachsenden Anzahl von bürgerrechtlichen, ökologischen, friedensorientierten und innerkirchlichen Gruppen. Trotz Bespitzelung, politischer Verfolgung und Ausbürgerungsdruck entwikkelten sich diese Gruppen weiter zur gesellschaftlichen Demokratiebewegung, die im Herbst 1989 in den gewaltfreien Aufstand in der DDR mündete und zum Zusammenbruch des politischen Systems führte.

Die mit dem politischen System der DDR gemachten Erfahrungen sind für die Zukunft nur dann fruchtbar, wenn sie zu einem wesentlichen Inhalt der politischen Bildung im vereinten Deutschland werden. Auf die Beschlußempfehlung und den Bericht der Enquete-Kommission »Aufarbeitung der Geschichte und der Folgen der SED-Diktatur« vom 13.05.1992 (Deutscher Bundestag, Drucksache 12/2597 vom 17.5.1992) wird verwiesen.

Es ist *Aufgabe der Schule*, den Heranwachsenden die Geschichte der Teilung sowie der politischen, wirtschaftlichen und gesellschaftlichen Entwicklungen im geteilten Deutschland bewußt zu machen. Es gilt, Verständnis für die jeweilige Lebenssituation und damit verbundenen Einstellungen in den nun zusammenwachsenden Teilen Deutschlands zu wecken sowie Vorbehalte und Ressentiments abzubauen bzw. nicht entstehen zu lassen. Ziel der unterrichtlichen Arbeit ist aber vor allem die Förderung der Bereitschaft, an der Bewältigung der Aufgaben mitzuwirken, die sich im Zusammenhang mit der Herstellung vergleichbarer Lebensverhältnisse ergeben.«[1]

An dem zitierten Text sowie den anderen Passagen der Empfehlung »Darstellung Deutschlands im Unterricht« ist eigentlich nichts falsch. Insofern verwundert es auch nicht, daß einige Bundesländer, wie Bayern und Sachsen, diese Empfehlungen in den Schulverwaltungsblättern für ihre Länder veröffentlicht haben. Dennoch sind die Einwände Sachsen-Anhalts nicht von der Hand zu weisen. In einer Tagung, die gemeinsam von den Kultusministerien Niedersachsens, Sachsen-Anhalts und Brandenburgs im September 1996 in Wittenberg veranstaltet wurde, ist versucht worden, die Einwände unter wissenschaftlichen und didaktischen Gesichtspunkten aufzuarbeiten. Bei dieser Tagung wurden fünf charakteristische Defizite der Vereinbarung herausgearbeitet:

1. Die Bezogenheit der gesamten deutschen Geschichte auf die Geschichte der Nachbarn, wie sie in der Geschichte des alten deutschen Reiches und vor allem in der Geschichte nach dem 30jährigen Krieg bis heute nachweisbar ist, kommt zu kurz. Gerade weil Deutschland nie Deutschland allein war, muß diese Abhängigkeit seiner Position und seiner Stellung in Europa stärker berücksichtigt werden. Weil dieser Gesichtspunkt in der Zeit des heraufkommenden Nationalismus im 19. Jahrhundert vernachlässigt wurde, konnte es zu den beiden Katastrophen des 20. Jahrhunderts kommen, Katastrophen, in die Deutschland schuldhaft verwickelt war oder die es verursacht hat.
2. Der Umgang mit dem Fremden in der deutschen Geschichte kommt zu kurz. Man muß in jedem Geschichtsunterricht in Deutschland darauf verweisen, daß in diesem Lande immer nichtdeutsche Minderheiten gelebt haben, z.B. die Juden, die Hugenotten, die Polen, die Dänen, die Sorben und andere. Es ist für die heutige Debatte um die Anwesenheit von Ausländern in Deutschland wichtig zu wissen, wie beispielsweise Preußen mit seinen Minderheiten umgegangen ist.
3. In dem Text der Empfehlung wird im Hinblick auf die Geschichte der DDR der private Lebensbereich, der nicht in den unmittelbaren politischen Zusammenhang verstrickt war, nicht ernst genug genommen. So wichtig es ist, die Widerstandstradition in der DDR hervorzuheben, so wichtig ist dennoch die nichtwiderständige Lebenspraxis der Millionen Bewohner ernstzunehmen und historisch zu würdigen.
4. Für die Geschichte Deutschlands während der Zeit der Teilung ist die Friedenspolitik der sozialliberalen Koalition nach 1969 von konstitutiver Bedeutung. Man mag darüber streiten, ob die Verträge mit der Sowjetunion und der Grundlagenvertrag zwischen der Bundesrepublik Deutschland und der DDR der Weisheit letzter Schluß waren. Sie haben aber wesentlich zur Entspannung in Deutschland und Europa beigetragen und inso-

1 Deutschland ist nie nur Deutschland – Dokumentation einer Fachtagung in Wittenberg, hrsg. v. Niedersächsischen Kultusministerium, S. 95f.

fern die real existierende Gefahr eines dritten Weltkrieges mit atomarem Hintergrund verringert. Sie haben insofern auch Freiräume geschaffen für oppositionelles Denken in der DDR.

5. Die Frage der nationalen Identidät der Deutschen darf heute nicht mehr ohne Berücksichtigung der Eingebundenheit in den europäischen Vereinigungsprozeß und in den wirtschaftlichen Globalisierungsprozeß diskutiert werden. Gerade in dem Moment, in dem die Deutschen im Jahre 1990 ihre Einheit wiedererlangt haben, sind entscheidende politische Prozesse nicht mehr national, sondern international zu betrachten. Dieser Prozeß relativiert mögliche wachsende Gefühle nationalistischer Überhebung.

Perspektiven

Aus der Perspektive der internationalen Verflochtenheit des politischen und wirtschaftlichen Geschehens läßt sich rückblickend auf die Zeit der geteilten deutschen Vergangenheit dennoch die Eingebundenheit in *eine* Geschichte konstruieren. Dies ist tröstlich und eröffnet für didaktische Fragestellungen neue Möglichkeiten. Für die Zukunft läßt sich daher folgendes sagen: Die Geschichte des Kalten Krieges und der Teilung Deutschlands ist für die heranwachsende Jugend inzwischen sehr weit weg. Es wird nicht mehr lange dauern, daß die jugendlichen nachwachsenden Generationen in den neuen Bundesländern ihre Eltern fragen werden, warum sie sich zu Zeiten der DDR-Herrschaft so verhalten haben, wie sie sich verhalten haben. Um für eine solche Zeit gerüstet zu sein, bleibt die private Perspektive auf das DDR-Leben auch politisch relevant. Für die Zukunft wird es dabei wichtig sein, die nationale Identität Deutschlands in gemeinsamen Projekten des Studiums, der Arbeit, der Umstrukturierung der Wirtschaft täglich neu herzustellen. Eine ideologische Beschwörung nationaler Identität ist rückwärtsgewandt und dem Denken des 19. Jahrhunderts verhaftet. Sie hatte nur eine Chance, solange Deutschland geteilt war. Für die deutsche Zukunft wird es wichtig zu begreifen, daß viel mehr in Bewegung ist, als das deutsch-deutsche Verhältnis. Die Fragen der sozialen Gerechtigkeit, der persönlichen Stabilität, der historischen Eingebundenheit im Zuge der wirtschaftlichen Globalisierung sind Aufgaben, die wichtiger sind, als die Beschwörung imaginärer nationaler Identität.

Lutz Niethammer

Methodische Überlegungen zur deutschen Nachkriegsgeschichte. Doppelgeschichte, Nationalgeschichte oder asymmetrisch verflochtene Parallelgeschichte?[1]

Wurzeln der Aufarbeitungskrise

Am Anfang dieser fruchtbaren Tagung standen mehr als kritische Einschätzungen der Art und Weise, wie die zeitgeschichtliche Herausforderung des Endes der DDR und der Sowjet-Regime überhaupt bisher beantwortet worden ist. Da war von »posthumem Overkill des SED-Regimes« (Bernd Faulenbach), von der Frage, ob man aus der Geschichte lernen könne (Fritz Klein), von einer politisch kontrollierten Forschung und der »sterilen Ausgewogenheit eines Rundfunkrates« die Rede (Peter Steinbach). Irgendwie sei mit dem Vergangenheitsdiskurs etwas schiefgelaufen. Ich möchte im ersten Teil meines Beitrags an diese Einschätzungen anknüpfen und sie durch einige Beobachtungen ergänzen, die leider nicht die Erwartung bekräftigen, daß mit der Versachlichung und Beruhigung des sogenannten ostdeutschen Historikerstreits

1 Ich habe diesen Vortrag in Erinnerung an die nun zehn Jahre zurückliegenden Vorgespräche zur Gründung einer »Deutschen Freundschaftsgesellschaft« verfaßt und widme ihn ihrem seinerzeitigen Initiator Peter Brandt zum 50. Geburtstag sowie Christoph Kleßmann zum 60. und Rolf Badstübner zum 70. Geburtstag. Auf westlicher Seite hatte diese Initiative nicht ohne Witz den Arbeitstitel einer Gesellschaft für deutsch-deutsche Freundschaft. Die Vertreter des ZK der SED machten damals die Namensänderung und die Beteiligung von Repräsentanten der westdeutschen Großindustrie zur Bedingung ihrer Zulassung in der DDR. Als sich ihr ursprünglicher Zweck überholt hatte, wurde sie dann 1990 doch noch in der Berliner Nikolaikirche gegründet. Bei der Satzungsdiskussion kam ich zwischen den Regierenden Bürgermeister Eberhard Diepgen und den (wenig später als IM entlassenen) CDU Generalsekretär Martin Kirchner zu sitzen und erinnere mich noch auf der anderen Seite des Tische-Vierecks an die Gesichter und Beiträge von Bärbel Bohley und Lothar de Maizière und auch wie ich damals dem ungeduldig drängenden Pragmatismus meines West-Berliner Nebensitzers lebhaft zustimmte. In den letzten Jahren, als politische Institutionen (statt gesellschaftlicher Initiativen) die »Aufarbeitung« der DDR- (statt der deutschen) Geschichte an sich zogen und dominierten (in meinen Augen ein verfassungspolitisch bedenklicher Vorgang, der mich an die politische Indienstnahme der Geschichte in der DDR erinnert), habe ich von der Deutschen Freundschaftsgesellschaft nichts mehr gehört. Die Deutsche Gesellschaft e. V. betreibt jetzt politische Bildung. Man verzeihe mir diese nostalgische Anmerkung.
Ich habe die mir von den Veranstaltern gestellte Aufgabe als Titel stehenlassen, möchte aber wenigstens anmerken, daß der Gegenstand darin eher konventionell denn aktuell gültig als »Nachkriegsgeschichte« bezeichnet wird. In Wahrheit geht es eher darum, wie deutsche Zeithistoriker ihre Beiträge zum kollektiven Gedächtnis des letzten halben Jahrhunderts unter den Bedingungen des neu gewonnenen Nationalstaats in Europa denken und angehen könnten.

auch bereits das Problem dieses in gewisser Weise unvermeidlichen Fehlstarts gelöst sei.

Zeitgeschichte zwischen nationalem Erbe und Systemkonkurrenz

Deutsche Geschichte nach 1945 ist zunächst als eine Geschichte der deutschen Teilung thematisiert worden. Das galt für die ersten Interpretationsangebote zeitgenössischer Historiker in den fünfziger Jahren noch allgemein, danach gab es solche übergreifenden Interpretationsansätze nur noch von westlicher Seite und auch nur für die ersten zwei oder drei Nachkriegsjahrzehnte. Dem lag ein nationalgeschichtlich ererbtes, zum Teil – wie bei Christoph Kleßmann – von der Politik- zur Sozialgeschichte hin geöffnetes Interpretationsmuster zugrunde.

Entgegen dem internationalen Trend in der Geschichtswissenschaft der letzten Jahrzehnte, sozial- und schließlich kulturgeschichtliche Sichtweisen in den Vordergrund zu stellen, gehört es zum Sonderweg der deutschen Zeitgeschichte, der jüngsten Vergangenheit Deutschlands eine gleiche oder noch größere Aufmerksamkeit als früheren Epochen in der Öffentlichkeit zu verschaffen, dabei aber die Tradition einer eindeutigen Vorrangstellung der Politikgeschichte fortzuführen und eng mit den jeweiligen politischen Gegenwartsinteressen zu verflechten.[2] Mit wenigen Ausnahmen standen in der Geschichte der deutschen Zweistaatlichkeit seit den siebziger Jahren deshalb nicht mehr nationale Fragestellungen, sondern eher Geschichten des jeweils

2 Das Wort »Zeitgeschichte« ist in andere Sprachen kaum übersetzbar und nicht mit »zeitgenössischer Geschichte« im Englischen oder Französischen bedeutungsgleich. In Nachkriegsdeutschland ist Zeitgeschichte häufig in der Öffentlichkeit als ein neuartiges Instrument zur Bewältigung des Nationalsozialismus verstanden worden. Eberhard Jäckel und Ernst Schulin haben aber schon vor Jahrzehnten in historiographischen Rückbesinnungen gezeigt, daß Zeitgeschichte eine konstitutive Komponente bei der Ausbildung des deutschen Historismus war und erst in der Folge der Dokumentenfixierung des historistischen Positivismus verdrängt wurde. Die erste Methodenlehre stammt aus dem Weltkrieg von dem liberalen Historiker Justus Hashagen. (Literaturhinweise sind jetzt handlich versammelt bei Christoph Kleßmann: Zeitgeschichte in Deutschland nach dem Ende des Ost-West-Konflikts, Essen 1998.) Die Verflechtung von deutscher Zeitgeschichte mit massiven Akteneditionen durch politisch interessierte Institutionen stammt aus der Abwehr des Kriegsschuldvorwurfs nach dem Ersten Weltkrieg. Der Begriff wurde dann durch die Nazis popularisiert, die sogar einen eigenen parteinahen Verlag für Zeitgeschichte unterhielten, der vorwiegend reine Propaganda zur Geschichte der NS-Bewegung und Kriegspropaganda druckte. Inwiefern diese semantischen Bahnungen bei der Gründung des Münchner »Instituts für Zeitgeschichte« durch die Länder der westlichen Besatzungszonen (zur Erforschung des Nationalsozialismus) oder des Ost-Berliner »Deutschen Instituts für Zeitgeschichte« durch die frühe DDR (zur Dokumentation und propagandistischen Auswertung der Geschichte nach 1945) bewußt waren, ist m. W. noch nicht untersucht worden. Jedenfalls gibt es seither in Deutschland mehr Zeithistoriker pro Kopf der Bevölkerung als irgendwo sonst auf der Welt, und sie befassen sich mit wenigen Ausnahmen ganz überwiegend nur mit deutscher Geschichte des 20. Jahrhunderts und in zunehmendem Umfang mit dessen zweiter Hälfte.

eigenen Staates, des Systems und der Beziehungen zu seinen privilegierten Bündnispartnern im Vordergrund. Die westdeutsche Zeitgeschichte folgte in dieser Wende zur eigenen Staats- und Systemgeschichte der DDR nach, überholte sie aber zügig mit einigen mehrbändigen Sammelwerken, während man sich in der DDR mit der Erforschung der eigenen Geschichte ausgesprochen schwer tat. Ein weiterer Unterschied bestand darin, daß damals in der DDR eine historische Verwissenschaftlichung der Auseinandersetzung mit der Bundesrepublik sich nicht entwickelte und so gut wie keine personellen Investitionen getätigt wurden, während in der Bundesrepublik mehrere Sammlungs- und Forschungszentren über die DDR im Zuge der »neuen Ostpolitik« und der Wendung zur »Systemkonkurrenz« auch historisch professionalisiert und ausgebaut wurden.[3]

Die Entwicklung der akademischen Zeitgeschichte in Deutschland ist weltweit einzigartig – im Westen eine Folge der späten, aber dann anhaltend intensiven Thematisierung der Geschichte des Dritten Reiches (und in wesentlich geringerem Umfang der Systemkonkurrenz in der Nachkriegszeit), im Osten eine Folge des Willens der SED-Führung, ihre Deutung der SBZ/DDR-Geschichte auf eine breitere historiographische Basis zu stellen. Aus diesen unterschiedlichen Wurzeln wird verständlich, daß zwar in beiden deutschen Staaten die von der Geschichtswissenschaft angebotenen Interpretationen der Nachkriegsgeschichte in der Spielbreite des jeweiligen Systems blieben und dieses System als Alternative zum Dritten Reich darstellten. Im Osten jedoch wurde diese enge Spielbreite noch zusätzlich auf die Legitimation der politischen Führungsschicht eingeschränkt, während im Westen unter den pluraleren Sichtweisen auch politisch oppositionelle Interpretationen und die an der NS-Aufarbeitung geschulte historische Kritik der eigenen Gesellschaft zur Geltung kam.

»Brüderliche Hilfe« und Totalitarismus-Resistenz

Seit der Angliederung der DDR an die Bundesrepublik wurde der zeitgeschichtliche Apparat der DDR vollständig aufgelöst und sein Personal bis auf wenige Ausnahmen verdrängt. Zugleich wurde erstaunlicherweise auch der Apparat der westlichen DDR-Forschung aufgelöst, sein Personal aber weitgehend in neue Aufgaben überführt. An jeder ostdeutschen Universität wurde mindestens ein Lehrstuhl für Zeitgeschichte eingerichtet und mit einem westdeutschen Historiker besetzt; dieser, seine Mitarbeiter und Schüler beschäftigen sich zu großen Teilen mit der Geschichte der DDR. Dazu kamen

3 Im letzten Jahrzehnt der deutschen Teilung gab es im Westen weit mehr spezialisierte historisch-politische DDR-Forscher als in der DDR selbst, und ihre wissenschaftlichen Arbeitsbedingungen waren trotz der Unzugänglichkeit von Archiven und Auskunftspersonen aufs Ganze gesehen auch weit besser, so auch im Schnitt ihre Ergebnisse. In derselben Periode schlief aber nicht nur auf östlicher Seite der wissenschaftliche Apparat zur historisch-politischen Bearbeitung einer gesamtdeutschen Perspektive ein, sondern auch auf westlicher Seite wurde die staatliche Bearbeitung einer Wiedervereinigungsperspektive eingestellt.

erhebliche finanzielle Förderungen für diesen Bereich und neue Institutionalisierungen. Diese bezogen sich vorwiegend darauf, die DDR oder Teile ihres Apparats unter dem Gesichtspunkt ihres diktatorischen oder totalitären Charakters zu erforschen.[4]

Besondere Erwähnung verdient – neben der Berliner Abteilung des Münchner Instituts für Zeitgeschichte – das Postdamer Zentrum für Zeithistorische Forschung, das die größte Institution auf diesem Gebiet ist, akademische Forschung betreibt, zum größeren Teil in der DDR ausgebildete Forscher beschäftigt und sich in erheblichem Umfang sozial- und kulturgeschichtlichen Fragestellungen (weniger Methoden) geöffnet hat.[5] Die öffentlichen Archive haben unter der alerten Ägide des Bundesarchivs die gesamte archivalische Überlieferung der SBZ/DDR über ihren inneren Herrschaftsapparat und ihre inneren Bedingungen von 1945 bis 1990 in einem Abstand von nur wenigen Jahren zugänglich zu machen versucht[6] – das ist nicht nur unter den Nachfolgestaaten des sowjetischen Blocks, sondern meines Wissens überhaupt weltgeschichtlich einzigartig. Indessen hatte dies keine entsprechende Neufassung der Archivpolitik im westlichen Teil der Bundesrepublik zur Folge; Grundlage des neuen kollektiven Gedächtnisses der deutschen Nation ist die Verlängerung seiner Spaltung, jetzt allerdings mit umgekehrten informatorischen Vorzeichen. Die Selbsterforschung der alten Bundesrepublik ist im Umfang und in den Bahnen der Zeit von vor 1989 weitergegangen, vielleicht vermindert um die nach Osten verlagerten Forschungskapazitäten. Größere Forschungen aus der DDR über die Bundesrepublik sind mir nicht bekanntgeworden, we-

4 Vom Aufwand und von der öffentlichen Ausstrahlung her sind hier vor allem drei parlamentarische Untersuchungskommissionen im Bund und in Mecklenburg-Vorpommern mit ihrem zuarbeitenden Unterbau, die Forschungsabteilung und Öffentlichkeitsarbeit der Gauck-Behörde und ihrer Außenstellen, ein Förderungsschwerpunkt der Volkswagen-Stiftung zum Diktaturen-Vergleich, die Förderung zur Neugestaltung oder Neugründung von zeitgeschichtlichen Gedenkstätten auf dem Boden der ehemaligen DDR, das Hannah-Arendt-Institut für Totalitarismus-Forschung in Dresden, der Forschungsverbund SED-Staat beim Präsidenten der Freien Universität Berlin und das Institut für zeitgeschichtliche Jugendforschung zu nennen. Der größere Teil dieser Initiativen verdankt sich ausgesprochen geschichtspolitischen Motiven.

5 Dazu müßten noch eine Vielzahl öffentlicher und halböffentlicher Hände genannt werden, die in den ersten Jahren nach 1990 freigebig und teilweise unter vorübergehender Sicherung abgewickelter Wissenschaftler aus der DDR Forschung und ähnliche Recherchen auf dem Gebiet der Geschichte und Überlieferungserfassung der DDR unterstützt haben.

6 Ein besonderer Akzent der Asymmetrie im deutschen Gedächtnis besteht darin, daß die sich vorwiegend oder zumindest auch auf den Westen beziehenden archivalischen Überlieferungen der DDR – nämlich die ihres Außenministeriums und der internationalen Abteilung ihrer Geheimpolizei – von dieser Öffnungspolitik ausgenommen sind. Die letzteren hat die Stasi wohl als vergebliche Morgengabe an den neuen Machthaber noch selbst vernichtet (und auf komplizierten und hochgeheimen russisch-amerikanischen Wegen haben nur willkürliche, ausgespähte Kopien das neue Deutschland erreicht); die außenpolitischen Überlieferungen wurden aber – sozusagen als Vorgängerakten des gesamtdeutschen Auswärtigen Amtes – in dessen Obhut überführt und so sorgfältig verschlossen wie dessen westdeutsche Bestände (nicht ohne vorher einigen konservativen Publizisten einige pikante Einblicke zu gewähren).

sentlich veränderte Fragestellungen in der westdeutschen Selbsterforschung ebensowenig, es sei denn, daß auch auf diesem Gebiet der kritische Impuls deutlich nachgelassen hat, wie denn überhaupt das Zusammenschrumpfen westdeutscher Selbstkritik seit der Wiedervereinigung deren auffälligste kulturelle Wirkung zu sein scheint. Insgesamt kann man sagen, daß noch nie in so kurzer Zeit in einem so großen Umfang der Geschichte eines kleinen Landes wie der DDR (und auch noch überwiegend von außen) soviel wissenschaftliche und politische Aufmerksamkeit zugewendet worden ist. In dieser Hinsicht ist die DDR unzweifelhaft posthum doch noch Weltspitze geworden, sozusagen tonnenideologisch.

Betrachtet man diese einzigartige zeitgeschichtliche Mobilisierung unter qualitativem Aspekt, so drängen sich andere Gesichtspunkte in den Vordergrund.[7] Zunächst fällt hier die Rezipientenseite ins Auge. Während es seit dem Herbst 1989, noch bevor Forschung organisiert, betrieben und dargestellt werden konnte, zunächst ein außerordentlich großes Interesse an der Geschichte der DDR und allen Geheimnissen dieses Landes und seiner geheimnisvollen Herrschaft gab, hat dieses Interesse in beiden Teilen der neuen Nation in dem Maße nachgelassen, wie die Ergebnisse des gerade beschriebenen einzigartigen Forschungsapparats bekannt zu werden begannen.[8] Zwar werden mit öffentlichen Mitteln einige seiner Produkte – besonders die von politischen Institutionen hervorgebrachten – noch in hoher Auflage in die Hände von Mittlern der Öffentlichkeit gedrückt. Aber etliche der größeren Editionen und Monographien liegen mittlerweile wie Backsteine in den Regalen der Buchhandlungen, wenn diese sie überhaupt noch vorrätig halten, und die Verkaufzahlen – so vertraute mir kürzlich ein Verleger mehrerer einschlägiger Publikationsreihen an – untertreffen oft die Zwangsabgabequoten von Dissertationsdrucken. Man muß befürchten, daß der ausgedehnte und überpolitisierte geschichtspolitische Apparat, der zur Aufklärung über die Geschichte der DDR aufgebaut worden ist, das Interesse des Publikums bald in

7 Mit »qualitativ« meine ich dabei nicht eine Bewertung des bisherigen Forschungsertrags im Sinne eines Gut- oder Schlecht-Achters, wozu ich mich bei meinen begrenzten Kenntnissen und auch als ein Mitwirkender auf diesem Gebiet keineswegs aufwerfen möchte. Das muß ich für einzelne Projekte; dabei angemessene Maßstäbe zu finden, hat mich schon genug Haare gekostet. Ich meine eher den begrenzten und durchaus solidarischen Versuch, die Strukturen, Zielrichtungen, Konsequenzen, Leerstellen und Desiderata dieser arbeitsteiligen, z. T. kontroversen kollektiven Anstrengung in bezug auf eine Seite unseres kollektiven Gedächtnisses abzuschätzen, für diese, aber auch für dessen andere Teile. Und ich meine es als Einladung zum Gespräch darüber.

8 Nach meinem Eindruck in der ostdeutschen Provinz hatte das Interesse von Studenten an DDR-Themen und besonders an der Stasi (ich habe mehrmals solche Veranstaltungen angeboten) Mitte der 90er Jahre radikal nachgelassen, und auf Befragen konnte man hören, daß man jetzt über die Medien reichlich über das MfS informiert sei und die repetitive Selbstheroisierung (der auch von mir eingeladenen) Stasi-Opfer und Bürgerrechtler nicht mehr hören könne. Mittlerweile ist eine wieder deutlich anwachsende Nachfrage nach DDR-Themen durch eine jüngere Generation ohne sekundäre Sozialisation in der DDR in den Hochschulen zu verspüren, allerdings eher an sozial- und kulturhistorischen Themen, und dabei werden Dozenten mit Primärerfahrung in der DDR gegenüber westdeutschen deutlich bevorzugt.

einer ähnlichen Weise verloren haben wird, wie es seinem Vorgänger in der DDR gelungen war.

Der Grund dafür, daß politische, Repressions- und Oppositions-Geschichte der DDR mittlerweile nur noch auf sehr geringes Interesse stößt, ist unklar. Aus den Reihen der ehemaligen Bürgerbewegungen, die nach einem Jahrzehnt weitgehend remarginalisiert erscheinen und nur noch in der Gauck-Behörde über einen relativ machtvollen Apparat verfügen, wird dies als ein Phänomen der Diktatur-Verdrängung wie in Nachkriegsdeutschland gedeutet und mit den politischen Erfolgen der PDS, verschwörerischen Seilschaften und korrupten Kompromißbildungen seitens etablierter westdeutscher Machtstrukturen in Politik, Kultur und Öffentlichkeit begründet – die letzteren bemäntelten damit ihre frühere Kollaboration mit den Diktatoren vor 1989.[9] Versucht man, das Ohr mehr an die Massen zu legen, so trifft man auf andere Affekte, unter denen mir die Verweigerung gegen Überfremdung und Überfütterung durch geschichtspolitische Lektionen, in denen die eigene Lebenserfahrung zu wenig Anhaltspunkte findet, der wichtigste zu sein scheint. Im Osten hat das die Form der affektgeladenen Ablehnung der in der Öffentlichkeit am deutlichsten etablierten These, die DDR sei eine dem Dritten Reich vergleichbare totalitäre Diktatur gewesen, angenommen; im Westen ist der Solidaritätszuschlag zum historischen Eigeninteresse weitgehend abgeschmolzen. Ganz entgegen den Erwartungen vieler deutscher und internationaler Beobachter der Wiedervereinigung sind Themen, die mit dem Dritten Reich zusammenhängen, in der deutschen Öffentlichkeit die zeitgeschichtlichen Renner geblieben. Neoliberale Versuche, »Freiheit statt Sozialismus« auch beim Aufbau eines nationalen kollektiven Gedächtnisses als Leitthema zu verankern, sind in den Institutionen steckengeblieben. Ein antitotalitärer

9 Verschwörungsprojektionen deuten ja immer auf Argumentationsnot hin, aber dahinter verbergen sich m.E. nur allzu berechtigte und ernstzunehmende Gefühle. Sieht man von den lautstarken Konjunkturrittern der ›Wende‹ ab und läßt sich auf die Erfahrungen in der einst zerstrittenen und von der Stasi unterwanderten, also mindestens dreifach traumatisierten Opposition in der späten DDR ein, so trifft man in der Tat auf eine Parallele zwischen 1945 und 1989. In beiden Fällen hatte die Mehrheitsgesellschaft binnen weniger Jahre die Marginalisierten und Repressierten der Diktatur erneut an den Rand gedrängt. Sie wurden nun zwar nicht mehr unterdrückt, mußten die Nichtbeachtung durch die neue, liberalisierte Gesellschaft aber um so mehr als schmerzlich erfahren, als sie zwischenzeitlich kurzzeitig von innen und mehr noch von außen als Heroen hofiert und in eine mediale Suchtstruktur in bezug auf Bedeutung und öffentliche Anerkennung hineingezogen worden waren. Deren Entzug war schwer: Einige haben sich als Ersatzgallionsfiguren vor konservative Wahlkämpfe spannen lassen und mußten nun um Zustimmung unter ihren ehemaligen Gegnern in Blockparteien konkurrieren oder schossen mit dem Antrieb des Renegaten quer durch die gesamte politische Landschaft oder zogen sich einfach angewidert zurück. Die Nachgeschichte der Überlebenden des 20. Juli 1944 in der Bundesrepublik zeigt erstaunliche Parallelen. Darüber kann sich niemand freuen, der an einer moralischen Grundierung von Politik festhalten will, denn beide Gruppen haben durch mutige Entscheidungen die grundsätzliche Herausforderung der Diktatur angenommen und sich dadurch den Respekt und die Dankbarkeit jedes Demokraten erworben. Aber im Widerstand gegen eine Diktatur und in einer demokratischen Praxis sind unterschiedliche Tugenden und Fertigkeiten gefragt, und es gibt wohl nur wenige Menschen, die über beide verfügen.

Grundkonsens scheint mir in den Wertbildungen der Öffentlichkeit so weitgehend, wie dies überhaupt realistisch ist, vorhanden; die Erwartung, daß sich dies politisch in dauerhafte Mehrheiten für eine neoliberale Politik oder in eine bleibende Ausgrenzung der PDS umsetzen werde, sieht sich aber enttäuscht.[10]

Will man aus solchen Beobachtungen eine Folgerung ziehen, so scheint sie mir in der Dimension unseres von Hans Rothfels begründeten Verständnisses von Zeitgeschichte als der »*Geschichte der Mitlebenden*« zu liegen. Ich denke, wir verstehen jetzt besser, daß dieses »Mitleben« in der kollektiven historischen Selbstverständigung eine subjektive Komponente der Selbsterfahrung begründet, die nicht ohne bedeutsame Gedächtnisverluste auf eine bloß chronologische Simultaneität reduziert werden kann. Unterbleibt die Vermittlung von aktengestützter Einsicht in Herrschaftsverhältnisse und der Erfahrungsgeschichte der Beherrschten und wird die Bedeutung beider nicht auch von innen, das heißt von für die Mehrheit der Aufzuklärenden glaubwürdigen Repräsentanten der Erfahrungsträger selbst bewertet, so ist die Annahme und Verarbeitung dieser Einsichten durch die Primärbetroffenen gering und der abwehrende Protest gegen eine neue Überfremdung und politische Vereinnahmung programmiert. Das gilt für die Erfahrung der Umerziehungsversuche durch die Alliierten und überlebende NS-Opfer in der Besatzungszeit nicht minder wie für die antikommunistische Geschichtspolitik durch Westdeutsche und Stasiopfer seit 1990.[11]

10 Zwar gibt es auch in Deutschland zwischen 10 und 20 % der Bevölkerung, deren Einstellungen mit einer liberalen Demokratie kaum vereinbar sind; demgegenüber aber ist der Anteil derer, die sich im Ernst Regime wie das Dritte Reich oder auch die DDR zurückwünschen, gerade wegen der doppelten Diktaturerfahrung in Deutschland verschwindend gering. Auch die international mit größerer Besorgnis betrachteten rechtsextremistischen Signale in Deutschland können nach wie vor die Einschätzung nicht erschüttern, daß ihr publizistisches und politisch-organisatorisches Gewicht geringer ist als bei unseren Nachbarn in West und Ost. Allerdings beruht dies weniger auf mangelnden Dispositionen in der Bevölkerung als auf der traditionellen Schwäche des autoritär-nationalistischen Organisationsgeflechts zur Integration von Programmatik und Führung. Bei den Erfolgen der PDS in Ostdeutschland verhält es sich umgekehrt: Ihre traditionell organisationstreuen Kader kanalisieren hier einen regionalen Protest gegen die Folgen der Wiedervereinigung im Osten, der mit den Traditionen und Motiven der Kader nicht gleichzusetzen ist. Was Westler »Ostalgie« nennen, hat wenig mit einer Verklärung der SED-Diktatur zu tun und wird bei genauerem Hinsehen von sehr vielen ehemaligen Oppositionellen geteilt.

11 Aus meiner Beschäftigung mit der Entnazifizierung meine ich gelernt zu haben, daß eine zu große und pauschale Personalsäuberung unerwünschte Folgen hat, die entweder zur Diktatur oder zur Überfremdung oder zu einer ebenso pauschalen Rehabilitation tendieren. Auch auf dieser Tagung ist wieder das Argument geäußert worden, daß man die Fehler allzu pauschaler Rehabilitation des NS-Personals im Westen durch eine bleibende Ausschließung des SED-Personals im Osten habe wiedergutmachen wollen. Dieses Argument ist in meinen Augen angesichts der gravierenden Unterschiede von Menschheitsverbrechen und Menschenrechtsverletzungen moralisch unerträglich und auch in seiner Logik schwer nachzuvollziehen. Wer die Rückwirkungen der Überfremdung in Ostdeutschland mäßigen will, wird auch die Wirkungen der Personalsäuberung durch eine tolerantere Einzelfallprüfung und Befristung mäßigen müssen.

Auf der Ebene der historischen Konzeptionen ist zu fragen, worin die Schwierigkeiten bestehen, eine totalitarismustheoretisch orientierte Geschichte der DDR zu konzipieren oder eine überzeugende nationalgeschichtliche Konstruktion der deutschen Teilung zu entwerfen oder gar beides miteinander zu verbinden. Da darüber viel diskutiert worden ist, möchte ich hier die wesentlichen Argumente nur kurz zusammenfassen. Meines Erachtens ist in diesen Diskussionen zu viel politisiert und gesinnungsgeschnüffelt worden und man hat sich zuwenig den methodischen und theoretischen Sachproblemen gewidmet.

Das Hauptproblem der Totalitarismustheorie und ihrer Anwendung auf die deutsche Zeitgeschichte ist, daß es sie als solche nicht gibt. Vielmehr verbergen sich unter diesem Titel eine Vielzahl politischer und theoretischer Ansätze zum Verständnis von Diktaturen im Massenzeitalter, deren Vereinigung bisher nicht gelungen ist. Die Vereinigung gelingt deshalb nicht, weil der leitende theoretische Gesichtspunkt der Hyperzentralisierung aller gesellschaftlichen Macht in einer ideologischen Bewegung als Trägerin einer terroristischen Regimespitze (der empirisch ohnehin angesichts der geringen Bedeutung der NSDAP im Dritten Reich oder der vom sowjetischen Imperium abgeleiteten Macht der SED in der DDR schwer einzulösen ist) mit dem politisch-moralischen Impetus gegen den Totalitarismus nicht bruchlos in Übereinstimmung gebracht werden kann. Der politisch-moralische Impetus gründete ursprünglich in einem Fluchtpunkt linksliberal-sozialdemokratischer Opposition gegen Faschismus und Stalinismus, zog dann aber seine stärkste Kraft aus der moralischen Empörung über die Massenvernichtung von Menschen in diesen Regimen, insbesondere aus dem Holocaust, und schließlich aus seiner Instrumentalisierung als ahistorischem Strukturtypus im Kalten Krieg. Dieser Typus wurde den poststalinistischen Regimen (die keine Massenvernichtung verübten) weit eher gerecht als der inneren Struktur des Dritten Reiches. Die geschichtlich gehaltvollsten Totalitarismustheorien wie die von Hannah Arendt sind geschichtstheoretisch teleologische Negativkonstruktionen, die in einer von innen unbremsbaren Vernichtungslogik und nicht in bürokratischer Stagnation und friedlicher Revolution enden. Als empirisch gehaltvoller und politisch-moralisch bedeutsamer Vergleichstyp sind die totalitarismustheoretischen Ansätze deshalb teils von der Forschung, teils von der Wirklichkeit überholt worden.

Als Strukturhypothese sind sie allerdings für Teilbereiche der Regime noch immer ein nützliches Instrumentarium zur Organisation von Befunden der Machtzentralisierung, des staatlichen Terrorismus sowie der organisatorischen Erfassung und ideologischen Komplexitätsreduktion wie zum Beispiel in der DDR, wo diese Phänomene in der Innenpolitik weit verbreiteter beobachtet werden können als etwa im Dritten Reich. Aber es wäre kognitiv wenig überzeugend und moralischer Mißbrauch, diese mit der geliehenen Empörung über Auschwitz, den sogenannten Kulakenmord und die ethnischen Säuberungen im Stalinismus aufzuladen. Dies gilt um so mehr, als sie dort am extensivsten zu registrieren sind, wo ihre geringe mobilisierende und zum Ende hin nicht einmal mehr terroristisch durchgreifende Wirkung auf die Bevölkerung unübersehbar ist (wie in Polen, Ungarn und auch in der späten Ära Honecker in der DDR).

Verführung und Einkehr der Historiker

Ein zweites Problem kommt hinzu. Zeitgeschichte ist für gewöhnlich eine langsame und approximative Veranstaltung von außen nach innen, die dem Geheimnisschutz der Herrschaft Stück um Stück und auf nur selten ganz sicherbare Weise ihre öffentliche Selbstdarstellung und Legitimation entzieht oder sie zumindest überprüft. Solche schrittweise historische Aufklärung verläuft parallel mit streitbaren diskursiven Aneignungen im kollektiven Gedächtnis. Wenn die herrschaftlichen Archivalien ruckartig beim Ende eines Regimes bis in die Gegenwart hinein nach außen gekehrt werden, entsteht eine völlig andere Situation. Während das private Gedächtnis der Öffentlichkeit mit allen Umstellungsschwierigkeiten des Kulturbruchs (auch, wenn er ein herbeigesehnter ist) zu ringen hat, sitzen plötzlich die Historiker und weniger professionelle Aufklärer über den Protokollen des Politbüros, in der Kaderkontrolle der »Biokraten« und an den Schreibtischen der zentralen Auswertung des Geheimdienstes und erleiden einen megalomanen Schub omnipotenter Informationsverfügung – alle Träume und Verführungen unseres Berufs scheinen wahr zu werden: Wir blättern in den diesmal ungefälschten Notizbüchern des Führers, in denen er die Entgegennahme seiner Befehle protokollierte, und Montailloux ist überall und stammt nicht aus einer grauen Vorzeit, sondern von gestern.

Diese teuflische Verführung der Allmacht hat natürlich ihren Bocksfuß, denn wir sehen nur durch die Brille des Teufels. Wir entbehren der Kritik unserer Ohnmacht und verdrängen die Vieldeutigkeit sowohl der Akten als auch der Erinnerungen und verlieren durch diesen mit dem öffentlichen Ringen um Erfahrung unvermittelten Zutritt zum »Luminar«[12], dessen luziferisches Licht unsere Aufklärung überschattet, die Bündnispartner im Kampf um das kollektive Gedächtnis. Wir werten die Werte der Herrschenden um, denn wir fühlen uns ihnen ohne Kampf und nur um das Verdienst der Geduldsprobe einer Einlaßgenehmigung in die Archive willen ebenbürtig. Wir entlarven ihre Intrigen, indem wir uns durch einen Federstrich oder ein benevolentes Präfix in unserem Notebook mit den Unterlegenen als Opfer solidarisieren; wie Anwalt Kenneth Starr bekreuzigen wir uns angewidert, bevor wir gierig noch einmal die verwanzten Matratzen abhorchen. Wir blicken in die hochnotpeinlich verfertigten Autobiographien in den Kaderakten, übersehen dabei leicht den Schweiß und die Tränen, die ihnen anhaften, und exzerpieren die verfänglich anpasslerischen Sätze, die ein undurchdringliches Mixtum compositum aus Angst und Hingabe zu Papier gebracht hat. Wir verurteilen aufs drastischste

12 Ich spiele hier auf die posthistorische Vorstellung einer Vergangenheitsvergegenwärtigungsmaschine im Stile eines jederzeit abrufbaren Videoarchivs aller durch ihre »historische Größe« bedeutsamen Szenen der Weltgeschichte an, die in dem Roman »Eumeswil« von Ernst Jünger als »Luminar« bezeichnet wird.

die »Korrupteure« des Privaten, aber wir folgen gierig ihrem Blick und lassen uns bereitwillig ihre Scheuklappen aufsetzen.

Wen sollte es da noch wundern, daß sich die Observierten und noch mehr die damals und heute nicht Beachteten von uns abwenden, uns einhämmern, niemand könne das Leben in der DDR verstehen, der es nicht erlebt habe, und in uns nur Parasiten eines parasitären Parteigedächtnisses mit nicht erlittenen, kostenlos aufgesetzten Umwertungen sehen? Ich habe die Wir-Form dieser Kritik mit Bedacht gewählt, denn ich will mich gar nicht ausschließen aus dieser Verfehlung eines gemeinsamen Kampfes um das kollektive Gedächtnis in Ostdeutschland. Ich rede von einer ›déformation professionelle‹ und beklage, daß wir – verführt durch die Akten und die Totalitarismustheorien, die uns suggerierten, man könne die Gesellschaften sowjetischen Typs von der Zentrale aus hinlänglich verstehen – die Mitwirkung der ostdeutschen Menschen an der Arbeit am deutschen Gedächtnis aufs Ganze gesehen verloren haben.[13]

Es wird wohl noch ein bis zwei Generationen dauern, bis dieser Geburtsfehler der sogenannten »inneren Einheit« sich wieder ausgewachsen hat. Die DDR war eine extrem informationsverschattete und -monopolisierte Gesellschaft, und die nachholende Wißbegierde war groß und berechtigt. Aber in dem Maße, wie diese Wißbegier sich totalitarismustheoretisch legitimierte und sich in die schräge Schlachtordnung des intertemporalen Diktaturenvergleichs einreihte, setzte sie die Doppelgeschichte der Systemkonkurrenz der deutschen Nachkriegszeit im Moment unserer Befreiung von ihr fort und versäumte den Augenblick einer geschichtstheoretischen Neubesinnung. Seit Mitte der neunziger Jahre ist das Ungenügen an diesem sozusagen notwendigen Fehlstart zu spüren, und es scheint mir ein besonderes Verdienst des Potsdamer Zentrums für Zeitgeschichtliche Forschung, ein Forum für die Diskussion einer Kurskorrektur zu bieten. Das ist beispielsweise ablesbar an der gerade erschienen Festschrift für seinen Direktor Christoph Kleßmann, in der Studien zur deutsch-deutschen Beziehungsgeschichte seit dem Zweiten Weltkrieg veröffentlicht wurden. Ausgangspunkt ist die Leitformel einer »nach asymmetrischer Verflechtung in der Abgrenzung« fragenden »doppelten Zeitgeschichte«, die sich als Alternative zu einer »Parallelgeschichte« von systemischer und soziokultu-

13 Ich sage wohlgemerkt nicht, die Gauck-Behörde oder SAPMO sollten geschlossen werden, und schon gar nicht, daß den Stasi-Opfern ihr persönliches Informationsrecht genommen werden sollte. Gerade in diesem persönlichen Informationsrecht sehe ich vielmehr einen eher ermutigend verlaufenden Großversuch im Verhältnis von protestantischer Ethik und dem Ungeist des realexistierenden Sozialismus. Ich gebe nur zu erwägen, wie denn ein nationales Gedächtnis entstehen soll, solange die Ostdeutschen unter ein Sonderrecht der Informationsbeschaffung durch Dritte gestellt sind. Als skeptischer Optimist vertraue ich darauf, daß, sobald auch Westdeutschland (oder gar die EU) unter ein ähnliches Informationsrecht gestellt würde, sich sehr schnell und wirksam zivile Sitten und Gebräuche im Umgang mit öffentlich beschafften Informationen über die jüngste Vergangenheit einspielen und wesentlich weniger solcher Informationen anfallen würden. Wir Zeithistoriker wären dann wieder auf Informationsbündnisse mit den Erfahrungsträgern angewiesen, und das würde unser Verhältnis zu ihnen sanieren und eine totalitäre Geschichte des Totalitarismus vermeiden.

reller Verwestlichung versus Veröstlichung oder auch zu einer nationalgeschichtlichen Perspektive versteht.[14] Mit solchen, keinem Laien zugänglichen Formeln befinden wir uns ersichtlich im professionellen Werkstattgespräch, in dem unter Kollegen Arbeitstitel für sich neuorientierende Projekte ausgetauscht werden.

Eine Nation und viele Geschichten

Ich möchte im folgenden einen Beitrag zu diesem Werkstattgespräch leisten. Dabei möchte ich erstens auf die Dringlichkeit sowohl einer methodischen Erweiterung der Zeitgeschichte als auch einer Konzeptionierung der zweiten Hälfte ihres Arbeitsfeldes – also der Jahre seit 1968/70 – hinweisen. Zweitens möchte ich die Anregungen zur asymmetrischen Verflechtung synchroner deutscher Nachkriegsgeschichten bestärken und zu ihrer europäischen Erweiterung raten. Drittens möchte kurz die (begrenzte) Reichweite einer nationalhistorischen Perspektive diskutieren und für ihre Transformation in zeitgeschichtliche Aufklärungsarbeit im kollektiven Gedächtnis der Nation plädieren. Wenn sie sich zugleich mehr zur Welt und mehr zur Subjektivität hin öffnet, wird auch die Vergangenheit weit vielfältiger als nur geteilt erscheinen und uns des selbstauferlegten Zwangs zu *einer* Geschichte, zur Homogenisierung und Abgrenzung einer sogenannten deutschen Identität entheben. Ich beginne beim letzten.

Das nationale Gedächtnis – eine kritische Apologie

Warum sprechen wir nicht einfach von einer wiedergewonnenen Nationalgeschichte der Deutschen? Ich denke, dafür gibt es eine Reihe von auf der Hand liegenden Gründen, die ich hier kurz nennen und mich dann doch zu einer Lockerungsübung erkühnen will. Ich möchte nämlich eine kulturtheoretische Erwägung über das Verhältnis von Geschichte und Gedächtnis einbeziehen, die es vielleicht erleichtert, im Raum des neuen Nationalstaats und in einem europäischen Horizont an unserem kollektiven Gedächtnis gemeinsam zu arbeiten, ohne der Blutspur des deutschen Nationalismus und einer zwanghaft vereinheitlichten Nationalgeschichte zu folgen.

Warum also haben wir Schwierigkeiten mit der Nationalgeschichte? Warum scheuen wir in der deutschen Zeitgeschichte vor etwas zurück, was in den meisten unserer benachbarten Nationen – bei aller spielerischen Dekonstruktion – weiterhin eine selbstveständliche Voraussetzung, wenn auch vielleicht von abnehmender Bedeutung ist? Ein Hauptgrund für unsere Probleme liegt in der Sache selbst. Denn eine nationalhistorische Perspektive auf die deutsche Nachkriegszeit läuft in der Zeitgeschichte ins Leere, wenn der Begriff der Nation denn etwas mit kollektiver Selbstbestimmung oder dem Streben danach zu tun

14 Vgl. die Einleitung der Herausgeber in Arnd Bauerkämper/Martin Sabrow/Bernd Stöver (Hrsg.): Doppelte Zeitgeschichte. Deutsch-deutsche Beziehungen 1945–1990, Bonn 1998, bes. S. 14f.

hat. Das Dritte Reich hat keine deutsche Nation hinterlassen, sondern die von seiner diktatorischen Führung an sich gerissene deutsche Selbstbestimmung dem multinationalen Regierungssystem der Alliierten in Deutschland ausgeliefert und das Streben nach nationaler Selbstbestimmung unter den Deutschen selbst so weitgehend korrumpiert, daß es im Alltag zunächst kaum eine Rolle spielte und bei keiner relevanten politischen Kraft in den entscheidenden ersten Jahren eindeutig im Vordergrund stand.[15] Vor allem das Bürgertum flüchtete vor der nationalen Verantwortung 1945 in allerhand sub- und transnationale Orientierungen, während die früher als Vaterlandsverräter stigmatisierten Kräfte der Arbeiterbewegung sich zu nationaler Verantwortung und dem Ziel der Selbstbestimmung bekannten und im ersten Nachkriegsjahrzehnt als Treuhänder nationaler Bestrebungen bis hinein in die CDU betrachtet werden müssen. Allerdings waren diese Bestrebungen auch bei den politischen Fraktionen der deutschen Linken nicht prioritär und jedenfalls nicht so stark, daß sich ihre fraktionären Gesichtspunkte dadurch relativiert und eine nationale Kompromißbildung ermöglicht hätten. Nach der Gründung der SED standen die sich noch am ehesten zur Nation bekennenden Kräfte in Deutschland unversöhnlich gegenüber. In der Folge wuchs zwar in allen politischen Lagern Deutschlands das Streben um vermehrte deutsche Mitbestimmung im Zuge der Blockintegration West- bzw. Ostdeutschlands, es entstanden aber keine gewichtigen politischen Gruppierungen, die eine gesamtdeutsche Selbstbestimmung anderen ordnungspolitischen Zielen oder der Aufrechterhaltung des Friedens eindeutig übergeordnet hätten. Auch kam es nicht zur vollen Ausbildung teilstaatlicher Staatsnationen, weil keiner der beiden deutschen Staaten in eine volle Souveränität entlassen wurde – im Osten de facto, im Westen wegen Berlin auch de jure nicht. An dieser Lage hat sich bis 1989/90 grundsätzlich nichts geändert.

Für eine nationalhistorische Konzeption ergeben sich daraus vorrangig drei Probleme. Erstens kann sie, soll sie realistisch sein, nur als rückblickende Konstruktion aus der Lage des vereinigten Deutschlands gedacht werden, trifft aber in den Quellen – jenseits der Sonntagsreden – ständig auf eine Herabstufung ihrer eigenen Valenz, und zwar seit den sechziger Jahren auch noch in zunehmendem Maße. Um einen im einzelnen schwer zu ermittelnden ›Dolus eventualis‹ herum ist aber eine Geschichte Mitteleuropas im letzten halben Jahrhundert schwer zu organisieren. Zweitens trifft das neue nationale Gedächtnis bei seinen erinnernden Rückfragen statt auf eine positive Sinnbildung ständig auf deren Negativ in Gestalt anderer gesellschaftlicher Priori-

15 Darin liegt z. B. ein wesentlicher Unterschied zu Österreich wie auch zu allen von deutscher Besatzung befreiten Ländern Europas. Nur in Deutschland ist durch den Hypernationalismus der Nazis eine Art postnationale Konstellation eingetreten, während in allen anderen Ländern Europas (und mit einiger Verzögerung auch in dessen Kolonien) durch den Zweiten Weltkrieg der Wunsch nach nationaler Selbstbestimmung starken Auftrieb erhielt. Obwohl die Amerikaner die Integration Westeuropas betrieben, ist es ein wesentliches Bestimmungselement der Nachkriegszeit, daß die Westalliierten grundsätzlich dieses Streben nach Selbstbestimmung in Europa achteten, während die Sowjetunion (wiederum vorwiegend aus nationalen und Sicherheitsgründen) dem Selbstbestimmungsrecht der ostmitteleuropäischen Nationen nur Lippendienste zollte, es aber in der Praxis mit Füßen trat.

täten, polarisierter Systeme, der Übermacht der Alliierten und letztlich der Folgewirkungen des Dritten Reiches. Je mehr man die deutsche Zeitgeschichte durch eine nationale Brille betrachtet, desto mehr gewinnt deren brauner Schatten eine zentrale Rolle in der Gedächtnisarbeit. Drittens müßte eine solche Sinnbildung ex negativo zu einem Zeitpunkt geschehen, zu dem allerorten von einer Mediatisierung der europäischen Nationalstaaten durch ein Geflecht supranationaler Föderationen und transnational wirkender Märkte und Medien gesprochen wird. Wo andere Nationen beim Erlebnis ihrer sinkenden Bedeutung von der Selbstverständlichkeit ihrer Traditionen und Institutionen zehren können, müssen solche Traditionen und Institutionen in Deutschland in einen Horizont ihres eigenen relativen Niedergangs hinein entworfen werden.

Ich sage nicht, das alles wäre unmöglich. Ich könnte es mir sogar als sehr heilsam vorstellen. Aber ich muß zugeben, daß es eine reichlich komplexe Aufgabe wäre, eine Geschichte Deutschlands seit dem 8. Mai 1945 in nationalhistorischer Perspektive zu schreiben. Sie würde jedenfalls stark von den integrativen und vereinnehmenden Motiven abstechen, die sich sonst mit dem Reden von der Nation nicht nur, aber auch »in diesem unserem Lande« verbinden. Es wäre ein wenig so, als wenn wir im ersten Überschwang der Freude über die Öffnung der Mauer den 9. November zu unserem Nationalfeiertag erklärt hätten. Im Grunde genommen wäre ja auch das richtig gewesen, aber wenn man sich die Rituale und Reden eines solchen Tages vorstellt, muß man wohl zugeben, daß damit schwer zu leben wäre.

Gewöhnlich wird gegen eine nationalhistorische Perspektive aber anders argumentiert. Weil wir im engsten Gesichtskreis soviel Schindluder mit nationalen Traditionsbildungen und Identitätskonstruktionen vor Augen haben, reagieren viele mit Panik statt mit Gelassenheit auf das Geschenk von 1990, uns endlich streitbar in einem nationalen Rahmen verständigen zu können, der ohne Krieg, durch eine friedliche Revolution zustandekam, der keine disputierten Grenzen und keine Erbfeinde, wohl aber eine weitgehend taugliche demokratische Verfassung hat und der in seiner Gründung uno actu seine Souveränität an übernationale Konföderationen weiterreichte. Für den unsere Wahrnehmung verdüsternden Mißbrauch dürfte der Telegrammstil genügen: Die mittel- und osteuropäische Tradition eines vorstaatlichen Nationsbegriffs, der nicht durch liberale Verfassungsziele, sondern durch kulturelle und ethnische Volkseigentümlichkeiten vergemeinschaftet (und ausschließt), die Begegnung mit der Revolution in Form der napoleonischen Fremdherrschaft und die gescheiterte revolutionäre Konstituierung eines liberalen Nationalstaats, das obrigkeitliche Kaiserreich mit seiner tief gespaltenen Klassengesellschaft als Urtyp des Nationalstaats, das Mißlingen seiner Republikanisierung inmitten des beginnenden »Zeitalters der Extreme«, der völkische Nationalismus und Antisemitismus an der Macht, sein Versuch zur Bildung eines großgermanischen Imperiums durch kriegerische Unterwerfung des Kontinents und zur Homogenisierung seiner Bevölkerung durch Versklavung und Massenvernichtung; oder aus jüngerer Anschauung die postmodernen Attrappen wie Honeckers Flop mit der handverlesenen Tradition eines sozialistischen deutschen (Teil-)Nationalstaats oder die Verfertigung einer versöhnten deutschen

Identität Westdeutschlands, um sich normalisiert unter die Nationalen Europas mischen und die Integrationswunden der Zwei-Drittel-Gesellschaft ideologisch verpflastern zu können.

Auch Helmut Kohls geistig-moralische Wende und die Überhöhung der westdeutschen »way-of-life«-Nation durch symbolische Gesten war schon vor 1989 weitgehend gescheitert. Aber durch die Leipziger Rufe »Wir sind *ein* Volk!« schien ihr doch noch Realität und Legitimation zuzuwachsen, und es konnte tatsächlich eine nationale Ordnung für das ganze, kleinere Deutschland auf – angesichts der Überstürzung der Ereignisse – ziemlich einverständige Weise zustandekommen. Aber das Ideologische daran ist gescheitert; die territorialisierte Zwei-Drittel-Gesellschaft hat sich nicht auf Identitätsstrategien der Vergemeinschaftung und Ausschließung (der roten Gliedmaßen) eingelassen, sondern hat die nationalen Institutionen zum Machtwechsel benutzt. Eine Nation ist eine Gesellschaft im Status politischer Selbstbestimmung, und ein Nationalstaat muß sich daran messen lassen, ob er dazu faire und effiziente Institutionen bereitstellt. Die erste Probe aufs Exempel ist jüngst geglückt; das rechtfertigt Freude und Gelassenheit und den Übergang zur Tagesordnung, auf der vor allem drängende soziale Fragen stehen, auch die des weiteren Ost-West-Ausgleichs.

Die moralische Panik des negativen Nationalismus könnte auch durch eine gelassenere Analyse vermindert werden, was Nationalstaaten heute in Europa sind. Es sind halbsouveräne, aber hochverflochtene politische Einheiten, die weder ökonomisch noch militärisch zu einem effektiven selbständigen Handeln in der Lage sind. Während dies auf die meisten unserer westlichen Nachbarn de facto zutrifft, gilt es für das vereinte Deutschland auch de jure. Anders als etliche deutsche Intellektuelle (allerdings fast nur sie) glauben, leben wir aber deshalb beileibe nicht in einer postnationalen Konstellation, denn die Nationalstaaten stellen wichtige und die größten Räume der Traditionsverdichtung, der sprachlichen und medialen Verständigung und der demokratischen Institutionen zur Ausübung einer Art subsidiären Selbstbestimmungsrechts zur Verfügung. Die eigentliche Verfassungsfrage stellt sich heute auf supranationaler Ebene und ist ungelöst. Wir sollten das Geschenk des Nationalstaats annehmen und uns der Mitwirkung an dieser drängenden Frage in Europa zuwenden.

Bleibt die Frage, ob und wieviel an »innerer Einheit« und an vereinheitlichter Nationalgeschichte wir dazu brauchen. Ich glaube, wenig Einheit und viele Geschichten. Ein Gutteil der politischen Themen, die unter dem Begriff »innerer Einheit« verhandelt werden – wie regionale Arbeitslosigkeit, Infrastruktur- und Finanztransfers – sind Tagesordnungspunkte für nüchternen Interessenausgleich oder ermöglichen oft auch andere als homogene, das heißt importierte West-Lösungen. Jedenfalls geschähe ihnen meist besser ohne nationalistische Ideologisierung. Die »innere Einheit« ist ein Identitätskonstrukt aus der Mottenkiste Carl Schmitts, wonach eine politische Einheit nach innen homogen, gleichartig[16], eben identisch sein und nach außen different, also sich vom

16 Die Anforderung der »Gleichartigkeit«, die Schmitt in den zwanziger Jahren an die demokratische Identität stellte, reformulierte er 1933 als »Artgleichheit«.

Anderen, vom Gegner, vom potentiellen Feind unterscheiden solle. Solche feldmarschmäßige Anordnung stimmt für die Nationen der europäischen Union kaum noch und ist sicher nicht ihr Ziel. Sie haben sich innerlich durch selbstbewußte Minderheiten und Teilgruppen ausdifferenziert und erhebliche Teile eines vielgestaltigen »Anderen« sich einverleibt und umgekehrt sich den äußeren Anderen zunehmend angeglichen, ohne ihre Unterscheidbarkeit zu verlieren. Sicher wird dieser Prozeß innerer Differenzierung und äußerer Homogenisierung mit der oft herangezogenen Leitformel der klassischen Einwandererkulturen »Multikulturalität« in Europa übertrieben und beschönigt, denn überall gibt es nach wie vor Mehrheitsgesellschaften, die für sich Traditionalität und Normalität in Anspruch nehmen und aus denen in Krisenzeiten oft schnell die Verbannung des Anderen (Ausländer oder Juden oder was auch immer raus!) gefordert wird. Es wäre einfach unrealistisch, von der Sondersituation einiger Metropolen ausgehend, diese kulturellen Bedingungen Europas einfach mit Beschwörungsformeln zum Verschwinden bringen zu wollen. Deshalb ist im neuen Europa der Schutz und die Rechts- und Chancengleichheit der inneren Differenz zur Zeit und wohl noch für lange ein Hauptthema. Und wie man an Ostdeutschland studieren kann, ist auch die innere Differenz wiederum höchst differenziert, die oft nur noch in der Ablehnung der Projektionsgestalt des Wessis sich eine letzte Restgemeinsamkeit vormacht.

Auf die Geschichte angewendet heißt das: Eher geht ein westdeutsches Kamel durchs Nadelöhr seines Unwissens, als daß sich Stasi-Opfer und wegen »Staatsnähe« Abgewickelte auf eine Geschichte der DDR einigen könnten. Zwar könnte (und sollte) man sich mit etwas gutem Willen und der Beihilfe eines getreulichen Historikers über Tatsachen und Dokumente verständigen; aber die Bedeutung einer Geschichte liegt nicht im Unbestreitbaren, sondern in der umstrittenen Interpretation, im erinnernden Subjektbezug, in der Rhetorik ihrer narrativen Struktur. Und auf diese können sich die Angehörigen unterschiedlicher Teilkulturen und Traditionsgemeinschaften in aller Regel nicht einigen. Ich kenne keine heute noch ernsthaft vertretbare Geschichtstheorie, die einen Monismus der kollektiven historischen Selbstverständigung erforderte oder auch nur ermöglichte. Die Wertbildung in der Gesellschaft geschieht nicht mehr durch traditionellen Transfer von Normalität und Teleologie unter Beihilfe historischer Geschichtenerzähler, sondern in der Anerkennung der demokratischen Institutionen der Selbstbestimmung und in der Auseinandersetzung zwischen vielen Geschichten, die im Gedächtnis der Nation erinnert werden können.[17] Niemand kann heute das kanonische Mini-

17 Ich halte es für sehr fruchtbar, daß im letzten Jahrzehnt die Gedächtnismetapher immer mehr in das Nachdenken über Vergangenheit, Tradition und Geschichte eingedrungen ist. Im deutschen Sprachraum kommt hier dem Ägyptologen Jan Assmann und seiner Theorie eines Kulturgedächtnisses das größte Verdienst zu, international wird die Diskussion vor allem durch die israelische Zeitschrift »History & Memory« gefördert. Der Denkanstoß, den ich hier geben möchte, unterscheidet sich allerdings von der nun schon geläufigen Vorstellung der Symbolisierungen und Ritualisierungen eines Kulturgedächtnisses als identitätsstiftendem Symbolspeicher und zeitlosem Traditionsraum. Diese leitet sich von der konstruktivistischen Gedächtnissoziologie von Maurice Halbwachs her, wurde dann mit der Semantik elektronischer Datenspeicher aufgeladen und

mum deutscher kultureller Identität auflisten, so wie es die SED in ihrem anödenden Traditionsbegriff noch einmal verbindlich zu machen versuchte. Im Raum der Nation als kulturellem Verdichtungsraum (aber auch in viel kleineren Einheiten wie zum Beispiel der Familien) und weit über diesen nationalen Raum hinaus geschehen ständig narrative und andere Tradierungsprozesse, die sich in der Öffentlichkeit miteinander in Beziehung setzen und durch die unser kollektives Gedächtnis in einem interaktiven Prozeß sich immer wieder neu ausbildet. Die Historie ist nur ein kleiner Teil in diesem Traditions- und Erinnerungsgeschehen, und ihre Aufgabe ist nicht, das große, verbindliche, für alle bedeutsame ›Narrativ‹ zu synthetisieren, weil wir nicht mehr in einer Stammesgesellschaft, sondern in oder nach der Moderne leben.

Als professionelle Arbeiter am kollektiven Gedächtnis haben wir Historiker keine gemeinsame inhaltliche Aufgabe, sondern wir können über verfeinerte methodische Instrumente einen Beitrag zur gesellschaftlichen Erinnerung leisten und sind Rationalitäts- und Moralitätsstandards bei der Kritik der immer schon gegebenen Traditionen verpflichtet. Wir haben also vor allem eine forschende und eine didaktische Aufgabe.

Historische Forschung ist Traditionskritik: Durch Forschung korrigieren wir falsche Traditionen und finden dort Neues und Erinnerungswertes, wo der alltägliche Prozeß des Verdrängens und Vergessens Wichtiges verschüttet hat und neue Generationen und Erfahrungen neue Fragen stellen. Für die Richtigkeit unserer Ausgrabungsarbeiten gibt es professionelle Standards, für die Relevanz unserer Funde gibt es keine objektiven Kriterien, sie werden »kommunikativ validiert«, sie erwecken Interesse und oft auch Abwehr, weil sie den präsenten Traditionsbestand in Frage stellen oder auf bedeutsame Weise erweitern.[18]

wird meist – am deutlichsten von Pierre Nora – als sinnhafte Identitätserneuerung eines Kollektivs den traditionalen Gesellschaften zugeordnet, während die moderne Geschichtswissenschaft als sinnentleerende und distanzierende Rekonstruktion beliebiger Vergangenheit uns von dieser entlastet. Für die Kulturwissenschaften scheint es mir wesentlich förderlicher, die Gedächtnismetapher auf den gesamten Bereich der Tradierungen und der Auseinandersetzung mit Vergangenem auch in der Gegenwart anzuwenden, von dem Geschichtswissenschaft nur ein moderner Teilbereich ist, und sich bei der inhaltlichen Füllung weniger auf Konstruktivismus, Computersemantik und kollektive Identität zu orientieren als vielmehr auf *Interaktion*, die Semantik *neuronaler Netze* der Neurobiologie und auf die Anregungen Prousts, Freuds und Benjamins zum *Erinnern*. Für die Historie heißt das, daß Sinn nicht gestiftet werden muß, sondern immer schon da ist, durch interagierende Nachfrage im Vorbewußten der Überlieferung freigelegt und erinnert werden kann und durch Kontextualisierung und kritische Vergegenwärtigung auf seine Gültigkeit geprüft werden sollte. M. E. ist die Vorstellung eines Kulturgedächtnisses als jedem Wahrheitsregulativ enthobener Manipulationsbereich gefährlich und die Aufgabenstellung an die Historiker, Sinn und Identität zu stiften, eine große Überschätzung. Was wir aber tatsächlich können, ist: die zahllosen gesellschaftlichen Tradierungsprozesse, die in unseren Gesellschaften nicht etwa unbedeutend, sondern vielfältiger, diffuser und komplexer geworden sind, durch forschendes Erinnern kritisch zu begleiten.

18 Ich frage meine Promovenden immer: »Was sind die zwei Sätze im Schulbuch, die nach Deiner Untersuchung umgeschrieben werden müßten?« Dieses Schulbuch könnte auch die Festtagsrede des Bundespräsidenten oder eine Fernsehdokumentation sein. Wahre

Die didaktische Aufgabe würde ich Traditionspflege nennen. Trotz all ihrer Reduktionen der historischen Komplexität, ihrer Verbiegungen und herrschaftlichen Verdrehungen ist Tradition nicht per se etwas Böses, sondern etwas für die Gesellschaft absolut Notwendiges und im Gedächtnis das Primäre. Wenn wir synthetisierende Darstellungen schreiben, auf Schullehrpläne einwirken, Ausstellungen oder Fernsehdokumentationen beraten oder Lehrer aus- und weiterbilden, also Didaktik betreiben, geht es darum, immer schon vorhandene Traditionen und Wertsetzungen auf ihre historische Wahrheit zu prüfen, sie auf das Aufnehmbare zu reduzieren, ihre Widersprüche zu beseitigen oder kenntlich zu machen, Vergessenes zu ergänzen, den in die Wüste geschickten Sündenbock zurückzuholen. Dabei können wir weder unserer individuellen noch unserer kollektiven Subjektivität entrinnen; aber es ist fair, wenn wir sie in einem pluralen Raum nach Kräften erkennbar machen und unsere Aussagen an der Überlieferung prüfen.

Ich denke, wenn wir die zeitgeschichtliche Fixierung auf die DDR, die ja schon zu genügend Streit geführt hat, für Vergleiche und Interaktionen im nationalen und europäischen Gedächtnis öffnen, werden wir komplexere Erinnerungen wachrufen und deshalb eher mehr unstreibare Beziehungen herstellen. Wir werden aber auch aus der völlig unfruchtbaren Knechtsaufgabe herauswachsen, tote Gegner noch einmal zu erschlagen und der Politik ihre historischen Legitimationen nachzutragen: Wir sollten sie prüfen und nötigenfalls in Frage stellen.

Methodische und konzeptionelle Defizite

Als ich vor zwanzig Jahren in einem Sammelband den Gebrauch und Nutzen zeitgeschichtlicher Interviews in anderen Kulturen hierzulande vorzustellen versuchte, wies ich einleitend darauf hin, daß eine demokratische Zukunft eine Vergangenheit brauche, in der nicht nur die Oberen hörbar sind. Im Rückblick gebe ich zu: eine ziemlich schlichte Formel und ich übersehe auch nach langer Arbeit in diesem Bereich nicht, daß es um die »Geschichte von unten« weitgehend still geworden ist. Angesichts der Krise der Geschichtsaufarbeitung im Osten Deutschlands und der satten Konsensualität im Westen möchte ich aber sagen: zu still. In der Hyperfocussierung des zeitgeschichtlichen Interesses in Deutschland auf die DDR und ihre Herrschaftspraktiken feierte auch der methodische Konservatismus in unserem Fach und die Aktengläubigkeit in der Öffentlichkeit wahre Triumphe. Unter den über 1000 Projekten zur Geschichte dieses kleinen Landes beschränken sich Arbeiten, die sich mit den in den letzten Jahren für andere Geschichtsepochen im Vordergrund stehenden Thematiken und Methoden beschäftigen, auf jeweils ganz wenige Beispiele, und oft werden diese eher von nichtdeutschen Autoren bearbeitet: zum Beispiel »gender studies« vor allem der Herrschaftsstrukturen und die Bedeutung der überdimensionierten Militarisierung der DDR, differenzierte Untersu-

Forschung gewinnt ihr Fragen aus der Gegenwart und geht gegen das Vergessen und Verdrängen; sie ist insofern immer traditions- und herrschaftskritisch.

chungen über sozio-politische Diskurse und Symbolisierungen, Minderheiten (jenseits politisch oppositioneller Gruppen), mikroanalytische Betriebsstudien als der paradigmatischen Lebenswelt der meisten Menschen in der DDR (wie überhaupt soziale und politische Wirtschaftsgeschichte), die Thematisierung von Sozialstaatlichkeit und Infrastrukturen, demographische Untersuchungen deutscher Wanderungen in einem europäischen Vergleichshorizont, Erfahrungsgeschichte von Milieus und Generationen, die deren Wahrnehmungsmuster aus ihren Vorerfahrungen (gegebenenfalls vor 1945) herleiteten, überhaupt das exemplarische Hereinholen von Subjektivität und Eigensinn der Masse der Mitlebenden in die historische Wahrnehmung. Unter den jeweils nur wenigen Beispielen war meistens eines aus dem Zentrum für Zeithistorische Forschung. Wenn wir schon die DDR zum Gegenstand einer gigantischen und durchaus nicht repräsentativen Mikrostudie kommunistisch regierter Nachkriegsgesellschaften machen, sollten wir von der Annales-Schule lernen, wie man so etwas macht: nämlich von Grund auf, um Bedingungen, Wahrnehmungen und Spielräume kennenzulernen sowie um die Ergebnisse anschlußfähig zu machen für die Selbstthematisierung der Erfahrungen der Subjekte.

Um zu mehr arbeitsteiligem und vergleichbarem Vorgehen über den engeren Gegenstand der DDR hinaus zu kommen, wäre aber ein höherer Grad diskursiver Selbstorganisation der Forschenden notwendig. Was die Frage der Themenfindung und der hermeneutischen Methoden betrifft, erscheint es mir wichtig, Anteil und Geltung von in der DDR aufgewachsenen Personen in diese Auseinandersetzungen stärker einzubeziehen und die lebenslänglichen Berufsverbote in unserer weitgehend von öffentlicher Finanzierung lebenden Branche zu begrenzen und, wo möglich, zurückzunehmen. Es besteht ein Bedarf an erfahrungsgesättigter und professionell sensibilisierter Subjektivität, wenn historische Interpretationen erarbeitet werden sollen, die auch geschichtsdidaktisch anschlußfähig sind. Dafür könnten dann einige von uns Westdeutschen ihr Kritikvermögen wieder mehr unserer eigenen Geschichte oder auch unserer Orientierung in der Welt zuwenden.

Das letztere wäre vor allem deshalb sehr zu begrüßen, weil wir in Ost und West (und übrigens nicht nur in Deutschland) vor einer größeren konzeptionellen Aufgabe stehen, für die es noch kaum Vorarbeiten gibt: nämlich die Geschichte der Mitlebenden in den letzten drei Jahrzehnten historisch zu dimensionieren und erforschenswerte Fragestellungen für diese Geschichte auszuarbeiten. Das kann zweifellos nur in einer international vergleichenden Perspektive geschehen. Die Geschichte der Nachkriegszeit und der fünfziger Jahre darf heute für beide Teile Deutschlands bereits als gut erforscht gelten. Da die deutsche Zeitgeschichte eine Fluchtburg politischer Archivarbeit ist, hat sie bisher noch kaum über die westdeutschen Archivöffnungsfristen hinausgedacht; in Ostdeutschland besteht dieses Denkhemmnis nicht und kann nicht auf die Dauer durch eine heroisierende Oppositionsgeschichte ersetzt werden. Die tiefgreifenden gesellschaftlichen Umbrüche der siebziger und achtziger Jahre, der Aufstieg des neoliberalen Paradigmas und die globale Mobilität des Kapitals, die Erfahrungen der jüngeren, nach dem Krieg geborenen Generationen und die veränderte Stellung der Frauen, die Bedingungen der Medienkultur und der elektronischen Revolution, die abnehmende Geltung und Integrationskraft der Arbeitsgesellschaft, die nachlassende Steuerungskraft staatlicher Politik, die föderalen Verflechtungen im supranationalen und Entflechtungen im subnationalen Bereich und die zunehmend transnational wirkenden Märkte etc. – diese Problemfelder sind Aufgabe einer historischen Dimensionierung, die uns weder durch Formeln wie vom »kurzen 20. Jahrhundert« noch durch den Fortschritt der Edition von Kabinettsprotokollen abgenommen werden. In der Zeitgeschichte sind Brückenschläge zu den Sozial- und Kulturwissenschaften gefragt, um den Hiatus zwischen unseren Forschungen und den Erfahrungen der Mitlebenden zu überwinden.

»Doppelte Zeitgeschichte« und europäische Vereinigung

»Doppelte Zeitgeschichte« ist zwar ein begrüßenswerter Impuls, aber ein unglücklicher Begriff.[19] Die staatliche Teilung Deutschlands hat kein doppeltes Lottchen hervorgebracht und Zeitgeschichte ist ein durch spezifisch approximative Methoden und die Mitbestimmung der Mitlebenden charakterisierter Bereich der Historik, das heißt eine differenzierte Einheit. Der hinter diesem Un-Begriff stehende Impuls, die asymmetrischen Verflechtungen und Abgrenzungen der Regime und Gesellschaften in Deutschland und – wie ich nachdrücklich hinzusetzen möchte – Europa zu erforschen und unter verschiedenen systemischen und nationalen Gesichtspunkten zu vergleichen, ist wichtig und fruchtbar. Wie die ersten Forschungen auf diesem vielversprechenden Feld zeigen, ist dieser Ansatz aber in bezug auf die DDR sehr viel leichter anwendbar als in bezug auf die Bundesrepublik, weil diese für die DDR eine viel größere und in der Politik öfter und expliziter thematisierte Herausforderung darstellte als umgekehrt und weil auch der Trend umgekehrt war: er nahm im Osten zu und im Westen ab.

Um der diffusen Bedeutung des Ostens für die Ausprägung der im westlichen Vergleich spezifischen Züge der westdeutschen Politik und Gesellschaft auf die Spur zu kommen, erscheint mir – um ein Beispiel zu nennen – eine Archäologie des Geflechts »Dritter Wege« besonders erfolgversprechend. Das ist ja heute auch politisch ein höchst aktuelles Thema, und seine Bekenner reichen von Heiner Geißler über Tony Blair bis zum ersten postkommunistischen Regierungschef im Westen, Massimo D'Alema – für den PCI war der Dritte Weg ja der Schlüssel seiner späten eurokommunistischen Heimkehr aus dem Stalinismus in den Schoß eines demokratischeren Sozialismus. Im errötenden Europa kann man das längst tot geglaubte Stichwort, das lange Zeit allenfalls noch zur wegwerfenden Denunziation einiger linker Spinner diente, alle paar Tage auch in einer Zeitung vom Schlag der Frankfurter Allgemeinen Zeitung finden. Weiter östlich war es vom jeweiligen nationalen Weg zum So-

19 Das gilt auch für asymmetrisch verflochtene Parallel- oder Doppelgeschichte. Dietrich Mühlberg hat nicht zu Unrecht auf der Tagung gegen das Mäandern dieses Bildes polemisiert.

zialismus in den ersten drei Nachkriegsjahren über den Prager Frühling bis zu Jewgeni Primakows Rolle rückwärts schon immer der Geheimtip für antiimperialistische Autonomie und antibürokratische Effektivierung, für eine mitbestimmte und reflexive Moderne in Europa. Zu fragen wäre nun in unserem nationalen Zusammenhang sicher nach Robert Havemann und dem Neuen Ökonomischen System, aber eben auch, ob wir die Montanmitbestimmung und die dynamische Rente wirklich nur Konrad Adenauers innenpolitischem Pragmatismus, die sozialdemokratischen Bildungsreformen nur rechenhafter Modernisierung und nicht auch verinnerlichten Herausforderungen durch den Osten verdanken. Zu fragen wäre auch, wie stark Richard Löwenthals »Zwischen Kapitalismus und Sozialismus« von 1947 die längerfristigen sozialdemokratischen Konzeptionen beeinflußte, weshalb die um ihre gesamtdeutsche Mehrheit betrogene Sozialdemokratie auf der Höhe des Kalten Krieges ziemlich lange mit dem nationalen Neutralismus flirtete und hernach Gustav Heinemann und Johannes Rau unter die ihren aufnahm, warum die CDU sich 1947 zum christlichen Sozialismus bekannte und der Rechtsradikalismus der fünfziger Jahre auch Ost-Berliner Finanzspritzen nicht verschmähte, um von 1968 oder den Gesprächen zwischen Egon Bahr und Hermann Axen oder zwischen Erhard Eppler und Rolf Reißig nicht zu reden. Daß die Programme aller Oppositionsgruppen des Herbstes 1989 in der DDR, einschließlich der innerparteilichen intellektuellen Opposition in der SED, einen allerdings nicht so benannten dritten Weg zu einer »Kulturgesellschaft« ins Auge faßten, sollte dabei ebensowenig vergessen werden wie die Diskussionen der westdeutschen Grünen Anfang der achtziger Jahre über einen »dritten Weg zu einer naturgemäßen Ordnung«.

Das hier angeführte Beispiel verdanke ich meiner ostdeutschen Mitarbeiterin Tanja Bürgel in Jena, wo wir ähnlich wie hier in Potsdam schon des längeren das Unbefriedigende von DDR-Forschungen ohne deutschen und europäischen Zusammenhang empfinden und durch punktuelle Projekte – zum Beispiel eines regionalen Industrievergleichs mit Österreich, der gesamtdeutschen Planungsimplikationen des Autobahnbaus in der DDR, eines ost-westdeutschen Vergleichs von politischer Systempropaganda und industrieller Produktwerbung oder auch von Zeitfreiwilligen im Militär, durch den Vergleich der sowjetischen Spezial- mit den westalliierten Internierungslagern oder auch der Parallelität (aber auch dem sehr unterschiedlichen Ausmaß) der Renazifizierung der Staatsapparate nach der doppelten Staatsgründung – über die Zusammenhangslosigkeit bloßer DDR-Geschichte hinaus zu blicken versuchen. Das sind nur schüchterne Ansätze, und sie erreichen noch kaum jene Dimension, die ich als die eigentlich fruchtbare erahne. Sie betrifft einen dreifachen Vergleich: der DDR mit osteuropäischen Nachbarn, der Bundesrepublik mit westeuropäischen und der beiden deutschen Staaten, Gesellschaften und Kulturen in diesem erweiterten Horizont miteinander. Davon verspreche ich mir dreierlei: *erstens*, daß wir endlich aus unserer historischen Nabelschau, die in Bezug auf das Dritte Reich nur zu berechtigt war, aber darüber hinaus immer provinzieller und beklemmender wird, hinauskommen und die Horizonte unseres aktuellen Orientierungsbedarfs auch historisch endlich ins Auge fassen; *zweitens*, daß wir die nationalkulturellen Spielbreiten der Systeme im Ost-West-Konflikt (und auch in der Blockfreiheit) genauer bestimmen können, mehr Nachbarschaftskunde im neuen Europa erwerben und nicht alles für selbstverständlich halten, was sich bei uns von selbst versteht, das heißt unserem Bewußtsein entzogen ist; *drittens*, daß wir am Ende solcher Begegnungen forschenden Verstehens besser verstehen, wer wir sind.[20] Ich fürchte, es gibt keinen direkteren Weg zu einer realistischen Einsicht in unsere Eigentümlichkeiten als über alle diese europäischen Umwege.[21]

Vielleicht ist solche Einsicht nur noch ein Abfallprodukt. Wie oft haben wir zur Legitimation unseres Fachs gesagt, es gebe keine Zukunft ohne Vergangenheit? Ich denke: Ohne unsere künftige Welt in den Blick zu nehmen, werden wir Zeithistoriker nur die Kämpfe von gestern wiederholen, anstatt zur Geschichte der Zukunft beizutragen und dadurch den Mitlebenden den Freundschaftsdienst erinnernder Kritik zu erweisen.

20 Waren wir nicht auf beiden Seiten der innerdeutschen Grenze die Musterschüler und dann die privilegierten Junior-Partner der Blockführungsmächte? Waren unsere Intellektuellen nicht die einzigen in Europa, die hier wie dort glaubten, wir lebten bereits in einem postnationalen Zeitalter? Warum suchen wir die »innere Einheit«, wenn wir an Europa die Vielfalt lieben und mehr in dieses Europa investieren als irgend eine andere Nation? Die »Specificity of German History« nach dem Dritten Reich erschließt sich erst in einem solchen aufwendigen empirischen Vergleich, weil unsere Herkunft in der Überanpassung der Systemkonkurrenz verborgen wurde.

21 Fritz Klein hat in der Diskussion dieses Referats einen wichtigen Einwand gegen meine Betonung der europäischen Vergleiche und Bezüge erhoben, indem er davor warnte, in der derzeitigen Euphorie über »europäische Identität« nunmehr die alten Fehler nationalistischer Vereinheitlichung auf das neuerfundene »Vaterland Europa« zu übertragen und dieses im Bewußtsein seiner Differenz von der übrigen Welt zu konstituieren. Diese Gefahr einer verfehlten Konstituierung der größten politischen Einheit unter den reichen Ländern des Nordens besteht in der Tat. Wenn wir Europas Kultur nicht als Identität, sondern als Gedächtnis denken und dabei seine Bezüge zum Anderen (vorrangig zu den Begegnungen im Zuge der Globalisierung Europas in den letzten 500 Jahren) miterinnern, haben wir eine Chance, diese Gefahr zu verringern. So wie wir die Gefahren eines deutschen Nationalismus nicht durch die Negierung der neuen Nation bannen, sondern durch die Anerkennung ihrer institutionellen Elemente der Selbstbestimmung und durch die Öffnung unserer geschichtlichen Erinnerungsarbeit zunächst einmal für einen europäischen Horizont.

Abkürzungsverzeichnis

ABBAW	Archiv der Berlin-Brandenburgischen Akademie der Wissenschaften
AAPD	Akten zur Auswärtigen Politik der Bundesrepublik Deutschland
AVHD	Archiv des Verbandes der Historiker Deutschlands
BDV	Bremer Demokratische Volkspartei
BEK	Bund der Evangelischen Kirchen in der DDR
BGBl.	Bundesgesetzblatt
BRD	Bundesrepublik Deutschland
ČSSR	Československá Socialistická Republika
CDU	Christlich-Demokratische Union
CSU	Christlich-Soziale Union
DDR	Deutsche Demokratische Republik
DKP	Deutsche Kommunistische Partei
DNVP	Deutschnationale Volkspartei
DVP	Deutsche Volkspartei
EDV	Elektronische Datenverarbeitung
EKD	Evangelische Kirche in Deutschland
ERP	European Recovery Program
EU	Europäische Union
EVG	Europäische Verteidigungsgemeinschaft
FDJ	Freie Deutsche Jugend
FDP	Freie Demokratische Partei (Deutschlands)
GG	Grundgesetz
HJ	Hitler-Jugend
HO	Handelsorganisation
IfD	Institut für Demoskopie, Allensbach
IM	Inoffizieller Mitarbeiter
KP	Kommunistische Partei
KPD	Kommunistische Partei Deutschlands
KPdSU	Kommunistische Partei der Sowjetunion
KSZE	Konferenz für Sicherheit und Zusammenarbeit in Europa
MfS	Ministerium für Staatssicherheit
NATO	North Atlantic Treaty Organization
NDPD	Nationaldemokratische Partei Deutschlands
NKFD	Nationalkomitee Freies Deutschland
NÖS	Neues Ökonomisches System
NS	Nationalsozialismus
NSDAP	Nationalsozialistische Deutsche Arbeiterpartei
NVA	Nationale Volksarmee
PCI	Partito Cumunista Italiano
PDS	Partei des Demokratischen Sozialismus
Pg	Parteigenosse
PR	Parlamentarischer Rat
RGW	Rat für gegenseitige Wirtschaftshilfe
RIAS	Rundfunksender im amerikanischen Sektor Berlins
SA	Sturmabteilung
SALT	Strategic Arms Limitation Talks
SAPMO-BArch	Stiftung Archiv der Parteien und Massenorganisationen im Bundesarchiv
SBZ	Sowjetische Besatzungszone
SED	Sozialistische Einheitspartei Deutschlands
SMAD	Sowjetische Militäradministration in Deutschland
SPD	Sozialdemokratische Partei Deutschlands

SRP	Sozialistische Reichspartei
UdSSR	Union der Sozialistischen Sowjetrepubliken
UN/UNO	United Nations Organization
USA	United States of America
VEBA	Vereinigte Elektrizitäts- und Bergwerks-AG
VELKD	Vereinigte Evangelisch-Lutherische Kirche in Deutschland
VHD	Verband der Historiker Deutschlands
VVN	Vereinigung der Verfolgten des Naziregimes
VW	Volkswagen
ZIG	Zentralinstitut für Geschichte
ZIJ	Zentralinstitut für Jugendforschung, Leipzig
ZK	Zentralkomitee

Personenregister

Angaben zu den Autoren und Herausgebern

Bahr, Egon, geb. 1922, Politiker der SPD, 1969–1972 Staatssekretär im Bundeskanzleramt, 1976–1981 Bundesgeschäftsführer der SPD, 1984–1994 Direktor des Instituts für Friedensforschung und Sicherheitspolitik in Hamburg, 1989 Ernennung zum Professor. Veröffentlichungen u. a.: Zu meiner Zeit, München 1991; Deutsche Interessen. Streitschrift zur Außen- und Sicherheitspolitik, München 1998.

Bender, Peter, geb. 1923, Dr. phil., Journalist und Autor, 1968/69 Senior Fellow beim Internationalen Institut für strategische Studien in London, 1973–1975 ARD-Korrespondent in Warschau. Veröffentlichungen u. a.: Episode oder Epoche. Zur Geschichte des geteilten Deutschland, München 1996; Ansätze zu einer deutschen Nachkriegsgeschichte, Merkur 528 (1993), nachgedruckt in Wolfgang Hardtwig/Heinrich August Winkler (Hrsg.): Deutsche Entfremdung, München 1994.

Danyel, Jürgen, geb. 1959, Dr. phil., wiss. Mitarbeiter am Zentrum für Zeithistorische Forschung Potsdam, 1990/91 wiss. Mitarbeiter am Institut für Deutsche Geschichte der Akademie der Wissenschaften der DDR Berlin, 1992–1995 wiss. Mitarbeiter am Forschungsschwerpunkt Zeithistorische Studien der Förderungsgesellschaft Wissenschaftliche Neuvorhaben mbH. Veröffentlichungen u. a.: (Hrsg.) Die geteilte Vergangenheit. Zum Umgang mit Nationalsozialismus und Widerstand in beiden deutschen Staaten, Berlin 1994; Neu gelesen: Ernst Richter. Die DDR-Eliten oder Unsere Partner von morgen?, Reinbek 1968, in: Arnd Bauerkämper u. a. (Hrsg.): Gesellschaft ohne Eliten? Führungsgruppen in der DDR, Berlin 1997, S. 249–252.

Faulenbach, Bernd, geb. 1943, Dr. phil., stellv. Leiter des Forschungsinstituts für Arbeiterbildung und Professor an der Fakultät für Geschichtswissenschaft an der Ruhr-Universität Bochum, seit 1993 Vorsitzender der Fachkommission der Stiftung »Brandenburgische Gedenkstätten«, seit 1994 Mitglied des Kuratoriums der Stiftung Archiv der Parteien und Massenorganisationen der DDR im Bundesarchiv, seit 1998 stellv. Vorsitzender der Bundesstiftung zur Aufarbeitung der SED-Diktatur. Veröffentlichungen u. a.: (Mhrsg.) Die Partei hat immer recht – Aufarbeitung von Geschichte und Folgen der SED-Diktatur, Essen 1994; (Mhrsg.) Getrennte Vergangenheit – Gemeinsame Zukunft, 4. Bde., München 1997.

Fulbrook, Mary, geb. 1951, Dr., Professorin am University College London, dort Head of the German Department und Director of the Centre for European Studies, Vorsitzende der German History Society, 1984–1994 founding Joint Editor von German History. Veröffentlichungen u. a.: The Divided Nation: Germany 1918–1990, Fontana 1991; Anatomy of a Dictatorship: Inside the GDR, 1949–1989, Oxford 1995; German National Identity after the Holocaust, Cambridge 1999.

Garstecki, Joachim, geb. 1942, Dipl. Theol., Generalsekretär der deutschen Sektion von Pax Christi in Bad Vilbel, 1971–1990 Referent für Friedensfragen der Theologischen Studienabteilung beim Bund der Evangelischen Kirchen der DDR. Veröffentlichungen u. a.: Zeitansage Umkehr. Dokumentation eines Aufbruchs, Stuttgart 1990; Selbstorganisationspotentiale in der DDR-Gesellschaft. Der konziliare Prozeß für Gerechtigkeit, Frieden und Bewahrung der Schöpfung, in: E. Frie (Hrsg.): Vorträge und Diskussionen 1993/94, Düsseldorf 1994.

Glaab, Manuela, geb. 1967, Dr. phil., stellv. Leiterin der Forschungsgruppe Deutschland am Centrum für angewandte Politikforschung München, 1992–1995 wiss. Mitarbeiterin in der Forschungsgruppe Deutschland an der Johannes Gutenberg-Universität Mainz. Veröffentlichungen u. a.: Die junge Generation in den neuen Bundesländern: Ansichten zur doppelten Integration, in: Werner Weidenfeld (Hrsg.): Deutschland. Eine Nation – doppelte Geschichte, Köln 1993, S. 127–135; Deutschlandpolitik in der öffentlichen Meinung. Einstellungen und Regierungspolitik in Westdeutschland 1949 bis 1990, Opladen 1998.

Graf, Wilhelm Friedrich, geb. 1948, Dr. theol., Professor für Evangelische Theologie an der Universität Augsburg, dort 1988–1992 Aufbau der Ernst-Troeltsch-Forschungsstelle, 1992–1994 Professor an der Universität der Bundeswehr Hamburg, seit 1994 Präsident der Ernst-Troeltsch-Gesellschaft. Veröffentlichungen u. a.: Traditionsbewahrung in der sozialistischen Provinz. Erste Überlegungen zur Deutung der »Kirche im Sozialismus«, in: Trutz Rendtorff (Hrsg.): Protestantische Revolution? Kirche und Theologie in der DDR [...], Göttingen 1993, S. 253–293; Eine Ordnungsmacht eigener Art. Theologie und Kirchenpolitik im DDR-Protestantismus, in: Hartmut Kaelble/Jürgen Kocka/Hartmut Zwahr (Hrsg.): Sozialgeschichte der DDR, Stuttgart 1994, S. 295–321.

Klein, Fritz, geb. 1924, Dr. phil., Professor (em.), 1953–1957 Redaktionssekretär, dann Chefredakteur der Zeitschrift für Geschichtswissenschaft, 1957–1989 wiss. Forschung an der Akademie der Wissenschaften der DDR Berlin, dort 1990–1991 Direktor des Instituts für Allgemeine Geschichte. Veröffentlichungen u. a.: Eine Fehlerdiskussion, in: Rainer Eckert/Wolfgang Küttler/Gustav Seeber (Hrsg.): Krise – Umbruch – Neubeginn, Stuttgart 1992, S. 44–50; Ein schlimmes gemeinsames Erbe kritisch und selbstkritisch auf beiden Seiten aufarbeiten, in: Jürgen Danyel (Hrsg.): Die geteilte Vergangenheit. Zum Umgang mit Nationalsozialismus und Widerstand in beiden deutschen Staaten, Berlin 1994, S. 139–141.

Kleßmann, Christoph, geb. 1938, Professor für Zeitgeschichte an der Universität Potsdam und Direktor des Zentrums für Zeithistorische Forschung Potsdam, 1976–1992 Professor für Zeitgeschichte an der Universität Bielefeld. Veröffentlichungen u. a.: Die doppelte Staatsgründung. Deutsche Geschichte 1945–1955, 5. Aufl., Bonn 1991; Zwei Staaten, eine Nation. Deutsche Geschichte 1955–1970, 2. Aufl., Bonn 1997; Zeitgeschichte nach dem Ende des Ost-West-Konfliktes, Essen 1998.

Lemke, Michael, Dr. phil., Projektleiter am Zentrum für Zeithistorische Forschung Potsdam, 1986–1991 Leiter der Forschungsgruppe bzw. Bereichsleiter Geschichte der Bundesrepublik am Institut für Allgemeine Geschichte der Akademie der Wissenschaften der DDR Berlin. Veröffentlichungen u. a.: Gedanken zur Situation der Zeitgeschichtsschreibung im neuen Deutschland und zur Problematik der deutschen Frage als ihrem Forschungsgegenstand, in: Konrad H. Jarausch/Matthias Middel (Hrsg.): Nach dem Erdbeben: [Re-]Konstruktion ostdeutscher Geschichte und Geschichtswissenschaft, Leipzig 1994, S. 244–264; Die Berlinkrise 1958 bis 1963. Interessen und Handlungsspielräume der SED im Ost-West-Konflikt, Berlin 1995.

Link, Werner, geb. 1934, Dr. phil., Professor für Politische Wissenschaften an der Universität Köln, Vorsitzender des Wissenschaftlichen Direktoriums des Bundesinstituts für internationale und ostwissenschaftliche Studien in Köln, 1975–1990 Professor an der Universität Trier. Veröffentlichungen u. a.: Der Ost-West-Konflikt. Die Organisation der internationalen Beziehungen im 20. Jahrhundert, Stutgart u. a. 1980; gemeinsam mit Karl Dietrich Bracher/Wolfgang Jäger: Republik im Wandel. Die Ära Brandt, 1969–1974, Stuttgart/Mannheim 1986 (Geschichte der Bundesrepublik Deutschland, Bd. 5/I); gemeinsam mit Karl Dietrich Bracher/Wolfgang Jäger: Republik im Wandel.

Die Ära Schmidt, 1974–1982, Stuttgart/Mannheim 1987 (Geschichte der Bundesrepublik Deutschland, Bd. 5/II).

Meuschel, Sigrid, geb. 1944, Dr. phil., Professorin für Politikwissenschaft an der Universität Leipzig, 1971–1983 tätig am Max-Planck-Institut zur Erforschung der wissenschaftlich-technischen Welt in Starnberg, anschließend Mitarbeiterin am Zentralinstitut für Sozialwissenschaftliche Forschung in Berlin. Veröffentlichungen u. a.: Legitimation und Parteiherrschaft. Zum Paradox von Stabilität und Revolution in der DDR 1945–1989, Frankfurt a. M. 1992.

Misselwitz, Hans, geb. 1950, Dr. rer. nat., Leiter der Brandenburgischen Landeszentrale für politische Bildung, bis 1981 tätig als Biologe, 1981–1986 Studium der Theologie, 1990 Mitglied der Volkskammer der DDR und parlamentarischer Staatssekretär im Außenministerium der letzten DDR-Regierung. Veröffentlichungen u. a.: Nicht länger mit dem Gesicht nach Westen. Das neue Selbstbewußtsein der Ostdeutschen, Bonn 1995.

Mühlberg, Dietrich, geb. 1936, Dr. phil., Vorsitzender der KulturInitiative '89 und Vizepräsident der Humanistischen Akademie, 1974–1997 Professor für Kulturwissenschaften an der Humboldt-Universität zu Berlin. Veröffentlichungen u. a.: Woher wissen wir, was Kultur ist, Berlin 1983; Anfänge der Arbeiterfreizeit, Berlin 1989.

Niethammer, Lutz, geb. 1939, Dr. phil., Professor für Neuere und Neueste Geschichte an der Friedrich-Schiller-Universität Jena, 1989–1993 Gründungsbeauftragter und Präsident des Kulturwissenschaftlichen Instituts des Wissenschaftszentrums Nordrhein-Westfalen. Veröffentlichungen u. a.: gemeinsam mit Alexander von Plato/Dorothee Wierling: Die volkseigene Erfahrung. Eine Archäologie des Lebens in der Industrieprovinz der DDR, Berlin 1991; Kollektive Identität. Heimliche Quellen einer unheimlichen Konjunktur, Reinbek 1998.

Sabrow, Martin, geb. 1954, Dr. phil., wiss. Mitarbeiter und Projektleiter am Zentrum für Zeithistorische Forschung Potsdam, 1983–1993 Studienrat in Berlin. Veröffentlichungen u. a.: (Hrsg.) Verwaltete Vergangenheit. Geschichtskultur und Herrschaftslegitimation in der DDR, Leipzig 1997; Historische Forschung und sozialistische Diktatur: Beiträge zur Geschichtswissenschaft der DDR, Leipzig 1995.

Steinbach, Peter, geb. 1948, Dr. phil., Professor für Historische Grundlagen der Politik an der Freien Universität Berlin und Leiter der Forschungsstelle Widerstandsgeschichte an der Freien Universität Berlin, seit 1983 wiss. Leiter der ständigen Ausstellung »Widerstand gegen den Nationalsozialismus« in Berlin, seit 1989 wiss. Leiter der Gedenkstätte Deutscher Widerstand Berlin. Veröffentlichungen u. a.: Widerstand im Widerstreit: Die Deutschen und der Widerstand gegen den Nationalsozialismus, 2. Aufl., Paderborn 1995; gemeinsam mit Johannes Tuchel (Hrsg.): Lexikon des Widerstandes, München 1994.

Sywottek, Arnold, geb. 1942, Dr. phil., Professor für Neuere Geschichte am Historischen Seminar der Universität Hamburg und Direktor der Forschungsstelle für Zeitgeschichte in Hamburg. Veröffentlichungen u. a.: Die DDR in der deutschen Geschichte, in: Sozialismus und Kommunismus im Wandel, Festschrift für Hermann Weber, hrsg. v. Klaus v. Schönhoven/Dietrich Staritz, Köln 1993; gemeinsam mit A. Schildt (Hrsg.): Modernisierung im Wiederaufbau. Die westdeutsche Gesellschaft der 50er Jahre, 2. Aufl., Bonn 1998.

Werkentin, Falco, geb. 1944, Mitarbeiter des Berliner Landesbeauftragten für die Unterlagen der Staatssicherheit, langjähriger Redakteur der Zeitschrift »Bürgerrechte und Polizei«, Forschungsprojekte und Publikationen zur bundesdeutschen Polizeigeschichte, Politik der inneren Sicherheit und DDR-Strafjustiz. Veröffentlichungen u. a.: Politische

Strafjustiz in der Ära Ulbricht, 2. Aufl., Berlin 1997; Recht und Justiz im SED-Staat, Bonn 1998.

Wernstedt, Rolf, geb. 1940, Präsident des Niedersächsischen Landtages und Honorarprofessor an der Universität Hannover, 1990–1998 Niedersächsischer Kultusminister. Veröffentlichungen u. a.: Mitgift oder Erblast? Kultur, Geschichte und Religion in der deutsch-deutschen Bildungslandschaft, Hannover 1997.

Wichert, Günter, geb. 1935, Dr. phil., Historiker, Leiter der Landeszentrale für politische Bildung Nordrhein-Westfalen, 1969–1974 Mitglied des Deutschen Bundestages, 1974–1976 Staatssekretär im Niedersächsischen Ministerium für Wissenschaft und Kunst.

Wierling, Dorothee, geb. 1950, Dr. phil., 1997/98 Fellow am Kulturwissenschaftlichen Institut des Wissenschaftszentrums Nordrhein-Westfalen, 1994–1997 DAAD-Visiting (Associate) Professor for German and European Studies an der University of Washington, Seattle. Veröffentlichungen u. a.: gemeinsam mit Lutz Niethammer/Alexander von Plato: Die volkseigene Erfahrung. Eine Archäologie des Lebens in der Industrieprovinz der DDR, Berlin 1991; Vater, Mutter, Politik. Die ersten deutschen Nachkriegskinder in den 50er Jahren, in: Hypateia 9/1997.

Analysen und Dokumente

Die wissenschaftliche Reihe des Bundesbeauftragten für die Unterlagen des Staatssicherheitsdienstes im Ch. Links Verlag, Berlin

Redaktion: Klaus-Dietmar Henke (bis Januar 1997), Siegfried Suckut, Ehrhart Neubert (seit April 1997), Clemens Vollnhals (bis Januar 1998), Walter Süß, Roger Engelmann

---

Zuletzt erschienen in dieser Reihe:

Band 10: Helmut Müller-Enbergs (Hg.)
Inoffizielle Mitarbeiter des Ministeriums für Staatssicherheit
Teil 2: Anleitungen für die Arbeit mit Agenten, Kundschaftern und Spionen in der Bundesrepublik Deutschland
2. Auflage 1998; 1120 Seiten; 68,00 DM/sFr.; 496 öS; ISBN 3-86153-145-3

Band 11: Karl Wilhelm Fricke, Roger Engelmann
»Konzentrierte Schläge«
Staatssicherheit und politische Prozesse in der DDR 1953–1956
360 Seiten; Berlin 1998; 38,00 DM/sFr.; 278 öS; ISBN 3-86153-147-X

Band 12: Reinhard Buthmann
Kadersicherung im Kombinat VEB Carl Zeiss Jena
Die Staatssicherheit und das Scheitern des Mikroelektronikprogramms
256 Seiten; Berlin 1997; 25,00 DM/sFr.; 183 öS; ISBN 3-86153-153-4

Band 13: Clemens Vollnhals
Der Fall Havemann
Ein Lehrstück politischer Justiz
312 Seiten; Berlin 1998; 30,00 DM/sFr.; 220 öS; ISBN 3-86153-148-8

Band 14: Sonja Süß
Politisch mißbraucht?
Psychiatrie und Staatssicherheit in der DDR
2. Auflage 1999; 776 Seiten; 58,00 DM/sFr.; 424 öS; ISBN 3-86153-173-9

Band 15: Walter Süß
Staatssicherheit am Ende
Warum es den Mächtigen nicht gelang, 1989 eine Revolution zu verhindern
816 Seiten; Berlin 1999; 58,00 DM/sFr.; 424 öS;
ISBN 3-86153-181-X

Ch. Links Verlag, Zehdenicker Straße 1, 10119 Berlin

Ch. Links

FORSCHUNGEN ZUR DDR-GESELLSCHAFT

Zuletzt erschienen in dieser Reihe:

Ehrhart Neubert
Geschichte der Opposition in der DDR 1949–1989
2. Auflage; 1016 Seiten mit 40 Bildtafeln; 48 DM/sFr.; 351 öS;
ISBN 3-86153-163-1

Hans-Hermann Hertle, Gerd-Rüdiger Stephan (Hg.)
Das Ende der SED
Die letzten Tage des Zentralkomitees
4. Auflage; 500 Seiten; 58 DM/sFr.; 423 öS; ISBN 3-86153-143-7
Jetzt auch auf CD mit den Originaltondokumenten lieferbar:
Götterdämmerung im Zentralkomitee
24,80 DM/sFr.; 181 öS; ISBN 3-86153-170-4

Matthias Judt (Hg.)
DDR-Geschichte in Dokumenten
Beschlüsse, Berichte, interne Materialien und Alltagszeugnisse
640 Seiten mit 7 Abbildungen; 48 DM/sFr.; 351 öS; ISBN 3-86153-142-9

Uta Falck
VEB Bordell
Geschichte der Prostitution in der DDR
224 Seiten mit 16 Bildtafeln; 38 DM/sFr.; 278 öS; ISBN 3-86153-161-5

Torsten Diedrich, Hans Ehlert, Rüdiger Wenzke (Hg.)
Im Dienste der Partei
Handbuch der bewaffneten Organe der DDR
2. Auflage; 720 Seiten mit 38 z. T. farbigen Abbildungen;
48 DM/sFr.; 351 öS; ISBN 3-86153-160-7

Rainer Land/Ralf Possekel
Fremde Welten
Die gegensätzliche Deutung der DDR durch SED-Reformer und Bürgerbewegung in den 80er Jahren
312 Seiten; 38 DM/sFr.; 278 öS; ISBN 3-86153-172-0

Petra Stuber
Spielräume und Grenzen
Studien zum DDR-Theater
420 Seiten mit 16 Bildtafeln; 48,00 DM/sFr.; 351 öS;
ISBN 3-86153-171-2